स्त्री : मुक्ति का सपना

स्त्री : मुक्ति का सपना

अतिथि संपादक

अरविंद जैन, लीलाधर मंडलोई

संपादक/सहायक संपादक

प्रो. कमला प्रसाद

राजेन्द्र शर्मा

वाणी प्रकाशन

वाणी प्रकाशन
4695, 21-ए, दरियागंज, नयी दिल्ली 110 002
शाखा
अशोक राजपथ, पटना 800 004
फ़ोन: +91 11 23273167 फ़ैक्स: +91 11 23275710
www.vaniprakashan.in
vaniprakashan@gmail.com
STREE : MUKTI KA SAPNA
by Arvind Jain, Leeladhar Mandloi,
Prof. Kamla Prasad, Rajendra Sharma
ISBN : 978-93-5072-368-5
Feminism

संस्करण 2004, 2006
आवृत्ति 2014
मूल्य : ₹ 295

न्यू कृष्णा ऑफ़सेट, दिल्ली-110 093 में मुद्रित
वाणी प्रकाशन का लोगो मक़बूल फ़िदा हुसेन की कूची से

अनुक्रम

कविताएं : मुक्ति के स्वर

स्त्री : मुक्ति की राजनीति

बेटियां : मुक्ति के प्रश्न

स्त्री : समानता के संघर्ष

कविताएं

आत्म-मुक्ति

स्त्री का कथा समय

कविताएं

संस्कृति : स्त्री मुक्ति

अभिमत

उत्तर कथन

संपादकीय

इस पुस्तक का सम्पादन प्रसिद्ध कवि-गद्यकार लीलाधर मण्डलोई और अरविन्द जैन ने किया है। 'स्त्री-विमर्श' ही नहीं, स्त्रियों के अधिकारों के संघर्ष में शामिल अरविन्द जी कानून विशेषज्ञ के रूप में उनके प्रबल पैरोकार हैं। उन्होंने इसे बुनियादी कर्म की तरह स्वीकारा है। उनकी किताबें औरत : अस्तित्व और अस्मिता, औरत होने की सजा, उत्तराधिकार बनाम पुत्राधिकार, यौन-हिंसा और न्याय की भाषा, न्यायक्षेत्रे-अन्यायक्षेत्रे और बचपन से बलात्कार मुख्य रूप से प्रकाशित हैं। अरविन्द जी का एक कहानी संग्रह 'लापता लड़की' भी प्रकाशित है। वे कथाकार और महिला लेखन की पड़ताल करने वाले लेखक हैं। हमारे साथ उनका साझा इसलिए भी बनता है कि वे मार्क्सवादी हैं और प्रगतिशील लेखक संघ से सम्बद्ध हैं। यह पुस्तक सामूहिक नेतृत्व पर भरोसा करती है, 'काम और परिणाम' का बँटवारा करती है, अच्छा बना तो यश और बिगड़ गया तो अपयश, दोनों को आपस में वितरित करती है। वह अपने बीच मौजूद विशेषज्ञों के भरोसे सामाजिक-संघर्ष में शामिल होने की प्रतिज्ञा से बँधी है।

इधर जब से हिन्दी में स्त्रीवादी आन्दोलन मुखर हुआ है, और महिला लेखिकाओं ने साहित्य के मूल्यांकन की पद्धति को चुनौती दी है, तब से पुरुष लेखकों की ओर से पूछा जा रहा है कि क्या स्त्रियों की समस्याओं को स्त्रियाँ ही समझ सकती हैं? क्या सारी समस्याएँ समाज में स्त्री के क्षेत्र के ही भीतर हैं, स्त्रियाँ और पुरुष क्या अलग-अलग निदान खोजेंगे, क्या व्यवस्था में परिवर्तन की समस्याएँ एकांगी हो सकती हैं, क्या स्त्री लेखन वह नहीं हो सकता, जो पुरुषों द्वारा लिखा जाता है, आदि-आदि। 'स्त्री विमर्श' भारतीय भाषाओं तथा विश्व की सभी भाषाओं में इस समय परिचर्चाओं में रेखांकित है। आन्दोलन के रूप में जब कोई उभार आता है तो वह आरक्षण की माँग करने लगता है। आरक्षण एक हद तक इलाज होता है। आरक्षण को एकमात्र इलाज बना देने से आंदोलन में शामिल लोगों का अनुरूपन किए जाने का खतरा उपस्थित होता है। पचास वर्षों की राजनीति में आरक्षण के जो परिणाम सामने आए हैं—उससे आखिरी आदमी का भला अपेक्षा के अनुरूप

नहीं हुआ। आरक्षण लाभ मिलने पर लोग उच्च वर्ग में शामिल होने लगते हैं। इसके तनावों का अलग रसायन है। सत्ता पर जिस वर्ग का कब्जा होता है, वह अपने अनुरूप शोषितों-पीड़ितों का उपयोग करता है और जरूरत पड़ी तो थोड़ा-बहुत लाभ देकर अपने वर्गीय चरित्र में ढाल लेता है।

'स्त्री आन्दोलन' की पैरोकारों को अधिकांशतः स्त्री की देह की आजादी के आस पास घूमने के अलावा कुछ नही मिला। सभ्यता से दूर आदिवासियों के बीच की स्त्री, जाति व्यवस्था की मारी तथाकथित शूद्र-स्त्री, सामन्ती अवशेषों की हिफ़ाज़त में महलों में कैद स्त्री, और बाज़ार में विपणन के इस्तेमाल की स्त्री—इतनी कोटियाँ हैं कि इन सब पर एक साथ विचार करने का प्रयास कम हुआ है। विचारकों का ध्यान इधर गया है। समाज वैज्ञानिकों ने कुछ-कुछ सोचा है। मार्क्सवादियों ने तात्कालिक राजनीति के जंगल से बाहर आकर ऐसे प्रसंगों को केन्द्रीयता प्रदान नहीं की, इसलिए इस दर्शन की सामर्थ्य के बावजूद श्रेय उनके हाथ से छूट गया। महिलाएँ आज़ादी के लिए आगे स्वयं बढ़ीं किन्तु ठगों के गिरोह में फँसी। ठगों के चँगुल में आज़ादी की आकांक्षा लिए स्त्रियाँ वेश्यालय पहुँचा दी गईं। वेश्यालयों को आधुनिक बनाया गया। पश्चिम में कहीं-कहीं 'सेक्स वर्कर' को वैधानिकता मिली। इसी तरह की अनन्त समस्याएँ हैं, जिनका सम्बन्ध स्त्री विमर्श से है। राजनीति, अर्थनीति और विधि-विधान के मसले 'स्त्री विमर्श' से बाहर नहीं हैं। इसी सबब से 'स्त्री विमर्श' व्यवस्था परिवर्तन का समग्र प्रश्न है। अरविन्द भाई ने कोशिश की है कि इसका आयाम व्यापक हो। वह एक पक्ष का गवाह न बने। मुकदमे की पूरी सुनवाई का मंच बने और किन्चित् उसी में से निष्कर्ष की ओर बढ़ने का उपक्रम भी।

आप देखेंगे कि इस पुस्तक में 'स्त्री विमर्श' का पक्ष ऐतिहासिक सन्दर्भों के साथ है। इसका लक्ष्य जनतन्त्र के अधूरे साक्षात्कार को संकीर्णता से बाहर लाना है। स्त्री-पुरुष निगाह में मौजूद द्वंद्व की व्याख्या करना है। नागरिक हैसियत से स्त्री को देखना है, इसके नेतृत्व में आगे बढ़ना है। उसे अकेले नहीं छोड़ना। पुरुष के प्रति उसके परहेज को अस्वाभाविक मानना और अकादमिक तार्किकता में उसका अनुरूपन करना फिर ठगना है। समाज का दर्पण स्त्री-पुरुष दोनों के सामने है। चेहरा साथ-साथ देखना है। अहंकारवश अपने चेहरे को ढकना पुरुष का शगल रहा है, जो नहीं चलेगा।

कमला प्रसाद

8 मार्च, 2004

अतिथि सम्पादकीय

मैं अपनी बात अन्तर्राष्ट्रीय श्रम संगठन (संयुक्त राष्ट्र) की एक रिपोर्ट से शुरू करता हूँ जिसमें लिखा है कि *"दुनिया की 98 प्रतिशत पूँजी पर पुरुषों का कब्जा है। पुरुषों के बराबर आर्थिक और राजनीतिक सत्ता पाने में औरतों को अभी हजार वर्ष और लगेंगे।"* पितृसत्तात्मक समाजों में अब तक यह पूँजी पीढ़ी-दर-पीढ़ी पुरुषों को पुत्राधिकार में मिलती रही है, आगे भी मिलती रहेगी। आश्चर्यजनक है कि श्रम के अतिरिक्त मूल्य को ही पूँजी माना जाता है मगर श्रम की परिभाषा में घरेलू श्रम या कृषि श्रम शामिल ही नहीं किया जाता। परिणामस्वरूप आधी दुनिया के श्रम का अतिरिक्त मूल्य यानी पूँजी को बिना हिसाब-किताब के ही परिवार का मुखिया या पुरुष हड़प कर जाते हैं। सारी दुनिया की धरती और (स्त्री) देह यानी उत्पादन और उत्पत्ति के सभी साधनों पर पुरुषों का 'सर्वाधिकार सुरक्षित' है। उत्पादन के साधनों पर कब्जे के लिए उत्तराधिकार कानून और उत्पत्ति यानी स्त्री देह पर स्वामित्व के लिए विवाह संस्था की स्थापना (षड्यन्त्र) बहुत सोच-समझकर की गई है।

उत्तराधिकार के लिए वैध सन्तान (पुत्र) और वैध सन्तान के लिए वैध विवाह होना अनिवार्य है। विवाह संस्था से बाहर पैदा हुए बच्चे 'नाजायज' 'अवैध' 'हरामी' और 'बास्टर्ड' कहे-माने जाते हैं। इसलिए पिता की सम्पत्ति के कानूनी वारिस नहीं हो सकते। हाँ! माँ की सम्पत्ति (अगर हो तो) में बराबर के हकदार होंगे। न्याय की नजर में वैध सन्तान सिर्फ पुरुष की और 'अवैध' स्त्री की होती है। 'वैध-अवैध' बच्चों के बीच यही कानूनी भेदभाव (सुरक्षा कवच) ही तो है, जो विवाह संस्था को विश्वभर में अभी तक बनाए-बचाए हुए है। वैध सन्तान की सुनिश्चितता के लिए यौनशुचिता, सतीत्व, नैतिकता, मर्यादा और इसके लिए स्त्रीदेह पर पूर्ण स्वामित्व तथा नियन्त्रण बनाए रखना पुरुष का 'परम धर्म' है। हाँ! 'अर्धनारीश्वर' की भारतीय अवधारणा का अर्थ आधा पुरुष और आधी स्त्री नहीं बल्कि आधी नारी और आधा ईश्वर है। स्त्री सिर्फ स्त्री मगर पुरुष ईश्वर। उत्तराधिकार में तमाम पूँजी सिर्फ पुत्रों को ही मिलती है, सो बेटियाँ भ्रूण हत्या की शिकार होंगी ही।

विवाह-संस्था में (धर्म) पत्नी, पति की सम्पत्ति भी है, और 'घरेलू गुलाम' भी। एकल विवाह सिर्फ स्त्री के लिए ही नियम है, पुरुष के लिए नहीं। व्यभिचार के कानूनी

प्रावधानों के कारण ही समाज में व्यापक स्तर पर वेश्यावृत्ति और कॉलगर्ल व्यापार फल-फूल रहा है। मतलब विवाह संस्था में स्त्री पुरुष की 'सम्पत्ति' है और विवाह संस्था से बाहर 'वस्तु'। उत्तराधिकार कानूनों के माध्यम से पूँजी और पूँजी के आधार पर राजसत्ता, संसद, समाज, सम्पत्ति, शिक्षा और कानून-व्यवस्था--सब पर मर्दों का कब्जा है। नियम, कायदे-कानून, परम्परा, नैतिकता, आदर्श और न्याय सिद्धान्त--सब पुरुषों ने ही बनाए हैं। हमेशा अपने वर्ग-हितों की रक्षा करते हुए। 'भ्रूण हत्या' से लेकर 'सती' बनाए जाने तक प्रायः सभी कानून, महिला कल्याण के नाम पर सिर्फ उदारवादी-सुधारवादी 'मेकअप' ही दिखाई देता है। मौजूदा विधान-संविधान-कानून महिलाओं को कानूनी सुरक्षा कम देता है, आतंकित, भयभीत और पीड़ित अधिक करता है। निस्सन्देह औरत को उत्पीड़ित करने की सामाजिक-धार्मिक-राजनीतिक-सांस्कृतिक प्रक्रिया में पूँजीवादी समाज कानून को हथियार की तरह इस्तेमाल करता रहा है। इसलिए 'लॉ' (LAW) का असली अर्थ ही है--'लॉ अगेंस्ट वूमैन'। समता की परिभाषा (बकौल सुप्रीम कोर्ट) है--समान लोगों में समानता। तमाम न्यायशास्त्रों के सिद्धान्त पुरुष हितों को ही ध्यान में रखकर गढ़े-गढ़ाये गये हैं। न्याय का मतलब सिर्फ फैसले सुनाना नहीं। भारतीय संविधानानुसार न्याय की परिभाषा में आर्थिक, सामाजिक और राजनीतिक न्याय भी शामिल है। नारी सम्बन्धी अधिकांश फैसलों की आधारभूमि तो धर्मशास्त्र ही है जो मर्दों के लिए 'अफीम' मगर औरतों के लिए ज़हर से भी अधिक खतरनाक सिद्ध हुए हैं। कहना कठिन है कि सदियों से शोषित स्त्री (और दलितों) के साथ न्याय कब होगा?

बापू ने अपने तीनों बन्दरों से कहा था 'बुरा मत सुनो, बुरा मत बोलो, बुरा मत देखो।' लेकिन ये तीनों ही हर समय कान, मुँह और आँखों पर हाथ रखे बैठे रहे हैं--बुरा क्या अच्छा भी नहीं सुनते, बोलते, देखते। पहला बन्दर, कानों पर हाथ धरे बैठा रहता है--कुछ सुनता ही नहीं। न जाने क्या-क्या बोलता रहता है। झूठे वायदे, खोखले आश्वासन और हवाई घोषणाएँ। क्या करें, किसी की भी तो नहीं सुनता-मानता। दूसरा बन्दर, सब कुछ देखता है और सबकी सुनता रहता है (या सुन लेता है) मगर बोलता कुछ नहीं। और तीसरा, सालों बाद तो सुनता है और न मालूम कैसे-कैसे बहुअर्थी फैसले सुनाता रहता है। मगर देखता कुछ नहीं। तीनों मिलकर बहरा, गूँगा और अन्धा होने का नाटक (नौटंकी) करते रहते हैं।

और तीनों बन्दरों की सुरक्षित ओट में छिपा वो जो बापू का चौथा बन्दर है न! सब कुछ देखता, सुनता और बोलता है। मगर हमेशा भ्रामक और सनसनीखेज। उसे तो सेक्स, स्कॉच और सुन्दरी (विश्व सुन्दरी) के सपने देखने-बेचने से ही फुर्सत नहीं मिलती। किसी के भी अंतर्वस्त्र उठा कर, चौराहे पर प्रदर्शनी लगा देता है। किसी की पकड़ में ही नहीं आता।

यहाँ से सोचना शुरू करो तो पितृसत्ता रोज नया 'मुखौटा' लगा सामने आ खड़ी

होती है। कुछ समझ ही नहीं आता कि कहाँ, कैसे, क्या और क्यों हो रहा है? कौन है इस नाटक (नौटंकी) का सूत्रधार? दिखता, सुनता कुछ है और अर्थ-अनर्थ कुछ और। बराबरी के मौलिक अधिकार का मतलब बताया जा रहा है 'बराबरों में बराबरी।' उत्तराधिकार का अर्थ-पुत्राधिकार। वैध, जायज या कानूनी (सन्तान) पुरुष की और अवैध, नाजायज और गैर-कानूनी (सन्तान) स्त्री की। 'बाल विवाह दण्डनीय अपराध' लेकिन 'विवाह हर हाल में मान्य होगा'। महिला आरक्षण विधेयक–'देश के मर्दो एक हो।' बलात्कार और हत्या का अभियुक्त बाइज्जत रिहा-सी.बी.आई. अपील दायर करेगी। यौन हिंसा–'बलात्कारियों को फाँसी देंगे'...कानून बनायेंगे...कब? कैसे?...सामाजिक न्याय...'समान नागरिक संहिता बनायेंगे'...अभी नहीं...कभी नहीं। धर्मनिरपेक्षता... 'धर्मान्तरण पर राष्ट्रीय बहस हो'। 'यत्र नार्यस्तु पूज्यन्ते रमन्ते तत्र देवता'...'शाबाश! सुष्मिता, ऐश्वर्य, डायना, युक्ता'...घर में बुर्का, बाजार में बिकनी...। रोटी, कपड़ा और मकान...परिवार नियोजन...हम दो, हमारे दो...'बेटी नहीं चाहिए'। जनसंख्या नियन्त्रण का उद्देश्य-स्त्री की कोख़ पर नियन्त्रण। यौन क्रान्ति (निरोध, गोली, गर्भपात)... 'सुरक्षित यौन सम्बन्धों के लिए निरोध इस्तेमाल करें'। जन, गण, मन अधिनायक जय हो, भारत भाग्य विधाता।

खैर, जब राजसत्ता की पंचवर्षीय योजनाएँ विफल हो गईं और सरकार रोटी, कपड़ा, मकान, शिक्षा, स्वास्थ्य और जीवन के लिए अनिवार्य न्यूनतम सुविधाएँ उपलब्ध करने-करवाने में विफल होने लगी तो राष्ट्रीय और अन्तर्राष्ट्रीय स्तर के प्रसिद्ध अर्थशास्त्रियों ने सलाह दी कि संकट की इस घड़ी का सामना करने के लिए 'जनसंख्या नियन्त्रण' परम आवश्यक है, वरना...। जनसंख्या नियन्त्रण का मतलब था (है), स्त्री की कोख़ पर नियन्त्रण। कोख़ पर नियन्त्रण के लिए निरोध, गर्भनिरोधक उपकरणों और गोलियों के आविष्कार पर कुछ लाखों-करोड़ों रुपए (डालर, पौंड) खर्च करना करना कोई बड़ी बात नहीं थी। हाँ! धार्मिक संस्थाओं के विरोध-प्रतिरोध की परेशानी तो थी मगर राजसत्ता के सामने धर्म (मठाधीश या धर्माचार्य) कब तक घुटने नहीं टेकते! राष्ट्र के विकास के नाम पर जनसंख्या नियन्त्रण यानी कोख़ पर नियन्त्रण के लिए परिवार नियोजन या कल्याण की एक से बढ़ कर एक 'क्रान्तिकारी स्कीम' सामने आने लगी। इसी महाअभियान का एक महत्वपूर्ण हथियार था गर्भपात कानून जिसने स्त्री की दुनिया ही बदल डाली।

परिवार नियोजन योजनाओं का परिणाम यह हुआ कि बेटियों की संख्या लगातार घटती गई क्योंकि हर परिवार को अनिवार्य रूप में सिर्फ पुत्राधिकारियों की ही जरूरत थी। बेटों को प्राथमिकता मिली और 'एमनियोसैंटोसिस टेस्ट' ने बेटियों का गर्भ में ही गला घोंट दिया। वरना शिक्षा, जागरूकता, साधन और स्वास्थ्य सेवाओं में तो अभूतपूर्व वृद्धि हुई थी ना! फिर लड़कियों की संख्या लगातार कम क्यों होती चली गई? दरअसल निरोध, गोलियाँ और गर्भपात के कानूनी अधिकार देने का मुख्य उद्देश्य,

औरत की कोख़ पर नियन्त्रण करके राष्ट्र की जनसंख्या पर नियन्त्रण करना भी था और स्त्री को पुरुष के 'आनन्द की वस्तु' बनाना भी। स्त्री को देह का स्वामित्व और उपभोग की आजादी का पाठ पढ़ाए बिना, यह सब कैसे सम्भव हो सकता था? यहीं से नई समस्याओं की शुरुआत होने लगी। एक बीमारी का इलाज करने के लिए दी गई दवा से नई बीमारियों का उदय हुआ।

पश्चिम का इतिहास गवाह है कि 'यौन क्रान्ति' एक सीमा तक ही, 'स्त्री मुक्ति' का सम्बल बन पाई। गर्भ निरोधक गोलियों से लेकर 'एड्स' तक की यात्रा में नारी की आजादी का मतलब, मर्दों को पहले से अधिक आज़ादी और आर्थिक फायदे में निकला। न गर्भ ठहरने का डर और न सामाजिक बदनामी का खतरा। एक तरफ स्त्रियों को अपनी देह का स्वयं स्वामी-मालिक बता कर बहुराष्ट्रीय कम्पनियों के ब्राण्ड बेचने के लिए नग्न-अर्धनग्न 'मॉडल' और कामना या आनन्द की वस्तु में बदला जा रहा है, मगर दूसरी तरफ घर में पत्नी, माँ, बहू-बेटी या बहन के लिए वही सदियों पुरानी नैतिक मर्यादा, यौनशुचिता और पतिव्रता के कड़े नियम लागू हैं। इन दोनों अन्तर्विरोधी और जटिल स्थितियों में नारी अस्मिता और मुक्ति के प्रश्न अधिक पेचीदा और घातक सिद्ध हो रहे हैं। विशेषकर सुन्दर स्त्रियों का आखेट बढ़ गया और वह भी उसकी सहमति से।

कौमार्य बचाए रखने के लिए स्त्री घर में कैद होकर रहें या घर से बाहर निकलने की कामना हो तो निरन्तर बलात्कार...हत्या...का भय झेलती रहें? हालाँकि सुरक्षित कहीं नहीं। सती-सावित्री बने रहना है तो 'चैस्टिटी बेल्ट' और बुर्का या घूँघट पहने रहें। यौन स्वतन्त्रता चाहिए तो 'खतरनाक औरत' या 'छिन्नमस्ता' होने-कहलाने की हिम्मत तो बटोरनी ही पड़ेगी। 'घर' और 'बाजार' के बीच चुनाव, अभी भी स्त्री को ही करना है। घर का सुख-सुरग चाहिए या 'बेघर' होने की सज़ा—फैसला खुद कर लें। बस यही है चुनाव का अधिकार और निर्णय लेने की आजादी।

कौमार्य भंग होने का अर्थ 'जीवन बरबाद' होना। विवाह तक कौमार्य बचाए रखने की सीख, सचमुच स्त्री को घर में कैद रखने और परम्परागत परिवार और विवाह संस्था में स्त्री पर पुरुष का एकाधिकार बनाए-बचाए रखने के लिए ही दी जाती है। सीख, आदेश या उपदेश का वास्तविक उद्देश्य स्त्री को निरन्तर बरबाद होते दिखाते रहना ही है। सावधान! आगे खतरा है।

स्त्री मुक्ति आन्दोलन के प्रभावों-दबावों के कारण सुधारवादी-उदारवादी-संशोधनवादी 'मेकअप' जरूर हुआ परन्तु उससे न 'परिधि पर स्त्री' की स्थिति (सामाजिक-आर्थिक-राजनीतिक...) बदली और न अन्य संकट कम हुए। शिक्षा और आर्थिक स्वतन्त्रता के आधर पर, नारी मुक्ति का सपना देखने-दिखाने वाले सिद्धान्तों को ही लकवा मार गया। महिलाओं की समस्या पहले से अधिक गम्भीर और जटिल हो गई। शोषण दोहरा। जिम्मेवारी दोगुनी। अधिकार शून्य।

महानगर की मध्यवर्गीय स्त्री के लिए शिक्षा 'सूटेबल ब्वाय' ढूँढ़ने के लिए आवश्यक प्रमाण-पत्र भर बन पाया। जितना ज्यादा पढ़ाओ, उतना ही ज्यादा 'सुयोग्य' वर ढूँढ़ना पड़ेगा और विवाह मण्डी में वरानुसार दहेज तो देना ही पड़ेगा। दहेज न हो तो बेटियाँ कुँआरी बैठी रहें और मुँहमाँगा दहेज देने के बाद भी कोई गारण्टी नहीं कि ससुराल में कब तक जिन्दा रहेंगी। शिक्षित हो तो नौकरी करो। कमाओ और हर महीने 'लिफाफा' लाकर घर में सम्भलवाओ। मँहगाई क्या कम है? पत्नी के वेतन से घर खर्च चलेगा और बाकी बचत से पति के नाम सम्पत्ति, फिक्स्ड डिपाजिट या शेयर बाजार जिन्दाबाद। यही है 'नौकरी का अर्थशास्त्र' महिलाओं के लिए।

गत वर्षों में परिवार के भीतर-बाहर यौन-हिंसा के आँकड़ों का आतंक लगातार बढ़ रहा है। परिवार के बाहर हिंसा, लूट, दमन, शोषण और उत्पीड़न से बचने के लिए मध्य-वर्गीय स्त्री परिवार या विवाह संस्था की 'घरेलू गुलामी' स्वीकारती है। लेकिन परिवार में भी हिंसा, भ्रूण-हत्या, हत्या, दहेज-हत्या, आत्महत्या, बलात्कार, यौन शोषण और उत्पीड़न कम नहीं। अजीब दुष्चक्र है। इसीलिए वह प्रायः घर छोड़ने पर विवश होती है या कर दी जाती है। घरेलू गुलामी से मुक्ति की तलाश में निकली औरत के पास जीवनयापन के लिए श्रम है या शरीर। निम्न-वर्ग की स्त्रियों के लिए तो मेहनत-मजदूरी करना आर्थिक विवशता है ही। वेतन या मजदूरी तक पुरुष के बराबर नहीं मिलती, ऊपर से यौन शोषण अलग। भ्रूणहत्या से सती तक, आधे अधूरे कानून और उनकी भी सारी व्याख्याएँ पुरुष हितों को पोषित करती हुईं। कौन सुनता-मानता है अदालती आदेश और विधि आयोग के संशोधन सुझाव? संविधान की समीक्षा करेंगे जो सम्भव ही नहीं।

स्त्री के श्रम और देह शोषण की नींव पर खड़ी ऐसी परिवार व्यवस्था और पूँजी सम्बन्धों को नष्ट होने से कौन और कैसे रोक सकता है? पितृशक्ति अभी भी घर में अपनी बहू-बेटियों को घूँघट या बुर्का में कैद रखना चाहती है मगर घर के बाहर उसे बिकनी वाली सुन्दरियाँ (विश्व सुन्दरियाँ) चाहिए जो उसके सेवा उद्योग, मनोरंजन व्यवसाय चला सकें और रोज नए ब्राण्ड बेच सकें। विश्वसुन्दरियों और नारी चेतना के स्वर जब उसके अपने घर में सुनाई पड़ते हैं (पड़ेंगे ही) तो वह चिल्लाने लगता है 'परिवार बचाओ...संयुक्त परिवार वापिस लाओ।'

अविवाहित लड़कियों और बिना विवाह किए माँ बनने वाली युवतियों की संख्या जब लगातार बढ़ने लगी तो पितृसत्ता को अन्तर्राष्ट्रीय स्तर पर चिन्ता सताने लगी कि परिवार ही नहीं होगा/रहेगा, तो पुरुष की पूँजी और सत्ता का क्या होगा? राजसत्ता और समाज का मुख्य एजेंण्ट (मुखिया) राज कहाँ और किस पर करेगा?...औरत को वापस घर लाओ वरना...।

मातृत्व अगर स्त्री की सार्थकता है तो बेड़ियाँ भी कम नहीं है। माँ बनना या न बनना उसका अधिकार है लेकिन 'न्यायिक सक्रियता' के इस दौर में भी न्यायमूर्तियों

का कहना है कि पति की सहमति के बिना गर्भपात करवाना, पत्नी द्वारा पति पर की गई 'मानसिक क्रूरता' है। तलाक...तड़ाक...तड़ाक...। समझना/समझाना आसान नहीं कि वास्तव में कौन, कितना क्रूर है। क्यों? यह तो मेरे समय की स्त्री ही जानती है या 'स्त्री का समय'। वह जब भी कहती है "यह मेरा शरीर है। इसके बारे में फैसला करने का अधिकार भी मुझे ही होना चाहिए।" तो पितृसत्ता समझाती है "महिलाएँ घरों में जाकर (रहकर) बच्चे पालें, क्योंकि मातृत्व से बड़ा सुख नहीं।" बहुराष्ट्रीय कम्पनियों द्वारा निर्मित गोरेपन की क्रीम और पिताश्री के 'परिवार वापसी के अर्थ' बेचती विश्व-सुन्दरियाँ 'सन्देश' दोहराती हैं 'माँ होना स्त्री की सबसे बड़ी उपलब्धि है।' अजीब विरोधाभास है कि "संस्कृति की सारी बहस स्त्री के 'स्कर्ट' की ऊँचाई-नीचाई से तय होती रहती है" मगर ढिंढोरा यह कि सौन्दर्य प्रतियोगिता में स्त्री अपनी 'मर्जी' से शामिल हो रही है। 'स्त्रियाँ मर्दों के बनाए विधान से बाहर निकल रही हैं। उसे तोड़ रही हैं।' सवाल है यहाँ से आगे कहाँ जाएँगी? रास्ता किधर है?

वैसे 1950 के बाद भारतीय समाज (विशेषकर शहरी मध्यवर्ग) में सामाजिक, राजनीतिक, आर्थिक और पारिवारिक स्तर पर संविधान, कानून, शिक्षा और जनचेतना के कारण व्यक्तिगत सम्बन्धों और परम्परागत विवाह संस्था के स्वरूप, स्वभाव और स्थितियों में निरन्तर परिवर्तन भी हुआ है। शहरीकरण, औद्योगीकरण और आर्थिक दबावों की वजह से संयुक्त परिवारों के टूटने-बिखरने की सामाजिक और ऐतिहासिक प्रक्रिया पहले से अधिक तेज हुई और 'छोटा परिवार-सुख का आधार' माना जाने लगा। शिक्षित स्त्रियाँ भी घर से बाहर निकल नौकरी या अन्य काम-धन्धा करने लगीं। आरम्भ में बढ़ती मँहगाई और परिवार के आर्थिक बोझ को कम करने के उद्देश्य से ही महिलाओं ने ऐसा करना शुरू किया था। आर्थिक स्वतन्त्रता और व्यक्तित्व के विकास की चेतना बहुत बाद में आई।

इस बीच धार्मिक, सामाजिक, पारिवारिक नैतिकता, मर्यादा और बन्धनों का बदलना भी अनिवार्य था—सो एक हद तक बदले भी। परिवार की प्रतिष्ठा के प्रश्न व्यक्तिगत स्वतन्त्रता और अधिकारों के सामने गौण होते गए और परिणामस्वरूप मध यमवर्गीय एकल परिवारों में पति-पत्नी के बीच तनाव या एक दूसरे से मुक्त होने की इच्छा, आकांक्षा या विवशता कोर्ट-कचहरी तक पहुँचने लगी। अदालतों में लगातार बढ़ते तलाक, गुजारा-भत्ता, बच्चों का संरक्षण, दहेज, स्त्रीधन, मानसिक यातना के मुकदमे भारत में परिवार या विवाह-संस्था की मौजूदा स्थिति और भविष्य पर शोधकर्ताओं के लिए काफी हैं। परिवार के तनाव के कारण स्त्री-पुरुष और विशेषकर बच्चों में मानसिक असन्तुलन, भावनात्मक विकृतियाँ, मनोवैज्ञानिक बीमारियाँ, अपराध बोध और व्यक्तिवादी दृष्टिकोण लगातार बढ़ता और गहराता गया है।

लेकिन 'नारी प्रश्न' अभी भी बना हुआ है कि सामाजिक परिवर्तन, सांस्कृतिक बदलाव, प्रजातान्त्रिक मूल्यों और व्यक्ति के मानवाधिकारों की लगातार बढ़ती जनचेतना,

शिक्षा और प्रसार के तकनीकी दौर में क्या मौजूदा परिवार व्यवस्था को पुरानी पितृसत्ता की निरंकुशता को बनाए-बचाए रखकर बचाना सम्भव है? सामन्ती परिवार सत्ता से प्रजातान्त्रिक राजसत्ता (आर्थिक, सामाजिक, राजनीतिक और वैधानिक) तक में आज भी स्त्री की स्थिति, सम्मान और अधिकार क्या है? विवाह से विवाह-विच्छेद तक के निर्णयों में उसका अपना निर्णय कहाँ और कितना है? एक सम्बन्ध से मुक्त होने की विवशता से लेकर दूसरे सम्बन्ध में बँधने की मजबूरी के पीछे स्त्री कितनी अपमानित, आहत और असहाय है?

स्त्री के व्यक्ति, व्यक्तित्व और बौद्धिक विकास में पुरुष (पिता, पति, पुत्र) अक्सर खलनायक की भूमिका में ही क्यों दिखाई देते हैं? स्त्री परिवार या विवाह संस्था के बाहर स्वतन्त्र रूप से सम्मानजनक जीवन क्यों नहीं जी सकती? विवाह के अलावा क्या और कोई विकल्प हो ही नहीं सकता? क्या औरत को हमेशा रक्त या यौन सम्बन्धों और सम्पत्ति के समीकरणों में ही पहचाना जाएगा? उसकी न अपनी कोई स्वतन्त्र पहचान और न कोई स्वतन्त्र निर्णय। मौजूदा परिवार के सड़ते 'मनुवादी' ढाँचे को और अधिक लम्बे समय तक बचा पाना सर्वथा असम्भव ही नहीं, बेहद खतरनाक भी लगता है। विवाह संस्था में जब तक पत्नी और पुत्र, पति की सम्पत्ति माने-समझे जाते रहेंगे, तब तक किसी भी संवैधानिक मौलिक अधिकारों का अर्थ क्या है? परिवार या समाज में 'स्त्री के लिए जगह' क्या है? कहाँ है?

ऐतिहासिक परिप्रेक्ष्य में देखें, तो पितृसत्तात्मक समाज में स्त्री (गुड़िया) के धड़ का सुन्दर, सुडौल और सुचारू होना ही, सर्वगुण सम्पन्न होना माना जाता (रहा) है। स्त्री सिर्फ सुन्दर धड़ होनी चाहिए (सिर हो तो काट कर फैंक दो-बेकार के प्रश्न करेगा) विडम्बना यह है कि स्त्री (विशेषकर शहरी, शिक्षित, स्वावलम्बी और स्वतन्त्र) देह को एक सुन्दर, 'रसीला फल', वस्तु, चीज और भोग्य रूप में न पूर्ण रूप से स्वीकार पाती है और न नकार पाती है। ऐसे अन्तर्विरोधी देह के दोराहे पर खड़ी-पड़ी स्त्री के नैतिक संकटों, विस्फोटक स्थितियों, प्रतिरोधों, दमन और द्वन्द्वों के मानसिक उपद्रव (हत्या-आत्महत्या-मनोविकृतियाँ) को रेखांकित करना कठिन है।

मर्यादाओं के मकड़जाल में स्त्री के लिए 'प्रायवेट लाइफ' का मतलब है व्यभिचार और सिन्दूरी सम्बन्धों से बाहर, हर सम्बन्ध अनैतिक, पाप और अक्षम्य अपराध। एकल विवाह या सम्बन्ध के सारे प्रतिबन्ध सिर्फ स्त्री के लिए। पुरुष के लिए व्यभिचार की खुली वैधानिक छूट। रखैल, रक्षिता, वेश्या, कॉलगर्ल सब उसी के आनन्द की संस्थाएँ हैं। पूँजी के शर्मनाक खेल में औरत को भोग-उपभोग की 'सुन्दर' वस्तु बनाया जा रहा है। एक ओर पोर्नोग्राफी के माध्यम से नपुंसक होते पुरुषों की कामवासना का 'आनन्द' बाजार बढ़ रहा है, दूसरी ओर नारी विरोधी अपराधों (यौन अपराध) की संख्या में लगातार वृद्धि हो रही है। होगी, क्योंकि जैसे-जैसे अभिव्यक्ति की स्वतन्त्रता के मौलिक अधिकारों की आड़ में अश्लीलता बढ़ेगी, वैसे-वैसे हिंसा भी। पर्दे पर बढ़ी

यौन हिंसा का सीधा प्रभाव समाज में प्रतिध्वनित होगा। हो रहा है। पूँजी बाजार में 'यौन हिंसा' से ज्यादा बिकाऊ खबर, साहित्य या फिल्म क्या हो सकती है? एक तो पोर्नोग्राफी पितृसत्ता के लिए भारी मुनाफे का व्यापार है, दूसरे विश्वभर की स्त्रियों को मानसिक रूप से उत्पीड़ित-शोषित करके, अपनी सत्ता बनाए-बचाए रखने का षड्यन्त्र। ऐसा अश्लील साहित्य, विरोध और विद्रोह की भावना को कुण्ठित करके पूरी पीढ़ी को नपुंसक, बीमार और विकृत मानसिकता की ओर अग्रसर भी करता है। कर रहा है।

स्त्री देह के सौन्दर्य का व्यवसायीकरण; निःसन्देह उन्हें 'शो गर्ल्ज' बनाने के लिए ही उत्प्रेरित करेगा (करता है) करता रहेगा। लेकिन बापू का चौथा बन्दर प्रचारित कर रहा है "उसे भी सत्ता में हिस्सा चाहिए था और उसके पास हथियार के रूप में सिर्फ उसकी देह थी। चूँकि देह उसकी थी, इसलिए वह उसका इस्तेमाल करने के लिए 'स्वतन्त्र' थी—वह फिल्मों में, राजनीति में, उद्योग में, सौन्दर्य प्रतियोगिताओं में देह की कीमत वसूल रही थी—वह पुरुषों के खेल में अपनी राजी से शामिल हो गई थी—और उनके नियमों के हिसाब से खेल रही थी।" पूँजी का प्रचार-संचार तन्त्र देह की सौन्दर्य स्वतन्त्रता के ऐसे ही मिथकों और भ्रामक दुष्चक्रों को रचता रहा है। स्त्रियों के लिए घर में बुर्के और बाजार में बिकनियाँ नहीं बनाता-पहनाता तो उसका अरबों-खरबों का धन्धा (फिल्म, राजनीति, विज्ञापन, उद्योग, प्रसाधन, सेवा, प्रचार-तन्त्र, पोर्नोग्राफी प्रकाशन और 'आनन्द' बाजार) चौपट नहीं हो जाता? हालाँकि इस खेल में पारम्परिक घर चौपट हो गया।

स्त्री को 'देह के हथियार' से कितना 'सत्ता में हिस्सा' मिला या मिल पाया—हम सब अच्छी तरह जानते हैं। पुरुषों के इस भयावह 'खेल' में स्त्री सहमति का निर्णय स्वयं ले रही है या सिक्का (रुपया, डालर, पौण्ड)? देह के अर्थशास्त्र में स्वेच्छा और स्वतन्त्रता का निर्णायक आधारबिन्दु क्या है? देह के व्यवसाय के मुनाफे और 'देह की कीमत' के बीच क्या अंतर्संबंध है? खेल के नियम, शर्तें और चुनाव प्रक्रिया कौन निर्धारित कर रहा है?

बहुराष्ट्रीय पूँजी के सामने सुन्दर स्त्री के विरोध, प्रतिरोध और मोलभाव का क्या कोई मतलब है? पुरुष उद्योगपतियों द्वारा पहले से तय कीमत (इनाम, पुरस्कार, पारिश्रमिक...) पर, जब हजारों विश्व सुन्दरियों को लाइन लगा कर देह प्रदर्शन के लिए लाकर खड़ा कर दिया जाता हो, तब राष्ट्रीय-अन्तर्राष्ट्रीय दलालों के हाथों में नाचती कठपुतलियाँ या सुन्दर गुड़ियाँ सिर्फ वस्तु, माल, या साधन भर होती हैं। खरीददार की शर्तों पर खेल-खेलने में, सुन्दरी की हार पहले से ही निश्चित है। हार में ही जीत का एहसास कब तक बना रह सकता है? आज जो 'टॉप हीरोइन' है या मानी-समझी जा रही है, कल वही इतिहास नायिका गुमनाम मौत मारी जाएगी। मर्लिन मनरो से लेकर पामेला बोर्डेस और डायना तक, सुन्दर स्त्रियों की व्यथा-कथा कौन समझ-समझा

सकता है? सत्ता विमर्श में सुन्दरी की उपयोगिता तभी तक तो है, जब तक सौन्दर्य (देह) कायम है।

लगता है कि पूर्व से पश्चिम तक बसे-उजड़े परिवारों में स्त्री की (ऐतिहासिक-सामाजिक-आर्थिक-राजनीतिक) स्थिति, क्षमता, सीमा, संघर्ष और शुभाकांक्षाओं को सूक्ष्मता से समझने या बहस, चिन्ता और चिन्तन के बाद ही 'परिवार बचाओ' का अन्तर्राष्ट्रीय वर्ष मनाया गया होगा। विवाह संस्था में स्त्री-पुरुष के बीच निरन्तर गहराते शीतयुद्ध और सत्ता-विमर्श के रणक्षेत्र में सड़ते सम्बन्धों की शव-परीक्षा के बाद सोचा गया होगा कि अब क्या करें? पितृसत्तात्मक समाज के भीतर-बाहर, चारों तरफ फैली भयंकर हिंसक संस्कृति और विस्फोटक परिस्थितियों में घिरी (घेरी गई) स्त्री के चेतन-अवचेतन में बिछी बारूदी सुरंगों के बेहद जटिल मानचित्रों का मनोवैज्ञानिक अध्ययन करके ही समाज-सेवा और सौन्दर्य प्रतियोगिताओं के सुरक्षित (बेहद आकर्षक और मोहक) विकल्पों की ऐसी परियोजनाएँ बनाई गई होंगी, जिसमें उच्चमध्यम वर्ग के शिक्षित 'विद्रोही' और 'क्रान्तिकारी' समाज सुधारकों को पूँजी की परियोजनाओं के अन्तर्गत, समाज सेवा का 'महान' काम सौंप कर पितृसत्ता फिलहाल खतरा टाल सके ताकि यथास्थिति बनी रहे।

पिछले दो दशकों में (भारत में) हजारों समाजसेवी संस्थाओं की स्थापना, गोष्ठी, सेमिनार और अरबों रुपए की सरकारी, गैर-सरकारी, देशी-विदेशी मदद, अनुदान और योजनाओं का कुल परिणाम क्या है? क्या भारतीय समाज में आम औरतों की स्थिति में कोई गुणात्मक सार्थक बदलाव आ पाया? इस दौरान है कोई राष्ट्रीय-प्रान्तीय स्तर का बड़ा नारी आन्दोलन? आम भारतीय औरतों (विशेषकर ग्रामीण) की हालत हर जगह पहले से बदतर हुई है।

साक्षरता अभियान का असली मकसद स्त्रियों को शिक्षित और जागृत करना नहीं बल्कि सिर्फ इतना साक्षर करना है कि वे बहुराष्ट्रीय कम्पनियों के 'ब्राण्ड' पहचान-खरीद सकें। पूँजी के नए खेल में अधिकांश स्वयंसेवी संस्थाओं के संस्थापक साम्राज्यवादी पितृसत्ता के हाथों में नाचती वो कमजोर कठपुतलियां हैं, जो स्थानीय परिवार के मुखिया के काबू नहीं आ रही थीं। इन्हें अगर 'समाज सेवा' के सुविधाजनक और समृद्धि के सपने नहीं दिए जाते, तो कहना न होगा कि इनका 'विरोध या विद्रोह' कहीं कुछ और 'गुल' खिलाता...'जहर' फैलाता।

आम समाज के 'स्टीरियोटाइप' नर-नारी को अपनी-अपनी रोजी-रोटी के संघर्ष से ही फुर्सत नहीं है। पितृसत्ताक की परेशानी यह है कि उसे अपने आधुनिकतम उद्योग और अन्य समस्याओं को सम्भालने-सुलझाने के लिए स्वतन्त्र स्त्री-पुरुष (एण्टी स्टीरियोटाइप) चाहिए, जो मॉडलिंग से लेकर समाज सेवी परियोजनाओं पर काम कर सकें। काफी जोखिम का काम है, इसलिए कीमत भी थोड़ी ज्यादा देनी पड़ेगी और वह भी इस रूप में कि कीमत न लगे। सिक्के के साथ 'सम्मान' भी जोड़ना पड़ेगा। विश्व सुन्दरी

से लेकर समाज सेवियों तक के लिए कुछ बड़ी धन राशि के पुरस्कार। यौन नैतिकता और सामाजिक मर्यादा के पाखण्डी पाठों का पर्दाफाश ये 'रोलमॉडल' और 'सांस्कृतिक दूत' अपने आप कर ही देंगे। प्रचार-तन्त्र रातों-रात गाँव की गलियों तक ढिंढोरा पीट देगा। कुछ सिरफिरे देते रहें 'सांस्कृतिक साम्राज्यवाद' की दुहाई या 'दुर्ग द्वार पर दस्तक।' फिक्र करने की कोई जरूरत नहीं। सारे पुख्ता इन्तजाम किए जा चुके हैं। शेष-अशेष विकल्पों की हत्या के बिना 'गतिशील समाज' के विकास-विस्तार का सपना कैसे साकार हो सकता है?

ऐसे में तीसरी दुनिया की अंगूठा टेक स्त्री कब तक ढोएगी अपने कन्धों पर (या कोख़ में) पितृसत्ता की खतरनाक योजनाओं का भार? 'बंजर जमीन' में सामाजिक बदलाव की बेचैनी के बीज कहाँ हैं? स्त्रियों को कब तक आतंकित, अपमानित, असुरक्षित और सम्पत्ति अधिकारों से वंचित रहना होगा? सम्पत्ति में बराबर बंटवारे के बिना, सत्ता में बराबर भागीदारी कैसे होगी? उसे कब तक आशीर्वाद स्वरूप कहा जाता रहेगा 'मे यू बी द मदर ऑफ हंड्रेड संस।'

उल्लेखनीय है कि कभी-कभार सत्ता संस्थानों में महिलाओं का प्रतीकात्मक प्रतिनिधित्व व्यवस्था की विवशता है। पचास सालों में दो महिला न्यायधीशों का सुप्रीम कोर्ट तक पहुँचना, कुछ अन्य विद्वान विदुषियों का हाई कोर्ट तक आ जाना, कुछ विशेषाधिकारी वर्ग की बहू-बेटियों का अफसर, मन्त्री, राज्यपाल या प्रधानमन्त्री बन जाना (या बना देना) संयोग, सौभाग्य या सत्ताधीश वर्ग की उदारता के परिणाम या प्रमाण नहीं हैं। सत्ताशिखरों तक पहुँचने या पहुँचने के बाद भी, महिलाओं की न पुरुष प्रत्याशाओं पर खरा उतरने की चुनौतियाँ बदलती हैं और न पहले से तय पद की भूमिका। सत्ता संघर्ष में सिंहासन तक पहुँचाने या बने रहने की कोशिश में अब तक, न जाने कितनी औरतों को मौत के घाट उतार दिया गया है या गुमनाम मरने के लिए विधवा आश्रमों और पागलखानों की अँधेरी कोठरियों में कैद करके छोड़ दिया गया। सत्ताधीश स्त्री को पितृसत्ता द्वारा खिंची 'लक्ष्मण रेखा' लाँघने की अनुमति नहीं। यही वजह है कि स्त्रियों के राष्ट्राध्यक्ष होने के बावजूद आम औरतों के हालात में कोई खास बदलाव नहीं आया। आँकड़ों और अपवादों के उदाहरण गिनने-गिनाने से क्या लाभ?

पितृसत्ता के इस चक्रव्यूह को तोड़ने के लिए स्त्रियों ने जितना विरोध-प्रतिरोध किया है, उन पर उतना ही अधिक दमन, हिंसा और अत्याचार बढ़ता गया है। हत्या-आत्महत्या-बलात्कार के आँकड़े गिनाने की जरूरत नहीं। मेरा स्पष्ट मानना है कि जब तक पितृसत्तात्मक पूँजीवादी समाज में व्यक्तिगत संपत्ति के उत्तराधिकार के लिए वैध पुत्रों (यानी विवाह संस्था अपरिहार्य) की अनिवार्यता और परिवार में पुरुष (पिता-पति-पुत्र) का अधिनायकवादी वर्चस्व बना रहेगा, तब तक औरत की अस्मत और अस्मिता, अस्तित्व और व्यक्तित्व, अधिकार और अभिव्यक्ति, समानता और सम्मान

का हर संघर्ष अधूरा और सारे 'घोषणापत्र' बेमानी हैं।

मैं यहाँ कहना चाहता हूँ कि सम्पत्ति और सत्ता में बराबर हिस्से के लिए स्त्रियों को वैधानिक-संवैधानिक और अन्य सभी अधिकारों का इस्तेमाल हथियारों की तरह और हथियारों का उपयोग अधिकारों की तरह करना होगा। सौन्दर्य के लिए 'प्राइज' (पुरस्कार) नहीं बल्कि बौद्धिक क्षमताओं और श्रम के 'प्राइस' (मूल्य) के लिए लड़ना होगा। जाहिर है कि लड़ाई बहुत लम्बी है और परिवार से राज्य तक चारों ओर 'स्टेनगनें' तनी हैं। बलात्कारी कानूनी प्रक्रिया में सज़ा से बच सकता है। लेकिन जिस दिन औरतें आत्मरक्षा में खुद हथियार उठा लेंगी, उसे कोई नहीं बचा सकता। अब यह बताने की भी जरूरत नहीं (आदेशानुसार सुप्रीम कोर्ट) कि अपनी सुरक्षा में, अपने बचाव में की गई हत्या (तक) भी कोई अपराध नहीं है। दमन के विरुद्ध लावा तो खुद भी बनना ही पड़ेगा।

—अरविंद जैन

नई दिल्ली

8 मार्च 2004

'वसुधा' के आगामी विशेषांक

* मीडिया में साहित्यिक सांस्कृतिक हस्तक्षेप
* आज के समय में मार्क्सवाद
* भीष्म साहनी का रचना संसार
* समकालीन बांग्ला साहित्य
* बन्ने भाई की दुनिया
* समकालीन मराठी साहित्य
* समकालीन मलयालम साहित्य
* छठे-सातवें दशक की बौद्धिक हलचलें

अतिथि सम्पादक

सर्वश्री रामशरण जोशी, अरविन्द चतुर्वेद, कृपाशंकर चौबे, चन्द्रकान्त पाटिल, अरविन्दाक्षन, अरुण प्रकाश, शकील सिद्धीकी और अली जावेद

सभी विशोषांकों के लिए प्रगतिशील लेखक संघ के राष्ट्रीय अध्यक्ष डॉ. नामवर सिंह से परामर्श लिया जाएगा।

औरत ने जनम दिया मर्दों को, मर्दों ने उसे बाजार दिया
जब भी चाहा मसला कुचला, जब जी चाहा दुतकार दिया

तुलती है कहीं दीनारों में, बिकती है कहीं बाजारों में
नंगी नचवाई जाती है, अय्याशों के दरबारों में
यह वह बेइज्जत चीज है जो बँट जाती है इज्जतदारों में

मर्दों के लिए हर जुल्म रवा, औरत के लिए रोना भी खता
मर्दों के लिए लाखों सेजें, औरत के लिए बस एक चिता
मर्दों के लिए हर ऐश का हक, औरत के लिए जीना भी सजा

जिन सीनों ने इनको दूध दिया, उन सीनों का व्योपार किया
जिस कोख में इनका जिस्म ढला, उस कोख का कारोबार किया
जिस तन में उगे कोंपल बनकर, उस तन को जलीलो-ख्वार किया

मर्दों ने बनाई जो रस्में, उनको हक का फर्मान कहा
औरत के जिन्दा जलने को कुर्बानी और बलिदान कहा
इस्मत के बदले रोटी दी और उसको भी एहसान कहा

संसार की हर इक बेशर्मी, गुरबत की गोद में पलती है
चकलों ही में आकर रुकती है, फाकों से जो राह निकलती है
मर्दों की हवस है जो अकसर औरत के पाप में ढलती है।

औरत संसार की क़िस्मत है फिर भी तक़दीर की हेटी है
अवतार पय्यम्बर जनती है फिर भी शैतान की बेटी है
यह वह बदक़िस्मत माँ है, जो बेटों की सेज पे लेटी है

औरत ने जनम दिया मर्दों को, मर्दों ने उसे बाजार दिया
जब जी चाहा मसला कुचला, जब जी चाहा दुतकार दिया

—साहिर लुधियानवी

गुलाम स्त्रियों की मुक्ति का पहला गीत

□ **ऐंतीपैत्रोस**

(**ऐंतीपैत्रोस** यूनान के सिसेरो के काल के प्राचीनतम कवियों में से एक हैं। ग्रीक दार्शनिक **अरस्तू** के यहाँ भी इनकी तारीफ मिलती है। **अरस्तू** की आकांक्षा थी कि एक ऐसे यन्त्र का आविष्कार हो जो स्त्रियों को शारीरिक श्रम से मुक्त करे। अनाज पीसने के लिए पनचक्की का आविष्कार एक ऐसे ही यन्त्र का प्रारम्भिक रूप है जिसकी प्रशंसा में इस प्राचीन कवि ने यह गीत लिखा है। यह कविता श्रम-विभाजन से सम्बन्धित प्राचीन काल के लोगों और आधुनिक काल के लोगों के विचारों के परस्पर विरोधी स्वरूप को भी स्पष्ट करती है। प्रसिद्ध विचारक **कार्ल मार्क्स** ने **'पूँजी'** के पहले खण्ड में पृष्ठ 435 पर इस कविता का उल्लेख किया है।)

आटा पीसने वाली लड़कियो,
अब उस हाथ को विश्राम करने दो,
जिस से तुम चक्की पीसती हो,
और धीरे से सो जाओ!

मुर्गा बांग देकर सूरज निकलने का ऐलान करे
तो भी मत उठो!

देवी ने अप्सराओं को लड़कियों का काम करने का आदेश दिया है,
और अब वे पहियों पर हल्के-हल्के उछल रही हैं
जिससे उनके धुरे आरों समेत घूम रहे हैं
और चक्की के भारी पत्थरों को घुमा रहे हैं।
आओ अब हम भी अपने पूर्वजों का-सा जीवन बिताएँ
काम बन्द करके आराम करें
और देवी की शक्ति से लाभ उठाएँ

—प्रस्तुति और टिप्पणी : **रश्मि चौधरी**

मीडिया और स्त्री देह : कुछ बातें

□ लीलाधर मंडलोई

जब भी किसी चैनल की रेटिंग गिरने लगती है वह अचानक सुहाना सेक्स, गरम पोर्न की ओर दौड़ लगाने लगता है। अमेरिका का सांस्कृतिक औजार सेक्स ही है।'

—सुधीश पचौरी (सहारा 22 फरवरी)

अमेरिका की तथाकथित संस्कृति वस्तुतः एक उद्योग है जो सेक्स की छवियों के इर्द-गिर्द केन्द्रित है। स्त्री को देखने का अमरीकी नज़रिया शुरू से उत्पाद या ब्रांड आधारित रहा है। भूमण्डलीकरण पर सवार यह दृष्टि मीडिया व्यवसाय का बीज पद है। पिछले दिनों एम.टी.वी. की दर्शक संख्या में अप्रत्याशित गिरावट ने चैनल का अस्तित्व जैसे खतरे में डाल दिया। फलस्वरूप एक आपात योजना के तहत 'सुपर बाउल शों का आयोजन इस पूर्व घोषणा के साथ हुआ कि उक्त शो में दर्शकों के लिए कुछ ऐसा 'चौंकाऊ' माल होगा कि जिसे इसके पूर्व देखा न गया हो। अर्थात् दर्शकों के लिए चैनल ने 'शोक ट्रीटमेंट थ्योरी' पर आधारित शो का प्रचार प्रसार जम के किया। फिर क्या था, दर्शक ही दर्शक। इस शो में जेनेट के दाएँ स्तन को पूर्व योजना के तहत इस तरह से अनावृत्त किया गया कि कैमरा उस हिलते हुए वक्ष को फोकस किए रहे। इस सार्वजनिक स्तन अनावरण के लिए जेनेट के साथी कलाकार जस्टिस टिंबरलेक ने सोची समझी योजना के तहत चोली के दाहिने हिस्से को इस तरह फाड़ा कि कैमरे उस स्वस्थ स्तन को हाईलाइट कर चैनल के पक्ष में हाइप खड़ी कर सके। और चैनल की गिरती रेटिंग को एक जीवनदान मिले। यह जो फूहड़ अमरीकी प्रविधि एम.टी.वी. ने अपनाई, दरअसल अमरीकी जीवन शिल्प की ही देन है जहाँ सेक्स एक बड़ा बाजार है। पाठकों को ऐसा ही मीडिया दृश्य मेडोना की स्तन कथा का याद होगा। इन उदाहरणों को सामने रखने के पीछे इतना ही मंतव्य है कि स्त्री एक मनुष्य नहीं मात्र एक देह, एक उत्पाद, एक ब्रॉन्ड है। जो एम.टी.वी. में दिखाया गया वह मात्र एक झलक है इसका गर्हित रूप तो पोर्नो साइट्स में सहज उपलब्ध है।

टेक्सास क्रिश्चियन यूनिवर्सिटी के रियान बर्न ने पोर्नो साइट्स का एक गम्भीर

अध्ययन किया। इस अध्ययन में 348 पोर्नो साइट्स के उपभोक्ताओं से बातचीत के जरिए मनोवैज्ञानिक विश्लेषण के परिणाम स्वरूप जो तथ्य सामने आए, उन्हें जानना एक अमानवीय पुरुष दृष्टिकोण से रू-ब-रू होना है। कुछ बिन्दु ग़ौरतलब हैं–

1. पुरुष स्त्री को सिर्फ़ सेक्स का उपादन मानते हैं।

2. साइट के 'हाई कंजक्शन ग्रुप' के उपभोक्ता स्त्री को उपभोक्ता वस्तु से ज्यादा कुछ नहीं मानते।

3. साइट के उपभोक्ता स्त्री से व स्त्री के बारे में सिर्फ़ अश्लील-प्रतीकों वाली भाषा में बात करते हैं।

4. उपभोक्ताओं की शब्दावली में जिन शब्दों का नियमित प्रयोग होता है वे हैं–सेक्सी, सुन्दर, उत्तेजक, हॉट, कुँवारी, भावुक, प्यारी, कोमल, सीधी इत्यादि।

इस शब्दावली से पुरुष के स्त्री के प्रति अमानवीय दृष्टिकोण का सहज पता चलता है। टी.वी. चैनल और फ़िल्मों में स्त्री को अमूमन जिस तरह चित्रित किया जाता है, उस से एक पुरुष की स्त्री के प्रति बनती धारणा को सहज समझा जा सकता है। दरअसल यह उस पूँजीवादी बाज़ार का करिश्मा है जिसमें स्त्री को एक 'कमोडिटी' में तब्दील कर दिया गया है। इसका एक दुखद उदाहरण है इण्डिया टाइम्स का 2004 में किया गया 'हॉटेस्ट कपल' सर्वेक्षण। भारत में 'इण्डिया टाइम्स' ने यह प्रतियोगिता 'वेलेंटाइन डे' पर आयोजित की। कहना न होगा कि यह अमरीकी जीवन शिल्प की तरफ़ बढ़ते समाज का ग्राफ है। इस प्रतियोगिता में उपभोक्ता के विकृत मानस का सहज पता चलता है। कुछ प्रतिक्रियाएँ–

1. अजीत गांधी नामक इण्डिया टाइम्स के सर्फ़र ने कहा–'विपाशा और जॉन के सेक्सी दृश्य मेरे टी.वी. के वोल्टेज को बढ़ा देते हैं।'

2. वेंकटेश्वर आर. का मत है कि 'वेलेंटाइन डे' अब से 'बिप्राहम डे' के रूप में मनाया जाना चाहिए।

3. अंजलि नामक सर्फ़र कहती हैं–'बिपाशा और जॉन–एडम और ईव के नए अवतार हैं।

4. मोहनराम फरमाते हैं–'बिपाशा और जॉन का बस नाम लो और कश्मीर में बर्फ़ पिघलने लगती है।'

इस प्रतियोगिता के पीछे बाज़ार की सोची-समझी रणनीति है। इस अध्ययन में 'हॉटेस्ट कपल' बिपाशा और जॉन को माना गया जिन्हें 40% मत मिले। ऐश्वर्या और विवेक को 22%, केटरीना कैफ़ और सलमान को 10%, श्वेता और महेश भूपति को 6% और पद्मा लक्ष्मी और सलमान रुश्दी को 3% मत प्राप्त हुए। भारत में यह अमरीकी ट्रेंड का एक विस्तार है। इस प्रतियोगिता में अजीत गांधी पुरस्कृत हुए और उन्हें रायल नेपाल एयरलाइन्स का टिकिट उपहार में मिला और नेपाल टूरिज़्म बोर्ड की तरफ़ से आरामदेह प्रवास की सुविधा। हमारे समय की न केवल युवा बल्कि

अधेड़ पीढ़ी बाज़ार के प्रभाव में आज एक ऐसे रास्ते पर चल पड़ी है जिसमें स्त्री का अस्तित्व मीडिया में एक मखौल बनकर रह गया है। यह सब 'एडवरटाइजिंग स्टैंडर्ड्स काउंसिल औफ़ इण्डिया के इस निर्देश के बावजूद कि–'विज्ञापन में महिलाओं का चित्रण ऐसा हो जो उनके आत्म सम्मान और गरिमा को बनाए रखे।' आज कोई भी फिल्म निर्माता और विज्ञापन कम्पनी ऐसे तमाम निर्देशों का खुलेआम उल्लंघन करते हैं। ऐसे में स्त्री के साथ किए जा रहे सुलूक का समाजशास्त्रीय अध्ययन और उससे प्राप्त परिणामों का सख्ती से कार्यान्वयन लाजिमी हो उठा है।

(2)

मीडिया का संसार बाज़ार की सोची-समझी नीतियों का नतीजा है। यहाँ हर चीज़ अध्ययन और विश्लेषण का परिणाम है। TAM के आँकड़ों ने यह प्रमाणित किया कि क्रिकेट मैच को देखने वालों में महिला दर्शकों की संख्या का ग्राफ विकास पर है। लगभग 30% दर्शक संख्या महिलाओं की है। बस क्या था, सेटमैक्स ने मंदिरा बेदी को Extra innings में क्रिकेट स्टार के साथ मैदान में उतार दिया। क्रिकेट का ज्ञान उतना लाज़िमी नहीं था जितनी मंदिरा बेदी की उपस्थिति। ऐसी उपस्थिति जो भारत और भारतीय खिलाड़ियों के पक्ष में एक झूठे राष्ट्र गौरव को (अपने सेक्सी लुक के साथ) 'हाइफ दे सके। इस नई उपस्थिति ने एक ऐसा माहौल रचा कि दूरदर्शन ने 'फोर्थ अंपायर' कार्यक्रम में नए चेहरे रोशनी चोपड़ा (मॉडेल) को जगह दी। हाल में भारत-आस्ट्रेलिया सीरीज में वसीम अकरम, रवि शास्त्री और हर्ष भोगले के बीच विदेशी यौवनाओं को शामिल किया गया। स्टार क्रिकेटर ने अपने परिधानों में 'केजुएल वियर' को अपनाया ताकि वह विदेशी यौवनाओं से मेल खाकर एक नया फील पैदा कर सके। ऐसा फील जो स्टेडियम और टी.वी. के दर्शकों को अपना सरीखा ह़ोने का बोध दे सके। आज मीडिया में जो कुछ भी दिखाई देता है वह चाहे कपड़े हों, इंटीरियर डेकोरेशन हो, जीवन शिल्प या बातचीत का मुहावरा–सभी कुछ बाज़ार की शर्तों पर है। अकारण नहीं है कि आज के 90 से 95 फीसदी सीरियल उच्च वर्गीय जीवन शिल्प के प्रतिबिम्ब हैं। 'हम लोग' 'बुनियाद', 'नुक्कड़' और 'नीम का पेड़' जैसे धारावाहिक आज सम्भव नहीं। क्योंकि जो ग्रामीण क़िरदार भाषा, कथा और लोकेल हमारी पहचान है, वह बहुराष्ट्रीय कम्पनियों की विज्ञापन योजना से मेल नहीं खाती। देखा जाए तो ऐसे कार्यक्रम चैनल की रंगयोजना और पैकेजिंग सौन्दर्य विधान को ध्वस्त कर सकते हैं। उत्तेजक और तीव्रगति के संगीत और रंगदृश्य विधान में मामूली देशी चेहरे और भूखे-नंगे लोगों की उपस्थिति मार्केटिंग के लक्ष्य को चोट पहुंचाते हैं अतः ऐसी सभी चीज़ों की विदाई का समय है जिनका सम्बन्ध मूल्य, सरोकार और आदर्श से है। हाँ! इनका एक विभ्रम, एक छल ज़रूर है जो सारे चैनलों पर खड़ा किया जा रहा है और वह भी मार्केटिंग की असहायता से उपजा चालाक बोध है।

(3)

इधर फैशन इंडस्ट्री का बाज़ार केन्द्रीय है। फैशन है तो स्त्री देह है। स्त्री देह के हर हिस्से–नाखून से ले के बालों तक–अनेक उत्पाद हैं। उनके उत्पाद हैं तो उनकी बिक्री के लिए उपभोक्ताओं की दरकार है। उपभोक्ता चाहिए तो बेचने के नए तरीके। नई मॉडल। मॉडलिंग के बहाने देह के हरेक कोण पर फोकस। क्लोजअप टूथपेस्ट में युवाओं को भरमाता, आपस में एक दूसरे को नजदीक लाता, प्रेम करवाता क्लोजअप। फेयर एण्ड लवली–गोरेपन की क्रीम–इस्तेमाल करो और सहज जीवन साथी उपलब्ध। शेम्पू, साबुन, क्रीम, बॉडी स्प्रे, अन्डर गारमेन्ट्स, नेलपॉलिश से लेकर तमाम उत्पाद एक ही भाषा में आमन्त्रित करते हैं–'आओ सुन्दर हो जाओ, अलग दिखो।' यह जो अलग दीखने के साथ सर्वाधिक सुन्दर होने की सहज इच्छा का जो कमज़ोर और भावुक क्षण है बस उसी को सम्बोधित हैं सभी उत्पाद, सभी मॉडल, सभी मार्केटिंग के आला दिमाग़। सायरा मोहन, न्यूयार्क की सबसे मँहगी मॉडल की कुछ बातें पढ़ने और समझने वाली हैं जैसे–

1. जब मैं विशेष परफ्यूम लगाती हूँ, सुन्दर लगती हूँ क्योंकि मैं सुगन्धित होती हूँ।

2. जब मैं मेकअप करती हूँ, मैं अपने व्यक्तित्व को कई कोण दे सकती हूँ, और अपने मूड को भी।

3. जब मैं अपने पाँवों की देखभाल करती हूँ, मुझे अच्छा लगता है। मैं सुन्दर अनुभव करती हूँ।

गौरतलब यह है कि जब News week के कवर पर सायरा मोहन का चित्र छपा, जो लगभग नग्न था, गरमागरम चर्चा का केन्द्र रहा। समुद्री तट पर खींचे गए इस चित्र में एक छोटी सी बिकिनी है और स्तनों के आस-पास फूलों का हार। फूलों के बीच से झाँकते स्तन और कुचाग्र। जब सायरा मोहन से इस पर प्रतिक्रिया माँगी गई तो उन्होंने कहा–'All I can say is the right thing; I am fhattered.' सामरा मोहन इसे व्यापार का एक हिस्सा भर मानती हैं। अगर इसे स्त्री स्वातन्त्र्य या मुक्ति से जोड़कर देखें तो ख़तरनाक परिणाम निकलेंगे। किन्तु यह सच है कि बाज़ार ने अपने आकर्षक प्रस्तावों और प्रविधियों से एक खास स्त्री वर्ग को अपने मायाजाल में फाँस लिया है। विश्व सुन्दरी प्रतियोगिता से लेकर राज्य स्तरीय प्रतियोगिताओं का आयोजन बाज़ार का ही कमाल है। उन्हें अपने उत्पाद को प्रमोट करने के लिए दुनिया भर में सुन्दर स्त्रियों की ज़रूरत है। क्या बाज़ार की इस व्यापार योजना को सीधे-सीधे स्त्री मुक्ति से जोड़कर देखा जा सकता है? इस पर गम्भीर चिन्तन आवश्यक है।

स्त्री सोच के बदलते आयाम अपनी देह के उपयोग को लेकर सीमित अर्थों में कदाचित सही लगें किंतु नारी मुक्ति आंदोलन के परिप्रेक्ष्य में वे अनुकूल नहीं होंगे। बकौल शिवकुमार मिश्र–'इन विज्ञापनों को देखकर लगता है सचमुच हिंदुस्तान नई

सदी में पहुँच गया है। कदाचित ही कोई विज्ञापन हो जिसमें नारी और नारी देह का व्यावसायिक इस्तेमाल न होता हो। मॉडल चाहे वे युवक हों या युवतियाँ, किसी भी सीमा तक अपने व्यावसायिक इस्तेमाल के लिए तैयार हैं।' इस व्यावसायिक इस्तेमाल में यौनाचार, मांसलता, कामुकता, प्रेम, रोमांस, उत्तेजक मुद्राओं का घृणित व्यापार है और इसे समझने के लिए एक बड़ी तैयारी करनी होगी। मीडिया के पास शैतानी दिमाग़ और धन की ताकत है। लड़ना इतना आसान नहीं हैं।

(4)

कहना न होगा कि स्त्री के मानवीय सौन्दर्य की सहज अनदेखी हो रही है। उसे सिर्फ़ देह तक सीमित कर दिया गया है। स्त्री की देह का बाज़ार द्वारा यह उपनिवेशीकरण है। इस उपनिवेश में बाज़ार के साथ मीडिया का घोषित करार है। मीडिया स्त्री देह को सेक्स सिंबल के अलावा कुछ और नहीं मानता। 'पाप' या 'जिस्म' जैसी फ़िल्मों का संसार हो अथवा एम.टी.वी. एस.बी.ओ, फैशन टी.वी जैसे चैनलों का विश्वव्यापी संजाल। इन्टरनेट हो अथवा मोबाइल के ज़रिए स्त्रीदेह को क़ैद करती उत्तेजक छवियाँ। मीडिया से हर एक प्रक्षेपित किए जा रहे सन्देश का मूल है कि देह ही सर्वोपरि है। विज्ञापनों में भी यह बात साफ़ तौर पर देखी जा सकती है कि उनमें मानवीय सम्बन्धों का खुलेआम बाजारीकरण हो रहा है। अगर आप खास साबुन, क्रीम, शेंपू, टूथपेस्ट इस्तेमाल नहीं करते तो आपके सम्बन्ध विकसित, स्थापित होना कठिन है। मीडिया ने मानवीय सम्बन्धों को भी ब्रॉण्ड के उपयोग से सीधे-सीधे जोड़ दिया। चिन्तन की बात है कि स्त्री कहीं न कहीं इसे स्त्री मुक्ति के प्रश्न से जोड़ती है। एक हद तक यह सच भी हो सकता है किन्तु उसका बाज़ार का उपनिवेश बन जाने का जो सच है उस पर ग़ौर करना ज़रूरी है। प्रकारान्तर से यह भी एक सवाल है कि स्त्री मीडिया का अस्त्र है या मीडिया स्त्री का। दोनों की जुगलबन्दी भी एक सच है। किन्तु यह सच है कि स्त्री की छवि बदल रही है। अब हमारे सामने एक नई स्त्री है। इस नई स्त्री को अपनी स्थिति का विश्लेषण स्वयं भी करना होगा। उसकी सचेतनता ही उसके भविष्य के रूप को तय करेगी। स्त्री को यह नहीं भूलना चाहिए की मीडिया पर वर्चस्व पुरुषों और उनकी घोषित-अघोषित सत्ता का है। और इस सत्ता के सूत्र पितृसत्तात्मक व्यवस्था में हैं। अतः इस षड़यन्त्र को समझे बिना स्त्री की सही मुक्ति सम्भव नहीं।

चंद दारुण यादें

□ रामशरण जोशी

हे भगवान!
कितने झुक गए हैं स्त्री के कन्धे
मेरी उँगलियाँ धँस जाती हैं
शरीर में उसके भूखे, नंगे
और आँखें उस अनजाने लिंग की
चमक उठीं
वह स्त्री है अंततः
यह जानकर धमक उठीं
फिर उन अधमुंदी आँखों में
कोहरा सा छाया
सुर्ख अलाव की तेज अगन का
भभका आया
हे राम मेरे। औरत को चाहिए
कितना कम
बस इतना ही
कि उसे औरत मानें हम

रूसी कवि येव्गेनी येव्तुशेंको भाषान्तर : अनिल जनविजय

प्रीस्क्रिप्ट

एक वह बिकने जा रही है। बूढ़े को। उसके दो भाई उड़ा लाएँ हैं उसे। गाँव से। सौदा पटा है पाँच सौ में। समय है अर्ध रात्रि। स्थान : रेलवे प्लेटफॉर्म। स्टेशन : ब्यावर। बी.बी.एण्ड सी. आई रेलवे। अजमेर-अहमदाबाद रेल मार्ग पर मौजूद। आज भी जवाहरलाल नेहरू घोषणा कर चुके हैं : आज जब समस्त विश्व सो रहा है तब भारत जाग रहा है। भारत जीवन के लिए जाग रहा है। भारत स्वतन्त्र हो चुका है।

संविधान लागू हो चुका है। स्त्री-पुरुष को मताधिकार प्राप्त हो चुका है। जमींदारी-जागीरदारी प्रथा का उन्नमूलन हो चुका है। गोली-प्रथा लुप्त हो चुकी है। कुछ समय ही पहले समाप्त हुआ है प्रथम मतदान का यज्ञ। हम एक महागणतन्त्र—संप्रभुता सम्पन्न गणतन्त्र बन चुके हैं! अर्थात् 'रिपब्लिक ऑफ इण्डिया'!

वह घिरी बैठी है बूढ़े खरीददार और बेचने वाले भाइयों से। इंतजार है इन्हें ट्रेन का। गाड़ी के पहुँचने में आधा घण्टे की देरी है। वह बारह-तेरह साल की है। साँवली-सलौनी है। पतली-दुबली। लम्बे-चीकट बाल। दोनों बाहें चूड़े-चूड़ियों से भरी हुईं। शायद चूड़ियों से छुपी हुई। पीली लूगड़ी और घाघरा में लिपटी हुई नंगे पैर लड़की अचानक रोने लगती है। चीखने लगती है। 'हाजत लगी है मूत की' कहती हुई वह दौड़ पड़ती है। बदहवास। पीछे दौड़ते हैं उसके भाई और खरीदार पति। एक अजीब ड्रामा शुरू हो गया है। यात्री लोग देख रहे हैं। वह दौड़ी चली जा रही...दौड़ी चली जा रही है... स्टेशन से बाहर निकल आती है। वह टकरा जाती है एक और वृद्ध से। रेलवे का रिटायर्ड मुलाजिम। चंद पलों में स्वतन्त्र भारत की मध्य रात्रि को यह बालिका द्रोपदी सुना डालती है उस वृद्ध को अपने साथ घटी ताजा ताजा महाभारत। तभी पहुँच जाते हैं महाभारत के पात्र। वृद्ध हस्तक्षेप करता है। पुलिस आ जाती है। उस रिटायर्ड टीटी की अपनी एक हैसियत है। खरीदार बूढ़ा भाग जाता है। लड़की अपने भाइयों के साथ जाने से इंकार कर देती है। वह वृद्ध उसका संरक्षक बन जाता है। ले आता है अपने घर। अहमदाबाद-दिल्ली ट्रेन में। दरवाजे पर दस्तक। भोर में। दरवाजा खोलता हूँ मैं।

'इससे मिलो, यह है दुर्गा। अब तुम इसे अपनी बड़ी बहन समझो।' ताऊजी जोकि मेरे पिता हैं, आगंतुक का मुझे परिचय दे रहे हैं। हम तीनों अन्दर जाते हैं। माँ और मुझे, बालिका द्रोपदी की महाभारत आदि से अन्त तक सुनाई जाती है। बीच-बीच में दुर्गा रोती है। बतलाती है कि उसके माँ-बाप मर चुके हैं। भाई उसे बेचना चाहते हैं जिससे कि अपना घर-बनवा सकें। परिवार और पड़ौस में शोर मच जाता है। पराई जात और पराई लड़की को घर में रख लिया। जाति से लड़की ठाकुर है—शायद दरोगा ठाकुर। ब्राह्मणों के परिवार में कैसे रह सकती है यह लड़की? कई दिनों तक कशमकश। वह बीमार भी पड़ जाती है। पीलिया हो जाता है। गंडा बाँधा जाता है। एक अर्ध-बहिष्कार जैसी हालत हम लोगों की बन जाती है। सभी ओर से एक ही शोर—घर से बाहर निकालो दुर्गा को। यह यहाँ नहीं रह सकती। इसे जाना ही होगा। निकालो...निकालो...निकालो....निकालो...

दुर्गा, पार्वती, शारदा, कल्याणी, उमा, भार्गवी, कमला, लछमी, कस्तूरी...कोई भी नाम हो सकता है। क्या फर्क पड़ता है सही नाम या छद्म नाम से? कहानी मुख्तसर में यही है ना...दुर्गा बिकी, बची, फिर से घर से निकली....किसी और मंजिल की ओर। याद है, जब दुर्गा को माँ ने देखा था, उनकी आँखों में मुझे इतिहास कब्र से

उठता हुआ दिखाई दे रहा था। इतिहास, कभी कभी लगता है 'अश्वत्थामा' है जो मरता नहीं है। वह एक काल के जख्मों को ढोता फिरता है और दूसरे काल को सौंपते हुए तीसरे काल की तलाश में ओझल हो जाता है। शायद यह एंटी-थीसिस लगे या अवैज्ञानिक कहा जाए इस बात को। पर प्री-स्क्रिप्ट की पात्राओं की जिन्दगी में एक ही इतिहास लौटता है बार-बार...अलबत्ता कुछ और अधिक डरावने रूपों में। मैत्रेयी की 'कस्तूरी कुण्डल बसै' की तरह। इन पात्राओं के इतिहास का दूसरा नाम ही तो है 'उपनिवेश'!

दुर्गा घर से जा चुकी है। माँ अपनी गोद में लिए स्त्री-सुबोधिनी और सुखी जीवन पढ़ रही है। विजय लक्ष्मी पण्डित, संयुक्त राष्ट्र संघ की अध्यक्षा बन चुकी है। भारत, राष्ट्र के रूप में 'उपनिवेश' से मुक्त हो चुका है। प्रथम पंचवर्षीय योजना काल शुरू हो चुका है। राष्ट्रपति राजेन्द्र प्रसाद और प्रधानमंत्री जवाहरलाल नेहरू के बीच बहस जारी है। 'पुत्री को भी पुत्र के समान सम्पत्ति का अधिकार मिलना चाहिए।' कहीं किसी घर में दुर्गा ब्याह दी गई है।

शारदा एक्ट को हिन्दू विरोधी बताया जा रहा है। लगता है, प्री-स्क्रिप्ट की पात्राओं के लिए नए सिरे से 'डिकॉलोनाईज़ेशन' की जरूरत है।

दो : इन्दिरा गांधी ने देश में इंमरजेंसी लगा दी है।

बस्तर की औद्योगिक बस्ती किरंदूल की एक झोपड़ी में चीख-पुकार मची हुई है। औरतें बचाओ...बचाओ...बचाओ के लिए चिल्ला रही हैं। कुछ युवक झोंपड़ी में घुसते हैं। दो सिपाहियों को खदेड़ते हुए बाहर लाते हैं। उनकी पेंटें उतरी हुई हैं। बदहवास हैं। युवक उनकी पिटाई करते हैं। सिपाही कहते हैं—हमें छोड़ दो सर...हमें छोड़ दो.... अब कभी नहीं करेंगे। झोंपड़ी में से दो-तीन युवतियाँ बाहर निकल रही हैं...रोती...चिल्लाती। लगभग अर्ध नग्न। बाल बिखरे हुए हैं। उनके चेहरे, सिपाहियों की हिंसात्मक हवस की गवाही बने हुए हैं। चीख-चीख कर औरतें कह रही हैं...मत छोड़ो...ये जानवर हैं...साब...हमारा सब लूट लिया...वे चीखती ही जा रही हैं। आस-पास के लोग जमा हो गए हैं। उनके चेहरों पर गुस्सा, शर्म और लाचारी फैली हुई है। कोई हिम्मत जुटा कर कह रहा है...सालों को मारो...इन दुष्टों को रोज औरत चाहिए...मारो...मारो। देख रहा हूँ...कुछ हाथ उठने लगने हैं। मैं चिन्तित हूँ। हो सकता है इनका भुरता बना दिया जाए। मैं रोकता हूँ और सलाह देता हूँ कि सिपाहियों का डॉक्टरी मुआयना कराया जाए। सब सहमत हो गए हैं। सिपाहियों को घसीटते हुए अस्पताल ले जाया जा रहा है। डॉक्टर को सब बता दिया गया है। डॉक्टर भरोसा दिलाता है कि 'जाँच ठीक की जाएगी।' अर्ध रात्रि से शुरू कहानी सुबह होने तक चलती है। मैं लौट आता हूँ। दो दिन बाद पता चलता है कि जिन आदिवासी युवकों ने सिपाहियों को आदिवासी औरतों के साथ बलात्कार करते हुए रंगे हाथ पकड़ा था उन्हें गिरफ्तार कर लिया जाता है। उन पर आरोप जड़ा जाता है कि उन्होंने ड्यूटी पर तैनात सिपाहियों के साथ मारपीट

की और सरकारी नौकरी करने से रोका। किंरदूल का थानेदार मुझे चेतावनी देता है 'सर! आप बड़े पत्रकार हैं। ऊँचे असूल वाले हैं। दिल्ली तक पहुँच है। इसलिए छोड़ रहे हैं। अब लफड़ों से दूर रहें। आप नहीं जानते मामा लोगों (आदिवासी) की औरतें ऐसी ही होती हैं।' कुछ दिन बाद जिले का एक बड़ा अधिकारी दोस्ताना अन्दाज में बतलाता है कि मेरी हर गतिविधि पर नजर है। पुलिस से पंगा न लिया जाए। फिलहाल मीसा वारंट रोके रखा है। कभी भी मुझे गिरफ्तार किया जा सकता है। आखिर एक रोज ऐसा ही हुआ। मुझे चंद घण्टों के भीतर बस्तर छोड़ना पड़ा।

मैं औद्योगिक सभ्यता के प्रभाव--आदिवासियों का अध्ययन करने गया हुआ था। वारंट पीछा कर रहा था। यह एक अलग कहानी है। यहाँ सिर्फ इतना ही बतलाना काफी होगा कि औद्योगिक सभ्यता की छावनियों—बछेली, किरंदूल, आकाश नगर, भांसी, दंतेवाड़ा आदि—में बीसवीं सदी की सभ्यता के प्रतिनिधियों (अधिकारी, मैनेजर, इंजीनियर, ठेकेदार, पुलिस, दुकानदार, ट्रक ड्राइवर, टीचर, बाहरी जमींदार व व्यापारी आदि) के लिए आदिवासी औरतों की 'औकात' 'वीर्यदान' दूसरे शब्दों में पीकदान से ज्यादा नहीं थी। दंतेवाड़ा के महिला आश्रम में ऐसी अनेक युवतियों को पुनर्वास के लिए रखा गया था जिन्हें 'रखैल' के नारकीय जीवन से मुक्त कराया गया था लेकिन आदिवासी समाज ने उन्हें वापस अपनाने से मना कर दिया था। 1971 के कलेक्टर डॉ. ब्रह्मदेव शर्मा के जेहादी अभिनाय के कारण सैंकड़ों युवतियों को शोषण के चंगुल से बचाया गया था। दर्जनों युवतियों की उन बाहरी लोगों के साथ विधिवत शादियाँ कराई गईं जिन्होंने उन्हें 'यौन बंधक' के रूप में सालों से रखा हुआ था। अवैध संतानें पैदा हो चुकी थीं। कोई भी उन्हें स्वीकार करने के लिए तैयार नहीं था। त्रिशंकुओं का समाज बनने लगा था।

तीन : 'साब! मेरी दुश्मन कोई और नहीं, मेरी औरत है। इसके कारण ही मैं हाली (बंधुआ श्रमिक) बना हूँ।' हम सब चौंके। यह कैसे हो सकता है? दिल्ली, भोपाल, उदयपुर और जयपुर से पहुँचे श्रम सचिव, समाजशास्त्री, समाजकर्मी, लेखक, पत्रकार आदि सभी के चेहरों पर यह सवाल उभरा हुआ है--क्या कोई पति यह कह सकता है कि उसकी पत्नी ही उसकी शत्रु है? लेकिन यह सच है!

उदयपुर से सत्तर-अस्सी कि.मी. दूर झाड़ौल में बंधक श्रमिकों का शिविर लगा हुआ है। श्रमिकों से बारी-बारी से पूछा जा रहा है कि वे कैसे और क्यूँ बंधुआ मजदूर बने? सब अपने-अपने कारण बतला रहे हैं। ज्यादातर कारण (कर्जा, जमीन बिकना, भूख, बेरोजगारी, जमींदार का आतंक आदि) स्वाभाविक हैं। लेकिन जब एक भील बंधुआ यह कहता है कि उसके सभी दुःखों की जड़ है उसकी ही पत्नी, तब शिविर में हैरानी फैल जाती है। सबको अविश्वसनीय लगता है और मेरी विवेचनात्मक पद्धति पर प्रश्न चिह्न लगाया जाता है। उसे दोषपूर्ण बतलाया जाता है। मैंने दलितों और आदिवासियों में विवेचनात्मक चेतना उत्पन्न करने के लिए एक अभ्यास—'आओ शिकार

करें, नया गाँव बसाएँ' विकसित किया था। इसकी एक अलग कहानी है। खैर! मैंने हिम्मत नहीं हारी। मैंने सभी से आग्रह किया कि असलियत का पता लगाने के लिए बंधुआ के जवाब की गहराई में उतरना चाहिए। मैंने सवाल-जवाब का सिलसिला जारी रखा। और कुछ मिनटों की कवायद के बाद स्थिति बिल्कुल बदल गई। सवाल-उत्तर इस प्रकार है :

प्रश्न—बताओ, औरत दुश्मन कैसे है?

उत्तर—बस साब, दुश्मन है!

प्रश्न—क्या बात नहीं सुनती?

उत्तर—हमेशा माँगती ही रहती है।

प्रश्न—क्या माँगती रहती है?

उत्तर—क्या बताऊँ? कपड़े माँगती है, जेवर माँगती है।

प्रश्न—अच्छा। और क्या-क्या माँगती है?

उत्तर—शर्म आती है बताते...

प्रश्न—फिर भी...हमें भी बताओ?

उत्तर—टाबर (बच्चा) पैदा करने को कहती है।

प्रश्न—अभी कितने बच्चे हैं?

उत्तर—एक।

प्रश्न—तो फिर एक और पैदा क्यों नहीं कर देते?

उत्तर—साब, हम गरीब आदमी हैं। पालने के लिए पैसा चाहिए। पढ़ाई-लिखाई शादी-ब्याह के लिए खीसे में पैसे नहीं हैं।

प्रश्न—तो इससे क्या?

उत्तर—हर काम के लिए बाण्या (बनिया) के पास जाना पड़ता है। सब कुछ गिरवी रखना पड़ता है। हम बेघर-बार हो जाते हैं। हमारे खेत बिक गए। औरत ही हमारे दुखों की खान है। (विस्तार के लिए देखें—आदिवासी समाज और शिक्षा—ले. रामशरण जोशी, यह किस्सा है—1979 का है)।

यह सुनकर हम सन्न रह गए हैं। समझ नहीं पा रहे हैं यह कौन सा रूप है पति-पत्नी सम्बन्धों का? हमारी 'बोध क्षमता' चुकती सी लगी।

हाशिए की औरत और जमीनी विमर्श

सर्वप्रथम आत्मस्वीकृति : लेखन से पूर्व, चंद सीमाएँ स्पष्ट कर दूँ; एक—मैंने औरत की बाहरी और भीतरी दुनिया में गंभीरता से कभी नहीं झाँका; दो—वैचारिक और सैद्धान्तिक माध्यमों से इसे कभी समझने की जरूरत महसूस नहीं हुई; तीन—औरत और मर्द के रिश्तों की गठानें या समानताएं मेरे सामने सवाल या मुद्दा बन कर नहीं

उठीं, चार—दोनों के स्वतन्त्र अस्तित्व और क्रिया—प्रतिक्रियाएँ सम्भव हैं या वास्तविकता है। यह भी दिखाई नहीं दिया; पाँच—जीवन में सैक्स और प्रेम का कितना महत्त्व हो सकता है या है, इस सवाल ने भी मुझे कभी गंभीरता से झकझोरा नहीं; या यौन सम्बन्धों पर कभी कोई किताब पढ़ी या खरीदी हो, ऐसा भी मुझे याद नहीं; कुल मिलाकर, औरत के मामले में मैं निरक्षर ही रहा हूँ।

औरत और मर्द की दुनिया को वर्गीय दृष्टिकोण से ही समझा जा सकता है, ऐसा मैं मानता रहा। सोचा, जब क्रान्ति आएगी, व्यवस्था बदलेगी, तब सब ठीक-ठाक हो जाएगा। इसलिए औरत को अलहदा या स्वायत्त संसार के रूप में देखने की कोई आवश्यकता नहीं है। लगभग तमाम समस्याएँ, विसंगतियाँ, विडंबनाएँ और विषमताएँ आर्थिक हैं, और राज्य का वर्ग चरित्र इसके लिए जिम्मेदार है। इस यांत्रिकी दृष्टि के कारण मेरे और औरत के बीच एक किस्म का 'बेगानापन' हमेशा पसरा रहा है। यह पूरी तरह से दूर हो गया है, यह विश्वासपूर्वक नहीं कहा जा सकता। मैं स्वयं को नौसिखिया ही मानता हूँ, जहाँ तक स्त्री-विमर्श का प्रश्न है।

जहाँ तक मुझे याद है स्त्री-विमर्श के सम्बन्ध में मैंने कोई तीस बरस पहले पहली दफा मुद्रा भाई का लेख पढ़ा था। उन्होंने साप्ताहिक दिनमान में 'स्त्री की शुचिता' को लेकर कुछ गम्भीर प्रश्न खड़े किए थे। इसके बाद अरविन्द जैन की 'औरत होने की सजा' और राजेन्द्रजी के विवादास्पद लेख पढ़े। कुल मिलाकर मेरा यही सन्दर्भ-संसार है। अलबत्ता सीमन दा बोआ, किश्वर नाहिद, मधु किश्वर, वीना दास, वन्दना शिवा, उषा राय, नन्दिता हकसर, नन्दिता गांधी, रत्ना कपूर, निवेदिता मेनन, रानी जेठमलानी, जैसे नाम कानों से जरूर टकराते रहे हैं। दरअसल, महाश्वेता देवी, अहिल्या रांगणेकर, वृन्दा कारत, अरुणा राय, मेधा पाटकर, श्रीलता स्वामीनाथन जैसी औरतें मुझे विचार व कर्म के धरातल पर अधिक आकर्षित करती रही हैं, और मेरे अन्दर के मर्दपन को ललकारती भी रही हैं। क्योंकि इसका कर्म-फलक व्यवस्था-विमर्श को जन्म देता है, स्त्री विमर्श उसमें अन्तर्धारा के रूप में जरूर उपस्थित रहता है। महाश्वेता देवी जैसी औरतें, औरत और मर्द, दोनों की ही दुनिया को समान रूप से बदलने के लिए समर्पित हैं। अतः अलग से स्त्रीवादी चिन्तकों व एक्टीविस्टों की आवश्यकता क्या है?

पर ऐसा है नहीं। अब स्त्री-विमर्श हाशिए से उठ कर केन्द्र में आ चुका है। यह 'स्वतन्त्र ट्रीटमेंट' की माँग करता है। हिन्दी की कई लेखिकाएँ (प्रभा खेतान, नासिरा शर्मा, अर्चना वर्मा, मैत्रेयी पुष्पा, क्षमा शर्मा, मनीषा, अलका आर्य, मणिमाला, मृणाल पाण्डेय, मन्नू भंडारी आदि) अपने ढंग से इसमें योगदान दे रही हैं। विगत तीन-चार वर्षों में यह विमर्श काफी सनसनीखेज भी रहा है। विमर्श के बहाने कतिपय विमर्शवीरों के अन्दर का कीचड़ भी बाहर निकला है, और पत्र-पत्रिकाओं में न्यूनतम शिष्टता व शालीनता के मुहानों को तोड़ते हुए बहा है। एक तरह से स्त्री-विमर्श, 'सेडीज्म'

और हिसाब-किताब चुकता करने का जरिया भी बना। यौन कुंठाओं की मवाद बही, और विमर्श को 'मीनोपॉज' में डुबो दिया। इस विमर्श से भनक तक नहीं लगी कि कैसी दुनिया औरत की होनी चाहिए, मर्द के साथ उसके रिश्तों की कैसी शक्ल होनी चाहिए? इस विमर्श में व्यवस्था तो प्रायः गोल ही थी। जब विमर्श का चरित्र व्यक्ति आधारित होता है तब विद्रूपताओं से कैसे बचा जा सकता है?

स्त्री विमर्श के चरित्र को देख कर अक्सर यह भी लगता है कि यह सिर्फ 'महिला विमर्श' है, न कि स्त्री विमर्श! विशिष्ट ढाँचे में यह विमर्श ढला रहता है; स्त्री जगत की तलहटियाँ इसमें प्रायः लुप्त रहती हैं। यह विमर्श, महिलाओं की दैहिक मुक्ति स्वतंत्रता के इर्द-गिर्द घूमता हुआ दिखाई देता है। उच्च व मध्य वर्ग की महिलाओं की चिन्ताएँ, संकट, त्रासदियाँ, आकांक्षाएँ आन्तरिक व बाह्य संसाधनिक विषमताएँ, उन्मादी गतिशीलता, जैसे मुद्दे विमर्श पर हावी रहते हैं। विशाल व गहरी तलहटियों की स्त्रियाँ इस विमर्श के दायरे से प्रायः बाहर रहती हैं या उन्हें हाशिए पर फेंक दिया जाता है। वे विमर्श का 'केन्द्र बिन्दु' कभी नहीं बन पाती हैं। क्योंकि हाशिए की औरतों के सरोकारों की 'कमोडिटी वेल्यू' बहुत न्यून होती है, जबकि महिलाओं के अस्मिता संकटों और संत्रासों की कमोडिटी वेल्यू काफी ऊँची होती है तथा मध्यवर्गीय लेखन को ऊर्जा व बाजार, दोनों ही उपलब्ध कराती है। कतिपय अपवादों को छोड़कर, पिछले सालों में हिन्दी लेखन में हाशिए की औरतें (दलित, आदिवासी, पिछड़ा वर्ग और सम्पूर्ण ग्रामीण समाज) गैर हाजिर हैं। उन्हीं लेखिकाओं की रचनाएँ अधिक चर्चित व पुरस्कृत हुईं जिनके स्त्री पात्र (या महिला पात्र) शहरी भारत से हैं और परम्परागत परजीवी वर्ग या उभरते मध्य वर्ग का प्रतिनिधित्व करते हैं। लेखकों की स्थिति भी इससे भिन्न नहीं है; मदन दीक्षित का उपन्यास 'मोरी की ईंट' और अरुण प्रकाश की लम्बी कहानी 'विषम राग' की नायिकाएँ (वाल्मीकि समाज) हिन्दी लेखक समाज में 'अनगूँजी' ही रही'। हालाँकि दोनों कृतियों के स्त्री पात्र स्त्री विमर्श में नया आयाम जोड़ते हैं; विमर्श को शिखर से हटा कर तलहटियों तक खींचते हैं। अतः स्त्री विमर्श को 'बाजार सापेक्ष' कहा जाए तो इसमें अतिशयोक्ति नहीं होनी चाहिए।

हिन्दी में स्त्री विमर्श का दायरा बेहद सिकुड़ा हुआ है। साहित्य के गलियारे से यह बाहर नहीं निकल पा रहा है। समाज शास्त्रीय दृष्टि से स्त्री विमर्श का लगभग अकाल है। हिन्दी के स्त्री विमर्श के लिए। औरत और पर्यावरण, 2. महिला श्रमिक व तकनोलॉजी, 3. स्त्री और मीडिया, 4. लापता बच्चियाँ—लापता औरतें, 5. स्त्री आन्दोलन, 6. स्त्री और आधुनिकता, औरत, विचारधारा और राज्य, स्त्री, और आर्थिक राजनीतिक स्वायन्तता, स्त्री और सत्ता विकेन्द्रीकरण, स्त्री और भूमण्डलीकरण, 21वीं सदी में स्त्री और सती परिघटना, उत्पादन सम्बन्धों का आधुनिकीकरण और स्त्री अस्मिता, परिवार निर्णय प्रक्रिया में स्त्री हस्तक्षेप, सांस्कृतिक परिवर्तन और स्त्री, स्त्री और साम्प्रदायिकता व आतंकवाद, स्त्री और आरक्षण, सीमांत औरतें बनाम सशक्त

औरतें, स्त्री और वर्ण-वर्ग डायनामिक्स, परिवर्तित सांस्कृतिक-धार्मिक परिप्रेक्ष्य में स्त्री, जैसे मुद्दे लगभग अपरिचित हैं। अरविन्द जैन के अलावा किसी दूसरे ने 'स्त्री, कानून और संविधान' के विमर्श को हिन्दी में आगे नहीं बढ़ाया। नये सवाल नहीं उठाये गए। वास्तव में, हिन्दी में स्त्री-विमर्श सतहीकरण से पीड़ित है। सूक्ष्म व जटिल आयाम वाले विषयों को छूते हुए डर लगता है। इसके बाद चीजों के सरलीकरण का विकल्प शेष रह जाता है। अतः विमर्श के मुद्दों के प्रति 'गैर-पारम्परिक एप्रोच' भी अपनाई जानी चाहिए।

अनुभवों के आधार पर यह कहा जा सकता है कि 'हिंदुस्तान की औरतों' की समस्या को 'इण्डिया की महिलाओं' की समस्याओं के नजरिए से देखना उनके प्रति अन्याय करना होगा। क्योंकि दोनों के सन्दर्भ-संसार एक दूसरे से नितान्त भिन्न हैं। दोनों की विकास अवस्थाओं में विषमता जमी हुई है। दोनों की परिस्थितिजन्य 'चुनौतियों' और 'रेसपोंस' में भी समानता नहीं है। दोनों के अलग-अलग कार्य हैं; 1. महिला का व्यापक एक्सपोजर है और वह बहु-आयामी गतिशीलता से सम्पन्न है, जबकि औरत अवरुद्ध गतिशीलता व बंद समाज (अर्ध सामन्ती ग्रामीण परिवेश) से ग्रस्त है; 2. महिला को चाहिए सशक्त अस्तित्व जबकि औरत में अस्तित्व बोध ही नहीं है; 3. महिला का आकांक्षा आकाश असीम है जबकि औरत की आकांक्षा-यात्रा चूल्हे से शुरू होकर जंगल-जमीन से गुजरती हुई चक्की में समा जाती है; 4. महिला विविधातोन्मुख होती है जबकि औरत एक रंगी; 5. महिला को जीवन में गुणवत्ता और अर्थवत्ता चाहिए जबकि औरत को जीवन चाहिए; 6. महिला हस्तक्षेपधर्मी बनना चाहती है जबकि औरत नियतिवादी रहना चाहती है; 7. महिला 'अपने होने' के बाजार मोल व शक्ति से परिचित है जबकि औरत सिर्फ औरत है और उसके बोध-संसार में मोल-भाव नहीं है; 8. महिला अधिकार व सम्पत्ति की ताकत से परिचित है जबकि औरत समर्पण से सन्तुष्ट है; 9. महिला विकल्प व चुनाव शक्ति से लैस है जबकि औरत इन दोनों से अनभिज्ञ है; 10. महिला का जीवन कम्पास है ठोस यथार्थ जबकि औरत मिथों द्वारा रचित यथार्थ में विचरती है और मोक्ष चाहती है।

मेरा यहाँ औरत से सीधा तात्पर्य है दलित औरत, आदिवासी औरत, देहाती औरत, श्रमजीवी औरत, सांस्कृतिक उत्पीड़न, दैहिक शोषण की मार सहती औरत, सामंती मूल्यों का सलीब ढोती औरत। जाहिर है, इण्डिया की महिला या 'लेडी', मैडम, सोशलाइट आदि की कैटीगरी अलग है। मेरा सरोकार केवल स्वजीवी वर्ग की औरत से है, परजीवी वर्ग की महिला से नहीं। निश्चित ही विवाहेतर सम्बन्धों में स्वतन्त्रता का एजेण्डा औरत का नहीं हो सकता जोकि केवल जीना चाहती है, यौन आनन्द और चयन उसके लिए 'विलासिता' है। महिला को यौन तृप्ति और महत्त्वाकांक्षा उपलब्धि चाहिए, लेकिन औरत को क्षुधा पूर्ति और साँसभर जीवन चाहिए।

सीमांत समाजों की औरतों को मर्द-सत्ता के साथ-साथ जातीय सत्ता और

सांस्कृतिक दबावों को भी सहन करना पड़ता है। जाति के रूप में दलित समाज की औरतें जहाँ सवर्ण विभेदात्मक व विषमतावादी संस्कृति का निरन्तर शिकार रहती हैं, वही वे जीवन पर्यन्त पुरुष सत्ता से आक्रान्त रहती हैं। वे मर्द की शारीरिक भूख और परिवार की उदर भूख को एक साथ शान्त करने का माध्यम बनती हैं। जाति-समाज के दबावों को अलग से झेलती हैं। दलित औरतों में 'मनुष्य होने' का एहसास ही पैदा नहीं हो पाता; अस्तित्व व अस्मिता बोध का प्रश्न तो उठता ही नहीं है। बहुआयामी उत्पीड़न के कारण, हाशिए की औरत की सर्जनात्मकता व कल्पनाशीलता सुप्त रहती है। ऐसी औरत, परिवेश में मौजूद सभी प्रकार के अन्यायों को 'जीवन-यथार्थ' के रूप में स्वीकार कर लेती है। उसकी प्रतिवाद-क्षमता कुन्द हो जाती है। उसके भीतर और बाहर, अमानवीयकरण की प्रक्रिया चलती रहती है। जब गाँवों में सवर्णों द्वारा उसका अपमान किया जाता है, उसे नंगा घुमाया जाता है, तब वह इसका विरोध नहीं कर पाती। एक ओर वह अपने पति की यातनाएँ झेलती है, वहीं सवर्ण समाज के हिंसक अत्याचारों का भी उसे शिकार होना पड़ता है। जबसे सत्ता के विकेन्द्रीकरण की प्रक्रिया शुरू हुई है तब से दलित औरत पंच को विभिन्न तरह की यातनाएँ देने की कई घटनाएँ घट चुकी हैं। क्योंकि पुरुष सत्ता, जाति सत्ता और परम्परा-सत्ता, तीनों ही दृष्टियों से वह तिरस्कृत है; सवर्ण पुरुष और दलित पुरुष, दोनों की ही सत्ताएँ औरत को 'स्वतन्त्र सत्ता' के रूप में कैसे स्वीकार कर सकती हैं? क्या हिन्दुस्तान में किसी ब्राह्मण, राजपूत, वैश्य या अन्य ऊँची जाति की औरत के चीरहरण की घटना घटी है? क्या इण्डिया में महिला को नंगा घुमाया जा सकता है? वह बलात्कार का शिकार जरूर बनती है, लेकिन जातिगत आधार पर उसका सार्वजनिक चीरहरण सम्भव नहीं है। यह अलग बात है कि स्त्री के द्रौपदीकरण की बर्बर परम्परा की शुरुआत भी सवर्णों (सन्दर्भ-महाभारत) ने ही की है और वह भी अपने ही समाज की स्त्री (द्रौपदी) से। वास्तव में, बृहतर हिन्दी समाज में सीमान्त समाजों की पारम्परिक अशक्तता औरत को जन्म से अशक्त रखती है। वह शक्तिहीनता की सीमाओं को लाँघ नहीं पाती। जब भी वह प्रयास करती है, उसके लिए खतरे बढ़ते जाते हैं। इस प्रक्रिया में प्रायः उसके जीवन का भी अन्त कर दिया जाता है।

यद्यपि आदिवासी समाज, दलित समाज की तुलना में अधिक समतावादी व सुविधाजनक स्थिति में है। उसे अस्पृश्यता का सामना नहीं करना पड़ता। आदिवासी औरतें अपने समाज की आर्थिक रीढ़ हैं। पुरूष से कई गुना अधिक वे श्रम करती हैं। लेकिन जब इस समाज की औरतें आधुनिक सभ्यता के सम्पर्क में आती हैं तब इन्हें 'कमोडिटी' में तब्दील कर दिया जाता है। जिन आदिवासी अंचलों में औद्योगिक सभ्यता (बस्तर, भिलाई, रांची, राउरकेला, कोरबा आदि) पहुँची है, सर्वप्रथम वहाँ की औरतों की अस्मिता दांव पर लगी है; वे अपने मूल समाज से छिटक कर औद्योगिक

समाज की तलछट में परिवर्तित हो गईं। क्योंकि आदिवासी समाज की परम्परागत आध्यात्मिकता, औद्योगिक समाज की बहुआयामी भौतिकता के समक्ष लचर सिद्ध हुई; आदिवासी किशोरियाँ, रिबन, लिपस्टिक, नेलपॉलिस, पाउडर, ब्रॉ, सुगन्धित तेल जैसी मामूली वस्तुओं से आकर्षित होकर अपना सर्वस्व दे डालती हैं; रखैल से भी बदतर जिन्दगी इनकी बना दी जाती है। ऐसी हालत में ये युवतियाँ न अपने समाज में लौट पाती हैं और न ही पराया समाज उन्हें सम्मान व आदर की दृष्टि से देखता है। इस समाज का स्त्री-विमर्श अभिव्यक्ति की स्वतन्त्रता, और यौन स्वतन्त्रता नहीं है, बल्कि वह अधिक जमीनी है। आदिवासी समाज और आधुनिक समाज के सम्पर्क व सम्बन्ध संसार में आदिवासी औरत का क्या स्थान रहे? इस विमर्श की जरूरत है। क्योंकि, विषमतावादी सम्बन्ध तेजी से उभर रहे हैं। इसकी वजह यह भी है कि भौतिक विकास और चेतना के धरातल पर यह समाज, तथाकथित सभ्य समाज से कई दशक पीछे है। आधुनिक समाज की जटिलताओं से यह अपरिचित है।

यह सर्वविदित है कि आधुनिक समाज के चकलाघरों की सप्लाई सीमांत समाजों से होती है; उत्तराखण्ड के जौनसार बाबर, चाकरोता, छत्तीसगढ़, झारखण्ड, मध्यप्रदेश आदि राज्यों के आदिवासी और पिछड़े अंचलों से औरतें मंडी में पहुँचती हैं। इसके पश्चात् चकलाघर (अजमेरी गेट, कमाटी पुरा, सोनागाछी, फारलैण्ड रोड, पार्कस्ट्रीट, आदि) उनका स्थायी घर बन जाता है। जौनसार बावर में 'बहुपतिप्रथा' के प्रचलन के कारण औरत 'कोख से चिता' तक अस्तित्वहीनता में जीती है। इस क्षेत्र में औरतों को 'कौरव-पाण्डव' के वंशज होने के मिथ में धंसाये रखा जाता है। दूसरे शब्दों में, औरत का वैधता के साथ द्रौपदीकरण किया जाता है, जिसकी देर-सबेर परिणति है जिंदा माँस-मंडी' में बिकना।

अमानुषिक मिथों व परम्पराओं का सिलसिला गैर-आदिवासी सीमांत कृषि समाजों में भी दिखाई देता है। राजस्थान और मध्यप्रदेश में ऐसी कई निम्न जातियाँ हैं। वेश्यावृत्ति को पारम्परिक वैधता प्राप्त है। घर की बड़ी लड़की को इस धन्धे में फेंक दिया जाता है। वह जीवन पर्यन्त इससे बँधी रहती है। उसकी कमाई पर पूरा परिवार पलता है। जाति-पंचायत भी इस अमानवीय प्रथा को मान्यता देती है। यह अलग बात है कि कानून की दृटि से यह अपराध है। महाराष्ट्र, आन्ध्र प्रदेश तथा दक्षिण के अन्य राज्यों में प्रचलित 'देवदासी' और 'जोगिन' प्रथाएँ भी सामाजिक या जातिगत वैधता के आधार पर लम्बे समय से जीवित हैं। राज्य के कानूनी हाथ इन प्रथाओं का उन्मूलन नहीं कर सके। करीब दो दशक पहले जब भारतीय राष्ट्र राज्य की प्रधानमन्त्री एक महिला (इंदिरागांधी) थी तब 'कमला खरीद-फरोख्त कांड' हुआ था। इण्डियन एक्सप्रेस के संवाददाता अश्विनी सरीन ने म.प्र. व राजस्थान के सीमावर्ती क्षेत्रों (धौलपुर-मुरैना) से कमला नाम की युवति को खरीद कर सभ्य समाज के सत्ता प्रतिष्ठान पर तमाचा

जड़ा था। यह प्रथा समाप्त हो चुकी है, इसमें सन्देह है। इसका मोटा निष्कर्ष यह निकला कि सीमान्त समाजों में जाति-पंचायत या जाति-सभा, आधुनिक राष्ट्र राज्य से अधिक शक्तिशाली है।

देहाती भारत के शक्तिशाली वर्ग (जमीदार, पटेल, महाजन, थानेदार, तहसीलदार, पटवारी, थानेदार, हवलदार, फोरेस्ट रेंजर, विकास अधिकारी, वन व शराब ठेकेदार, आदि) सीमान्त समाजों की औरतों पर अपना पुश्तैनी हक समझते ही हैं। आजादी के पचपन वर्ष के बावजूद, सामन्ती और औपनिवेशिक मानसिकता हिन्दुस्तान में फैली हुई है। इसी मानसिकता से लैस हो कर शासन करते हैं सरकारी प्रतिनिधि। इन प्रतिनिधियों और ठेकेदारों को चाहिए—दारू, मांस, और औरत। वे तीनों का भक्षण एक साथ करते हैं और राज्य की लोक सार्थकता सिद्ध करते हैं। देश के विभिन्न आदिवासी व पिछड़े क्षेत्रों में अध्ययन कार्य के दौरान हुए अनुभवों के आधार पर मेरा यह मत बना है कि औरत और महिला के सन्दर्भ में हिन्दुस्तान और इण्डिया के बीच तुलना करना यथार्थ से पलायन करना होगा; इन अंचलों में शक्तिशाली लोगों की हवस की चपेट में आना औरत की नियति है जबकि इण्डिया में ऐसा करना महिला का चुनाव होगा।

यौन-शोषण तक ही यह प्रक्रिया रुकती नहीं है। बस्तर जैसे आदिवासी अंचलों में 'कबाड़ी प्रथा' जैसी घोर बर्बर प्रथा भी प्रचलित रही है। इस प्रथा के तहत आदिवासी औरतें जीवन-यापन के लिए 'कोख' में पलने वाले बच्चों (या भ्रूणों) को ही महाजन के पास बन्धक बना दिया करती थीं। औपनिवेशिक काल में यह प्रथा काफी फूली-फली। इस प्रथा के सम्बन्ध में सुनना अविश्वसनीय लगता है लेकिन सीमान्त समाजों की औरतों की खामोशी के कारण ही बंधुआ मजदूरी की यह पैशाचिक प्रथा छत्तीसगढ़ के कई भीतरी अंचलों में जिन्दा रही। पिछले दिनों मेरी बस्तर की यात्रा (नम्बर, 2002) के दौरान 'संविधान और मानवाधिकार' पर आयोजित कार्यशाला में भी स्थानीय समाजकर्मियों ने इस प्रथा का बार-बार उल्लेख किया। कबाड़ी प्रथा के अवशेष आज भी जीवित माने जाते हैं।

यहाँ यह जानकारी देना प्रासंगिक होगा कि बन्धक व बेगार श्रम की रीढ़ हैं सीमांत समाज। 1977 में राष्ट्रीय स्तर पर हुए बंधक श्रमिक सर्वेक्षण से पता चला कि करीब 97 प्रतिशत श्रमिक दलित, आदिवासी और पिछड़े समाजों के हैं और इनमें औरत की हिस्सेदारी लगभग बराबर की है। इन समाजों में भूख से 'मरनेवालों', और भूख से बचने के लिए 'बिकने वालों' में भी प्रतिशत औरत का ही अधिक रहता है। उड़ीसा के कालाहांडी जिले की घटनाओं से इसकी गवाही मिल सकती है। निजी अनुभवों से कह सकता हूँ कि इस जिले का यह 'स्थायी फीचर' है। 21वीं सदी में भी कालाहांडी इस शाप से मुक्त नहीं हुआ है। शहरों और महानगरों में भी घरेलू स्त्री श्रम (आया,

नौकरानी) की सप्लाई आदिवासी अंचलों (छोटानागपुर, छत्तीसगढ़, मध्यप्रदेश, राजस्थान) से ही होती है। ईंट-भट्टा, खदान, निर्माण जैसे असंगठित क्षेत्रों में भी औरतें इन्हीं समाजों से जाती हैं। इन्हीं समाजों (विशेष रूप से बिहार व छत्तीसगढ़) के साझा स्त्री-पुरुष श्रम ने ही पंजाब की हरित क्रान्ति को सींचा है। इस परिदृश्य में सीमान्त समाजों की औरतों की मुक्ति के लिए स्त्री-विमर्श का कैसा रूप होना चाहिए, इसका अन्दाज सहज ही में लगाया जा सकता है। निश्चित ही, इस विमर्श का रूप व मर्म, महिला विमर्श से बुनियादी तौर पर अलग होगा। दोनों की स्थितियों में कोई समानता नहीं है, सिवाए इसके कि दोनों की प्रजनन व प्रसव क्रियाएँ समान हैं।

इन सीमांत समाजों का एक और घिनौना सत्य है जोकि प्रायः ढका रहता है। इन्हीं समाजों की औरतों को 'डायन' 'चुड़ैल' 'डाकिन' 'भूतनी' 'जादूगरनी' आदि घोषित किया जाता है। ऐसा करके आदिवासी सम्पत्ति (जमीन आदि) हथियाई जाती है। झारखण्ड के क्षेत्रों में ऐसी घटनाओं का होना आम बात है। ऊँचे समाज की दुष्टता का एक चेहरा और भी है; ऊँची जाति के लोग नवजात शिशु कन्या की हत्या के लिए निम्न जाति की दाइयों का ही इस्तेमाल करते हैं; और इस तरह सीमांत समाज की औरतों को डायन घोषित किया जाता है, और हत्यारिन भी बनाया जाता है। राजस्थान के कतिपय क्षेत्रों में परिवार के लिए कन्या जन्म कलंक है; कई-कई गाँवों में तो दशकों से बारात नहीं आई है; क्योंकि घरों में पुत्रों ने ही जन्म लिया, पुत्रियों ने कोख को ही भुला दिया? क्या यह सम्भव है? सुनियोजित षडयन्त्र के तहत पुत्रियों को जन्म के साथ ही खत्म कर दिया जाता है। इस जघन्य कृत्य में सीमांत समाज की औरतें (दाइयों के रूप में) प्रमुख भूमिका निभाती हैं। परिवार में पुत्री-हत्या का कारोबार पीढ़ी-दर-पीढ़ी अबाध रूप से चलता रहता है क्योंकि गाँव के जाति-समाज की 'मौन मान्यता' इसे प्राप्त होती है। शायद इसीलिए दो करोड़ से अधिक औरतें (सन्दर्भ-अमर्त्य सेन) सदैव-सदैव के लिए 'गुम' हो चुकी हैं। भविष्य में शिशु बच्चियाँ 'अनन्त खामोशी' में गुम न हो सकें, सीमान्त समाज की औरतों को हत्यारिन दाहयाँ न बनाया जा सके, क्या इसके लिए 'जमीनी बिमर्श' की जरूरत नहीं है? सोचिए!

नारी संघर्ष के दो दशक : क्या खोया, क्या पाया?

□ नीलम गुप्ता

क्षेत्र चाहे राजनीतिक हो या आर्थिक अथवा सामाजिक, महिला हर कहीं राष्ट्रीय व अंतर्राष्ट्रीय स्तर पर उस व्यवस्था को चुनौती दे रही है जो उसे स्वीकार नहीं करती या उसके हितों को चोट पहुँचाती है। ऐसा तभी हो सकता है जब वह अपनी जगह को जान ले और अपने हितों को पहचान ले। तो क्या उसने ऐसा कर लिया है? क्या अपने लंबे संघर्ष के फल उसे मिलने लगे हैं? क्या उसकी कोख से पैदा होने वाली लड़की अब गुलाब नहीं होगी? सवाल जटिल है और फिलहाल जवाब इतना ही दिया जा सकता है कि वह गुलामी का जीवन नहीं जिएगी, यह बात दूसरों को भी अब समझ आने लगी है। निर्माण चाहे समाज का हो या देश का, उसमें उसका आसन बराबर रख कर ही चलना होगा। वह नीचे नहीं हो सकता। पर आज जो उसे नंगा करके गलियों में घुमाया जा रहा है, उसे फैक्ट्रियों से निकाला जा रहा है, उसके बनाए माल के तमाम बाजार खत्म करके उसे परिवार समेत भूखे-नँगे रहने पर मजबूर किया जा रहा है? यह सब हो रहा है, इसीलिए तो जरूरी हो गया है कि हम पिछले 20 सालों (1975-95) के महिला आंदोलन का जायजा लें।

पर 20 साल ही क्यों? क्या भारत का महिला आंदोलन मात्र 20 साल का है? नहीं, ऐसा नहीं है। घर से बाहर तो वह पहले भी निकली और लड़ी भी पर देश के लिए, समाज के लिए। अपने लिए सड़कों पर आकर राष्ट्रीय स्तर पर लगातार सक्रिय संघर्ष उसने पिछले 20 साल में किया है और 1975 का वर्ष उसका माइल स्टोन है। राष्ट्रीय व अंतर्राष्ट्रीय दोनों स्तरों पर इस साल का महत्त्व है।

अंतर्राष्ट्रीय स्तर पर 1975 का वर्ष अंतर्राष्ट्रीय महिला वर्ष घोषित किया गया था। यह दुनियाभर में विभिन्न स्तरों पर महिलाओं के प्रति बरती जा रही असमानता व उसके कारणों की ओर ध्यान दिलाने की संयुक्त राष्ट्र की कोशिश थी। महिला किस हद तक गुलाम व शोषित है और उसका शोषण कर रही व्यवस्थाएं बेहद सशक्त और उनके खिलाफ संघर्ष कितना कठिन यह भी संयुक्त राष्ट्र समझ गया था। इसीलिए उसने 75 से 85 के पूरे दस साल महिला के नाम कर दिए। यही नहीं, 1975 में

ही अगले दस साल बाद, 95 में चीन में विश्व महिला सम्मेलन होने की घोषणा भी कर दी, ताकि सम्मेलन इस कोशिश में लग सके कि दुनियाभर में महिलाओं को हर क्षेत्र में समानता का दर्जा दिया जाए और समाज को, दुनिया को, उनके रहने लायक बनाया जाए। इसीलिए उसके तमाम महिला सम्मेलनों का स्लोगन है—समानता, विकास और शांति।

1975 का महत्त्व

राष्ट्रीय स्तर पर 1975 का महत्त्व भी इन्हीं सम्मेलनों के साथ जुड़ा है। महिला वर्ष के लिए संयुक्त राष्ट्र के आग्रह पर यहाँ पहली बार महिलाओं के सभी पहलुओं की वस्तुस्थिति का जायजा लिया गया और यह रिपोर्ट 1975 में ही आई। आजादी के बाद महिलाओं की सामाजिक, आर्थिक, राजनीतिक, सांस्कृतिक सभी पहलुओं पर यह पहला देशव्यापी अध्ययन तो था ही, इससे यह भी पता चला कि उसके सक्रिय सहयोग से देश भले ही स्वाधीन हो गया हो, आजादी के बाद वह और भी गुलाम होती चली गई है। विकास योजना तो दूर किसी आम योजना तक में उसका कहीं कोई स्थान नहीं है। इस तथ्य ने जहाँ सरकार को चौंकाया, वहीं महिलाओं को भी जागरूक किया।

फिर '75 का साल इमरजेंसी का साल था। युवतियों की एक पूरी खेप कॉलेजों में थी और देश भर में सरकार के प्रति बढ़ते गुस्से में शरीक थी। प्रधानमंत्री के रूप में इंदिरा गाँधी का आकर्षक व्यक्तित्व जहाँ उसे प्रेरित करता था वहीं उनकी नीतियाँ चेतन महिला को परेशान भी कर रही थीं। आम महिला इसलिए परेशान थी कि उसकी मुश्किलें बढ़ रही थीं और कोई सुनने वाला नहीं था। इमरजेंसी ने जहाँ उसकी मुश्किलों को और बढ़ाया वहीं जागरूक महिला को संगठित होने का मौका दिया। यही कारण था कि 1979-80 में जब मथुरा बलात्कार कांड पर दिल्ली में महिलाओं ने आवाज उठाई, उसकी गूँज देश में सुनाई दी। जहाँ जो जागरूक थी, अपने स्तर पर काम कर रही थी। इस दृष्टि से 1975 का साल हर लिहाज से महिला आंदोलन को गति देने वाला, उसे बल देने वाला साल है। जनवादी महिला समिति की महासचिव वृंदा कारत इसके महत्त्व को इस तरह से आँकती हैं—"इस साल जो रिपोर्ट आई उससे महिला आंदोलन में नए मुद्दे जुड़े। इस आंदोलन को एक नया बल मिला। महिला शोषण के अलग-अलग रूपों को एक दस्तावेज में इकट्ठा किया गया था, उनसे महिला की स्थिति व दर्जा स्पष्ट हुआ।"

ज्यादातर महिला संगठन 1975 को महिलाओं के पुनर्जागरण का वर्ष होने से इंकार करते हैं। पर मुझे यह इस अर्थ में पुनर्जागरण लगता है कि इसी साल से महिलाओं ने संगठित होकर अपने लिए संघर्ष की शुरुआत की थी। अभी तक वे संघर्ष तो कर रही थीं पर अपनी मुक्ति के लिए नहीं। उनका संघर्ष मौजूदा सामाजिक ढाँचे के तहत ही अपने अधिकार पाने का था। गाँधीजी, जिन्होंने महिला को बाहर निकाला और

उसे साथ लेकर देश की आजादी की लड़ाई लड़ी उसके बारे में कहा करते थे–"पुराने जमाने का गुलाम नहीं जानता था कि उसे आजाद होना है या कि वह आजाद हो सकता है। औरतों की हालत भी आज कुछ वैसी ही है।" वे आगे कहते हैं–"जब उस गुलाम को आजादी मिली तो कुछ समय तक उसे ऐसा लगा कि उसका सहारा ही जाता रहा। औरतों को यह सिखाया गया है कि वे अपने को पुरुषों की दासी समझें। इसलिए हमारा यह फर्ज है कि स्त्रियों को उनकी मौलिक स्थिति का बोध कराएँ और उन्हें इस तरह की तालीम दें जिससे वे जीवन में पुरुषों के साथ बराबरी के दर्जे से हाथ बाँटने लायक बनें।"

मेरा मानना है कि 1975 से मुड़ी महिला आंदोलन की धारा ने देश की स्त्री को उसकी मौलिक स्थिति का बोध कराया है। और आज वह मौजूदा सामाजिक ढाँचे को ही नहीं, हर व्यवस्था को बदलने की माँग कर रही है। जब विभिन्न स्तरों पर आंदोलन चला रही सभी महिला नेता पिछले 20 साल की उपलब्धि के नाम पर कहें कि आज हमें सुना जा रहा है, हर स्तर पर हमें स्वीकृति मिल रही है, अब हमें नजर अंदाज नहीं किया जा सकता तो इसका अर्थ यही है कि वह बोल रही हैं और अपने लिए बोल रही हैं। दिल्ली में 1975 से भी पहले दहेज और वेश्यावृत्ति के मुद्दों को लेकर संघर्ष कर रही सरला मुद्‌गल कहती भी हैं– "1975 से 80 के पाँच साल महिला की चेतना के साल हैं। इन पाँच सालों में महिला संगठनों की जैसे बाढ़-सी आ गई थी। जबकि इससे पहले दिल्ली में मुश्किल से पाँच-छह संगठन ही थे। दिल्ली ही नहीं दिल्ली के बाहर भी महिला संगठन बने और विभिन्न स्तरों पर बने। समाजशास्त्रियों की भी महिलाओं की स्थिति में रुचि बढ़ी और शिक्षा संस्थाओं के अलावा भी उन पर अध्ययन के केंद्र शुरू हुए। सरकारी स्तर पर कार्यक्रमों में महिलाओं की बात (बेमन से ही सही) की जाने लगी। और सबसे बड़ी बात निर्णायक पदों पर बैठे लोगों का ध्यान उसने अपनी ओर खींचा। यह स्थिति में एक गुणात्मक परिवर्तन था।"

महिला आंदोलन के चरण

1975 से 95 तक के महिला आंदोलन को मुख्यतः चार हिस्सों में बाँट सकते हैं।

1. जागरूकता का काल (1975-80)
2. आक्रामकता का काल (1980-85)
3. ठोस उपलब्धियों का काल (1985-90)
4. कड़ी चुनौतियों का काल (1990-95)

जैसा कि ऊपर स्पष्ट किया जा चुका है 75 से 80 का दौर महिला आंदोलन की चेतना का समय है। उसने जोरदार ढँग से अपनी बात कहनी शुरू की है। पर वह उसी चीज को उठा रही हैं जो उसके सामने आ रही हैं। सरला मुद्‌गल कहती हैं–1971 में पहली बार दहेज हत्या के खिलाफ दिल्ली की सड़कों पर महिलाओं ने

रैली की और उपराज्यपाल के दफ्तर के बाहर धरना दिया। मीडिया में यह खबर अंदर के पेजों पर नहीं, बाहरी पेज पर आई। इस दौर की सबसे महत्त्वपूर्ण घटना 1980 में महिला संगठनों की ओर से मथुरा बलात्कार कांड को फिर से खोला जाना था। यह महिलाओं के बलात्कार के खिलाफ इस दौर में चलाए गए सक्रिय और जुझारू आंदोलन का ही नतीजा था। बलात्कार, दहेज, दहेज हत्या और पुलिस अत्याचार ये इस दौर के महिला आंदोलन के मुख्य मुद्दे थे। और इनके खिलाफ उसकी रणनीति धरने व प्रदर्शनों से संबंधित पक्षों–दोषी, पुलिस व सरकार पर दबाव डालने की थी। वह सिर्फ दोषियों को गिरफ़्तार करने की माँग ही नहीं करती, क़ानूनों में कमियों को इंगित कर उनमें संशोधन की माँग भी करती है। इस माँग में वह अकेली नहीं है, वकील, डॉक्टर और लोकतांत्रिक अधिकारों में विश्वास रखने वाले व्यक्ति व समूह (जिनकी जे.पी. आंदोलन के दौरान बाढ़ आई थी) व मीडिया पूरी तरह उसके साथ हैं। दहेज कानून, विवाह कानून, अपराध कानून, संपत्ति कानून, समान वेतन अधिनियम में संशोधन, पारिवारिक अदालतों की स्थापना, थानों में महिला पुलिस, महिलाओं के लिए अलग पुलिस थाने आदि उसकी मुख्य माँगें थीं। ये माँगें सिर्फ दिल्ली से ही नहीं उठ रही थीं–बंबई, पुणे, नागपुर, अहमदाबाद, कानपुर, कलकत्ता, रायपुर, पटना, मद्रास, हैदराबाद, जयपुर, बंगलूर आदि विभिन्न स्थानों पर से आ रही थीं। अदालतों के महिला विरोधी फैसलों तक को उसने चुनौती देना शुरू कर दिया था। कुल मिलाकर उसने दूसरों को अपने बारे में सोचने पर मजबूर कर दिया था।

1980-85 में वह इन आंदोलनों के साथ-साथ सामाजिक व्यवस्था की और भी कई विरोधी ताकतों को पहचानने लगी है। वह उन पर चोट करती है। मनु-स्मृति को महिला विरोधी बताकर उसे पूरी तरह नकार रही है। उसने जाति-व्यवस्था को भी महिला विरोधी ठहराया है और इस व्यवस्था को कमजोर करने के लिए अंतरजातीय विवाहों की ओर बढ़ी है। शिक्षा और आर्थिक स्वावलंबन को वह औरत की मुक्ति के रूप में देखती है और स्वास्थ्य को उसका अधिकार बताती है। समाज व सरकार दोनों से ही उसकी माँगें बढ़ी हैं। प्रतिरोध बढ़ा है। दिल्ली ही नहीं, देशभर में। आंदोलन का कोई एक नेता नहीं है। कोई एक संगठन नहीं है। सब अपने-अपने स्तर पर चला रहे हैं। सब जगह मुद्दे अपने-अपने हैं लेकिन दहेज-हत्या और बलात्कार का मुद्दा भी सभी जगह है और हर जगह महिलाओं का इनके खिलाफ संगठित आंदोलन भी। उस समय के अखबारों को उठा कर देखें तो इन दस सालों में शायद ही कोई राजधानी होगी जहाँ दहेज हत्या या या बलात्कार को लेकर महिलाओं की बड़ी रैली न निकली हो। पुलिस व अदालतें उसका मुख्य निशाना हैं। इन सबका दबाव ही था कि इस दौर में कानूनों में महत्त्वपूर्ण परिवर्तन हुए। अपराध कानून में दो बार संशोधन हुए, दहेज विरोधी अधिनियम बना, महिला अत्याचार विरोधी प्रभाग की स्थापना हुई, पारिवारिक अदालतों की स्थापना के लिए बिल पास हुआ। थानों में महिला के साथ

व्यवहार के संबंध में विशेष निर्देश जारी हुए। महिला संबंधी मामलों में तुरंत रपट दर्ज करने के लिए पुलिस अधिकारियों को लिखित में आदेश गए। अदालतों में महिला मामलों पर फैसला जल्द होने लगा हो ऐसा तो नहीं था पर कई जगह न्यायाधीशों ने अखबारों की खबरों को या महिला अथवा उसके संबंधी के पत्र को ही अपील मानकर मामलों का संज्ञान लिया और महत्त्वपूर्ण फैसले दिए। महिलाओं के केस लड़ने के लिए मुफ्त कानूनी सलाहकार सेल जगह-जगह सरकारी व गैर-सरकारी स्तर पर स्थापित किए गए।

इस काल में आर्थिक स्तर पर भी वह सक्रिय है। उसे समझ आ गया है कि आर्थिक स्वावलंबन के बिना वह किसी भी गुलामी से मुक्ति नहीं पा सकती। माना भले ही न जाए, पर देश के आर्थिक विकास में सबसे ज्यादा योगदान उसी का है। अहमदाबाद में 'सेवा', बंबई में 'अन्नपूर्णा' और दक्षिण में 'वर्किंग वूमैन फोरम' असंगठित क्षेत्र की कामगार महिला को जहाँ संगठित कर रहे हैं वहीं सरकार, मजदूर यूनियनों व फैक्टरी मालिकों से उनके हितों की रक्षा के लिए संघर्ष भी करते हैं। मौजूदा कर्जव्यवस्था, बैकों के नियम, वेतन अधिनियम आदि उन सभी व्यवस्थाओं को चुनौती दी गई जो उसके आर्थिक स्वावलंबन में संगठित व असंगठित दोनों क्षेत्रों में बाधक थीं। यही नहीं, महिला सेवा सहकारी को-आपरेटिव बैंक की स्थापना करके 'सेवा' की इला भट्ट ने बता दिया कि सरकार कुछ करे न करे, महिलाएँ अपनी उन्नति का ढाँचागत विकल्प खुद निकाल सकती हैं।

राजनीतिक माहौल से निराशा

राजनैतिक स्तर पर महिलाएँ अपने लिए निराशाजनक माहौल पाती हैं। राजनीति के प्रति उनका सहज आकर्षण बढ़ रहा है। पर उसमें प्रवेश उन्हें आसान नहीं दिखता। लेकिन वे यह महसूस जरूर करने लगी हैं कि निर्णय प्रक्रिया में भागीदार हुए बिना वे व्यवस्था को अपने अनुकूल नहीं बना सकतीं। उसकी व पुरुष वर्ग की जरूरतें अलग-अलग हैं और पुरुष अपनी जरूरतों के आगे उसकी जरूरतों को तरजीह नहीं देने वाला। चिपको आंदोलन, भूमि सुधार आंदोलन, महिलाओं के खिलाफ अत्याचार, आंदोलन और आर्थिक स्वावलंबन के लिए आंदोलन के अनुभवों से वह इस नतीजे पर पहुँची थी।

कुल मिलाकर इस दौर से वह आक्रामक है और सामाजिक, आर्थिक, धार्मिक, राजनैतिक हर स्तर पर पुरुष को चुनौती देती दिखाई देती है। अपने अस्तित्व का अहसास कराती है। जैसे कह रही हो तुम मानो या न मानो मैं हूँ। देख लो और रहूँगी। यह जान लो।

तीसरा दौर (1985-90) : जहाँ उसकी ठोस उपलब्धियों का दौर है वहीं उसकी पिछले दस साल में अपनाई गई रणनीतियों, कार्य या मूल्यों के नतीजे सामने आते

हैं। शायद यही कारण है कि इस काल में उसकी आक्रामकता कम हुई है। अपने अनुभवों से उसने सीखा है। मधु किश्वर, जो अपने संबंधियों तक के ऐसे विवाह में नहीं गई जिसमें दहेज लिया या दिया जाता हो, ने माना कि लड़की को संपत्ति का अधिकार मिलने तक मौजूदा सामाजिक ढाँचे में दहेज प्रथा को न तो समाप्त किया जा सकता है न खत्म ही!

राजीव गाँधी ने सत्ता में आते ही जिस तरह अलग महिला व बाल कल्याण विभाग की स्थापना की उससे महिला संगठनों के काफी तसल्ली मिली और लगा कि अब बातचीत से भी चीजें हासिल की जा सकती हैं। ज्यादा बड़ी संख्या में महिलाओं को लोकसभा में लाना, प्रशासन में उच्च पदों पर महिलाओं को बिठाना, इला भट्ट को राज्यसभा का सदस्य बनाने के साथ-साथ स्वरोजगाररत महिलाओं की स्थिति का जायजा लेने के लिए उनके नेतृत्व में राष्ट्रीय आयोग का गठन, राष्ट्रीय महिला परिदृश्य-2000 तक का बनाया जाना। ये सभी काम ऐसे थे जिनसे महिलाओं को सरकार के सर्वोच्च स्तर पर एक सहयोगी पुरुष मिला था और जो महिला का दर्जा पुरुष से किसी भी तरह कम नहीं मानता था। सोच के स्तर पर यह निश्चय ही दूसरों से फर्क था। पर शाहबानो के मामले में जब मुस्लिम महिला भत्ता आजीविका अधिनियम लगाया गया तो महिलाओं ने संगठित होकर उसका विरोध किया, संसद के भीतर व बाहर। जाति, धर्म व दलगत मतभेदों के बावजूद सभी महिलाओं और संगठनों ने एक होकर विरोध किया और अपनी आवाज उठाई। यह ऐसा मुद्दा था जिसमें पुरुषों का सहयोग भी उन्हें मिला। पर राजीव गाँधी अल्पसंख्यकों के दबाव से मुक्त नहीं हो पाए। इसी तरह सती के मुद्दे पर भी महिलाओं की माँगों को वे अनसुना कर गए। ये दोनों उदाहरण ऐसे थे जिनसे महिलाओं को समझ आ गया कि धर्म व जाति की राजनीति के चलते उनके हित सुरक्षित नहीं हो सकते, फिर प्रधानमंत्री चाहे उनका हितैषी ही क्यों न हो।

शाहनो केस, सती का मामला और राष्ट्रीय महिला परिदृश्य ये तीन मुद्दे ऐसे थे जिन पर सभी महिला संगठनों ने संयुक्त आवाज उठाई। यह उनकी साझा रणनीति का चरम था। दिल्ली के सात महिला संगठन आल इंडिया वूमेंस कांफ्रेंस, महिला दक्षता समिति, अखिल भारतीय जनवादी महिला समिति, यंग वूमेन क्रिश्चियन एसोसिएशन, नेशनल फेडरेशन आफ इंडियन वूमेन और सेंटर फार वूमेन डेवलेपमेंट स्टडीज वैसे 1984 से ही कभी दहेज विरोधी चेतना मंच और कभी ज्वाइंट एक्शन के नाम से कभी-कभी मिलकर मुहिम चला रहे थे। पर इस दौर में वे ज्यादा करीब आए। जनवादी महिला समिति की महासचिव वृंदा कारत कहती हैं—मतभेदों के बावजूद, अपने स्वतंत्र अस्तित्व को बचाए रखते हुए हमने एक मंच पर आकर काम करना सीखा है यह एक बड़ी बात है। महिल आंदोलन के संदर्भ में एक वामपंथी महिला नेता का यह बयान विशेष महत्त्व का है क्योंकि यह विचारधारा महिला की समस्या को वर्गगत

समस्या के भीतर ही देखती है और उसी में उसका हल भी पाती है। पर इस दौर में इस विचारधारा में भी थोड़ परिवर्तन हुआ। वह महिलाओं की समस्याओं को थोड़ा अलग देखती नजर आती है। इससे महिला आंदोलन अंततः ज्यादा व्यापक व मजबूत हुआ।

राजनैतिक स्तर पर यह काफी उथल-पुथल का समय है। राजीव गाँधी पर बोफोर्स घोटाले को लेकर पूरे देश में उत्तेजना थी, विपक्षी दल कांग्रेस के खिलाफ संगठित हो रहे थे। उधर देश को 21वीं सदी में ले जाने की राजीव गाँधी की कोशिशों के तहत देश में नई-नई तकनीक आ रही थी जिनका नतीजा है कि फैक्ट्रियों से महिला को निकाला गया, परिवार नियोजन कार्यक्रम को परिवार कल्याण के नाम पर पूरी तरह महिलाओं पर थोप दिया गया। उन्हें विदेशी कंपनियों के परिवार नियोजन संबंधी उत्पाद का प्रयोग स्थल बनाया गया है और भ्रूण परीक्षण के नाम पर लड़की की गर्भ में ही हत्या की जाने लगी। जातिगत तत्त्वों का राजनीति से गठजोड़ होने के कारण सामूहिक हिंसा का विस्तार हुआ है जिसमें शिकार महिला को बनाया जा रहा है। त्रिपुरा बलात्कार कांड इसी गठजोड़ का नतीजा था। अर्थव्यवस्था को उदार बनाने के साथ-साथ उपभोक्तावाद भी बढ़ रहा है और आम महिला उसका शिकार हो रही है। उसके प्रति हिंसा अब संगठित व सुनियोजित रूप लेने लगी है। कुल मिलाकर उसके सामने चुनौतियाँ बढ़ी हैं। ये सभी ऐसी चुनौतियाँ हैं जिन्हें वे समझ रही हैं, उनके खिलाफ बोल भी रही हैं पर कोई विशेष नतीजा नहीं निकल रहा। फिर भी यह उसकी ठोस उपलब्धियों का दौर है तो इसलिए कि इसी काल में उन्हें पंचायती राज व्यवस्था में 30 फीसदी आरक्षण मिला और राष्ट्रीय महिला आयोग बनाने की उनकी बेहद पुरानी माँग पूरी हुई। राजीव गाँधी ने महिलाओं के वोट पाने के लिए या फिर वास्तव में ही महिलाओं को निर्णायक प्रक्रिया में भागीदार बनाने, जिस भी लक्ष्य से यह व्यवस्था की हो, यह एक ऐसी व्यवस्था थी जिससे भविष्य में पितृसत्तात्मक सामाजिक ढाँचे में आधारभूत परिवर्तन आएगा, पितृसत्ता कमजोर होगी और स्त्री-पुरुष में समानता बढ़ेगी।

इस दौर के अंत तक आते-आते उसकी रणनीति पूरी तरह बदल गई है। वह अब साझा रूप से सड़कों पर नहीं आती, फिर मुद्दा चाहे कितना भी महत्त्वपूर्ण क्यों न हो, शायद यह विदेशी फंडिंग एजेंसियों और उनकी मदद से पूरे देश में छा चुके गैर-सरकारी संगठनों (एनजीओ) का प्रभाव था कि महिला आंदोलन ज्यादा से ज्यादा दफ़्तरों व सभा-सम्मेलनों तक में सिमटता जा रहा था जबकि चुनौतियाँ ज्यादा कड़ी थीं। 90 तक आते-आते सड़क पर अगर दिखाई देती है तो भाजपा की महिला जो एक ओर आरक्षण के मुद्दे पर लोगों को संगठित कर रही है, दूसरी ओर महंगाई के मुद्दे पर रैली निकाल रही है। अर्द्धनारीश्वर और 'नारी शक्ति' की चेतना का नारा समाज को दे रही थी।

कड़ी चुनौतियाँ : (1990-94) यह वह काल है जब पिछले सालों में बार-बार झटके दे रही तमाम प्रतिकूल ताकतें अपनी पूरी संगठित शक्ति के साथ महिला आंदोलन के सामने आ खड़ी हुई हैं। मंडल-कमंडल की राजनीति ने जहाँ सभी लोकतांत्रिक संस्थाओं को कमजोर किया है वहीं अपराध की राजनीति, सांप्रदायिकता, जातिवाद व उपभोक्तावाद में जबरदस्त गठजोड़ हुआ है। नतीजतन समाज में हिंसा व अश्लीलता बढ़ी है। वेश्यावृत्ति का संस्थागत पैमाने पर व्यवसायीकरण हो रहा है। मीडिया में सेक्स व हिंसा को बेचा जा रहा है। राजनीतिक व जातिगत बदले की भावना है। औरत को नँगा करके घुमाया जा रहा है, उदार आर्थिक नीतियों के नाम पर असंगठित क्षेत्र की महिला के माल का बाजार छीना जा रहा है, फंडिंग एजेंसियाँ विश्व महिला सम्मेलन के नाम पर गाँवों तक पहुँच रही हैं और महिला मुद्दों को अपने हिसाब से तय करवा रही हैं। इन सबके खिलाफ महिला संगठन बोल तो रहे हैं पर ऐसी कोई आवाज नहीं उठी है जिसे विरोध कहा जा सके। मुस्लिम महिला विधेयक और सती के मुद्दे पर महिलाओं ने दिल्ली में जो संगठित विरोध किया था वैसी आवाज उनकी उसके बाद सुनाई नहीं दी जबकि प्रतिकूल ताकतें ज्यादा संगठित रूप से उसके सामने हैं। पिछले पाँच साल से सभी स्तरों पर महिला संगठन नई आर्थिक नीतियों व ढाँचागत समन्वय कार्यक्रम का विरोध कर रहे हैं। राष्ट्रीय महिला आयोग, जो उनकी पहल पर ही बना, ने भी उन्हें महिलाओं के खिलाफ बताया पर एक बार भी इन सबने मिलकर कोई ऐसा जोरदार विरोध नहीं किया जिसकी आवाज पूरा देश सुन सकता। यूपी में महिलाओं को नंगा करके घुमाने की घटनाएँ, बिहार-बंगाल में उन्हें डायन कहकर मारने की घटनाएँ, राजस्थान व हरियाणा में जातीय पंचायतों की ओट से महिलाओं पर अत्याचार और मुजफ्फरनगर में उत्तराखंड की महिलाओं पर सरकारी मशीनरी के अत्याचार ये सभी घटनाएँ ऐसी थीं, जो महिला संगठनों से पहले से ज्यादा संगठित होकर सक्रिय होने की माँग करती हैं। पर इन सभी पर उनकी ओर से मात्र प्रेस नोट जारी कर देना बताता है कि महिला आंदोलन भी कहीं न कहीं जातिगत, सांप्रदायिक व दलगत ताकतों और विदेशी फंडिंग एजेंसियों की चपेट में आ गया है। फंडिंग एजेंसियों के पैसे ने उन्हें आरामपरस्त बनाया है और उनके काम को दफ़्तरों, तथा सेमिनार व स्टडीज तक सीमित कर दिया है। आंदोलन की भावन खत्म हुई है। नई पीढ़ी को एनजीओ के साम्राज्य ज्यादा आकर्षित कर रहे हैं। हालाँकि इन एजेंसियों की वजह से यह आंदोलन गाँवों तक भी पहुँचा है और ऊपर से लेकर नीचे तक विभिन्न संगठनों से नेटवर्किंग की प्रक्रिया भी शुरू हुई है। फिर भी कहा जा सकता है कि सोच के स्तर पर महिला आंदोलन आगे बढ़ा है। उसके मुद्दे अब महिला तक सीमित नहीं। वह अपनी मुक्ति या विकास को पूरे सामाजिक ढाँचे से देख रही है और इसीलिए उसी में परिवर्तन (संशोधन नहीं) की माँग आज उसकी मुख्य माँग है।

1975 में अंतर्राष्ट्रीय महिला सम्मेलन के जरिए देश के जिस महिला आंदोलन

पूरी तरह पश्चिमी ताकतों की चपेट में आ गया। इससे उस पर वामपंथी पकड़ ढी पड़ी है! ग्लोबलाइजेशन के जरिए पश्चिमी ताकतें अपने मुद्दे उस पर थोपने की कोशि में हैं। इस तरह इस समय वह भीतरी बाहरी दोहरी चुनौतियों का सामना कर र है। जनसंख्या, परिवार नियोजन, पर्यावरण, उदार आर्थिक नीतियाँ और ढाँचागत समन्व कार्यक्रम ये सभी ऐसे मुद्दे हैं जो उसका ध्यान विदेशी ताकतों से संघर्ष की ओर खीं रहे हैं। जातिवाद, सांप्रदायिकता, उपभोक्तावाद और राजनीति का अपराधीकरण सभी भीतरी तत्त्व उससे ज्यादा संगठित होने की माँग करते हैं, वहीं उसे भी जातिग धर्मगत व दलगत राजनीति में सीमित कर रहे हैं। ऐसे में बाहरी खतरे व चुनौति तो बढ़ी ही हैं आंदोलन को अपने भीतर से भी चुनौती मिल रही है। कहा जा सक है कि महिला आंदोलन के सामने यह समय चुनौती के साथ-साथ उसकी कसौटी ‍ भी है।

महिला आंदोलनकारियों के लिए फंडिग एजेंसियों की भूमिका विशेष चिंता ‍ विषय होनी चाहिए। सभा-सेमिनारों में इस पर बात होती भी है। लेकिन सवाल ज्यादात वामपंथी संगठन की ओर से ही आता है। ये संगठन 85-95 के दशक को सरक की ओर से महिला आंदोलन को अपने में समाहित कर लेने की कोशिश के रूप देखते हैं। अगर फंडिंग एजेंसियों की भूमिका पर विचार नहीं किया गया तो भारती महिला के इस आंदोलन को विदेशी ताकतें अपने में समाहित कर ले जाएँगी! उदा आर्थिक नीति की वजह से यह एक कठिन काम है पर इसे करने की जरूरत उससे भी ज्यादा बड़ी है। सरकार व महिला संगठन दोनों को ही चाहिए कि पश्चिमी देश की विश्व-सम्मेलनों की चतुर राजनीति में वे तीसरी दुनिया के जरिए अपने हितों को सुरक्षित करें।

जरूरत रुक कर पीछे नजर डालने की भी है कि क्या खोया और कहाँ भूल हुई! मधु किश्वर की स्वीकृति एक स्वस्थ परंपरा की शुरुआत है। दूसरे संगठनों को भी इस पर विचार करना होगा! इसके साथ ही साथ भाजपाई महिलाओं को अछूत मानकर अपने से परे रखना कोई दानिशमंदी नहीं! अच्छाई व बुराई हर किसी में होती है। उनकी अच्छी बातों पर विचार करना होगा। आखिर इस देश की बहुसंख्यक महिलाएं तो राम का नाम लेने वाली ही हैं। इसलिए भाजपा महिला की विचारधारा को आंदोलन में समाहित करने से उसका दायरा व्यापक ही होगा! नहीं किए जाने पर आंदोलन को कहीं एकांगी ही माना जाएगा।

देह, मन और स्वप्न

□ अरुण प्रकाश

'देह धरे को दंड। यह मान्यता भारत में व्याप्त रही है। देह पाप का मूल है। वह मोक्ष में वाधक है। देह को गलाना चाहिए। ऋषि-मुनि जंगल, कंदराओं, गुफाओं में जाकर उसे गलाते थे। स्त्रियों को घर में देह गलाने की तज़बीज व्रतों के रूप में रखी गई। ये व्रत सालों भर चलते हैं। घर में ही मोक्ष मिल जाए, इसका आंतरीकरण स्त्रियों ने कर लिया। वे आज भी व्रतों में उलझी हैं। देह बहकती है, उसे साधना चाहिए। देह साधने के तरीके भी निकले। योग सिर्फ रोग निवारण ही नहीं करता, वह देह साधने और भटकते मन को केन्द्रित करने की भी विधि है। पतंजलि के योग के उलट जनक जैसे योग शास्त्री भी हुए जो भोग में डूबकर भी अलिप्त होने की विधि बताते थे। शुक की मानीखेज कहानी यहाँ अप्रासंगिक न होगी। शुक ब्रह्मचर्य की अवधि बिताकर घर लौटे तो पिता ने कहा, "तुम्हारी शिक्षा तो पूरी हो गई, पर दीक्षा के बगैर शिक्षा अपूर्ण है। जाओ, राजा जनक से दीक्षा लो।" जनक ऋषि नहीं थे बल्कि भोगी के रूप में प्रसिद्ध थे।

भोले शुक वस्त्र नहीं पहनते थे। जनक ने कहलवाया–हाथ में जलता दीपक लेकर महल में मेरे कक्ष तक आओ। दीपक रास्ते में बुझे तो लौट जाओ और फिर प्रयत्न करो। बेचारे शुक फँसे। महल में सारी स्त्रियाँ, सेविकाएँ नंगी रहती थीं। उन पर नजर जाती तो शुक की साँसें तेज, चाल तेज हो जाती। हड़बड़ी में दीपक बुझ जाता। अनेक प्रयत्नों के बाद वे जलता दीप लेकर जनक के कक्ष तक पहुँचे। जनक वहाँ अपनी नंगी रानियों के साथ भोग में थे। वहीं जनक ने शुक को भोग में रहकर भी अलिप्त होने की दीक्षा दी। शुक मन को साधने की कला सीख गए।

इक्कीसवीं सदी के प्रारम्भ में इन प्राचीन बातों का ज़िक्र करने को क्या तुक है? जबकि देह को लेकर पर्याप्त नया, नारीवादी चिन्तन मौजूद है और इन प्राचीन बातों के चलते पुरोगामी करार दिए जाने का खतरा मौजूद है? इनका ज़िक्र इसलिए जरूरी है क्योंकि नया नारीवादी चिन्तन इस प्राचीन मानस से टकराता है। भारत की स्त्रियों में उपनिषदकालीन आकांक्षाएँ, मूल्य, मान्यताएँ, सामन्तकालीन जड़ता, औपनिवेशिक

अनुगमन, अनुकृति-मोह और उत्तर-औपनिवेशिककालीन मुक्ति का स्वप्न मौजूद है। वे चुपचाप बहुत कुछ ढोती रही हैं—पूर्व-वैदिक काल की वृथा-पूजा से लेकर सामन्तकालीन सती महिमामण्डन तक। लेकिन भारत की स्त्री सिर्फ परम्परा का स्वेच्छा से आंतरीकरण नहीं करती रही है, उस पुर पुरुष-सत्ता ने बलात् भी बहुत कुछ थोपा है। बलात् को धार्मिक स्वीकृति दिलवाने की चालाकियाँ आम रही हैं। सती प्रथा का कोई ज़िक्र वेदों, उपनिषदों में नहीं मिलता, पुराण जैसी गप्प की पोथियों, जिनके काल को लेकर गम्भीर मतभेद रहा, में भी सिर्फ गरुड़ पुराण में इसका ज़िक्र आता है। स्पष्ट है कि सती होना न धार्मिक था, न परम्परा स्वीकृत। वह परम्परा में अपवाद था और आज भी अपवाद ही है। यह अमानवीय मूर्खता अपवाद ही रहेगी भी।

बहरहाल, देह को सामाजिक महत्व कभी नहीं मिला। वह नाशवान जो ठहरी। वाम-मार्गियों और कौल साधकों ने देह के महत्व को समझा लेकिन उनके अभीष्ट कुछ और थे। देह का उत्सव खजुराहो जैसे अवशेषों और क्लासिक साहित्य परम्परा में अभी भी दीखता है। लेकिन पश्चिम में यह हुआ। वहाँ दोनों तरह के नृतत्व शास्त्र विकसित हुए—दैहिक और सामाजिक। दैहिक नृतत्वशास्त्र, देह-संरचना की विशिष्टताओं, प्रजनन अथवा मृत्यु के बाद देह के क्रिया-कर्म तक सीमित रहा। पर अब दैहिक समाजशास्त्र पर बल दिया जा रहा है। देह अब उत्पादों की उपभोक्ता ही नहीं, उत्पादों का लक्ष्य ही नहीं, उत्पादों को उपभोक्ता तक पहुँचाने की वाहक भी है। देह के बगैर व्यापार-विमर्श अधूरा है। देह को सँवारने, देह को उम्र से परे ले जाने के लिए सौन्दर्य-शल्य क्रिया, जड़ी-बूड़ी, रसायन, उपकरण, सिंगार-साधन का अरबों डॉलर का विश्व-व्यापार है। देह को अमर करने के लिए क्लोनिंग है। रकम खर्च कीजिए, अपना क्लोन बनवा लीजिए। नारीवाद के उत्कर्ष के मूल में देह को व्यापार-बिन्दु बनाने से विकर्षण भी रहा है। वह नारी देह, मन और स्वप्न की विशिष्टताओं का समेकित परिणाम है।

गोकि अमरीका जैसे मुल्क में स्त्रियों को मताधिकार 1948 में प्रदान किया गया। फिर भी पश्चिम में भारत से पहले लोकतान्त्रिक अधिकार और वातावरण स्त्रियों को सुलभ हो गए थे। पितृ सत्ता अपनी सामन्तवादी फांस खोलने पर मजबूर हो गया था। स्त्रियों को आर्थिक आधार मिल गया था। पैतृक सम्पत्ति, पति की सम्पत्ति में न्यायोचित हिस्सा तथा अर्जन करने के अधिकार ने उन्हें इतनी अधिकारिता दे दी थी कि वे पितृसत्ता के बाकी नागफांस को लोकतान्त्रिक और आर्थिक अधिकारों के बूते काटने की कोशिश कर सकें। औद्योगीकरण के बाद बना लोकतान्त्रिक वातावरण उनके पक्ष में होता गया। सोवियत रुस में पनपे समाजवादी बिरवे ने पश्चिम की स्त्रियों को एक नया स्वप्न दिया। दो विश्व-युद्धों में भारी संख्या में मरे पुरुषों की खाली जगहों को भरने के लिए स्त्रियाँ आगे आईं। कुल मिलाकर देखें तो पश्चिम की स्त्री को ऐसे अधिकार, वातावरण, अवसर और मॉडेल मिले जिससे नारीवाद को पीठिका मिल गई। लेकिन पश्चिम का नारीवादी आन्दोलन, जिस रूप में उसे हम आज देखते

हैं, बुनियादी कारकों, यानी लोकतान्त्रिक एवं आर्थिक अधिकार, आगे बढ़ने के अवसर और मॉडेल, को हासिल करने के बाद का परिणाम है। इसीलिए पश्चिम के नारीवादी आन्दोलन में इन चार कारकों पर बल नहीं मिलता। ये उनके एजेण्डे में शामिल नहीं थे क्योंकि इन उपलब्धियों को पहले हासिल किया जा चुका था। यदि हम इन कारकों और मौजूदा नारीवादी एजेण्डों को मिला दें तभी समग्र नारीवाद बनता है। एक तरह से देखें तो मौजूदा नारीवाद उच्चतर नारीवाद है। पश्चिम का यह उच्चतर नारीवाद शुरू भी हुआ था सातवें दशक में।

इस आलेख के प्रारम्भ में ही स्पष्ट किया जा चुका है कि भारतीय स्त्रियों के समक्ष खड़ी बड़ी वाधा प्राचीनता है। कहने को उसके पास लोकतान्त्रिक और आर्थिक अधिकार हैं। हाँ, ये अधिकार कहने भर को हैं क्योंकि आज भी कोई बेटी पैतृक सम्पत्ति में हिस्सा, जोकि सम्पत्ति के बँटवारे में उसे मिलने वाला अंश पुरुषों के मुकाबले समान नहीं है, माँगती है तो मायके वाले उसका सामाजिक बहिष्कार कर देते हैं। मृत पति की सम्पत्ति पर अधिकार जताने वाली विधवा प्रताड़ित तक की जाती है। बेटा विधवा माँ की सम्पत्ति हड़प जाता है। यदि स्त्री अपना व्यवसाय करे या नौकरी करे तो कमाई पर हक परिवार वाले जमाते हैं। अक्सर उन्हें अपने पति, पिता, ससुर या भाई के निर्देशानुसार मतदान करना पड़ता है। नौकरी या व्यवसाय में उसे पितृसत्ता पुरुषों जैसा समान अवसर नहीं देती। इतना ही नहीं उसे लैंगिक पूर्वग्रहों से बोझिल वातावरण का सामना करना पड़ता है। इसलिए यह आवश्यक है कि उच्चतर नारीवाद पर जोर देने के पहले भारत में नारीवाद के प्राथमिक कारकों पर बल दिया जाए।

भारतीय समाज के वर्गीय ढाँचे के भीतर छोटे-छोटे जातिगत और समुदायिक ढाँचे सक्रिय रहते हैं। इन वर्गीय और जातिगत ढाँचों की वजह से एक ही समस्या को लेकर विरोधाभासी रुख अपनाया जाता है। मसलन पिछड़ी जाति की ग्रामीण स्त्री अपने पति को छोड़ना चाहे तो उसके समाज के वरिष्ठ इस तलाक को आसानी से स्वीकृति दे देते हैं और इस तलाकशुदा स्त्री का विवाह भी हो जाता है। परन्तु ग्रामीण पृष्ठभूमि की ही किसी ब्राह्मण स्त्री के लिए ऐसा समाज स्वीकृत तलाक असम्भव है। एक शहरी, उच्चवर्गीय या मध्य वर्गीय कामकाजी स्त्री के लिए तलाक आसान नहीं है पर एक शहरी, झुग्गी निवासी निम्नवर्गीय कामकाजी स्त्री अदालत गए बगैर पति से छुटकारा आसानी से पा सकती है। कामकाजी दोनों हैं पर आर्थिक उपार्जन उन्हें एक जैसी मुक्ति नहीं देता क्योंकि दोनों के सामाजिक बंधन अलग-अलग तरह के हैं। अज़ीब बात यह है कि शहरी कामकाजी स्त्री को जीवनसाथी चुनने की स्वतन्त्रता अधिक प्राप्त है जबकि झुग्गी निवासी कामकाजी स्त्री को माँ-बाप द्वारा तय जीवन-साथी ही स्वीकार करना पड़ता है। हिन्दी में मौजूद नारीवादी लेखन भारतीय नारी के समक्ष उपस्थित विकराल और विविध बुनियादी समस्याओं से टकराने के बजाए पश्चिम के उच्चतर नारीवाद के आसान रास्ते पर चल रहा है क्योंकि अधिकांश नारीवादी लेखिकाएँ

न केवल उच्चवर्ग की हैं बल्कि सवर्ण भी हैं। वे न केवल नागर हैं बल्कि इतनी नागर हैं कि संघर्ष लक्षित विचार-सरणि को स्पर्श करने से भी सहमती-डरती हैं। उनका अनुभव संसार, ऐहिक और रोजमर्रापन वाला है। मन्नू भण्डारी, चित्रा मुद्‌गल, कात्यायनी, लवलीन, निर्मला गर्ग जैसी रचनाकार सुखद अपवाद हैं। ये न केवल ऐहिक संसार से बाहर निकलती हैं बल्कि पुरुष लेखकों को भी कथ्य के मामलों में टक्कर देती हैं। ये अपने वर्ग और जाति के घेरे से बाहर आती हैं। इनमें घोषित नारीवादी कोई नहीं है पर उच्चतर नारीवाद के बजाए भारतीय स्त्रियों के सम्मुख उपस्थित बुनियादी समस्याओं पर बल देती हैं।

देह और मन के सम्बन्ध को लेकर भारत ही नहीं पश्चिम में भी उलझन की स्थिति रही। पश्चिम में तो यह हुआ कि वैज्ञानिक देकार्तिस ने कह दिया--देह और मन अलग हैं। लोग इसे मान भी बैठे। पर शनैःशनैः देह और मन के पारस्परिक सम्बन्ध को मान्यता मिली। देह बीमार तो मन बीमार, मन बीमार तो देह बीमार। लेकिन यह मानना पड़ेगा कि देकार्तिस के सिद्धान्त और अनुभववाद की आलोचना, दोनों दैहिक समाजशास्त्र को विकसित करने में सहायक रहे। इस तरह समाज और संस्कृति से उसके सम्बन्ध के आलोक में देह का अध्ययन किया जाने लगा। देह सामाजिक प्रतीक भी है। कोई समाज एक आँख वाले को अशुभ मानता है, कोई खब्बू यानी बाएँ हाथ से काम करने वाले को कमजोर मानता है, कोई नाटे को चालाक मानता है। एक स्त्री ने मुझे बताया कि उसकी जीभ पर साँप के फन जैसा काला निशान बचपन से है, उसके ससुराल वाले इसे अशुभ मानते हैं और उसे आसन्न संकट समझते हैं। स्त्री के स्तन पर काले तिल का होना अशुभ माना जाता है।

देह को कुछ लोग सिर्फ देह नहीं एक सामाजिक निर्मिति मानते हैं। इसका अर्थ हुआ कि देह विमर्शों और सामाजिक व्यवहारों की उपज है। फूको मानते हैं कि आधुनिक समाजों में देह अनगिनत अनुशासनों और नियंत्रणों के निशाने पर है।

तीनों दौरों के नारीवादी चिन्तकों में इस बात पर सहमति है कि पितृसत्ता स्त्रियों की देह के प्रति सामाजिक व्यवहार को निर्धारित करती है। पितृसत्ता में स्त्रियों को कमजोर, अतार्किक और छिन्नमति माना जाता है। नारीवादी चिन्तक मानते हैं कि स्त्रियों को उनके शरीर के अनुरूप महत्व नहीं मिलता। बहरहाल हर तरह के समाज में देह-छवि की महत्ता सुस्थापित है।

समाजशास्त्री मानते हैं कि नारीवाद के विकास के तीन चरण हुए हैं। लेकिन नारीवाद का प्रस्थान-बिन्दु है कि आधुनिक समाजों में स्त्रियों को निरन्तर हाशिये पर धकेला जाता है। इस कथन में 'आधुनिक समाजों' पद पर ध्यान दिया जाना चाहिए। यदि नारीवाद आधुनिक समाजों को अपना क्षेत्र चुनता है तो क्या भारत का समाज आधुनिक है? समग्रता में भारत के समाज को आधुनिक नहीं कहा जा सकता क्योंकि भारतीय समाज अभी भी सामन्ती संरचना पर टिका हुआ है। भारतीय समाज के कुछ

हिस्से जरूर आधुनिक कहे जा सकते हैं पर ये सारे हिस्से मिलकर भी भारतीय समाज का बहुलांश नहीं बनते। इस तर्क का तात्पर्य यह नहीं समझा जाना चाहिए कि यह तर्क नारीवाद को अप्रासंगिक करार देने के लिए स्थापित किया जा रहा है। बल्कि यह तर्क इस ओर संकेत करता है कि भारतीय समाज में नारीवाद की प्राथमिकता पश्चिम के आधुनिक समाज वाले नारीवाद से भिन्न होगी। क्योंकि भारतीय नारी के समक्ष प्राथमिक समस्याएँ हैं जिनके मूल समाज की सामन्ती संरचना में हैं। बहरहाल, यह सिद्धान्त स्त्रियों और पुरुषों के लिए समान अवसर की माँग करता है। समान अवसर की माँग पश्चिमी नारीवाद का पहला चरण है। मैं यहाँ फिर ध्यान दिलाना चाहूँगा कि भारत में स्त्रियों के एक छोटे से हिस्से के लिए समान अवसर की माँग उपयुक्त हो सकती है पर अधिकांश स्त्रियों की स्थिति ऐसी है कि उन्हें पुरुषों की तुलना में विशेष अवसर, आरक्षण आदि की जरूरत है। ऐसे विशेष अवसर, आरक्षण के बाद ही समान अवसर का लाभ उठा सकेंगी।

पश्चिमी नारीवाद का दूसरा चरण, जिसे पहले उच्चतर नारीवाद कहा गया है, सातवें दशक में शुरू हुआ और उसमें पूरे समाज में आमूलचूल परिवर्तन की माँग रखी गई। यह माँग कई परिवर्तनकामी सिद्धान्तों, मसलन मार्क्सवाद, मनोविश्लेषण और अराजकतावाद से प्रेरित थी। अमरीका में तो दूसरे चरण के नारीवाद का सम्बन्ध अश्वेतों के लिए नागरिक अधिकार के आन्दोलन से जुड़ा था। तब माना जाता था कि स्त्रियों से करवाई जा रही मातहत वाली भूमिका साम्राज्यवादी प्रणाली के अन्तर्गत अश्वेतों पर औपनिवेशिक दासता थोपने जैसा है। इसलिए स्त्रियों को सिर्फ समानता, समान अवसर और राजनीतिक अधिकार ही नहीं, उसे मन और संस्कृति के स्तर पर भी समान माना जाए। इन लक्ष्यों के मार्ग में सबसे बड़ी बाधा पितृसत्ता मानी जाती थी। पितृसत्ता को सामाजिक वर्गीकरण, नस्लवाद, पर्यावरण-विनाश, युद्ध, हिंसा के लिए जिम्मेवार माना जाता था। इस दौर के नारीवादी चिन्तक मानते थे कि पितृसत्ता प्रभुत्व के बगैर रह नहीं सकती।

पितृसत्ता यानी पुरुष का स्त्री पर प्रभुत्व। माना जाता था कि पितृसत्ता के मूल में है पुरुष में प्रभुत्व की आदत और क्षमता तथा आर्थिक उपार्जन पर अधिकार। ऐसे भी प्रश्न उठाए गए कि क्या पितृसत्ता सिर्फ एक जैविक धारणा है जैसे कि पुरुष के बगैर स्त्री प्रजनन नहीं कर सकती? कुछ समाजशास्त्री पितृसत्ता को परिवार तक सीमित रखते थे, कुछ इसे समाज तक फैलाते थे। पर नारीवादी अब यह मानते हैं :

> पितृसत्ता एक विचारधारा के रूप में काम करती है। इसके पीछे फ्रांसीसी मनोविश्लेषक और संरचनावादी जैक लाकां का यह तर्क है जिसमें वह कहते हैं कि समाज की संस्कृति पर लिंग के प्रतीक का दबदबा है।
>
> पितृसत्ता में परिवार की आर्थिक स्थिति, यौन-सम्बन्ध और सांस्कृतिक मामलों में पुरुष स्त्री पर हावी रहता है। स्त्री अपने घरेलू श्रम का कोई भुगतान नहीं

पाती और इसी के बदले उसका जीवनयापन होता है।

उधर मार्क्सवादी नारीवादियों का विचार है कि स्त्री पर पुरुष के प्रभुत्व का घनिष्ट सम्बन्ध पूँजीवाद से है क्योंकि पितृसत्ता और पूँजीवाद परस्पर सहयोगी हैं। पूँजीवाद स्त्रियों को उत्पादन प्रक्रिया के प्रमुख काम नहीं करने देता। उससे छोटे-छोटे काम कराता है और उस श्रम का बहुत ही कम भुगतान करता है।

कुछ समाज ज्यादा पितृसत्तात्मक हैं तो कुछ कम। लेकिन पूर्व के सोवियत रूस, स्वीडेन और इसरायल को छोड़कर किसी ने पितृसत्ता को समाप्त करने की गम्भीर कोशिश नहीं की। यह जानना दिलचस्प होगा कि ये तीनों अलग-अलग किस्मों के समाजवाद के आग्रही हैं। ऐसी छिटपुट कोशिश भी जिन देशों, मसलन चीन, वियतनाम, क्यूबा और पूर्वी यूरोप के भूतपूर्व समाजवादी देशों में हुई, वे भी समाजवादी ही थे।

नारी-स्वतन्त्रता आन्दोलनों के प्रसिद्ध अध्येता जो फ्रीमेन ने 'पॉलिटिक्स ऑफ वीमेन लिबराइजेशन' मैके, न्यूयार्क, 1975 संस्करण) में अमरीका में इस आन्दोलन का दिलचस्प इतिहास प्रस्तुत किया है जिससे इस आन्दोलन के वर्ग चरित्र पर रोशनी पड़ती है। उनके अनुसार अमरीका में नारीवादी आन्दोलन की अधिकांश समर्थक खाते-पीते मध्यवर्ग की गोरी औरतें थीं। अश्वेत स्त्रियों, सर्वहारा वर्ग की स्त्रियों तथा अन्य अल्पसंख्यक स्त्रियों ने सातवें दशक के मध्य में उभरे इस आन्दोलन को समर्थन नहीं दिया था।

मध्यवर्ग की स्त्रियों ने ही क्यों समर्थन दिया? इसके उत्तर में फ्रीमेन का कहना है कि मध्यवर्ग की ये गोरी औरतें पढ़ी-लिखी थीं। उनकी घरेलू आमदनी इतनी थी कि वे काम न करें तो भी चलेगा। यानी काम उनकी मजबूरी नहीं थी लेकिन उनके पास खाली समय बहुत था इसलिए काम करने जाती थीं। काम की मजबूरी न होने के चलते वे कार्य-स्थलों पर चल रहे भेदभाव को आलोचनात्मक दृष्टि से देखने को स्वतन्त्र थीं। उन्हें लगा कि वे 'सापेक्ष वंचना' की शिकार हैं इसीलिए वे इस आन्दोलन के समर्थन में आगे आईं। शुरू में यह आन्दोलन बिखरा-बिखरा था पर 1961 में राष्ट्रपति कैनेडी द्वारा स्थापित 'कमीशन ऑन द स्वेटस ऑफ वीमेन' से उन्हें एकजुटता का एक मंच मिल गया। 1963 में ही बेट्टी फ्राइडन की लोकप्रिय पुस्तक 'द फेमिनिन मिस्टिक' आई जिसने मध्यवर्गीय स्त्रियों को काफी प्रभावित किया। 1964 के सिविल राइट्स एक्ट के तहत अश्वेतों और स्त्रियों को रोजगार के समान अवसर की गारण्टी मिल गई। उसके बाद वहाँ 'नेशनल आर्गनाइजेशन ऑफ वीमेन' की स्थापना हुई। आगे आन्दोलन दो धड़ों में बँटा। नव-वाम संगठनों से जुड़ी स्त्रियों ने अपने-आपको रेडिकल फेमिनिस्ट घोषित कर दिया। अब तो अमरीकी संघीय संविधान में समान अधिकार संशोधन भी शामिल कर लिया गया है।

उच्चतर नारीवाद में उग्रता का एक उदाहरण काफी चर्चित हुआ। ब्रिटेन में ग्रीन हैम कॉमन नाम का एक अमरीकी वायु-सैनिक अड्डा है। इस अड्डे पर 96 क्रूज प्रक्षेपास्त्र

रखे हुए थे। उस अड्डे पर 250 नारीवादी आन्दोलनकारियों ने कब्जा कर लिया। वे सर्ववादी सैन्यवाद का विरोध कर रही थीं। यह मार्च 1982 की बात है। दूसरे दौर के नारीवाद में हिंसक खेल, पारिवारिक हिंसा, अश्लील साहित्य एवं फिल्म तथा बलात्कार को स्त्री के विरुद्ध मर्दवादी हिंसा का परिणाम माना जाता था। सामाजिक और राजनैतिक सन्दर्भ में देखें तो स्त्री-समलैंगिता और पुरुष से अलग रहने की प्रवृत्ति को मर्दवादी हिंसा और पितृसत्ता के जवाब के रूप में माना जाता था। दूसरे दौर के नारीवाद को सिमोन द बोउआ के 'द सेकेन्ड सैक्स' एस. फायरस्टोन के 'द डायलेक्टिक्स ऑफ सैक्स', जर्मन ग्रेयर के 'द फीमेल युनरव', के. मिलेट के 'सैक्सुअल पॉलिटिक्स', जे मिशेल के 'वीमेन : द लौगेस्ट रिवोल्यूशन' के सहारे विस्तार में समझा जा सकता है।

शताब्दी का नवां और आखिरी दशक उच्चतम नारीवाद यानी नारीवाद के तीसरे दौर का समय है। उच्चतम नारीवाद पर उत्तर-संरचनावादी और उत्तर-आधुनिकतावादी चिन्तन का गहरा असर पड़ा। उत्तर-आधुनिकतावादी भिन्नता और बहुलता पर बल देते थे। इन्हीं के परिप्रेक्ष्य में नारीवादी सिद्धान्तकारों को एहसास हुआ कि परम्परागत नारीवाद अमरीका, कनाडा और पश्चिमी यूरोप की मध्यमवर्गीय गोरी स्त्रियों के नजरिये को ही सामने रखता है। इसलिए उच्चतम नारीवाद ने समग्र नारीवाद की जगह स्थानीयता और नारीवाद के विभिन्न प्रकारों पर बल देना शुरू किया क्योंकि उन्हें लगा कि स्त्री-उत्पीड़न के पारम्परिक रूप अभी भी आधुनिक समाजों में मौजूद हैं। इस दौर को समझने के लिए नाओमी वूल्फ की 'द ब्यूटी मिथ', एन. शोडोरोव की 'फेमिनिज़्म एण्ड साइको एनैलिटिकल थ्योरी', सी. गिलिगन की 'इन ए डिफरेंट व्वायस', सी. वोडन की 'फेमिनिस्ट प्रैक्टिस एण्ड पोस्ट-स्ट्रक्चरल थ्योरी', बी. हुक्स की 'फेमिनिस्ट थ्योरी' जैसी पुस्तकें उपयोगी हैं।

संक्षेप में कहें तो नारीवाद के तीनों चरणों के सार तत्व यही हैं। जैसा कि उच्चतम नारीवाद को एहसास है कि उच्चतर नारीवाद मूलतः अमरीकी-कनाडियन और पश्चिमी यूरोपीय गोरी, मध्यवर्गीय स्त्रियों के नजरिये से ही चालित है, इसलिए नारीवाद को समग्र मानने के बजाए स्थानीय और विभिन्न प्रकार के नारीवादों पर बल देने की जरूरत है। लिहाजा हिन्दी के नारीवादी लेखन को भी भारत की स्थानीय परिस्थितियों और भारतीय स्त्री के मध्य मौजूद विभिन्न प्रकार के स्तरों को सामने रखकर देखना होगा क्योंकि भारत और पश्चिमी दुनिया की स्त्रियों की स्थिति में काफी अन्तर है। इस बिन्दु पर अभी इतना ही, इसकी विस्तार से चर्चा करना आगे उपयुक्त होगा। फिर भी यह स्मरण रखना होगा कि हिन्दी में नारीवादी लेखन तो सामने आने लगा है लेकिन नारीवादी आलोचना का कहीं ज़िक्र तक नहीं मिलता। भारतीय समाज से सम्बन्धित स्त्री-विषयक अध्ययन भी हिन्दी में सिरे से नदारद है। कुछ ऐसी पुस्तकें हैं पर वे छिटपुट टीका-टिप्पणियों से आगे नहीं जातीं। पितृसत्तात्मक समाजों में स्त्री

के मन पर जितना दबाव होता है उतना दबाव मातृसत्तात्मक समाज में नहीं रहता। संयोग से भारत में मातृसत्तात्मक समाज के कुछ नमूने मौजूद हैं। मेघालय का खासी समुदाय मातृसत्तात्मक है। मातृसत्तात्मक समाजों के संदर्भ में फ्रेडरिक एंगेल्स ने अपनी प्रसिद्ध पुस्तक 'द ऑरिजिन ऑफ फैमिली, प्राइवेट प्रॉपर्टी एण्ड द स्टेट' में तर्क दिया था निजी सम्पत्ति के प्रभार के पहले प्राक्-आयुध समाज मातृसत्तात्मक थे लेकिन शिकार और घुमक्कड़ी की वृत्ति के क्षीण होने और कृषक समुदाय में संतरण होने के साथ ही पितृसत्ता का उदय (हालाँकि कुछ विद्वान पितृसत्ता को विजय के साथ जोड़कर देखते हैं) हुआ था। मातृसत्तात्मक समाज का सटीक अर्थ है ऐसा समाज जिसमें सत्ता स्त्रियों की हो। लेकिन इस शब्द का समकालीन उपयोग इस अर्थ में होता है–ऐसा परिवार जिसमें माँ (यानी स्त्री) के हाथ में सम्पत्ति और पारिवारिक निर्णय के सारे अधिकार हों। बहरहाल, दुनिया में अब ऐसे समाज बहुत कम रह गए हैं। भारत के खासी समुदाय में भी पुरुष अब आवाज उठाने लगे हैं कि मातृसत्ता का अन्त होना चाहिए। कब यह हो पाएगा, कहा नहीं जा सकता, पर इतना तो तय है कि पुरुष वर्चस्व हर काल में नहीं रहा है, स्त्रियों का भी वर्चस्व रहा है। मातृसत्ता समाज आगे बने, न बने, इसकी उपस्थिति से नारीवादी परिप्रेक्ष्य को और बल मिलता है।

इन दोनों समाजों के चरित्र में अन्तर इस ओर स्पष्ट संकेत देता है कि दोनों समाजों में स्त्रियों के मन भी भिन्न होते हैं। पितृसत्ता स्त्री के समक्ष सिर्फ भौतिक वाधा ही नहीं खड़ा करता बल्कि वह स्त्री मन का भी अनुकूलन करता है। पितृसत्ता ऐसी परिस्थितियाँ निर्मित करता है जिससे स्त्री पितृसत्ता के मूल्यों को आत्मसात कर ले, उसका आन्तरीकरण कर ले। ए. आर. हॉस्थाईल्ड ने अपनी पुस्तक 'द मैनेज्ड हर्ट' (युनिवर्सिटी ऑफ कैलिफोर्निया प्रेस) में दर्शाया है कि पितृसत्ता कैसे सेवा उद्योग और व्यापार में लगी विमान परिचारिकाओं, सेल्स गर्ल्स, वेट्रेस आदि की भावनाओं को कृत्रिम ढंग से रचने का तरीका सिखलाती है ताकि ग्राहक खुश रहे। पाठक महाश्वेता देवी की कहानी 'रुदाली' का स्मरण करेंगे जहाँ पितृसत्ता रुदन-विलाप का एक नया पेशा ही खड़ा कर देती है। नारीवादी यह मानते हैं कि आज भी घर-संसार पर पितृसत्तात्मक परिवार के मूल्यों का प्रभुत्व है। पारिवारिक हिंसा का जारी रहना इस बात का संकेत है कि मर्द आज भी औरत और मर्द के बीच भावनात्मक सम्बन्धों में आए बदलाव के अनुसार अपने को बदलने को तैयार नहीं हैं। भारतीय मध्यवर्गीय समाज में तो स्त्रियों के खून का घूँट पीकर रह जाने को पितृसत्ता शालीनता मानती है।

यूँ तो व्यक्ति का यौनभेद (सैक्स) उसकी जैविक संरचना निर्धारित करती है, पर व्यक्ति का लिंगभेद संस्कृति और समाज निर्मित करते हैं। दो प्रकार के यौनभेद हैं–नर और मादा। उसी तरह यौन भेद दो हैं–पुंसत्व और स्त्रीत्व, वैसे यौनभेद और लिंगभेद को लेकर बड़ा वैचारिक बखेड़ा रहा है। क्या ये दोनों एक हैं? क्या दोनों सही हैं या एक ही सही है? एक उदाहरण देखें कि स्त्री व्यक्तित्व का निर्धारण उसकी

शारीरिक संरचना और प्रजनन क्षमता से किया जाता रहा है। लेकिन नारीवादी इसका विरोध करते हैं। वैसे भी नृतत्वशास्त्रीय अनुसन्धानों से यह स्पष्ट हो चुका है कि लिंगभेद, यौनिकता और यौन-भूमिका हर संस्कृति में एक जैसी नहीं होती। इतना ही नहीं अलग-अलग समाजों में जैविक यौनभेद और सामाजिक भूमिका के बीच सम्बन्ध अलग-अलग होते हैं। हाँ, समाज मनोवैज्ञानिक तो लिंग-अस्मिता को जैविक रूप के बजाए व्यक्ति को बचपन में मिले प्रशिक्षण का परिणाम मानते ही हैं। इसके अतिरिक्त उत्पादन प्रणाली में व्यक्ति के स्थान से उसकी अस्मिता भी प्रभावित होती है। स्त्रियों को प्रायः उत्पादन के मुख्य काम के बजाए छोटे-मोटे कामों में लगाया जाता है। ऐसा इसलिए है कि उन्हें हीन समझा जाता है और चूँकि हीन हैं इसलिए अमहत्वपूर्ण काम में लगाया जाता है। खेती है तो स्त्री जुताई-बुआई नहीं कर सकती। ओसाई, फसल-कटाई भले ही कर ले। कारखाने में क्लर्क बन जाए पर कारखाने की मशीन नहीं चला सकती। यहाँ मुझे एक व्यक्तिगत अनुभव याद आ रहा है। मैं एक उवर्रक कारखाने में तब काम करता था। वहाँ एक स्त्री जूनियर एक्जेक्यूटिव ट्रेनी बनकर आई। उसने आई. आई.टी. (खड़गपुर, पश्चिम बंगाल) से इलेक्ट्रिकल इन्जीनियरिंग में डिग्री ली थी। हॉस्टल में अकेली स्त्री, ट्रेनिंग में अकेली स्त्री, विभाग में अकेली स्त्री। उसे कारखाने में शिफ्ट ड्यूटी नहीं दी गई। दी जाती तो वहाँ भी वह अकेली स्त्री होती। उसे टाउनशिप के बिजली विभाग में पदस्थापित किया गया। वहाँ क्वार्टरों में बिजली आपूर्ति से सम्बन्धित मामूली काम था। वह दैत्याकार मशीनों को चलाने का सपना लेकर उस कम्पनी में आई थी पर उसे बिजली की घरेलू शिकायतें निपटाने के काम में लगा दिया गया था। वह योग्य थी, साहसी थी पर पितृसत्ता ने उसे पराजित कर दिया। आखिर वह इस्तीफा देकर चली गई। कभी स्त्रियों को राजमिस्त्री का काम करते देखा है आपने? वह ईंट, गारा ढोती ही मिलती है। कोई एक औरत इंजिन ड्राइवर बन गई तो अखबार में फोटो छप जाती है। इसी मुल्क में कभी औरतें कार खरीद सकती थीं पर उन्हें ड्राइविंग लाइसेंस नहीं दिया जाता था। वे वकालत पढ़ सकती थीं पर 1934 के पहले युनाइटेड प्रॉविंस एडवोकेट एक्ट उन्हें वकालत करने की इजाजत नहीं देता था। स्त्रियाँ श्रम-बाजार में दूसरे दर्जे की नागरिक हैं। वहाँ पहले दर्जे के नागरिक पुरुष हैं जिन्हें पितृसत्ता का समर्थन प्राप्त है।

पितृसत्ता के चलते स्त्रियों को बचपन से, घर से ही भेदभाव झेलने की आदत डाल दी जाती है। बेटे को शिक्षा, खेलकूद, आहार, चिकित्सा और सामाजिक मेलजोल में प्राथमिकता दी जाती है। कन्याओं के लिए निषेधों की बड़ी लक्ष्मण-रेखा खींच दी जाती है। स्त्री को पुरुष-वर्चस्व वाले समाज से भय लगता है। बालक शाम को ट्यूशन पढ़ने जा सकता है पर बालिका नहीं जा सकती। उसे समाज की यौन-आक्रामकता से भय है। यह भय पितृसत्ता का है। अगर मातृसत्ता होती तो क्या होता?

अपने ही देश में मातृसत्तात्मक समाज का उदाहरण मेघालय में मौजूद है। वहाँ

के खासी समुदाय में परिवार की सबसे छोटी बेटी परिवार की सम्पत्ति की स्वामिनी ही नहीं, वह परिवार का भी प्रधान होती है। राजधानी शिलांग और उसके आसपास स्त्री खेती, व्यापार, दफ्तर में अग्रणी भूमिका में मिल जाएगी। शिलांग में ही एक विशाल झरना है, उसे हाथी झरना कहा जाता है। वह शहर से हटकर है। मातृसत्तात्मक समाज कैसी सुरक्षा स्त्री को देता है, इसकी बानगी इस कविता में देखिए–

शाम के झुटपुटे में
पूछता हूँ सिल्विया से
लाल गालों और पोनीटेल वाली सिल्विया से
हमेशा मुस्कराने और चाय बेचनेवाली सिल्विया से
अब तो पर्यटक भी चले गए, अकेली लड़की!
डर नहीं लगता तुम्हें
हाथी झरने के शोर से?
खिलखिलाती है सिल्विया–
क्यों? नहीं, शोर से क्यों डरेगा?
ये तो झरना है
अपना! हाथी झरना!

(कविता : हाथी झरना/अरुण प्रकाश)

यह है मातृसत्तात्मक समाज द्वारा स्त्री को प्रदत्त सुरक्षा। कहते हैं, मातृसत्ता घुमक्कड़ जातियों में शुरू हुई। तब पशुपालन ही मुख्य पेशा था। पुरुष पशुओं के झुण्ड लेकर चारागाहों में भटकते, स्त्रियाँ घर और बच्चों की देखभाल करतीं। घर में पिता नियमित रूप से नहीं रहता था, इस तरह मातृसत्ता को स्थापित होने का अवसर मिल गया। इस अनुमान में दम है। मेघालय का खासी समुदाय लड़ाकू नस्ल (मार्शल रेस) रही है। पुरुष लड़ाई पर निकले रहते थे। स्त्रियों ने घर में अपनी सत्ता जमा ली। मेघालय में आज भी मातृसत्तात्मक समाज है। यह और बात है कि खासी पुरुष मातृसत्तात्मक समाज के विरुद्ध आन्दोलन कर रहे हैं!

मातृसत्ता के जमने के उदाहरण हमारे साहित्य में भी मिलते हैं। उषा प्रियंवदा की प्रसिद्ध कहानी 'वापसी' जो अनेक पाठ्यक्रमों में पढ़ाई जाती है, को देखें। पति किसी दूरस्थ छोटे से रेलवे स्टेशन पर काम करता है। परिवार शहर के पैतृक निवास पर रहता है। पत्नी घर और बच्चों को सँभालती है। पति महीने-दो-महीने में शहर आता है और एक-दो दिन बाद उस छोटे से रेलवे स्टेशन लौट जाता है। पिता की अनुपस्थिति में बच्चे माँ के इशारे पर चलते हैं। पति रिटायर होकर घर लौटता है तो उसे लगता है कि उसकी कोई पूछ वहाँ नहीं है। उसकी पत्नी ही सब कुछ है। पति खुद को बेगाना महसूस करता है और पुराने रेलवे स्टेशन पर लौट जाता है।

कमलेश्वर की कहानी 'देवा की माँ' में यही होता है। देवा की माँ का पति

कस्बे से दूर नौकरी करता है। सप्ताह पखवाड़े में घर आता है। इस बीच देवा की माँ की सत्ता जमती गई, उसमें आत्मविश्वास आता गया। उसका पति दूसरी स्त्री के साथ रहने लगता है। देवा की माँ को जब इसका पता चलता है तो वह रोती-कलपती नहीं, खुद उपार्जन करने में लग जाती है। यह कहानी आज से करीब 50 वर्ष पहले लिखी गई थी। 'वापसी' भी कोई चालीस साल पुरानी कहानी है।

मातृसत्तात्मक समाज की और कोई उपलब्धि भले न रही हो, भले ही वह समाप्त होती सामाजिक व्यवस्था हो, पर ऐसे समाज में अपराध, चोरी, हत्या, बलात्कार, हिंसा, यौन-लंपटता आदि बहुत कम हैं। उस समाज में शिक्षा बहुत अधिक है और वह प्रायः शान्त समाज है।

लेकिन मातृसत्तात्मक समाज अब अतीत के उदाहरणमात्र रह गए हैं। उसकी बड़े पैमाने पर वापसी समस्या का हल नहीं है। पितृसत्ता भी सामन्तवादी युग की पितृसत्ता नहीं रह गई है। न पितृसत्ता, न मातृसत्ता, रास्ता कहीं बीच में है। नए समाज की आधारशिला समानता परखनी होगी। दोनों सत्ताओं में कोई एक रहे तो अतिरेक की गुंजाइश बनी रहेगी। लेकिन समानता जैसा शब्द सुनकर अस्मिता-संघर्ष में लगे लोगों को विकर्षण होने लगता है। वे समतावादियों के पीछे पिल पड़ते हैं। इस मामले में हमारे नारीवादी दलितवादियों जैसा व्यवहार ही करते हैं।

यहाँ दलितवादी चिन्तक कांचा इलैय्या का कथन उपयुक्त रहेगा—"आधुनिक ब्राह्मणवादी बुद्धिजीवी देश के भीतर भी हैं और बाहर भी। ये लोग दलित बहुजन आन्दोलन के सामने कई अवरोध और समस्याएँ उत्पन्न करेंगे। इसलिए दलित बहुजन आन्दोलनों को इनके बारे में जागरूक रहना चाहिए।...ब्राह्मणवादी बुद्धिजीवियों ने राष्ट्रवाद, आधुनिकता, धर्मनिरपेक्षता और लोकतन्त्र के नाम पर तमाम सिद्धान्तों की रचना की है। इन सब पर ब्राह्मणवाद और हिन्दुवाद की शैतानी छाप लगी हुई है।" जाहिर है, राष्ट्रवाद, आधुनिकता, धर्मनिरपेक्षता और लोकतन्त्र के नाम पर सिद्धान्तों की रचना दक्षिणपन्थी सवर्णों ने नहीं की है। यहाँ संकेत वामपन्थियों की ओर है। इसीलिए दलितवादी सवर्णों के हितों की रक्षा करने वाली राजनीतिक पार्टियों का विरोध करने के बजाए (विरोध करना तो छोड़िए, दलित पार्टी धुर सवर्णों की पार्टी से हाथ मिलाकर सत्ता में बैठी है) वामपन्थी-बुद्धिजीवियों पर प्रहार करना ज्यादा मुनासिब समझते हैं। इस सोच के पीछे यह धारणा है कि सारे वामपन्थी सवर्ण ही हैं या कम से कम वामपंथ का नेतृत्व तो, सवर्ण ही करते हैं। यही सोच नारीवादियों में भी दिख रही है कि वामपन्थी (या दक्षिणपन्थी) भी आखिर पुरुष ही हैं इसलिए सबसे पहला हमला पुरुष वामपन्थियों पर होना चाहिए। अस्मिता-संघर्ष के इन समर्थकों में यह आत्म-विश्वास और आक्रामकता वामपन्थियों को बुरी लग सकती है। बुरी लगती भी है क्योकि वामपंथी अस्मिता-संघर्ष के इन समर्थकों को वामपन्थी की कतार छिन्न-भिन्न करने वाला मानते हैं। यह तात्कालिक मामला हो सकता है। इन जटिलताओं के बावजूद नारीवादी अपने

अस्मिता-संघर्ष में कामयाब हो जाएँ तो इतिहास का एक बड़ा दायित्व पूरा हो जाए। लेकिन वह होगा कैसे? संघर्ष की सफलता के लिए संगठन और आन्दोलन चाहिए। हिन्दी के नारीवादियों का महिला संगठनों से कोई सम्बन्ध है या महिला-संगठन अस्मिता-संघर्ष चला रहे हों, इसका प्रमाण प्रत्यक्ष नहीं है। हिन्दी का नारीवादी लेखन साहित्य तक ही सीमित है। हाँ, नारीवादी लेखन की तुलना इसमें लगी महिला लेखिकाओं की पृष्ठभूमि, वर्ण-वर्ग के साथ की जाए तो बड़े दिलचस्प और विरोधाभासी नतीजे सामने आ सकते हैं।

राजेन्द्र यादव ने 'हंस' के एक सम्पादकीय में स्त्रियों की तुलना दलितों से कर दी तो कई लेखिकाओं ने स्त्री को दलित कहने पर एतराज जताया। तब यह भी सैद्धान्तिक प्रश्न नहीं था फिर इस एतराज का उत्स क्या था? निश्चय ही उनका सवर्ण कुलीन-मन आहत हुआ था। पश्चिमी नारीवाद की तरह हिन्दी का नारीवादी लेखन भी मध्य है। यह उसकी सीमा है। सिर्फ इतना भर होता तो चल जाता पर इसके साथ तो यह विडम्बना भी जुड़ी है कि वह सवर्ण दृष्टि से ही चालित है। मैत्रेयी पुष्पा के उपन्यासों की नायिकाएँ, यदि वे सवर्ण नहीं हैं तो, यौन उन्मुक्तता प्रदर्शित करती हैं। 'चाक', 'अल्मा कबूतरी' की नायिका इसका उदाहरण है। लेकिन 'कस्तूरी कुंडल बसै' की ब्राह्मण नायिका तुलनात्मक दृष्टि से छुई-मुई है। हालाँकि उसे फर्जी तौर पर आगे यौन-आक्रामक भी दिखलाया गया है जबकि वह इतनी शर्मदार है कि वह अपनी 'ब्रा' तक नहीं खरीद सकती। क्यों? आखिर नायिका और लेखिका दोनों ब्राह्मणी जो ठहरीं। 'अल्मा कबूतरी' में भजनी मंसाराम से सिफारिश कर रही है कि वह जंगलिया कदम बाई (वह जंगलिया की पत्नी है) का मिलन हो लेने दे। यहाँ भजनी की भाषा और खुलेपन पर गौर कीजिए—"लाज की बात है माते, पर नींद, भूख, डर और पुरिख की इच्छा क्या लाज मानती है? असल में आज कदम के माहवारी का चौथा दिन है, मर्द पास में होता तो..." न यह बयान सहज है, न वास्तविक बल्कि यह लेखकीय छद्म है जो संकेत देता है कि गैर-सवर्ण नारियों में यौन-नैतिकता नहीं होती और वे सलज्ज भी नहीं होतीं। यह गैर-सवर्ण स्त्री को देखने की सवर्ण-दृष्टि है।

जब लेखन-दृष्टि अलग हो तो सौन्दर्य-दृष्टि का अलग होना भी लाजिम। हिन्दी साहित्य में स्त्री-देह या यौन-दृश्य का वर्णन कोई नई बात नहीं है। इसका जुड़ाव संस्कृत की क्लासिक परम्परा और हिन्दी साहित्य के रीतिकाल से है। इस पर चर्चा आगे की जाएगी।

नारीवाद ने अश्लील रचनाओं (फिल्म, पुस्तक आदि) के अध्ययन में भी नए आयाम जोड़े हैं। कैथरीन मैकिनॉन ने 'येल लॉ एण्ड पॉलिसी रिव्यू' में प्रकाशित अपने लेख 'नॉट ए मॉरल इश्यू' में लिखा है कि अश्लीलता का मानक पुरुष नजरिये से बनाया गया है और यही हाल अश्लील साहित्य का है। मर्द उन अश्लील रचनाओं से उत्तेजित होते हैं जिनमें स्त्री और समाज के नियमों के हनन को पेश किया जाता है।

शृंगारपरक रचना और यौन वर्णन में अन्तर होता है। शृंगारपरक रचना खुलकर वर्णन करने के बजाए उसे कलात्मक ढंग से अभिव्यक्त करती है। वहीं अश्लील सामग्री खुलकर यौन-वर्णन तो करती ही है, इनमें महिलाओं को कमतर भी दिखलाया जाता है। शृंगार ललित होता है। लेकिन अश्लील साहित्य हिंसा, वर्चस्व और स्त्री पर विजय का सन्देश देता है। अश्लील साहित्य असमानता, अपमान और पीड़ा पर आधारित होता है। कला और साहित्य में श्लील-अश्लील पर सारी बहसें पुरुषों द्वारा बनाए गए मानदण्डों को आधार बनाकर होती रही हैं। सुजैन कैण्लर ने अश्लील सामग्री के सन्दर्भ में कला और साहित्य का विश्लेषण (देखें 'द पोर्नोग्राफी ऑफ रिप्रेंजेंटेशन', सुजैन कैण्लर पॉलिटी प्रेस, कैम्ब्रिज तथा आर्ट हिस्ट्री पत्रिका मार्च 1988 में प्रकाशित उन्हीं का लेख 'नो मैटर हाऊ अनरिजनेबल') किया है। उनका मानना है कि ऐसे साहित्य में स्त्री को पुरुष सत्ता के समक्ष समर्पित और यौन-प्रभुत्व को स्वीकार करने वाली दर्शाया जाता है तो उसे अश्लील माना जाना चाहिए।

पूँजीवाद बड़े पैमाने पर अश्लील सामग्री का कारोबार संचालित करता है। प्रकाशकों, प्रोड्यूसरों, पुस्तक विक्रेताओं के लिए अश्लीलता सोने की खान है।

एनेट फ्युंटेस और बारबरा एहरेनराइश ने 'वीमेन इन ग्लोबल फैक्टरी' में दर्शाया है कि भूमण्डलीकरण और मुक्त बाजार के दौर में स्त्रियाँ कैसे नारकीय गुलामी भोग रही हैं। भारत में बाजारवाद अब स्वीकृत और मान्य होता जा रहा है। तो अब हिन्दी लेखक बाजार की माँग और प्रवृत्ति को सन्तुष्ट करने की ओर अग्रसर हैं। सुरेन्द्र वर्मा के दो उपन्यास 'मुझे चाँद चाहिए' और 'दो मुर्दों के लिए गुलदस्ता' इसके उदाहरण हैं। कुछ कहानियाँ भी आईं। ये रचनाएँ पुरुष का यौन-वर्चस्व, पुरुष-सत्ता वर्ग का अनावश्यक खुलापन, यौन-विकृति, हिंसा, स्त्री की अवमानना को पुष्ट करती हैं। ऐसी रचनाएँ स्त्री का पुरुष भाष्य ही हैं।

पितृसत्ता स्त्री को निम्फोमेनिक ही समझती है। सुरेन्द्र वर्मा तो 'दो मुर्दों के लिए गुलदस्ता' में निम्फोमेनिक स्त्री और जिगेलो पुरुष को प्रस्तुत करते हैं। इसके पाठ में संस्कृत के क्लासिक शृंगार को उपन्यास के कथ्य से जोड़ने की कोशिश की गई है। 'मुझे चाँद चाहिए' में यौन-वर्णन को भरत और कालिदास के शृंगार-वर्णन के बरक्स रखने की चेष्टा है। ये उपन्यास बिके भी खूब हैं। बाजार साहित्य को अपने मुनाफे के लिए स्त्री को निम्फ (ग्रीक भाषा में अप्सरा) या भारतीय परम्परा में कामातुर अप्सरा में बदल देना चाहता है। रचनाकार तैयार, संपादक उत्सुक, प्रकाशक बेचने को तत्पर, पुरुष, पुरुष पाठक लपकने को तैयार। इन 'साहसी' पुरुष लेखकों के यौन-वर्णन को देखें तो वे स्त्री के अंगों का वर्णन विस्तार से करते हैं। क्यों भई, ये पुरुष के अंगों का वर्णन क्यों नहीं करते? क्योंकि पाठक पुरुष हैं। यौन-विकृति सिर्फ स्त्री में ही दिखलाई जाती है, पुरुष में नहीं क्योंकि यौन-विकृति वाली स्त्री पुरुष पाठकों को लुभाती है। पुस्तकों को रचने और पुस्तकों के सबसे बड़े खरीदार पुरुष ही हैं। पुरुष लेखक

जिस स्त्री को साहसी और यौनवर्जनाओं को तोड़ने वाली दिखलाना चाहता है उसे निम्फोमेनिक जरूर दिखलाता है। निम्फ स्त्री की ग्रीक-पुराणकालीन छवि है। अप्सरा भारतीय-पुराणकालीन छवि है। स्त्री की यह छवि किसी पूँजीवादी समाज की उपज नहीं है। वह सामंती समाज की देन है। डी. एच. लॉरेंस के प्रसिद्ध उपन्यास 'लेडी चैटरलीज लवर' से जुड़े विवाद का स्मरण करें जिसमें कुछ आलोचकों ने चिढ़कर उसे स्त्री का शिश्नमूलक यथार्थ (फैलिक रियलिटी) घोषित कर दिया था क्योंकि तब उस उपन्यास ने सामन्तवादी कुलीनता को झटका दिया था।

जैसे अब कुछ पुरुष रचनाकार बाजार देवता को प्रसन्न करने में लगे हैं वैसे ही सामन्तवादी समाज में कुछ रचनाकार अपने आश्रयदाता सामन्त के कामोद्दीपन के लिए लिखते थे। इनाम-इकराम पाते थे। अपने हिन्दी साहित्य के इतिहास में बाकायदा एक रीतिकाल है जो रति से बहुत दूर नहीं रहा। ऐसे साहित्य की प्रेरणा संस्कृत की काव्य-परम्परा की एक धारा थी। बारहवीं शताब्दी में हुए संस्कृत के आखिरी 'महान' कवि जयदेव की पुस्तक 'गीत-गोविन्दम्' है।जयदेव ने राधाकृष्ण के बहाने से यह काव्य लिखा। आरम्भ के कुछ पृष्ठों में मंगलाचरण-परम्परा का निर्वाह करते हुए देव-आराधना है और आगे रीतिकालीन कवियों के लिए प्रेरणास्पद सामग्री है। एक बानगी देखिए—

''रतिक्रीड़ाओं से व्याप्त काम युद्ध के आरम्भ होने पर कामांग में वर्तमान राधा ने उत्साहपूर्वक प्रिय को जीतने के उद्देश्य से प्रिय के ऊपर आकर, बालाजनों के अयोग्य जो साहसिक कार्य प्रारम्भ किया, उसमें जघन प्रदेश निश्चल हो गया, भुजलता शिथिल हो गई, वक्षस्थल काँपने लगा, नेत्र बन्द हो गए, स्त्रियों का पुरुषोचित पराक्रम कैसे सफल हो सकता है।''

(गीत-गोविन्द : साहित्यिक अध्ययन, पृष्ठ : 96, लेखिका : डॉ. कुसुम कुमारी मूल : गीत गोविन्द, 22/23/3)

यह कामोद्दीपक विपरीत रति वर्णन है। कुछ भक्तों को इसमें भक्ति भले दिख जाए लेकिन यहाँ सुनीति कुमार चटर्जी के 'जयदेव' वाले मोनोग्राफ का उद्दरण जरूर स्मरण रखना चाहिए—

''बालेन्द्रनाथ टैगोर ने यह सारगर्भित अवलोकन सामने रखा है : 'सम्भव है 'गीत गोविन्द' में गीत हों, किन्तु उसमें गोविन्द (विष्णु अथवा ईश्वर) का अस्तित्व संदिग्ध है।''

(जयदेव : सुनीति कुमार चटर्जी, पृष्ठ 48)

सातवाहन कालीन प्राकृत कविताओं के 'क्लासिक' के अनुवाद से एक उद्धरण देखिए—

गर्भ न सम्भव प्रिय तुझे रति विपरीत विशेष
औंधे मुँह घट में कहीं टिकता जल का लेश

'चाक' की सारंग और 'कस्तूरी कुण्डल बसै' की कस्तूरी दोनों को प्रथम सम्भोग

में ही आक्रामक, विपरीत रति करते दिखलाया गया है। क्या ऐसी भारतीय स्त्रियाँ यथार्थ हैं या स्वप्न? यह स्वप्न ही है। नायिका द्वारा पति से प्रथम रात्रि में विपरीत रति के काव्यात्मक (जयदेव का स्मरण करें) दृश्य के बाद लिखा गया है–

"विष वमन होने लगा (पति पत्नी की विपरीत रति वाली यौन-आक्रामकता से सन्देह में पड़कर कुपित हो गया–सन्दर्भ मेरा), जबकि पत्नी अपनी स्त्री-व्यावहारिकता और विपरीत रति पर इतरा रही थी। खुद डांड़ चलाकर नाव खेना और पार उतरना, उसके लिए उपलब्धि के तौर पर आया क्योंकि डॉक्टर (पति) को अपनी कलाएँ दिखा दीं।"

(कस्तूरी कुण्डल बसै, पृष्ठ 250)

'कस्तूरी...' में इस प्रसंग का निर्वाह इस तरह हुआ है कि थिगली और उसकी सीवन साफ दिखलाई दे जाती है। जयदेव की नायिका, रीतिकाल और इस वर्णन में एक अन्तर है कि इसमें नायिका विपरीत रति को अपनी उपलब्धि मानती है। सारंग कस्तूरी दोनों के प्रसंग एक पैटर्न बनाते हैं। 'अल्मा कबूतरी' के एक प्रसंग में खुले वर्णन को खुली मर्दभाषा भी दे दी गई है। उपन्यास में एक सम्भोग प्रसंग लाजिमी है। बाजार को यह चाहिए। 'अल्मा' वाले प्रसंग के वर्णन में खुलापन सहज़ सम्भोग से भी आगे जाता है। 'पूर्वराग' में वर्णन आता है–'अल्मा ने उसके मुँह में छाती भिड़ा दी। दबाव ऐसा बनाया कि राणा के होंठ खुल जाएँ।' और उसके आगे–

"स्त्री शरीर के रोम-रोम से वाकिफ है। रास्ते भटक गए। आगे बढ़ने का हौसला नहीं छोड़ा।"

"अरे रे! पागल हो!" अल्मा का झुँझलाया-सा महीन स्वर।

राणा चौकन्ना हो गया, पर कहाँ क्या करे?

"क्या कर रहे हो? यहाँ कहाँ? ऐसे ऽऽए...हट्ट!"

यह यथार्थ के नाम पर कामोद्दीपन है। रचना के अपने तर्क से हटा एक झूठा वर्णन। 'अल्मा...' में ही कदम बाई मंसाराम से सम्भोग करती है पर उसे पता नहीं चलता कि सम्भोग उसका पति जंगलिया नहीं मंसाराम कर रहा है। लेकिन जब तक आप इस अबोध भोलेपन की पहेली सुलझाएँ तब तक पृष्ठ 162 आ जाता है जहाँ कदमबाई मंसाराम से कहती है–'मैं तुम्हें भूल जाती तो अच्छा था माते! पर भूलती कैसे, वह रात तो जी का जंजाल बन गई।" फंतासी यथार्थ नहीं पर फंतासी के भीतर भी तार्किकता का निर्वाह करना पड़ता है। निश्चय ही यह फार्मूले का यथार्थ है। ऐसे वर्णनों में पुरुषों के कामोद्दीन के लिए बहुत कुछ है, स्त्री के लिए क्या है?

'राष्ट्रीय सहारा' दैनिक के अपने स्तम्भ 'खुली खिड़कियाँ' (न.दि. संस्करण, 16 दिसम्बर 2002) में मैत्रेयी पुष्पा 'सिनेमावाली औरत' शीर्षक देकर लिखती हैं–

"टिकट ली, सिनेमा देखा, पूजा के पैसे फूँक डाले। नारियल और मीठा बाँटन खा लिया। बात खुली, मर्दों ने लताड़ लगायी। लताड़ में कहा–वहाँ तुम क्या देखने

गई थीं? जो पिक्चर लगी है, वह औरतों के देखने योग्य नहीं है! हमने कहा—वह मर्दों के देखने योग्य क्यों है? पर सच्ची कह रहे हो हमारे मर्द, उस पिक्चर में औरत बार-बार नंगी हो जाती थी। और मर्दों को नंगी औरत देखने का चाव है। औरतों के लिए उसमें क्या था?''

सही है। उपन्यास में औरत उघाड़ू वर्णन में औरतों के लिए क्या है? जो कुछ है, वह मर्दों के बाजार के लिए है। वह औरतों के बाजार के लिए भी नहीं है क्योंकि यदि ऐसा होता तो वे मर्द के अंगों का वर्णन जरूर करतीं। जयदेव अपनी मर्दवादी भाषा में स्तन की तुलना फलों से करते हैं तो—मैत्रेयी भी उसी तर्ज़ पर आम और कच्ची अमिया बतलाती हैं। मर्दवादी भाषा और मर्दवादी सौन्दर्यशास्त्र और बाजारू नुस्खे के बूते लिखे उपन्यासों को नारीवादी लेखन का मानदण्ड बताया जा रहा है। वे लोग कौन हैं?

''इधर एक गजब का चक्कर चला है : हर स्त्री से यह उम्मीद की जाती है कि वह अपनी आत्म-कथा जरूर लिखे, खासकर वह प्रसंग जिसमें उसके दैहिक शोषण की व्यथा-कथा अन्तरंग विवरणों के साथ दर्ज हो : इस हद तक कि उसका 'पाठ' ही उसकी देह बन जाए।''

इशारा पुरुष सम्पादकों, आलोचकों, प्रकाशकों की ओर ही है। मर्दवादी समाज में नर ही नारी को पेश करने का निर्णय लेता है। स्त्री के प्रति यह मर्दवादी नजरिया जितना प्रदर्शन-कलाओं में साफ-साफ दीखता है, उतना ही सफ्फाक साहित्य में नहीं दीखता। सिनेमा और विज्ञापन में यह प्रदर्शन हमें ज्यादा दीखता है। कैमरे का कोण पोशाक, केश-सज्जा, रूप-सज्जा और अभिनय तक में से देखा जा सकता है। इस मर्दवादी नजरिये का ही परिणाम है कि ट्रैक्टर के विज्ञापन में पुरुष किसान नहीं स्त्री मॉडेल, मोटर साइकिल के विज्ञान में स्त्री मॉडेल दीखती है तो आश्चर्य नहीं होता। मनोरंजन उद्योग का सबसे बड़ा उपभोक्ता मर्द ही है। खरीदार मर्द हैं इसलिए विज्ञापन उन्हीं को रिझाने के लिए लिखे जाते हैं। साहित्य में भी ऐसी व्यावसायिक लोकप्रियता और लाभ का स्पेस है। इसीलिए यहाँ कुछ नारीवादी लेखिकाएँ भी पुरुष लेखकों के अन्दाज में पुरुष पाठकों के लिए स्त्री-चरित्रों को पेश करती हैं। जान बर्जर ने अपनी प्रसिद्ध पुस्तक 'वेज ऑफ सीयिंग' में लिखा है—'मर्द अभिनय करता है जबकि औरत पेश होती है। मर्द औरत को देखता है जबकि औरत खुद को देखे जाते देखती है।''

आज बाजार और पितृसत्ता का गठजोड़ है। इसलिए स्त्री के अन्तरंग, उसके गोपन को सार्वजनिक करने के तरीके ढूँढ़े जा रहे हैं। पितृसत्ता की शिकार स्त्री तो होती है पर वह भी उसी अधिरचना के अन्तर्गत रहती है इसलिए वह भी पितृसत्तात्मक नजरिया आत्मसात कर लेती है। सास बहू को जलाने के लिए किरासिन तेल जुटाती है तो हमें आश्चर्य होता है कि क्यों स्त्री एक स्त्री को जलाने में सहयोग दे रही है।

इसीलिए यदि नारीवादी लेखन में मर्दवादी मूल्य आएँ और कोई लेखिका मर्दवादी नजरिया अपना ले तो पाठकों को आश्चर्य नहीं करना चाहिए। असली नारीवादी लेखन मर्दवादी नजरिये और मर्दवादी सौन्दर्यशास्त्र से मुक्त होता है।

स्त्री को जन्म देकर उदास है एक स्त्री
लड़की को जन्म देकर काँप रही है एक स्त्री
लड़की को जन्म देकर जच्चा घर में सिसक रही है एक स्त्री
इतनी जटिल बना दी गई उसकी दासता
कि स्त्री ही सबसे क्रूर है
स्त्री के बारे में

(एक स्त्री पीट रही है दूसरी स्त्री को—राजेश जोशी की कविता से)

हमारे नारीवादी लेखन में आत्मालोचन न के बराबर है तो नारीवादी आलोचना है ही नहीं। तभी मिशेल्क फूको (हिस्ट्री ऑफ सेक्सुअलिटी के लेखक) के उत्तर आधुनिक नजरिये—गोपन को अगोपन करो—को हिन्दी के कुछ मर्दवादी 'नारीवादी' चिन्तक मुक्तिमार्ग के रूप में प्रचारित कर रहे हैं। क्या नारीवाद का पहला मुक्ति-द्वार देह से ही होकर गुजरता है? उत्पादन की मुख्य प्रक्रिया में शिरकत करने की माँग करने वाली स्त्री कहाँ है इस नारीवादी साहित्य में? पिता, पति, भाई से पैतृक सम्पत्ति में अपना हिस्सा माँगने वाली स्त्री कहाँ है? मर्दों के पेशों को अपनाने वाली स्त्री मॉडेल समाज के सामने हैं पर साहित्य में ऐसे चरित्र क्यों नहीं हैं? और तो और इस नारीवादी लेखन में परिवार का एक कायदे का क्रिटिक तक नहीं है। जमाना था जब स्त्री मर्दों वाला तखल्लुस रखकर लिखा करती थी। उन्नीसवीं सदी में मेरी एन इवांस ने 'जॉर्ज इलियट' नाम से लिखा तब उसके मित्र लेखक आलोचनक ने यह कहते दाद दी थी; "यह तो मर्दों की तरह लिख लेती है।" देह के गोपन को अगोपन करने का जो साहस कतिपय स्त्री लेखिकाओं में दीखता है उसी की खोल में वह कायर-चालाकी बैठी है कि स्त्री की छवि वही रहे जो मीडिया ने बना रखी है। विज्ञापन वालों ने स्त्री को मोहिनी, सुन्दरी, चपला और सुकुमारी की छवि दे रखी है। उनकी नजर में वह घर की आत्मा, माँ, पत्नी और सैक्स की मूर्ति है। नारी से नागरिक बनने का स्वप्न कहाँ है?

हाशियाकृत समाज से आई अल्मा के समक्ष जिन्दा रहने, स्त्री-अस्मिता को सुरक्षित रखने की समस्या है। समाज की तलछट कबूतरी जाति की समस्याओं का वह मूर्त्त रूप है। वह जिन्दगी के बियाबान में भटकती, संघर्ष करती आखिर एक नखलिस्तान में पहुँचती है तो वहाँ उसे पूर्व डाकू श्रीराम शास्त्री मिलते हैं जो भाजपाई हैं। पहले कत्ल करते थे, लूटते थे, अब 'श्रीराम शास्त्री अपने माथे पर रोली का लम्बा तिलक खींचकर, जयश्रीराम बोलते हैं (अल्मा कबूतरी, पृष्ठ 350)। बगैर प्रतिरोध के वह मन्त्री श्रीराम शास्त्री से विवाह कर लेती है। वह अपने स्वप्न का पीछा करना छोड़ देती

है। ''अल्मा चाहती तो मरती हुई शेरनी की तरह आखिरी वक्त में हमला करते हुए सारी ताकत निचोड़कर रख देती, पर वह अब लड़ने का इरादा भी छोड़ चुकी थी। खामोश जानवर की तरह जिबह हो जाना अच्छा है, बजाय लड़-लड़ जिन्दा रहना और फिर तबाह हो जाने के लिए तैयार हो जाना।'' (वही, पृष्ठ 359) अल्मा रामशास्त्री के लिए क्या बन गई? 'अल्मा, परामर्श में मन्त्री-सी, सेवा में दासी-सी, खिलाने-पिलाने में माता-सी और सेज पर रम्भा-सी!' (वही, पृष्ठ 373) अल्मा का स्वप्न है अपने प्रेमी राणा से विवाह करना, पर शास्त्रीजी को विरोधी डाकू ने मार डाला तो शास्त्री की विधवा मुक्ति के रास्ते पर नहीं चलती बल्कि परम्परा को तोड़कर शास्त्री को मुखाग्नि देती है और वैधव्य ओढ़कर धुर धार्मिक सवर्णों की पार्टी की ओर से विधानसभा उपचुनाव में उम्मीदवार बनने की उम्मीद पाल लेती है। यह स्त्री का आर्यसमाजी भाष्य है जिसमें स्वप्न की दिशा भविष्य की ओर नहीं, अतीत के पुनरुत्थान की ओर है।

स्त्री स्वप्न की जमीन आजादी के आन्दोलन के जमाने से निर्मित होने लगी। दो दशक पहले स्त्री को राजनीति में निर्णायक बनने का थोड़ा हक राजीव गाँधी के जमाने में मिलना शुरू हुआ। वैसे स्त्री-स्वप्न को सम्भव बनाने का विश्वास इन्दिरा गाँधी अपने व्यक्तित्व से रोप चुकी थीं। लेकिन उनके पहले भारत में स्त्रियों को कुछ अधिकार मिले वे श्रम-संगठनों और उनके आन्दोलनों के परिणाम थे। मसलन समान-वेतन, समान काम अधिनियम, प्रसूति अवकाश अधिनियम का, हाँ स्वाधीनता आन्दोलन ने उन्हें समान मताधिकार प्रदान कर दिया था। लेकिन उनके स्वप्न को ठोस आधार मिला पंचायती राज अधिनियम के अन्तर्गत पंचायत चुनावों में उन्हें आरक्षण देकर। फिर भी स्त्री शिक्षा, अर्जन सम्पत्ति अधिकार और प्रजनन अधिकार में भेदभाव का शिकार है। पितृसत्ता के विरुद्ध वैचारिक, मूल्यगत, संस्थानिक, आर्थिक, निर्णय अधिकार के विरुद्ध विजय हासिल करना ही उसका स्वप्न है। लेकिन फूको का गोपन को अगोपन करने वाला उत्तर आधुनिक सिद्धान्त उसे दूर तक नहीं ले जा सकता। भारत की सामाजिक संरचना में मूलतः एशियाई किस्म का सामन्तवाद है। सामन्ती मूल्यों की शिकार मध्य वर्ग, निम्न-मध्य वर्ग की स्त्रियाँ अधिक हैं। मध्यजातियों, दलितों, आदिवासियों, निम्ब वर्ग में सम्पत्ति में अधिकार प्रश्न बड़ा नहीं है क्योंकि सम्पत्ति है ही बहुत कम। फिर भी उत्तराधिकार की सम्पत्ति में हिस्सा, प्रायः हर घर में, पुरुषों के मुकाबले उसे कम मिलता है। और यह सब खेल कानून की आड़ में चलता है। सामाजिक परम्परा का कवच इस अन्याय को प्राप्त है। मनचाहे पुरुष से विवाह, तलाक, बच्चे पर अधिकार आदि की समस्या मध्य और निम्न-मध्य वर्ग में अधिक है। अशिक्षा, गरीबी, अशक्तता आदि बड़ी समस्याएँ स्थिति को और जटिल बना देती हैं।

लेकिन ये समस्याएँ आज की हैं तो निदान भी आज के दौर में ढूँढ़ना होगा। पन्द्रहवीं सदी के कवि विद्यापति की नायिका विलाप कर लेती थी—

पिया मोर बालक हम तरूबी गे
कौन तप चूकलौंह भेलोंह जननी गे।

कुलीनता को बचाने के लिए युवती का विाह कुलीन बालक से कर दिया जाता था पर तब स्त्री को लगता था कि शायद किसी तप में उससे चूक हो गई जिससे वह स्त्री बनी। राधा कृष्ण पर निछावर थी, सारी समस्याएँ एक तरफ, प्रेम सबसे ऊपर। लेकिन मराठी की भक्त-कवियित्री जना बाई कृष्ण से अपने स्वप्न का रहस्य खोलते कहती है–

हे माधव, देखो न–
कितने काम धरे हैं सिर पर
इतना आटा गूँधना है अभी
इतने कपड़े कूटने हैं–
आओ भी हाथ बटा दो थोड़ा
या फिर तुम हेर दो जूएँ ही जरा
कुछ तो करो न, कुछ करो!

स्वप्न है कि पुरुष हाथ बटाए। स्वप्न है कि स्त्री पुरुष के समान मानी जाए। समूह की मुक्ति के बगैर व्यक्ति की मुक्ति कहाँ होती है? ऐसे में मुक्ति की तलाश करता व्यक्ति व्यक्तिवाद के पंक में धँसता है या संन्यास की ओर जाता है। देह की मुक्ति से मन की मुक्ति न हुई है, न होगी। मन में मुक्ति के स्वप्न के प्रवेश के साथ व्यक्ति समूह से जुड़ाव महसूस करता है और देह निर्बन्ध हो जाती है। भारी-भरकम पहलवान छिपकली से डरते हैं; देह की बलिष्ठता धरी रह जाती है। मन में सामूहिक मुक्ति के स्वप्न का होना आवश्यक है। बाजार देह की मुक्ति चाहेगा पर मन पर पहरा बिठाये रखेगा ताकि वह मन को मुक्ति का स्वप्न देखने न दे। हिन्दी का नारीवादी लेखन अभी वैचारिक शैशव काल से गुजर रहा है। वह परिपक्व होगा तभी जब वह सामूहिक मुक्ति का स्वप्न अपने मन में बिठाए। स्त्री की दासता मर्दवादी सभ्यता का कलंक है। कलंक जितनी जल्दी धुल जाए उतना ही अच्छा। लेकिन नारीवादी लेखन को मर्दवादी बाजार, सौन्दर्य-मूल्य, भाषा और संस्कृति प्रबन्धकों से बचना होगा। यह महज संदिग्ध नहीं है बल्कि भविष्य की आहट है, जब पुरुष कवि जॉन डेनेवर की तरह गीत गाएँगे–

I love your eyes, your cherry lips
The love that lingers
Your way with words and random blips
Your skilled computer fingers

फुटपाथ पर कामसूत्र
दिल्ली में कामनाओं का भूगोल बतर्ज मीडिया

□ अभय कुमार दुबे

हम शुरू से ही साफ कर देना चाहते हैं कि हम कोई 'पारिवारिक पत्रिका' नहीं निकाल रहे हैं। अगर आप किसी की बेटी, पत्नी, या सास हैं और अगर गलती से हमारी पत्रिका खरीद ली है, तो बेहतर होगा कि मेहरबानी करके आप उसे अपने मर्द को पढ़ने के लिए दे दें...

—पचास साल पहले 'प्लेबॉय' के पहले अंक में प्रकाशित ह्यू हेफनर की टिप्पणी जिसे पायनियर, दिल्ली के परिशिष्ट 'वीवासिटी' ने जुलाई 2003 में छापा

अगर मुझे एक पोर्न मैगजीन मिले तो उसे पढ़ने में मुझे कोई हिचक नहीं होगी। मैं इसे खुलकर स्वीकारती हूँ, जबकि दूसरे लोग यही काम बंद कमरों में करते हैं।

—सुपर हिट म्यूजिक वीडियो 'डीजे डॉल' की नायिका शेफाली जरीवाला 'देहली टाइम्स', 3 मई 2003

हालाँकि लोगों की राय के लिए हमारे दरवाजे हमेशा खुले रहते हैं और दरअसल हम पाठकों की तरफ से की जाने वाली आलोचनाओं को प्रोत्साहित भी करते हैं, लेकिन यह स्पष्ट करना जरूरी है कि 'मोर सेक्स प्लीज, वी आर इंडियन' जैसा आइटम छापकर हम आज की पीढ़ी को उसके माता-पिताओं के मूल्यों की शिक्षा देना नहीं चाहते थे। हमारी कोशिश तो केवल तथ्यों को सामने लाने की थी। उन तथ्यों के जरिए हम माता-पिताओं को बताना चाहते थे कि आज की पीढ़ी क्या सोचती है और क्या महसूस करती है।

—संपादक, देहलीटाइम्स @ इंडियाटाइम्स.कॉम ('देहली टाइम्स' के 29 मई 2003 के अंक में कामसूत्र सेक्स सर्वे पर पाठकों की प्रतिक्रिया के जवाब में प्रकाशित)

दिल्ली का भौगोलिक मानचित्र पढ़ना मुश्किल नहीं है। सर्वे ऑव इंडिया द्वारा बनाए गए राष्ट्रीय राजधानी क्षेत्र के नक्शे पर निगाह डालते ही पता चल जाता है कि लुटियंस

की दिल्ली कौन सी है, वह पुरानी दिल्ली कौन सी है जिसकी हवेलियाँ और दरवाजे गालिब के जमाने में लाल मुँह के विकराल बंदर ने उजाड़े थे, वह दिल्ली कौन सी है जिसे हमने आजादी के बाद बसाया है और वह अगल-बगल के किन इलाकों में फैलती जा रही है। लेकिन, वह मानचित्र इस सवाल का जवाब नहीं देता कि दिल्लीवालों की कामनाओं का भूगोल क्या है। दिल्लीवासियों की कामनाएँ कभी आर्थिक और सामाजिक प्रगति के मानकों से ही परिभाषित होती थीं, लेकिन आज उनके केंद्र में उनकी देह का सुख आ चुका है। आज ये कामनाएँ आधुनिकता और बाजार की फैक्ट्री में रची जाती हैं।

अगर हमारे पास किसी सेक्सुअल सर्वे ऑव इंडिया की सेवाएँ उपलब्ध होतीं तो शायद उसके जरिए हमें दिल्ली के सेक्सुअल भूगोल का पता चल सकता था। अमेरिका के लिए इस तरह के सेक्सुअल सर्वे की भूमिका चालीस और पचास के दशक में अल्फ्रेड किंसी और उनके साथियों ने निभाई थी। अमेरिकी पुरुषों और महिलाओं के यौन व्यवहार के बारे में प्रकाशित किंसी रिपोर्ट के बाद सत्तर के दशक में हाइट रिपोर्ट ने स्त्रियों के यौन व्यवहार के बारे में विशेष जानकारी देकर अमेरिकी सेक्सुअलिटी का खाका काफी-कुछ पूरा कर दिया था। 1979 में किंसी इंस्टीट्यूट ने ही एलन बैल और मार्टिन वीनबर्ग द्वारा लिखित अमेरिकी समलैंगिकता का दस साल लंबा अध्ययन प्रकाशित किया। इसने दावा किया कि समलैंगिक व्यक्ति इतरलैंगिक व्यक्ति से कई मामलों में बेहतर होता है। इसके आधार पर समलैंगिकता की राजनीति को सामाजिक तर्क मिले और आधुनीकीकरण की प्रक्रिया के तहत सेक्सुअल एटलस की संभावनाएँ बनने लगीं। पचास और साठ के दशक में केवल 'प्लेबॉय' जैसी सोफ्टपोर्न पत्रिकाएँ ही सेक्सुअलिटी की दुनिया में हस्तक्षेप करती थीं, पर सत्तर के दशक में सामान्य अमेरिकी मीडिया ने सेक्सुअलिटी के सभी आयामों के लोकप्रिय प्रतिनिधित्व की भूमिका निभानी शुरू की। वह सेक्सुअलिटी संबंधी शोध में भाग लेने लगा और सर्वेक्षणों के परिणामों को मीडिया के जरिए आम लोगों तक पहुँचाया जाने लगा। इस तरह मीडिया सेक्सुअलिटी की तरह-तरह की व्याख्याओं का वाहक बन गया। अस्सी और नब्बे के दशक में हुए सेक्स सर्वेक्षणों को सेक्स के लिहाज से काफी खुल चुके मीडिया के जरिए पाठकों को परोसा गया। मीडिया ने खुद भी सेक्स सर्वेक्षण कराने शुरू किए और शौकिया सेक्स विशेषज्ञों की एक पूरी फसल पैदा कर डाली। अखबारों और पत्रिकाओं के कालम यौन क्रिया की तकनीक सिखाने के मैनुअल बन गए। सेक्सुअलिटी की सेल लग गई जिसमें फर्जी और वैध दोनों तरह की सेक्स रिसर्च यौन क्रांति की वैधता के लिए इस्तेमाल की जाने लगी।

लेकिन, अमेरिका की तरह दिल्ली के पास किंसी जैसे किसी इंस्टीट्यूट की सेवाएँ कभी नहीं रहीं। अस्सी के दशक के खात्मे तक इस शहर की देह पर सर्वेक्षण आधारित समाजशास्त्र के जरिए मीडिया ने किसी सेक्सुअल इबारत के लिखने की शुरुआत भी

नहीं की थी। आजादी मिलने के कम से कम चालीस साल तक सेक्सुअलिटी के नाम पर उसके पास सभी दूसरी जगहों या सभी दूसरे शहरों की तरह सेक्स एक्ट के कुछ केंद्र ही थे। परिवार की चौहद्दी में बना माता-पिता का बेडरूम था जिसे सेक्स एक्ट के एकमात्र स्थायी और वैध केंद्र के रूप में देखा जा सकता था। यौन क्रिया के कुछ अवैध केंद्र भी थे जिनमें परिवार की ही तरह तकरीबन अनंत काल से चली आ रही उतनी ही स्थायी किस्म की संस्था चकलाघर प्रमुख थी। दिल्ली के संदर्भ में इसे हम जी.बी.रोड के नाम से जानते हैं। इधर-उधर बिखरा हुआ काल गर्ल्स का एक धंधा था जिसने अक्सर गिरफ्तार हो जाने वाले कमलजीत नाम के एक दलाल की शख्सियत को एक तरह की कुत्सित आभा से भर दिया था। इसके अलावा सात परतों के नीचे दफ्न कौटुम्बिक व्यभिचार (इंसेस्ट) था। विवाहेतर संबंधों की अवैध दास्तानें थीं जिनका जिक्र वैध तरीके से करने पर पाबंदी थी। हस्तमैथुन की शाश्वत क्रिया थी जिसके कारण धरती पर गिर रहे वीर्य के एक-एक कतरे से मर्दाना ताकत के क्षय का चीत्कार निकलता रहता था। खानदानी शफाखाने के हकीम साहब थे जिनकी रामबाण दवाओं के विज्ञापनों से दिल्ली के पेशाबघरों की दीवारें सजी रहती थीं। मध्यवर्गी भद्र समाज में थोड़े से दागी किस्म के समलैंगिक भी थे जिनके 'एक्टिव' या 'पैसिव' होने की खुसफुसाहट सामाजिक गॉसिप का स्थायी अंग थी। कुल मिलाकर यह एक ऐसी सेक्सुअलिटी थी जो पूरे देश में कहीं भी पाई जा सकती थी, खासकर किसी भी शहरी समाज में इसके अंश मिल सकते थे। इस सेक्सुअलिटी पर आधुनिक शहरी जीवन के आदिम रूपों की छाया थी। इसे उन वक्तों की छाप कहा जा सकता था जब पूँजीवाद की संस्कृति भारतीय शहरों में उत्पादन के दावों के साथ नमूदार हुई थी और भारतीय पूँजीवाद मितव्यता के पब्लिक सेक्टरी दौर से गुजर रहा था। शहरी मध्यवर्ग को तरह-तरह की विचारधाराओं से उम्मीद थी। यौन ऊर्जा का प्रचलित मतलब मर्दानगी ही तो था जिसे यूजेनिक्स जैसे सूत्रीकरणों के जरिए राष्ट्र-निर्माण की महापरियोजना में लगाने की तजवीजें उस समय तक पुरानी नहीं पड़ी थीं। कंडोम परिवार नियोजन के मुहावरे से बाहर नहीं निकल पाया था। ब्रह्मचर्य और देशभक्ति के निजी रिश्तों की प्रामाणिकता को 'नॉनवेज' लतीफों ने भंग नहीं किया था। वेश्याओं ने खुद को 'सेक्स वर्कर' के रूप में पेश करना शुरू नहीं किया था।

उस जमाने में फैशन या तो फिल्मी एक्टरों की ठेकेदारी था या फिर उसे ऊपरी तबके के लोगों की अदाबाजी का नाम दिया जाता था। प्रेमी-प्रेमिका दो अलग-अलग कंपार्टमेंटों में रहते हुए प्रेमपत्र लिखते रहने के लिए अभिशप्त थे और तीस हजारी कोर्ट के सिविल मैरिज कोर्ट से बाहर निकलते ही रोमांस के छीजने की प्रक्रिया शुरू हो जाती थी। कानूनी घोषित हो जाने के बाद भी गर्भपात की घटना रुसबाई का कारण बन सकती थी। चरम आनंद के लिए छटपटाती उन्नत उरोजों वाली काल्पनिक नायिकाओं को तृप्त करने वाले विकराल शिश्नों की भीषण स्तंभनशक्ति के दर्शन

केवल मस्तराम द्वारा रचित क्लासिक पोर्न उपन्यासों में ही हो सकते थे। जाहिर है कि इस सेक्सुअलिटी की भूमिका समाज के लिए किसी भी तरह विधेयक नहीं थी। इसके आईने में समाज परिवर्तन की शक्ल देखना नामुमकिन था। यह सेक्सुअलिटी इंसान की शख्सियत को परिभाषित करने वाले उस 'सार तत्त्व' का रूप नहीं ले पाई थी जो हर व्यक्ति के लिए विलक्षण होता है। यह तो ज्यादा से ज्यादा आनुषंगिक भूमिका ही निभा सकती थी, क्योंकि हर हालत में इसके तहत आयोजित होने वाला सेक्स एक्ट विवाह की पवित्र संस्था द्वारा स्थापित प्रजनन के कर्तव्य की सीमाओं में बँधा हुआ था।

दिल्ली को उसकी विशिष्ट सेक्सुअलिटी मिलनी तब शुरू हुई जब भारतीय पूँजीवाद का विकास एक खास चरण में पहुँचा। यौन क्रांति के संदर्भ में दुनिया भर का तजुरबा बताता है कि फ्री मार्केट और फ्री सेक्स काफी कुछ अन्योन्याश्रित प्रत्यय हैं। सेक्स एक दैहिक हकीकत है। लेकिन, सेक्सुअलिटी देह पर केंद्रित होते हुए भी देह के दायरे में कैद नहीं होती। इतिहास और संस्कृति के औजार उसे बनाते हैं। आधुनिकीकरण एक खास मुकाम पर पहुँच कर ऐसे हालात तैयार करता है जिनमें अभी तक खामोश रही सेक्सुअलिटी हजार जुबानों से बोलने लगती है। इंसान अपने वैयक्तीयन (इनडिविडुएशन) के बिना आधुनिक नहीं होता और इंसान की सेक्सुअलिटी कामनाओं के जरिए वैयक्तीयन को आत्मगत आधार देती है। आधुनिकीकरण, पूँजीकरण, जिंसीकरण और बाजार यौन क्रिया और प्रजनन को एक अनिवार्य रिश्ते में बँधा नहीं रहने देते। संतानोत्पत्ति से रिश्ता टूटते ही सेक्स देह के आनंद का प्रबल स्रोत बन कर उभरता है। यौन संबंधों की एकनिष्ठता सात जन्मों का साथ नहीं रह जाती और जीवन निजी रिश्तों की अलग-अलग कहानियों में बँटा हुआ उपन्यास हो जाता है। यौन दमन पर बहस छिड़ जाती है। वीर्य संरक्षण पर टिकी हुई मर्दानगी को आत्मरति (मास्टरबेशन) चुनौती देने लगती है। देह व्यापार पर आरोपित हजारों साल पुरानी अनैतिकता को वेश्याओं का यह नारा पलट देता है कि उन्हें 'सेक्स वर्कर' समझा जाना चाहिए। औरत की एंद्रिकता का विधान ही नए सिरे से बनता है। वह समझने लगती है कि पति के सामने पेश किए जाने के अलावा भी उसकी देह के कई उपयोग हो सकते हैं। वह देखती है कि पहली बार '(सेक्स) गॉडेस' के तौर पर बाजार द्वारा उसकी देह के छायानुवाद में वैशाली की नगरवधू की तरह अपमान के तत्त्व नहीं हैं। आर्थिक मजबूरियों के बिना भी स्वैच्छिक चुनाव से देह व्यापार में उतरने वाली रूपाजीवाओं का प्रतिशत बढ़ने लगता है। इस माहौल में स्त्री जैसे ही यौन संतुष्टि की दावेदारी करती है, पितृसत्ता की चौधराहट गड़बड़ाने लगती है। दृश्यति (वॉयरिज्म या पोर्नोग्राफी) का ऊपर से नीचे तक और दाएँ से बाएँ तक प्रसार हो जाता है। छोटा परिवार अधिक यौनानंद की गुँजाइशों के साथ उभरता है। 'कामसूत्र' जैसे कंडोम ब्रांड चरम आनंद और सुरक्षित सहवास के दावे के साथ बाजार में उतरते हैं। कंडोम पर इतरलैंगिक

इजारेदारी खत्म हो जाती है और हेटरोसेक्सुअलिटी चिढ़ाने लगती है। रोमानी प्रेम का चरम उत्कर्ष अपनी खुदी को मिटा देने वाले हेटरोसेक्सुअलिटी उत्कट प्रेम में न होकर अपनी-अपनी इयत्ता को बरकरार रखने की शर्त वाले उस प्रेम में होता है जो हेटरो भी हो सकता है और होमो भी। सेक्स एक्ट अपनी विविधताओं के साथ गोपनीयता से बाहर निकलकर 'पब्लिक सेक्स' का रूप ले लेता है। निजी जीवन की जमीन पर पकने वाली कामनाओं की फसल इंसान को अपनी सेक्सुअल पहचान का उत्सव मनाने के लिए उकसाती है। इस पहचान के जरिए न जाने कितनी उत्तर-आधुनिक बगावतें होने लगती हैं। यह केवल सेक्सुअल वैयक्तीयन ही है जिसमें परिवार की प्राक्-आधुनिक संस्था को बुनियादी तौर पर बदलने की क्षमता होती है।

निजी पूँजी, बाजार, गैरधार्मिक शिक्षा, संचार और परिवहन के नए साधन, आदि भी सेक्सुअल पहचान और उसके आधार पर होने वाले वैयक्तीयन पर गहरा असर डालते हैं। ये उसे नया मुहाबरा, नया प्रोत्साहन और नया स्पेस देते हैं। आधुनिकीकरण के ये सभी पहलू शहरी जमीन पर ही पनपते हैं, इसलिए सेक्सुअलिटी शहरों में ही सूत्रबद्ध होती है और वहीं खुद को व्यक्त करती है। वैयक्तीयन का सिलसिला शहरी जीवन की जमीन पर चलता है। शहरी जीवन में आप बेहद खुला जीवन जीते हुए भी निजी तौर पर एक खास तरह की सीक्रेसी कायम रख सकते हैं, यहाँ तक कि आपकी एक सीक्रेट लाइफ भी हो सकती है। कोई चाहे तो एक सामूहिक सीक्रेसी का दायरा भी कायम कर सकता है। 'स्ट्रेट' यानी हेटरोसेक्सुअल लोग समझते हैं कि शहर उनका है, पर वह खुफिया तौर पर अनदेखे-अनजाने 'क्वियर' यानी होमोसेक्सुअल लोगों का भी होता है। सेक्सुअलिटी का 'कमिंग आउट' संदेश देता है कि शहर के पार्कों, बस स्टापों, टॉयलटों, पबों, रेस्त्राओं, मल्टीप्लेक्सों, रात के अड्डों और ऐसे ही न जाने कितने स्पेसों के तात्पर्य और इस्तेमाल एक नहीं बल्कि दो हो चुके हैं। ठीक इसी उसी तरह जैसे कभी फ्रायड ने बीसवीं सदी की शुरुआत में हमें बताया था कि इंसान की देह का हर अंग एक नहीं, दो काम करता है। एक काम कुदरती और दूसरा सेक्सुअल। फ्रायड की यह बात शहरी स्पेसों पर भी लागू होती है। सेक्सुअलिटी के 'कमिंग आउट' में नए समुदायों के उदय की गुँजाइश रहती है। इस तरह आधुनिकीकरण के तहत शहर के भीतर पनपते नए शहर की शिनाख्त सेक्सुअलिटी की नई अभिव्यक्तियों के आईने में होती है। सेक्सुअलिटी के नए रूप नए शहर का सुराग देते हैं।

देह और दैहिक आनंद की केंद्रीयता के कारण प्रेम, मित्रता, भाईचारे और रक्त संबंधों की शक्ल कुछ से कुछ हो जाती है। एक जबर्दस्त बहस छिड़ जाती है जिसमें पूरा मास मीडिया, बुद्धिजीवी हल्के, सरकार, राजनीतिक पार्टियाँ, धर्माचार्य, मानवाधिकारों के समर्थक, तरह-तरह के नैतिकतावादी और मूर्तिभंजक साफ तौर पर पक्ष-विपक्ष में खड़े नजर आते हैं। साहित्य में, खासकर कथा साहित्य में सेक्स एक्ट की राजनीति मुखर हो जाती है। सार्वजनिक जीवन में सेक्स स्कैंडलों का लंबा सिलसिला शुरू हो

जाता है। एक तरफ यौन क्रांति का झंडा बुलंद होता है, और दूसरी तरफ मुकाबले में सेलिबेसी का भजन होने लगता है। सेक्सुअलिटी पर होने वाली बहस के कारण बनने वाले समीकरणों की शक्ल अलग होती है। राजनीतिक विमर्श हैरत से देखता है कि उसे शहरी जीवन के उन तजुरबों पर भी राय देनी है जो अब तक सार्वजनिक चर्चा के योग्य नहीं माने जाते थे। राजनीतिक लोकतंत्र, आर्थिक लोकतंत्र, सामाजिक लोकतंत्र और लैंगिक लोकतंत्र से अगल सेक्सुअल लोकतंत्र और सेक्सुअल नागरिकता के विचार से वह भौचक्का रह जाता है। हर विचारधारा के उदारवादी और रेडिकल अक्सर पूरी तरह अनुदार और प्रतिगामी साबित की जा सकने वाली पेशकश करते हुए पकड़े जाते हैं। विरोधाभास यह होता है कि सेक्सुअल लोकतंत्र के सवाल पर ब्राह्मणों और दलितों के प्रवक्ताओं की राय एक हो सकती है। जब अंतर्राष्ट्रीय मंचों पर सेक्सुअल रुझान को मानवाधिकारों में गिनने की बहस होती है तो सारे आपसी झगड़े भुलाकर भारत की सरकार पाकिस्तान की सरकार के पीछे चलती नजर आती है। जेंडर लोकतंत्र वालों को घोर दक्षिणपंथियों, अनुदारपंथियों और धर्माचार्यों की भाषा बोलते हुए देखा जा सकता है। वर्किंग क्लास में काम करने वाले कम्युनिस्ट पार्टी का पूर्णकालिक कार्यकर्ता और राष्ट्रीय स्वयंसेवक संघ का जीवनदानी प्रचारक बिल्कुल एक सी बात करते नजर आ सकता है। शहर की सेक्सुअलिटी जब अपनी हजार जुबानों में बोलती है तो मार्क्सवाद, गांधीवाद, सांस्कृतिक राष्ट्रवाद और यहाँ तक कि आधुनिकतावादी तक उसके सवालों का जवाब नहीं दे पाते। सेक्सुअलिटी के मुद्दे को सबसे पहले प्रचलित करने वाला नारीवाद भी खुद को इस माहौल का स्वाभाविक अंग नहीं समझ पाता। सेक्सुअल मुद्दे इन विचारधाराओं को ऊपर से नीचे और दाएँ से बाएँ पूरी तरह से विभाजित कर देते हैं।

नब्बे के दशक की शुरुआत में नरसिंह राव और मनमोहन सिंह एंड कंपनी ने एडम स्मिथ के इनविजिबल हैंड को जैसे ही खुली छूट दी, 'मैडम स्मिथ के विजिबिल हैंड' ने अपनी करामात दिखानी शुरू कर दी। इसमें पहल ली पत्रिकाओं ने। पहली थी बंबई से प्रकाशित होने वाली डेबोनायर जो शायद उस समय तक भारत की 'प्लेबॉय' शैली की एकमात्र मैगजीन थी। इस पत्रिका ने अपने पाठकों के बीच 1991 में एक सर्वे कराया जो अंग्रेजी पढ़े-लिखे शहरी मर्दों के यौन व्यवहार की एक झलक पेश करता था। सर्वे के नतीजों को दो समाज वैज्ञानिकों मीरा सवारा और सी.आर. श्रीधर से विश्लेषित कराया गया। इसके बाद सेक्स सर्वेक्षणों का सिलसिला शुरू हो गया।

इसके फौरन बाद सेवी नामक महिला पत्रिका ने अंग्रेजी पढ़ी-लिखी शहरी स्त्रियों के यौन व्यवहार पर सर्वे किया जिसके नतीजों का विश्लेषण करने के लिए एक बार फिर इन्हीं दोनों विद्वानों की सेवाएँ ली गईं। 1983 में एड्स का रोग प्रकाश में आया और 1986 में भारत में पहले एड्स रोगी की शिनाख्त हुई। सारी दुनिया इस लाइलाज महारोग से आक्रांत थी। इस रोग के फैलने के कई कारणों में दो प्रमुख कारण असुरक्षित

हेटरोसेक्सुअल संभोग और असुरक्षित होमोसेक्सुअल संभोग थे। एड्स के डर ने विश्व संस्थाओं को देह व्यापार के दायारों और होमोसेक्सुअल दायरों की जाँच करने का कार्यक्रम दिया। तीसरी दुनिया के देशों में सेक्सुअलिटी के विमर्श की शुरुआत करने और उसके जरिए सेक्सुअलिटी को जुबान देने का श्रेय एक तरह से इस महारोग को भी जाता है। डेबोनायर और सेवी के सेक्स सर्वेक्षणों के बाद तरह-तरह के सर्वेक्षणों का सिलसिला शुरू हो गया। सरकारी विभाग, गैर-सरकारी संगठन और मीडिया के संस्थान पिछले चौदह साल में बार-बार तरह-तरह के सर्वेक्षण करके यह पता लगाने का प्रयास करते दिखे कि देश के शहरों की सेक्सुअलिटी का सूचकांक क्या है और खासकर दिल्ली की सेक्सुअलिटी का सूचकांक क्या है। 1990 से 1994 के बीच किए गए इन सर्वेक्षणों में दिल्ली मुंबई से पीछे दिखा दी, पर सन् 2000 के बाद हुए सर्वेक्षणों में वह देश के पहले नंबर के सेक्सुअल सिटी की तरह उभरी।

नजरिए के लिहाज से इन सर्वेक्षणों की सीमाएँ अपने-आप में स्पष्ट हैं। उनमें से कोई केवल शारीरिक सहवास की विधियों और कोई सिर्फ यौनशिक्षा के नजरिए से किया गया है, किसी पर प्रजनन संबंधी स्वास्थ्य का नजरिया हावी है तो कोई सिर्फ एड्स विरोधी अभियान का ही नतीजा है। आमतौर पर ये सर्वेक्षण सेक्स संबंधी प्रश्नों को औरत और मर्द के बीच के ऊँच-नीच के सत्ता संबंधों की रोशनी में सूत्रबद्ध नहीं करते। इन सर्वेक्षणों पर लैंगिक तटस्थता के भूमंडलीय बाजारी आग्रह हावी रहते हैं। मसलन, तकरीबन सभी सेक्स सर्वेक्षणों का यह प्रिय सवाल होता है कि 'पिछले महीने आपने कितने बार यौन क्रिया की', लेकिन कुछ उल्लेखनीय अपवादों को छोड़ कर इसके साथ ये सवाल नहीं पूछे जाते कि यौन क्रिया में किसने पहल की, परिस्थितियाँ क्या थीं, क्या दोनों पार्टनरों में से किसी ने कभी यौन क्रिया का प्रस्ताव ठुकराया भी, क्या इसके बावजूद यौन क्रिया हुई, कुल मिलाकर यौन क्रिया पर सहमति बनी या नहीं, अगर सहमति बनी तो यौन क्रिया के साथ किस तरह की बाध्यताएँ जुड़ी हुई थीं, क्या हिंसा या घरेलू कलह के खुले या छिपे अंदेशे भी उसके साथ जुड़े हुए थे, आदि। जाहिर है कि इन सर्वेक्षणों की पद्धति और मंशा पर काफी आपत्तियों की गुँजाइश है, पर इसके बावजूद उनसे विभिन्न अंतर्दृष्टियाँ मिलती हैं। इनसे इतना संदेश तो मिलता ही है कि अगर कोई पूछताछ करने और बात करने के लिए तैयार हो तो पढ़ा-लिखा शहरियों में से कई अपनी सेक्सुअलिटी को व्यक्त करना चाहेंगे। ये सर्वेक्षण बताते हैं कि शहर के वासी अंधेरे और बंद शयन कक्षों में खामोशी से संभोग करते-करते ऊब चुके हैं। वे प्रयोग के मूड में हैं और आजमा कर देखना चाहते हैं कि वात्स्यायन ने जिन चौंसठ कलाओं और चौरासी आसनों का जिक्र किया है, उनकी व्यावहारिक निष्पत्तियाँ क्या हैं। हालाँकि नेशनल फेमिली प्लानिंग एसोसिएशन जैसी संस्थाओं ने भी शहरी युवकों-युवतियों की सेक्सुअलिटी का सर्वे करके इस प्रक्रिया में अपना योगदान किया, पर समाचार माध्यमों ने इसमें प्रमुख भूमिका निभाई। नब्बे

के दशक में ही वर्ल्ड वेब जैसी परिघटना सामने आई और इंटरनेट ने सेक्सुअलिटी की दुनिया को राष्ट्रीय सरकारों के सेंसर की सीमाओं से बाहर कर दिया। इंटरनेट के कारण सर्वे करना आसान हो गया। 2003 में हुआ 'कामसूत्र क्रॉस-टैब सेक्स सर्वे' तीन डॉट कॉम पोर्टलों ने ही मिलकर किया था। त्रिआयामी संचार क्रांति (सेलुलर फोन, इंटरनेट और उपग्रही चैनल) के साथ ही सेक्सुअलिटी के हजार जुबानों के हालात बन गए।

इन परिस्थितियों ने दिल्ली में दैहिक कामनाओं का भूगोल मुखर कर दिया। यह दिल्ली में ही सबसे ज्यादा क्यों हुआ, इसकी वजह दिल्ली की तवायफों, उनके ग्राहकों, दिल्ली के समलैंगिकों और दिल्ली के हिजड़ों के सार्वदेशिक (कॉस्मोपालिटन) चरित्र में ही नहीं है, बल्कि इस हकीकत में भी है कि दिल्ली की तकरीबन आधी आबादी फ्लोटिंग है। इसे हम उखड़े हुए लोगों का शहर कह सकते हैं। इस मामले में दिल्ली, मुंबई, कोलकाता, बंगलोर और चेन्नई जैसे महानगरों से बहुत आगे है। नब्बे के दशक की शुरुआत में दिल्ली की ऐसी आबादी करीब 42 फीसदी थी जो केवल चौदह साल में बढ़ कर पचास फीसदी हो गई हैं। तेजी से विकसित होती हुई सार्वदेशिकता के कारण दिल्ली की आबादी को एक छोटे भारत की संज्ञा दी जा सकती है। आईटी प्रोफेशन से लेकर अर्थव्यवस्था के तीसरे क्षेत्र, जिसे हम सर्विस सेक्टर कहते हैं, ने फैशन और विज्ञापन उद्योग के साथ मिलकर इस उखड़ी हुई आबादी के सेक्सुअल अभिजन का निर्माण किया है। उखड़े हुए लोग सेक्सुअल एडवेंचर की संभावनाओं से लैस होते हैं। दिल्ली के रेडलाइट एरिया जीबी रोड के 82 चकलाघरों में धंधा करने वाली करीब तीन हजार तवायफों में ज्यादातर आंध्र प्रदेश, कर्नाटक, तामिलनाडु, उत्तर प्रदेश, राजस्थान, पंजाब, गुजरात और यहाँ तक कि नेपाल की हैं। इन तवायफों में से कई दिल्ली में एक सीक्रेट लाइफ गुजारती हैं। वे साल में एक बार अपने बच्चों और परिवार के साथ रहने जाती हैं। वे लोग उनके चकलाघर वाले जीवन को नहीं जानते। इसी तरह कनाट प्लेस के सेंट्रल पार्क में या अशोका होटल के पास नेहरू पार्क में या फिर धौला कुआँ के बस स्टैंड पर या फिर लाल किले से कश्मीरी गेट के बीच रोज शाम को सेक्स पार्टनरों की तलाश करते हजारों समलैंगिकों और हिजड़ों के बीच किसी एक क्षेत्र की इजारेदारी नहीं मिलेगी। समलैंगिकता के प्रवक्ताओं का दावा है कि दिल्ली देश की 'गे राजधानी' बन चुकी है। सिर्फ दिल्ली में बिकने वाले अखबारों में छपने वाले हेटरोसेक्सुअल डेटिंग कालमों में भी दिल्ली की इस बेहद तेजी से बढ़ती हुई सेक्सुअल सार्वदेशिकता का नमूना मिल सकता है। इंटरनेट पर सेक्सुअलिटी के हिसाब से अगल-अलग चैट रूप प्रचलित हैं। इनमें घुसपैठ करने पर पता लगता है कि दिल्ली की सेक्सुअलिटी कितनी सर्वभारतीय किस्म की है।

सार्वदेशिकता और उखड़ी हुई आवादी के साथ-साथ बीसवीं सदी के आखिरी दस सालों में दिल्ली को अपने आधुनिक इतिहास में पहली बार पाँच नए स्पेस मिले

जिनके कारण अंतरंग रिश्तों में तब्दीली आने की गुंजाइश खुली। पहला स्पेस ऑटोमोबाइल क्रांति ने मुहैया कराया हो अस्सी के दशक के मध्य में शुरू हुई थी और नब्बे के दशक में चरम पर पहुँची। दूसरा स्पेस सेलुलर फोन ने दिया। तीसरा स्पेस ऑडियो-विजुअल क्रांति और इंटरनेट के जरिए मिला। चौथा स्पेस डिस्कोथीक और पब संस्कृति के साथ-साथ नए उत्तर-आधुनिक कहवाघरों और मल्टीप्लेक्सों ने तैयार किया। और, पाँचवाँ स्पेस बाजार और उपभोक्ता क्रांति ने दिया।

कार ने मोबाइल प्राइवेसी दी और दैहिक प्रेम की संभावनाओं को भौतिक रूप से गतिशील बना दिया। सेलफोन का स्पेस तो शुद्ध मोबाइल साबित हुआ। उसके कारण रोमांटिक लव की काफी मुश्किल घटना चुटकी बजाने जितनी सरल हो गई। इंटरनेट ने पहली बार इस समस्या का समाधान पेश किया कि वर्चुअल रियलिटी और रियलिटी में क्या अंतर है। फिलासफी और लव के इलाके में यह बहस अनंत काल से चल रही थी। इंटरनेट ने वर्चुअल रियलिटी को रियलिटी के समकक्ष ला बैठाया। प्रेम वर्चुअल होते हुए भी वर्चुअल नहीं रह गया। जिस साइबर कैफे में मेल चेक करने के लिए जाया जाता है, उसी कैफे में इंटरनेट पर पोर्न सर्फिंग होने लगी। ध्यान रहे कि इंटरनेट एक ऐसा स्पेस भी है जहां दृश्य पोर्नोग्रामी भारतीय चरित्रों के साथ मौजूद है। जब बीसवीं सदी खत्म हुई थी तो भारत इंटरनेट पोर्न के एक बड़े केंद्र के रूप में उभर चुका था। करीब 18,000 पूरी तरह से भारतीय पोर्न साइटें बन चुकी थीं और उनके सेम्पल नेटिजंस को मुफ्त में उपलब्ध थे। इन तमाम पोर्न साइटों के सर्वर विदेशों में हैं। प्रौद्योगिकीय विकास ने इंटरनेट पोर्न को डाउनलोड करके सीडी और डीवीडी में उतार कर बाजार में बेचना बेहद आसान कर दिया। सेलफोन, एसएमएस और ई-मेल ने सीक्रेट लाइफ को प्रेमपत्रों की दुनिया से निकालकर कहीं ज्यादा बड़ी रफ्तार और बारंबारता प्रदान की। ऑडियो-विजुअल क्रांति ने पोर्नोग्राफी के जरिए सेक्स एक्ट को मनी शॉट, मीट शॉट और बीवर शॉट की तकनीकों से दिखाया। स्वयं सेक्स करते हुए इस कार्रवायी को इस प्रकार देखना असंभव था। सेक्स एक्ट की वास्तविकता और फर्जी संभावनाओं का अनंत उद्घाटन हुआ। कहवाघरों और मल्टीप्लेक्सों ने शहर के अंधेरे कोनों को रोशन कर दिया। दिल्ली के मध्यवर्ग को पहली बार बाकायदा एक नाइट लाइफ मिली। पश्चिमी तर्ज के नाचघरों में मद्यपान करते हुए जोड़ों के सामूहिक नृत्य ने शारीरिक स्पर्श और अंतरंगता के सर्वथा नए अनुभव का सृजन किया। तरह-तरह की थीम पार्टियों का फैशन धनाढ्यों के दायरे से निकल कर जल्दी ही मध्यवर्ग में प्रचलित हो गया। पश्चिम में मची यौन उथल-पुथल में उपभोक्ता क्रांति की महत्त्वपूर्ण भूमिका मानी जाती है। दिल्ली में इस समय उपभोक्ता क्रांति भी चरम पर है। धन की 'स्पेंडिंग' और वीर्य की 'स्पेंडिंग' एक दूसरे के पर्यायवाची हो गए हैं। शॉपिंग के जरिए कामनाओं की आर्गाज्मिक पूर्ति का दावा किया जाता है और यौन संदर्भों में इस्तेमाल की जाने वाली शब्दावली उपभोक्ता गतिविधियों में जमकर इस्तेमाल की जा

रही है। विज्ञापन जगत ने घोषित कर दिया है कि सेक्स माल बेचने के सर्वाधिक आकर्षक माध्यमों में से एक है।

इस तरह दिल्ली देश के एक ऐसे महानगर के रूप में उभरा जिसकी न केवल पचास फीसदी आवादी फ्लोटिंग थी, बल्कि जिसमें सबसे ज्यादा कारें थीं। जहाँ सबसे ज्यादा लोग सेलफोन कर रहे थे। जहाँ सबसे ज्यादा मल्टीप्लेक्स और नए कहवाघर थे। दिल्ली के वाशिंदे खरीद-फरोख्त पर देश में सबसे ज्यादा खर्च कर रहे थे। यह कोई संयोग ही नहीं है कि षश्चिम में यौन क्रांति की अवधि वही है जब वहाँ पहली बार मोटरचालित वाहनों की क्रांति हुई थी। वहाँ केवल एक नया मोबाइल स्पेस यौन क्रांति की चिंगारी सुलगाने के लिए काफी था। दिल्ली में तो ऐसे पाँच-पाँच स्पेस हैं जिन्हें इस शहर ने देश के किसी भी अन्य क्षेत्र की अपेक्षा सबसे ज्यादा उत्सुकता के साथ अपनाया है।

अंजलि कपूर से शेफाली जरीवाला तक : सेक्सुअलिटी का इतिहास बतर्ज मीडिया

नब्बे का दशक दिल्ली के लिए नई अर्थ नीति का ही नहीं नई सेक्सुअलिटी का दशक भी समझा जाना चाहिए। फरवरी 1995 कोई बहुत पुरानी तारीख नहीं है, लेकिन, मीडिया की निगाहों से देखें तो वक्त की वर्चुअल रफ्तार के कारण दिल्ली की सेक्सुअलिटी के पिछले दस-बारह साल के इतिहास में यह तारीख दशकों पुरानी बर्फ में जमी हुई लगेगी। इसी महीने एक शनिवार को बार काउंसिल ऑव इंडिया ने काफी उत्तेजक वाद-विवाद के बाद फैसला किया था कि वह अपनी एक महिला सदस्य के खिलाफ कार्रवाई करेगा। एडवोकेट अंजलि कपूर ने वकील के रूप में अपने पेशे से संबंधित कोई आपत्तिजनक काम नहीं किया था। उन पर तो आरोप यह था कि उन्होंने एक पोर्नोग्राफिक पत्रिका में अपनी नंगी तस्वीरें छपवा कर वकीलों की शान में बट्टा लगा दिया है। बार काउंसिल ने जैसे ही यह निर्णय लिया, नारी अधिकारों के लिए संघर्षरत महिला संगठनों में बहस शुरू हो गई कि क्या किसी महिला को अपनी देह के इच्छानुसार इस्तेमाल का अधिकार नहीं मिलना चाहिए? महिला संगठन एक तरफ तो अंजलि कपूर के इस अधिकार के पक्ष में खड़े थे, और दूसरी तरफ कुछ महिलाओं ने दिल्ली हाई कोर्ट में पोर्नोग्राफिक पत्रिकाओं के प्रकाशन पर रोक लगाने के लिए याचिका भी दायर कर रखी थी। बहस में सीधे-सीधे दो पक्ष थे : एक तरफ ऋतु मेनन जैसी नारीवादियों की आवाज थी जिनका दावा था कि औरतों को पोर्नोग्राफिक सामग्री पढ़ने में कोई दिलचस्पी नहीं होती; दूसरी तरफ वीमेंस पॉलिटिकल वाच की अध्यक्ष वीणा नैयर जैसी हस्तियाँ थीं जिनकी मान्यता थी कि 'औरत का भी मर्द की ही तरह एक सेक्सुअल वजूद होता है। निश्चित रूप से पीर्नोग्राफिक पत्रिकाओं का एक महिला पाठक वर्ग भी है।' इस बहस में महिला दक्षता समिति की विनय भारद्वाज की राय भी उल्लेखनीय थी। वे अंजलि कपूर के अधिकार की पैरोकारी करते हुए भी कह रही थीं कि उनकी अपनी किशोर वय की पुत्री के लिए ऐसी कोई औरत न तो अनुकरणीय आदर्श हो

सकती है और न ही होगी। अंजलि कपूर का क्या हुआ, यह किसी को आज तक पता नहीं है। सुरक्षित रूप से माना जा सकता सकता है कि वे दिल्ली की किसी मध्यवर्गीय कॉलोनी में एक अनाम जिंदगी बिता रही होंगी। उस समय किसी पत्रकार या किसी इथनोग्राफर ने उनसे यह पूछने की जहमत नहीं उठाई कि आखिर वकालत जैसे पेशे से जुड़े होने के बाद भी उन्होंने न्यूड मॉडल बनना क्यों स्वीकार किया था? क्या वे सेक्सुअलिटी व्यक्त करने के लिए बेचैन थीं, या किसी दबाव, धोखे या आर्थिक प्रलोभन के वशीभूत होकर उन्होंने अपनी देह का ऐसा इस्तेमाल होने दिया?

बहरहाल, अंजलि कपूर और सेक्सुअलिटी पर भारतीय नारीवाद की दुविधा को फरवरी 1995 में ही छोड़कर वक्त आगे निकल गया। सन् 2003 में दो मई को इंजीनियरिंग की बीस वर्षीय छात्रा शेफाली जरीवाला ने जैसे इसी सवाल का जवाब दिया हो, 'यह इक्कीसवीं सदी है। आखिर लोगों को पोर्न मैगजीन पढ़ने से क्यों हिचकना चाहिए?' ये वही शेफाली जरीवाला थीं जो 'डीजे डॉल' नामक सुपरहिट म्यूजिक वीडियो की शुरुआत में ही एक पब में अपने बॉय फ्रेंड का इंतजार करते हुए एक पोर्न पत्रिका पढ़ते नजर आती हैं और अपने प्रेमी के नाराज होने के बावजूद आखिर तक उसे नहीं फेंकती। वे उसे मनाने के लिए 'काँटा लगा' की तर्ज पर कामोद्दीपक नृत्य करते हुए उस पत्रिका को जलाने की एक्टिंग भी करती हैं, पर जब म्यूजिक वीडियो खत्म होता है तो कैमरा दर्शकों को दिखाता है कि उनकी कमर में प्रेमी की बाँह है पर पीछे बेल्ट में वही अधजली पोर्न पत्रिका खुर्सी हुई है। डीजे डॉल एक ऐसा म्यूजिक वीडियो है जो सुबह से शाम तक कम से कम पाँच बार टीवी के किसी न किसी चैनल पर पूरे साल दिखाया जाता रहा। इसके ऑडियो को पूरे उत्तर भारत के चौराहों और विवाह समारोहों में लगातार बजते हुए सुना जा सकता था। अंजलि कपूर के न्यूड्स सिर्फ इतना साबित कर पाए थे कि शहर में सेक्सुअल अभिव्यक्ति का जोखिम उठाकर बीच बहस में आने के बावजूद इंसान अनाम रह कर जिंदगी गुजार सकता है, पर पोर्नोग्राफी पढ़ती हुई शेफाली को मीडिया और मार्केट ने नई पीढ़ी के लिए एक नई नायिका का दर्जा दे दिया। 'काँटा लगा' एक ऐसे क्षण के रूप में उभरा जिसे इतिहास में दर्ज कराने के लिए न तो किसी पत्रकार की जरूरत थी और न ही किसी इथनोग्राफर की। शहरी सेक्सुअलिटी को इसके जरिए एक नई परिभाषा मिली। प्राइवेट पब्लिक हो गया। पोर्नोग्राफी से निकलने वाली दृश्यरति (वॉयरिज्म), मद्यपान और समूह नृत्य के देह-केंद्रीय पहलू (प्रदर्शनप्रियता), सेक्स की ताकत, उसकी बेचैनी और शहरी स्पेस की ऐंद्रिकता एक साथ हो गई।

दिल्ली का मीडिया यहीं नहीं रुका। उसने आधुनिक दुनिया की सबसे पहली, कामयाब और सबसे मशहूर सेक्स मैगजीन की गोल्डन जुबली समारोहपूर्वक मनाई। 'प्लेबॉय' का इतिहास जानने के लिए किसी को खुशवंत सिंह के पास जाने की जरूरत नहीं पड़ी। करीब बीस साल पहले खुशवंत देश के उन कुछेक लोगों में से एक थे

जो 'प्लेबॉय' के अंक वाकायदा घोषित रूप से आयात करते थे। हवाई अड्डे पर अश्लीलता के आरोप में पत्रिका जब्त हो जाने पर उनकी कलम इसे अपने लोकतांत्रिक अधिकारों का हनन करार देती थी। मीडिया की दुनिया में माना जाता था कि सरदारजी के पास 'प्लेबॉय' के सभी गर्मा-गरम अंक सिलसिलेवार होंगे। लेकिन, उनके निजी अभिलेखागार में जाने की जहमत उठाए बिना दिल्ली वालों को जुलाई 2003 के मध्य में 'प्लेबॉय' का तकरीबन पूरा इतिहास समारोहपूर्वक पता चल गया। दिल्ली के अपने मीडिया के जरिए उन्हें पत्रिका के प्रकाशक-मालिक ह्यू हेफनर और उनकी अर्धनग्न प्लेमेट सुंदरियों की रंगीन तस्वीरें भी देखने को मिल गईं।

1953 की जुलाई में 'प्लेबॉय' का पहला अंक प्रकाशित हुआ था। हेफनर का दावा था कि उनकी पत्रिका सेक्स क्रांति के संदर्भ में जो भूमिका निभाने जा रही है, उसका महत्त्व अल्फ्रेड किंसी द्वारा किए गए अमेरिकी पुरुषों के यौन व्यवहार की विख्यात अध्ययन रपट से जरा सा कम है। हम जानते हैं कि हेफनर ने अपना वायदा पूरा करने में कोई कसर नहीं छोड़ी। लेकिन, 'प्लेबॉय' की पचासवीं जयंती मनाने वाला दिल्ली का अपना मीडिया भी पाठकों से एक खास तरह का वायदा कर रहा था जिसका भूगोल हेफनर के वायदे से कहीं ज्यादा लंबा-चौड़ा और गहरा था। दिल्ली के मीडिया ने न केवल ह्यू हेफनर की भूमिका निभाई, बल्कि उसने अल्फ्रेड किंसी का काम भी किया। उसने सेक्स, सेक्सुअलिटी, रोमांस, विवाह और बदलते हुए रिश्तों में गहरी दिलचस्पी दिखाई। 'टाइम्स ऑफ इंडिया' के 'देहली टाइम्स', 'हिंदुस्तान टाइम्स' के 'एचटी सिटी', 'पॉयनियर' के 'वीवासिटी', 'नवभारत टाइम्स' के 'हैलो दिल्ली', 'दैनिक हिंदुस्तान' के 'हिंदुस्तान सिटी' और 'दि एशियन एज' के महानगरीय परिशिष्ट 'दि देहली एज' जैसे अखबारों ने तरह-तरह के यौन सर्वेक्षण आयोजित किए, प्रतिष्ठित सेक्स विशेषज्ञों और मनोचिकित्सकों को आमंत्रित किया गया। ताकि पाठकगण अपनी यौन समस्याओं पर उनकी राय ले सकें। अपने रंगारंग पृष्ठों में यौन क्रांति का संदेश देकर और खुद को इस क्रांति का वाहक और औजार बनाकर पेश करते हुए इस मीडिया ने डेबोनायर और सेवी जैसी बंबइया पत्रिकाओं को पीछे छोड़ दिया। इंटरनेट के साथ मिलकर ये अखबार धरती से आसमान तक दिल्ली की सेक्सुअलिटी को ध्वनित करने लगे। इन अखबारों में सबसे आगे था 'देहली टाइम्स' जिसके कालमों में तो समूचा शहर प्राक्क्रीड़ा करता हुआ दिख रहा था। अगर यह यौन क्रांति नहीं थी, तो उसकी तैयारी जरूर थी।

अंजलि कपूर प्रकरण की तरह डीजे डॉल और इस मीडिया पर भी अश्लीलता के आरोप लगे और आज भी लग रहे हैं, लेकिन जाहिर है कि 1995 की तरह कोई किसी के खिलाफ कार्रवाई करने की हैसियत में नहीं रह गया है। नैतिकता की राजनीति पूरी तरह बदल चुकी है। यह मीडिया फ्री मार्केट को फ्री सेक्स के रूप में परिभाषित कर चुका है। औरत और मर्द की देह को कामोत्तेजक और सुलभ मुद्राओं में पेश

करके इसने अपनी प्रसार संख्या खासी बढ़ा ली है। देह व्यापार के नए रूप उसके लिए विज्ञापन से होने वाली आमदनी के स्रोत बन चुके हैं। मीडिया शहर के भूगोल को नए सिरे से रच रहा है। भूमंडलीकरण के तहत होने वाली संचार क्रांति और बाजारीकरण के कारण दिल्ली को कई नए तरह के स्पेस मिल गए हैं जिनके आधार पर एक नई सेक्सुअल दिल्ली के मानचित्र की रेखाएँ खींची जा रही हैं। इस नई सेक्सुअल दिल्ली में हस्तमैथुन, समलैंगिकता, सामूहिक यौनक्रिया, पोर्नोग्राफी का प्रसार, देह-व्यापार, प्रेम के नए रूपों, पॉप साइकोलॉजी रोजाना की जिंदगी के सेक्सुअलाइजेशन और यौन प्रतीकों की भाषा के साथ उपभोक्तावाद के अंतर्गुंफन का बोलबाला है।

नई सेक्सुअलिटी : नया भूगोल

नई सेक्सुअलिटी का भूगोल वह नहीं है जो राष्ट्रीय राजधानी क्षेत्र के सरकारी मानचित्र में साफ-सुथरे ढंग से दिखाया गया है। इस भूगोल की सीमाएँ ठोस सूत्रीकरण से परे एक तरह के आत्मगत द्वैध में उकेरी जा रही हैं। इन सीमाओं के बीच कामनाओं का ऐंद्रिक संसार है जो सेक्सुअलिटी के पुराने रूपों को अस्थिर कर रहा है। यह एक ऐसा भूगोल है जिसके कई सीमांत हैं।

मसलन, शहर की धनी मध्यवर्गीय बस्तियों में ऐसे कई अड्डे हैं जिन्हें लोग केवल हस्तमैथुन के लिए इस्तेमाल करते हैं। एक खास समय पर उन्हें सामूहिक रूप से हस्तमैथुन करते हुए देखा जा सकता है। लाजपत नगर की अमर कॉलोनी का नाला एक ऐसे ही अड्डे के रूप में मीडिया में चर्चित हुआ है। अखबार में छपे और इंटरनेट पर जारी किए गए हस्तमैथुन के इस अड्डे के वर्णन से दिल्ली की नई सेक्सुअलिटी के कुछ आयाम सामने आते हैं :

राँची से दिल्ली में तकरीबन साल भर पहले पढ़ने के लिए आई रोमिला सहोता नामक छात्रा ने झकझोर देने वाला वाकया सुनाया, 'मैं अपने साथ रहने वाली लड़कियों के साथ कमरे की दहलीज पर बैठी थी कि अचानक सामने जमीन पर एक छाया हिलते हुए देखी। नजर उठाई तो हमारे होश उड़ गए। हमने देखा कि वह व्यक्ति सीधे हमारी आँखों के सामने हस्तमैथुन कर रहा है। मैं बता नहीं सकती कि हमने उस क्षण किस कदर डर और घृणा महसूस की। स्वाभाविक था कि हम वहाँ से छिप कर भाग जातीं। इसके अलावा उस समय और कुछ क्या किया जा सकता था।'... 'मामला यहीं खत्म नहीं हुआ। हस्तमैथुन करने वाला वह अकेला आदमी नहीं था। दर्जनों लोग यही करते थे। नाले के पास प्रत्येक दिन हमने दो-तीन लोग यही करते देखे।'...रोमिला अमर कॉलोनी में रहती है जो अपने पुराने फर्नीचर मार्केट के लिए जाना जाता है। दिल्ली में हर साल करीब दो लाख छात्र उच्च शिक्षा और नौकरियों के लिए आते हैं। इनमें से आधी लड़कियाँ होती हैं। अमर कॉलोनी के बहुत से घर उन्हें वाजिब किराए पर पेइंग गेस्ट बना लेते हैं। हजारों लड़कियाँ यहाँ रहती हैं। इस हस्तमैथुन

की घटना की लड़कियों ने पुलिस में एफआईआर भी दर्ज कराई। पुलिस ने कार्रवाई करने का वायदा भी किया, पर कोई खास नतीजा नहीं निकला।...यह इलाका मुख्य सड़क से दूर है। यहाँ ऐसे कई इलाके हैं जहाँ खुफिया हरकतें की जा सकती हैं। कई आवारागर्द कॉलोनी के गंदे नाले में रोजाना पहुँचते हैं।

सवाल यह है कि खुलेआम हस्तमैथुन करने वाले ये लोग कौन हो सकते थे। ये इमारती काम में लगे हुए मजदूर हो सकते थे या फिर कालेजों के छात्र हो सकते थे। एक जानकारी के अनुसार दिल्ली के करीब दस लाख रिक्शेवालों में से आठ लाख रिक्शेवाले ऐसे हैं जो या तो अकेले रहते हैं या फिर उनकी शादी नहीं हुई है। वजीरपुर इंडस्ट्रियल एरिया जैसे क्षेत्रों में रहने वाले ज्यादातर मजदूर अकेले रहते हैं। इनमें से कई लोग जी.बी. रोड की तवायफों के पास महीने में एक या दो बार जाते हैं। लेकिन, हस्तमैथुन करके अपनी यौन आवश्यकताओं को पूरा करना इनके लिए आसान है। होस्टल में रहने वाले युवा छात्रों के बीच एक-दूसरे के सामने सामूहिक हस्तमैथुन की परिघटना कोई नई नहीं है। लेकिन, सार्वजनिक रूप से हस्तमैथुन की घटना और किसी एक स्थान का उसके लिए विशेषरूप से उपयोग करना निश्चित रूप से नई बात है। हस्तमैथुन यौन व्यवहार का हमेशा से अंग रहा है। लेकिन, नई सेक्सुअलिटी तरह-तरह के सेक्स सर्वेक्षणों के जरिए साबित करती है कि वह कोई रोग या बुरी आदत नहीं है, बल्कि एक सामान्य और स्वाभाविक यौन आचरण है। डेबोनायर के सेक्स सर्वे ने चौंका देने वाली जानकारी दी थी कि तीस फीसदी से ज्यादा शहरी पुरुष ऐसे हैं जो अपनी पत्नियों से नियमित संभोग करने के बावजूद नियमित रूप से हस्तमैथुन भी करते हैं क्योंकि उन्हें हस्तमैथुन वाला यौनानंद स्त्री के साथ संभोग में नहीं प्राप्त होता।

दिल्ली 'पुरुष समलैंगिकों की राजधानी' बन चुकी है। बंबई पीछे छूट चुका है। शाम सात बजे नेहरू पार्क, सेंट्रल पार्क, चिराग दिल्ली का जहाँपनाह फोरेस्ट, धौला कुआँ का बस स्टैंड और गार्डन, इंडिया गेट का लॉन, अंतर्राज्यीय बस अड्डा, दिल्ली के हर इलाके में फैले हुए मसाज पार्लर और पाँच सितारा होटलों के हैल्थ क्लबों पर समलैंगिक तकरीबन कब्जा सा कर लेते हैं। यहाँ सेक्स पार्टनरों की तलाश में आधी रात तक 'क्रूजिंग' होती है। समलैंगिकता के इन सीमांतों पर हजाड़ों हिजड़े और कोठी (स्त्रैण हाव-भाव रखने वाले पुरुष) देह व्यापार का बाजार गर्म रखते हैं। इस बाजार में अर्थपूर्ण कामोत्तेजक इशारे, एक निगाह या एक स्पर्श भर से संबंध बनते हैं और किसी पेड़, चट्टान या किसी झाड़ी के पीछे 'रिलीज' होते ही संबंध खत्म हो जाता है। यह एक नया सेक्स बाजार है जो पूरी तरह 'अनरेगुलेटिड' है यानी जो अभी तक किसी रैकेट या दलालों के गिरोह की गिरफ्त में नहीं आया है। इसमें रिक्शेवालों और कूड़ा बीनने वाले अपने पसीने से गँधाते जिस्म लेकर ही नहीं, अधिकारी वर्ग और कारपोरेट क्लास के लोग भी अपनी परफ्यूम्ड देह के साथ उतरते हैं। इन समलैंगिकों की यौन भाषा न हिंदी, न अंग्रेजी। वे जिस कूट भाषा का इस्तेमाल करते हैं उसे

फारसी कहते हैं। यह गालिब वाली फारसी नहीं है। इसके तहत गुदा मैथुन कराने वाला 'कोठी' और करने वाला 'गिरिया' कहलाता है। शिश्न को 'लिकुम' और शिश्न-प्रवेश को 'धरवाना' कहते हैं। धारा 377 के कारण गैरकानूनी करार दी गई समलैंगिकों की इस दुनिया में पुलिसवाले को 'डुंगर' के नाम से बुलाया जाता है। दिल्ली के समलैंगिक मुखमैथुन को 'कोमेर', देह के पृष्ठभाग को 'बोतल', नितंबों को 'बिट्टु', चूचल को 'धरकी', सिगरेट को 'धुमकी', धन को 'थिपुर', चाय को 'भपकी' और खतने वाले व्यक्ति को 'चिल्कू' कहा जाता है। समलैंगिकों की फारसी यहीं खत्म नहीं हो जाती। उसमें और भी बहुत से शब्द हैं जो 'क्रूजिंग' करते हुए इस्तेमाल किए जाते हैं जिससे इस दुनिया की सीक्रेसी कायम रहती है।

नई सेक्सुअलिटी पर दिल्ली के समलैंगिकों के प्रभाव को कम करके नहीं आँका जा सकता क्योंकि दिल्ली की एक गे वेब साइट द्वारा लगाए गए एक तखमीने के अनुसार राजधानी की पुरुष आबादी का कम से कम चार-पाँच फीसदी हिस्सा समलैंगिक यौन व्यवहार के साथ किसी न किसी प्रकार जुड़ा हुआ है। इस अनधिकृत समाज के ज्यादातर सदस्य विवाहित और बाल-बच्चों वाले हैं, पर उनकी बाईसेक्सुअल कामनाएँ उन्हें नियमित रूप से 'क्रूजिंग' के लिए धकेलती रहती हैं। दिल्ली के फार्म हाउसों और कुछ विशेष रूप से चिहिन्त बार-रेस्त्राओं में नियमित रूप से गे पार्टियों की धूम रहती है। मिसाल के तौर पर सात जून, 2003 को अंधेरिया मोड़ से तकरीबन पौने दो किमी. आगे रॉयल गार्डन में हुई एक रेन डांस पार्टी देखी जा सकती है। दस बजे रात से शुरू हुई इस पार्टी में शामिल होने की फीस 350 रुपए प्रति व्यक्ति थी और हर गे भागीदार को अपनी दारू साथ लाने के लिए कहा गया था। इसी तरह चाणक्य सिनेमा के पास 'पेग्स एंड पिंट्स' नामक बार में अक्सर मंगलवार को रात नौ बजे से दो बजे तक गे नाइट्स आयोजित की जाती हैं। दिल्ली की वैकल्पिक यौनिकताओं का नजारा हिजड़ों और स्त्री समलैंगिकों की गतिविधियों के बिना पूरा नहीं हो सकता। पुरुष समलैंगिकों के मुकाबले ये दोनों दायरे हद दर्जे की गोपनीयता के आवरण से ढँके रहते हैं। लेकिन धीरे-धीरे इनके बाहर आने की प्रक्रिया भी चल रही है। तीस हजारी कोर्ट के बाहर हिजड़ों के एक नायक की गोली मारकर हत्या ने मीडिया का ध्यान उनकी सीक्रेट सोसाइटी की तरफ मोड़ दिया है और उनकी गतिविधियों के बारे में राजधानी का समाज दिलचस्पी लेने लगा है। पिछले दो साल से राजधानी के थियेटर सर्किल में हिजड़ों की जिंदगी पर किए जाने वाले नाटक 'जानेमन' की जबरदस्त धूम रही है। इसका हर शो फुल हाउस जाता रहा है। वैकल्पिक यौनिकता पर काम कर रहे संगठनों का एक मोर्चा 'प्रिन्ज' स्त्री समलैंगिकों का अध्ययन करने की योजना पर काम कर रहा है। उसने ढाई-तीन सौ ऐसी स्त्रियाँ तलाश कर ली हैं जिनसे बातचीत करके वह लेस्बियन यौन व्यवहार का आख्यान तैयार करेगा।

नई सेक्सुअलिटी ने दिल्ली को देह व्यापार के कुछ ऐसे नए रूप प्रदान किए

हैं जो अपने-आप में इस सेक्सुअलिटी के नयेपन का प्रमाण हैं। पहले देह व्यापार के सिर्फ दो रूप प्रचलित थे : चकलाघर और कालगर्ल रैकेट। पिछले दस-बारह सालों में मसाज पार्लरों, एस्कोर्ट सर्विसों, फ्रेंडशिप क्लबों और नकदी या उपहारों के बदले यौन समागम के लिए प्रस्तुत लोगों के निजी अनौपचारिक दायरों के रूप में देह व्यापार की शक्ल पूरी तरह बदल गई है। फ्रेंडशिप क्लब की परिघटना तो ऐसी है जिसे पुराने किस्म के देह व्यापार की श्रेणी में नहीं रखा जा सकता। इसके प्रचलन ने तो हाल ही में शुरू हुए फोन सेक्स को फैशन से बाहर कर दिया है। फोन सेक्स ने ही पहली बार अखबारों के जरिए विज्ञापन करके सेक्स के आधुनिक जिंसीकरण का नमूना पेश किया था। फ्रेंडशिप क्लबों ने इसे चरम पर पहुँचा दिया है। हालत यह है जो अखबार फ्रेंडशिप क्लबों की परिघटना को देह व्यापार के रूप में परिभाषित करने के लिए पूरे पृष्ठ की खबर छापता है, वही अखबार उन क्लबों के विज्ञापनों के जरिए भारी-भरकम राजस्व भी कमाता है। केवल पश्चिमी दिल्ली में ही 165 फ्रेंडशिप क्लब हैं। पूरी दिल्ली में इनकी संख्या का तखमीना अभी तक नहीं लगाया जा सका है।

दिल्ली की एड्स नियंत्रण सोसाइटी द्वारा 2003 में कराए गए एक सर्वेक्षण के अनुसार दिल्ली में घोषित रूप से देह व्यापार में लिप्त वेश्याओं की संख्या 35,062 है। देह व्यापार में लगे पुरुष समलैंगिकों की संख्या इस सर्वेक्षण ने 7,532 आँकी है। इसी तरह सेक्स के धंधे से रोजी कमाने वाले हिजड़ों की संख्या 7,317 है। दिल्ली में 35,442 आवारा बच्चे हैं जिनका कोई स्थानीय अभिभावक नहीं है और 205 जगहों पर ये बच्चे पैसे के बदले खुद को सेक्स एक्ट के लिए उपलब्ध कराते हैं। दिल्ली में रोज करीब 35,000 ट्रक ड्राइवर आते हैं जिनके बारे में माना जा सकता है कि उनका यौन जीवन बेहद अनियंत्रित होता है। चार महीनों और 45,000 लोगों से बातचीत के बाद पूरा हुआ यह सर्वेक्षण बताता है कि देह व्यापार में लगे इन लोगों की गतिविधियाँ राष्ट्रीय राजधानी क्षेत्र में दूर-दूर तक फैल गई हैं। रोहिणी, बवाना, मदनगीर, त्रिलोकपुरी, नांगलोई और पांडव नगर तक सर्वेक्षण ने ऐसे 276 स्थानों की शिनाख्त की जहाँ देह का सौदा नियमित रूप से होता है। पुरुष समलैंगिक 117 जगहों पर सक्रिय पाए गए इनमें नेहरू पार्क या सेंट्रल पार्क जैसी जगहों के अलावा दिल्ली विश्वविद्यालय, पटपड़ गंज, मयूर विहार, आनंद पर्वत और पंजाबी बाग जैसे इलाके भी शामिल हैं।

पिछले दस साल में दिल्ली में पोर्नोग्राफी का अभूतपूर्व प्रसार हुआ है। आमतौर पर विजुअल पोर्नोग्राफी के बाजार पर पश्चिमी पोर्न फिल्मों का अधिपत्य है। भारतीय पोर्न फिल्में न के बराबर हैं, जो हैं भी उनकी क्वालिटी बहुत गिरी हुई है और वे पश्चिमी पोर्न को चुनौती दे पाने की स्थिति में नहीं हैं। अंग्रेजी की प्रिंट पोर्नोग्राफी भी ज्यादातर विदेशी किताबों की नकल है या उसका रिप्रिंट है। पोर्नोग्राफी में विशुद्ध भारतीय योगदान देखना हो तो हिंदी की प्रिंट पोर्नोग्राफी पर नजर डालनी चाहिए। दिल्ली में यह बाजार बिना कोई खास गोपनीयता अपनाए हुए खूब फल-फूल रहा है।

1981 की शुरुआत में पोर्नोग्राफी के विक्रय अड्डे या तो पुरानी दिल्ली में दरीबाकलाँ और चाँदनी चौक के फुटपाथ होते थे या फिर आईएसबीटी में दीवारों के सहारे जमीन पर लगी हुई पीली पन्नी चढ़ी हुई किताबों के रूप में सेक्सी किताबें बिकती थीं। युवाओं और छात्रों के बीच में हिंदी पोर्नोग्राफी की दो किताबें क्लासिक का दर्जा पा चुकी थीं। एक थी 'भाँग की पकौड़ी' और दूसरी थी 'स्वर्ग की नसैनी'। ढाई-ढाई सौ पेज की ये किताबें उपन्यास की शक्ल में लिखी गई थीं। 'भाँग की पकौड़ी' की कथावस्तु इनसेस्ट की घटनाओं के आसपास बुनी गई थी। 'स्वर्ग की नसैनी' एक ऐसे आवारागर्द आशिक की कहानी थी जो अपनी तकरीबन भयंकर यौन शक्ति और विकराल शिश्न के दम पर सारे जमाने में घूम-घूम कर दैहिक संतुष्टि के लिए छटपटाती औरतों को तुष्ट करता घूमता है। विक्टोरियन प्यूरिनिज्म के मध्यवर्गीय माहौल के मुकाबले इन अंडरग्राउंड कथानकों में कोई अपराधबोध नहीं था। इन पोर्न उपन्यासों की शब्द योजना पर बोलचाल और गॉसिप की यौन शब्दावली हावी थी। इनके लेखक थे कोई मस्तराम। यह एक फर्जी नाम था जो आज तक जारी है। लेकिन आचार्य मस्तराम का यह कामसूत्र अब बदल गया है। इसकी भाषा संस्कृतनिष्ठ हो गई है। इसमें सेक्स एक्ट की घटनाओं को एक समस्यापूर्ति के रूप में पेश किया जाता है। इसका मुख्य मोड़ कन्फेशन है। इससे पता चलता है कि सेक्सुअलिटी का पश्चिमी डिस्कोर्स लोकप्रिय स्तर पर कहाँ तक घर कर चुका है। दूसरे, हिंदी की यह मस्तराम छाप पोर्नोग्राफी सेक्सुअल आइडेंटिटी के विषय में भी चिंतित नजर आती है। उसमें समलैंगिक और बाइसेक्सुअल सेक्स एक्ट आम तौर से मिलने लगा है। दिल्ली के अर्धशहरी बाजार पर हिंदी की इसी प्रिंट पोर्नोग्राफी का कब्जा है। एक किताब दस रुपए की बिकती है। इसके अलावा दरियागंज, सदर बाजार, नई और पुरानी दिल्ली के रेलवे स्टेशन, सभी मल्टीप्लेक्सों में फुटपाथ पर पल्प साहित्य बेचने वाली दुकानों से प्रिंट पोर्नोग्राफी आसानी से खरीदी जा सकती है। नब्बे के दशक में इलाहाबाद से विकी भार्गव द्वारा प्रकाशित 'फेंटेसी' नामक पोर्न पत्रिका का दिल्ली के फुटपाथी बाजार पर हमला हुआ था। उसकी कामयाबी देखकर अचानक नई पोर्न पत्रिकाएँ निकलने लगी थीं। यह पत्रिका आज भी बिकती है और मुंबई से निकलने वाली डेबोनायर के भी ग्राहक हैं। लेकिन अब पहले जैसी बात नहीं रही, क्योंकि पहले केवल ये दोनों पत्रिकाएँ ही यौन पत्रकारिता की जरूरतें पूरी करती थीं। आज यह जरूरत 'कोस्मो' जैसी लाइफ स्टाइल पत्रिकाओं समेत सामान्य मीडिया पूरी कर रहा है। कनाट प्लेस के प्रतिष्ठित बुक स्टोर्स के शो केसों में सेक्स संबंधी पुस्तकों के एक साथ पंद्रह-पंद्रह टाइटिल लगे देखे जा सकते हैं। प्रकाशकों का मनाना है कि कुल मिलाकर यौन संबंधी साहित्य की बिक्री में जबरदस्त उछाल आया है। बाजार में कई तरह के 'कामसूत्र' आ चुके हैं। सभी का दावा है कि वे ही आचार्य वात्स्यायन द्वारा रचे गए असली 'कामसूत्र' हैं। इनमें एक अंग्रेजी का 'फोटोग्राफिक कामसूत्र' है जिसकी कीमत पाँच

सौ रुपए से भी ज्यादा है। संस्कृत से हिंदी में किन्ही आचार्यजी का अनुवाद किया गया दो सौ रुपए का 'कामसूत्र' भी है। एक किन्ही गुप्ताजी द्वारा प्रस्तुत 'कामसूत्र' भी है जो दिल्ली के अर्धशहरी इलाकों के फुटपाथ पर दस रुपए की दर से बिक रहा है। गुप्ताजी ने इस किताब के अंत में वात्स्यायन के साथ मार्क्स और एडलर के नाम से कुछ काम संबंधी विचार भी जोड़ दिए हैं।

सर्वेक्षणों और मीडिया में छपी खबरों के जरिए तैयार किए गए दिल्ली के सेक्सुअल भूगोल के मानचित्र पर एक शक हमेशा किया जा सकता है कि यह कितना प्रामाणिक है। दरअसल, इसकी प्रामाणिकता की डिग्री उतनी ही है जितनी किसी आत्मगत तथ्य में आवेशित की जा सकती है। इस नक्शानवीसी के पीछे तीन समीकरण काम करते हुए लग रहे हैं। पहला समीकरण सेक्स, सेक्सुअलिटी, सिटी और आधुनिकीकरण का है जो इस नई सेक्सुअलिटी को भारतीय पूँजीवाद के विकास के ताजे चरण से जोड़ता है। दूसरा समीकरण परिवार, प्रेम और रिश्तों की नई संरचना दर्शा रहा है। और, तीसरा समीकरण एक खास तरह की सेक्सुअल इंजीनियरिंग की तरफ इशारा कर रहा है जिसमें निकट भविष्य की सेक्सुअल पॉलिटिक्स के डिंबाणु हैं। जैसे-जैसे ये समीकरण ठोस होंगे, दिल्ली का सेक्सुअल भूगोल भी प्रामाणिक होता चला जाएगा।

पहला समीकरण/सेक्स, सेक्सुअलिटी, सिटी और आधुनिकीकरण

इफ इट मेक्स यू हैपी/इट कांट बी दैट बैड/इफ इट मेक्स यू हैपी/देन वाई हेल आर यू सैड

—शेरिल क्रो द्वारा गाया हुआ गीत

मई 2003 में पच्चीसवें दिन रविवार की फुर्सत में 'टाइम्स ऑव इंडिया' ने संपादकीय पृष्ठ पर एक बहस छेड़ी जिसका शीर्षक था, 'सेक्सप्लिसिट इंडिया : आर वी फाइनली ओपनिंग अप'। इसमें विनय कामत और निकहत काजमी ने हिस्सा लिया। दोनों ही टाइम्स ग्रुप के घरेलू लेखक थे। दोनों में यौन क्रांति की वांछनीयता पर कोई मतभेद नहीं था। झगड़ा केवल यह था कि क्या वास्तव में सेक्स रिवोल्यूशन हो रही है या नहीं; और अगर हो रही है तो उसका विस्तार और गहराई कितनी है। कामत खुश थे कि आर्थिक सुधारों के प्रभाव में मौजूदा पीढ़ियाँ भी सुधार के रास्ते पर चल निकली हैं। विवाह की संस्था में पारदर्शिता का समावेश हो गया है। यानी लोग मानने लगे हैं कि विवाहेतर संबंध तो स्वाभाविक ही हैं। कामत ने सेक्स से संबंधित खुलेपन को भूमंडलीकरण की प्रक्रिया से जोड़ा और ऐलान किया कि लव इज फ्रीअर दैन मार्केट। कामत के मुकाबले बहस कर रही निकहत काजमी को इस बात से इंकार नहीं था कि यौन स्वच्छंदता काफी बढ़ गई है पर उन्हें दुख इस बात का था कि समाज ने अभी इसे स्वाभाविक मानना शुरू नहीं किया है। उन्होंने चुनौती दी कि आज भी सड़क

पर खुलेआम कोई किसी का चुंबन नहीं ले सकता, बिना विवाह किए साथ-साथ रहने वाले गोपनीयता को ही श्रेयस्कर मानते हैं और सेक्स का मुख्य स्थल अभी बुझी हुई रोशनियों वाला शयन कक्ष ही है। कामत बनाम काजमी की इस बहस के ठीक नीचे प्रतिष्ठित स्तंभ लेखिका बाची करकरिया ने मई के महीने में ही 'देहली टाइम्स' में छपे कामसूत्र सेक्स सर्वे के नतीजों को किसी ओलंपिक प्रतियोगिता की भाषा में विश्लेषित किया था यानी किसने किसको पछाड़ दिया है, कौन टॉप सीड था और कौन कितने नंबर ले पाया।

जाहिर है कि इस बहस में कोई रहस्य नहीं था। टाइम्स ग्रुप से बाहर के किसी व्यक्ति की राय यदि शायद इसलिए नहीं ली गई थी कि वह कामसूत्र सेक्स सर्वे के आँकड़ों से कुछ अवांछित नतीजे निकाल सकता था। वैसे यह सेक्स सर्वे कराने वाली तीन डॉट कॉम कंपनियों में एक इंडियाटाइम्स.कॉम थी जिसके मालिक वही हैं जिनके हाथों में टाइम्स ग्रुप की बागडोर है।

मीडिया साफतौर पर बता रहा है कि शहर की सेक्सुअलिटी का मतलब है आधुनिक जीवन के सभी दायरों का सेक्सुलाइजेशन। इसके तहत हर तजुरबे, हर परिस्थिति, यहाँ तक कि मौसम में होने वाले परिवर्तनों, अर्थव्यवस्था और रोजगार की संरचनाओं में होने वाली तब्दीलियों, शहर की आबादी में होने वाले बदलावों, मनोरंजन के साधनों, रहन-सहन के तौर-तरीकों, पहनने-ओढ़ने के फैशनों, रिश्तों के विभिन्न रूपों, समाज में होने वाली हर तरह की घटना को सेक्सुअल कसौटियों पर कसा जाने लगता है। इस मामले में दिल्ली का मीडिया भारतीय पत्रकारिता की सभी पिछली परंपराओं को लाँघता हुआ दिखता है। वह न केवल शहरी सेक्सुअलिटी की घटनाओं को तत्परता से पकड़ने के लिए सेक्स बीट पर रिपोर्टर तैनात करता है, बल्कि वह सेक्स से संबंधित खबरों को गढ़ता भी है। मसलन, मौसम में आने वाली तब्दीलियों के आधार पर ऐसी कयासबाजी की जाती है कि पारा अगर तेजी से चढ़ रहा है तो क्या बेडरूम का सीन भी गर्म होगा या फिर दिल्ली में मानसून आ गया है तो क्या मनोरम हवा संभोग करने का विशेष प्रोत्साहन नहीं देगी। दिल्ली की सर्दियाँ भी इन खबरों के लेखकों को यौन क्रिया का मौसमी तर्क गढ़ने का अवसर दे देती हैं। इसी तरह अंतर्राष्ट्रीय खेल प्रतियोगिताओं के बहुप्रतीक्षित मुकाबलों की पूर्वसंध्या पर भी यह मीडिया अटकलें लगाता है कि भारत की जीत-हार की बैडरूम में कामोत्तेजना के सीन पर क्या प्रतिक्रिया होगी। अर्धनग्न देशी-विदेशी सुंदरियों के चित्रों से भरे मीडिया के ये पृष्ठ अपनी रपटों में मद्यपान को श्रेष्ठता और अभिजन व्यवहार को विशेष अभिव्यक्ति के रूप में दिखाते हैं। समूह नृत्य और थीम पार्टियों के फैशन को विशेषरूप से प्रोत्साहित करने वाले चित्रों और खबरों को छापकर यह मीडिया देह के प्रदर्शन और देह के आपसी संपर्क से पैदा होने वाली एंद्रिक अनुभूतियों को वैधता प्रदान करता है।

यौन क्रांति पर मीडिया में चल रही इस बहस को अगर पूँजीवाद विरोधी विचारधाराओं का असर मंद पड़ जाने के संदर्भ में देखा जाए तो ऐसा लग सकता

है कि कुछ खास परिस्थितियों में शहरी मध्यवर्ग सेक्स एक्ट को अपने जीवन की सार्थकता, अपने आनंद का उत्कर्ष और अपने अनुभव की प्रामाणिकता के रूप में देखने लगता है। अस्सी के दशक के आस-पास कामनाओं के सामाजिक महत्त्व पर चर्चा करते हुए ई. ह्वाइट ने कुछ ऐसी ही परिस्थिति की व्याख्या इस प्रकार की थी :

...जब धर्म, देशभक्ति और परिवार जैसे सामाजिक मूल्य ध्वस्त हो जाते हैं तो सेक्स को आगे बढ़कर जिम्मेदारी उठानी पड़ती है। वह हमारे लोकोत्तर अनुभवों का अकेला जरिया बनकर उभरता है। वह हमारे लिए प्रामाणिकता की अकेली कसौटी बन जाता है। कई चरम आनंदों को एक साथ भोगने की ललक अपने शिखर को छू लेती है...कामकला में त्रुटिहीनता और मर्मज्ञता की माँग होने लगती है। लोगों को यकीन हो जाता है कि संपूर्ण यौन अनुकूलता में ही सच्ची अंतरंगता छिपी हुई है। जोर दिया जाने लगता है कि केवल सेक्स का अनुभव ही रोमांचकारी हो सकता है, केवल उसी के जरिए प्रेम हासिल किया जा सकता है और केवल सेक्स के आधार पर ही पता लगाया और दिखाया जा सकता है कि कौन किस लायक है...

दिल्ली के मीडिया में सेक्स एक्ट की केंद्रीयता और संभोग की क्रियात्मक विविधताओं पर दिए जा रहे जोर को शायद इस कथन की रोशनी में ज्यादा अच्छी तरह समझा जा सकता है। सेक्स विशेषज्ञ संजय चुग से अपनी यौन समस्याओं का समाधान पूछने वाले पाठकों में कई ऐसे हैं जो अपने पार्टनर को पूरा आनंद दिए बिना ही स्खलित हो जाते हैं। चुग के पास ऐसे पाठकों के लिए 'शिशन-व्यायाम' का लंबा सुझाव है जिसे वे आयुर्विज्ञान की शब्दावली में बड़ी सफाई से वर्णित करते हैं। एक दूसरे यौन सलाहकार अशोक जैनर अपने ऐसे ही चिंतित पाठक को मास्टर एंड जॉनसन तकनीक इस्तेमाल करने की सलाह देते हैं। संभवतः स्थानाभाव के कारण 'नवभारत टाइम्स' के 'हैलो दिल्ली' परिशिष्ट में लिखने वाला यह विशेषज्ञ इस तकनीक का ब्योरा नहीं दे पाता, लेकिन कम से कम उसका जवाब प्रश्नकर्ता के दिमाग में साफ कर देता है कि आधुनिक सेक्सोलॉजी के पास उसकी समस्या का कोई न कोई समाधान है जरूर। वह चाहे तो विशेषज्ञ के पास निजी तौर से जाकर तकनीक सीख सकता है। 'वीवासिटी' के कालमों में चुंबन लेने की विभिन्न विधियों का पूरा मैनुअल छप चुका है। कॉस्मो जैसी 'लाइफ स्टाइल' पत्रिकाएँ तो संभोग में चरम आनंद प्राप्त करने वाली तकनीकों का तुलनात्मक अध्ययन प्रकाशित करने में वात्स्यान के कामसूत्र से भी आगे जा चुकी हैं। यौन तकनीक का यह विमर्श मीडिया में बिखरा पड़ा है और अन्य सामग्री के साथ तकरीबन मुफ्त में उपलब्ध है। यौन तकनीकों पर ऐसी सार्वजनिक चर्चा भारत के इतिहास में पहले कभी नहीं देखी गई। मीडिया एक नया कामसूत्र लिख रहा है।

दूसरा समीकरण : परिवार, प्रेम और रिश्ते

गैर-पश्चिमी संस्कृतियों में...प्रयोग और अनुभव द्वारा कामकला की शिक्षा पर आमतौर पर स्त्रियों की इजारेदारी होती थी। उस जमाने में तकरीबन हमेशा ही कामकला महिलाओं के एक खास समूह तक ही सीमित रहती थी। रखेलें, वेश्याएँ या अल्पसंख्यक धार्मिक समूहों की सदस्याएँ इस विद्या में मर्मज्ञता विकसित करती थीं। एक आदर्श के रूप में इयत्ता आधारित प्रेम एक ऐसे समाज में विकसित होता है जिसमें हर एक के पास कामकला में पारंगत होने के मौके रहते हैं। यह प्रेम मानकर चलता है कि 'भद्र' समझी जाने वाली महिला और परंपरानिष्ठ समाज के हाशिए पर पड़ी पतिता के बीच की खाई मिट जाएगी। रोमानी प्रेम के विपरीत इयत्ता आधारित प्रेम यौन संबंधों के मामले में अनिवार्यतः एकनिष्ठता पर नहीं चलता।

—एंथनी गिडेंस : ट्रांसफार्मेशन ऑव दि इंटीमेसी

मीडिया एक नया कामसूत्र लिख रहा है। इस नए कामसूत्र के जरिए औरत और मर्द एक-दूसरे की सेक्सुअलिटी समझने की कोशिश कर रहे हैं। 'हैलो दिल्ली' के एक ही अंक में छपे इन सवालों और जवाबों से एक अंदाजा लगाया जा सकता है कि नई सेक्सुअलिटी की चिंताएँ और जिज्ञासाएँ कैसी हैं :

दिल्ली की सुजाता लिखती हैं : मैं एक सुंदर और पढ़ी-लिखी लड़की हूं। मेरी समस्या यह है कि मैं जिस लड़के से प्यार करती हूँ वह मुझसे अब दूर-दूर भागने लगा है। शुरू में तो वह मेरे पीछे पागल था। लेकिन जब से हम दोनों के बीच शारीरिक संबंध बने हैं, तभी से वह मुझसे बात करने से कतराने लगा है। मुझे समझ में नहीं आता कि क्या करूँ?

दिल्ली के सचिन लिखते हैं : मैं 25 वर्षीय युवक हूँ। अभी छह महीने पहले ही मेरे भाई की शादी हुई थी। एक दिन मैं और मेरी भाभी घर में अकेले थे। अचानक मेरी भाभी मेरे बिस्तर पर आकर लेट गईं और हम दोनों मर्यादा की सभी सीमाएँ लाँघ गए। मेरी भाभी मेरी हमउम्र है। यह सिलसिला चार महीने तक चलता रहा। अब मेरी भाभी मुझसे मुँह चुराने लगी है, जो मुझे बहुत बुरा लगता है। कई बार दिल करता है कि सारी बात घर वालों को बता दूँ, लेकिन भाभी की बदनामी के डर से चुप हो जाता हूँ। कृपया आप ही बताएँ मैं क्या करूँ?

फरीदाबाद के धर्मवीर लिखते हैं : मेरी शादी को लगभग दो साल हो गए हैं, लेकिन मुझे इस बात का दुख है कि मैं अभी तक अपनी बीवी के साथ शारीरिक संबंध नहीं बना पाया हूँ। इसकी कारण सेक्स अंग में तनाव की कमी है। जब मैं चाहता हूँ तब तनाव नहीं आ पाता और जब नहीं चाहता तब रहता है। इस तरह से मेरी पत्नी बहुत परेशान है। कृपया उपाय बताएँ।

कामसूत्र सेक्स सर्वे के लिहाज से देखा जाए तो सुजाता और सचिन शादी से पहले यौनक्रिया करने वाले दिल्ली के उन लोगों की श्रेणी में आते हैं जिनकी प्रतिशत

तकरीब 52 फीसदी है। सुजाता और सचिन को अपने सेक्स एक्ट की नाकामी की शिकायत नहीं है। लेकिन, प्रश्न से जाहिर है कि सुजाता की यौनक्रिया एक बार होकर रुक जाती है, पर सचिन और उसकी भाभी का संबंध चलता रहता है। यानी सुजाता की यौनक्रिया की सफलता संदिग्ध है। सर्वे का आँकड़ा सिर्फ सनसनी फैलाकर और यौन क्रांति का दावा करके रह जाता है, पर वह जाहिर नहीं करता कि विवाह की संस्था से बाहर सफल या असफल यौनक्रिया करने पर कितने तरह के जज्बाती उफानों का सामना करना पड़ सकता है। सुजाता और सचिन यौनक्रिया के बाद और उसके कारण आए संबंधों में आए तनाव से परेशान हैं। दूसरी तरफ धर्मवीर यौनक्रिया में नाकाम रहने के कारण पत्नी के साथ संबंधों में आ रहे तनाव से चिंतित हैं। उनके प्रश्न से लगता है कि पत्नी की शिकायत ज्यादा मुखर हो जाने पर ही उन्होंने मनोचिकित्सक अशोक जैनर को चिट्ठी लिखी होगी। बहरहाल, यौनक्रिया तीनों स्थितियों में संबंधों को परिभाषित करने का जरिया बनती दिखाई देती है। सुजाता के प्रश्न को भारतीय युवाओं के नए सेक्सुअल रुझानों की एक झलक लेने के नजरिए से भी पढ़ा जा सकता है। वह कहती है कि दैहिक संबंध बनने के बाद से ही उसका प्रेमी उससे दूर भागने लगा। प्रेमी का यह रवैया उसके दिमाग में आ सकने वाले संभावित खयालों की तरफ इशारा करता है। दस-पंद्रह साल पहले संभोग के लिए सुजाता की तत्परता उसके प्रेमी की निगाह में उसे गिरा सकती थी। ऐसी हालत में उसे यौनक्रिया दोहराने में दिक्कत नहीं होनी चाहिए थी। वह सुजाता के साथ कई बार यौनक्रिया करने के बाद भी उसके साथ संबंध तोड़ सकता था। इससे लगता है कि अगर कोई संबंध 'ग्रेट सेक्स' उपलब्ध नहीं करा सकता तो आज के भारतीय युवाओं के लिए उसका भविष्य संदिग्ध हो सकता है।

मीडिया सेक्सुअलिटी को और भी कई कोणों से खुली बहस में ले आया है। वह सेक्सुअल लोकतंत्र, सेक्सुअल नागरिकता, सेक्सुअल पहचान और सेक्सुअल समुदाय की अवधारणाओं का इस्तेमाल न करते हुए भी उनकी व्यावहारिक निर्मितियों की तरफ इशारा करता है। मसलन, वह साफ इशारा करता है कि जिन सेक्सुअल मामलात को निबटा हुआ माना जाता था, वे सवाल आज फिर से पुनर्विचार के दौर से गुजर रहे हैं। बजाए इसके कि वह नई पीढ़ी को पुरानी पीढ़ी के सेक्सुअल मूल्यों की शिक्षा दे, वह पुरानी पीढ़ी को नई पीढ़ी के खयालों के बारे में बताने को अपने प्राथमिक कर्तव्य के रूप में पेश करता है। पहले सेक्सुअलिटी के प्रचलित मतलब के केवल तीन पहलू थे : इरोटिक एहसासों के स्रोत के रूप में औरत की देह, पुरुष की शिश्न-केंद्रित चिंताएँ और हेटरोसेक्सुअल दायरा। यह मीडिया आज की सेक्सुअलिटी को बहुवचन के रूप में पेश करता है। उनकी सामग्री जिस अंदाज में सामने आती है उससे लगता है कि आज पुरुष की देह भी उतने ही केंद्र में है। मर्दानगी पर हेटरोसेक्सुअलिटी के संदर्भ में बहस हो रही है। 'पुरुष मीनोपॉज' पर लेख छप रहे हैं। ऐसी शोधों की

जानकारी दी जा रही है कि आज का पुरुष घर के काम में हाथ बँटाने के लिए खासतौर से उत्सुक है। इसके पीछे पेशकश यह बताने की है कि आज के जमाने में श्रम का लैंगिक बँटवारा पहले जैसा नहीं रह गया है। बहस हो रही है कि इंडिया फैशन वीक में रोहित बल के पुरुष मॉडलों ने अपनी माँग में सिंदूर क्यों भरा?

वैकल्पिक यौनिकताओं के संदर्भ में इस मीडिया ने हिजड़ों पर खास तौर से ध्यान दिया है। दिल्ली में हिजड़ों की गिरोहबंदी, उनके देह व्यापार, हिंसा और अपराध की संरचनाओं के साथ उनके अंतर्संबंधों पर मीडिया में काफी सामग्री छपती है। व्यापार और विज्ञापन की दुनिया में चल रहे विमर्श के जरिए वह दिखाता है कि नए उपभोक्ता समाज में ब्रांडों का कारोबार अब पहले की भाँति स्त्रीलिंग और पुल्लिंग के अलग-अलग खानों में कैद नहीं रह गया है। स्त्रियों को वह सामान बेचा जा रहा है जो पुरुषों के लिए बनाया जाता रहा और पुरुषों को स्त्रियों के लिए तैयार किया गया माल पसंद आने लगा है। इसे मीडिया में 'जेंडर-बेंडर' कहा जाता है। उपभोक्ता क्रांति का यह पूरा माहौल हमें सेक्सुअलिटी को नई रोशनी में देखने पर मजबूर करता है। हम देखते हैं कि परिवार द्वारा निर्धारित स्त्री-पुरुष की अलग-अलग भूमिकाएँ और वजूद परस्परव्यापी होते जा रहे हैं। सेक्स सर्वे बताते हैं कि सेक्स एक्ट का प्रचलित आसन 'मिशनरी पोजीशन' आज भी सर्वाधिक प्रचलित है, पर 'वोमेन ऑन टॉप' की अवधारणा ऐसे नए आसनों को प्राथमिकता सूची में ऊपर बढ़ा रही है जिनमें औरत मर्द के नीचे दबे होने या उसके एहसास की शिकार नहीं रह जाती।

सेक्सुअलिटी की अभिव्यक्तियों के इन विभिन्न आयामों की सबसे बड़ी विशेषता है सेक्स एक्ट से पहले की परिस्थितियों के बारे में उभर रहा विमर्श। यह विमर्श उन क्षणों के बारे में है जब प्रेम संबंध की शुरुआत होती है। अखबारों के कालम इस तरह की सामग्री से भरे पड़े हैं। 'देहली टाइम्स' के कालमों में पत्नियों और प्रेमिकाओं के लिए राय-मश्विरे के लंबे-लंबे मैनुअल हर हफ्ते छपते हैं। बात आसानी से समझ में आ जाए, इस मकसद से उसे ऑब्जेक्टिव टेस्ट की शैली में लोकप्रिय ढंग से छापा जाता है। इन मैनुअल्स को तैयार करने में इस्तेमाल की गई होशियारी के कारण आसानी से पता नहीं चलता कि दरअसल ये परिवार और सेक्सुअलिटी की पहले से स्थापित संरचनाओं को बदलने के मकसद से छापे गए हैं। इनके अलावा सलाह-मश्विरे की शैली में जो फीचर नियमित रूप से छपते हैं उनमें भले ही विवाह की संस्था और एकनिष्ठ संबंधों की अनिवार्यता का उल्लंघन करने की राय न दी जाती हो, पर उनमें संदेश साफ होता है कि अगर शादी परस्पर संतोषजनक ढंग से नहीं चल पा रही है, तो बेहतर होगा कि उसे खत्म कर दिया जाए। विवाहेतर संबंधों का विरोध करते हुए भी ये फीचर बिना संकोच कहते हैं कि जब तक किसी के साथ रहो, वफादारी के साथ रहो, लेकिन अगर संबंधों में खटास आ जाए तो तोड़ने में ज्यादा हीला-हवाला करना भी उचित नहीं है। और, जरूरी नहीं कि दोबारा शादी के चक्कर में फँसा जाए।

अकेले जीवन गुजारना भी श्रेयस्कर और सुखकर हो सकता है। मसलन, एक मैनुअल पत्नियों को समझाता है कि अपने पति को भावनात्मक रूप से आकर्षित बनाए रखने के लिए उन्हें क्या करना चाहिए। दिलचस्प बात यह है कि इस मैनुअल में पत्नी से अपेक्षा की गई है कि उसे पति को लगातार 'नोटिस' पर रखना चाहिए। यानी पति को यह एहसास रहे कि पत्नी कभी भी उसे 'आश्चर्यचकित' कर सकती है। अगर पति उसे समझने की कोशिश नहीं करेगा तो वह नए संबंध के बारे में सोच सकती है। यह अंदेशा पति को एक खास तरह की अस्थिरता का शिकार बनाए रखेगा और वह पत्नी को घर की मुर्गी नहीं समझेगा। विवाह से पहले की जाने वाली दोस्ती और डेटिंग के बारे में भी युवा वर्ग का विचार साफ तौर से उभर कर आता है कि आज के जमाने में वे शादी करने के मकसद से दोस्ती की शुरुआत नहीं करते। जहाँ तक 'अंतर्मन' के डॉक्टर अशोक जैनर का सवाल है, वे संभोग के जरिए हासिल 'ऑर्गाज्म' को 'लिटिल डैथ' समझने के पुराने मनोचिकित्सकीय फंडे में फँसे हुए हैं।

हर बुधवार को 'देहली टाइम्स' के कालम डेटिंग के विज्ञापनों से भरे होते हैं। हर विज्ञापन कभी छिपे और कभी खुले संबंधों में यौन संबंधों के लिए निमंत्रण की तरह होता है। इनकी कुछ मिसालों से अंदाजा लग सकता है कि किस तरह मित्रता, यौन संसर्ग, देह व्यापार और डेटिंग आपस में गड्ड-गड्ड हो कर विशुद्ध सेक्सुअलिटी में बदल गए हैं :

गोपनीयता की गारंटी है। मैं साहिल, 24 साल का, गोरा, खूबसूरत पाँच फुट दस इंच लंबा, एक कंपनी में अधिकारी हूँ। कोई भी जवान लड़की या अमीर महिला कुछ दिनों का रोमांस करना चाहे तो मैं तैयार हूँ। कोई झमेला नहीं चाहिए।

विनोद, 40 साल, दिल्ली शादीशुदा पर डिस्सेटिस्फाइड, किसी भी उम्र की महिला के साथ सच्ची और टिकाऊ दोस्ती के लिए तैयार।

लवबग 4 यू का संदेश : कैरिस्मेटिक, आर्टिकुलेट और वेरी प्रेटी। और मोडेस्टी तो मुझे छू भी नहीं गई। लो, मैं हूँ तुम्हारे लिए। कैन यू हैंडिल मी। अगर हाँ, इस पते पर मुझे ईमेल करो।

बिजनेसमैन, चालीस साल, पाँच फुट चार इंच, दोस्त की तलाश पार्टियों में जाने के लिए। केवल दिल्ली की महिलाएँ ही संपर्क करें। फोन नंबर दें और फोन करने के वक्त का भी उल्लेख करें।

आई एम बिग बूजम्ड, 38, सेक्सी, लाइक टु बी पेंपर्ड, आई केन बी यौर एम्प्रेस, इफ यू वांट टु बी माई एम्पर, कांटेक्स मी। मेलं 45 टु 55 आर प्रिफर्ड।

लुकिंग फार क्वालिटीज ऑव ए गॉडफादर केयरिंग, लविंग, प्रोटेक्टिव। आई एम 38 सिंगल, प्रेटी एंड वेरी पैंपर्ड। इफ यू आर ए किंग विद दि क्वालिटीज ऑव ए गॉड फादर हू केन पेंपर मी एंड ट्रीट मी लाइक ए क्वीन मेल मी एट इमेल : बक्सम-क्वीन 38@ इंडियाटाइम्स.कॉम।

डेटिंग के इन विज्ञापनों में संपर्क के लिए हमेशा ईमेल का पता दिया जाता है। जाहिर है कि इंटरनेट न होता तो इस तरह की डेटिंग भी संभव न होती जो परिवार, उम्र, समुदाय और संस्कृति की सीमा के पार जा सकती हो। ये सारे विज्ञापन सेक्सुअल एडवेंचर की संभावनाओं से धड़क रहे हैं। कुछ विज्ञापन खास तरह की आमंत्रण से भरी सेक्सी भाषा (जैसे : आई एम एक सुगरी बेबी या फिर काल फ्राम ए स्वीटी-ट्वीनी या मैसेज फ्राम ए लिटिल मरमेड) अपनाते हैं जिससे लगता है कि उनके पीछे देह व्यापार के रैकेट काम कर रहे होंगे। स्त्रियों की तरफ से दिए गए डेटिंग के ये विज्ञापन साफ कहते हैं कि वे अपने पुरुष पार्टनर के साथ हफ्ते-दस दिन के लिए गोवा की यात्रा करने को तैयार हैं और अगर वह चाहे तो उन्हें पहाड़ों की सैर करने में भी कोई गुरेज नहीं है। यह भी व्यापार के नए रूपों की तरफ इशारा करता है। ये रूप देह व्यापार को केवल यौनक्रिया तक ही सीमित नहीं रखते। ये 'वन नाइट स्टेंड' से आगे जाते हैं और कई दिन साथ-साथ रहने और घूमने-फिरने से बनने वाली परिस्थितियों में प्रेम की नौबत तक ले जाने वाली अंतरंगता की संभावनाएँ जगाते हैं। जाहिर है कि यह 'प्रेटी वूमेन' वाला नजारा है। पर इससे इंकार नहीं किया जा सकता कि इसमें टिकाऊ अंतरंगता की संभावनाएँ क्षीण ही रहेंगी क्योंकि इस संबंध की अवधि पहले से ही परस्पर सहमति के आधार पर व्यावसायिक नजरिए से काट-छाँट कर छोटी कर दी गई है। इन सीमाओं के बावजूद इस तरह की डेटिंग में मर्द की सेक्सुअलिटी के लिहाज से एक नई परिघटना की संभावना भी पढ़ी जा सकती है। पुरुष को यौनक्रिया में जबरदस्त एकाग्रता की जरूरत पड़ती है, वरना वह जिस तेजी से उत्तेजित होता है, उतनी ही तेजी से वह अपने यौनांग की उत्तेजना पल भर में खो भी देता है। किसी एक स्त्री के साथ परस्पर व्यावसायिक सहमति के आधार पर ही सही, एक दिन से ज्यादा लगातार कई दिन तक तनाव मुक्त सफल सहवास अपेक्षाकृत स्थाई किस्म की अंतरंगता की तरफ ले जा सकता है।

बहरहाल, देह व्यापार का एक और नया पहलू फ्रेंडशिप क्लबों की नवविकसित परिघटना में पाया जा सकता है। राष्ट्रीय अखबारों के वर्गीकृत विज्ञापनों के कॉलमों में ऐसे फोन नंबर इफरात से मिलते हैं जिन पर काल करके एक निश्चित फीस देकर महिला फ्रेंड पाई जा सकती है। यह दोस्ती भी डेटिंग की तरह दस या पंद्रह दिन चलने के लिए ही की जाती है। इसमें साथ-साथ घूमा जाता है, वाइनिंग होती है, फिल्म देखी जाती है, उपहार दिए जाते हैं और यह सिलसिला जितनी खूबी और खुले दिल से होता है उसी के अनुपात में सेक्स का सुख भी उठाया जा सकता है। यह धंधा कानून की पकड़ से एकदम बाहर है। दिल्ली के सबसे मशहूर मैरेज ब्यूरो ('रिश्ते ही रिश्ते : मिल तो लें' का विख्यात नारा देने वाला) के संचालक द्वारा चलाए जा रहे फ्रेंडशिप क्लब पर पुलिस ने जब छापा मारा तो कई कंप्यूटरों में भरे हुए बहुत से फोन नंबर मिले। ये फ्रेंडशिप चाहने और देने वालियों के थे। संचालक महोदय

ने पुलिस को चुनौती देकर कहा कि वे कोई गैरकानूनी काम नहीं कर रहे। यानी उन पर दलाली का इलजाम नहीं बनता था। वे तो एक पक्ष को दूसरे पक्ष के केवल फोन नंबर देते हैं। बाकी काम करना दोनों पार्टियों की जहमत है। फ्रेंडशिप कराने वाले क्लबों में सबसे मशहूर और व्यावसायिक कुशलता से काम करने वाली संस्था शायद टाइम्स फ्रेंडशिप नेटवर्क लिमिटेड है। 1997 से पब्लिक लिमिटेड कंपनी के रूप में काम कर रही यह संस्था दावा करती है कि उसके पास जोश-खरोश से काम करने वाली एक टीम है और आधुनिकतम प्रौद्योगिकी के साथ सबसे बड़ा नेटवर्क है। वह दोस्ती बेचने के बाद हफ्ते में सात दिन और चौबीस घंटे आफ्टर सेल सर्विस भी देती है। यह कंपनी अपने विज्ञापन में आश्वासन देती है :

फ्रेंडशिप श्योर, सेफ एंड सिक्योर! दो लाख का मुफ्त इंश्योरेंस! फ्रेंडशिप की गारंटी वरना पैसे वापस।

टाइम्स फ्रेंडशिप वालों को अगर फोन किया जाए तो वे उम्र, पेशा, आमदनी और रुचियों आदि का पता लेकर सलाह भी देते हैं कि आपको कैसी फ्रेंडशिप 'सूट' करेगी। उसी के हिसाब से फीस होती है। आम तौर पर तीन स्तरों की फ्रेंडशिप की पेशकश करने वाली यह कंपनी साफ बताती है कि नीचे से दो स्तरों पर तो पुरुष को ही फ्रेंड के ऊपर खर्चा करना होगा, पर सर्वोच्च स्तर की फ्रेंडशिप में हो सकता है कि महिला पक्ष ही खर्च करने के लिए राजी हो जाए या दोनों एक-दूसरे पर खर्च करें। पहले दोनों स्तरों पर महिला पक्ष के पास चुनाव का अधिकार नहीं होता। पर, सर्वोच्च स्तर पर महिला पक्ष भी पुरुष को ठुकरा सकता है। न तो यह चकलाघर वाला देह व्यापार है और न ही काल गर्ल वाला जिसमें संभोग के अलावा और कुछ नहीं होता। देह व्यापार की यह अजीब सी संरचना है जिसमें पैसे के बदले किए जाने वाले संभोग को मित्रता और रोमांस से गूँथ दिया गया है। जाहिर है कि इस घालमेल में नए तरह के अंतरंग रिश्ते बनने की काफी संभावनाएँ हैं जो विवाह और परिवार के दायरों के बाहर सक्रिय रह सकते हैं। डेटिंग के विज्ञापन और फ्रेंडशिप क्लब उत्तरोत्तर लोकप्रिय होते चले जा रहे हैं। इन विज्ञापनों में मँझोली आय वाले लोगों के लिए भी सेक्सुअल एडवेंचर की संभावनाएँ हैं।

जॉन डि 'इमिलियो द्वारा की गई पूँजीवाद और समलैंगिकता के रिश्तों की व्याख्या को अगर एंथनी गिडेंस द्वारा प्रतिपादित प्रेम की तीन श्रेणियों के साथ पढ़ा जाए तो समझ में आने लगता है कि दिल्ली का मीडिया डेटिंग कालमों और फ्रेंडशिप क्लबों के जरिए किस तरह के प्रेम की संस्तुति कर रहा है। आधुनिक समाजों में सेक्सुअलिटी, प्रेम और ऐंद्रिकता की चर्चा करते हुए एंथनी गिडेंस ने प्रेम की तीन श्रेणियाँ बनाई हैं। रोमानी प्रेम, उत्कट प्रेम और इयत्ता केंद्रित प्रेम। ये तीनों ही रूप आधुनिकता की देन हैं और पूँजीवादी विकास में तरह-तरह की भूमिक़ाएँ निभाते दिख सकते हैं।

रोमानी प्रेम आजादी की कामना से जुड़ा हुआ है और वह सेक्सुअलिटी को

गले लगाने के बावजूद उसे पहली प्राथमिकता पर नहीं रखता। यहाँ पूँजी अपने प्रभुत्व के शुरुआती दौर में उत्पादक शक्तियों के विकास का नियामक होते हुए भी प्रेम को डराती है। यहाँ प्रेम ऐलान करके कहता है कि वह स्थापित संरचनाओं द्वारा आरोपित रिश्तों को मान्यता नहीं देता। लव में दोनों पार्टनर एक-दूसरे को स्पेशल समझते हैं और यह स्पेशलिटी उसी समय स्थापित हो जाती है जब पहली बार नजरें चार होती हैं। दोनों एक-दूसरे के सामने अपना हृदय खोलते चले जाते हैं। दोनों की इयत्ताएँ मिलकर एक हो जाती हैं। रोमानी प्रेम की यह घटना अपने प्रारंभ और परिणाम में अलग-अलग संस्कृतियों में अलग-अलग ढंग से घटती है। प्रेम की इस संस्कृति में विशिष्ट किस्म का तीव्र और सार्वभौम रूप उत्कट प्रेम है जिसमें दैहिक आकर्षण और सेक्सुअलिटी इतनी प्रखर होती है कि प्रेमी युगल का परिवेश अस्थिर हो जाता है। इस प्रेम में राजसिंहासन त्याग दिए जाते हैं, वर्ग और जाति की सीमाएँ तोड़ दी जाती हैं और एक-दूसरे को पाने के लिए रेडिकल तरीके अख्तियार करने में भी कोई हिचक नहीं दिखायी जाती। रोमानी प्रेम में भी व्यवस्था विरोध के तत्त्व होते हैं, पर उत्कट प्रेम व्यवस्था को अपने सामने पूरी तरह झुका देना चाहता है। वह मरने-मारने पर उतारू रहता है। व्यवस्था इन दोनों प्रेमों की अस्थिरकारी प्रवृत्तियों से चौंकती है और ऐलान करती है कि 'इश्क चीज है बेहद नाजुक, अक्ल का बोझ उठा नहीं सकती'।

पूँजीवादी समाज लगातार एक तीसरी तरह के प्रेम की तलाश करता रहता है जिसकी सिफारिश करने से उसे किसी जोखिम का सामना न करना पड़े। यह है इयत्ता आधारित प्रेम। इनमें दोनों पक्ष आगा-पीछा सोच-समझ कर प्रेम में पड़ते हैं। पहली नजर में किसी का किसी को भा जाना प्रेम की शुरुआत कर सकता है, इससे मन में प्रेम का विचार पैदा हो सकता है, लेकिन बुद्धिसंगत कसौटियों पर कसने से यह आकर्षण मस्तिष्क द्वारा खारिज भी कर दिया जाता है। इस प्रेम में प्रेमीजन अपने परिवेश को कोई चुनौती नहीं देना चाहते। वे भविष्य, सामाजिक हैसियत, आर्थिक हैसियत और अपनी इयत्ता की पूरी रक्षा का बंदोबस्त करके प्रेम के मैदान में उतरते हैं। यहाँ प्रेम विवाह 'स्वनियोजित विवाह' में बदल जाता है जिसमें दोनों पक्षों के परिजन भागीदारी करते हैं।

खास बात यह है कि इस प्रेम में दोनों पक्ष अपनी इयत्ता एक-दूसरे के समक्ष उतनी ही प्रकट करते हैं जितनी संबंधों के जारी रहने के लिए जरूरत होती है। दोनों किसी न किसी रूप में अपनी प्राइवेसी सुरक्षित रखने का निर्णय ले सकते हैं। चूँकि मामला इयत्ता का है, इसलिए सेक्सुअल रुझान पहली प्राथमिकता बन जाता है जिससे प्रेम दो तरह की गिरफ्तों से आजाद हो पाता है। सबसे पहले वह शाश्वत प्रेम के आग्रह से मुक्त होता है। नतीजे के तौर पर 'मिलन और तलाक' की परिघटना वाला समाज उभरता है। यौन संबंधों की एकनिष्ठता धारावाहिक किस्म की एकनिष्ठता में बदल जाती है। दूसरे उसे हेटरोसेक्सुअलिटी की गिरफ्त से आजाद होने का मौका

मिल जाता है। यानी इयत्ता आधारित प्रेम समलैंगिक प्रेम को भी स्वीकार करता है। पूँजीवाद को यही प्रेम पसंद है और इसकी पेशकश भूमंडलीकरण के युग में अनायास ही नहीं की जा रही है।

तलाक के मामलों के विशेषज्ञ वकीलों के मुताबिक दिल्ली में होने वाले प्रत्येक पाँच विवाहों में एक का अंत तलाक में होता है। यह पिछले पाँच सालों की स्थिति है। पहले तलाक के लिए दी जाने वाली अर्ज़ियों में तीस फीसदी महिलाओं की तरफ से दी जाती थीं, अब उनकी संख्या बढ़कर चालीस फीसदी हो गई है। दिल्ली में पाँच तलाक कोर्ट हैं जिनमें प्रतिदिन पच्चीस से तीस मुकद्दमे दायर होते हैं। यानी हर वर्ष आठ-नौ हजार दंपत्ति तलाक के लिए अदालतों की शरण लेते हैं। यह परिस्थिति बहुत बड़े पैमाने पर ऐसे समुदाय को पैदा कर रही है जिसकी संरचना जल्दी ही दूसरी या तीसरी शादी करने वाले लोगों, या फिर अकेले रहने वाले लोगों से ही होगी। लेकिन, केवल इन्हीं आँकड़ों के आधार पर यह नहीं माना जा सकता कि नई सेक्सुअलिटी के विकसित होने की वे भौतिक स्थितियाँ तैयार हो गई हैं जो यूरोप या अमेरिका में हैं। इससे यह अंदाजा भी नहीं लगाया जा सकता कि दिल्ली या देश में किसी भी किस्म के समलैंगिक समुदायों की रचना हो रही है। शायद इसीलिए दिल्ली में समलैंगिकों के बीच काम करने वालों ने 'गे' या 'लैस्बियन' जैसी पश्चिमी अस्मिताओं के मुकाबले एक 'एमएसएम' जैसी श्रेणी ईजाद की है। इसका मतलब हुआ 'मैन हू हैव सेक्स विद मैन'। दिल्ली के एक बड़े सेक्सुअलिटी एनजीओ के सहयोग से दिल्ली के पुरुष समलैंगिकों की एक एथनोग्रामी में यह श्रेणी काफी ठोस रूप से निकल कर आई है। इस अध्ययन से पता लगता है कि दिल्ली के समलैंगिकों में शादीशुदा और बाल-बच्चों वाले मर्दों की संख्या खासी है। इस तरह बाईसेक्सुअलिटी का तथ्य सामने आता है।

तीसरा समीकरण : सेक्सुअल इंजीनियरिंग, सेक्सुअल पॉलिटिक्स और सेक्सुअल इंडेक्स

जैसे-जैसे उजरती मजदूरी का प्रसार और उत्पादन का सामाजिकीकरण हुआ, सेक्सुअलिटी को प्रजनन की 'अनिवार्यता' से मुक्त करना संभव होता चला गया। विचारधारात्मक रूप से हेटरोसेक्सुअल रिश्तों का मतलब अंतरंगता, परस्पर खुशी और आनंद की अनुभूतियों को बढ़ावा देना समझा जाने लगा। एक तरफ परिवार की संस्था को आर्थिक उत्पादन की स्वतंत्र इकाई से वंचित करके और दूसरी तरफ सेक्सुअलिटी को संतानोत्पत्ति की जिम्मेदारी से बरी करके पूँजीवाद ने ऐसे हालात तैयार किए कि कुछ औरतों और मर्दों को अपना निजी जीवन अपनी समलैंगिक एंद्रिक और जज्बाती जरूरतों के आसपास व्यवस्थित करने का मौका मिल गया...।

—जॉन डि इंमिलियो : कैपिटलिज्म एंड दि गे आइडेंटिटी

पूरे भारत की गे आबादी का 32 फीसदी हिस्सा राजधानी में है। ऐसे हास्यास्पद आँकड़े

पढ़ कर लोगों को लगता है कि हम लोग पूरी दिल्ली पर कब्जा ही किए ले रहे हैं। कई लोगों ने मुझसे मिलकर कहा कि 'अरे, तुम लोग हर जगह हो और फैलते ही जा रहे हो।' मेरा जवाब था कि हम लोग कोई महामारी नहीं हैं जो फैलती जा रही हो।

–12 जून के 'हिंदुस्तान टाइम्स' में प्रभा चंद्रन के आइटम 'देहली इज न्यू कैपिटल ऑव गेज' की प्रतिक्रिया में 'गे देहली : न्यूज एंड रिव्यूज' की टिप्पणी।

डि'इमिलियो, डेविड हैलपेरिन और पीटर रे जैसे विद्वान अपने अध्ययनों में अलग-अलग ढंग से दिखाते हैं कि समाज में जैसे ही परिवार की संस्था संकट में फँसती है, समलैंगिकता आत्मरति और दृश्यति चुनौतीपूर्ण मुद्रा में उबरते हैं। इन विद्वानों के पास इस सूत्रीकरण को ठोस साबित करने के प्रमाण भी हैं। ये यूरोप और अमेरिका में तलाक की बढ़ती हुई संख्या ही नहीं, दूसरी और तीसरी शादियों में वृद्धि के आँकड़े पेश करते हैं। उनके विमर्श से एक समझ में आने वाला सिद्धांत निकलता है कि पूँजीवाद एक तरफ तो सेक्स को दैहिक आनंद से जोड़कर सेक्स को सर्वाधिक प्रामाणिक बना देता है जिससे समलैंगिकता के लिए पहले से कहीं ज्यादा स्पेस बनने की संभावनाएँ पैदा होती हैं, लेकिन साथ ही वह परिवार की अस्थिरता की झूठी तोहमत भी समलैंगिकता पर मढ़ता है ताकि यह प्रवृत्ति संतानोत्पत्ति की जिम्मेदारी निभाने वाले परिवार को पूरी तरह खा न जाए। इस तरह पूँजीवाद होमोसेक्सुअलिटी और होमोफोबिया दोनों को एक साथ बढ़ावा देता है।

सेक्सुअलिटी पर उपलब्ध पश्चिमी समाज विज्ञान या तो यूरोपीय और अमेरिकी अनुभव की इसी समझ पर आधारित है या फिर वह दक्षिण-पूर्व एशिया और प्रशांत महासागरीय देशों में पनपे सेक्स मार्केट के अध्ययन के आधार पर रचा गया है। भारतीय परिस्थितियाँ अभी तक सेक्सुअलिटी के अध्येताओं का विषय ही नहीं बनी हैं। यहाँ सेक्सुअलिटी के बारे में अगर कुछ है तो सुधीर कक्कड़ की रचनाओं और प्रकाश कोठारी की टीका-टिप्पणियों के रूप में देखा जा सकता है। ये लोग भी सेक्सुअलिटी के चिकित्सकीय और वैचारिक आधार की खोज-बीन करने में ज्यादा व्यस्त रहे हैं। भारतीय सेक्सुअलिटी के आत्मगत और वस्तुगत पहलुओं के भाष्य के मामले में विद्वानों के एक छोटे से अध्ययन दल ने पिछले दिनों जरूर कुछ काम किया है। इन लोगों ने भारतीय सैक्सुअलिटी को अपनी दिलचस्पी का केंद्र बनाया है। इनके साथ कुछ गैर-सरकारी संस्थाएँ एड्स के प्रश्न को केंद्र करके अपनी गतिविधियाँ चला रही हैं। ये संस्थाएँ होमोफोबिया के खिलाफ काम करते हुए समलैंगिकता को एक स्वाभाविक मानवीय यौन रुझान के रूप में पेश करती हैं। समलैंगिकता के भारतीय इतिहास को उकेरने का भी कुछ प्रयास हुआ। देखा जाए तो दिल्ली में सेक्सुअलिटी के ऊपर लोकप्रिय बहस की शुरुआत का श्रेय नब्बे के दशक के उत्तरार्द्ध में हुई दो घटनाओं को जाता है। पहली, आईटीओ स्थित पुलिस मुख्यालय पर समलैंगिकों का प्रदर्शन और दीपा

मेहता की फिल्म 'फायर' के खिलाफ हिंदुत्व ब्रिगेड के हमले की प्रतिक्रिया में कुछ लेस्बियनों का पहली बार खुलकर सामने आना। लेकिन, इससे पहले ही एड्स भेदभाव विरोधी संगठन की गतिविधियों ने इस बहस की नींव डाल दी थी। अरुण भंडारी, डॉ. जे.पी. जैन, जगदीश भारद्वाज, एस.ए. ललिता, डॉ. पी.एस. साहनी, एस.सी.एन. शालिनी और सिद्धार्थ गौतम ने मिलकर इस संगठन के लिए 1991 में एक रपट तैयार की थी जिसे 'सिटीजंस रिपोर्ट ऑन दि स्टेटस ऑव होमोसेक्सुअलिटी इन इंडिया' करार दिया गया। इस रपट का शीर्षक था 'लैस देन गे'। इसके बाद दिल्ली में सेक्सुअलिटी का मसला सीधे-सीधे या तो मीडिया के हाथों में जाता हुआ दिखाई देता है या फिर उस पर एनजीओ के रूप में प्रचलित संगठन हावी होते हुए दिखते हैं। मीडिया होमोसेक्सुअलिटी के बारे में खबरें तो देता है, पर वह अपना कार्यक्षेत्र हेटरोसेक्सुअलिटी को ही बनाता है। एनजीओ समलैंगिकता के दायरे में काम करते हैं और हेटरोसेक्सुअलिटी को अनुसंधान के विषय में देखने से भी परहेज करते हैं। इस तरह दिल्ली में सेक्सुअलिटी का विमर्श हेटरो और होमो कंपार्टमेंट्स में बँट जाता है। दोनों की राजनीति अलग-अलग है। मीडिया बाजार की सेवा में लगा हुआ है और एनजीओ एड्स के खिलाफ संघर्ष के नाम पर मिल रहे विदेशी धन के दबाव में एक खास तरह के एजेंडे को आगे बढ़ा रहे हैं।

मीडिया भूमंडलीकरण और अधुनिकीकरण के नाम पर जिस यौन क्रांति का नेतृत्व करने का दावा कर रहा है, उसका पहला अधूरापन तो यह है कि वह सेक्सुअलिटी में निहित बहुवचन को स्वीकारते हुए भी साफ तौर पर केवल हेटरोसेक्सुअलिटी के पक्ष में ही झुका हुआ है। बहस के दौरान उसे हिंदुत्व ब्रिगेड के सिद्धांतकार केवलरत्न मलकानी के मुकाबले समलैंगिकता के पुराने पैरोका अशोक राव कवि का वक्तव्य छापने में कोई दिक्कत नहीं होती। पर साप्ताहिक कालमों में नियमित रूप से छपने वाले सेक्स संबंधी सलाह-मशिवरे में जैसे ही कोई व्यक्ति अपनी समलैंगिक प्रवृत्तियों की जानकारी देता है, मनोचिकित्सक उसे 'होमोसेक्सुअल डिसऑर्डर' का डर दिखाता हुआ नजर आता है। यह मीडिया समाज में बढती हुई या सामने आती हुई समलैंगिकता के तथ्यों पर जोर देने से परहेज करता है। 'देहली टाइम्स' द्वारा एकसूत्र सर्वे के दो बार छापे गए नतीजों में इस पहलू का तकरीबन जानबूझ कर जिक्र नहीं किया गया। 'देहली टाइम्स' ने केवल हेटरोसेक्सुअल दायरे में हो रही सेक्सुअल गतिविधियों के आँकड़ों में ही दिलचस्पी दिखाई। विचारधारात्मक रूप से समलैंगिकता के खिलाफ न होते हुए भी टाइम्स ग्रुप उससे संबंधित तथ्यों की उपेक्षा क्यों करता है? इसके कारणों का केवल कयास लगाया जा सकता है। समझा जा सकता है कि भारत में समलैंगिक एक समुदाय के रूप में नहीं उभर पाए हैं इसलिए बाजार उनकी एक उपभोक्ता समुदाय के रूप में शिनाख्त करने में नाकाम है। शायद बाजारवाद की सेवा में लगे अखबार समलैंगिकों को उस यौन क्रांति को उल्लेखनीय अंग मानने के लिए तैयार नहीं हो

पाते जो उसकी निगाह में तेजी से घटित हो रही है। यहाँ तक कामत, काजमी और करकरिया एंड कंपनी भी समलैंगिकता का जिक्र नहीं करती।

मीडिया दिल्ली में नए तैयार हुए होमोसेक्सुअल स्पेस का विवरण तो देता है, पर अपर्याप्त। पुलिस जब समलैंगिकता विरोधी कानून धारा 370 लागू करने के लिए छापे मारती है, तो उन घटनाओं और उनके विरोध की रोशनी में वह ज्यादा से ज्यादा यह बता पाता है कि नेहरू पार्क, और लाल किले से लेकर पुरानी दिल्ली रेलवे स्टेशन तक हर शाम छः बजे के बाद पुरुष समलैंगिक सेक्स पार्टनर की तलाश में 'क्रूजिंग' करते हैं। लेकिन यह मीडिया उन गे पार्टियों, गे शादियों और गे जोड़ों का ब्योरा देने से संकोच करता है जो पिछले दस सालों से दिल्ली के सेक्सुअल परिदृश्य के मुखर अंग बन चुके हैं। यहाँ एक बार फिर मीडिया की दिलचस्पी अधिकांशतः हेटरोसेक्सुअल दायरे में हो रही सेक्सुअल गतिविधियों तक ही सीमित है। दरअसल, मीडिया होमोसेक्सुअलिटी की खबरों को सनसनी फैलाने के लिए इस्तेमाल करता है जिसकी दो प्रतिक्रियाएँ होती हैं। एक बिंब बनता है कि समाज में यौन स्वच्छंदता बहुत बढ़ती जा रही है। दूसरी तरफ होमोफोबिया को बढ़ावा मिलता है क्योंकि मीडिया की खबरें जाने-अनजाने समलैंगिक पुरुष को भावशून्य, बच्चों के साथ कुकर्म करने वाले, बीसियों और पचासों पार्टनरों के साथ सेक्स करने वाले व्यक्ति की छवि दे देती हैं।

दिल्ली के मीडिया द्वारा की जा रही सेक्सुअल इंजीनियरिंग का अध्ययन इस शहर की सेक्सुअलिटी के इंडेक्स को निर्धारित करने में काफी मददगार हो सकता है। यह इंडेक्स कामनाओं के भौतिक आधार और उनकी संरचना की तरफ एक गतिशील इशारा कर सकता है। मीडिया में दिल्ली के ऐसे तमाम बाजारों का नियमित वर्णन मिलता है जहाँ ताजे फैशन के मुताबिक वस्त्र बहुत सस्ते दामों में मिलते हैं। फिल्मों में रानी मुखर्जी और करीना कपूर जैसी फिल्मी हीरोइनों द्वारा पहनी गई पोशाकें, बाँधी गई बेल्टें और तमाम तरह के पश्चिमी परिधान इस फैशन मार्केट ने निम्न और निम्न-मध्यवर्ग को मुहैया कराना शुरू कर दिया है। दस साल पहले इस तरह के बाजारों की उपलब्धता न के बराबर थी। आज उच्चवर्ग द्वारा अपनाई जाने वाली स्टाइल हफ्ते भर के अंतराल में प्रतिकृति के रूप में इन बाजारों में मिल जाती है। रुपहले पर्दे पर नायक-नायिकाओं की इरोटिक छवि को परोसने वाले वस्त्र शहरी समाज में दाएँ से बाएँ तक बहुत जल्दी आम लोगों की इरोटिक इयत्ता को व्यक्त करने के माध्यम बन जाते हैं। मीडिया रिश्तों में देह की बढ़ती हुई प्रधानता की जानकारी देता है। आखिरकार नई सेक्सुअलिटी देह के बदलते हुए और विविध होते हुए इस्तेमाल का भी तो नाम है। मीडिया परिवार की मौजूदा दशा की शुरुआती जानकारी देता है। संकेत मिलता है कि हेटरोसेक्सुअल परिवार की संस्था संकट में फँसने की तरफ बढ़ रही है। मीडिया बताता है कि तलाक की दर बढ़ रही है। उसके वैवाहिक विज्ञापनों वाले कालमों में तलाकशुदा औरतें और विधवाएँ वरों की माँग कर रही हैं। मोनोगेमी सीरियल मोनोगेमी

की तरफ बढ़ती दिखाई देती है। मीडिया विवाह की बढ़ती हुई उम्र, अकेली रहने वाली औरतों और मर्दों की बढ़ती हुई संख्या की तरफ ध्यान खींचता है। केवल पढ़े-लिखे साधनसम्पन्न लोग ही नहीं, दिल्ली के अनौपचारिक क्षेत्र में काम कर रहे लाखों मजदूर भी अकेले ही जीवनयापन कर रहे हैं, जिनमें तकरीबन आठ लाख तो रिक्शेवाले ही हैं।

मीडिया पोर्नोग्राफी और इरोटिक सामग्री के सामाजिक असर पर नियमित रूप से बहसें और अन्य सामग्री प्रकाशित करता रहता है। फ्रेंडशिप क्लबों, फोन सेक्स, मसाज पार्लरों और एस्कोर्ट सर्विसों के विज्ञापन छापकर वह देह व्यापार के नए-नए रूपों और उसके अभूतपूर्व प्रसार का वाहक बना हुआ है। वह सेक्सुअलिटी पर एड्स जैसे महारोग के असर से खासा चिंतित है। एड्स का आतंक हेटरो और होमो दोनों क्षेत्रों में है। सेक्सुअलिटी से जुड़े तकरीबन सभी एनजीओ एड्स का मुकाबला करने के नाम पर पश्चिम से बड़े पैमाने पर धन ला रहे हैं। विदेशी धन के प्रायोजित आग्रहों से बहुत बड़े पैमाने पर सेक्सुअलिटी के डिस्कोर्स को एक खास दिशा दी जा रही है। विदेशी पैसे ने एक खास तरह की 'पॉलिटिकल करेक्टनेस' पैदा की है। जिस तरह संसदीय राजनीति में अल्पसंख्यकों की राजनीति होती है, ठीक उसी तर्ज पर ऑल्टरनेटिव सेक्सुअलिटी की राजनीति हो रही है।

उपभोक्ता क्रांति और मनोरंजन उद्योग के साथ जुगलबंदी करता हुआ मीडिया नियोजित विधि से हेटरोसेक्सुअलिटी की शिनाख्त बाजार के टारगेट के रूप में कर रहा है। मीडिया के जरिए दिल्ली में रोज-ब-रोज हेटरोसेक्सुअलिटी का समारोह मनाया जा रहा है। सर्वेक्षण आधारित समाजशास्त्र और महामारियों से जुड़े हुए अंतर्राष्ट्रीय स्वास्थ्य तंत्र के उपादानों का इस्तेमाल करते हुए अंतर्राष्ट्रीय वित्तीय पूँजी ने दिल्ली को कामनाओं की फैक्ट्री में बदल दिया है, एक ऐसी फैक्ट्री में जिसमें कामनाएँ संतृप्त होने के बजाए दूसरी कामनाओं को रचने की कामना से ग्रस्त हैं। दिल्ली की जमीन पर सेक्सुअलिटी पूँजी की सतत तरलता, अपकेंद्रीयता और गतिशीलता का उत्तर-आधुनिक मॉडल बन गई है।

मीडिया द्वारा प्रायोजित हेटरोसेक्सुअल सेक्स क्रांति बताती है कि दिल्ली के समाज में विभिन्न लैंगिक अभिनेताओं के बीच यौन क्रिया के लिए रोजाना होने वाली अन्योन्नक्रिया बारंबारता के लिहाज से पहले के मुकाबले बहुत बढ़ गई है। यौन क्रिया की स्थानिकता भी अब शयन कक्ष या चकलाघर केंद्रित नहीं है। शहर के तकरीबन सभी स्पेस इरोटिक अनुभूतियों से दो-चार रहे हैं। लेकिन, मीडिया इस वार्ता के जरिए स्थापित होने वाले लैंगिक सत्ता संबंधों के बारे में जानकारी देने से परहेज करता है। इस मामले में उसकी मान्यता भी बाजार की तरह ही लैंगिक तटस्थता के पक्ष में झुकी हुई लगती है। जाहिर है कि इस तरह की यौन क्रांति में पहले से हावी मर्दानगी के सेक्सुअल मूल्यों को ही अपनी स्थिति मजबूत करने का मौका मिलता है। लेकिन, क्या शहरी यौनिकता से संबंधित इस परिवर्तन के दौरान स्त्रीत्व के लिए उसकी अपनी

सेक्सुअली एजेंसी पहले के मुकाबले सुलभ नहीं हुई है? इस सवाल का जवाब नकारात्मक नहीं दिया जा सकता। मीडिया ने जो छवियाँ परोसी हैं, मर्दानगी पर जिस तरह की बहसों को बढ़ावा दिया है, देह-केंद्रीयता का जिस तरह से बोलबाला हुआ है और स्त्री पक्ष के लिए इरोटिक एहसासों का जो नवीकरण हुआ है, वह निश्चित रूप से औरत के यौन जीवन में भारी परिवर्तनों का वाहक बन सकता है। इन परिवर्तनों में लैंगिक सत्ता संबंधों को दूरगामी तौर पर प्रभावित करने की क्षमता है। ये परिवर्तन यौन समागम के लिए होने वाली अन्योन्यक्रिया के चरित्र को आज नहीं तो कल जरूर बदल सकते हैं जिससे परिवार की संरचना पर रेडिकल असर पड़ सकता है।

संदर्भ सामग्री

(मैं आशीष नंदी, धीरूभाई शेठ, रवि सुंदरम, आदित्य निगम, निवेदिता मेनन, एशली टेलिस, अविनाश झा, श्वेता शारदा, राहुअ राय, अनुजा गुप्ता, नवीन चंद्र, शैल मायाराम, आर.के श्रीवास्तव, अरविंद जैन और राजेंद्र यादव का शुक्रगुजार हूँ जिन्होंने इस अनुसंधान में सामग्री जुटाने से लेकर सोचने-समझने के स्तर तक मेरी मदद की। लेख की सीमाओं की पूरी जिम्मेदारी सिर्फ मेरी है।)

1. इस अध्ययन की अधिकतर सामग्री 1990 से अब तक 'इंडियन एक्सप्रेस' और उसके रविवारीय परिशिष्ट, 'टाइम्स ऑव इंडिया' और उसके महानगरीय परिशिष्ट 'देहली टाइम्स', 'हिंदुस्तान टाइम्स' और उसके महानगरीय परिशिष्ट 'एचटी सिटी', 'पॉयनियर' और उसके महानगरीय परिशिष्ट 'वीवासिटी', 'नवभारत टाइम्स' और उसके महानगरीय परिशिष्ट 'हैलो दिल्ली', 'दैनिक हिंदुस्तान' और उसके महानगरीय परिशिष्ट 'हिंदुस्तान सिटी' और 'एशियन एज' के महानगरीय परिशिष्ट 'दि देहली एज' में छपी खबरों, बहसों और विश्लेषणों से ली गई हैं। इसके अलावा कई नेट पर उपलब्ध सामग्री की मदद भी ली गई है जिसमें *गे देहली.डॉट कॉम प्रमुख है*।

2. 1990 के बाद से किए गए प्रमुख सेक्स सर्वे और अध्ययन इस प्रकार हैं जिनका इस विश्लेण्ण में इस्तेमाल किया गया :

लैस देन गे, एड्स भेद्भाव विरोधी आंदोलन, नई दिल्ली, 1991

जेरेमी सीब्रुक, *लव इन ए डिफरेंट क्लाइमेट* (दिल्ली के समलैंगिकता का एक अध्ययन), वर्सो, लंदन और न्यूयार्क, 1999

मीरा सवारा और सी.आर. श्रीधर, *दि डेबोनायर सेक्स सर्वे : सेक्स एंड द इंडियन मेन* (अक्टूबर 1991, जनवरी 1992),

स्वयं श्रीधर द्वारा निजी वितरण के लिए प्रकाशित दिसंबर 1994 में मुंबई में पुस्तक के रूप में प्रकाशित मीरा सवारा और सी.आर.आर. श्रीधर, *दि सेवी सेक्स सर्वे, दि सेक्स लाइफ ऑव इंडियन वोमेन*, दि सेवी, अप्रेल 1992

कामसूत्र क्रॉस-टैब सेक्स सर्वे 2003, देहली टाइम्स के 19, 22 और 29 मई 2003 के अंकों में इसके नतीजे प्रकाशित हुए, सर्वे का पूरा पाठ *देहलीटाइम्स इंडियाटाइम्स.कॉम* पर उपलब्ध

यूथ सेक्सुअलिटी : ए स्टडी ऑव नालेज, एटीटयूड्स, बिलीफ्स एंड प्रेक्टिसिज एमंग अरबन एडुकेटिड इंडियन यूथ 1993-94, फेमिली प्लानिंग एसोसियेशन ऑव इंडिया, मुंबई

एनी जॉर्ज, *सेक्सुअल बिहेवियर एंड सेक्सुअल निगोशियेशन एमंग पुअर वोमेन एंड मेन इन मुंबई : इन एक्सप्लोरेटी स्टडी*, सेहज सोसाईटी फॉर हेल्थ ऑल्टरनेटिव्ज, दिसंबर, 1997, बड़ोदरा

शरण (दिल्ली), *ए स्टडी एंड सेक्स-वर्कर्स एट जी बी. रोड इन देहली, सेंटर फार एजुकेशन एंड डोक्युमेंटेशन, मुंबई सेक्स वर्कर्स, होमोसेक्सुअल्स राइजिंग इन सिटी*, स्टेट एड्स कंट्रोल सोसाइटी द्वारा कराई गई रिसर्च पर आधारित प्रमोद कुमार की रपट, दि देहली एज, 7 अगस्त 2003

दिल अदर विक्टिम्स ऑव लस्ट : ए नाइटमेयर शो फार फीमेल रेजिडेंट्स, अमन सिंह हेल्थ के सर्वेक्षण पर आधारित जयदीप मजूमदार की रपट, हिंदुस्तान टाइम्स, 29 जुलाई 2003

रिचा सिंह, मेस्क्युलिन आइडेंटिटीज, वर्कर्स एंड एचआईवी/एड्स : एन स्टडी ऑव देहलीज वजीरपुर इंडस्ट्रियल एरिया, ईपीडब्ल्यू वीएसएनएल.कॉम पर उपलब्ध

दि वर्ल्ड्स ओल्डेस्ट प्रोफेशन 2003 (दिल्ली के फ्रेंडशिप क्लबों पर एक रपट), आर्चिस मोहन और विभा शर्मा, हिंदुस्तान टाइम्स, 16 फरवरी 2003

सेक्स इन स्कूल नो मोर टैबू : सर्वे, दिल्ली के अतिरिक्त पुलिस आयुक्त यू.एन.बी. राव द्वारा आईआईटी, दिल्ली के सहयोग से किए गए अध्ययन पर आधारित श्रीरूपा मित्र चौधरी की रपट, टाइम्स ऑव इंडिया, दिल्ली, 11 मार्च 1999

सेक्स इज इन वट अवेयरनैस इज नॉट, नेशनल इंस्टीटयूट ऑव हैल्थ एंड फेमिली वेलफेयर द्वारा किए गए अध्ययन पर आधारित राधिका डी. श्रीवास्वत की रपट, टाइम्स ऑ इंडिया, दिल्ली, 23 फरवरी, 2001

अनुपम रायजादा, एस.बी. गुप्ता, अरुण कुमार, *सेक्सुअल प्रेक्टिसिज अदर देन पेनो-वैजाइनल सेक्स : पर्सेप्शंस एंड प्रेक्टिसिज इन एन अरबन कम्युनिटी,* इंडियन जनरल ऑव कम्युनिटी मेडिशन, खंड 27, अंक 4, अक्टूबर-दिसंबर 2002

एम.ई. खान, जान डब्ल्यू, टाउनसेंड, रंजना सिंहा और सीमा लखनपाल, *सेक्सुअल वायलेंस विदिन मैरिज, 1999,* पाप्युलेशन काउंसिल, नई दिल्ली

पोर्नोग्राफीज मिरर हैज प्राइवेट इमेजिज टाइम्स ऑव इंडिया, दिल्ली, 24 फरवरी 1994

लेस्बियन इमर्जंस : खामोश इमरजेंसी जारी है! कैंपेन फॉर लेस्बियन राइट्स ए सिटीजंस रिपोर्ट, अगस्त 1999, नई दिल्ली

बिमान मुखर्जी, *सोशल टैबू ऑव प्रि-मैरिटल सेक्स ब्रोकन,* 24 जून 2002, 2002 के कामसूत्र सेक्स सर्वे पर आधारित रपट, आईअफ्रीका.कॉम

3. प्रमुख ग्रंथ और लेख :

जॉन डि'इमिलियो, *कैपिटलिज्म एंड गे आइडेंटिटी,* दि लेस्बियन एंड गे स्टडीज रीडर (संपादक : हेनरी एबेलव, मिशेल आइना बराली और डेविड एम. हैलपेरिन), रौटलेज, न्यूयार्क और लंदन, 1993, पृष्ठ 467-476

डेविड एम. हैलपेरिन *इज देयर ए हिस्ट्रीय ऑव सेक्सुअलिटी,* दि लेस्बियन एंड गे स्टडीज रीडर (संपादक : हेनरी एबेलव, मिशेल आइना बराली और डेविड एम. हैलपेरिन), रौटलेज, न्यूयार्क और लंदन, 1993, पृष्ठ 416-431

मिशेल फूको, *दि हिस्ट्री ऑव सेक्सुअलिटी* (तीन खंड), पेंगुइन बुक्स, 1998

लिंडा विलियम, *हार्ड कोर : पावर, प्लेजर एंड दि 'फ्रेंजी ऑव दिन विजिबिल, 'केम्ब्रिज, 1999*

रुथ वनिता और सलीम किंदवई (सं.) *सेम सेक्स लव इन इंडिया : रीडिंग्स फ्राम लिटरेचर एंड हिस्ट्री मैकमिलन, 2000*

एंथनी गिडेंस, दि ट्रांसफार्मेशन ऑव इंटीमेसी : सेक्सुअलिटी, लव एंड इरोटिसिज्म इन मॉडर्न सोसाइटीज, पॉलिटी प्रेस, केम्ब्रिज, 1992

सुधीर कक्कड़, *इंटीमेट रिलेशंस : एक्सप्लोरिंग इंडियन सेक्सुअलिटी,* ऑक्सफोर्ड, दिल्ली

एशियन रीजनल एक्सचेंज फॉर न्यू आल्टर्नेटिव्ज (एरीना) **के जेंडर एंड सेक्सुअलिटी विशेषांक** में प्रकाशित तीन लेख : उर्वशी बुटालिया की रचना *दि इश्यू एट स्टेक : दि इंपोर्टेंस ऑव दि पॉलिटिक्स ऑव सेक्सुअलिटी,* विकाश एन, पांडे की रचना

कंज्यूमिंग/कंज्यूम्ड बॉडी : कंटेम्परेरी पॉलिटिक्स ऑव डिजायर और आभा चौहान की रचना *प्रोस्टीटयूशन एंड दि सेक्स वर्क : डिलेमा फार दि वोमेंस मूवमेंट इन इंडिया*

सुल्तान *माइनारिटीज एंड अदरनेस : सेक्सुअलिटी इन दी सिटी, लिमिटिड स्पेस, डब्ल्यूडब्ल्यूडब्ल्यू.हेलसिंकी फी/मे.कॉम* शाहीन, *इंडिया रिडस्कवर्स कामा,* एशिया टाइम्स, डब्ल्यूडब्ल्यूडब्ल्यू.एटाइम्स.कॉम डेविड टी.ईवांस, *सेक्सुअल स्टिजशिप : दि मैटीरियल कंस्ट्रक्शन ऑव सेक्सुअलिटीज, रौटलेज, लंदन और न्यूयार्क,* 1993

दलित औरत की देह

□ मणिमाला

औरतों पर जबरदस्ती करने और निर्वस्त्र करके सरेआम घुमाने की खबरें हैं। दो हैं उत्तर प्रदेश और दो हैं मध्य प्रदेश से। तीन घटनाओं में महिलाएँ दलित हैं और एक में आदिवासी। उत्तर प्रदेश में प्रतापगढ़ जिले में जिस महिला को पुलिस वालों ने कपड़े उतार कर घुमाया वह दलित है, विधवा है। मुंबई रेल में काम करती है। वह छुट्टी में घर आई थी। उसके खिलाफ पुलिस में कोई शिकायज दर्ज नहीं है। उस पर कोई आरोप नहीं है, किसी ने उसके खिलाफ कोई शिकायत दर्ज नहीं की है। बस अकेली कहीं जा रही थी, पुलिस और तहसील वालों की नजर पर चढ़ गई। नौकरी करने वाली महिला है। मुंबई में रहने लगी है, तो सर उठाकर चलना सीख गई है। बिना सलाम ठोके पुलिस व तहसील आफिस के सामने से बेहिचक गुजर जाने की आदी हो चुकी थी। अन्याय का विरोध करना भी सीख लिया है।

वह तो नौकरी करने मुंबई चली गई लेकिन परिवार के कई लोग घर पर रह गए, वहाँ उनकी थोड़ी बहुत जमीन है। अपना घर भी है। तहसील ने उसकी जमीन और उसका घर दोनों ही लीज पर दे रखा था। जब घर के लोगों ने उसे सूचना दी तो वह अपनी जमीन और अपना घर बचाने के लिए नौकरी से छुट्टी लेकर गाँव आई। तहसील कर्मचारियों को यह अच्छा नहीं लगा। तो उन्होंने स्थानीय थाने से मिलकर उसे सबक सिखाने की सोची। उनकी नजर में किसी औरत, वह भी दलित को सबक सिखाने का सबसे बेहतर तरीका उसके शरीर से खेलना ही हो सकता था। सो सारी रात हवालात में बंद रखने के बाद सुबह-सबेरे उन्होंने निर्वस्त्र करके गाँव में गली-गली घुमा दिया ताकि सारे लोग शरीर को नख शिख देख सकें।

बाकी घटनाएँ भी इससे मिलती-जुलती हुई हैं। फर्क है तो सिर्फ इतना कि उत्तर प्रदेश के ही शाहपुर जिले में जिस औरत को नँगा करके घुमाया गया था उस पर ऐसा करने के पहले बलात्कार भी किया गया था। गाँव के ही नत्थू सिंह ने उस पर बलात्कार किया जब वह शौच के लिए गन्ने के खेत में गई हुई थी। बलात्कार की इस घटना का जिक्र किसी से न करने की धमकी दी गई थी। पर इस औरत ने घर

जाकर इस घटना का जिक्र अपने पति से किया। नत्थू सिंह अपने पुत्र के साथ वहाँ आ धमका। पति को भी मारा पीटा। आखिकार पति भाग गया। गुहार लगाती हुई वह महिला दूसरे घर में गई जहाँ से बाहर खींच कर उसे नँगा किया गया। मारा-पीटा गया और उस औरत के शरीर को पूरी तरह नँगा करके गाँव में घसीटते हुए घुमाया गया। डरे सहमे लोग बीच-बचाव के लिए नहीं आए। पुलिस थाने ने भी रिपोर्ट लिखने से इनकार कर दिया।

मध्य प्रदेश से आई दोनों खबरों में एक दलित है और दूसरी आदिवासी। इन्हें गाँव के ही लोगों ने निर्वस्त्र करके घुमाया। दलित महिला ने अपनी छीनी जा चुकी जमीन पर अपना अधिकार वापस लेने की बात की थी तो आदिवासी औरत के चरित्र पर उन दस लोगों को शंका थी जिन्होंने उसके साथ यह बर्ताव किया। उनकी नजर में वह औरत चरित्रवान नहीं थी। दरअसल उसका एक ऐसे युवक से प्रेम संबंध था जो उन 'बड़े' लोगों की कम्युनिटी का था जिसके लोगों ने उसे नँगा करके घुमाया था। चूँकि वे उस युवक को रोकने में सफल न हो सके इसलिए औरत के चरित्र पर ही लाँछन लगा दिया। रविवार के अखबार में छपी इन सभी घटनाओं में करीब-करीब एक ही घटना की पुनरावृत्ति है। सिर्फ जगह, महिला और उसको सार्वजनिक संपति बना कर बाजार में खड़ा करने वालों के नाम बदल गए हैं। वजह भी लगभग एक सी ही है। मतलब यह कि कोई वजह ही नहीं है सिवाए इसके कि वे औरतें हैं, दलित हैं और गरीब हैं। और वे उस देश की नागरिक तथा उस समाज का हिस्सा हैं जो उन्हें आज भी इंसान मानने को तैयार नहीं है। फिर भी उन्होंने इंसानी जिंदगी जीने की कसम खा ली है। वे एक आजाद देश की जिम्मेदारी नागरिक की तरह जीना चाहती हैं—यह हक देने के लिए समाज तैयार नहीं है। तैयार होना नहीं चाहता। इसीलिए डर और अपमान का एक ऐसा माहौल लगातार बनाए रखना चाहता है जिसमें औरतें आसानी से निर्वस्त्र की जा सकें और घुमायी जा सकें।

कभी-कभी सोचती हूँ कि ऐसा सिर्फ औरतों के साथ ही क्यों होता है। दलित-आदिवासियों को अपने हक से बेदखल करने का चलन तो आम है। अब तो कई-कई विकास, कल्याण और ऋण योजनाओं के सहारे उनके सशक्तिकरण की आड़ में भी दलितों और आदिवासियों के जीवन का आधार छीना जाने लगा है। उत्तर प्रदेश के बांदा जिले में फर्जी दलितों के नाम पर असली दलितों के पाँव के नीचे की जमीन सरेआम डुगडुगी पिटवा कर, अखबारों में विज्ञापन छपवा कर ऋण वसूली के नाम पर नीलाम कर दी गई। जिला प्रशासन के मुखिया जिलाधिकारी की मौजूदगी में बड़े-बड़े पैसे वाले ताकतवर औने-पौने की बोलियाँ लगाकर दलितों की पीढ़ियों की दौलत ले जा रहे हैं। अपने पाँव के नीचे की जमीन खिसकते ही इन दलितों-आदिवासियों की किसानी औकात पहले मजदूरी फिर गुलामी में गुम होकर रह जाती है। उसके बाद उसके हिस्से आता है बेहिसाब काम और कभी भरपेट तो कभी आधा पेट भोजन।

कभी ताकतवर लोगों की गाली-गलौच और मार-पीट तो कभी पुलिसिया मार की सौगात।

अगर औरत हो तो बेघर-बेजमीन हो चुकने के बाद भी लूटने को उसके पास बहुत कुछ बच जाता है। उसकी देह। उसका अपने पर से विश्वास। देह तो आदमी के पास भी होती है। फिर भी औरत की देह में ऐसा क्या है जिसे देखकर लोगों की आँखें फट जाती हैं और जिसे लूटा जा सकता है। जिसे बचाने के लिए औरत अपना सब कुछ लुटा देती है और जिसे लूट कर लूटने वालों को लगता है कि उसने औरत का सब कुछ लूट लिया है। अब उसके पास बचने-बचाने को और लुटने-लुटाने को कुछ भी नहीं बचा है। इसी के साथ जीने को भी कुछ नहीं बचा है।

दरअसल यह सब एक हथियार है मेहनतकश आबादी के बड़े हिस्से को मजबूर बनाए रखने का। किसी आदमी को भी बेइज्जती करने के ख्याल से सरेआम नँगा किया जाए और घुमाया जाए तो उसे भी उतना ही बुरा लगेगा जितना एक औरत को बुरा लगता है। कई बार इस तरह की कुछ छिटपुट खबरें आ भी जाती हैं। कई वैसे पुरुषों से भी मिल चुकी हूँ जिनके आत्मविश्वास को मार डालने के लिए उन्हें मारने-पीटने के बाद उन्हें भी सरेआम नँगा करके उनका जुलूस निकाला गया। निश्चित तौर पर जिनके साथ ऐसा होता है वे किसी न किसी मेहनतकश और दलित समुदाय से जुड़े हुए होते हैं। मैंने महसूस किया है कि उनकी पीड़ा में कोई फर्क नहीं होता। न तो औरत आत्मसम्मान और आत्मविश्वास पर हुए इन हमलों को जीवन में कभी भी भुला पाती है और न ही आदमी। चूँकि आमतौर पर समाज औरतों की देह पर अपना सार्वजनिक हक जताता आया है उस पर ऐसे हमले ज्यादा होते हैं वह भी दलित और आदिवासी औरतों पर। क्योंकि समाज की पूरी व्यवस्था ने इनका ही सब कुछ छीन कर बेघर और बेजमीन और तो और बेरोजगार भी कर दिया है। ग्लोबलाइजेशन के इस दौर में तो अब ये घटनाएँ चिंता और दुख का कारण भी नहीं रहीं। खासकर उनके लिए जो अपनी चालाकियों और दाँवपेंच से अपनी किस्मत तो लिखते ही हैं उनकी किस्मत भी लिखते हैं।

अकेली स्त्री

□ रेखा कस्तवार

अकेली स्त्री एक असंभव स्थिति रही है। हमारे मनुवादी संस्कारों में स्त्री के लिए सदैव से यदि कहीं कोई गुँजाइश बनी है तो रक्षिता रह कर ही। स्त्री न तो घर में अकेली देखी जा सकती है न घर के बाहर। घर के बाहर अकेली स्त्री एक असम्मानजनक स्थिति है। इसलिए 'सम्माननीय स्त्री' पुरुष के संरक्षण में पुरुष से सुरक्षा चाहती स्त्री है जिसके हाथ में न अपनी देह है न अपना पैसा और न ही अपने रिश्ते। स्त्री के पास पाने के लिए दो विकल्प हैं सुरक्षा अथवा स्वतंत्रता। वह एक को खोकर ही दूसरा पा सकती है। सुरक्षा एक महत्त्वपूर्ण कवच है जिसे खोने की कीमत पर वह स्वतंत्रता पा सकती है। स्वतंत्रता का जो खाका उसके सामने रखा गया है वह उसे निर्वासन का दण्ड देता है और उसे मिलने वाली सुरक्षा बहुत महँगी है। सुरक्षा के बदले में वह जो कुछ सहन करती है वह असहनशील है।

अकेली स्त्री के लिए समाज में क्या व्यवस्था है, उसका क्या मूल्य है यह प्रश्न शाश्वत है, अविवाहिता, तलाकशुदा, विधवा स्त्री प्रश्न चिह्न है। जो स्त्री विवाह संस्था में है, वह पुरुष की जिम्मेदारी है। उसे अपने बारे में सोचने की जरूरत ही नहीं। इसलिए विवाह को कैरियर मान कर सारे प्रश्नों से बचा जा सकता है। अपनी समस्याओं को 'अपने पुरुष' पर डाल कर निर्द्वंद्व हुआ जा सकता है। विवाह स्त्री को उसकी देह और श्रम के बदले जीवन भर के लिए रोटी, कपड़ा, और छत मुहैया कराता है और देता है बाहरी पुरुष से सुरक्षा का आश्वासन (?) और वापिस लेता है उसका 'आत्म'। 'आत्म' जो बचपन से ही बनने नहीं दिया जाता। इस अजाने आत्म के अभाव का ही परिणाम है कि स्त्री शिक्षित और कई बार स्वावलंबी होकर भी पिता-पति-पुत्र पर निर्भर रहने के संस्कार और परंपरा से जकड़ी रहती है। सुरक्षा (?) और सम्मान (?) के बदले में व्यक्तिगत जीवन जीने का दुस्साहस नहीं करती।

'व्यक्तिगत जीवन' जीने का दुस्साहस न कर पाने का और परिवार से मिलने वाली सुरक्षा की मोहताजी का महत्त्वपूर्ण कारक उसका 'नाकमाऊ' समझा जाना है। जिसके पास अर्थ है, शक्ति के स्रोत उसी के पास केंद्रित हो जाते हैं। जो पुरुष को

आर्थिक सुरक्षा देता है, वही उसे हस्तगत कर लेता है, अपने सारे अधिकार स्त्री पर सुरक्षित समझता है। वह जानता है कि मातृत्व और मानव शिशु के देखभाल की लंबी अवधि स्त्री को घर तक सीमित करती है। उबाऊ, थकाऊ घरेलू श्रम में स्त्री अपनी जिंदगी खत्म कर देती है, जिसका न कोई मूल्य दिया जाता है न आँका जाता है। 'औरत का दिन रात खटना बेगारखाने में जाता है और वह भुलाए रहती है अपने को मोह-ममता में।'[1] 'पुरुष कमाई से परिवार के लिए सुविधा जुटाता है साथ ही अपनी ताकत भी कमाता-बनाता है, इसी प्रभुताई के आगे गिरवी पड़ी रहती है बच्चों की माँ।'[2] यह आर्थिक परावलबंन स्त्री को 'याचक' की मुद्रा देता है और पुरुष को 'दाता' की। अपने प्रत्येक निर्णय के लिए वह पुरुष की ओर देखने को विवश हो जाती है। आर्थिक परावलंबन आत्मा विश्वास पनपने नहीं देता, मानसिक विकास के अवसर अवरुद्ध हो जाते हैं। स्त्री के हिस्से में जहाँ नितांत परवशता आती है, पुरुष के हक में स्वच्छन्द आत्मा निर्भरता और आर्थिक कारणों से अकेली स्त्री असंभव स्थिति बन जाती है।

जहाँ स्त्री आर्थिक दृष्टि से आत्म निर्भर है लेकिन उस पैसे के उपयोग पर उसके अधिकार सुरक्षित नहीं है वहाँ भी स्थिति भिन्न नहीं है। स्त्री का अपना बैंक बैलेंस न होना और पिता की सम्पत्ति के सीमित अधिकार उसके व्यक्तिगत जीवन पर प्रश्न चिह्न लगाते हैं। स्त्री को बता दिया गया है कि परिवार और बच्चे उसका कार्य क्षेत्र हैं इसलिए वह बच्चे संभाले, चौका संभाले, पति की जरूरतों का साधन बन बिछती रहे। उसे और क्या चाहिए? उसके बावजूद यदि वह आत्मनिर्भर बनना चाहती है तो ध्यान रखे कि परिवार और बच्चे तो उसकी ही जिम्मेदारी हैं। यदि वह चाहती है कि आत्मनिर्भता की दिशा में कोई कदम उठाए तो वरीयता क्रम में उसे दूसरा स्थान ही प्राप्त होगा। परिवार का स्थानापन्न वह नहीं बन सकता। इसलिए स्त्री जब परिवार से बाहर पैसा कमाने निकलती भी है तब दोहरे कार्यभार से दबी कुचली। पुरुष जब कमाने निकलता है तो घरेलू श्रम से मुक्त पारिवारिक भावनात्मक व मानसिक सुरक्षा व शांति से लबरेज। स्त्री को इस अपराध बोध से बाँध दिया जाता है कि परिवार और बच्चे छोड़ कर काम पर जाती स्त्री अपने दायित्वों से मुँह मोड़ती है जबकि पुरुष का, महत्त्वाकांक्षी पुरुष का घर से रिश्ता, आराम और सुविधा का होता है। जीवन के जो वर्ष कैरियर निर्माण की दृष्टि से महत्त्वपूर्ण होते हैं वे ही वर्ष स्त्री के जीवन में प्रजनन के हिसाब से महत्त्वपूर्ण हैं। इसलिए जब पुरुष कॅरिअर बनाता है स्त्री बच्चे पैदा कर रही होती है उन्हें बड़ा कर रही होती है। परिणामतः कॅरिअर की दृष्टि से पिछड़ जाती है। जब बच्चे बड़े हो जाते हैं तथा पति महत्त्वाकांक्षा की रेस का घोड़ा, स्त्री परिवार में फालतू हो जाती है। परिवार के साथ रहते हुए स्त्री के लिए यह संभव नहीं रह जाता है कि वह कॅरिअर के क्षेत्र में अपनी महत्त्वाकांक्षाएँ पूरी करे। 'उसके टेलेन्ट, उसकी खूबियाँ, उसकी महत्त्वाकांक्षाओं के लिए कोई जगह नहीं।'[3] कार्य के

वे क्षेत्र जो अधिक समय की माँग करते हैं पारिवारिक स्त्री के लिए अभी भी वर्जित हैं। इसलिए कम समय की माँग वाले कार्य क्षेत्रों में ही स्त्रियाँ अधिक जाती हैं, उनमें भी यदि शीर्ष स्थानों पर नज़र घुमाई जाए तो या तो वहाँ से स्त्रियाँ नदारत हैं अथवा हैं भी तो हैं अकेली स्त्री—अविवाहिता, विधवा, तलाकशुदा—लता मंगेशकर, इंदिरा गाँधी, मेधा पाटकर, फातिमा बीबी, मायावती। शीर्ष पर पहुँचने के लिए अकेली स्त्री होना अनिवार्य नियति है। यदि विवाह संस्था में रहते हुए जगह बनानी है तो उम्र के 40-45वें वर्ष तक वह इंतज़ार करे, जब बच्चों के बड़े हो जाने पर वह परिवार के लिए फालतू हो जाए। आर्ट और कल्चर में देर से आईं महत्त्वपूर्ण स्त्रियाँ देखी जा सकती हैं। परिवार में रहते हुए स्त्री के आर्थिक स्वावलंबन के प्रयासों ने पारंपरिक परिवार के ढाँचे से छेड़छाड़ की है। परिणामतः परिवार और कार्यक्षेत्र दोनों के साथ न्याय न करती स्त्री नट की तरह इस ओर से उस ओर तक झूलती रही है अथवा विवाह के बारे में पुनर्विचार करने लगी है। बहुत सी आत्म निर्भर स्त्रियाँ या तो विवाह संस्था में आना ही नहीं चाहतीं या जो आ गई हैं वे बाहर जाने को उतावली हैं। यह स्त्री (विवाह संस्था से बाहर जाती स्त्री) हाथ से जाती स्त्री है अतः 'चौका और घर के वध स्थलों'[4] तक बार-बार लौटाई जाती है 'परिवार बचाने' के नाम पर। बावजूद इसके स्त्री ने अर्थ जगत में कदम रखे हैं। कदम रखती इस स्त्री ने अपनी संज्ञा बदली है, अर्थ बदले हैं, लिंग आधारित अन्याय को समझा है। मातृत्व के महिमामंडन और अर्थ की शक्ति का असंतुलन उसे चेताता है और वह माँ बनना स्थगित कर कॅरियर चुनती है, वह कैथरीन जेरा जॉन्स बन कर अभिनय संसार का सबसे महँगा अनुबंध करती है और तीन वर्ष तक माँ न बनने का अनुबंध भी। अपनी पहचान के लिए उसे अपनी संपत्ति का महत्त्व समझ में आया है इसलिए उच्च व्यवसायी परिवार की कुल वधु कहलाने के स्थान पर उसने 'छिन्नमस्ता' बन अपना व्यवसाय करना चाहा है।[5] अब उसे पैसा चाहिए, यश चाहिए, नाम चाहिए और सच कहें तो अपना 'आत्म' चाहिए। बिना अर्थ के पक्ष में आए उसके हक में कुछ नहीं आना। उसे मालूम है कि 'सहती हुई स्त्री से बेहतर है वह स्त्री जो अपने पैरों पर खड़ी है और असहनशील है।'[6] वह छोटे से कस्बे में रह कर भी प्रियंका बनना चहती है, वर्षा वशिष्ट बनना चाहती है, उसे 'चाँद' की कामना है।[7] इस कामना ने उसे ग्लैमर की दुनिया की ओर आकर्षित किया है। उसने अकेले अपने कदम बढ़ाए हैं क्योंकि परिवार में रह कर उसे एक पहचान मिल रही थी न पैसा। अपने 'आत्म' के लिए उसने परिवार से बाहर विकल्प तलाशे हैं।

अर्थ जगत में जगह बनाती इस स्त्री को सत्ता पुरुषों द्वारा पटकनी देने के प्रयास जोर-शोर से हुए हैं। महत्त्वपूर्ण यह कि यदि स्त्री ने देह से बाहर आकर बौद्धिक क्षमता के बल पर भी कहीं कोशिश की है तो भी उसे गिराने के लिए हथियार देह के ही इस्तेमाल किए गए हैं।

स्त्री को देह मान कर उसके शोषण का इतिहास नया नहीं है। महत्त्वपूर्ण है

कि स्त्री की देह मान कर भी स्त्री को उसकी देह नहीं सौंपी गई है। सुरक्षा और संरक्षण के नाम पर स्त्री देह पिता और पति के पास गिरवी रही है। विवाह पूर्व कौमार्य का मिथक पिता को और विवाह के बाद यौन शुचिता पति को स्त्री देह का स्वामित्व सौंपता है। विवाह संस्था में रोक कर रखने के लिए शुचिता का आतंक अकेले स्त्री को असंभव स्थिति बना देता है। इस आतंक से बाहर आकर स्त्री ने जब जब 'कुछ और' चाहा है उसकी कीमत देख कर वह अपने कदमों को लौटाती रही है। देह राग में डूबी 'कृष्णा सोबती' की 'मित्रो-मरजानी' की मित्रो अपनी देह की आकांक्षा पूरी करना चाहती है तो परिवार में खलबली मच जाती है। मित्रो रुकती नहीं, यदि उम्र के उत्तरार्ध पर खड़ी उसकी माँ का वर्तमान भयावह भविष्य की शक्ल में उसके सामने खड़ा न हो गया होता। 'अब इस ठठरी ठण्डी भट्टी को कोई वली-वारिस नहीं, कोई भरे मनुक्ख का नाम भी नहीं।'[8] देह कामना की कीमत से उसे मसान-सा सूना भाँय-भाँय करता घर भूतों के डेरे-सा दिखता है।[9] यौवन की उम्र लंबी नहीं और जब देह का आकर्षण नहीं रहेगा तब--? पति की कीमत पर अपने उद्दाम आवेग को शांत करने बाहर जाना संभव कहाँ? 'सत्येन कुमार' की 'नदी को याद नहीं' की पायल रानी मुक्त दैहिक संबंधों तक जाती तो है पर घर छोड़ने के नाम पर पारिवारिक सुरक्षा के कवच को छोड़ नहीं पाती। 'घर की औरत को तो बहुत कुछ मिल जाता है फिर भी--औलाद, पहले दिन से आखिरी दिन तक का जोड़ा--और यह आसरा कि हारी-बीमारी की हालत में उसे किसी बूढ़े, वफादार कुत्ते की तरह गोली नहीं मार दी जाएगी, और क्या चाहिए तुझे?'[10] क्या स्त्री देह सौंप कर अपना संपूर्ण भविष्य सौंप दे पति को? पति और बच्चों के पार क्या कोई ज़िंदगी नहीं?

विवाह संस्था के बाहर ज़िंदगी जीने की इच्छा, देह भोग की इच्छा एक बार के सुख के बदले उम्र भर की सज़ा देता रहा है। फिर विकल्प के तौर पर स्त्री को मिलता है कोठा या आत्महत्या का प्रयास। देह का सुख स्त्री को सिर्फ आतंक ही देता है। आतंकित स्त्री के देह के दमन के इतिहास को बदलने में मदद की जॉन रॉक ने। जॉन रॉक की निर्मिति का उद्देश्य भले ही अनियिंत्रित होती जनसंख्या का विकल्प था परंतु उसने आश्चर्यजनक रूप से स्त्री की आजादी में मदद की। यह आजादी गर्भ से आज़ादी थी। यह आज़ादी दी 'पिल' ने। जिसने सत्ता के सभी संस्थानों पर अपनी विजय हासिल की। 'जॉन रॉक बीट्स द पोप'। तब स्त्री को पता चला कि उसके भी चुनाव और स्वतंत्रताएँ हो सकती हैं। उसने पुरुष की दैहिक ज़रूरतों के बीच अपनी भूमिका को टटोला। परिवार और बच्चों के अलावा भी उसकी कामनाएँ हैं, उसे समझ में आया। सेक्स को गंदी चीज होने से मुक्ति मिली। गर्भ से मुक्ति की संभावनाएँ खुलीं और अपराध बोध से मुक्ति। स्त्री को 'पतिता' के भाव से बाहर निकलने में मदद मिली। घर से बाहर निकलना संभव हुआ और अकेली स्त्री संभव हुई। अब 'तस्लीमा नसरीन' की 'चार कन्या' का ख्वाब-अकेले दुनिया घूमने का ख्वाब

इतना डरावना नहीं रह गया और भगवान सिंह की शुभ्रा अपरिचय की दुनिया से बेनामी के साथ अपने लिए 'फर्स्ट हेण्ड अनुभव' समेटने में समर्थ हो सकी। घर से बाहर निकली इस स्त्री से कुछ आगे अकेली स्त्री ने सेक्स को सहज और अनायास हो जाने वाले अनुभव के रूप में भी भोगा है। गर्भवती होने पर जिम्मेदार पुरुष के विवाह के विकल्प को अस्वीकार करने का निर्णय भी लिया है।[11] स्त्री में अपनी देह के स्वामित्व बोध के साथ ही यह विवेक भी जागा कि वह पुरुष को भी देह के रूप में देख सके। यह और बात है कि 'तुम्हारा सुख' की 'मालविका' की तरह जब उसने अपनी कामनाओं की पूर्ति पुरुष देह से करनी चाही तो पुरुष आदर्शों का मुखौटा लगा कर भाग खड़ा हुआ है। पुरुष के मन में 'विषय' बनने की बौखलाहट और हलचल ने स्त्री के बारे में फिर से सोचने पर विवश किया है। दरअसल पुरुष का डर स्त्री की देह के प्रति सचेत होने की अपेक्षा उसके विचारवान होने से अधिक है, क्योंकि यह खतरे के संकेत देती है। स्त्री अपनी देह की माँग के बारे में माँग करे या इंकार दोनों ही स्थितियों में स्त्री 'हाथ से जाती हुई' दिखाई देती है। स्त्री को 'क्रूज़र सोनाटा' के इस सत्य का आभास हो गया है कि पत्नी की स्थिति शुल्क लेकर देह देने वाली स्त्री से भिन्न नहीं है, इसलिए वह अपने उपयोग किए जाने से बाहर आना चाहती है। 'आँवा' की स्मिता की भाँति वह प्रेम के नाम पर देह देने को बेवकूफी समझती है। घर और बाहर देह के धरातल पर छले जाने को वह समझने लगी है, इसलिए 'नर-नारी' की 'सीमा' जब पति से बलात्कार और प्रेमी से सेक्स का उबाऊ रुटीन बासापन पाती है तब वह दोनों ही स्थितियों से इंकार करती है और दोनों को छोड़कर चली जाती है। दैहिक रिश्तों से इंकार का विकल्प चुनती है। यह इंकार स्त्री का अधिकार है, स्वतंत्रता है, स्त्री ने जाना है। पुरुष स्त्री के इस इंकार से चिंतित है, स्त्री के धड़ पर उगा हुआ सिर बहुत सारे सवाल उठाता है।

देह की क्रांति ने स्त्री को सारे विकल्प उसके पक्ष में ही नहीं सौंपे हैं। देह के स्वामित्व और देह की छवि से पैसा कमाने की स्त्री की आकांक्षा को बाजार ने अपने हित में भुनाया है। स्त्री की इस स्वतंत्रता को सैक्स उद्योग ने हाथों-हाथ लपक लिया और स्त्री फिर खेल बन गई। पुरुष ने अपने 'पौरुषीय बदलों' के लिए उसकी देह का 'विषकन्या' की तरह इस्तेमाल किया और 'हमज़ाद' जैसी रचनाओं का जन्म हुआ। सेक्स शोषण का औजार बनी रही कुछ रूप बदल कर। पर स्त्री ने समझा है कि क्या यह शोषण घर में नहीं है? 'घर में मरने से तो बाहर मुकाबला करना बेहतर है। उसे उम्मीद है कि वह एक दिन इस बाजार की संरचना से मुक्त हो जाएगी।'[12] सत्ता ने उसे एड्स का डर दिया। स्त्री ने समलिंगी विमर्श में अपने लिए विकल्प खोज लिए जहाँ पुरुष किसी भी रूप में अस्वीकार है। पुरुष की दुनिया से बाहर रहने का यह विकल्प भी स्त्री ने अपने पास सुरक्षित रखा। उसने 'सेक्स के लिए मुक्ति के बाद सेक्स से मुक्ति की बात' की। और 'कठगुलाब' में 'असीमा' जैसे चरित्र रूप

पा सके। समझौते ज़िंदगी नष्ट कर देते हैं इसलिए स्त्री ने इंकार की हिम्मत जुटाई है और सक्षम होने पर पति की ज्यादतियाँ सहने की अपेक्षा उसे घर से बाहर निकालने की हिम्मत भी दिखाई है।[13] और स्वयं अपने दम पर बाहर आने की हिम्मत भी। स्त्री की आज़ादी को, उसके बाहर आने को पुरुष ने अपनी तरह से भुनाया है। स्त्री ने बावजूद सारी छेड़छाड़, यौन शोषण, उत्पीड़न, बाज़ार में अपने उपयोग के, अपने लिए पैर जमाने लायक ज़मीन तलाश ही ली है। अपने 'आत्म' की पहचान के लिए उसे मालूम है कि बाहर निकलना ज़रूरी है। यह बाहर निकलना वापिस लौटने के लिए नहीं है। परिवार और कॅरिअर में से यदि एक ही चुनने का उसे अधिकार है तो वह रुक कर सोचने लगी है। परिवार में यदि गुँजाइश बनती है, पति बदलता है तो ठीक अन्यथा अब वह अपने लिए भी सोचना चाहती है। 'मंजुल भगत' की 'दौड़' की तरह वह पति के पीछे बार-बार अपनी जड़ें उखाड़ने को तैयार नहीं। उसने परिवार की 'एक छत और एक पैसा' की परिभाषा को बदला है। वह 'नवनीता देव सेन' बनने को तैयार है, 'नीना गुप्ता' बन सकती है। अकेले रहने का विकल्प यदि मजबूरी में भी उसके हिस्से में आया है तो अब वह हारना नहीं चाहती। 'अनारो' बन कर वह बर्तन माँज कर अपने लिए जगह बना सकती है तो 'सुन्नर पांडे की पतोह' बन कर बलात्कार की कोशिश करने वाले की उँगलियाँ भी काट सकती है। 'इदन्नमम' की 'मंदा' बन कर गाँव वालों को आत्मनिर्भर बना सकती है। खुद आत्मनिर्भर हो सकती है। देह और श्रम के धरातल पर स्वतंत्रता की माँग करती यह स्त्री सुरक्षा के व्यामोह से बाहर आई है, समझौतों में अपनी ज़िंदगी नष्ट नहीं करती। इंकार की ताकत पहचानती है। अपने लिए निर्णय लेना चाहती है और उनके परिणामों को भुगतने के लिए भी तैयार है।

यह सच है कि समाज ने अपनी हाय तौबा नहीं छोड़ी है। 'अनारो' को पति ने भाई का सटिफिकेट दे दिया है। वह 'वर्षा वशिष्ठ' बनी है तो उसे वंश-परंपरा का ठेका दिया है, 'शुभ्रा' बनी है तो देह के खतरे दिखा-दिखा कर विवाह संस्था में वापिस भेज दिया है यह जानते हुए भी कि ऐसा करके 'शुभ्रा' का व्यक्तित्व मर जाएगा। 'मालविका' पर अहसान लादते हुए 'देने' का अधिकार अपने पास सुरक्षित रखा है। 'नर-नारी' की '[illegible]भाँजी' को अपने नपुंसक पति के पास वापिस लौटाया है। 'मित्रो' को भविष्य का डर दिखाया है। लेकिन स्त्री ने अब जाना है कि बिछौने के 'सुख' और उसकी 'ताकत' के अलावा भी शक्ति के स्रोत हैं। जहाँ से अपने लिए जगह बनाई जा सकती है जो बौद्धिक और मानसिक विकास से संभव है। 'मर्दों के विधान' से बाहर निकली इन स्त्रियों पर आरोप लगना[14] लाज़मी है कि महानगरों की चुनिंदा स्त्रियों को मिली यह आज़ादी हमारी आधी दुनिया का प्रतिनिधित्व नहीं करती। अधिकांश स्त्रियों को इस आज़ादी का पता ही नहीं, देश की अधिकांश स्त्रियाँ यदि घरेलू गुलाम हैं तो सत्ता पुरुषों को इन थोड़ी सी स्त्रियों की आजादी से भला क्या

नुकसान हो सकता है। महत्त्वपूर्ण यह है कि नगण्य ही सही, स्त्रियों ने अपने लिए साँस लेने की जगह तो बनाई है, ये थोड़ी सी स्त्रियाँ, पितृसत्ता से बाहर जाती स्त्रियाँ, बोलती हुई स्त्रियाँ, इंकार करती स्त्रियाँ निश्चय ही नींव का पत्थर साबित होंगी। 'व्यक्तिगत विद्रोह की अभिव्यक्ति सामाजिक विद्रोह का पर्याय'[15] भले ही न बने संभावना अवश्य बनती है। ये अपवाद हो सकती हैं परंतु क्रमागत व्यवस्था के विरुद्ध किसी नवीन परिवर्तन को ले जाने का श्रेय ऐसे अपवादों को ही मिलता है क्योंकि ऐसे व्यक्तियों के बिना हम किसी असम्भाव्य को संभव नहीं समझ पाते।[16]

संदर्भ सूत्र

1. ए लड़की, कृष्णा सोबती, पृ. 63
2. ए लड़की कृष्णा सोबती, पृ. 64
3. नदी को याद नहीं, सत्येन कुमार, पृ. 78
4. स्त्री देह के विमर्श, सुधीश पचौरी, पृ. 84
5. छिन्नमस्ता, प्रभा खेतान
6. स्त्री देह के विमर्श, सुधीश पचौरी, पृ. 26
7. मुझे चाँद चाहिए, सुरेन्द्र वर्मा
8. मित्रो मरजानी, कृष्णा सोबती, पृ. 93
9. मित्रो मरजानी, कृष्णा सोबती, पृ. 94
10. नदी को याद नहीं, सत्येन कुमार, 279
11. जयंती
12. स्त्री देह के विमर्श, सुधीश पचौरी, पृ. 136
13. नदी को याद नहीं, सत्येन कुमार
14. औरत अस्तित्व और अस्मिता, अरविन्द जैन, पृ. 156
15. औरत अस्तित्व और अस्मिता, अरविन्द जैन, पृ. 156
16. शृंखला की कड़ियाँ, महादेवी वर्मा, पृ. 51

प्रेम में डूबी स्त्रियाँ

□ प्रभु जोशी

कला में जब अभिव्यक्ति की बात उठती है तो उसमें नैतिक-अनैतिक, शील, अश्लील जैसे शब्द उस तरह प्रश्न बिद्ध नहीं होते, जैसे कि अमूमन वे 'सामाजिकता' को लेकर चलने वाली लम्बी और हमेशा ही लगभग अधूरी अथवा अनिर्णीत रह जाने वाली बहसों में होते हैं। अक्सर ही वहाँ, भाषा का बघनखा पहनकर 'काम तमाम कर देने वाला' क्रोध भी टहलता दिखाई देता है जिसने कई बार कला और कलाकार दोनों को ही आहत और उद्विग्न किया है। कदाचित् इसकी सबसे बड़ी वजह यह भी रही आई है कि कला में अपने अभीष्ट तक पहुँचने की प्रतिज्ञा में, पथ के ऐसे अवरोधों को या तो निर्ममता के साथ नष्ट किया है या फिर उन्हें सीधे-सीधे फलांग ही जाती रही है और कहना न होगा कि कला का यह व्यवहार एक किस्म की 'ठेस' पहुँचाता है। खासतौर पर उनको, जो स्वयं को समाज और उसकी दशा-दिशा का नियंता मानते हैं। जबकि हमारे विचार से कला का मूल-स्वभाव ही यही है कि वह 'ठेस' पहुँचाने में संकोच नहीं करती। अलबत्ता यह कहा जाए कि वह 'ठेस' पहुँचाए बगैर अपना कोई काम ही शुरू नहीं करती तो कहीं ज्यादा तार्किक और वैध होगा। हालाँकि, यह एक अलग बात है कि कला में किसी भी किस्म की 'लेजिटिमैसी' हमेशा ही कई-कई तरह की सौम्य-आपदाओं से घिरी रही है और नैतिकता की वैधता को तो खासतौर पर 'कला' द्वारा किरच-किरच किया जाता रहा है।

कारण यह कि कला अपने उत्तरोत्तर उन्नयन या विकास के लिए 'स्वतंत्रता' या 'स्वायत्तता' की जिस दुर्दयनीय आकांक्षा पर आरूढ़ रही आई है, उसकी इच्छा ने उसे स्वयम् को एक 'सत्ता' के रूप में 'सब कुछ के समांतर' या विरुद्ध खड़ा किया है। अपनी 'सत्ता' की स्वतन्त्रता की प्रतीति वह उन समाजों में तो खासतौर पर देती रही है, जहाँ निषेध अपेक्षाकृत कहीं ज्यादा कड़े और क्रूर रहे आए हैं; एक अर्थ ऐसा करना उनकी आंतरिक विवशता भी है, क्योंकि वह हर समय अपने नए रूप-स्वरूप और सत्य को खोजने के लिए अभिशप्त है। वर्ना मृत्यु उसे अपने अतिक्रमण का शिकार बना लेगी। बहरहाल, रूप-स्वरूप और अपने 'सत्य' की खोज में हजारों-हजार बार

उसने पाया कि जिस 'रूप-स्वरूप और सत्य' को हस्तगत करने के लिए वह अपने तथा अपने अड़ोस-पड़ोस से भिड़ती रही—वह वैसा इच्छित रूप-स्वरूप या सत्य तो है ही नहीं। फलतः हुआ यह कि जो 'सत्य' या 'रूप' उसने 'लड़ भिड़' कर अर्जित और आविष्कृत किया था; उसको वह स्वयं ही निगल गई; तब, वह उस हिंस्र मादा के रूप में दिखाई देती है, जो अपने ही 'जन्मे' को निष्कण होकर चबा डालती है। कला के तमाम समय-समय पर उठे आन्दोलनों और उनसे उपजी अवधाराणाओं के लोप का रहस्य भी यही है। वह कला के ऐसे ही क्रूर व्यवहार की सच्चाई का प्रमाणीकरण है। उसकी इसी प्रवृत्ति ने उसे अभियोगों के आगे ले जाकर छोड़ा है। उसकी निर्मम और निर्लज्ज निंदाएँ की गई हैं। लेकिन, कला की आत्मा में उतरे हुए लोग, इस सच्चाई को जान लेते हैं कि 'अनिंद्य रहना' उसकी मृत्यु के दिन भी गिन कर रख देता है। बहरहाल मृत्यु को फलाँगने में या कहें कि 'काल' से भिड़ने में वह जो एक तरह की छापामार लड़ाई जारी रखती है, वह अप्रत्याशित रूप से उसके समझने की प्रक्रिया को ही दुरूह और दुर्बोध बना देती है। सामान्य समझ को यह दुर्बोधता थोड़ी परेशान करती है। क्योंकि वह 'कला के व्यवहार' का विश्लेषण उस सीमान्त पर खड़ा रहकर करता है जहाँ से 'सामाजिक अनुभव' तथा 'कलानुभव' के बीच की अन्तर्निवेशी स्थिति को ठीक से पकड़ पाने में चूक हो जाती है।

कहना न होगा कि इसी चूक ने टिशियन की कृतियों को नष्ट करने का उन्माद पैदा किया था। इसी चूक ने ही सेजाँ को घूरे पर फेंक दिया था और सल्वाडोर डाली को सुर्रियलिस्ट समूह से बहिष्कृत कर दिया था। इसी चूक ने ही गौगिन को ताहिती के जंगलों में भेज दिया था और इसी चूक ने वान गाग को आत्मघात पर मजबूर कर दिया था। वह चूक हमेशा ही होती रही है और होती रहेगी। अभी-अभी बस पचास बरस पहले चित्रकार वाल्टर डोरिन को ब्रिटिश भद्रजनों के समाज ने एक अभिशप्त एकांत में आत्मनिर्वासित-सा जीवन जीने की बाध्यता से घेरकर मार डाला।

कारण स्पष्ट है और उन्हें बार-बार नए और बदले हुए शब्दों में दोहराने की जरूरत भी नहीं है, क्योंकि यह एक सर्वज्ञात सत्य है कि हमारे समूचे 'इथिक्स' (नीतिशास्त्र) का ढाँचा निर्विवाद रूप से धर्म से ही निथर कर बना है। मसलन, अच्छे-बुरे, सुन्दर-असुन्दर या नैतिक-अनैतिक की अवधारणा हमारे 'धर्मानुभव' से ही प्रकट होती है। और 'धर्मानुभव' को ही 'कलानुभव' की तरह बरतने से ही ऐसी 'ठेसें' जन्म लेती हैं। जबकि, हमारे यहाँ पश्चिम की तरह सौन्दर्य के सवालों को नैतिकतावादियों या मॉरलिस्टों ने समस्या मान कर हल करने की कोशिशें नहीं की हैं बल्कि इसके विपरीत सौन्दर्यशास्त्र के अध्ययन का आधार ही 'आलंकारिकों' (साहित्यालोचकों) के तबके ने ही तय किया; इसी कारण हमारे परम्परागत भारतीय सौन्दर्यशास्त्रीय चिन्तन को, जो स्वतन्त्रता उपलब्ध हुई वैसी स्वतन्त्रता पश्चिम को चर्च के सांस्थानिक आतंक के चलते कम ही मिली। स्वतन्त्रता का ऐसा निर्बंध उपभोग भारतीय कला को न मिला

होता तो कालिदास के 'कुमारसम्भव' को कभी का क्षिप्रा में डुबो दिया गया होता और खजुराहो के मंदिरों के अवशेष आज खोजे नहीं मिलते।

बहरहाल, हम फिर अपने उसी बिन्दु की तरफ लौटते हैं कि 'धर्मानुभव' और 'कलानुभव' की घालमेली प्रवृत्ति, दृष्टिपथ में जो 'पैरालैक्स' पैदा करती है; उससे ही कला-रसज्ञ को बचना चाहिए। दरअसल, देखा जाए तो 'कलानुभव' के लिए न तो दार्शनिकता, न सामाजिक ज्ञान और ना ही किसी प्रयोजनवादी आग्रह की आवश्यकता होती है—क्योंकि, 'कला' के भीतर ही ऐसे कई कारक 'अन्तर्भूत' होते हैं, जिनकी 'संलिष्ट-उपस्थिति' कला को स्वयमेव उस ऊँचाई तक पहुँचा देती है; जिसके चलते दूसरी तमाम चिन्ताएँ और प्रश्न अपनी कातरता में छटपटाते हुए पीछे छूट जाते हैं। इसी कारण श्लील-अश्लील, नैतिक-अनैतिकता के भयभीत या धमकाने वाले प्रश्न कला-विमर्श की परिधियों से बाहर रह जाते हैं; सामान्यतः इस अर्थ में कला हमें 'अराजक' जरूर लग सकती है और लगती है; लेकिन हमें यह नहीं भूलना चाहिए कि उसकी यह वह 'अराजकता' ही है जो उसके स्वरूप या रूप को बार-बार रचती है और बार-बार तोड़ती भी है; ताकि कोई 'सार्वभौम सत्य' उसकी अन्तरात्मा में उतर सके।

कला में श्लील-अश्लील का प्रश्न कमोबेश पश्चिम के कला आलोचनों से उठकर अधिक आया है। खासकर तब जब चित्रकला में स्त्री देह की उपस्थिति बहुत केन्द्रीय होने लगी। जबकि, भारतीय मूर्तिशास्त्र में देह तो अपनी चरम आद्य उपस्थिति में भी अनिंद्य ही थी। यहाँ तक कि हम खजुराहो के मंदिरों की मूर्तियों में 'यौनिक-दुलार' के दृश्यों को उत्कीर्णित देखते हैं। कालिदास भी 'यौनिक सौन्दर्य' का बखान करते हुए 'चन्दन के ताजा लेप में आखुर के आकार' को साक्षात् करते हैं। कदाचित् कालिदास ऐसे एकमात्र अग्रज कवि हैं, जिन्होंने 'देह' को नैतिक-निषेधों से ऊपर उठकर, अपने ऐन्द्रिय-स्वभाव के अनुकूल सम्पूर्ण स्वतन्त्रता लेते हुए 'काम'- को चित्रित किया।

परंतु चित्रकला में 'प्रकटन' का क्रूर दमन पश्चिम में इसलिए आया कि वहाँ सौंदर्यशास्त्रीय विचार अंशतः दार्शनिक और अंशतः 'कलागत' रहा। तभी तो टिशियन की निर्वसनाएँ चर्च की चोट से चीखती रहीं और चित्रकार वाल्टर डोरिन को अभी तक तीखी आलोचनाओं का सामना करना पड़ा। क्योंकि वह प्रेम में डूबी स्त्रियों को उनकी समूची 'दैहिकता' के साथ चित्रित करना चाहता था।

वाल्टर डोरिन प्रेम और देह के रिश्ते में काम दीप्ति को उसके सम्मोहन और उसकी हिंसा में भी चित्रित करना चाहता था। उसका मानना था कि एक कलाकार उन तमाम स्त्रियों से वैसे ही उत्तप्त होकर प्रेम करने की अदम्य या दुर्दमनीय लालसा रखने को स्वतन्त्र है, जो उसके अपने समय में पैदा नहीं हुई उसने एक जगह कहा था—'मैं मोनालिसा और बिएत्रिस को अपने पड़ोस की या बगल में सोयी रहने वाली स्त्री की तरह प्रेम करना चाहता हूँ।'

बहरहाल, डोरिन ने अपने आरम्भिक दिनों में प्रेम में डूबी स्त्रियों को केन्द्र में रखकर एक चित्र श्रृंखला तैयार की थी, 'वुमन इन लव' जिसे लन्दन की पोर्टल गैलरी ने प्रदर्शित किया था। इस श्रृंखला में उसने अलग-अलग समय की उन चर्चित स्त्रियों को उनके प्रेमियों के साथ चित्रित किया था। तब इन चित्रों की आलोचना यह कह कर की गई थी कि ये शिशन-केन्द्रित दृष्टि को प्रमुखता देते हुए रची गई हैं जबकि स.त्री अपने प्रेम में मूलतः अधिक आध्यात्मिक या काव्यात्मक होती है। पुरुष स्त्री से प्रेम 'सब कुछ को भूलने' के लिए करता है, मगर स्त्री 'बहुत-बहुत को याद' करने के लिए करती है। स्किन डीप लव (चर्म-सीमित प्यार) उसे देहिकता देते हुए भी देहिकता से बाहर लिए जाता है। वह देह से गुजरती हुई उस स्मृतिलोक में चली जाती है; जहाँ उसके संचित सुख और स्वप्न होते हैं। इसके विपरीत पुरुष आनंद के अभीष्ट पर पहुँचकर होश खो देने में ही अपने प्रेम की इतिश्री खोज लेता है।

कुल मिलाकर, वे ही विवादास्पद कृतियाँ, जिनकी आलोचना बहुत आक्रामकता के साथ की गई थी, सहस्राब्दी के इस समापन प्रसंग पर फिर से स्वीकार और सम्मान अर्जित कर रही हैं।

स्त्रीदेह की राजनीति : समकालीन कवयित्रियों की कविता में

□ डा. के. पी. प्रमिला

'नारी' सिर्फ शरीर है—यह हमारे समाज का निर्मित और सादवादी दृष्टिकोण था। उसको 'मनुष्य' का दर्जा प्राप्त नहीं था। इसलिए उसकी आत्मा की चिन्ता तक समाज में नहीं के वराबर थी। फिर उसके गौरव की बात, उसकी जरूरत ही नहीं पड़ी। समाज ने इसका अवसर ही नहीं दिया कि वह अपने हक बोलने शुरू करे। घर के अंदर स्वामी के लिए बिना मज़दूरी के काम करना, बर्तन मांजना, मालिक को जो जी करता है, सब के सब कर देना—ये सब उसे प्रदत्त सौभाग्य थे, सम्भाव्य अभ्यास भी। घर के बाहर आसपास की सीमित दुनिया में कभी वह काया की सौन्दर्य प्रतियोगिता में कीमत लगादेनेवाली वस्तु बना दी गई थी तो कभी पुरुष के बदले में प्रस्तुत कठपुतली। सभी भूमिकाओं में उसका कार्य समान स्वभाव का था—परसुखविधान।

इतिहास साक्षी है कि हमारे यहाँ के बड़े युद्ध हों या छोटे शोरगुल—सभी में स्त्री की छेड़छाड़ की कहानियाँ भरपूर हैं। कभी अत्याचार को मनोरंजन का मनोहर रूप दिया गया था। कहीं भी सकारात्मक रूप में स्त्री का अंकन नहीं है। या तो वह देवी है, नहीं तो वह सेविका। या तो वह अछूती आभा है, नहीं तो सार्वजनिक काया। कहीं भी इसका जिक्र नहीं है कि वह भी ऐसी मनुष्य है जो रक्त-मांस से युक्त प्राणी है। कायारूप का अतिमण्डन इतना बढ़ गया कि स्त्रीत्व की पुनर्व्याख्या वक्त की जरूरतों में समा गई। काया 'स्त्रीपन' का अनिवार्य अंग था तो उसे 'स्त्रीत्व' की पुनर्निर्मितियों के माध्यम से नए सिरे से देखने परखने की वैज्ञानिक क्षमता भी स्त्रियों ने हासिल की। पूरी सामाजिक परिसीमाओं के बावजूद स्त्रीविमर्श के मुद्दों में देह की राजनीति महत्वपूर्ण बना दी गई।

आधुनिक वैज्ञानिक अध्ययन की देन में विशिष्ट है स्त्रीपठन के सन्दर्भ में 'सेक्स' और 'जेन्डर' को अलग-अलग देखने की रीति। स्त्रीशरीर की सम्भावनाएँ उसका सौन्दर्य ही नहीं, उसकी अनन्यता है, निजता है। स्त्रीपन की परम्परागत व्याख्या शारीरिक

प्रतिमानों के आधार पर चलता थी जो आज के सन्दर्भ में स्वीकार्य नहीं है। आज इसकी दलील होती है कि स्त्री सौन्दर्य की भीतरी सम्भावनाओं को कला, साहित्य, रंगमंच और फिल्मों में किस प्रकार नए ढंग में परिभाषित कर सकता है। यह दृष्टि इसका सख्त कालानुरूप परिणाम रही कि पुरुषदृष्टि के वीरानों में स्त्री का सही सरोकार सर्वथा महरूम रह गया था। उसकी व्याख्याएँ फरेबी उसूलों और धार्मिक पाखंड़ों में शरीब हो गई थी।

वजूद की स्थापना इन्सानियत का पहला फर्ज है। उसका नैतिक और व्यावहारिक गौरव बनाए रखना किसी भी मनुष्य के जीवनक्रम का रास्ता है। नैतिकता और मानवीय न्याय में दरक बनाकर स्त्री को निर्मित वस्तु बनाए रखने की गुस्ताखी आखिर कब तक चलेगी? सामाजिक नैतिकता और मानवीय न्याय की दोहरी मानसिकता ने स्त्री शरीर को घर के अंदर दबा दिया। खुद की अवस्था पर वह पहले सोचने लगी, यही उसकी पहली कोशिश थी–

किसकी नूरजहाँ हूँ मैं
इस अन्धियारे कमरे में यों
टीन खुरचती आटे की

पृ. 52, बीजाक्षर, अनामिका

यह सवाल फिर सांसारिक रूप लेने लगा और आत्मविस्तार की बौद्धिक सोच बढ़ती हुई नज़र आने लगी। वह खुद को आज़ाद करने के लिए अपने शरीर की राजनीति और स्वत्व के निर्माण पर चिन्तित होने लगी। तभी 'एक भूतपूर्व नगरवधू की दुर्गपति से प्रार्थना' में कात्यायनी उन सब ऐतिहासिक प्रवचनों की एक-एक करके पोल खोल देती है–

अब इतनी सकत नहीं रही
कि दिन भर मुस्कुरा सकूँ, अदाएँ दिखा सकूँ
निर्माता निर्देशकों को रिझा सकूँ
या दूरदर्शन पर सौन्दर्य प्रसाधनों का विज्ञापन कर सकूँ।

पृ. 64, इस पौरुषपूर्ण समय में

अभी तक इन लोगों के लिए स्त्रीशरीर सिर्फ आनन्द पाने का साधन था। स्त्रीशरीर को लेकर यही एक सामान्यीकृत, निर्मित, आरोपित दृष्टिकोण हमारे समाज में वर्तमान था। आधुनिकता के दौर ने अन्य क्षेत्रों में बौद्धिक सोच से दखल कर दी तो इस सामान्य दृष्टिकोण पर भी प्रश्न खड़ा कर दिया गया। आरम्भकाल में उनकी दृष्टि सामान्यीकरण के परिणामस्वरूप नियतिवाद से प्रेरित रही थी। सिमोन द बोउवा के 'दि सेकेन्ड सेक्स' 1949 में स्त्री शरीर की जैविक अवस्था पर विशद प्रतिपादन कर देने के बाद समाज के विभिन्न क्षेत्रों में स्त्री को दूसरे स्थान पर धकेल कर रख देने की राजनीति पर स्पष्ट बहस होने लगी। इनमें वर्चस्ववादी सामाजिक औजारों के अधीशत्व की देखरेख है। भारत के संविधान में ही सभी नागरिकों को समान बुनियादी

अधिकार देने का प्रावधान किया गया। संविधान खण्ड 14-18 में समानता का, खण्ड 19-23 में स्वातन्त्र्य का, खण्ड 23-24 में शोषण के विरोध का, खण्ड 25-28 में धार्मिक विश्वास का, खण्ड 29-30 में सांस्कृतिक एवं शैक्षणिक सुविधा का अधिकार देने के बावजूद सभी नागरिकों को उनकी प्रशासनिक समस्याओं के निवारणहेतु संविधान की सुरक्षा के दावे हैं। इसके अलावा स्त्री-पुरुष की समान सामाजिक हैसियत को बरकरार रखने के लिए खण्ड 15 में पुनः बताया गया है कि धर्म, वर्ग, जाति, लिंग, जन्मस्थान इत्यादि के आधार पर किसी भी नागरिक का विवेचन नहीं हो। वहीं स्वतन्त्रता के 55 वर्ष बाद भी स्त्री को, उसकी देह को, लिंगसापेक्ष वस्तु मान लेने की मेधावी समाज की जुर्रत पर स्त्री उपहास करती है–

सिर्फ शव
पूछता है प्रश्न
हर युग में

सिर्फ शव
जानता है सत्य
हर युग में

वही भोगता है क्लेश
स्मृति का
वासना का
अन्त के बाद भी

बार-बार
खड़ा होता है वह
स्वयं से दूर जाने को
बेताल की तरह

सिर्फ शव है
जो दूर नहीं जा सकता
अपनी देह से
और पूछ सकता है

प्रश्न सिर्फ

पृ. 125, 'अन्धेरे में बुद्ध'–गगन गिल

अपने को भोग्या और उपेक्षित रखनेवाली शारीरिक निर्मिति को वह ठुकराना चाहती है मगर नियति रूप में उसका साया उसका पीछा नहीं छोड़ता। तभी वह प्रश्न करने लगती है, सचेत होने लगती है। वह प्रश्न करती है कि क्या वह अपनी भावनाओं के साथ शरीर की इस दुरवस्था से कभी छूट सकती है। आन्तरिक रूप से सुरक्षात्मक सामाजिक माहौल तैयार करने की दिशा में क्या देह उसको सहायता पहुँचाएगी? इस अभिव्यक्ति में अपनी जैविक अवस्था की नियत विशेषताओं को शोषण की राजनीति में समा लेने की सांसारिक कटुता पर व्यंग्य है। 1999 में केरल में दो मामले ऐसे दर्ज किए गए हैं कि उनमें दफ़्नाए गए स्त्रीशव खोदकर उनके राक्षसीय लैंगिक उपयोग किए गए! यहाँ हम दफ़्नाए गए शवों को भी सुरक्षा नहीं दे सकते तो जीवित स्त्रियों की पीड़ा कितनी बड़ी हो सकती है। काया की पीड़ा आत्मा तक व्याप्त हो जाती है। अपनी वेदना को छिपाकर जीना उसके लिए असम्भव ही नहीं बल्कि अनैतिक भी हो जाता है। जैविक अवस्था हर प्राणी के नियन्त्रण के बाहर है। इस यथार्थ को स्वीकार करना होगा। इसलिए वह सांसारिक दृष्टिकोण पर सवाल करती है। अपनी काया की निर्मित पुरानी व्याख्या से दूर हटने लगती है।

स्त्री शरीर कमज़ोर है, भारी मेहनत उससे सही नहीं जाती—यह आम पुरुषदृष्टि है। इसके अनुसार हमारे सामाजिक स्वामित्व ने उनके 'अनुरूप' कुछ क्षेत्रों में ही स्त्रियों को प्रवेश की छूट प्रदान की। यही कारण था कि इतिहास में कहीं भी स्त्रीत्व की देन को सही अंकन नहीं मिल पाता। नेशनल लॉ स्कूल के संस्थापक, विधि आयोग के अध्यक्ष तथा प्रमुख विधिवेत्ता डॉ एन. आर. माधवमेनन ने इसकी पुष्टि अपने ग्रन्थ 'ए ट्रेनिंग मैनुअल फॉर पुलिस ऑन ह्यूमन राइट्स' में कर दी है। आज के अधुनातन वैज्ञानिक युग में भी यह सीमित और कृत्रिम लगाम स्त्रीकाया पर लगा दी जाती है कि आर्तव के समय स्त्री अपवित्र हो जाती है। वैज्ञानिक दृष्टि से ऐसे अवसर पर उनकी काया में आनेवाले हॉरमोनल परिवर्तन के कारण नहीं ढूँढ़ते मगर उसूलों के भुजबल से उसकी उपेक्षा की जाती है। वहीं कस्तूरी मृग का जैसा आत्म विवेक उन्हें आभा पहुँचाता है—

जिस काँटे से
बचने के लिए
तैरती रही मछली
समुन्दर-दर-समुन्दर

उसकी देह में छिपा था

पृ. 15, अन्धेरे में बुद्ध, गगन गिल

काया की नियति शापग्रस्त नहीं, विनिर्मित है—इसका आत्मोद्घाटन यहाँ है। चारों तरफ से घिरी विभीषिकाओं से अवगत होकर, अपना रास्ता खुद खोजने की दायित्वपूर्ण

सक्रियता उसके जीवनदर्शन में समा जाती है। चयन का विकल्प जहाँ नहीं दिया जाता, वहाँ सबसे पहले मानवाधिकार की माँग उठने लगती है। फिर वह मुक्ति कामना में परिणत होकर समाज और सत्ता से संघर्ष करती है। स्त्री की आत्माभिभूतता और सामाजिक संघर्ष के बीच की अभिव्यक्ति उनकी कविता है। उसकी यह देन और अदाकारी 'उसकी रसोई' या 'अपवित्र देह' की गल्प नहीं, नए समाज और सभ्यता के पुनर्निर्माण के हेतु अनिवार्य मानवीय परिश्रम है। इसलिए वह अनिवार्य है, अनुपेक्षणीय भी। यहाँ तक रहस्यवादिनी, वेदनावादिनी एवं अध्यात्मवादिनी महादेवी की "टकराएगा नहीं आज उद्धत लहरों से/कौन ज्वार फिर तुझे पार तक पहुँचाएगा" पंक्तियों में सुरक्षात्मक स्वाभिमान झलक उठता है। इसका अगला चरण समकालीन कवयित्री में है—

उसने अपने वजूद का
एक बड़ा हिस्सा
किराए पर उठा रखा है :
दुनिया, दफ्तर, दवा-पानी
उसी आसरे चलता है,
बाकी के हिस्से में कोई नहीं आता।

पृ. 44, अनामिका, बीजाक्षर

इस 'शून्य जगह' को वह अपनी कविता से भरती है—नई-नई परिभाषाएँ जोड़ देती है। अभिव्यक्तियों का पुल इस प्रकार उसका भौतिक और संवदेनात्मक खालीपन मिटाने में सहायक बन जाता है। दुनिया से प्रदत्त समस्त जीवनानुभवों तथा शौहर के दिए गए घर-गृहस्थी के तमाम आसरों के अधीन रहती हुई वह अकेली सोचती है—क्या मेरी अपनी कोई धड़कन है? मुक्त साँस की शुद्ध हवा—

उस हिस्से—इस हिस्से के बीच
लेकिन है बचा हुआ अब तक
एक पुल—धूप-हवा और कविता का

पृ. 44, अनामिका, बीजाक्षर

इस विवेचन की प्रक्रिया खुद से शुरू होकर नारीवर्ग की तमाम गतिविगतियों पर व्याप्त हो जाती है। स्त्रीकाया की विखंडित चर्चा इसी के बौद्धिक परिणामों में एक है।

यह बताया गया है कि यौनानुभूति और लिंगभेद अलग-अलग विषय है। सांस्कृतिक रूप में निर्मित और स्वामित्व शैली में प्रवर्तित लिंगभेद की राजनीति, जैविक रूप में सहज और प्राकृतिक अतिजीवन के लिए अनिवार्य यौनानुभूति के विरुद्ध है। इसका विश्लेषण जेंडर और थलविशेष के सम्बन्ध को परखने से स्पष्ट हो जाता है। स्त्री का थल नियन्त्रित है, विनिर्दिष्ट है। गृहपरिधि के बाहर भी अनेकों ऐसे तत्व हैं जो उसे नियन्त्रित रखते हैं। संस्कृति ने उसके इष्ट समीकरण विभिन्न युग संदर्भों

में तय कर रखे हैं--जाति, धर्म, मन्दिर, मस्जिद इत्यादि। इनके मुताबिक बनाई गए विभिन्न रीति रिवाज़, प्रणालियाँ, कानून-कायदे, मन्त्र-तन्त्र आदि सब के नियन्त्रक सामान्य रूप से पुरुष रहे हैं, नियन्त्रित स्त्रियाँ। इस आपाद्कालीन अनुशासन में सांस्कृतिक जगह से ही नहीं, संस्कृति के व्यवहारबद्ध-आचरणसिद्ध थल से भी वे वंचित रह गईं। इस भीषण प्रवंचना पर वह अभिव्यक्ति के माध्यम से बहस करती है–

धीरे-धीरे
मेरे कन्धे से
उतर रहा है मेरा घर,
धीरे-धीरे उतर रही है चमड़ी

मेरे ये कपड़े
मेरे सामने
घुटनों के बल बैठे
कह रहे हैं कि अब बहुत हुआ

आओ सब भूलकर नहाओ
धुल जाएगी सारी मिट्टी
फिर जो बचेगा–

उसको--न घर की ज़रूरत होगी
न ही चमड़ी की।

पृ. 56, 'अनुष्टुप' अनामिका

चमड़ी माने शरीर और घर माने 'सुरक्षा का भौतिक शरीर' छोड़ देने की औरत की यह हिम्मत, अश्लील विज्ञापन में उसे पण्यवस्तु बनानेवाली व्यापारिक तकनीक के विरुद्ध भी वह प्रकट करती है। अपने को नग्न घोषित करके वह उस आज़ादी का इजहार करती है जो आदिम युग में खुले आकाश के नीचे स्त्री और पुरुष को समान रूप से स्वायत्त थी। इसे जिम्मेदारियों से भाग कर घर उजाड़ देने का स्त्रीवादी नारा बता कर फिर उसको लघु बनाने की साजिश की राजनीति को वह पहचान भी लेती है। यहाँ नारीमुक्ति पूरी मानवजाति की मुक्ति बन जाती है–

इस 'स्पेस' का अनुवाद
विस्तार नहीं, 'अन्तरिक्ष' करूँगी मैं
क्योंकि इसमें मैंने
उड़न तश्तरी छोड़ रखी है।

पृ. 44–वही–

अर्थात् नारी के आत्म विस्तार का अगला स्वरूप उड़न तश्तरी के बिना पूरी पृथ्वी को मुक्ति देने के प्रयास में है। यह स्पष्ट आदर्श है, सामाजिक विकास में क्रियाशील भूमिका अदा करने का इरादा भी। उसके सौन्दर्यशास्त्र में आडंबर नहीं, विविध आयामी गतिशालता है। अतः यहाँ कविता का सन्दर्भ खुला है, बौद्धिक तरीकों से नियन्त्रित भी। इस तरह पारदर्शिता' समकालीन स्त्रीकविता की हैसियत बन जाती है। कवयित्री निर्मला गर्ग अख्तियार करती है—

सचमुच के दुःख का कोई रंग नहीं होता
वह लगभग पारदर्शी होता है
दिख सकती हैं उसमें
वे चीज़ें भी
वर्षों पहले जो हमसे खोई थीं
और जिन्हें फिर हमने नहीं ढूँढ़ा

पृ. 16, कबाड़ी का तराजू

अन्वेषण की विशाल प्रेरणाएँ इस प्रकार हमारे अतीत के खोए सौन्दर्य की वापसी चाहती हैं। आज की वैचारिक स्वतन्त्रता उसका अन्तरिक्ष है। हम नए नहीं, पुराने ही हैं। हमारी याददाश्त अब भी बाकी है। हमें मालूम है कि जहाँ याददाश्त नहीं, वहाँ परिवर्तन असम्भव है।

इस तरह आज की स्त्री कविता—

1. यौन बिंब के रूप में स्त्री शरीर को देखने-परखने और मनोरंजन की पण्यवस्तु बनानेवाले कलाकारों तथा साहित्यकारों की शारीरिक फंतासी को भंग करती है।

2. यौनानुभूति को शरीर सापेक्ष और प्रकृतिजन्य मानती है। वह पुरुषशरीर के समान स्त्रीशरीर के लिए भी अनुभवयोग्य है। इसलिए शरीर का बलपूर्वक उपयोग कभी भी स्वीकार नहीं करती।

3. स्त्रीशरीर आत्यन्तिक रूप में स्त्री का है, मानवीय सम्बन्धों में पारदर्शिता से युक्त वैज्ञानिक दृष्टि अनिवार्य है। स्त्री अब भोगयवस्तु नहीं, भोक्ता है।

4. 'भोग्य वस्तु' के रूप में उनके प्रतिपादनों से वह सचेत हो गई है। सामाजिकता की कपट राजनीति के माध्यम से अधीश शक्तियों द्वारा वही पुरानी सती-सावित्री-शीलवती संयोग आज भी जारी है। इसलिए उसकी आवाज़ से प्रतिध्वनियाँ निकल जाती हैं तो वह स्वाभाविक है।

5. लिंगसापेक्ष सामाजिक-सांस्कृतिक दृष्टिभेदों की निर्मितियों का खंडन करती है।

6. आन्दोलन अभ्यास के रूप में छिन्न-भिन्न रहने पर भी स्त्री की अभिव्यक्तियों का संघर्षधर्मी असर गहरा हो गया है। रफ़्तार भरी दुनिया की डॉट कॉम संस्कृति की चाल से वह पूरी मानवजाति को आगाह करती है। जहाँ-जहाँ सम्भव है, वहाँ-वहाँ

वह प्रयोगशील भी होने का साहस जुटाने लगी है।

7. स्त्रीशरीर को तुलनात्मक दृष्टि में क्षीण या दुर्बल मानने के पक्षपात को जानती है। निर्माणात्मक और पुनरुत्पादन के अधिकारों को सापेक्ष और सुरक्षित रखने की कोशिश करती रहती है। चयन का अधिकार चाहती है। अवसरनिषेध के संकट में पड़कर हाशिए में पड़ी रहनेवाली बहिनों की आवाज़ें बुलन्द करती है। पूरी स्त्रीसंस्कृति की अभिव्यक्ति के लिए नई भाषा को अनिवार्य मानती है।

8. शारीरिक हक के साथ पारिवारिक, सामाजिक, सांस्कृतिक, राजनैतिक और आर्थिक सम्बन्धों में पुरुष से सहयोग माँगती है।

9. शादी जैसे समाज में चालू सभी संस्थागत सन्दर्भों में स्त्रीपक्षीय, कम से कम लोकतन्त्रीय दृष्टि की आशा करती है।

10. मानवजाति की मुक्ति के प्रशस्त मार्गों पर अग्रसर होती है। पृथ्वी के शरीर—प्राकृतिक संसाधनों—को शोषण बन्द करने को कहती है। यहाँ स्त्री कविता, शर्त और पूर्वाग्रह के बिना समस्त सांसारिक प्राणियों को जीने का अधिकार माँगती है। इसलिए वह उस पुरातन आदि युग की समता की गरिमा माँगती है जिसमें स्त्री-पुरुष, पशु-पक्षी सब इस पृथ्वी पर सह-अस्तित्व की जिंदगी बिताते थे।

स्त्री विमर्श : कुछ पठनीय उपन्यास

पचपन खंभे लाल दीवारें	उषा प्रियंवदा
रुकोगी नहीं राधिका	उषा प्रियंवदा
शेष यात्रा	उषा प्रियंवदा
अंतर्वंशी	उषा प्रियंवदा
अनारो	मंजुल भगत
आँखों की देहलीज	मेहरुन्निसा परवेज
उसका घर	मेहरुन्निसा परवेज
कोरजा	मेहरुन्निसा परवेज
तत्सम	राजी सेठ
रेत की मछली	कांता भारती
मेरे संधि पत्र	सूर्यवाला
उसकी पंचवटी	कुसुम अंसल
फ्रीलांसर	शुभा वर्मा
सात फेरे अधूरे	मीनाक्षी पुरी
एक जमीन अपनी	चित्रा मुदगल
आवां	चित्रा मुदगल

मनोरंजन उद्योग और महिलाएँ

□ क्षमा शर्मा

मनोरंजन उद्योग का दायरा पिछले दो दशकों में बहुत बढ़ा है। भूमंडलीकरण, उदारीकरण, तकनीक के फैलाव यथा-मल्टीमीडिया और कम्प्यूटर की उपस्थिति ने मनोरंजन के बाजार को बढ़ाया है। और हुआ यह है कि पहले जो कुछ शुद्ध मनोरंजन था अब वह उद्योग में बदल गया है। यह एक ऐसा सेवा क्षेत्र है जिसमें अच्छा-खासा मुनाफा है और यह मुनाफा दिन-दूना, रात चौगुना बढ़ रहा है।

भारत के वित्तीय औद्योगिक संस्थानों के केन्द्र ने एक विदेशी चाटर्ड अकाउंटेंट कम्पनी के जरिए एक सर्वेक्षण कराया था। इसमें यह पता लगाने की कोशिश की गई थी कि आने वाले दस वर्षों में मनोरंजन उद्योग यानी कि फिल्म उद्योग, दूरदर्शन चैनल्स और संगीत उद्योग की स्थिति क्या होगी? इसमें खेल और उसकी आय को शामिल नहीं किया गया था। सर्वेक्षण के दौरान जो निष्कर्ष निकले उनसे पता चला कि फिलहाल इस उद्योग में छह हजार करोड़ रुपए का वारा-न्यारा हो रहा है। यह उद्योग प्रति वर्ष दस से बीस प्रतिशत गति से आगे बढ़ रहा है।

भारत में मनोरंजन उद्योग का सबसे बड़ा केन्द्र फिल्म उद्योग माना जाता है। जैसे-जैसे मनोरंजन उद्योग बढ़ा है, फिल्म उद्योग में तीन तरह की घटनाएँ बढ़ी हैं—

1. इस दशक में हिन्दी फिल्मों को पूरी दुनिया (ग्लोब का बाजार मिला है)। 'हम आपके हैं कौन', 'दिलवाले दुल्हनिया ले जाएँगे', 'कुछ-कुछ होता है', 'परदेश', 'ताल', 'हम दिल दे चुके सनम', 'लगान', 'गदर' आदि फिल्में विदेशों में बहुत हिट हुई हैं। विदेशों में फिल्में हिट होने से मुनाफे में भारी बढ़ोत्तरी होती है। इसीलिए विदेशों में वितरण के अधिकार लेने के लिए मारकाट मची रहती है।

2. फिल्म उद्योग में माफिया का हस्तक्षेप बढ़ा है। यह हस्तक्षेप पहले भी था, लेकिन इतने खुले रूप में दिखाई नहीं देता था। इन दिनों फिल्मों में भारी मात्रा में माफिया का पैसा लगता है। इसके बदले निर्माता निर्देशकों को उनका पैसा वापस करने के साथ-साथ उन्हें मुनाफे में हिस्सा, विदेशों में वितरण के अधिकार यहाँ तक कि उनकी पसन्द के नायक नायिकाओं तक को लेना पड़ता है। यही नहीं जिन फिल्मों

में माफिया के लोग पैसा नहीं लगाते हैं, यदि वे हिट हो जाती हैं, तो उनमें भी हिस्सेदारी माँगते हैं। इसीलिए फिल्म उद्योग से जुड़े लोग सरकार से माँग करते रहे हैं कि इसे उद्योग का दर्जा और उससे मिलने वाली सुविधाएँ प्रदान की जाएँ।

3. फिल्म बनाने वाले गम्भीर लोगों की माँगों पर विचार करके सरकार ने फिल्म उद्योग को संकट से उबारने के लिए उद्योग का दर्जा दे दिया है। इससे फिल्म उद्योग वालों को बैंकिंग और विदेशी निवेश की सुविधाएँ मिल जाएँगी।

इस बालीवुड में महिलाओं की स्थिति क्या है? विषयवस्तु के रूप में उनका चित्रण कैसा है? पुराने जमाने की फिल्मों ने स्त्रियों को दो तरह से दिखाया। दो स्टीरियो टाइप बने। एक वे जो गृहस्थिनें थीं, दूसरी वे जो तवायफें थीं। साठ के दशक तक आते-आते फिल्मों में पढ़ी--लिखी, कैरियर वुमैन भी दिखाई देने लगी। दूसरी ओर तवायफें कैबरे डांसरों में बदल गईं। याद कीजिए वैजयंतीमाला, वहीदा रहमान, आशा पारेख, नन्दा के बरक्स हेलन, मधुमती या बेला बोस को। दरअसल इस उद्योग में स्त्री को निर्मित करने वाले फायनेंसर, डायरेक्टर, प्रोड्यूसर, कैमरामैन, एडीटर, लेखक, वितरक--सभी पुरुष थे। हालाँकि पुराने जमाने में एक मराठी महिला निर्देशक हो चुकी थीं, लेकिन सौ में से एक महिला का होना कोई खास मायने नहीं रखता।

सामाजिक दायरे में पढ़ी-लिखी स्त्री नजर आ रही थी जो स्क्रीन पर भी दीख रही थी लेकिन उसके निर्माणकर्ता पुरुष थे इसीलिए उन्होंने वही स्त्री निर्मित की जो उनके वर्चस्व से बाहर नहीं जाती थी। जिनके हाथ में वित्त और तकनीक थी उन्होंने वैसी ही औरत बनाई जो सहने के चक्कर में मर्दों के इर्द-गिर्द घूमती थी। मीना कुमारी की अधिकांश फिल्में इसी का उदाहरण हैं। ये फिल्में बॉक्स ऑफिस पर इसी वर्चस्व के कारण सफल थीं। इसी नायिका के बरक्स एक खलनायिका होती थी--रहती यह भी पुरुषों के इर्द-गिर्द थी, उन्हीं के इशारों पर नाचती थी, लेकिन यह नायिका नहीं थी। इसका कभी आदर्शीकरण नहीं किया जाता था।

सहने वाली यह स्त्री 1975-80 तक टिकट खिड़की पर सफलता प्राप्त करती रही। लेकिन ज्यों-ज्यों स्त्रियों की शिक्षा बढ़ी, जागरूकता बढ़ी, उनके अधिकारों की आवाज बढ़ी, त्यों-त्यों प्रतिरोध के स्वर बढ़े और 'सास भी कभी बहू थी' जैसी फिल्में बनीं। वैसे इसी दौर में 'जय सन्तोषी माता' नामक फिल्म भी बनी। जिसने एक नई देवी को भारतीय जनमानस में प्रतिष्ठित कर दिया। अगर इस दौर की दस बड़ी फिल्मों को देखें तो फिल्में 'मदर इण्डिया फैक्टर' से बाहर नहीं निकलीं। 'मदर फैक्टर' दरअसल पुरुषों के वर्चस्व को स्थापित करने वाला ही माना जाता है। इन फिल्मों में प्रेमिका, भाभी, छोटी बहन को फिर-फिर स्थापित किया गया। जो सह सकती है, जिसकी कोई आकांक्षाएँ-इच्छाएँ नहीं हैं, उस स्त्री की आदर्शीकृत छवि को बार-बार उभारा गया। फिल्म सम्बन्धी पत्रिकाओं में हीरो-हीरोइनों के बारे में जो चटपटी मसालेदार खबरें छपती थीं और छपती हैं, वे भी प्रायः इसी विमर्श को आगे बढ़ाने वाली होती थीं।

यह भी देखने की बात है कि 'स्टारडस्ट' फिल्मी पत्रिका की सम्पादिकाएँ महिलाएँ ही—शोभा डे से लेकर निशि प्रेम तक रही हैं लेकिन उन्होंने फिल्मी स्त्रियों की छवि को तोड़ने और सैक्स डॉल बने न रहने में कोई खास भूमिका नहीं निभाई। स्त्री के शरीर को गलाना—चाहे वह घर में गलाए या बाजार में—इस मिथ को किसी ने नहीं तोड़ा। फिल्में तो भारतीय और पश्चिमी के द्वन्द्व में फँसी रहीं। अनिवार्य वह स्त्री थी जो मेल डामीनेशन को स्वीकार करते हुए चरण धो-धोकर पी रही थी।

आज भी, हमारे फिल्मी कंटेंट में कोई खास बदलाव नहीं आया। हर कोई 'होम मेकर' को ढूँढ रहा है, इस होम मेकर की छवि को गढ़ने में फिल्मों का बड़ा हाथ है। साधारण-सरल शब्दों में होममेकर माने मीनाकुमारी, होमब्रेकर माने हेलन।

अगर संगीत उद्योग को देखें तो उसकी भूमिका कुछ प्रगतिशील नजर आती है। संगीत उद्योग ने स्त्रियों को आवाज दी है। इस उद्योग ने इस मिथ को तोड़ा है कि स्त्री गा नहीं सकती या कि 'गाने वाली' यानी कि पतुरिया। एक जमाने में जो गाती थी, वह औरत नहीं थी, वह घर के बाहर की या दरबार की अथवा कोठे की औरत थी जो सबकी सम्पत्ति थी। लेकिन मलिका पुखराज, सुरैया, नूरजहाँ, लता, आशा, गीता दत्त आदि ने स्त्री की आवाज को नए आयाम और सुर दिए। शास्त्रीय संगीत, पश्चिमी संगीत-स्त्रियाँ गा सकती हैं। यद्यपि यहाँ भी भारतीय और पश्चिमी का झगड़ा चलता रहा। एक ओर जहाँ लता को भारतीयता का प्रतीक माना गया, वहीं दूसरी ओर आशा को पश्चिमी गानों का प्रतीक कहा गया। आशा भोंसले ने अपने साठवें जन्मदिवस पर अपनी सफलता का श्रेय हेलन को देते हुए कहा था कि पर्दे पर हेलन न होती तो उनकी आवाज भी न होती। पर्दे पर भारतीय नारी को जहाँ लता ने आवाज दी वहीं खलनायिकाएँ आशा की आवाज लेकर नाचीं। भारतीय और पश्चिम के इस झगड़े में रिकार्ड बनाने वाली, संगीत को बेचने वाली कम्पनियों ने दोनों तरफ से लाभ कमाया। गृहस्थिनें या भविष्य में गृहस्थी संवारने वाली नायिकाएँ जहाँ बगीचों में रमण कर रही थीं, वहीं कल की तवायफें क्लबों में नाच रही थीं। स्त्रियों के लिए एक नया स्पेस क्रिएट हो रहा था। आम लड़की, कल तक जिसके गाने और नाचने को अश्लील करार दिया जाता था, उस पर पाबंदी लगी हुई थी, वह भी सोचने लगी कि वह नाच गा सकती है। तब भी समूह गानों में नायिका के साथ नाचने वाली ढेर सारी स्त्रियाँ नाचती थीं और उसके साथ पुरुष नाचते थे। इसी नाच-गान ने साधारण लड़कियों को उस संकोच से मुक्त किया, जहाँ उनका नाचना-गाना मना था। आज किसी बारात में आगे-आगे नाचती लड़कियाँ इसी स्पेस का परिणाम हैं जो बहुत जद्दोजहद के बाद में उन्हें मिली है।

इस दौर की धार्मिक फिल्मों में भी नायिका खलनायिका की इस छवि का खूब इस्तेमाल किया गया। इन फिल्मों की नायिका वह होती थी जो बीमार पति को सहारा देकर वेश्या के कोठे तक छोड़ आती थी और वेश्या (नाचने गाने वाली) फिर उसे

धक्का देकर आदर्श भारतीय नारीस (पुरुष वर्चस्व) की गोद में धकेल देती थी। प्रसिद्ध खलनायक मदनपुरी ने एक साक्षात्कार में कहा था कि 'रामायण' में सीता की भूमिका निभाने वाली शोभना समर्थ को जब उन्होंने टू पीस पहने, सिगरेट सुलगाए, ताश खेलते देखा तो उन्हें बहुत धक्का लगा। पर्दे की नायिका निजी जीवन में वैसी ही खलनायिका दिखाई दी, जैसी कि पर्दे पर चित्रित की जाती है तो धक्का लगना स्वाभाविक ही था।

फिल्मों में जेंडर सक्रिय तो था लेकिन उसके प्रश्न नहीं उठे। मुख्य विषय प्रेम रहा। एक स्त्री अपनी माता-पिता की मर्जी के बिना—अपने जीवन साथी का चुनाव कर सकती है, यह भी बन्द भारतीय समाज में स्त्री को चुनाव की आजादी देना और उसके लिए स्पेस क्रिएट करना ही था।

लेकिन मनोरंजन और विज्ञापन उद्योग में टेलीविजन का प्रवेश एक अभूतपर्व घटना है। जहाँ आकाशवाणी मुख्यतः संगीत और समाचार के लिए जाना जाता था, दूरदर्शन भी सूचना देने वाला माध्यम ही था, वहीं उदारीकरण की प्रक्रिया के दौरान, उपग्रहों के संजाल और केबिल के घर-घर पहुँचने के बाद टेलीविजन मनोरंजन उद्योग को आगे बढ़ाने वाले सबसे बड़े माध्यम के रूप में सामने आया। इसने बालीवुड और समाज का नक्शा बदल दिया। कल तक की होम मेकर (जिसके पास न सूचना होती थी न मनोरंजन) आज उसके पास काम निबटाने के बाद 'ईडियट बाक्स' नहीं ज्ञान का और मनोरंजन का सम्पूर्ण भंडार मौजूद था। इसी 'होम मेकर' के लिए अलग से 'दोपहर के कार्यक्रम' बनाए जाने लगे। जिसे सिर्फ यह स्त्री ही नहीं, स्कूल से लौटकर आए बच्चे तथा घर के अन्य सदस्य भी देख सकें। इसीलिए इस तरह के रोल भी क्रिएट किए गए। 1990 के बाद तो इस घरेलू औरत की तस्वीर ही बदल गई। स्टार प्लस, जी, मैट्रो, सोनी सबने मनोरंजन को गम्भीरता से लिया और टेलीविजन को मनोरंजक, सबसे अच्छा और सुलभ साधन बना डाला। अब टेलीविजन सिर्फ 'चित्रहार' और फिल्में दिखाने का ही माध्यम नहीं रहा। चैनल्स अपने धारावाहिक बनाने लगे। इनमें चित्रित कुछ औरतें—'शान्ति', 'तारा', 'रजनी' आदि भारतीय स्क्रीन पर नई औरत के चरित्र थे जो विद्रोहिणी नारियाँ थीं जो किसी भी सूरत में दबाई नहीं जा सकती थी। वे सिर्फ—नर्स, अध्यापिका या डॉक्टर बनने वाली औरतें नहीं थीं—बल्कि पत्रकार थीं, एअर होस्टेस थीं, वकील जासूस और कज्यूमर एक्टिविस्ट थीं। यानी कि दर्शक स्त्री के जीवन के लिए वे नए द्वार भी खोल रही थीं। ये नई श्रमशील स्त्रियाँ बात-बात पर लज्जित होने वाली नहीं थीं। धारावाहिकों द्वारा निर्मित ये आत्मनिर्भर औरतें वे थीं जिन्हें उद्योग जगत ने बनाया था। इनके पीछे ताकतवर कारपोरेट सैक्टर खड़ा था। ये ही तो थीं वे औरतें जो आत्मनिर्भर थीं। और इसी उद्योग जगत के बनाए उत्पादनों को खुद निर्णय लेकर खरीद सकती थीं। इसीलिए उद्योग मित्र थीं।

टेलीविजन के पर्दे पर दिखती ये आत्मनिर्भर स्त्रियाँ अनायास नहीं थीं, समाज

में आत्मनिर्भर स्त्रियाँ बढ़ रही थीं। पर्दे की स्त्रियाँ उन्हीं के जगत से दो-चार हो रही थीं, वे उन्हीं को सम्बोधित कर रही थीं। ये वे स्त्रियाँ थीं जो भीड़ से घबराती नहीं थीं, बल्कि उसके बीच से बिना किसी संकोच के निकल सकती थीं। इन स्त्रियों की बढ़त ने धारावाहिकों और विज्ञापन में औरतों की तस्वीर को बदल दिया। इसी दौर में तीन तरह के विज्ञापन बढ़े जो इस कामकाजी स्त्री और उसकी जरूरतों को सम्बोधित थे—1. परिवार नियोजन के फूहड़ विज्ञापनों की जगह माला डी, मेरी सहेली और कामसूत्रों के साफ्ट विज्ञापनों ने ले ली। 2. मासिक धर्म के दौरान प्रयुक्त होने वाले विभिन्न ब्रांडों के नैपकिंस के विज्ञापन बहुतायत में दिखाई देने लगे। 3. घर चलाने की सुविधाएँ जैसे—फ्रिज, मिक्सी, कुकर, डिटर्जेंट, केश तेल, शैम्पू, वाशिंग मशीन, टू मिनट नूडल आदि के विज्ञापन बड़ी संख्या में दिखाई देने लगे। यानी कि 'होम मेकर' जो कि घर से बाहर पैसा कमाने के लिए निकलकर, घर वापस आ रही थी उसे कुछ आराम देने की बात होने लगी। इन सभी विज्ञापनों में स्त्री की छवि माँ या घर बनाने वाली पत्नी की ही रखी गई। अब मनोरंजन के साथ-साथ इस स्त्री को थोड़ा-सा आराम भी मिलने लगा। सुविधाएँ बढ़ीं तो समय भी मिला। हाथ में फोन आ गया। कम्युनिकेशन बढ़ा। वह कम्प्यूटर एक्सपर्ट बनी। धारावाहिकों में वह बिजनैस वुमैन के रूप में दिखाई देने लगी। स्त्री का चेहरा बदलने लगा। स्त्री एक्सक्लूसिव आडियंस बनी। यह बदलाव टेलीविजन ने ही किया था। इससे पहले वह अलग से कोई आडियेंस नहीं थी। खाली वक्त मिला, कम्युनिकेशन बढ़ा तो वह खुद उपभोक्ता बनी। बल्कि दिखाए जाते रोल की उपभोक्ता बनी। वह बिना झिझके, बिना डरे अपने नए रोल में आ सकती थी।

इस नई स्त्री का चेहरा, उसकी चाल और उसका चरित्र तीनों ही बदल गए। इस स्त्री को गढ़ने में म्यूजिक, टी. वी. और फैशन टी.वी. ने एक महत्त्वपूर्ण भूमिका निभाई। वह स्त्री जो अपने वस्त्रों, अपने बालों, अपने कपड़ों के कारण कल तक पश्चिमी और खलनायिका थी आज एम.टी.वी. और फैशन टी.वी. में नायिका बन गई। धीमे गानों की जगह बीटस के गाने बन गए। लड़कियों को अब नाचने-गाने में कोई परहेज नहीं रहा। इन लड़कियों का चेहरा दुनिया भर में एक स्वीकृत चेहरा था। उसका चेहरा बदल गया था—हर चेहरा क्रीम, पाउडर, लिपिस्टिक से सुसज्जित था। हर एक चेहरे की भवें बनी थीं। बाल शैम्पू से धुले और विभिन्न प्रकार के रंगों से रंगे थे। मनोरंजन उद्योग द्वारा निर्मित यह स्त्री अब सिर और आँखें झुकाकर चलने वाली एक लज्जावती नायिका नहीं थी, उसका चेहरा बदल गया था, उसकी चाल बदल गई थी, उसका लिबास बदल गया था। और वह अब तक के अपरिचित 'आत्मविश्वास' से भरी थी। इस बदलाव को सबसे पहले विज्ञापनों और रेम्प पर होने वाले 'कैटवाक' ने दिखाया।

दुनिया भर में होने वाली सौन्दर्य प्रतियोगिताएँ इसी नई स्त्री को सम्बोधित हैं, वे इसी के लिए हैं। भारत में बढ़ती विश्व सुन्दरियाँ इसी स्त्री की देन हैं। बड़े स्तर पर सौन्दर्य प्रतियोगिताओं और निचले स्तर पर गाँव-गाँव घर-घर में बनते ब्यूटी पार्लर

लड़कियों के मन में पल रही बदलाव की इच्छा को बता रही है। न सही विश्व सुन्दरी, अपनी गली, मोहल्ले, घर में तो सुन्दर दिख सकती है। यह पता करने की बात है कि मनोरंजन जगत की इस नई स्त्री ने सौन्दर्य जगत से ताल्लुक रखने वाले उद्योग को कितने सौ प्रतिशत बढ़ाया है। क्योंकि आज घर में बैठी गृहिस्थिन भी उतनी ही सजी-संवरी दिखाई देती है, जितनी बाहर जाती स्त्री।

जहाँ एक तरफ यह नई स्त्री आत्मविश्वास से भरी है वहाँ एक नई समस्या यह भी नजर आती है कि क्या स्त्री का काम सिर्फ सजना-संवरना है और क्या तमाम माध्यमों का काम उसे यह बताना है कि वह सिर्फ सजी-संवरी बैठी रहे। अपने बौद्धिक विकास के लिए कुछ न करे। उसके चेहरे को तो सजा-संवार दिया गया है, मगर बाकी रास्ते बन्द हैं। यह भी एक पुरुषवादी विमर्श है। जहाँ आखिरी सत्ता रुपर्ट मर्डोक या बिलगेट्स के पास ही है।

यद्यपि यदि हम टी.वी. द्वारा बनाई गई स्त्री को देखें और उसमें काम करने वाली स्त्रियों को देखें, तो एक जैसे चेहरे पा सकते हैं। टी.वी. ने स्त्रियों को ऐसे पत्रकार का रोल दिया है, जिनका चेहरा हर वक्त हमारे घरों के अन्दर नजर आता है। न्यूज कास्टर मृणाल पांडे, अलका सक्सेना, बरखा दत्त, सोनिया वर्मा, प्रतिमा पुरी, सलमा सुलतान या मीनू मिश्र नजर आती हैं। समाचार—यानी कि ज्ञान से न केवल स्त्री का दो-चार होना बल्कि उसे बाँटना बहुत महत्त्वपूर्ण है। इससे पहले रेडियो पर इंदु वाही या विनोद कश्यप की आवाज़ तो हम सुन सकते थे, मगर उन्हें देख नहीं सकते थे। दूसरा स्त्री का संवाददाता का और तीसरा महत्त्वपूर्ण विषय पर चर्चा कराने वाली का है। आम तौर पर औरतों के द्वारा आयोजित शो (कौन बनेगा करोड़पति को छोड़कर) अधिक सफल रहे हैं। यही नहीं 'खल शो' 'कमजोर कड़ी कौन' को भी चलाने का जिम्मा एक स्त्री नीना गुप्ता को ही सौंपा गया था।

फिल्मी दुनिया में निर्देश के रूप में स्त्रियाँ काफी सफल रही हैं। स्मिता ठाकरे, तनुजा चन्द्रा, कल्पना लाजमी मनोरंजन के निर्माण में स्त्री की भूमिका को नया आयाम दे रही हैं। अभिनेत्रियों और फिल्म के निर्माण के अन्य क्षेत्रों में स्त्रियों की भूमिका बढ़ रही है। यह बात अलग है कि राजकपूर, सुभाष घई जैसा नाम अभी न कमाया जा सका हो। या समाचार जगत की तरह स्त्रियाँ शोभना भरतिया या नन्दिता जैन की तरह मिल्कियत न रखती हों, या चैनलों ने अभी तक कोई स्त्री चैनल न बनाया हो लेकिन यह बात तो सच है कि मनोरंजन उद्योग ने स्त्रियों का चेहरा बदल दिया है। और स्त्रियों ने मनोरंजन उद्योग का। स्त्रियों के सशक्तिकरण में इस उद्योग और इससे जुड़े मीडिया की प्रमुख भूमिका है।

हाँ इस उद्योग में आने वाली परेशानियों को भी अनदेखा नहीं किया जा सकता। फिल्मी दुनिया में स्त्रियों का शोषण, माफिया द्वारा उन्हें रखैल तक बनाया जाना। चूँकि टी.वी. में पैसा कम है इसलिए औरतों का ऐसा शोषण भी शायद कम हो।

□ अनामिका

अबला जीवन, हलो, तुम्हारी यही कहानी

हँसती हुई दीखती है वे
हर ओर
टीवी में,
सारे मुखपृष्ठों/चौराहों पर।
पिटकर भी निकली हों घर से
तो ज़ाहिर नहीं होने देती।
नए ज़माने का घूँघट
हँसी है शायद
सबके मुँह पर है यह–
एक नए ड्रेसकोड के तहत।
एक अंगूठे की तरह ही
दिखाती है देह
पार टीवी के
वे।
रणभेरी इस बार उनकी तरफ से है–
कहती सुनायी देती हैं–
"आ बैल, मुझे मार–
मृगमरीचिका पी, हिरण,
दौड़-थक, हाँफ, मर-खम जा।"
कहती है धुआँधार–
सारी लड़ाई इसी की अगर है
कि बोले देह देह की बोली
टीवी टुट बोल तो रही हूँ–
पर आपके सिर के ऊपर से गुजरी हूँ–

अनसमझी बात की तरह—
पीहू की रफ्तार में।"
"जाल बिछा ही रह जाएगा क्या, भाई?
सारे चुग्गे
खुद ही खाएँगे क्या चुनकर
भूखे बहेलिए?"
अबला जीवन, हलो, तुम्हारी यही कहानी।
"मुख पर डारै" छोटी-सी मुस्कान
सुनो सब आनी-बानी।

वृद्धाएँ

"कपड़ा है देह",....."जीर्णाणि वस्त्राणि".....वाला
वह श्लोक 'गीता' का, सुना था कभी बहुत बचपन में पापा के पेट पर
पट्ट लेटे-लेटे!
सन्दर्भ यह है कि दादाजी गुजर गए थे,
रो रहे थे पापा धीरे-धीरे
और हल्की हिचकियों से
हिल जाता था जो कभी पेट उनका,
मुझको हिचकोले का आनन्द आता था,
हालाँकि डरी हुई थी मैं यो सबके एकाएक रो पड़ने से,
बहुत चकित थी कि जो कभी नहीं रोते थे,
केवल रुलाते थे—
वे सब भी आज रो रहे हैं बुक्का फाड़े,
डरी हुई—सहमी हुई थी—
तभी तो यों चिपकी थी पापा से
पसीने से तर उनके उस बनियान की तरह
जो शायद फटी भी हुई थी—
"जीर्णाणि—वस्त्राणि" की लय में!
समझा रहा था कोई उनको—
"क्यों रो रहे हो कि
यह देह कपड़ा है,
फटा हुआ कपड़ा बदल देती है आत्मा तो

इसमें रोना क्या, धोना क्या!"
मैं क्या समझी, क्या नहीं समझी—
अब कुछ भी याद नहीं,
अब बस इतना जानती हूँ "जीर्णाणि-वस्त्राणि" के नाम पर—
कपड़े जब तार-तार होने लगते हैं,
बढ़ जाती है उनकी उपयोगिता!
फटे हुए बनियान बन जाते हैं झाड़न
और पुराने तौलिए पोंछे का कपड़ा।
फटी हुई साड़ियाँ दुपट्टे बन जाती हैं,
बन जाती हैं बच्चों की फलिया।
धोती के कोरों का अच्छा बनता है इजारबन्द,
कहीं-न-कहीं सबसे मिल जाता है उनका तार-छन्द
जो फटकर तार-तार हो जाते हैं—
सार्वजनिक बन जाती है जिनकी निजता!
वृद्धाएँ धरती का नमक हैं,
किसी ने कहा था!
जो घर में हो कोई वृद्धा—
खाना ज्यादा अच्छा पकता है,
पर्दे—पेटीकोट और पायजामें भी दर्जी और रफूगरों के
मुहताज नहीं रहते,
सजा-धजा रहता है घर का हर कमरा,
बच्चे ज्यादा अच्छा पलते हैं,
उनकी नन्ही-मुन्नी उल्टियाँ सँभालती
जगती हैं वे रात-भर,
उनके ही संग-साथ से भाषा में बच्चों की
आ जाती है एक अजब कौंध
मुहावरों, मिथकों, लोकोक्तियों,
लोकगीतों, लोकगाथाओं और कथा-समयकों की।
उनके ही दम से
अतल कूप खुद जाते हैं बच्चों के मन में
आदिम स्मृतियों के।
घुल जाती हैं बच्चों के सपनों में
हिमालय-विमालय की अतल कन्दराओं की
दिव्यवर्णी-दिव्यगन्धी जड़ी-बूटियाँ और फूल-वूल!

रहती हैं वृद्धाएँ, घर में रहती हैं
लेकिन ऐसे जैसे अपने होने की खातिर हो क्षमाप्रार्थी।
—लोगों के आते ही बैठक से उठ जाती,
छुप-छुपकर रहती हैं छाया-सी, माया-सी!
पति-पत्नी जब भी लड़ते हैं उनको लेकर
कि तुम्हारी माँ ने दिया क्या, किया क्या—
कुछ देर वे करती हैं अनसुना
कोशिश करती हैं कुछ पढ़ने की,
बाद में टहलने लगती हैं,
और सोचती हैं बेचैनी से—"गाँव गए बहुत दिन हुए!"
उनके बस यह सोचने-भर से
जादू से घर में सब हो जाता है ठीक-ठाक,
सब कहते हैं, "अरे, अभी कहाँ जाओगी,
अभी तो हमें जाना है बाहर, बच्चों को रखेगा कौन?"
कुल मिलाकर देखों सिद्ध हुआ—क्यू.ई.डी.—
कपड़ों की छाती जब फटती है—
बढ़ जाती है उनकी उपयोगिता।

सिनेमाघर

वो इक ज़माना था जब लड़कियाँ
खिलाती थीं अष्टदल कमल
गुलाबी रिबन का—
लम्बी-सी चोटी के
अगले सिरे पर।
चाकू के भोथरे किनारे से
वे निकाल लेती थीं
काजल की नोकें।
मेरा बच्चा
एक पुरानी हिरोइन का
ऐसा काजल देखकर
बोला—
"माँ एक दिन तुम लगाना

ऐसा काजल—
माली चचा की ऐंठी मूँछों-सा—
जोरदार।''
वो इक जमाना था
जब काफिलें चलते थे रिक्शों के
सिनेमाघरों तक।
हफ्तों बनते थे कार्यक्रम,
होती थी हाँ-हाँ, ना-ना,
फिर चौके के पीठासन से
आते थे फैसले—
''अच्छा, जाओ, मैटिनी शो हो आओ,
पर झुण्ड में जाना
और राज में खाती मत रह जाना तुम सब
शाम तलक-चाट-गोलगप्पे।
बाबूजी के लौटने के पहले तो घर
आ जाना, भाई जरूर,
बाबूजी कराओगी मेरी भी तुम फजीयत।''
लड़कियाँ शरमाती झींकती निकलती थी
शेखर टॉकीज से
पाँच-साढ़े पाँव तक-
''हाय, कैसी आँख से देखते थे दिलीप कुमार!
कैसी आवाज़ है मेंहदी हसन की—
रंजिश ही सही, दिल की दुखाने के लिए आ'' वगैरह।
बाद के वर्षों में
इधर-उधर सुनते हुए आनी-बानी,
पिटते हुए धुआँधार
आते थे याद दिलीप कुमार
और मेंहदी हसन—
''दिल ही दुखाने के लिए''.....हा.......।
बैंक थे सिनेमाघर
छुट्टे सपनों का होता था वहाँ
एक खाता ऐसा—
जिनको कि कहते हैं बैंकर
स्लीपिंग अकाउण्ट—

बरसों तक वह ऑपरेट नहीं होता।
छोटी-सी एक रकम
जिसका कि आपको
ध्यान भी नहीं रहता–
करती रहती है
वहाँ आपकी प्रतीक्षा–
चिरवियोगिनी की तरह।

□ कात्यायनी

हाकी खेलती लड़कियाँ

आज शुक्रवार का दिन है
और इस छोटे से शहर की ये लड़कियाँ
खेल रही हैं हाकी।
खुश हैं लड़कियाँ
        फिलहाल
खेल रही हैं हाकी।
कोई डर नहीं।
बॉल के साथ दौड़ती हुई
हाथों में साधे स्टिक
वे हरी घास पर तैरती हैं,
चूल्हे की आँच से
मूसल की धमक से
दौड़ती हुई
        बहुत
            दूर
                    आ जाती हैं।
वहाँ इन्तजार कर रहे हैं
उन्हें देखने आये हुए वर पक्ष के लोग,
वहाँ अम्मा बैठी राह तकती हैं
कि बेटियाँ आयें तो
सन्तोषी माता की कथा सुनायें
और
        वे
            अपना व्रत तोड़ें,

वहाँ बाबूजी प्रतीक्षा कर रहे हैं
दफ्तर से लौटकर
पकौड़ी और चाय की,
वहाँ भाई घूम-घूमकर लौट आ रहा है।
चौराहे से
जहाँ खड़े हैं मुहल्ले के शोहदे
रोज की तरह
और इधर
लड़कियाँ हैं
        कि
            हाकी
                        खेल रही हैं।
लड़कियाँ
पेनाल्टी कार्नर मार रही हैं
लड़कियाँ पास दे रही हैं
लड़कियाँ 'गोऽल-गोऽल' चिल्लाती हुई
बीच मैदान की ओर भाग रही हैं
लड़कियाँ एक-दूसरे पर ढह रही हैं
एक-दूसरे को चूम रही हैं
और
हँस रही हैं।
लड़कियाँ फाउल खेल रही हैं
लड़कियों को चेतावनी दी जा रही है
और वे हँस रही हैं
        कि
            यह जिंदगी नहीं है
—इस बात से निश्चिन्त हैं लड़कियाँ
हँस रही हैं
रेफरी की चेतावनी पर।
लड़कियाँ बारिश के बाद की नम घास पर
फिसल रही हैं
        और गिर रही हैं
            और उठ रही हैं
वे लहरा रही हैं

चमक रही हैं
और मैदान के अलग-अलग कोनों में
रह-रहकर उमड़-घुमड़ रही हैं।
वे चीख रही हैं, सीटी मार रही हैं
और बिना रुके
भाग रही हैं
एक छोर से दूसरे छोर तक।
उनकी पुष्ट टाँगें चमक रही हैं
नृत्य की लयबद्ध गति के साथ
और लड़कियाँ हैं कि
निर्द्वन्द्व
निश्चिन्त हैं
बिना यह सोचे कि
मुँहदिखायी की रस्म करते समय
सास क्या सोचेगी।
इसी तरह खेलती रहती लड़कियाँ
निस्संकोच-निर्भीक
दौड़ती-भागती और हँसती रहतीं
इसी तरह
और हम देखते रहते उन्हें।
पर शाम है कि होगी ही
रेफरी है कि बाज नहीं आएगा
सीटी बजाने से
और स्टिक लटकाए हाथों में
एक भीषण जंग से निपटने की
तैयारी करती लड़कियाँ
लौटेंगी घर।
अगर ऐसा न हो तो
समय रुक जाएगा
इन्द्र-मरुत-वरुण सब कुपित हो जाएँगे
वज्रपात हो जाएगा, चक्रवात आ जाएगा
घर पर बैठे
देखने आए वर-पक्ष के लोग
पैर पटकते चले जाएँगे
बाबूज़ी घुस आएँगे गरजते हुए मैदान में
भाई दौड़ता हुआ आएगा

और झोंटा पकड़कर
      घसीट ले जाएगा
अम्मा कोसेगी–
'किस घड़ी में पैदा किया था
ऐसी कुलच्छनी बेटी!'
बाबूजी चीखेंगे–'सब तुम्हारा बिगाड़ा हुआ है!'
घर
      फिर
         एक अँधेरे में
               डूब जाएगा
सब सो जाएँगे
लड़कियाँ घूरेंगी अँधेरे में
खटिया पर चित्त लेटी हुई
अम्मा की लम्बी साँसें सुनती
इन्तजार करती हुई
कि अभी वे आकर उनका सिर सहलायेंगी
सो जाएँगी लड़कियाँ
और
      सपने में
         दौड़ती हुई
               बॉल के पीछे
स्टिक को साधे हुए हाथों में
पृथ्वी के
      छोर पर पहुँच जाएँगी
और
      'गोल-गोल' चिल्लाती हुई
एक-दूसरे को चूमती हुई
लिपटकर
      धरती पर
         गिर जाएँगी!

सात भाइयों के बीच चम्पा

सात भाइयों के बीच
चम्पा सयानी हुई।
बाँस की टहनी-सी लचक वाली,

बाप की छाती पर साँप-सी लोटती
सपनों में
काली छाया-सी डोलती
सात भाइयों के बीच
चम्पा सयानी हुई।
        ओखल में धान के साथ
        कूट दी गई
        भूसी के साथ कूड़े पर
        फेंक दी गई।
        वहाँ अमरबेल बनकर उगी।
        झरबेरी के साथ कँटीले झाड़ों के बीच
        चम्पा अमरबेल बन सयानी हुई।
        फिर से घर आ धमकी।
सात भाइयों के बीच सयानी चम्पा
एक दिन घर की छत से
लटकती पायी गई।
तालाब में जलकुम्भी के जालों के बीच
दबा दी गई।
वहाँ एक नीलकमल उग आया।
जलकुम्भी के जालों से ऊपर उठकर
चम्पा फिर घर आ गई,
देवता पर चढ़ायी गई
मुरझाने पर मसलकर फेंक दी गई,
जलायी गयी।
उसकी राख बिखेर दी गयी
पूरे गाँव में।
        रात को बारिश हुई झमड़कर।
        अगले ही दिन
        हर दरवाजे के बाहर
        नागफनी के बीहड़ घेरों के बीच
        निर्भय-निस्संग चम्पा
        मुस्कुराती पायी गयी।

□ गगन गिल

आधे रस्ते तुम चलते हो

आधे रस्ते तुम चलते हो
उसके संग
फिर लौटा ले जाता है
ईश्वर बेचैन
आधे सिर में फिरते हैं
इच्छा-संताप
आधे में करती है फिर
निद्रा आघात
आधी काया रहती है
चिमटी संग तुम्हारे
लौट आता है आधा शव
घर अपने
भटकती है आधी छाया
मरुस्थल में
बदलती है आधी काया
मरुस्थल में
आधी वह होती है
अपनी-न-हुई
देखता है आधी को
ऊपर वाला
आधा होता है बन्द
ताला ठिठकता
रहता है मुँह भिंचा
अन्त तक आधा

□ सविता सिंह

नई उलझन

कुछ लोग समझ नहीं पा रहे हैं
क्यों इतनी उद्विग्न हैं औरते आजकल
क्यों छिपाकर नहीं रखती अपने दुख पहले की तरह
क्यों चाहती हैं फींचना गन्दे लत्ते-कपड़े सार्वजनिक रूप से
लिपटी रहती भी सकुचाई-सी इनकी आत्मा जिनमें

कितने प्यार से चलता था सारा कार्य-व्यपार जीवन का
सुबहें होती थी कितनी साफ-सफेद
दोपहरें आराम देह
लालसाओं में लिपटी हुई कैसे डूबती थी शाम
रात के आगोश में
कितनी आसानी से अपनाई जाती थीं वे
कितना सुखद था वासनाओं का साम्राज्य

क्या हुआ जो औरतें नहीं चाहती किसी और की औरत होना
है कौन सी यह उटपटांग नई बात कि वे अपनी औरत हैं
कि वह अपनी औरत है
अपना ख़ाती है
जब जी चाहता तब खाती है
और वह किसी की मार नहीं सहती

कुछ लोग समझ नहीं पा रहे
समय बदलता है
साथ में उसकी खब्त भी

नारी मुक्ति के फायदे

कुछ लोग समझ रहे हैं अब
नारी मुक्ति के हैं कुछ फायदे
देखिए किस तरह ढो रही हैं औरतें
पहले से आठगुना भार
पैदा कर रही हैं पाल रही हैं बच्चे अकेले
चला रही हैं देश और समाज
कमा रही हैं खा रही हैं अपना
मुक्त कर चुकी हैं पुरुषों को अपने पहले से ही

सोचकर लगता है
कितन निरर्थक था बाँधकर रखना उन्हें
गायों की तरह
और खुद मरते रहना सबके दाना पानी के लिए
वैसे भी कब चाहिए थीं औरतें प्रेम के लिए किसी को
जिनके साथ करना पड़ता था साझा तन से ज्यादा धन का
अच्छा है मुक्त हो रही हैं मिल सकेंगी स्वच्छन्द अब
संभोग के लिए
एक समय जैसे मुक्त हुए थे श्रमिक पूँजी के लिए
आज भी प्रेम के बहाने उन्हें ले जाया जा सकता है
अन्धेरों में.

पसन्द की जाने वाली स्त्री

I

प्रेम करती हुई स्त्री अब भी पसन्द की जाती है
छल में भी एक अजीब जादू है
जो झूठ में नहीं

II

कितना मिलता-जुलता है झूठ सच से
मृत्यु ज्यों प्रेम से

III
अंत में सच ही बचाता है हर स्त्री को
लेकिन तब वह इतना बदल चुका होता है झूठ में
झूठ में कुछ इस तरह
कि वह उनमें किसी काम का नहीं रहता
IV
छल रहता है ज्यों का त्यों तब भी
अपने काम-करता
प्रेम और मृत्यु का रथ हाँकता.

मुझे वह स्त्री पसन्द है

मुझे वह स्त्री पसन्द नहीं
जिसकी जीभ लटपटाती है पुरुषों से बात करने में
जिसका कलेजा काँपता है उनकी मार के डर से
जो झुककर उठाती है उनके जूते पहनाती है उन्हें समर्थ समझ कर.
जो सोती है पुरुषों के साथ किसी फायदे के लिए.

मुझे वह स्त्री पसन्द है जो कहती है अपनी बात साफ-साफ
वेझिझक जितना कहना है बस उतना
निर्भीक जो करती है अपने काम
नहीं डरती सोचती हुई आत्मनिर्भरता पर अपने
हटाती नहीं वे आखिरी पर्दे
आत्मा जिन्हें बचाए रखना चाहती है देह के लिए

मुझे वह स्त्री पसन्द है
समझती हुई सारे घात-प्रतिघात
खतरे सारे जीवन में
जो खुद से प्रेम करती है
और संसार के हर प्राणी से सहानुभूति रखती है.

सच है स्त्री

चारों तरफ प्यास है
नींद है हर तरफ
जागरण में भी
उधर भी जिधर स्वप्न जाग रहे हैं
जिधर समुद्र लहरा रहा है.
दूर तक देख सकते हैं
समतल पथरीले मैदान
प्राचीनतम-सा लगता विश्व का एक हिस्सा
और एक स्त्री लाँघती हुई प्यास

रचती हर डग से नया संसार
जिसमें वह आती जाती है वही जो वह है
गाती मीठे स्वर में गीत समुद्र के लिए–
सच है स्त्री इस विश्व में
जैसे मृत्यु
सौंदर्य जैसे.

□ नीलेश रघुवंशी

इस दुनिया को

घर में अभी तक कलर टी.वी और फ्रिज नहीं।
गाड़ी के न होने से
दस मिनट का काम कर पाता है भाई घंटे भर में

जिस पर–
पिता की सख्त हिदायत भाई की घूरती आँखें
हँसेगी दुनिया हम पर
बेटी के पैसों पर कर रहे हो ऐश।
कमाती हूँ अपना खुद का
मतलब नहीं कोई उन्हें इससे।
कुछ लेना तो दूर माँ खाती-पीती भी नहीं अब मेरा।
बेटी का खाएँगे तो जाएँगे नरक में।
इस दुनिया को तोड़ मरोड़कर
बनानी चाहिए एक नई दुनिया
बेटी जिसमें पराई न हो।

ऐसा लोक

षड्यंत्र रचती मात पर मात देती
झगड़े के नए नए स्पेस बनाती औरतें।
पतियों के लिए गायों को गुड़ चना खिलाती जल चढ़ाती
बहुओं के मंगली होने से
माँ अपने बेटे का जीवन माँगती

घर की शांति के लिए कराती गायत्री यज्ञ।
सास–बहू के झगड़े से भरपूर
फैमिली वूमैन और बिजनिस वूमैन को करते एक
हमारे टी.वी सीरियल।
मध्य वर्ग की नब्ज पर हाथ रखे
संयुक्त परिवार का पुट लिए
भावुकता से भरे ये धारावाहिक
जाने किस संसार की करते हैं, बातें
रचते हैं ऐसा लोक जो नहीं आस-पास।

भली स्त्री

पिटती अपमान सहती
सिसकती धीरे-धीरे।
अचानक किसी के आ जाने पर
जुकाम कह सुड़कती नाक।
वाहर से सुखी सम्पन्न भीतर से टूटी-फूटी।

मध्य वर्ग की भली स्त्री
इतनी रीढ़हीन क्यों हो तुम।
सिमोन द बोउआर
तुम्हारी यात्राओं के नक्शे से कैसे अछूता रह गया मेरा देश।

झिलमिला रहा था जिस रोशनी से सारा यूरोप।
उसकी एकाध किरण आती हमारी भी छत पर।
जान सकते हम भी सबेरा कव का हुआ।

प्राप्त कसी होगी मुक्ति नहीं मिलगी उपहार में
खोली जो खिड़की तुमने बचपन में।
खोल सके उसे हम आधी सदी गुजर जाने के बाद।
काश हम भी शामिल होते तुम्हारी यात्रा में।

सौंदर्य और नाजुकता को परे धकेलती
ओ सिमोन
अपनी उड़ान के पंख दिए होते हमें भी।

घर को पीठ पर लादकर

घर को पीठ पर लादकर
साइकिल पर सवार हो
गोल-गोल घूमते पहियों के साथ
फिरकी की तरह घूमती फिरूँ दुनिया सारी।

कंकरीले पत्थर, उबड़-खाबड़ रास्ते
खट्टे-मिट्ठे किस्से सुनते सुनाते।
घर को पीठ पर लादे
रेलवे पुल पर खड़ी हो
भर देना चाहती हूँ जीदन को यात्राओं से।
तंग आ चुकी हूँ
खिड़की से आसमान देखते-देखते।

□ कमल कुमार

घर लौटी लड़की

(1)
धकियाई गई बेघर लड़कियां
लौट आई हैं
दरवाजों खिड़कियों में उग आई
आँखें की चिंगारियों को
झेलती खड़ी हैं निष्कवच/
बे आवाज खटखटाती हैं दरवाजा
नहीं भी खुल सकते कपाट/
घर की परिभाषा की भूल-भुलैया में
खोई लड़कियां चकोरों में घूंसी
नहीं ढूँढ़ पाती रास्ता।
कोंनों में सिकुड़े कागज सी टिकी हैं
पहिये निकाली गाड़ी पर
उन्हें बहुत दूर जाना है/

(2)
बेघर बेइज्जत लौटी है लड़की
पीड़ा से टीसती अकेली
समय भर देगा घाव
घावों के निशान भी।
बुरे सपने सा भूल जाओ
उसे कहा गया।
पर सपना फैला है खुली आँखों में
भयानक यंत्रणा का

धमकियों से सुखाई गई लड़की
कैसे देखेगी सपना
भीगे आसमान में इन्द्रधनुष का
खिले फूल पर डोलती तितली का
नीले आसामान से उतरती सुनहली धूप का
बेआवाज लतियाई जा रही लड़की
सपनों से डरी
खुली आँखों में सोती है।

(3)
कुछ नहीं बदला था यहाँ
बार-बार उसी रास्तों से गुजरती है
पर उसके लिए सब बदल गया है
रास्ते बन्द हो गये हैं/
बदशक्ल हो गये हैं चेहरे
उपेक्षा से वक्र पिता का चेहरा
नीची नम आँखें से देखती निरीह
डरी सहमी माँ का चेहरा
बेबस पर दयार्द
चिंतित है लोग क्या कहेंगे।
उसे लड़नी है लड़ाई अब
पहले अपने खिलाफ
फिर माँ और पिता के खिलाफ
जो लाचारी से बीमार हैं
बार-बार धकेलते हैं
अंधियारे गलियारों में।
भीतरी बाहरी कोहराम से अलग
वह लोचती खड़ी है अगला कदम.....

(4)
वह घर लौटी है
घर से लौट गया है बसन्त
वह लौटी है
बाहर ठहर गई है धूप। ठहर गये

सहेलियों के ठहाके
बारिश रूक गयी है
कीचड़ में धसी कागज की किश्ती।
उसे चाहिए प्रवाह, आकाश
बदल की छाँह और
एक इन्द्रधनुष
भीतर की नगी में पनप सके
जीवन के विश्वास का बीज

(5)
बैठक में टँगे शादी के वाद के चित्र को
दीवार से उतार कर उसने अलमारी
के दराज में बन्द कर दिया
खाली जगह पर ठहर गया है समय।

घर के दरवाजों, दीवारों, छतों पर चक्कर लगाता समय
बाहर निकलने का रास्ता तलाशता है
आसान नहीं होता घरों की
खंदकों को लाँघना। पर तो भी
सोच एक दरवाजा है
उसे वहाँ तक तो जाना ही है।

पहाड़ पर औरतें

पहाड़ पर औरतें।
सलाईयों की कमान पर चढ़ाती समय को
चलते में स्वेटर बुनती हैं/
घर समेट डयूटी पर जाती
हैं पल का हिसाब रखती हैं
चलते हुए सोती और सोते में चलती हैं औरतें।

हर क्षण हर रोज बुना जाता है स्वेटर
वढ़ता जाता ढाँकता है काँपती धरती को

थरथराते आकाश और ठिठुरती हरियाली को
ऊनी गर्माहट फूटती है
पहाड़ों से, पिछली बर्फ, पुलकते झरनों
लहराते निजादते नद नालों में/
वीरानों में फैलती है जीवन की चहल-पहल
खेत लहलहाते हैं अन्न की फसलों में
औरतें समेटती हैं अन्न खेतों से
खलिहानों में, अन्न के भण्डारों में
और अनाज मण्डियों से
घरों में फली भूत होता है अन्न प्राण तत्व में
अन्नपूर्णा वे/अधखाए अधढपे
सपनों की आलोकित चोटियों से फिसलती हैं
उघड़ती बुनाई के लैंड स्लाइड में
काँपती ठिठुरती औरतें। बुनती हैं
स्वैटर दिन रात अहर्निश। अहर्निश

डैड एण्ड

इस घर से उस घर
और वहाँ से बाहर
एक राह अजनबी किनारे पर
खत्म हो गई है।
यह डेड एण्ड है।
अनजान शहर का सफर है
आँखों पर पट्टी बंधी है
पहुँचने का पता और जगह
दोनों खो गये हैं
ढही दीवारों, उघड़ी छत
सिर्फ चौहद्दियाँ हैं/वह खड़ी है।
वह कठपुतली थी
पाँच उंगलियों में बंधी थी
उसकी डोर। धुँधलाया है
उड़ रही है कलकी राख।

चेहरे नहीं धुँधलाते। भयभीत करती
छायाएँ घेरती हैं
वह लाश सी शिथिल है
ताबूत बनाया जा रहा है
उनकी हिचकियाँ थम गयी हैं
आँसू पोंछ लिये हैं सभी ने
लौट जाएंगे सुर्ख से।
मौसम बदलते हैं ताबूत में भी
बीतता है समय
पर ताबूत नहीं भीगता
वह यूँ ही गढ़ते आए हैं ताबूत
जिन्दा को लाश समझ दफना जाते हैं।

☐ वंदना केंगरानी

मैं दुश्मनों में नहीं दोस्तों के बीच जीना चाहती हूँ

कविता के शुरू होने से बढ़कर
कुछ भी नहीं है जीवन में
देखो
दिन का अजगर
रात से मिलने से पहले
केंचुल उतार रहा है
और दिन की रोशनी
अंतिम साँस लेने से पहले चमक रही है
बिल्कुल उसी तरह
जिस तरह चमकती है साँप की देह केंचुल उतरने के वाद
मैंने अपने हाथों में उठा रखी है कंदीलें
इसलिए कि दिन के डुबने के बाद
उजाला तो चाहिए होता है
अँधेरा कितना डरावना और भयभीत करने वाला होता है
और मैं अँधेरों से डरती तो नहीं
लेकिन
उसे अपनी देहलीज के भीतर भी नहीं आने देना चाहती
इसलिए नहीं कि अँधेरा मृत्यु का प्रतीक है
बल्कि इसलिए कि
अँधेरें में दोस्त और दुश्मन की पहचान मुश्किल हो जाती है
और मैं
दुश्मनों में नहीं
दोस्तों के बीच जीना चाहती हूँ।

साजिश

मैं जलती हुई चट्टान हूँ
सोचती हूं कोई झरना गिरे मुंझ पर
लेकिन
जहाँ बिछी हूँ झरना वहाँ वहाँ?
मैं करती हूँ इंतज़ार बरसते मेघों से
लेकिन धूसर आकाश खाली है मेघों से
मैं करती हूँ प्रतीक्षा शीत की
गिरेगी ओस जब
कुछ तो कम होगी मेरी झुलसन
लेकिन कहाँ घिरे मेघ? कहाँ गिरी ओस?
यहाँ तो अभी भी चल रही है झुलसती हवाएँ
क्या हुआ ऋतुओं को
लगता है मौसमों ने भी मुँह मोड़ लिया है

वे भी बाज़ार की साजिश में शामिल हो गए हैं।

टटोलने वाले पाँव

दबाव से तुम
किसी से कुछ भी नहीं मनवा सकते
भले ही तुम कितना भी धीरे बोलों
अधिकार का दबाव छिपता नहीं है
बिल्कुल उसी तरह
जिस तरह
तुम कितना भी धीरे-धीरे चलो
धरती की छाती पर
धरती को फौरन पता चल जाता है
उसे टटांलने वाले पाँव किसके हैं...?

चुप्पी

मैं
दुनिया को मूर्ख कहती हूँ
सब हँसते हैं
मुझे हँसने वालों का डर नहीं है
मुझे मालूम है वे मूर्ख हैं
मैं केवल
चुप रहने वालों से डरती हूँ
क्योंकि कोई नहीं जानता
वे क्या कह दें/क्या कर दें
ईश्वर की तरह
वह भी तो बहुत चुप रहता है.....?

तलाशती अपने सपनों को

अटारी पर टहलती लड़कियाँ
देखती है डूबते सूरज को
और
डूब जाती हैं रंगों में
बिखरे हैं जो आसमान पर
और
खोजने लगती हैं अपने सपने
उस वक़्त वे भूल जाती हैं
आसपास की अटारियों पर
पतंग उड़ाते लड़के
जो जानबूझ कर अपनी पतंगों को
ढहा रहे होते हैं उस छत पर जहाँ वे खड़ी होकर
निहार रही होती हैं क्षितिज पर छाए रंगों को
तब वे वहाँ होती हैं अपने पास
उस समय तो वे होती हैं निःसंग, निस्तब्ध
तलाशती आसमान के बिखरें रंगों में
अपने सपनों के रंग।

□ यशोधारा मिश्र

बेटी नशा तुझे है मना

बेटी नशा मना है तुझे
नशा तुझे मना बेटी
नशे की बात भी न सोचना
कहीं का नहीं रखेगा नशा तुझे
न घर की रहेगी तू, न बाहर की
न पराया रख छोड़ेगा तुझे वह, न अपना
लड़की फिर लड़की ही कहाँ रह जाती—
नशा होने पर, रखी चीज़ है नशा
कि उसका न होना सी जगह ही नहीं कहीं।।

कहीं भी देख किसी को भी देख
टोक दे इससे या बोल दे उससे
छू ले जरा सा या सूँघ ले खुशबू
वहीं से चला आ सकता है सूत भर नशा
चमकीले पानी का धार सा
या रूपहले तार सा
हवा में से आ चिपकेगा तेरे बालों में
भिगा देगा तेरी साड़ी के छोर को
झकझोर देगा सिर तेरा अनदेखे ही।।

फिर तू खींचती चली जाएगी बेटी, तेरे
कोमल पांव अब थामेंगे ही नहीं मिट्टी को
तू भूल जाएगी इन सभी को
तेरे प्रियजनों को

पराया कर देगी घर आँगन को
बाट भूल जाएगी भरी दुपहरी में।।

ये ले, कितना सुख तेरे आँचल में
उंडेल चुके हम, देख हमें
सीख हमसे बेटी, कैसे नशा
छू नहीं सकता हमारे नख तक
गौर कर कैसे हंस के डैने सा
फिसल जाता है हमारी देह से
नशे का पानी। हम उष्मा बनाए रखते हैं
नशा लोभी उस जीभ की टुकटुकी
सुनाई नहीं देती फिर कुछ देर के बाद।।

•

□ अनीता वर्मा

अभी

अभी मैं प्रेम से भरी हुई हूँ
पूरी दुनिया शिशु सी लगती है
मैं दे सकती हूँ किसी को कुछ भी
रात-दिन वर्ष-पल अनंत
अभी तारे मेरी आँखों में चमकते हैं
मर्म से उठते हैं कपास के फूल
अंधकार अभी सिर्फ मेरे केशों में है।

अभी जब मैं प्रेम करती हूँ
दुनिया में भरती हूँ रंग
जंगलों पर बिखेरती हूँ हँसी
समुद्र को सौंपती हूँ उछाल
पत्थरों में भरती हूँ शांति।

इस्तेमाल

पहले स्त्री बाज़ार नहीं जाती थी
वह फैली हुई थी समूचे घर में
उसका खालीपन भरा रहता था हर कोने में
कुछ नहीं माँगता था उसका प्रेम
कल्पना के टूटते सच उसकी गोद में गिरते जाते थे
दूर कहीं हवा में वह बनाती थी घर
सर झुकाये छिपी हुई वह लगती थी सुंदर

अब बाजार स्त्री के क़दमों में है
उसके केश सहलाता उतारता कपड़े
सामान कोई भी हो बेची जाती है हमेशा स्त्री
वह बाज़ार को ले आती है घर में
बच्चे से प्यार करती हुई वह खिलाती है उसे आधुनिक कोई उत्पाद
एक दवा उसे कमर दर्द से बचाती है
वह कई घरों को इसी तरह रखती है दुरुस्त
बेहिचक दिखते हैं उसके छिपे हुए अंग
बनते हैं सुंदरियों के इतिहास

खरीदनी है अगर दवा तो देखो स्त्री को
दर्द से ज़्यादा असरदार है उसकी कमर
तेल से ज्यादा सुंदर हैं केश कपड़ों से ज्यादा देह
देखो चमकीली आँखें चिकनी त्वचा
काली करो कल्पना अगर खरीदनी हो ग़ज़ल
शुक्र करो कि खूबसूरत माँएँ बच्चे नहीं बेचतीं
यह काम बदसूरत माँओं के लिए तय किया गया है
सुखी घर के लिए हर सामान बिकता है
यह बात सब छिपाते हैं कि उनसे जीवन का क्या बनता है

स्त्रियों से

जब कुछ ही समय बाद डूब जाएगी यह पूरी सदी
बीज और घास की किस्में हमें पुख्ता कर लेनी हैं
भूली हुई कोमलता की गोद कितनी बड़ी करनी है
इसे देखना है शुरू के दिन से
जब सहीं थीं न मालूम कितनी यातनाएँ
कई तरह के आँसू बहाये थे
जब उनके नियमों से खास स्त्री थी

अभी शायद साँस लेने का और मुक्त होने का
फ़र्क भी नहीं कर पाये हम
अगर यह वही है जो है उनके पास

तब तो वे हैं चिरकाल से मुक्त
पर स्थितियों का बदलना क्या इतने बड़े शब्द को
अर्थवान कर सकता है

रखनी होगी हवाओं के घर में हमें
वह पारदर्शी सुनहरी नदी
जिसके तट पर प्यार खड़ा है
अपने भीतर गुम न होते हुए टीले पर से
पकड़नी होगी बच्चे की छोटी अँगुली
एक समूह जो जीवित है दर्द में
उसका एक हिस्सा बनकर अपनी निविड़ताओं से
निकाल लानी होगी उजली हँसी
नदियों का साफ बहता पानी आईने सी धूप
यह लौटना सचमुच लौटना हो अपने घर
घर जो बहुत बड़ा है।

□ माधुरी भटनागर

मेरा और तुम्हारा कारगिल

जंग तो कब से शुरू हो चुकी है
पर हर जंग कारगिल या काश्मीर ही नहीं होती
हर जंग में सदा फौज़ शामिल नहीं होती
छोटे छोटे ठिकानों पर
दबे ढके सुख दुख
तुम्हारी और मेरी जंग में शामिल थे
और एक घर था
जिस को बनाने बसाने और बचाने की
हम दोनों ने
अग्नि के सामने
ली थी शपथ
एक दूसरे के हाथ पर हाथ रख कर
पर तुम्हारी सौंगन्ध में
देश भी शामिल था
उस का तुम पर कर्ज था
मिट्टी और नमक का
तुम्हारा फज़ था
उसके लिए भी
तुमने चुन लिया शहादत का रास्ता
धरती आकाश या पहाड़
जहाँ तुम एक बार चढ़े
पीछे नहीं मुड़े
बर्फ पानी और आग
जिसे पीकर तुमने अमरता पाली

अब विधवा के रूप में वीर की
लड़ना है अकेले मुझे
घर को बनाने बसाने और बचाने की लड़ाई
घर की हद ही मेरी सरहद है
मैं जानती हूँ
तुम्हारी वीरता का प्रशस्ति गायन
जब रूक जायेगा
और लौट जायेंगे
अपने घरों में सब लोग
अकेली में रह जाउंगी
अपने घर की हद में
एक सदा की सरहद पर
ज़िन्दगी की लड़ाई लड़ने

किसी सूरत के लिए

मैं धीरज की धरती हूं
लाखें लाखें लाल अंकुरों की माता हूं
मैं आकाश से उतरे
हज़ार हज़ार सुर्ख़ पक्षियों की कोख हूं
वे सब मन्नतें हूं
जिनको मांगते मांगते
उम्र के जलते पत्थरों पर पैर रखे
और देवता थे कि नहीं उठे
धूल सी धती पर
जमती जाती हूं
पत्थर बनने तक
कि कोई तो मौसम
इसे किसी सूरत में बदले

सम्बन्ध

कोई टांके तो नहीं सिलाई के
जिन्हें उधेड़ डालूं
रिश्ते
सिंए तो नहीं जाते कपड़ों से
जिन्हें फाड़ डालूं
जीते-जीते जो भी आ गया है
मेरे हिस्से में
चाहे अनचाहे
ब्याहे अनब्याहे
शरीक हो गया है मेरे अपनेपन में
यह कोई ओढ़ा हुआ दुपट्टा तो नहीं
जिसे उतार डालूं
जिन्दगी
धागों के आगे भी है
सिलाइयां जिसकी नहीं होती
रिश्तों के आगे भी होते हैं सम्बन्ध
बुनाइयां जिनकी नहीं होती
फिर भी सब कुछ होता है
इतना घना बिना बना
झील के पानी सा तरल
अलग नहीं किया जा सकता
उसे काट कर

रंजना

चीख पड़ूँ

सोकर उठते ही
मेरा घर चीखता है
मुझे साफ करो
मैं उठाती हूँ
झाड़ू...पोंछा और फिनायल की शीशी...
तभी चीखता है बेटा
मुझे जल्दी तैयार करो
मैं दौड़ती हूँ
यूनीफार्म, बैग और टिफिन लिए...
उसी समय चीखते हैं पति
मेरे कपड़े प्रेस नहीं हैं
दाढ़ी बनाने का सामान कहाँ है?
मैं दौड़ती हूँ
कपड़े और दाढ़ी बनाने का सामान लिए...
सबको विदा कर
खुद होती हूँ तैयार
और भागती हुई सी
पहुँचती हूँ दफ्तर
तो चीखता है बॉस
मिसेज क...आज फिर लेट
पूरे दिन करती हूँ काम
पर जेहन में घूमता है घर
ताला ठीक से बंद हुआ था या नहीं
दूध फ्रिज में रख दिया था न...

शाम को थकी-हारी लौटती हूँ घर
तो फिर चीखता है घर
मुझे व्यवस्थित करो
आ सकते हैं मेंहमान
जल्दी-जल्दी निबटाती हूँ काम
नाश्ता
बच्चे का होमवर्क
मेहमान का स्वागत
रात का खाना...
देर रात को लौटते हैं पति
और मुझे तरोताज़ा ना देखकर
बड़बड़ाते हैं
तो जी चाहता है
मैं भी चीख पड़ूँ
ज़ोर-ज़ोर से.....

चींटियाँ

उन्हें
पसन्द नहीं है
चीटियों का संगठन बनाना
उन्हें कतई नापसन्द है
कि चींटियाँ सियासी
और समाजी मुद्दों पर
अपनी राय दे...
उनका मानना है
कि चींटियों का
जन्म ही इसलिए होता है
कि वे रानी चींटि के अण्डे
और पूरे कुनबे के लिए
रसद ढोयें...
उन्हें चींटियों के
प्रतिवाद की भाषा तो

कत्तई...कत्तई नापसन्द है
इसलिए जब कभी
उन्हें लगता है
चींटियाँ हो रही हैं
औकात से बाहर
वे उन्हें कुचलने में
लग जाते हैं...

□ सुमन केशरी

कविता

आह की एक ध्वनि
एक कराह
फिर कुछ कसमसाहट
कई पेड़ उखड़े, दीवारें ढहीं छतें उड़ी
कई कराहें, आहें कसमसाहटें
सारा भूमंडल भर गया गूंजों से
सभी-सोंचने लगे 'ऐसा क्या हुआ'?
'ऐसा क्यों हुआ'?

फिर एक दिन पेड़ ने अपनी उपयोगिता
खुद तय करते हुए
अपने सारे पत्ते गिरा दिए धरती के आँचल में
और कहा—
ये सब पत्ते लिए
तेरी उजड़ी-उखड़ी त्वचा के लिए
जड़ें बिछा दी है गहरे में....
खड़ा हूँ निर्द्वन्द्व
फिर झूमने की कोशिश में केवल सिरह पाया
बुखार में तपी देह सा।

× × ×

कई दिनों बाद, एक दिन, मेंम साहब ने
ठूंठ देखा
कुछ विस्मित हुई—अरे हरा-भरा था यह तो

फिर माली को बुलाकर तने छँटवा दिए
इससे पहले कि माली उन्हें चूल्हें में
झोंकने की सोच भी पाता, उन्हें बांउड्री में
गड़वा कंटीले तार कसवा दिए।
खुरदरे तनों को मुन्ना बाबा ने
शार्प नाइफ़ से खुरच डाला
और बेबी साहब ने
ब्रश से पैटर्न रंग दिए जहाँ-तहाँ।
पेड़ के अब कई आयाम थे!
साहब को वो पेड़ नंग धड़ंग
अशुभ-सा लगा था
उन्होंने अपने बाहों में खड़े हो गए कंटीले रोओं को पहले रगड़ा
फिर भूलने की कोशिश में सिगार पीने लगे।
एक सुबह कठफोड़वा ने तने पर उस जगह
जहाँ से शाख फूटती है
चोंच से खोद डाला
अभी तो नही है...सोचने लगा मन मार।

मेम साहब ही सहेली फ़ेमस इनडोर डिज़ाइनर
ने मन ही मन पेड़ के मोटे तनों के कितने ही
स्टूल और सेटी बना लिए
गुजराजी रंग-बिरंगे कवरों-कुशनो से सजे...
एक डाल
वही ऊपर वाली त्रिशूलाकार
कोने में सज गई रुद्राक्ष मालाओं
और लटकते एथनिक लैंप समेत

पम्मी लेट्स कट दिस ट्री ऑफ
इट्स गिविंग भी ग्रेट आइडियाज...
उल्लास से चिहुंकी...

पेड़ अवसन्न था...डरा हुआ
काँप गया जड़ तक
सिहर गया फुनगियों तक

माँ...
गूंज गई धरती...
गूंज उठा आसमान
* * *
ऊपर कुत्ते की कुठरिया से अम्मा
धीरे-धीरे नीचे उतरी
बरसों बाद उसने आँगन में कदम रखा
और अपने साहब बेटे की स्टडी का दरवाजा खोल
कुछ क्षण उसे आँख भर देखने
अम्मा ने अपना काँपता हाथ उसके सर पर फेर दिया
खड़े रोओं को जैसे किसी ने सहला दिया
नीम की टहनी से
उधर पेड़ पोर-पोर अखुँआ गया
मानो किसी ने अमृत कलश फोड़ दिया हो
उस ठूंठ पर
दिन निकलते न निकलते
कितनी ही शाखा प्रशाखाएँ फूट पड़ीं
अम्माँ की कुठरिया की खिड़की पर टिके कोलाज
को परे सरका डाल ने गोया दस्तक दी
खुली खिड़की पर खड़ी अम्मा के मुर्दा चेहरे
पर बरसों बाद धूप की किरण पड़ी
पेड़ ने उनकी पलकों पर हुए सिहरन को खुद महसूसा
जड़ तक।

कविता भाटिया

प्रेम

वह लड़की अब
लिखने लगी है
प्रेम कविताएँ,

वह लड़की
कभी दाँतों तले उंगली दबा
आप ही आप
लगती है मुस्कुराने,

वह लड़की
परिवार वालों की
बातों में अक्सर रहने लगी है
अब गुमसुम,

वह लड़की
कभी तकिये से मुँह छिपाये
लेटी रहती हैं देर तक
तो कभी
खुली हवा में
दोनों हाथ फैला
भरना चाहती है
बहुत कुछ अपनी बंद मुट्ठियों में,

वह लड़की कभी
बैठी रहती है मंदिर में
आँखें मूंद
और
बुदबुदाते रहते हैं
उसके ओंठ देर तक,

रोको, उसे
करने लगी है वह
एक खतरनाक काम,
हाँ, वह लड़की करने लगी है
अब प्रेम।

स्त्री मुक्ति का राजनीतिक अर्थशास्त्र

□ मार्गरेट बेन्सटेन

हमारे जटिल समाज में हर चीज की तरह स्त्रियों की हैसियत भी एक आर्थिक बुनियाद पर टिकी होती है।

–एलीनॉर मार्क्स और एडवर्ड एवेलिंग

समाज की वर्ग संरचना के विश्लेषण में आम तौर से 'स्त्री-प्रश्न' की उपेक्षा कर दी जाती है। इसका कारण यह है कि जहाँ एक तरफ वर्गों को सामान्यतः उत्पादन के साधनों के साथ उनके सम्बन्धों के आधार पर परिभाषित किया जाता है वहीं दूसरी तरफ़, यह माना जाता है कि स्त्रियों का उत्पादन के साधनों के साथ कोई विशिष्ट सम्बन्ध नहीं बनता। बल्कि दिखाई यह देता है कि यह विशिष्ट श्रेणी सभी वर्गों में शामिल है। और हम स्त्रियों की चर्चा मेहनतकश औरतों, मध्यमवर्गीय औरतों के रूप में करते भी हैं। स्त्रियों की हैसियत स्पष्टतः पुरुषों से कमतर होती है,[1] परन्तु इस स्थिति का विश्लेषण करते समय बहुधा समाजीकरण, मनोविज्ञान, अंतर्वैयक्तिक सम्बन्धों अथवा एक सामाजिक संस्था के रूप में विवाह की भूमिका जैसे कारणों पर चर्चा होने लगी है।[2] प्राथमिक कारक क्या यकीनन यही हैं? इस बात पर बहस चलाई जाए कि औरतों के दोयम दर्जे की हैसियत का मूल आधार वस्तुतः आर्थिक है तो यह प्रमाणित किया जा सकता है कि बतौर एक समूह औरतों का उत्पादन के साधनों से एक सुनिश्चित सम्बन्ध होता है जो पुरुषों के सम्बन्ध से भिनन होता है। वैयक्तिक और मनोवैज्ञानिक कारक उत्पादन के साथ इस विशिष्ट सम्बन्ध के बाद आते हैं और उत्पादन सम्बन्धों में परिवर्तन इन्हें बदलने की एक अनिवार्य शर्त है (परन्तु पर्याप्त नहीं)।[3] उत्पादन के साथ स्त्रियों के इस विशिष्ट सम्बन्ध को यदि मान लिया जाए तो स्त्रियों की स्थिति का विश्लेषण स्वाभाविक रूप से समाज के वर्ग विश्लेषण से जुड़ जाता है।

उत्पादन के साधनों पर स्वामित्व रखने वाले लोगों तथा उजरत के लिए अपनी श्रम शक्ति बेचने वालों के बीच विभाजन पूँजीवादी समाज में वर्गों की चर्चा का प्रस्थान

बिन्दु होता है। जैसा कि अर्नेस्ट मेंडल कहते हैं–

संक्षेप में कहें तो सर्वहारा की यह स्थिति उत्पादन के साधनों अथवा जीविकोपार्जन के साधनों तक उसकी पहुँच न हो पाने से होती है जो सामान्यीकृत रूप में माल उत्पादन करने वाले समाज में, सर्वहारा को अपनी श्रम शक्ति बेचने के लिए बाध्य कर देती है। इस श्रम शक्ति के बदलने में उसे जो मजदूरी मिलती है उससे वह अपनी और अपने परिवार की आवश्यकताओं को पूरा करने के लिए जरूरी उपभोग के साधनों को हासिल करता है।

उजरत पर जीवन निर्वाह करने वालों की, सर्वहारा की, यह संरचनागत परिभाषा है। इससे अनिवार्यतः उसका अपने श्रम के साथ, अपने श्रम के उत्पादों और समाज में अपनी समग्र स्थिति के साथ एक सुनिश्चित सम्बन्ध निकलता दिखाई देता है, संक्षेप में जिसे प्रकट करने का संकेत शब्द है अलगाव। परन्तु इस ढांचागत परिभाषा में उसके उपभोग का स्तर...उसकी आवश्यकताओं की सीमा अथवा किस हद तक वह उन्हें पूरा कर सकता है, जैसी तमाम चीजों के बारे में कोई आवश्यक निष्कर्ष नहीं निकलता।[4]

हमारे पास इसी के अनुरूप स्त्रियों की ऐसी कोई संरचनागत परिभाषा नहीं है। यहाँ जिस चीज की जरूरत सबसे पहले है वह स्त्रियों की गौण स्थिति के लक्षणों की पड़ताल नहीं है बल्कि इसकी जगह पूँजीवादी (और दूसरे) समाजों में भौतिक परिस्थितियों का वह विवरण है जो 'स्त्री' समूह को परिभाषित करता है। इन्हीं परिस्थितियों पर विशिष्ट अधिरचनाएँ निर्मित होती हैं जिनके विषय में हम जानते हैं। मेंडल का एक दिलचस्प उद्धरण इस प्रकार की परिभाषा को स्पष्ट करता है–

प्रत्यक्ष उपभोग के लिए निर्मित की गई सामग्री के विपरीत माल...एक ऐसा उत्पाद होता है जिसे बाजार में विनियम के लिए पैदा किया जाता है। प्रत्येक माल का उपयोग मूल्य और विनिमय मूल्य दोनों का होना आवश्यक है।

इसका एक उपयोग मूल्य होना चाहिए अन्यथा इसे कोई नहीं खरीदेगा....किसी के लिए बिना किसी उपयोग मूल्य के माल अंततः अपव्यय होगा, एक व्यर्थ का उत्पादन होगा, और चूँकि इसका उपयोग मूल्य नहीं है अतः इसका कोई विनिमय मूल्य भी नहीं होगा।

दूसरी तरफ, उपयोग मूल्य वाले प्रत्येक उत्पाद का विनिमय मूल्य हो ही यह आवश्यक नहीं। इसका विनिमय मूल्य तभी होता है जब वह समाज, जिसमें माल का उत्पादन होता है विनिमय पर आधारित हो और एक ऐसा समाज हो जहाँ विनिमय एक आम चलन हो...

पूँजीवादी समाज में, माल उत्पादन, विनिमय-मूल्यों का उत्पादन अपने चरम विकास तक पहुँच चुका रहता है। मानव सभ्यता के इतिहास में यह पहला ऐसा समाज है जहाँ उत्पादन में बड़ा हिस्सा माल उत्पादन का होता है। बेशक यह भी सच नहीं

है कि, पूँजीवाद के अन्तर्गत समस्त उत्पादन माल उत्पादन ही होता है। दो किस्म के उत्पाद ऐसे भी हैं जिनका सिर्फ उपयोग मूल्य ही होता है।

पहली श्रेणी के उत्पादों में ऐसी तमाम चीजें आती हैं जिसे किसान आबादी अपने निजी उपभोग के लिए पैदा करती है, और जिसे उस कृषि भूमि से सीधे इस्तेमाल कर लिया जाता है, जहाँ इसका उत्पादन होता है...

पूँजीवादी समाज में दूसरी श्रेणी के उत्पादन, जिनकी गणना माल के रूप में नहीं होती बल्कि जिनका मात्र उपयोग मूल्य ही होता है, वे सभी वस्तुएँ हैं जो घर में पैदा की जाती हैं। बावजूद इसके गृहस्थी से जुड़े इस तरह के उत्पादन में यथेष्ट मानव श्रम लगा होता है, इनका सिर्फ उपयोग मूल्य ही होता है और इन्हें माल नहीं कहा जा सकता। हर बार जब कोई सूप तैयार किया जाता है या कपड़े पर बटन टांका जाता है तब उत्पादन तो हो रहा होता है परन्तु यह उत्पादन बाजार के लिए नहीं होता।

माल उत्पादन के अस्तित्व में आने और आगे चलकर उसके व्यवस्थित रूप लेने तथा सर्वव्यापी हो जाने ने आदमियों के करने के श्रम के तरीके और समाज को संघटित करने के उनके ढंग में क्रान्तिकारी रूपान्तरण कर दिया है।[5]

शायद मेंडल ने इस पर ध्यान भी न दिया हो कि उनका अन्तिम अनुच्छेद किस कदर सही है। माल उत्पादन की उपस्थिति ने वास्तव में आदमी के श्रम करने के तरीके में रूपान्तरण कर दिया है। जैसा कि वे इंगित करते हैं पूँजीवादी समाज में (और इस मामले में वर्तमान समाजवादी समाजों में भी) घर-गृहस्थी में होने वाला ज्यादातर श्रम बाजार-पूर्व अवस्था में रहता है। यही वह काम है जो औरतों के लिए आरक्षित होता है और औरतों की एक परिभाषा ढूँढ़ने का आधार हमें इसी तथ्य से मिल सकता है।

शुद्धम-शुद्ध परिभाषा के नजरिए से ही देखा जाए तो बच्चों के पालन-पोषण और घर-गृहस्थी में लगने वाला श्रम सामाजिक रूप से आवश्यक उत्पादन का एक भारी हिस्सा होता है। इसके बावजूद, माल उत्पादन पर आधारित समाज में इसे आमतौर पर 'वास्तविक काम' इसलिए नहीं माना जाता क्योंकि यह व्यवसाय और बाजार क्षेत्र के बाहर रहता है। यह बिल्कुल वास्तविक अर्थों में प्राक्-पूँजीवादी होता है। एक विशेष प्रकार की कोटि 'स्त्रियों' के लिए कर्तव्य रूप में घर-गृहस्थी के कामों के इस निर्धारण का अर्थ है कि 'पुरुष' समूह के मुकाबले यह समूह उत्पादन के साथ एक भिन्न सम्बन्ध वास्तव में कायम करता है। तब, स्त्रियों को हम मोटे तौर पर लोगों के एक ऐसे समूह के रूप में परिभाषित करेंगे जो घर-परिवार से जुड़े कामों में मात्र उपयोग मूल्य के उत्पादन के लिए जिम्मेदार होता है।

इस प्रकार के उत्पादन में चूँकि पुरुष कोई जिम्मेदारी नहीं उठाते, अतः दोनों समूहों के बीच अन्तर का मुख्य कारण इस चीज में होता है। ध्यान देने की जरूरत

है कि स्त्रियों को माल उत्पादन से अलग नहीं किया जाता। उजरती श्रम में उनकी भागीदारी होती है परन्तु एक समूह के रूप में इस क्षेत्र में उनका कोई संरचनात्मक दायित्व नहीं बनता और ऐसी भागीदारी को सामान्यतः चलताऊ ढंग से लिया जाता है। दूसरी तरफ माल उत्पादन का दायित्व पुरुषों का होता है, सिद्धान्ततः घर-गृहस्थी के कामों में उन्हें कोई भूमिका नहीं दी जाती। उदाहरण के लिए, यदि वे घरेलू उत्पादन में हिस्सेदारी करते भी हैं तो इसे महज आपत्तिजनक ही नहीं समझा जाता, इसे मनोबल तोड़ने वाला, पुंसत्वहीन, यहाँ तक कि स्वास्थ्य के लिए अहितकारी माना जाता है। (जनवरी 1969 में वैनकुवर सन के मुख्य पृष्ठ पर प्रकाशित एक रिपोर्ट के जरिए यह जानकारी दी गई थी कि ब्रिटेन में पुरुषों का स्वास्थ्य इसलिए चौपट हो गया था क्योंकि उन्हें बहुत अधिक घर-गृहस्थी का काम करना पड़ रहा था)।

स्त्रियों की इस निम्नतर स्थिति का भौतिक आधार स्त्री की ठीक इसी परिभाषा में ढूँढ़ा जा सकता है। एक ऐसे समाज में जहाँ मुद्रा मूल्य का निर्धारण करती है, स्त्री एक ऐसी कोटि है जो मुद्रा अर्थशास्त्र की परिधि के बाहर काम करती है। उसके कामों को मुद्रा से नहीं आंका जाता अतः वह मूल्यहीन होता है, यहाँ तक कि वह वास्तविक काम भी नहीं माना जाता। और ऐसे मूल्यहीन काम को अंजाम देने वाली खुद औरतों की हैसियत को उन पुरुषों के समकक्ष मानने की बात सोची ही नहीं जा सकती जो मुद्रा के बदले में काम करते हैं। संरचनात्मक रूप में, औरतों की इस स्थिति के सर्वाधिक निकट उन लोगों की स्थिति भी होती है जो माल उत्पादन के दायरे से बाहर थे या हैं जैसे कि भूदास और किसान।

महिलाओं के बारे में अपने लेख में जूलियट मिशेल ने विषय को इस प्रकार प्रस्तुत किया है : "विकसित औद्योगिक समाज में स्त्रियों का काम समूची अर्थव्यवस्था के सिर्फ हाशिये पर होता है। जबकि काम के जरिए आदमी प्राकृतिक अवस्थाओं को बदल डालता है और इस प्रकार समाज का निर्माण करता है। जब तक उत्पादन में क्रान्ति नहीं होती, श्रम के हालात स्त्रियों की स्थिति को पुरुषों की दुनिया के अन्दर ही निर्धारित करते रहेंगे।"[6] स्त्रियों का काम हाशिये पर होता है, यह बयान इस बात की अविश्लेषित स्वीकारोक्ति है कि औरतों द्वारा किया गया कार्य उस कार्य से भिन्न होता है जिसे पुरुष करते हैं। बेशक, यह काम हाशिए पर पड़ा काम नहीं है। यह बस उजरती श्रम नहीं होता और इसलिए इसकी गणना नहीं की जाती। वे अपने उसी लेख में आगे यहाँ तक कहती हैं कि "उत्पादक श्रम के रूप में यदि परिभाषा को निर्धारित किया जाए तो आज भी घरेलू श्रम की विपुल राशि मौजूद है।" उदाहरण स्वरूप वह कुछ आंकड़े बताती हैं। स्वीडन में प्रतिवर्ष उद्योग में 12900 लाख घण्टे व्यतीत करने वाली औरतों के मुकाबले घरेलू काम करने वाली औरतों का 23400 लाख घण्टे गृहस्थी के कामों में लगते हैं।, चेज मेनहट्टन बैंक का यह आकलन है कि पूरे सप्ताह में एक स्त्री कुल 99.6 घण्टे काम करती है।

बहरहाल बुनियादी आर्थिक कारकों पर मिशेल कम जोर देती हैं (यूँ भी वे अधिकांश मार्क्सवादियों की 'अतिरिक्त रूप से अर्थशास्त्री' होने की भर्त्सना करती हैं) और उतावलेपन के साथ अधिरचनात्मक कारकों तक पहुँच जाती हैं क्योंकि उनका यह मानना है कि "औद्योगीकरण का आगमन अभी तक स्त्रियों को मुक्त नहीं कर सका है।" जिस चीज को देखने में वह चूक जाती हैं वह यह है कि अभी तक किसी भी समाज में घरेलू कामकाज का औद्योगीकरण नहीं किया गया है। एंगेल्स यह स्पष्ट करते हैं कि "सम्पूर्ण स्त्रियों की मुक्ति की प्रथम पूर्वशर्त है सामाजिक उत्पादन के कामों में समूची स्त्री जाति का नए सिरे से जुड़ाव...और यह केवल बड़े पैमाने के आधुनिक उद्योग के परिणामस्वरूप ही सम्भव हुआ है, जो बड़ी संख्या में स्त्रियों की उत्पादन में भागीदारी को न केवल मुमकिन बनाता है बल्कि उन्हें वास्तव में उत्पादन में खींचना जिसके लिए जरूरी भी होता है। इससे भी अधिक, इसमें घर के निजी कामकाज को भी एक सार्वजनिक उद्योग बना देने की प्रवृत्ति होती है।"[7] इसी परिच्छेद में वह बाद में कहते हैं, "यहाँ हम पहले ही इस बात को देख सकते हैं कि जब तक स्त्रियों को सामाजिक उत्पादन के काम से अलग और घर के निजी कामों तक ही सीमित रखा जाएगा, तब तक स्त्रियों का स्वतन्त्रता प्राप्त करना और पुरुषों के साथ बराबरी का हक पाना असम्भव है और असम्भव ही बना रहेगा।" मिशेल ने जिस समस्या पर ध्यान नहीं दिया है वह मात्र इतनी ही नहीं है कि स्त्रियों को मौजूदा औद्योगिक उत्पादन में खींच लिया जाए बल्कि इससे कहीं अधिक जटिल है और वह है घर-गृहस्थी के निजी उत्पादन के कामों को सार्वजनिक उत्पादन में बदल देना।

घरेलू कामकाज को 'सार्वजनिक उत्पादन' के रूप में बदलने की बात करते ही बहुतेरे अमेरिकियों के सामने तत्काल ही 'ब्रेव न्यू वर्ल्ड' या एक विशालकाय संस्था की तस्वीर खिंच जाएगी—अनाथाश्रम और सैन्य शिविर के घालमेल वाली एक ऐसी जगह की तस्वीर जहाँ हम सभी रहने को बाध्य होंगे। इन्हीं वजहों से औद्योगीकरण की प्रकृति को, सरल रूप में और योजनाबद्ध ढंग से स्पष्ट कर देना निहायत जरूरी है।

एक औद्योगिक-पूर्व उत्पादन इकाई ऐसी इकाई होती है जिसमें उत्पादन छोटे पैमाने पर और बार-बार दोहराया जा सकने वाला होता है अर्थात ऐसी छोटी-छोटी इकाइयों की भारी संख्या होती है जिसमें प्रत्येक इकाई अपने-आप में पूर्ण होती है और सभी इकाइयाँ बिल्कुल एक जैसी हैं। साधारणतया ये उत्पादन इकाइयाँ किसी न किसी रूप में एक दूसरे से जुड़ी होती हैं। ये बहुउद्देशीय होती हैं और आर्थिक उद्देश्य के साथ-साथ ये धार्मिक, आमोद-प्रमोद सम्बन्धी, शैक्षिक तथा यौन सम्बन्धी कामों को भी पूरा करती हैं। ऐसी स्थिति में किसी व्यक्ति के अभीष्ट सहज गुण, जो उसे प्रतिष्ठा प्रदान करते हैं, उनकी परीक्षा विशुद्ध रूप से मात्र आर्थिक मानदण्डों की कसौटी पर ही नहीं की जा सकती। उदाहरण के लिए स्वीकृत चारित्रिक विशेषताओं

में सम्बन्धी के प्रति उचित व्यवहार अथवा दायित्व निर्वाह में तत्परता जैसी चीजें आती हैं।

मूल रूप से यह उत्पादन विनिमय के लिए नहीं होता। परन्तु मालों का विनिमय यदि पर्याप्त जरूरी हो ही जाता है तो उत्पादन क्षमता में वृद्धि भी आवश्यक हो जाती है और इसमें एक-दूसरे से जुड़ी उत्पादन इकाइयाँ नष्ट हो जाती हैं। इसकी जगह एक बड़े पैमाने की, बार-बार न दोहराने वाली उत्पादन इकाई ले लेती है जिसका एकमात्र कार्य होता है, आर्थिक कार्य और जहाँ प्रतिष्ठा अथवा हैसियत आर्थिक दक्षता द्वारा हासिल की जाती है। उत्पादन को युक्तिसंगत बनाया जाता है, व्यापक रूप से इसकी दक्षता और अधिक बढ़ाई जाती है और यह अधिकाधिक सार्वजनिक—समूचे सामाजिक ताने-बाने का एक अंग बन जाता है। मनुष्य की उत्पादक क्षमताओं का अतिशय विस्तार होता है। पूँजीवाद के तहत इन सामाजिक क्षमताओं का अतिशय विस्तार होता है। पूँजीवाद के तहत इन सामाजिक उत्पादन शक्तियों का इस्तेमाल लगभग पूरी तौर से सिर्फ निजी मुनाफे के लिए किया जाता है। इन्हें उत्पादन का पूँजीकृत स्वरूप समझा जा सकता है।

यदि हम उपरोक्त बातों को घर-गृहस्थी और बच्चों की देखभाल के कामों में लागू करें तो यह स्पष्ट हो जाएगा कि प्रत्येक परिवार, प्रत्येक घर-गृहस्थी ठीक उसी प्रकार एक व्यक्तिगत उत्पादन इकाई, एक पूर्व-पूँजीवादी इकाई होती है जिस प्रकार खेतिहर किसानों या कुटीर बुनकरों की प्राक्-औद्योगिक उत्पादन इकाइयाँ बनती हैं। यहाँ प्रमुख विशेषताएँ एकदम स्पष्ट होती हैं। बार-बार दोहराया जाना, कुटुम्ब आधारित तथा काम की निजी प्रकृति इनकी सर्वाधिक महत्त्वपूर्ण विशेषताएँ होती हैं (अन्य विशेषताओं पर भी नजर डालना दिलचस्प होगा। परिवार के बहुउद्देशीय कार्य, यह तथ्य कि स्त्रियों के लिए अभीष्ट गुण आर्थिक कौशल में निहित नहीं होते, इत्यादि)। बड़े पैमाने के उत्पादन में संक्रमण से उत्पादन की जो युक्तिसंगतता पैदा होती है इस क्षेत्र में वह चीज नहीं हुई है।

औद्योगीकरण अपने-आप में मानव जाति की भलाई के लिए एक बड़ी शक्ति है। शोषण और अमानवीकरण का सम्बन्ध पूँजीवाद से है न कि औद्योगीकरण से। पूँजीवाद के अन्तर्गत निजी घरेलू श्रम के सार्वजनिक उद्योग में रूपान्तरण की वकालत करना समाजवादी समाज में इस प्रकार के रूपान्तरण की वकालत करने से एक बिल्कुल भिन्न चीज होती है। समाजवादी समाज में उत्पादक शक्तियाँ निजी मुनाफे के लिए नहीं बल्कि मानव जाति के कल्याण के लिए काम करती हैं और इसका परिणाम मुक्ति होता है अमानवीकरण नहीं। उस समाज में हम उत्पादन के समाजीकृत स्वरूप की बात कर सकते हैं।

ये तकनीकी परिभाषाएँ नहीं हैं बल्कि औद्योगीकरण के दो महत्त्वपूर्ण दृष्टिकोणों के अन्तर को स्पष्ट करती हैं। घर की देखभाल को सार्वजनिक अर्थव्यवस्था के तहत

समाहित करने का हश्र फौजी बैरकों जैसा होगा, यह भय पूँजीवाद का सबसे बड़ा सच है। अगर उत्पादन समाजीकृत हो और इसमें से मुनाफे के उद्देश्य तथा इसके साथ ही पैदा होने वाले श्रम के अलगाव को निकाल दिया जाए तो ऐसा कोई कारण नहीं कि किसी औद्योगीकृत समाज में घर के कामों के औद्योगीकरण का परिणाम बेहतर उत्पादन न हो। यानी वर्तमान एकनिष्ठ परिवार के मुकाबले बेहतर भोजन, अधिक आरामदायक परिवेश, बेहतर समझदारी और स्नेह के साथ बच्चों का पालन-पोषण, आदि-आदि।

बहुधा यह तर्क दिया जाता है कि नवपूँजीवाद के अन्तर्गत घर-गृहस्थी के काम काफी घट गए हैं। यदि इसे सच भी मान लिया जाए तो यह बात संरचनात्मक रूप से प्रासंगिक नहीं है। यदि बहुत अमीर लोगों की बात छोड़ दी जाए, जो घर के कामकाज के लिए नौकर रख लेते हैं, तो ज्यादातर औरतों को घर-गृहस्थी पति और बच्चों की देखभाल के लिए न्यूनतम आवश्यक श्रम करना ही पड़ता है। यह न्यूनतम काम विना बच्चों वाली किसी विवाहित स्त्री का प्रति सप्ताह कदाचित 15 से 20 घण्टा समय लेता है और छोटे बच्चों वाली स्त्री के लिए यह न्यूनतम सम्भवतः 70 से 80 घण्टा प्रति सप्ताह होता है।[8] (बच्चों के पालन-पोषण को काम मानने का एक हद तक विरोध भी होता है। इसमें श्रम खर्च होता है अर्थात उपयोग मूल्य का उत्पादन होता है, इस बात को स्पष्टतः तब देखा जा सकता है, जब इसका विनिमय मूल्य निर्धारित हो रहा हो--जब इस काम को आयाओं, परिचारिकाओं, शिशु पालन केन्द्रों अथवा अध्यापिकाओं द्वारा अंजाम दिया जाता है। एक अर्थशास्त्री ने पहले ही इस विरोधाभास की ओर इशारा किया था कि एक व्यक्ति यदि अपनी गृह प्रबन्धिका (हाउस कीपर) के साथ विवाह कर ले तो वह राष्ट्रीय आय को घटाने का काम कर रहा होता है, क्योंकि जो पैसा अब वह उसे देगा, उसकी गणना वेतन के रूप में नहीं की जाएगी)। घर के कामों को न्यूनातिन्यून हद तक कम कर देने पर भी यह महंगा होता है। कम आय वाले परिवारों के लिए अधिक श्रम की आवश्यकता होती है। किसी भी रूप में, घरेलू काम संरचनात्मक रूप से वैसा ही बना रहता है—एक निजी उत्पादन की चीज।

परिवार का एक कार्य, जिसके बारे में हमें विद्यालय में सिखाया जाता है और जिसे आमतौर पर स्वीकृति मिली होती है, भावनात्मक जरूरतों को पूरा करना है : आत्मीयता की, सामुदायिक सहजीवन और गर्माहट भरे निरापद रिश्तों की जरूरतों को पूरा करना। यह समाज इस तरह की जरूरतों को पूरा करने के दूसरे तरीके भी मुहैया कराता है। उदाहरण के लिए, काम के रिश्तों और मित्रता के सम्बन्धों को इतना महत्त्वपूर्ण नहीं माना जा सकता जितना एक पति-पत्नी और बच्चे का सम्बन्ध। यहाँ तक कि सम्बन्धों के अन्य सूत्र उत्तरोत्तर गौण होते जाते हैं। परिवार का यह कार्य उसे स्थायित्व प्रदान करने के लिए आवश्यक इसलिए होता है जिससे कि ऊपर चर्चित दूसरे, शुद्ध रूप से आर्थिक

काम को पूरा कर सके। एक वेतनरभोगी, पति-पिता अपनी कमाई पर खुद निर्भर रहता है, माँ-पत्नी द्वारा किए गए श्रम का भी 'मूल्य चुकाता है' है और बच्चों की परवरिश करता है। एक पुरुष को दिया जाने वाला वेतन दो व्यक्तियों के श्रम को खरीदता है। परिवार के इस दूसरे काम के अतिशय महत्व को तब देखा जा सकता है जब पारिवारिक इकाई वैवाहिक सम्बन्ध-विच्छेद के चलते बिखर जाती है। ऐसे परिवार में अगर बच्चे हों तो आर्थिक स्रोत की निरन्तरता मुख्य सरोकार बन जाता है। यहाँ पुरुष को स्त्री के श्रम का मूल्य चुकाते रहना होता है। उसका वेतन दूसरे परिवार का बोझ उठाने के लिए बहुधा अपर्याप्त होता है। ऐसे मामले में उसकी भावनात्मक जरूरतें अपनी पूर्व पत्नी और बच्चों के भरण-पोषण की जरूरतों की वेदी पर बलिदान हो जाती हैं। दूसरे शब्दों में कहें तो आपसी विरोध की स्थिति में परिवार की आर्थिक जरूरतें भावनात्मक जरूरतों के बहुधा आगे चलती हैं। और वह भी उस समाज में जो यह सिखाता है कि परिवार का मुख्य काम भावनात्मक जरूरतों को पूरा करना है।[9]

एक आर्थिक इकाई के रूप में, एकनिष्ठ परिवार पूँजीवादी समाज के तहत स्थायित्व लाने वाली एक महत्त्वपूर्ण शक्ति होती है। घर में किए जाने वाले उत्पादन का मूल्य चूँकि पति-पिता की आय से चुकाया जाता है इसलिए बाजार से अपने श्रम को बचा रखने की उसकी क्षमता बहुत घट जाती है। नौकरी बदलने की उसकी आजादी भी संकुचित हो जाती है। बाजार की अर्थव्यवस्था में एक सक्रिय हैसियत से वंचित कर दी गई स्त्री का अपने जीवन को निर्धारित करने वाली परिस्थितियों पर कोई नियन्त्रण नहीं रह जाता। उसकी आर्थिक परनिर्भरता उसकी भावनात्मक परावलम्बिता, निष्क्रियता और दूसरे अन्य 'ठेठ' स्त्री सुलभ गुणों के रूप में अभिव्यक्ति पाती है। वह परम्परावादी, भीरु, यथास्थितिवाद की समर्थक हो जाती है।

इसके अतिरिक्त, परिवार का ढाँचा इस प्रकार का होता है कि यह एक आदर्श उपभोग इकाई होता है। परन्तु स्त्री-मुक्ति साहित्य में व्यापक रूप से चर्चित इस तथ्य का यह अर्थ नहीं निकाला जाना चाहिए कि उपभोग करना परिवार का प्राथमिक कार्य होता है। यदि उपरोक्त विश्लेषण सही है तो घर-गृह्स्थी और बच्चों की परवरिश के लिए परिवार को प्रथमतः एक उत्पादन इकाई के रूप में देखा जाना चाहिए। पूँजीवादी समाज में प्रत्येक व्यक्ति एक उपभोक्ता है; परिवार के ढाँचे का सिर्फ इतना ही तात्पर्य है कि यह उपभोग को प्रोत्साहित करने के एकदम उपयुक्त होता है। स्त्रियाँ वाकई विशेष रूप से अच्छी उपभोक्ता होती हैं। घर के मामलों के प्रति उनकी जिम्मेदारी उन्हें ऐसा बना देती है। इसके अलावा, औरतों की निम्नतर हैसियत, अपनी योग्यता और पहचान के एक मजबूत अहसास की सामान्य कमी के चलते पुरुषों के मुकाबले उनका अधिक शोषण किया जा सकता है और इसलिए वे बेहतर उपभोक्ता होती हैं।

अर्थशास्त्र के औद्योगीकृत क्षेत्र में स्त्रियों का इतिवृत्त उस क्षेत्र की सिर्फ श्रम आवश्यकताओं पर आश्रित रहा है। वे श्रम की एक विशाल आरक्षित सेना के रूप

में काम करती हैं। जब श्रम दुर्लभ होता है (जैसे आरम्भिक औद्योगीकरण, दो विश्वयुद्धों इत्यादि के दौर में) तो औरतें श्रम शक्ति का महत्त्वपूर्ण हिस्सा होती हैं। जब श्रम की माँग कम रहती है (जैसे नवपूँजीवाद के आज के दिनों में) स्त्रियों का श्रम अतिरिक्त श्रम शक्ति के रूप में फाजिल हो जाता है—जिसके लिए आर्थिक रूप से उनके पति जिम्मेदार होते हैं, समाज नहीं 'घर के प्रति भक्ति' की यह सनक अतिरिक्त श्रम की अवधि में खुद को पुनः प्रकट करती है और औरतों को बाजार अर्थव्यवस्था से बाहर खदेड़ने का माध्यम बन जाती है। यह अपेक्षाकृत आसान होता है, क्योंकि प्रचलित विचारधारा इस बात को सुनिश्चित करती है कि कोई भी व्यक्ति चाहे वह पुरुष हो या स्त्री, श्रम में स्त्रियों की भागीदारी को बहुत गम्भीरता पूर्वक न ले। हमें यह सिखाया जाता है कि औरतों का वास्तविक काम घर के भीतर होता है और चाहे वे विवाहित हों, या अविवाहित, अकेली हों या पारिवारिक, जीवन में घर-गृहस्थी की मुखिया हों या न हों—यह बात सभी स्त्रियों पर लागू होती है।

हर-हमेशा घर-गृहस्थी के कामकाज औरतों की जिम्मेदारी होती है। जब वे घर से बाहर काम पर निकलती हैं तो नौकरी के साथ घर-गृहस्थी का काम भी उन्हें ही सम्भालना (या अपने स्थानापन्न के रूप में काम कर रहे व्यक्ति से अपनी निगरानी में कराना) पड़ता है। बाहर काम करने वाली औरतें, विशेषकर बाल-बच्चेदार और विवाहित स्त्रियाँ, वस्तुतः दो-दो नौकरियाँ कर रही होती हैं। श्रम शक्ति में हिस्सेदारी की उन्हें अनुमति तभी मिलती है जब वे घर की अपनी जिम्मेदारी को पूरा करती रहें। रूस और पूर्वी यूरोप के उदाहरण से यह बात विशेष रूप से स्पष्ट हो जाती है कि स्त्रियों की श्रम शक्ति में भागीदारी का अवसर यदि बढ़ा दिया जाए तो उसी समानुपात में उनकी मुक्ति का दायरा नहीं बढ़ जाता। घर के बाहर काम करने के अवसर की समान उपलब्धता हालाँकि स्त्रियों की मुक्ति की एक पूर्वशर्त है पर यह उन्हें बराबरी का दर्जा देने के लिए अपने-आप में काफी नहीं होती। जब तक घर का कामकाज निजी उत्पादन का मामला बना रहता है, और यह औरतों का दायित्व होता है तब तक उन्हें दोहरे काम का बोझ उठाना पड़ेगा।

स्त्री मुक्ति की एक दूसरी पूर्वशर्त, जो उपरोक्त विश्लेषण से निकल कर आती है, निजी उत्पादन के रूप में घर में सम्पन्न हुए कामों का सार्वजनिक अर्थव्यवस्था के तहत किए जाने वाले कामों में रूपान्तरण है।[10] यदि और भी स्पष्ट रूप से कहा जाए तो इसका तात्पर्य यह है कि बच्चों की परवरिश सिर्फ माँ-बाप का दायित्व नहीं होना चाहिए। इसकी जिम्मेदारी उठाने के लिए समाज को आगे आना होगा। पति और पिता पर स्त्रियों और बच्चों की आर्थिक परावलम्बिता का अन्त होना चाहिए। घर-गृहस्थी के दूसरे कामों का भी इसी प्रकार रूपान्तरण होना चाहिए—उदाहरणस्वरूप, सामुदायिक भोजनालयों और सार्वजनिक लाण्ड्रियों में। ऐसे कार्यों का सार्वजनिक क्षेत्र में स्थानान्तरण स्त्रियों के खिलाफ भेदभाव के भौतिक आधार को समाप्त कर देगा।

ये पूर्व शर्तें मात्र हैं। यह विचार की स्त्रियों कि हैसियत निचले स्तर की होती है, समाज में गहरे जड़ जमाए हुए है और इसे उखाड़ फेंकना एक भागीरथ प्रयास की माँग करता है। परन्तु एक बार इन दोनों को, जो ऐसे विचार पैदा करते हैं, और उन्हें सम्बल देते हैं, बदल दिया जाए तभी, और सिर्फ तभी जाकर हम इस दिशा में आगे बढ़ने की उम्मीद कर सकते हैं। उदाहरण के लिए सामुदायिक भोजनालय में रूपान्तर का सीधा सा अर्थ है कि स्त्रियाँ घर के रसोई घर की जगह सामुदायिक रसोईघर में काम करें और ऐसा सम्भव है। यह निश्चित रूप से एक आगे बढ़ा हुआ कदम होगा, विशेषकर एक समाजवादी समाज में, जहाँ कामों में अन्तर्निहित वह शोषणकारी प्रकृति नहीं होगी जैसी कि आज है। घरों में निजी उत्पादन से औरतें एकबारगी मुक्त हो जाएँ तो लैंगिक आधार पर कामों के एक कठोर निर्धारण को लम्बे समय तक बनाए रखना शायद बहुत कठिन होगा। यह ऊपर चर्चित दोनों पूर्वशर्तों के बीच के अंतर्संबंधों को दर्शाता है। घर-गृहस्थी के कामकाज से मुक्ति के बिना नौकरी के अवसर में एक सच्ची बराबरी कदाचित असम्भव है और घरेलू कार्यों का औद्योगीकरण भी तब तक नहीं हो सकता जब तक स्त्रियाँ घर से बाहर निकल कर काम पर नहीं जातीं।

औरतों को घर की चारदीवारी से बाहर निकालने के लिए आवश्यक उत्पादन की प्रकृति में बदलाव, पूँजीवाद के तहत सिद्धान्त रूप से सम्भव दीखता है। स्त्री मुक्ति आन्दोलनों के मूल कारणों में से एक तथ्य है कि घरेलू उत्पादन का वैकल्पिक पूँजीकृत स्वरूप इस समय अस्तित्व में है। घर और बच्चों की दैनिक देखभाल के साधन नाकाफी और कदाचित महंगे होने के बावजूद उपलब्ध रहते हैं। भोजन की सुविधा मिलती रहती है, होम डिलीवरी की सुविधा, घर से खाना कार्यस्थल तक पहुँचाने की व्यवस्था व्यापक रूप से प्रचलित है। धुलाई घर और सफाई करने वाले थोक के दर से अपनी सेवाएँ देते हैं। फिर भी आम तौर पर ऊँची कीमतें इन सुविधाओं का पूरी तरह लाभ उठाने से वर्जित करती हैं और साथ ही ऐसी सुविधाएँ हर जगह उपलब्ध भी नहीं होतीं, अमेरिका जैसी जगहों पर भी नहीं। तब ऐसी स्थिति में इन्हें सम्पूर्णता हासिल कर चुकी संरचनाओं के रूप में नहीं बल्कि सम्भवतः इनकी मौजूदगी को भ्रूण रूप से देखना चाहिए। बहरहाल, वे इस प्रकार के कामों को अंजाम देने की वर्तमान व्यवस्था का स्पष्ट रूप से विकल्प प्रस्तुत करते हैं। खासकर अमेरिका में, जहाँ 'सेवा उद्योगों' में वृद्धि अर्थव्यवस्था के विकास को बनाए रखने के लिए महत्त्वपूर्ण होती है, इन विकल्पों के बीच अंतर्विरोध और स्त्रियों को घर की चारदीवारी में कैद की जरूरत भी बढ़ती जाती है।

औरतों को घर में रोक रखने की जरूरत वर्तमान व्यवस्था के दो मुख्य पहलुओं से पैदा होती है। पहला, स्त्रियों द्वारा किए गए अवैतनिक श्रम की मात्रा अत्यन्त विशाल होती है और उनके लिए बहुत लाभकारी होती है जिनका उत्पादन के साधनों पर स्वामित्व रहता है। औरतों को चाहे न्यूनतम मजदूरी दर पर ही सही, उनके कामों का मूल्य देने का अर्थ है सम्पदा का एक व्यापक पुनर्वितरण। वर्तमान अवस्था में, परिवार का

भरणपोषण वेतनभोगी कर्मचारी पर लगा प्रच्छन्न कर होता है–उसका वेतन दो व्यक्तियों के श्रम को खरीदता है। और दूसरा, मौजूदा व्यवस्था के सामने यह समस्या होती है कि अर्थव्यवस्था को क्या पर्याप्त रूप से विस्तारित किया जा सकता है कि वह सभी औरतों को काम में सामान्य तौर पर नियुक्तश्रम शक्ति के अंग के रूप में समेट ले। युद्ध के दौर की अर्थव्यवस्था आंशिक रूप से तो औरतों को अर्थतंत्र में खींचती रही थी परन्तु सभी अथवा बहुतेरी स्त्रियों को इसमें समेटने की जरूरत के हिसाब से यह काफी नहीं थी। यदि यह तर्क दिया जाता है कि गृहस्थी कार्य के औद्योगीकरण के फलस्वरूप उपजे रोजगार से यह जरूरत पैदा होगी तो इसके खण्डन के रूप में (i) यथास्थिति को कायम रखने व पूँजीकरण के विरुद्ध काम करने वाली मजबूत आर्थिक ताकतों का और (ii) इस तथ्य का हवाला दिया जा सकता है कि इन ताकतों की कुछ हद तक काट प्रस्तुत करने वाले वर्तमान सेवा उद्योग बढ़ती हुई श्रम शक्ति के साथ कदम मिलाने में अक्षम रहे हैं। सेवा उद्योगों में मौजूदा रुझान घर में 'रोजगार की कमी'' पैदा करते हैं, वे औरतों के लिए नए रोजगार उपलब्ध नहीं कराते। जब तक ऐसी स्थिति मौजूद रहती है, औरतें औद्योगिक आरक्षित सेना का एक अत्यन्त सुविधाजनक और लचीला अंग बनी रहती हैं। उन्हें समानता की शर्तों पर श्रम शक्ति में समाहित करना–जो घर के कामों के पूँजीकरण के लिए दबाव निर्मित करता है–तभी सम्भव है जब नव पूँजीवाद के अन्तर्गत अभी तक हासिल अर्थव्यवस्था का विस्तार हो, जब पूरी तरह से युद्ध लामबन्दी की स्थिति हो।

इसके अतिरिक्त, इन संरचनागत परिवर्तनों का अर्थ होगा कि वर्तमान नाभिकीय परिवार पूरी तरह टूट जाए। परिवार का स्थायीकृत उपभोग का काम, साथ ही साथ श्रम मण्डी से औरतों को बाहर रखने की गृहस्थी धर्म की क्षमता नवपूँजीवाद से आसानी से छुटकारे की इजाजत नहीं देती। इससे कुछ कम बुनियादी स्तर की बात यह है कि पूँजीवाद के अन्तर्गत घरेलू उत्पादन की प्रकृति में यदि इन आवश्यक परिवर्तनों को सम्भव बना भी दिया जाए तो इसका एक अप्रीतिकर परिणाम होगा, समस्त मानव सम्बन्धों का आना-पाई से बंध जाना। पश्चिमी देशों में लोगों का अलग-अलग पड़ना और एकाकीपन पहले से ही इस कदर बढ़ा हुआ है कि इस प्रकार के सम्पूर्ण मानसिक अलगाव को झेल पाना सम्भव भी हो पाएगा, इसमें सन्देह है। तब वास्तव में इस बात की पूरी सम्भावना रहती है कि स्त्री मुक्ति आन्दोलन के प्रति एक नकारात्मक भावुक प्रतिक्रिया के मूल में यह भय काम करता हो। ऐसी स्थिति में सम्भावित विकल्पों–सहकारी व्यवस्था आदि के उदाहरण से यह स्पष्ट किया जा सकता है कि सहजीवन और स्नेह की भावनात्मक जरूरत वास्तव में बेहतर ढंग से पूरी तब की जा सकेगी जब दूसरी संरचनाएँ नाभिकीय परिवार की स्थानापन्न बनें।

घर के कामकाज का पूँजीकरण अधिक से अधिक यही कर सकता है कि स्त्रियों को उतनी सीमित आजादी मुहैया करा दे जितनी अधिकांश पुरुषों को इस पूँजीवादी

समाज में मिली हुई है। परन्तु इसका अर्थ यह हरगिज नहीं है कि स्त्रियाँ विभेदीकरण से मुक्ति की माँग ही न करें। हम औरतों की निम्नतर हैसियत का आधार भौतिक होता है। हमारे साथ सिर्फ भेदभाव ही नहीं बरता जाता, हमारा शोषण भी किया जाता है। आज घर-गृहस्थी में लगा हमारा अवैतनिक श्रम इस समूची व्यवस्था के काम करते रहने के लिए आवश्यक है। और ऐसी औरतों द्वारा निर्मित दबाव, जो अपने घर-संसार की भूमिका को चुनौती देती हैं, निश्चित ही इस शोषण की प्रभाविता को कम कर देगा। इसके साथ ही, ये चुनौतियाँ परिवार के ढाँचे को बनाए रखने में बाधक होंगी और सामाजिक श्रम से औरतों के बाहर ठेल दिए जाने को इतना आसान नहीं रहने देंगी। उम्मीद है कि ये तमाम चीजें एक ऐसे समाज में संक्रमण को और तेजी के साथ सम्भव बनाएँगी जहाँ उत्पादन में आवश्यक संरचनात्मक परिवर्तन वास्तव में किया जा सकेगा। मुझे इसमें कतई सन्देह नहीं कि इस रूपान्तरण के लिए क्रान्ति की जरूरत होगी। हमारा कार्यभार यह सुनिश्चित करना है कि समाज में यह क्रान्तिकारी परिवर्तन स्त्री उत्पीड़न का वास्तव में खात्मा कर डाले।

संदर्भ

1. मार्लीन डिक्सन, 'स्त्रियों की गौण सामाजिक हैसियत' अप्रकाशित शिकागो, 1969।
2. निस्सन्देह शरीर विज्ञानके तर्क का इस्तेमाल पहले किया जाता है, परन्तु समाजवादी लेखक इसे गम्भीरता से नहीं लेते। मार्गरेट मीड की किताब 'सेक्स एंड टेम्परामेंट' जीव विज्ञान के मुकाबले संस्कृति के महत्त्व को दर्शाने वाला प्रारम्भिक बयान है।
3. यह समूह या संवर्ग और समग्रता में लागू होता है। व्यक्ति के रूप में औरतें स्वयं को खुद के समाजीकरण से काफी हद तक मुक्त कर सकती हैं और मुक्त करती हैं (और अनुकूल मामलों में वे आर्थिक स्थिति के मुताबिक भी खुद को ढाल लेती हैं) परन्तु अधिकांश स्त्रियों को यह अवसर उपलब्ध नहीं होता।
4. अर्नेस्ट मेण्डल, 'नव पूँजीवाद में मजदूर वर्ग' साइमन फ्रेजर विश्वविद्यालय में पढ़ा गया पेपर।
5. अर्नेस्ट मेण्डल मार्क्सवादी आर्थिक सिद्धान्त का एक परिचय (न्यूयार्क : मेरिट पब्लिशर्स, 1967)।
6. जूलियट मिशेल 'स्त्रियाँ : सबसे लम्बी क्रान्ति' न्यू लेफ्ट रिव्यू दिसम्बर 1966।
7. फ्रेडरिक एंगेल्स, परिवार निजी सम्पत्ति और राज्य की उत्पत्ति (मास्को प्रगति प्रकाशन, 1968) एंगेल्स को जो मानव विज्ञानीयसाक्ष्य उपलब्ध थे वह पुरुषों पर आदिम स्त्रियों के बर्चस्व को इंगित करते थे। आधुनिक मानव विज्ञान इस वर्चस्व पर विवाद खड़ा करता है परन्तु एंगेल्स द्वारा दृष्टान्त स्वरूप लिए गए मातृवंशीय समाज में औरतों को लगभग समान हैसियत का प्रमाण प्रस्तुत करता है। एंगेल्स की इस कृति में दिया गया तर्क पूर्व वर्चस्व को जरूरी नहीं बल्कि महज उनकी पूर्व बराबरी को जरूरी समझता है। अतः निष्कर्ष अपरिवर्तित ही रहता है।
8. ये आंकड़े आसानी से निकाले जा सकते हैं। उदाहरण के लिए सन्तानरहित विवाहित स्त्री से प्रतिसप्ताह रसोई और बर्तन (10 घण्टे) घर की सफाई (4 घण्टे) व कपड़ों की धुलाई (1 घण्टा) की अपेक्षा की जाती है।
9. इस प्रकार की शिक्षा के प्रमाण के लिए परिवार के बारे में किसी हाई स्कूल की पुस्तक देखिए।
10. इसके बारे में एंगेल्स के अतिरिक्त उस दौर के अन्य मार्क्सवादी लेखकों ने भी स्पष्ट रूप से बताया है। पाठ में एंगेल्स से उद्धृत बातों का सन्दर्भ दिया गया है। लेनिन के उद्धरण 'स्त्रियों की मुक्ति के बारे में' से लिए गए हैं।

नारी मुक्ति का सवाल मार्क्सवाद के परिप्रेक्ष्य में

□ विनोद मिश्र

नारी मुक्ति आज भी करीब-करीब सारी दुनिया के नारी समाज का नारा है। इसका मतलब हुआ कि मानवता का आधा हिस्सा आज भी पराधीन है। हम सर्वहारा की मुक्ति की बात करते हैं, किसानों की मुक्ति की बात करते हैं, राष्ट्रों की मुक्ति की बात करते हैं। राष्ट्रों की मुक्ति से हमारा मतलब उपनिवेशवादी, नव-उपनिवेशवादी ताकतों के आर्थिक-राजनीतिक शिकंजे से मुक्ति होता है। दुनिया के बहुत-से राष्ट्र मुक्त हैं और बाकी में मुक्ति की लड़ाई चल रही है। किसानों की मुक्ति से हमारा मतलब सामन्ती जकड़नों से मुक्ति होता है। दुनिया के बहुत से देशों के किसान मुक्ति हासिल कर चुके हैं और अन्य स्थानों पर भी वे संघर्षरत हैं। सर्वहारा मुक्ति से हमारा मतलब उजरती श्रम से मुक्ति होता है। सर्वहारा ने भी कई देशों में अपनी लड़ाइयाँ जीती थीं या जीती हैं। महिलाएँ राष्ट्र का, किसानों का, सर्वहारा का हिस्सा हैं। इसलिए इन सारे मुक्ति संघर्षों में वे इस या उस हद तक हिस्सेदार हैं। लेकिन इस सब के बाद भी नारी मुक्ति संघर्ष की अपनी विशेषताएँ हैं, अपनी स्वायत्तता है।

नारी मुक्ति का सवाल जब उठता है तो यह स्वतः स्पष्ट है कि नारी पराधीन है, गुलाम है। वर्तमान सामाजिक व्यवस्था का रेशा-रेशा पुरुषों द्वारा पुरुषों के लिए निर्मित है। पुरुष द्वारा नारी पर थोपी हुई गुलामी का ठोस रूप है घर की चारदीवारी में नारी को कैद रखना और उसे सन्तान उत्पत्ति की मशीन समझना। सर्वहारा किसान या राष्ट्र जहाँ अपनी मुक्ति अपने विरोधी तत्व का विनाश करके ही अर्जित कर सकते हैं, वहीं नारी मुक्ति पुरुषों के विनाश के जरिए नहीं बल्कि नारी-पुरुष के बीच समानता के मानवीय सम्बन्धों को स्थापित करने के जरिए ही हासिल हो सकती है।

कहते हैं कि एक जमाना ऐसा था कि जब नारी के घर के कामों का महत्त्व ज्यादा था, जब समाज मातृसत्तात्मक समाज के रूप में जाना जाता था, इस समाज में वर्ग विभाजन नहीं था, व्यक्तिगत सम्पत्ति नहीं थी। खेतों में लोहे के औजार का प्रचलन जब शुरू हुआ, तब अतिरिक्त श्रम के लिए मनुष्य के एक हिस्से ने दूसरे हिस्से को दास, यानि सर्वहारा बनाया, समाज वर्गों में बंट गया, व्यक्तिगत सम्पत्ति

का जन्म हुआ और यहीं से पुरुषसत्ता का भी विकास हुआ, घर की मालकिन की समाजिक मर्यादा गिरती गई। सर्वहारा की गुलामी और नारी की गुलामी एक ही समय और एक ही तरह के कारणों से शुरू हुई। इन दोनों पीड़ितों के संघर्षों के बीच शायद इसीलिए एक स्वाभाविक समानता है। नारी अगर सबसे ज्यादा मुक्त रही भी है तो सर्वहारा परिवारों में। नारी से गुलामी मनवाने के लिए पुरुषों ने कितने धार्मिक रीति-रिवाज बनाए, कितनी सामाजिक संहिताएँ बनाईं। हिन्दू समाज में तो पति को ही परमेश्वर बना दिया गया और यहाँ तक कि पति की मृत्यु के बाद पत्नी को सती तक होने पर मजबूर कर दिया गया। आज जमाना काफी बदला है, तकनीकी विकास ने ऐसी परिस्थिति तैयार की है जिससे नारी पुरुष के बीच शारीरिक क्षमता का फर्क उत्पादन प्रक्रिया में कोई अर्थ नहीं रखता, बड़े पैमाने पर महिलाएँ घर की चारदीवारी से बाहर निकली हैं। नारी मुक्ति संघर्ष में भी नारी ने काफी सफलताएँ अर्जित की हैं। हमारे देश में भी बहुत से कानून बने हैं, सुधार हुए हैं जिन्होंने नारी मुक्ति संघर्ष को नई गति प्रदान की है।

बराबरी के लिए नारी का संघर्ष दरअसल एक ऐसी समाज व्यवस्था के लिए संघर्ष है जिसमें बराबरी हासिल करने की आर्थिक, सामाजिक और राजनीतिक परिस्थितियाँ मौजूद हों। ऐसा समाज एक समतावादी समाज ही हो सकता है, जो व्यक्तिगत सम्पत्ति और वर्ग विभाजन को समाप्त करेगा, जिसमें नारी का प्रथम परिचय घर में उसकी भूमिका से नहीं बल्कि समाज में उसके योगदान से होगा, जहाँ सन्तानोत्पत्ति पर नारी का अपना नियन्त्रण होगा। इसलिए कम्युनिज्म की विचारधारा के मार्गदर्शन में ही नारी मुक्ति का संघर्ष अपनी अन्तिम मंजिल तक पहुँच सकता है। पश्चिम का नारीवादी आन्दोलन जब यह महसूस करता है कि यूरोप में समाजवाद के पतन ने उसके आन्दोलन को भी कमजोर किया है तब वह समाजवाद और नारी मुक्ति के बीच के अभिन्न रिश्ते को ही उजागर करता है।

कम्युनिस्ट इंटरनेशनल ने अपने कार्यक्रम में घोषणा की थी—कानून और वास्तविक जीवन में भी पुरुष और नारी के बीच सामाजिक समानता, पति-पत्नी सम्बन्धों व पारिवारिक संहिता में क्रान्तिकारी परिवर्तन, मातृत्व को एक सामाजिक कार्य की मर्यादा, शिशु व किशोरों की देखभाल व शिक्षा की जिम्मेदारी समाज के हाथों में और ऐसी तमाम विचारधारा व परम्परा के खिलाफ अनवरत संघर्ष जो नारी को गुलाम बनाते हैं।

नारी मुक्ति संघर्ष में यही कार्यक्रम आज भी आपकी बुनियादी दिशा निर्धारित करता है।

1. कम्युनिस्ट नारी संगठन को सर्वप्रथम पत्रिका और प्रचार के मौखिक माध्यमों के जरिए ऐसी सारी विचारधाराओं व परम्पराओं के खिलाफ जिहाद छेड़नी होगी जो नारी को गुलाम बनाते हैं। आज के भारतीय सन्दर्भ में यह और भी जरूरी है क्योंकि

धर्म की आड़ में समाज की सबसे प्रतिक्रियावादी ताकतें नारी को घर की चारदीवारी में कैद रखना चाहती हैं, पुराने सामाजिक-पारिवारिक मूल्यों को फिर से स्थापित करना चाहती हैं। पीछे की ओर इनकी यात्रा में यहाँ तक कि सती प्रथा का गुणगान भी शामिल है। आपको याद रखना होगा कि सारे भगवान पुरुषों के बनाए हुए हैं जिनकी विशालकाय मूर्तियों के सामने नारी को भयाक्रांत और धर्मभीरू बनाया जाता है, यहाँ तक कि देवियों का आविष्कार भी पुरुषों ने किया है। नारी को नारी के रूप में सम्मान हासिल करने के लिए देवी रूप लेना पड़ेगा जबकि सबसे अकर्मण्य पति भी नारी के लिए परमेश्वर है। सारी आचार संहिताएँ पुरुषों ने बनाई हैं और उन्हें दैविक जामा पहनाकर मानने के लिए नारी को मजबूर किया गया है।

2. कम्युनिस्ट नारी संगठन को पुरुष और नारी के बीच सामाजिक समानता के लिए प्रगतिशील कानून बनाने के लिए जिस तरह लड़ना है, उससे भी अधिक इन कानूनों को लागू करने के लिए संघर्ष करना है।

कानून चाहे जितने भी प्रगतिशील क्यों न हों, नौकरशाही और तमाम सामाजिक संस्थाओं के सामंती रुख के चलते अपने आप कुछ लागू नहीं होता। इन संस्थाओं में न्यायपालिका भी अपवाद नहीं है।

3. कम्युनिस्ट नारी संगठन महिलाओं को अपने घर की चारदीवारी के खिलाफ संघर्ष के लिए प्रेरणा देगा, अपने-अपने क्षेत्र में नारी उत्पीड़न की खास-खास घटनाओं के खिलाफ महिलाओं को संगठित करेगा, समाज की निरंकुश ताकतों द्वारा जनसंघर्षों के दमन में नारी के विशेष उत्पीड़न को अपना निशाना बनाएगा। इसी तरह कदम-ब-कदम महिलाओं की चेतना और संघर्षशील मानसिकता आगे बढ़ेगी और नारी आन्दोलन राजसत्ता से टकराएगा।

4. कम्युनिस्ट नारी संगठन को महिलाओं को किसानों-मजदूरों के जनांदोलनों में, राजनीतिक आन्दोलनों में बढ़-चढ़कर हिस्सा लेने के लिए प्रेरित करना होगा। कोई भी जानान्दोलन तब तक जनान्दोलन नहीं बनता है जब तक महिलाओं की बड़ी संख्या उसमें हिस्सा न लेती हो। यह हिस्सेदारी नारी मुक्ति आन्दोलन का निषेध नहीं करती बल्कि महिलाओं में आत्मविश्वास पैदा करती है और अपनी शक्ति का एहसास कराती है। पुरुषों के साथ सहज स्वाभाविक सम्बन्धों की ओर ले जाती है। घरेलू पारिवारिक रिश्तों में अनजाने में ही एक परिवर्तन लाती है और इस तरह नारी मुक्ति संघर्ष का व्यापक आधार प्रदान करती है।

5. कम्युनिस्ट नारी संगठन महिलाओं के छोटे या बड़े, हर प्रतिवाद को, चाहे वह किसी भी संगठन के झंडे तले हो, अवश्य ही समर्थन देगा। बुर्जुआ नारीवादी आन्दोलन का भी हमारे देश में विशेष सकारात्मक महत्व है क्योंकि उसे भी सामन्ती जकड़नों को अपना निशाना बनाना पड़ता है और यहाँ वामपंथी संगठन ही उनके स्वाभाविक मित्र हो सकते हैं। सामन्ती साम्प्रदायिक हमलों की रोशनी में इन आन्दोलनों

के साथ वामपंथी नारी संगठनों का मोर्चा बनाना अवश्य ही सम्भव है और जरूरी भी।

6. कम्युनिस्ट नारी संगठन पति-पत्नी सम्बन्धों व पारिवारिक संहिता में क्रान्तिकारी बदलाव को भी अपना नारा बनाएगा। रूसी क्रान्ति के बाद 1924 में कोमिन्तर्न ने अपनी घोषणा में कहा था—जब तक परिवार और पारिवारिक सम्बन्धों की मान्यताएँ नहीं बदलेंगी क्रान्ति नपुंसक ही बनी रहेगी। आज मुस्लिम महिलाएँ तलाक के प्रचलित तरीके के खिलाफ आवाज बुलन्द करने के लिए पर्दे से बाहर निकल रही हैं। आपको अवश्य ही उनका समर्थन करना चाहिए। मैंने बिहार में जनवादी शादियों के बारे में सुना है जिनमें पुरोहितों और आडम्बरों की जगह सीधे-सादे तरीके से शादी की जाती है। यह जरूर अच्छी बात है। लेकिन जनवादी शादी का मतलब होता है नारी को अपना साथी खुद चुनने की स्वतन्त्रता और शादी के बाद पारिवारिक जिम्मेदारियों में सहभागिता। लेकिन इन जनवादी शादियों में या पार्टी के अन्दर तथाकथित क्रान्तिकारी शादियों में क्या ये बात लागू होती है? पार्टी के अन्दर तथाकथित क्रान्तिकारी शादियों के अधिकांश में भी ये नीतियाँ शायद ही लागू होती हैं।

7. आज तक महिलाओं की प्रगति के लिए किए गए सुधारों में शायद नारियों के अपने संघर्षों से पुरुषों के प्रगतिशील हिस्सों की भूमिका ही ज्यादा महत्वपूर्ण रही है। कम्युनिस्ट नारी संगठन का विशेष कर्त्तव्य है नारियों की अपनी भूमिका को बढ़ाना, कारण अंततः नारी को अपनी मुक्ति खुद हासिल करनी होगी; यहाँ तक कि हमारी पार्टी में भी महिला कार्यकर्ताओं की मर्यादा-हानि की घटनाएँ घटित होती हैं। कुछ-कुछ पुरुष कार्यकर्ताओं द्वारा आम महिलाओं के प्रति बहुत ही गलत आचरणों की रिपोर्ट आती हैं। हम पार्टी संस्थाओं की ओर से अवश्य ही इन मामलों में कदम उठाते हैं। फिर भी मुझे लगता है कि इन मामलों में कम्युनिस्ट नारी संगठन को पार्टी पर निगरानी रखने और दबाव पैदा करने की भूमिका का भी पालन करना चाहिए।

नारी-पुरुष के बीच प्राकृतिक विभाजन को छोड़कर बाकी सारे विभाजन कृत्रिम हैं। ऐतिहासिक विकास के एक दौर ने इन विभाजनों को संस्थाबद्ध रूप दिया है, ऐतिहासिक विकास का दूसरा दौर, जो शुरू हो चुका है, इन सारे विभाजनों का खात्मा कर देगा और मानव प्रगति के दो रूपों के बीच का सम्बन्ध जब सहज, स्वाभाविक और बिरादराना हो उठेगा तभी मानव जाति अपनी खोई हुई अखंड सत्ता को फिर से वापस पा सकेगी। इस मंजिल की ओर जानेवाला रास्ता एक ऐसी क्रांति से होकर गुजरेगा जिसके परचम पर लिखा होगा 'समाजवाद और नारी मुक्ति'।

(यह पर्चा बिहार के राज्य स्तरीय महिला प्रशिक्षण शिवर 28-30 जून' 93 में पेश किया गया था।

लोहिया का स्त्री-विमर्श

□ **प्रेम सिंह**

लोहिया स्त्री विमर्श को सगुण रूप में चलाने के पक्षधर हैं। उनका मानना है कि केवल आर्थिक ढाँचा बदलने से स्त्री को पुरुष के साथ बराबरी का दरजा नहीं मिल सकता, जब तक उस दिमाग में, जो स्त्री की पुरुष-हित में छवियाँ गढ़ता है, सम्पूर्ण बदलाव नहीं लाया जाता।

गांधी के बाद डॉ. राममनोहर लोहिया को आधुनिक भारत का एक ऐसा मौलिक चिन्तक कहा जा सकता है जिनकी मर्मभेदी जिज्ञासा जीवन को समग्रता में समझने के साथ-साथ एक ऐसा दर्शन पाने की है जिसके तहत दुनिया से हर तरह की गैर-बराबरी को समाप्त किया जा सके और एक सम्भव समतामूलक समाज का निर्माण किया जा सके। गांधी के बाद लोहिया ऐसे चिन्तक भी हैं जिनके द्वारा पैदा की गई वैचारिक और आन्दोलनात्मक ऊर्जा का अधिकांश फलीभूत नहीं हो पाया। साम्यवाद और पूँजीवाद दोनों को स्वतन्त्रता और समता के सन्दर्भ में 'बन्द व्यवस्थाएँ' मानते हुए उन्होंने जिस समाजवादी विचारधारा का प्रतिपादन किया, उससे प्रभावित विद्वान और नेता दर्शन, संस्कृति, सभ्यता, धर्म, समाज, राजनीति, साहित्य, भाषा और शिक्षा के क्षेत्र में उसका सम्यक शास्त्र विकसित नहीं कर पाए। लोहिया के चिन्तन का टुकड़ों में ही उपयोग किया गया है। एक चिन्तक के रूप में लोहिया की एक महत्त्वपूर्ण विशिष्टता यह है कि उन्होंने सिद्धान्त-निर्माण की उस प्रचलित मान्यता को तोड़ दिया जिसके तहत सिद्धान्त गढ़ने का काम नेता या विचारक करता है और आम लोग उसका अनुगमन करते हैं। उन्होंने सिद्धान्त-निर्माण से ज्यादा समाज के वंचित और उत्पीड़ित समूहों के अंतर्निहित 'पोटेंशनल' को उन्मुक्त करना जरूरी और महत्त्वपूर्ण समझा। भारतीय समाज के सन्दर्भ में उन्होंने ब्राह्मणवादी-सामान्तवादी–पूँजीवादी बौद्धिक-सांस्कृतिक संरचनाओं के परिवर्तनकारी प्रतिरोध के लिए वंचित और उत्पीड़ित समूहों–आदिवासी, दलित, पिछड़े, स्त्रियाँ, अल्पसंख्यक–के 'पोटेंशल' को उन्मुक्त और सक्रिय करने पर बल दिया। लोहिया की इस पेशकश में बौद्धिक वर्चस्ववाद का विरोध मिलता है। कतिपय समाजवादी विद्वानों

को भी लोहिया के चिन्तन में परिपूर्णता का जो अभाव लगता है, उसका कारण शायद यही है कि वे मानते हैं विश्व-दृष्टि कोई एक ही चिन्तक या चिन्तन-परम्परा देती है।

लोहिया की चिन्तन-शैली की यह विशिष्टता है कि वे किसी भी विषय या समस्या का केवल सैद्धान्तिक स्तर पर निरूपण करके नहीं रह जाते। जिस समाजवादी विचारधारा और दृष्टि का उन्होंने प्रतिपादन किया है, वे उसका महज निर्गुण/सैद्धान्तिक निरूपण न करके उसे सगुण/सर्जनात्मक बहस के रूप में प्रस्तुत करते हैं। वे वैचारिक सामग्री ठोस सामाजिक-सांस्कृतिक-ऐतिहासिक सन्दर्भों और समकालीन जीवन-विधान से उठाते हैं। मनुष्य खासकर भारतीयों के सांस्कृतिक-सामाजिक मनोविज्ञान में उनकी गहरी रुचि और पैठ थी। उन्होंने परम्परागत मिथकों को फोड़कर उनमें से आधुनिक जीवन के लिए सार्थक अंतर्वस्तु पैदा की है। हर तरह की गैर-बराबरी से लड़ने के लिए भारतीयों के बद्धमूल सांस्कृतिक-सामाजिक मनोविज्ञान में बदलाव पर जितना बल लोहिया ने दिया है, उतना किसी अन्य आधुनिक विचारक ने नहीं। यह बलाघात सबसे अधिक स्त्री-पुरुष सम्बन्धों में बद्धमूल गैरबराबरी को दूर करने के मकसद से दिया गया है। दरअसल, स्त्री-पुरुष सम्बन्धों में क्रान्ति लोहिया द्वारा प्रतिपादित 'सप्तक्रान्ति' का सबसे महत्त्वपूर्ण आयाम कहा जा सकता है।

आधुनिक स्त्रीवादी विमर्श में लोहिया की भूमिका बड़े महत्त्व की है। स्त्री-मुक्ति के पक्ष में उन्होंने जो चिन्तन प्रस्तुत किया है उसे क्रान्तिकारी कहा जा सकता है। स्त्री-मुक्ति की विभिन्न विचारधाराओं और आन्दोलनों को लोहिया के विचारों से समुचित प्रेरणा और मार्गदर्शन मिल सकता है। साथ ही यह सबक भी कि केवल सन्दर्भविहीन सैद्धान्तिक विमर्श या एकांगी बदलाव के प्रयासों से स्त्री-मुक्ति की दिशा में जरूरी प्रगति नहीं की जा सकती। सगुण समाजवाद के पुरोधा लोहिया स्त्री-विमर्श को भी सगुण रूप में चलाने के पक्षधर हैं। मार्क्सवादी स्त्रीवादी विमर्श के अनुसार स्त्री की अधीनस्थता आर्थिक कारकों के चलते है। लोहिया का मानना है कि केवल आर्थिक ढाँचा बदलने से स्त्री को पुरुष के साथ बराबरी का दरजा नहीं मिल सकता, जब तक उस दिमाग में, जो स्त्री की पुरुष-हित में छवियाँ गढ़ता है, सम्पूर्ण बदलाव नहीं लाया जाता : "मैं तो यही कहूँगा कि इसमें कुछ जोखिम उठानी पड़ेगी और सब छोटे-मोटे सवाल कि औरत को आर्थिक ढंग से स्वतन्त्र होना पड़ेगा, औरत और मर्द को बराबरी की तनख्वाह देनी पड़ेगी—जैसा काम वैसी बराबरी की मजदूरी वगैरह ये सब किसी भी अच्छे कार्यक्रम के अंग हैं। औरत को बराबर की तनख्वाह या मजदूरी, औरत-मर्द के लिए बराबरी के कानून– इनके ऊपर कच्चा, अधकचरा चिन्तक ही शायद बहस करे तो करे, वरना अगर कुछ पुराना हो चुका है तो शर्म के मारे ही बहस नहीं करेगा। क्योंकि वह मान लेता है कि वह तो हमारे शास्त्र का बिल्कुल आधार अंग है....लेकिन मैं जो चीज कह रहा हूँ वह इनसे बढ़ करके और आगे जाती है और वह है दिमाग के पुनर्गठन वाली बात।" यह दिमागी पुनर्गठन पुरुष वर्चस्ववादी व्यवस्था में गढ़े गए

स्त्री के आदर्श प्रतीकों को बदलकर या तोड़कर हासिल किया जा सकता है। पूरी दुनिया में स्त्री को पुरुष के बराबर लाने की लिए वैधानिक अधिकारों/उपायों की व्यवस्था हुई है। इन अधिकारों/उपायों के तहत निश्चित ही स्त्री की स्थिति में सुधार हुआ है। लोहिया वैधानिक अधिकारों/उपायों की उपयोगिता स्वीकार करते हुए उस मानसिकता में क्रान्तिकारी बदलाव की अनिवार्यता पर बल देते हैं जिसके चलते स्त्री को हीन करके आंका जाता है और स्त्री भी अपनी वैसी स्थिति को स्वीकारनें के लिए मजबूर होती है। क्योंकि उसके मनोविज्ञान को पुरुष-हित में खास तरह से 'शेप' दी जाती है। लोहिया के अनुसार स्त्री-मुक्ति का संघर्ष आर्थिक-राजनैतिक-वैधानिक के साथ सांस्कृतिक क्षेत्र में चलाना होगा। वे इकहरी आर्थिक या राजनैतिक क्रान्ति के पक्षधर नहीं हैं : राजनैतिक-आर्थिक क्रान्ति के समानांतर **'सच, कर्म, प्रतिकार और चरित्र-निर्माण'** की प्रक्रिया चलनी चाहिए; मानव-युक्ति का संघर्ष पदानुक्रमता में नहीं समग्रता में चलाना चाहिए। उनकी यह समझदारी गांधी के विचारों से प्रेरित है हालाँकि उनके स्त्री-मुक्ति विषयक विचार गांधी से ज्यादा ठोस व क्रान्तिकारी हैं।

लोहिया के स्त्री-विमर्श में निम्न वर्ग से लेकर उच्च वर्ग और एशिया से लेकर यूरोप-अमरीका तक की स्त्रियों की दशा का विश्लेषण मिलता है। जहाँ तक भारतीय समाज का सवाल है, वे यहाँ की आबादी की जीवन के प्रति उदासीनता का सर्वप्रमुख कारण जाति और लिंग के दो कटघरों को मानते ह। : इन दो कटघरों को तोड़कर ही सम्पूर्ण आबादी की जीवंतता और उल्लास हासिल किए जा सकते हैं। लोहिया भारत में स्त्री की गिनती पाँच दबे हुए समुदायों—दलित, शूद्र, मुसलमान और आदिवासी—में करते हैं। वे वर्गगत या जातिगत आधार पर उनका वर्गीकरण नहीं करते। उनका मत रेडिकल स्त्रीवादियों के नजदीक पड़ता है जो सभी स्त्रियों को एक वर्ग मानते हैं और साथ ही पितृसत्तात्मकता को प्राकृतिक यानी शुरू से चली आ रही और आगे भी जारी रहने वाली परिघटना नहीं मानते। लोहिया भी लिंग पदानुक्रमता—पुरुष के समक्ष स्त्री की अधीनस्थ स्थिति को प्राकृतिक नहीं, पुरुषकृत कृत्रिम विधान मानते हैं। स्त्रीवादी विमर्शका एक बड़ा और समस्यात्मक सवाल है कि क्या पितृसत्तात्मकता प्राकृतिक है! यानी पुरुष वर्चस्व के समक्ष स्त्री की अधीनस्थता प्राकृतिक नियम के तहत है जिसे बदला नहीं जा सकता! पितृसत्तात्मकता को प्राकृतिक मानने वाले यह भी मानते हैं कि जो व्यवस्था बनी है वही सर्वश्रेष्ठ है और उसे ही रहना चाहिए। लोहिया का स्त्री-पुरुष के बीच गैर-बराबरी के प्राकृतिक कारक के बारे में मानना है कि "इसमें कुदरती हिस्से भी आते हैं। औरत शारीरिक ढंग से कुछ कमजोर होती है। औरत कम से कम अभी तक जो दुनिया रही है, उसमें उम्र बढ़ने पर मर्द के मुकाबले में कुछ जल्दी बुढ़ाती है। औरत को और भी कुछ जोखिमें उठानी पड़ती हैं जिसका नतीजा होता है कि मर्द को सामूहिक जीवन में, व्यक्तिगत जीवन में, औरत के मुकाबले ज्यादा सुविधाएँ मिल जाती हैं।...संगठन कौन चला सकता है या चलाता है, ज्यादा, भले ही वह अच्छा

नहीं, पर ज्यादा ताकत से, वही जिसमें जरा थोड़ी-सी तेजी, एक तरह की हमलावर वृत्ति होती है। यह जरूरी नहीं कि वह हमला कर बैठे, लेकिन एक वृत्ति होती है। समाज में आज देखोगे कि ज्यादा कुशल समाज संगठक वही होते हैं जिनके दिमाग का संगठन विरोधी तत्वों यानी नाइंसाफी, गैर-बराबरी, बदमाशी, जोर-जुल्म वाले तत्वों को देखकर जो एकदम से, मतलब राजसी वृत्ति जिसमें उठ जाए, जरा तेजी से आगे बढ़ जाए। यह जो तेजी है, या पौरुष कहो, या हमलावर वृत्ति कहो, मर्द में औरत के मुकाबले ज्यादा है। कम से कम अभी मुझे ऐसा लगता है कि शायद यह कुदरती चीज है।'' लोहिया यहाँ स्त्रीत्व को सात्विक कोटि में रखते हैं। जैसा कि गांधी ने भी माना है और पश्चिम में कई स्त्रीवादी समूह मानते हैं—जिसके आधार पर एक बेहतर और सुन्दर दुनिया का निर्माण किया जा सकता है। बहरहाल, लोहिया लिंग-भेद के प्राकृतिक कारकों को प्रमुखता न देकर पितृसत्तात्मक मूल्य-व्यवस्था को ही असलियत में जिम्मेदार मानते हैं।

लोहिया यूरोप और अमरीका के मुकाबले एशिया की स्त्री को परम्परागत रूप से ज्यादा असमानता का शिकार पाते हैं। इसका प्रमाण है एशिया में प्रचलित बहुपत्नी प्रथा, जो कि सामान्य समय में यूरोप और अमरीकी समाजों में नहीं मिलती। लेकिन ऐसा नहीं है कि यूरोप की स्त्री का सर्वांगीण विकास हो चुका है। लोहिया बौद्धिक उत्कर्ष और हिस्सेदारी के मामले में उन्हें पर्याप्त पिछड़ा पाते हैं। उनका अनुभव है कि ''दिमागी मामलों में तो कहीं भी संसार-भर में, औरत को बराबरी की जगह नहीं है।'' लोहिया ने मुस्लिम समाज में मान्य चार पत्नी रखने की प्रथा का विरोध दो आधारों पर किया है : एक तो पुरुष चारों पत्नियों के साथ कभी भी बराबरी का व्यवहार नहीं कर सकता, जैसा कि शरीयत में हिदायत है; दूसरे इस्लाम में स्त्री को चार पति रखने की इजाजत नहीं दी गई है। अगर पैगम्बर ने तत्कालीन समाज में स्त्रियों की अधिक आवादी के चलते यह व्यवस्था दी थी, जैसा कि तर्क दिया जाता है, तो लोहिया के भत में मौजूदा परिदृश्य में इस व्यवस्था को निरस्त किया जाना चाहिए।

लोहिया के स्त्री-विमर्श में स्त्री-जीवन के साथ तात्कालिक दशा और समस्याओं पर भी विचार हुआ है। वे पश्चिम से गृहीत आधुनिकता की परम्परा को उन अस्सी प्रतिशत भारतीय स्त्रियों की दशा के सन्निधान में परखते हैं जिन्हें सूर्योदय के पहले या सूरज डूबने के बाद पाखाना फिरने जाना पड़ता है और कुएँ से गन्दा और सड़ा पानी खींचकर या भरकर लाना पड़ता है। गरीबी, उपेक्षा और पिटाई के चलते जिनकी अकाल मौत हो जाती है। लोहिया दलित और शूद्र स्त्रियों के साथ द्विज स्त्रियों को भी किसी न किसी हद तक और किसी न किसी रूप में शोषित और पराधीन मानते हैं। नई राजनैतिक संस्कृति के सृजन के लिए उन्होंने दलित, शूद्र, आदिवासी और अल्पसंख्यक समूहों के साथ स्त्री को भी एक समूह माना है जिन्हें पार्टी या सरकार में नेतृत्व के पदों पर रखा जाए। मराठी नाटककार वरेरकर की नाट्य कृति **भूमि कन्या**

सीमा से प्रेरणा पाकर लोहिया ने कट्टरता की वाहक वशिष्ठ-परंपरा और उदारता की वाहक वाल्मीकि-परम्परा का उल्लेख किया है जो किसी भी देश और किसी भी काल में हो सकती हैं। इस स्थापना को अन्य सन्दर्भों के अलावा उन्होंने स्त्री-सन्दर्भ में भी लागू किया है। तत्कालीन प्रधानमन्त्री जवाहरलाल नेहरू को वशिष्ठ-परम्परा का वाहक और पोषक मानते हुए लोहिया लिखते हैं : "औरतों के विवाह और सम्पत्ति सम्बन्धी कानूनों पर प्रधानमन्त्री अड़े। देखने में यह अड़ उदार थी। लेकिन वास्तव में इसके पीछे कोई सौ बरस की पश्चिमी परम्परा है, जिसको आधुनिकता की परम्परा भी कहते हैं। मेरा यह मतलब नहीं कि यह खराब थी। औरतों को मर्दों के समान हक तो मिलना ही चाहिए। सच पूछो तो ज्यादा, तभी समानता आ सकेगी। लेकिन मर्द-औरत समानता की दिशा में प्रधानमन्त्री का यह कोई बड़ा और उदार कदम तो था नहीं। हिन्दुस्तान की अस्सी फीसदी औरतों को इन कानूनों का क्या प्रयोजना से तो उनके हैं ही, जिस हद तक वर्तमान सामाजिक और आर्थिक ढाँचे में हो सकते हैं। प्रयोजन तो है द्विज नारियों को, ब्राह्मणियों, सेठानियों और ठकुराइनों को। वही गिरोह-स्वार्थ। वही आधुनिकता की पिटी-पिटाई परम्परा। मैं फिर कह दूँ काम अच्छा था। ऐसा मत समझ लेना कि कट्टर ब्राह्मण कभी कोई अच्छा काम करता ही नहीं। चाहे किसी छोटे से छोटे गिरोह को चाहे जितनी छोटी से छोटी आजादी मिले, तो उसका नमस्कार हर समय होना चाहिए। लेकिन समझकर छोटे गिरोह की आजादी। काम अच्छा था लेकिन अधूरा और द्विज-स्वार्थ का। वाल्मीकि होते तो अस्सी फीसदी औरतों की भी सोचते। उदार मन से उनकी यातनाओं का इलाज निकालते।" यहाँ कहा जा सकता है कि सभी स्त्रियों को एक शोषित समूह मानने के बावजूद लोहिया की सोच का झुकाव सामाजिक-आर्थिक-शैक्षिक रूप से विपन्न स्त्रियों की तरफ है।

लोहिया के स्त्री-विमर्श का प्रधान क्षेत्र हिन्दू समाज है जिसका वे स्वयं अंग थे। उन्होंने हिन्दुस्तान में स्त्री की स्थिति और छवि की लिखित और मौखिक सांस्कृतिक-सामाजिक परम्पराओं के परिप्रेक्ष्य में जाँच-पड़ताल की है जहाँ स्त्री के व्यक्तित्व को दबाकर एकांगी बनाने का जाना-बूझा उद्यम हुआ है : "पिछले कई हजार बसर में भारतीय इतिहास या किंवदन्ती या इस तरह के जितने भी किस्से गढ़े गए हैं, या घटनाएँ हुई हैं, जिन पर कवियों ने, लेखकों ने अपनी छाप लगाई है, उनमें मर्द और औरत के बीच में अजब तरह की गैर-बराबरी रही है। हालाँकि उस गैर-बराबरी के आधार पर पातिव्रत धर्म वाली एक रचना बड़ी सुन्दर खड़ी कर दी गई है। मैं उसकी बेइज्जती नहीं करता। वह सुन्दर रचना है। कहीं आप ऐसा मत समझ लेना कि मैं उस औरत को पसन्द करता हूँ जो एक से ज्यादा प्रेम करे, या एक साथ या एक के बाद एक। मेरी तो मुसीबत यह है कि बराबरी चाहिए। अगर मर्द एक के बाद एक प्रेम कर सकता है तो फिर औरत को भी वही गुँजाइश होनी चाहिए।" भारतीय सांस्कृतिक परम्परा में स्त्री को शक्तिरूपा कहकर मान दिया गया है। परम्परावादियों

के स्त्री के महिमामंडन के खोखलेपन को लोहिया पहचानते हैं :"ऐसा लगता है उन्हें जकड़ लिया गया है। उन्हें परम्परा की सैकड़ों रस्सियों और बेड़ियों में बाँध दिया गया है। उनमें शक्ति ही नहीं, चाहे वे जिस किसी वर्ग या प्रकार की नारियाँ हों। भारत की नारी सचमुच बँधी हुई है। नाम के लिए दुर्गा और भगवती है, जिसका एक स्वरूप काली है, लेकिन दरअसल एक शक्तिहीन पदार्थ है।"

भारतीय स्त्री के सन्दर्भ में लोहिया धार्मिक-सांस्कृतिक मिथकों-प्रतीकों और आख्यानों को बहस का मुद्दा बनाकर आधुनिक भारतीय स्त्री की नई छवि गढ़ना चाहते हैं। वे बड़ी ही शिद्दत के साथ इस बहस को उठाते हैं कि भारतीय स्त्री का आदर्श द्रौपदी हो या सावित्री? उन्होंने द्रौपदी को लेकर **महाभारत** के पाठ की नई व्याख्या की हैं उनकी निगाह में द्रौपदी गजब की औरत है। वे सावित्री के पातिव्रत धर्मपालन के एकांगी गुण और अनुवर्ती व्यक्तित्व के मुकाबले द्रौपदी के बहुगुणवान और तेजस्वी व्यक्तित्व का पक्ष लेते हैं : "जब मैं कहा करता हूँ कि द्रौपदी हिन्दुस्तान की सच्चे माने में प्रतीक है, सावित्री उसके जितनी नहीं, तब इसी अंग को देखकर कहता हूँ कि वह ज्ञानी, समझदार, बहादुर, हिम्मतवाली, हाजिर-जवाब थी। न सिर्फ हिन्दुस्तान में बल्कि दुनिया में मुझे द्रौपदी जैसी और कोई औरत नहीं मिलती। अगर दुनिया वाला किस्सा लम्बा-चौड़ा हो, अपने हिन्दुस्तान में तो निश्चित है कि उससे ज्यादा बड़ी औरत और कोई नहीं है। केवल एक पातिव्रता धर्म के कारण सावित्री को इतना सिर पर उठा लिया करते हो, यह तो बहुत ही अनुचित चीज है। यह दिखाता है कि हम लोगों का दिमाग कितना कूढ़मगज हो गया है। मर्द के हितों की रक्षा करनेवाला हो गया है।" लोहिया इस समस्या से वाकिफ हैं कि द्रौपदी को स्त्री का आदर्श प्रतीक स्वीकार करने की बात पर हिन्दू पुरुष का दिमाग पाँच पतियों वाली बात सबसे पहले सोचेगा। लोहिया ऐसे ही सड़ चुके दिमाग को ठोकर मारकर बदलने, पुनर्गठित करने की जरूरत बताते हैं ताकि वह द्रौपदी की उसके गुणों के आधार पर सराहना कर सके। वे स्वयं यह नहीं स्वीकार करते कि स्त्री के एक से अधिक पति हों या पुरुष की एक से अधिक पत्नियाँ। उनकी राय में, "शायद वह दुनिया अच्छी होगी जिसमें एक पति और एक पत्नी हो।" लेकिन वे पातिव्रत धर्म के एकांगी गुण के आधार पर स्त्री का आदर्श प्रतीक गढ़ने के पक्ष में नहीं हैं। उनका कहना है, "सावित्री के किस्से को मैं खराब नहीं कहता हूँ, न सावित्री की नाकदरी करता हूँ। सावित्री की मैं बड़ी भारी कदर करता हूँ, सिर्फ एक अंग में। लेकिन औरत का एक अंग ही नहीं होता। उसके बीसों अंग होते हैं। अगर उस एक अंग को पनपाने में बाकी उन्नीस अंग नष्ट हो जाते हों या वे खतरे में पड़ जाते हों, तो फिर उसको आदर्श बनाना मुश्किल हो जाता है।"

स्त्री के आदर्श को केवल पातिव्रत धर्म से जोड़ने के आग्रह को लोहिया स्त्री

की पराधीनता का आग्रह मानते हैं। वे पार्वती के विवाह के उस प्रसंग का हवाला देते हैं जिसमें पार्वती की माँ कहती है : "कत विधि सृजी नारि जग माही/पराधीन सपनेहू सुख नाही।" इस बन्ध में औरत के दिल की जो टीस व्यक्त हुई है उसे नजर अन्दाज करके और चौपाई को विकृत करके पुरुष-दिमाग ने उसका सम्बन्ध हिन्दुस्तान की पराधीनता से जोड़ दिया है : "कर विचार देखहु मन माही/पराधीन सपनेहु सुख नाही।" लोहिया का चौपाई को उसके सही संदर्भ में पढ़ने/समझने का आग्रह है। वे नहीं चाहते कि राष्ट्रीय स्वाधीनता के लक्ष्य की ओट में स्त्री की स्वाधीनता का लक्ष्य ओझल हो जाए। भारत में पाँच कन्याओं—सीता, सावित्री, द्रौपदी, तारा, मन्दोदरी—की 'मानता' है। लेकिन इन पाँचों में धुरी सावित्री ही है। द्रौपदी के प्रति इज्जत का भाव नहीं मिलता। लोहिया सावित्री वाली धुरी को बदल कर वहाँ द्रौपदी को प्रतिष्ठित करना चाहते हैं। वे पातिव्रत धर्म और यौन-शुचिता के गुण के एकांगी आधार पर स्त्री का आदर्श प्रतीक नहीं चाहते। उनकी निगाह में द्रौपदी के अन्य गुणों का ज्यादा महत्व है। जुए में हारी जाने के बाद दरबार में उसकी जिरह, कृष्ण के प्रति सखा-भाव, भीष्म पितामह के अन्तिम प्रवचन के वक्त उसका हँसना—द्रौपदी के गुणों को सामने लानेवाले प्रसंगों की अत्यन्त उद्‌घाटक व्याख्या लोहिया ने की है। **महाभारत** के अंत में, द्रौपदी और पाण्डवों के हिमालयारोहण के दौरान द्रौपदी सबसे पहले गलती है। लोहिया इस किस्से की गढ़ंत के पीछे पुरुष-दिमाग की खुराफात मानते हैं। उनके विचार में द्रौपदी को सबसे आखिर में गलना चाहिए था। द्रौपदी के सबसे पहले गलने के पीछे तर्क दिया गया है कि उसने अपने पाँचों पतियों के प्रति समता न रखकर अर्जुन के प्रति ज्यादा प्रेम दिखाया, वह अपने पांचों पतियों के प्रति समता का आदर्श नहीं निभा सकी। लोहिया का तर्क है कि आदर्श से स्खलन का ही मुद्दा है तो पाण्डव, विशेषकर भीम और युधिष्ठिर, द्रौपदी के सन्दर्भ से अधिक स्खलित हुए।

भरतु अवधि सनेह ममता की। यद्यपि रामु सीम समता की।। **रामचरित मानस** की यह चौपाई उद्धृत करके लोहिया राम के सम्भव समतामूलक चरित्र की सराहना करते हैं। लेकिन राम के तीन-चार दोषों में उन्हें सीता-त्याग वाला दोष 'जबरदस्त' लगता है। लोहिया शायद अकेले चिन्तक हैं जो इस प्रसंग को लेकर राम के कट्टर आलोचक हैं : "यह किस्सा है ही गन्दा। राम ने जिस तरह से सीता के साथ व्यवहार किया है, हिन्दुस्तान की कोई भी औरत राम के प्रति कैसे बड़ा स्नेह कर सकती है, इससे मुझे कई बार बड़ा ताज्जुब होता है।" दरअसल लोहिया यही सच्ची स्त्री-चेतना की पुकार करते हैं और उन्हें वहाँ श्रमशील स्त्रियाँ मिलती है :

"...हिन्दुस्तान में ऐसी औरते हैं और लाखों-करोड़ों की तादाद में रहीं कि जिन्होंने सीता की तरफ से राम को, जब बच्चे पैदा होते हैं या शादी वगैरह के मौकों पर पापी कहा है। यह बात बहुत कम लोग जानते हैं क्योंकि किताब लिखनेवाले तो बड़े सुसंस्कृत, सभ्य लोग होते हैं, लेकिन वे मजदूरिनें जो खेतों में काम करती हैं, घास

वगैरह छीलती हैं, उनका दिल छिल करके कभी बोलता है। वह वशिष्ठ और राम का किस्सा कि गुरु, तुम मुझको ले जाना चाहते हो—यज्ञ के समय पर राम सीता की जरूरत समझते हैं, उसको भेजते हैं—तुम्हारे कहने से एक कदम तो मैं तुम्हारे साथ चल लेती हूँ लेकिन मैं उस पापी का मुँह फिर से नहीं देखूँगी। खेती-मजदूरिनें ही, जो मेहनत से जिन्दगी चलाने की अभ्यस्त हैं उनको हिम्मत हो सकती है यह शब्द कहने की। दूसरी शायद न कह पाएँ। इस ढंग के विचार पहले की रामायणों में हैं बाद में तो वे बिल्कुल खत्म हो गए।''

नए-पुराने सभी समाजों में स्त्रियों की यौन-शुचिता एक संवेदनशील और साथ ही समस्यात्मक मुद्दा रहा है। पुरुष द्वारा मूल्य के रूप में स्थापित और स्वीकृत यौन-शुचिता की मान्यता ने स्त्री-स्वातन्त्र्य को सम्भवतः सर्वाधिक गहरे में बाधित किया है। इस मान्यता के चलते स्त्री या तो जीवन-भर के लिए कुंठित होती है, या आत्महत्या करती है, या सती होती है, या सारी उम्र विधवा के रूप में काटती है या वेश्या बनने को बाध्य होती है। हर प्रकार का स्त्रीवादी विमर्श इस मुद्दे से टकराता है, लेकिन समस्या का सम्यक समाधान नहीं निकल पाता। लोहिया के स्त्री-विमर्श में सर्वाधिक विस्फोटक इसी 'मूल्य' को उड़ाने के लिए जुटाया गया है : ''हिन्दुस्तान आज विकृत हो गया है, यौन-पवित्रता की लम्वी-चौड़ी बातों के बावजूद, आमतौर पर विवाह और यौन के सम्बन्ध में लोगों के विचार सड़े हुए हैं। सारे संसार में कभी-कभी मर्द ने नारी के सम्बन्ध में शुचिता, शुद्धता, पवित्रता के बड़े लम्बे-चौड़े आदर्श बनाए हैं। घूम-फिरकर इन आदर्शों का सम्बन्ध शरीर तक सिमट जाता है, और शरीर के भी छोटे-से हिस्से पर। नारी का पर-पुरुष से स्पर्श न हो। शादी पहले हरगिज न हो। बाद में अपने पति से हो। एक बार जो पति बने, तो दूसरा किसी हालत में न आए। भले ही ऐसे विचार मर्द के लिए सारे संसार में कभी न कभी स्वाभाविक रहे हैं, परन्तु भारत-भूमि पर इन विचारों को जो जड़ें और प्रस्फुटन मिले, वे अनिवर्चनीय हैं। 'अष्टवर्षा भवेत गौरी' यह सूत्र किसी बड़े ऋषि ने चाहे न बनाया हो लेकिन बड़ा प्रचलित है आज तक। इसे जकड़कर रखो, मन से, धर्म से, सूत्र से, समाज-संगठन से और अन्ततोगत्वा शरीर की प्रणालियों से कि जल्दी से जल्दी लड़की का विवाह करके औरत को शुभ, शुद्ध और पवित्र बनाकर रखो। विवाह से कन्या पवित्र नहीं होती तब तक उसको असीम अकेलेपन में जिन्दगी काटनी पड़ती है।'' औरत की इस परतन्त्रता से व्यथित लोहिया आगे कहते हैं : ''और देशों में भी औरत को जकड़ने की कोशिश की गई है, लेकिन यहाँ गजब तरीकों से। उसे शुद्ध रखने के लिए कितना लांछित और अपमानित किया गया है, यह आज एक भारतीय की बोली से अनायास टपकता है। ऐसा लगता है मानों उसकी कभी माँ न रही हो। अब तक ऐसी जातियाँ रही हैं जो अपनी माँ के हाथ की बनाई रसोई अशुद्ध समझती हैं और बाप अथवा भाई का बनाया भोजन

खाते हैं। और **महाभारत** का वह श्लोक, क्षेपक है या नहीं सो पता नहीं, लेकिन दूर तक इसी उद्‌गम से प्रचलित है : 'सुन्दर पुरुष द्रष्टवा भ्रातरं पितरं, योनि द्रवति नारीणां' वगैरह पता नहीं बात सत्य है या झूठ, अगर सच है जितनी औरत के लिए उतनी ही मर्द के लिए, और सिर्फ कला अथवा मजाक की सामग्री हो सकती है। लेकिन समाज के गठन की गम्भीर चर्चा के समय ऐसा श्लोक भारत के मर्द के असीम पाजीपन का नमूना है।''

लोहिया स्त्री-पुरुष के बीच काम-सम्बन्ध में केवल दो अक्षम्य अपराध मानते हैं : बलात्कार और वादाखिलाफी या झूठा। उनके इस कथन का पुरुषों द्वारा चटखारे लेकर जिक्र किया जाता है। लोहिया साथ ही यह भी कहते हैं कि काम-सम्बन्ध केवल शरीरिक सम्बन्ध नहीं होता। वह एक-दूसरे के प्रति विश्वास पर आधारित प्रेममय सम्बन्ध होता है, जिसमें जहाँ तक हो सके एक-दूसरे के दिल को दुख या ठेस नहीं पहुँचाई जाए।

सन्तानोत्पत्ति और तलाक के मुद्दे स्त्रीवादी विमर्श में महत्वपूर्ण रहे हैं। इस दोनों मुद्दों के साथ चिपकी नैतिकता स्त्रियों की जान संकट में डालने वाली रही है। लोहिया ने सन्तानोत्पत्ति और तलाक के नैतिक पहलुओं की पुनर्व्याख्या पर बल दिया है। नैतिकता को सापेक्ष मानते हुए सवाल किया गया है : "एक औरत जिसने अपनी सारी जिन्दगी में सिर्फ एक ही बच्चे को जन्म दिया हो, चाहे वह अवैध ही क्यों न हो, और दूसरी ने आधे दरजन या ज्यादा वैध बच्चे जने हों, तो इन दोनों में कौन ज्यादा शिष्ट और ज्यादा नैतिक है? एक औरत जिसने तीन बार तलाक दिया और चौथी बार वह फिर शादी करती है, और एक मर्द चौथी बार इसलिए शादी करता है कि एक के बाद एक उसकी पत्नियाँ मर गई हैं, तो इन दोनों में कौन ज्यादा शिष्ट और ज्यादा नैतिक है?''

अवैध बच्चे के जन्म और तलाक को लोहिया इस अर्थ में असफलता मानते हैं कि स्त्री-पुरुष सम्बन्धों में पारस्परिक विश्वास का आदर्श हासिल नहीं हो पाता। वैसे में उनका उत्तर है : "मेरे मन में कोई शक नहीं है कि सिर्फ एक अवैध बच्चा होना आधे दर्जन बच्चे होने से कई गुना अच्छा है। उसी तरह इसमें कोई शक नहीं कि तीन पत्नियों में सभी की मृत्यु आकस्मिक नहीं हो सकती, उपेक्षा और गरीबी जरूर ही रही होगी, और इस तरह की उपेक्षा उन झगड़ों से कहीं ज्यादा बुरी है, जिनकी वजह से तीन बार और ज्यादा तलाक हुए हों।'' यहाँ पर ध्यान देने की बात यह है कि सन्तानोत्पत्ति और तलाक दोनों मामलों में स्त्री की इच्छा के महत्व और सम्मान पर बल दिया गया है।

लोहिया उन दो परस्पर विरोधी भावनाओं पर भी विचार करते हैं जिनके तहत पुरुष एक साथ बुद्धिमान किन्तु उसके कब्जे में रहने वाली स्त्री की आकांक्षा करता

है : "नर चाहता है कि नारी अच्छी भी हो, बुद्धिमान हो, चतुर हो, तेज हो, और उसकी हो, उसके कब्जे में हो। ये दोनों भावनाएँ परस्पर विरोधी हैं। परतन्त्र व्यक्ति जीवन्त/जिन्दादिल नहीं हो सकता। स्वतन्त्रता जीवन्तता की शर्त है। केवल मुर्दा चीज पर कब्जा किया जा सकता है। अतः अगर पुरुष एक जीवन्त स्त्री चाहता है। तो उसे परतन्त्र बनाने की मानसिकता त्यागनी होगी।"

लोहिया के विचार में स्त्री की स्वतन्त्र सत्ता स्वीकार करके ही पुरुष आधुनिक बन सकता है। स्वतन्त्र पुरुष और स्वतन्त्र स्त्री के बीच सम्बन्ध बनाने में बहुत-सी समस्याएँ, बाधाएँ, उलझनें आड़े आएँगी। इस सम्बन्ध को पाने के लिए पुरुष को अपने संस्कारग्रस्त दिमाग से जूझना होगा, उससे निजात पानी होगी। यह सम्बन्धों में सांस्कृतिक क्रान्ति होगी जिसके बाद जीवन में उल्लास और जीवन्तता आएगी। लोहिया इस तथ्य पर गौर करते हैं कि स्त्री को परतन्त्र या एकांगी बनाए रखने के चलते हिन्दुस्तान के स्त्री और पुरुष दोनों प्रेम और सौंदर्य के क्षेत्र में पिछड़ गए हैं। दोनों के बीच नया सम्बन्ध बनने पर प्रेम और सौंदर्य के नए लोक में प्रवेश होगा। द्रौपदी के कृष्ण नाम के आधार पर लोहिया को लगता है कि वह साँवले रंग की स्त्री रही होगी। वे साँवले रंग के सौन्दर्य को गोरे रंग के सौन्दर्य के मुकाबले ज्यादा आकर्षक बताते हैं। यहाँ वे सौन्दर्यबोध का फैलाव तो करते ही हैं, रंगीन चमड़ी वाले समाजों में गौरवर्ण स्त्री को सौंदर्य का प्रतीक मानने की प्रवृत्ति का भी विरोध करते हैं जिसके चलते अधिकांश स्त्रियों को असुन्दर करार दिया जाता है। लोहिया का मानना है कि कोई स्त्री असुन्दर नहीं होती बशर्ते दृष्टि बंधी हुई या एकांगी न हो।

स्त्री-मुक्ति के सन्दर्भ में लोहिया का आवाहन पुरुष-दिमाग के प्रति है क्योंकि स्त्री को दबाकर रखनेवाली सांस्कृतिक-सामाजिक-सांवैधानिक संरचनाओं की निर्मिति में पुरुष-दिमाग का ही वर्चस्व रहा है। लोहिया दो स्तरों पर उद्यम करने का सुझाव देते हैं—व्यक्तिगत और सामाजिक। पुरुष स्त्री के प्रति अपनी संकीर्ण धारणाओं से छुटकारा पाने के लिए अकेले में गहन आत्मालोचन करे, अपने दिमाग को बदले; और सामाजिक स्तर पर स्त्री के आदर्श प्रतीक के बारे में सांस्कृतिक-साहित्यिक कोटि की बहस चलाई जाए। साथ ही स्त्री 'आत्मदाह' न करके अपना दिमाग 'समाजदाह' की दिशा में लगाए। यानी क्रूर पितृसत्तात्मक सामाजिक विधान से टकराकर स्त्री-हित में नई संरचनाओं का सृजन करे। आधुनिक स्त्रीवादी विमर्श का एक पहलू यह है कि स्त्रीवादी विमर्श केवल स्त्री-लेखन से ही होता है जिसमें स्त्री-चेतना का सीधे चित्रण होता है। चेतना बनाम सम्वेदना की यह बहस दलितवादी विमर्श को लेकर भी है। लोहिया के स्त्री-विमर्श में इसकी पूरी गुँजाइश है कि पुरुष-प्रतिभा भी स्त्रीवादी विमर्श में सकारात्मक भूमिका निभा सकती है।

स्त्री-दलन और मुक्ति : संदर्भ भारतीय स्त्री

□ डॉ. प्रतिभा सिंह

इक्कीसवीं सदी का आरंभिक वर्ष 'अन्तर्राष्ट्रीय महिला सशक्तिकरण वर्ष' के रूप में मनाए जाने से यह स्वयंसिद्ध है कि 1975 में घोषित 'अन्तर्राष्ट्रीय महिला वर्ष' से प्रारम्भ हुआ 'नारी मुक्ति आन्दोलन' पूर्ण युवावस्था को प्राप्त कर चुका है। इस तरह यह निरन्तर विकसित होता हुआ प्रगति पथ पर अग्रसर है। वर्तमान उपभोक्ता और उत्तर आधुनिकतावाद ने स्त्री-पुरुष सम्बन्धों के समीकरण को बदलना शुरू कर दिया है। भूमण्डलीकरण और बाजारवाद ने स्त्री के महत्व को तो रेखाँकित किया ही है साथ ही महिलाएँ स्वयं, परिवार एवं समाज में अपनी स्थितिजन्य समस्याओं से जूझते हुए उनके समाधान की तलाश में आगे बढ़ रही हैं। अबला, असहाय, बेबस, कमज़ोर जैसे विशेषणों से मुक्ति की अभिलाषा लिए महिलाएँ अपने अधिकारों के प्रति अधिक सचेत और मुखरित भी हुई हैं।

अपने प्रति अन्याय एवं शोषण के विरुद्ध स्त्रियों के द्वारा आवाज उठाने की, विश्व-प्रसिद्ध चिन्तक नाओमी वुल्फ़ ने भूकम्प से तुलना करते हुए 1991-92 में कहा था—"जिन्होंने 'अर्थक्वेक' का अध्ययन किया है वे जानते हैं कि भूकम्प अचानक नहीं आते, न ही वे ऐसी सम्भावनाएँ होती हैं, जिनका अनुमान न लगाया जा सके। वे युगों के विवर्तनिक दबाव का परिणाम होते हैं।" पीढ़ियों से दबी-कुचली, दबाव को सहती नारी की मुखरता को नाओमी 'जेण्डर क्वेक' की संज्ञा देती हैं। भूकम्पों की घटना कितनी हृदयविदारक क्यों न हो (जैसाकि जनवरी 2001 में गुजरात प्रदेश में आए भूकम्प से स्पष्ट है कि) यह पुरानी जर्जर, गलीज़ व्यवस्था को समाप्त कर नवनिर्माण का मार्ग तो प्रशस्त करता ही है। 91-92 के 'जेण्डर क्वेक' ने नारीवादी आन्दोलन को एक नई दिशा दी, जो आन्दोलन, समाज में महिला उत्पीड़न के विरोध-स्वरूप शुरू हुआ था, वह अब नारी-शक्ति के विकास की दिशा में बढ़ चला है, अब यह अधिक गतिशील, व्यावहारिक व उग्र है। पश्चिम की तुलना में, भारत में शक्ति आधारित नारीवाद यद्यपि कुछ विशिष्ट वर्गों (आर्थिक रूप से सम्पन्न, उच्चशिक्षित सवर्णों) तक ही सीमित है तथापि इसके बढ़ते प्रभाव को रोकना अब

असम्भव है।

यह इतिहास सम्मत सत्य है कि वैदिक संस्कृति कालीन भारत में स्त्रियों की सामाजिक दशा पुरुषों के समकक्ष थी। कालान्तर में मनु द्वारा प्रणीत वर्णव्यवस्था एवं श्रम विभाजन के अनुपालन में समाज व्यवस्था शनैः-शनैः रुग्ण होती गई। श्रमविभाजन के आधार पर जीविकोपार्जन सम्बन्धी श्रम पुरुषों और गृह संचालन, पालन-पोषण सम्बन्धी श्रम स्त्रियों के भाग में आया, शारीरिक शक्ति के आधार पर यह विभाजन अन्यथा न था। परन्तु इसका दुष्परिणाम यह हुआ कि भारतीय स्त्री का दायरा घर की दीवारों तक सीमित होकर रह गया। जिस समाज की आधी शक्ति, लक्ष्मण-रेखा के अन्दर बाँध दी जाए उसका बचाव की मुद्रा में आ जाना स्वाभाविक था। इसलिए विदेशी आततायी आक्रमणों से उत्पन्न स्थितियों में बचाव के लिए समाज में बालिका शिशु की हत्या, बाल-विवाह, पर्दाप्रथा और सतीप्रथा जैसी कुरीतियों का समावेश होता गया। ये पतनोन्मुख व्यवस्थाएँ क्रमशः समाज में रूढ़ होती गईं। परिणामतः सैकड़ों वर्षों तक सम्पूर्ण स्त्रीवर्ग प्रायः अशिक्षित ही रह गया। अशिक्षा और अपने भरण-पोषण के लिए पुरुष-वर्ग पर निर्भरता—इन दो कारणों ने मिलकर, स्त्री को पुरुष का अघोषित दास बना दिया...दूसरी ओर उतनी ही अशिक्षा के चलते, इस मनुवादी व्यवस्था में पुरुष ने अपनी शारीरिक ताकत के बल पर न सिर्फ़ स्वयं को श्रेष्ठ मानना शुरू कर दिया बल्कि स्त्री का शारीरिक और यौनिक शोषण अपना अधिकार समझना भी शुरू कर दिया। पीढ़ी दर पीढ़ी चली इन रूढ़िगत व्यवस्थाओं के कारण समाज में स्त्री का स्थान गौण हो गया और यह वह प्रमुख कारण है जिससे भारत सदियों तक विदेशी शासकों का ग़ुलाम रहा। क्योंकि इस देश की आधी आबादी तो पहले ही शारीरिक और मानसिक दासता के वातावरण में साँस ले रही थी और उसे ही अपनी नियति मान चुकी थी।

नव जागरण काल में स्त्री-उत्थान के लिए किए गए प्रयासों और भारतीय स्वातन्त्र्य समर में स्त्रियों द्वारा बढ़-चढ़कर दिए गए योगदान एवं बलिदान के कारण ही भारत गुलामी की बेड़ियों से मुक्त हो सका था। बीसवीं सदी में प्रबुद्ध पुरुष वर्ग के साथ स्वयं स्त्रियों ने उनकी आन्तरिक शक्ति को पहचानना शुरू कर दिया था। अतः लोकतान्त्रिक भारत के संविधान में उन्हें, सामाजिक उत्थान और प्रगति के दृष्टिकोण से बराबरी के अधिकार मिले। स्वतन्त्र भारत में शिक्षा के उत्तरोत्तर प्रसार और विकास के क्षेत्र में अवसरों की बहुलता के साथ सम्पूर्ण विश्व में आर्थिक युग के आगमन से जीवन और सेवा के विविध कार्यक्षेत्रों में स्त्रियों की भागीदारी भी बढ़ती गई। स्त्री शक्ति के इस विकास और देश की प्रगति में उनके योगदान को देखकर जहाँ 'यत्र नार्यस्तु पूज्यंते रमंते तत्र देवता' की उक्ति चरितार्थ होनी चाहिए थी वहाँ हुआ इसके घोर विपरीत और नारी शोषण में प्रायः द्विगुणित वृद्धि होती गई। अर्थोपार्जन के क्षेत्र में पुरुष की सहभागी होने पर भी घर की देखरेख और पालन-पोषण के क्षेत्र में उसे

पुरुष का अपेक्षित सहयोग नहीं मिला। स्त्रियों ने जब कभी इस विषय में बात उठानी चाही, पुरुष द्वारा उसे शारीरिक प्रताड़ना मिली। दूसरी ओर सेवा के विविध क्षेत्रों में दहलीज लाँघती स्त्रियों की, स्वतन्त्रता की भावना को उनकी स्वच्छन्दता का पर्याय मानते हुए, विकृत सामाजिकों ने उन्हें 'भोग' के लिए सहज उपलब्ध मानते हुए हर सम्भव यौनिक प्रताड़ना दी। इस तरह जीवन के प्रत्येक क्षेत्र में अपनी बहुमुखी प्रतिभा और अपने बहुआयामी व्यक्तित्व को बार-बार सिद्ध करते रहकर भी स्त्री हमेशा ही, आज भी अपने श्रम एवं यौन-शोषण के लिए अभिशप्त है।

यद्यपि इस देश में बहुसंख्य स्त्रियाँ जो श्रमिक वर्ग, दलित वर्ग और निम्न आर्थिक वर्ग में आती हैं--के श्रम और यौन शोषण का क्रम तो सदियों से जारी था ही और उसे उनने मूक पशुओं की तरह विधि का विधान समझकर सहन किया है। परन्तु अस्सी के दशक के उत्तरार्द्ध में जब स्वतंत्र भारत में शिक्षित और अपने पैरों पर खड़ी स्त्री की दूसरी पीढ़ी सामने आई तब स्वाभाविकतः उसने विधि का विधान मानने से इन्कार करना शुरू कर दिया। आरम्भ में परिवर्तन की इस लहर पर पश्चिम के नारीमुक्ति आन्दोलन का स्पष्ट प्रभाव था। परन्तु इसका क्षेत्र बहुत सीमित था। प्रायः उच्च मध्यम एवं उच्चवर्ग की महिलाओं ने इसकी बागडोर सम्हाली। सीमित मंचीय अभिव्यक्ति और यौन-उत्पीड़न के इस उस प्रकरण में यदा-कदा नारेबाजी, नारीमुक्ति आन्दोलन का शुरुआती दौर बस इतना ही था। आन्दोलनकर्ता अधिसंख्य महिलाएँ अपने कार्यक्रमों से लौटकर घर में अपनी पूर्ववत् स्थिति में आ जाती थीं, स्वाभाविक रूप से बनावटी से दीखते इस आन्दोलन में अधिकांश पुरुष वर्ग समझ ही नहीं पाता था और अक्सर एक सवाल उठता था--'ये औरतें आखिर चाहती क्या हैं?' जिनके लिए यह प्रश्न तब अनुत्तरित था, आज के दौर में लड़कियों और महिलाओं के जीवन के प्रत्येक क्षेत्र में पुरुष से प्रतिस्पर्द्धा रखते हुए, सफलता की नित नई ऊँचाइयों को छूते देखकर समझ में आ गया होगा कि—'वे औरतें आखिर चाहती क्या थीं?' यह उन्हीं औरतों का बोया हुआ है जिसे आज की महिलाएँ फसल के रूप में काट रही हैं।

प्रत्यक्षतः शिक्षा, खेल, राजनीति और सेवा के विविध क्षेत्रों में महिलाओं की चुनौती के कारण बाहरी दुनिया में पुरुष का एकाधिकार टूटा है। प्रतिस्पर्द्धी, विशेषकर पीढ़ियों से शासित और वह भी महिला—से पराजय पुरुष के दम्भ को खण्डित कर उसे कुण्ठाग्रस्त बना देने के लिए पर्याप्त कारण है, अर्थोपार्जन के क्षेत्र से मिली कुण्ठाओं ने पुरुष को शारीरिक बल के अधिक उपयोग के लिए उकसाया है। बदला लेने की इस रुग्ण मानसिकता के कारण ही वर्तमान समाज में यौन अपराधों का एक दौर सा चल निकला है। बाल यौन-शोषण, पुत्रियों का यौन शोषण और अब बालिका शिशुओं के साथ यौनाचार भी, समाचार पत्रों की सुर्खियाँ बन रही हैं। निश्चित ही इन प्रकरणों को यौन विकृतियों की संज्ञा दी जा सकती है परन्तु विकृति का, मनोरोग का जन्म तो सदैव कुण्ठा की कुक्षि से ही होता है न? तो क्या यह नारी पर शासन करने में

कमज़ोर सिद्ध हो रहे पुरुष की कुण्ठा के ही परिणाम हैं? भारत में इसका उत्तर देना इतना सहज नहीं है, क्योंकि यहाँ इन यौन अपराधों के मूल में एक दूसरा कारण भी महत्वपूर्ण है और वह है समाज में पुरुष की प्रधानता से उपजी उद्‌दण्ड निर्भीकता, पुरुष प्रधान समाज में, कामान्ध पुरुष के पशुवत् यौनाचार को भी उतनी देहदृष्टि से नहीं देखा जाता और येन-केन-प्रकारेण स्त्री को ही दोषारोपित कर दिया जाता है। न्याय व्यवस्था में भी पुरुषों का वर्चस्व होने से, व्यवस्था की खामियों का लाभ भी प्रायः पुरुष अपराधियों को ही मिलता है। बलात्कार पीड़िता स्त्री जीवन ही नहीं वरन् उसका सम्पूर्ण पारिवारिक जीवन, इस एक दुर्घटना से छिन्न-भिन्न हो जाता है। यदि इस तथ्य को ध्यान में रखकर बलात्कार के लिए मृत्युदण्ड का प्रावधान कर दिया जाए साथ ही न्याय में विलम्ब से बचा जा सके तभी इन यौन अपराधों में कमी लाई जा सकती है। यौन-अपराधों से मुक्ति के लिए महिलाओं को अधिक सुसंगठित होना होगा। तभी संगठित हिंसा का प्रतिकार सम्भव है।

बलिका भ्रूण हत्या, बालिका शिशु हत्या, वेश्यावृत्ति हेतु बालिका विक्रय और बाल-विवाह जैसी कुरीतियों के मूल में दहेज-प्रथा ही एकमात्र कारण है। उपर्युक्त कुप्रथाओं के चलते जनसंख्या में स्त्री-पुरुष अनुपात में कमी स्पष्ट होने लगी है। आने वाले समय में इस समस्या की कोख से ही सम्भव है इस समस्या के समाधान की उत्पत्ति, लड़कियों की घटती संख्या से, लड़कों का विवाह जब भविष्य में एक नई समस्या बनने लगेगा तब निश्चित ही इस पर अंकुश लगेगा। नवयुवा वर्ग में, परस्पर मेल-जोल में अधिक उन्मुक्ता के प्रवाह से प्रेम-विवाहों, इतरजातीय विवाहों एवं महानगरों में सहबन्धनों की संख्या में उत्तरोत्तर वृद्धि, दहेज-प्रथा के अवसानोन्मुख होने की दिशा में स्पष्ट शुभ संकेत हैं। इन कारणों से वह समय अब दूर नहीं है जब प्राचीन काल की तरह कन्या पुनः स्वयंवरा हो जाएगी। देखा जाए तो इस दिशा में शुरुआत हो भी चुकी है।

'मर्जी की ये मालकिनें' शीर्षक से 'इंडिया टुडे' 13 फरवरी 2002 अंक में प्रकाशित रपट से यह स्पष्ट होता है कि स्वयंवरा होने की दिशा में परिवर्तन की बयार अब रुकने वाली नहीं है। जिस राजस्थान प्रान्त में बालिका शिशु की हत्या और बाल विवाह के सर्वाधिक प्रकरण घटते हैं, गुजरे वक्त में सती प्रथा जहाँ स्त्रियों की आन का प्रतीक थी, उसी राजस्थान के मरुप्रदेश में बेमेल और बाल विवाहों के विरुद्ध परिवर्तन की हवा चल पड़ी है। अपने आरम्भिक दौर में यह जागृति भले ही नकारात्मक प्रतीत हो रही हो, विवाहिताओं द्वारा अपने पतियों का परित्याग कर, इच्छित वर से विवाह करने की यह प्रवृत्ति निरंकुश पितृसत्ता के लिए चुनौती के रूप में सामने आ खड़ी हुई है। साथ ही पूर्वविवाहिताओं को नये पतियों द्वारा स्वीकार किए जाने और सामाजिक परम्पराओं की ध्वजवाहक जातीय पंचायतों के द्वारा कुछ शर्तों के साथ ही सही इन नए सम्बन्धों को मान्यता दिए जाने से यह साफ हो गया है कि क्रान्ति की दिशा में किया गया कोई भी सामूहिक प्रयास, रूढ़ियों के जाल को ध्वस्त करने में समर्थ

सिद्ध होता है।

प्राकृतिक रोगों के प्रति अधिक प्रतिरोधक शक्ति थके बिना अधिक देर तक काम करने की क्षमता और पुरुष की तुलना में शरीर पर बालों की कमी ऐसे तथ्य हैं जिनके आधार पर विकास विज्ञानी, स्त्री को मनुष्यजाति का अधिक विकसित रूप मानते हैं। समाज-विज्ञानी इस तथ्य को स्वीकार करते हैं कि प्रारम्भ में स्त्रियों की संख्या में कमी से परिवार मातृसत्तात्मक होते थे। भारतीय संस्कृति में–कोमलाँगी होने से स्त्री मोहक है तथा मातृत्व व ममत्व के एक गुणमात्र से वह विराट संकल्प शक्तिमय, अपूर्व मेधावान्, अद्भुत धैर्यधारिणी और अनुपम पालकर्ती के रूप में प्रस्तुत होती है, वैदिक काल में जब स्त्री को पुरुष की सहधर्मिणी समझा जाता था तब भारतवर्ष को 'विश्वगुरु' होने का गौरव प्राप्त था। आधुनिक युग में भी दृष्टव्य है कि वे ही देश उन्नति के सर्वोच्च शिखर पर हैं जहाँ नारियों को समुचित सम्मान प्राप्त है, वहां नारी शक्ति जागृत है। किसी समाज की आधी आबादी की उपेक्षा कर पूर्ण प्रगति की अपेक्षा की भी कैसे जा सकती है।

'पुनर्नवा' उपन्यास में आचार्य हजारी प्रसाद द्विवेदी ने नारी-शक्ति की महिमा का मोहक चित्रण किया है।

वर्तमान उत्तर आधुनिक काल में जो पुरुष न तो अपनी वैदिक संस्कृति को समझना चाहते हैं न ही आधुनिक युग सत्य को, न तो पौराणिक मिथकों पर विश्वास करते हैं न ही नवीन वैज्ञानिक शोधों पर, उन्हें और हमें इस बात को भलीभाँति समझकर आत्मसात् कर लेना चाहिए कि यह समय-प्रश्न और प्रतिप्रश्न–ये औरतें अथवा वे पुरुष 'आखिर चाहते क्या हैं?' में उलझने का नहीं है, वस्तुतः यह सम्मिलित होकर संयुक्त चाहने का समय है...और हमारी संयुक्त चाह एक ही हो सकती है–मनुष्य और मनुष्यता का सतत विकास और उसका अधिकतम हित-सम्वर्द्धन। हमें इस तथ्य को समझ लेना आवश्यक है कि पुरुष या स्त्री पृथक रहकर सृष्टि को नहीं चला सकते। अतः स्त्री का मुक्ति प्रसंग, पुरुष से मुक्ति का पक्षधर नहीं है। स्त्री तो सदैव पुरुष में मुक्ति की कामना करती है क्योंकि परस्पर मुक्ति भाव से साथ रहकर ही, दोनों का सर्वांगीण विकास सम्भव है और उसी में निहित है ईश्वरीय सृष्टि की सफलता।

उषा गांगुली की 'अन्तर्यात्रा' आधी दुनिया का जटिल यथार्थ

□ कृपाशंकर चौबे

उषा गांगुली निर्देशित–अभिनीत 'अन्तर्यात्रा' सिर्फ नाटक नहीं, बाहर-भीतर के जंग से निरंतर जूझती स्त्री की संघर्ष गाथा है। नाटक स्त्री की बाहरी ही नहीं, नितांत आन्तरिक परतों और उसी के साथ, स्त्री ग्रन्थि की गांठों को खोलता है। स्वकीय पहचान–मानवीय गरिमा के संधान में स्त्री को मार प्रतिकूलताएँ और कठोर प्रतिक्रियाएँ झेलनी पड़ती हैं–भयावह यथार्थ का उसे सामना करना पड़ता है। और इस भयावह यथार्थ को 'अन्तर्यात्रा' नाटक में उषा गांगुली अपने एकल अभिनय की ताकत से मार्मिक अभिव्यक्ति देती हैं।

इस नाटक में तीन ज्यामितीय आकृतियाँ मंच सज्जा का जरूरी हिस्सा हैं। मंच सज्जा खालेद चौधरी की है और प्रकाश-व्यवस्था तापस सेन की। दोनों अपने-अपने क्षेत्र के धुरन्धर। मंच-सज्जा और प्रकाश व्यवस्था 'अन्तर्यात्रा' में कथ्य की सम्प्रेषणीयता कई गुना बढ़ा देती हैं। ढाक बजता है और उसी के साथ उषा गांगुली मंच पर प्रकट होती हैं। ढाक की आवाज उषा को बचपन की याद दिलाती है। और जब वे स्मृतियों में उतरती हैं तो उनके निजी जीवन और रंग जीवन में आई अनेकानेक स्त्रियों की वेदना, उनका संघर्ष उनकी आँखों के सामने तैर जाता है। इस तरह उषा गांगुली की 'अन्तर्यात्रा' में कई-कई स्त्रियों की अन्तर्यात्राएँ जुड़ती जाती हैं और सभी मिलकर नाटक को स्त्री संघर्ष की महागाथा के रूप में परिणत कर देती हैं। यह महागाथा उषा गांगुली कभी स्वयं से, कभी दर्शकों से, तो कभी अपने पात्रों से ज्यादातर हिन्दी में व बीच-बीच में बांग्ला में बात करते हुए सुनाती हैं। उनके स्त्री पात्र मंच पर नहीं दिखते पर उनकी उपस्थिति का एहसास उषा कराती चलती हैं। उषा का सम्पूर्ण जीवनानुभव व रंग अनुभव इस नाटक में तनाव और कसावट को बनाए रखता है। दृश्य-श्रव्य के सहारे पूरे एक घण्टे दर्शकों को वे खींचे रखती हैं। उनकी संवाद अदायगी व भंगिमाएं इतनी असरदार हैं कि दर्शक पूरी 'अन्तर्यात्रा' में शरीक होता चलता है

और उनकी चिन्ताओं में भी शरीक होता है।

पुरुष वर्चस्ववाद या कि पितृ सत्तात्मक समाज में स्त्री की हैसियत का बोध उषा गांगुली को बचपन में ही हो जाता है—"छोटे भाई की तरह मेरा जन्मदिन नहीं मनाया जाता था..." स्त्री-पुरुष समानता की पूरी कलई यह छोटा सा संवाद खोल देता है। फिर शुरू होती है एक-एक पात्र की दुखभरी कहानी—"आज बीना की याद आ रही है। 'रंगकर्मी' के पहले बड़े नाटक 'परिचय' की बीना...बस ड्राइवर की बेटी बीना। नौकरी करने दिल्ली जाती है। बुद्धिजीवी सुरीप के प्रेम में डूब जाती है...बीना समूचे परिवार के साथ सुदीप का इन्तजार करती है पर सुदीप नहीं आता-आता है। एक खत, जिसमें लिखा है, इतने दिनों उसने जो-जो कहा सब झूठ है। पूरा घर बीना पर बरस पड़ता है..।"

बीना प्रेम के द्वंद्व में है तो केया दी को कठिन आर्थिक संघर्ष से जूझना पड़ता है। वही केया दी यानी केया चक्रवर्ती जिन्होंने 'नांदीकार' नाट्य ग्रुप को गढ़ने के लिए कॉलेज की नौकरी छोड़ दी, बस में कंडक्टर को देने के लिए उषा से कहती हैं—"ऐ जे पाँच पोयसा हो बे?" उन्हीं केया दी ने उषा को तृप्ति मित्र से मिलाया था और जब तृप्ति मित्र रंगकर्मी के नाटक 'गुड़ियाघर' के निर्देशन के लिए आई तो शम्भू मित्र जो कुछ कर चुके थे, उस पर इस तरह राय जताई थी—"ऊनी (शम्भू मित्र) जा कोरेछेन, आमी तार बेशी किछू कोरवो ना।" इसे कहते हैं ईमानदारी! इस नाटक में उषा 'मुनियां' बनीं। मुनिया अपने पति को बहुत चाहती थी, उसे बचाने के लिए उसने जाली दस्तखत किए और जब इसके पति को पता चला तो उसने मुनियां का बन्द कमरे में जबर्दस्त अपमान किया। यही अपमान वह नहीं बर्दाश्त कर पाती, अपमान की उस रात वह अपने सारे सामान, शादी का जोड़ा, गहने, जेवर सब कुछ त्यागकर एक नया रूप धारण करती है और जैसे ही रूमाल से अपनी माँग का सिंदूर पोंछती है—पूरे हाल में सनसनी फैल जाती है। यह दृश्य देखने के बाद एक वृद्ध सज्जन ने टिप्पणी की—'ये उषा गांगुली हमारी औरतों को बिगाड़कर रख देगी।' वृद्ध की उस टिप्पणी का जवाब 'अन्तर्यात्रा' नाटक में उषा इस संवाद के जरिए देती हैं—"आज़ जब अनगिनत लड़कियाँ मेरे पास आती हैं—कुछ सीखने, कुछ जानने, तब लगता है—नहीं मैंने इन्हें बिगाड़ा नहीं, इन्हें जीने का नया रास्ता सुझा दिया।"

मुनियां के अपमान दंश का प्रसंग सुनाकर उषा दर्शकों में सहानुभूति या दया का भाव नहीं जगाती, बल्कि प्रतिवाद का, चेतना का बीज वो जाती हैं। 'अंतर्यात्रा' नाटक मुनियां के सिन्दूर प्रसंग को अनिमा दी के प्रसंग से जोड़ता है। हम सबके घर में अनिमाएँ रहती हैं जो उपनगरों से आकर हमारे घरों को संभालती हैं। अनिमा दी अपने घर से निर्वासित होकर कोलकाता आई थीं। उषा पूछती हैं—"सीता से जो निर्वासन शुरू हुआ, उसका अन्त कब होगा?" यह सवाल एक चीख बनकर नाटक में गूँज उठता है। अनिमा दी माँग में सिंदूर लगाती थीं। वे अपना गाँव मथुरापुर इसलिए

छोड़ आई थीं क्योंकि वहाँ उनकी सौत आ गई थी।...अनिमा दी के बाद उषा गोर्की व ब्रेख्त की माँ का स्मरण करती हैं। 1982 में 'माँ' का मंचन हुआ। माँ अशिक्षित थी किन्तु वही एक दिन एक सम्पूर्ण राजनीतिक आन्दोलन की प्रतिमूर्ति हो उठती हैं।...सिमिलगिन को गोली लग जाती है तब भी धीरे-धीरे जमीन पर झुकती है, झंडा उठाती है—'झंडा मुझे दो सिमिलगिन, मैं उठाऊँगी। इन सबको बदलना होगा।' पार्श्व से आवाज आती है—प्लाजिया ब्लासोवा, तुम्हारे बेटे को गोली मार दी गई है। यह सुनकर माँ बेटे के शोक में कमजोर नहीं होती बल्कि और मजबूत होकर लोगों को सचेत करती है। माँ का, मातृत्व का सम्मान इसीलिए है। लेकिन उषा सवाल है—क्या इतना ही सम्मान अपने देश में औरतों के लिए भी है? 'माँ' में अभिनय के बाद उषा निर्देशक बन गईं। 1984 में 'महाभोज' का निर्देशन किया। अभिनय भी किया—एक दलित माँ का जो अपने बेटे की मौत पर कलपती है—'हाय मैया रे...।' गोर्की की माँ बेटे की मौत पर विलाप नहीं करती पर उसका सोया हाहाकार 'महाभोज' की दलित माँ में ही साकार होता है। 'अंतर्यात्रा' के जरिए भिन्न-भिन्न भाव भंगिमाओं के जरिए, कभी इस ज्यामितीय आकृति कभी उस आकृति, में प्रवेश-निकास के जरिए भिन्न मुद्राओं के जरिए उषा गांगुली संवाद जारी रखती हैं। बताती हैं कि 'महाभोज' के बाद 'लोककथा' का का मंचन हुआ। उसमें वे सवित्री बनीं। पति की हत्या के बाद भी प्रलाप न कर प्रतिवाद करती सावित्री, गाँव के डरे सहमे लोगों को झकझोरती सावित्री। सावित्री बच्चे को गोद में लिए दर्शकों के बीच चली जाती है। पर्चा बाँटती है। लोगों को अपनी विपदा सुनाती है कि अचानक चारों ओर से उसे गुंडे घेर लेते हैं। अश्लील गालियाँ देते हुए पीटकर जमीन पर पटक देते हैं। चीखते हैं—देखें कौन बचाता है तुम्हें? सावित्री दौड़ती है, लोगों के सामने गिड़गिड़ाती है, पैर पकड़ती है—"बचाओ बाबू, हमको इन गुंडन से बचाओ।" कोई नहीं बचाता।

सुरक्षा का सवाल आज स्त्री के आईने में सर्वाधिक दहकता हुआ सवाल है। इस सवाल से स्वयं उषा गांगुली को भी जूझना पड़ा है। 'अंतर्यात्रा' में उषा स्वयं अपना एक अनुभव सुनाती हैं—"नंदन में फिल्म पर एक सेमिनार में बोलकर वापस आ रही थी, सड़क पार कर टैक्सी के इन्तज़ार में गोखले रोड में किनारे खड़ी हुई कि अचानक एक अनजान, अपरिचित चेहरा सामने आकर एक अश्लील प्रस्ताव रखता है—कॉफी पीने जाएँगी? जैसे किसी ने हजार-हजार बाल्टी ठण्डा पानी मेरे ऊपर डाल दिया हो।...लगा मेरी शिक्षा, मेरा सामान, मेरा अध्यापन, मेरा सुन्दर सृजनशील थियेटर सब खाक में। उस पुरुष की निगाह में थी सिर्फ एक आदिम नारी।" यह अनुभव सुनाने के बाद वे टिप्पणी करती हैं—"रोज सुबह हजारों औरतें काम की खोज में घर से निकलती हैं। किसी के सिर टोकरी, किसी के गोद बच्चा, किसी के हाथ फाइल, कोई दौड़ रही है लोकल ट्रेन के पीछे, किसी की बस छूट रही है। हर गली, हर मोड़ हर लम्हा, कहीं न कहीं, कभी न कभी, किसी न किसी रूप में अपमान सहती हैं औरतें।"

स्त्री के दुःख, उसकी यंत्रणा और उसके संघर्ष की हर कथा में उषा की चिंताओं में दर्शक शरीक होता चलता है। उषा, कमला का किस्सा सुनाती हैं—चार कन्याओं की माँ कमला बदसूरत थी इसीलिए परिवारवाले ही नहीं चाहते थे कि वह जिये। परिजनों ने ही उसके गले में कलशी बाँधकर उस पर पत्थर दबाकर उसे तालाब में डुबोने की कोशिश की। छटपटाती हुई कमला, दौड़कर कोलकाता आ जाती है, बच जाती है। कमला बच गई पर माधुरी नहीं बचाई जा सकी! माधुरी रंगकर्मी की संस्थापक सदस्य थी। देखने-पढ़ने में सुन्दर। एम. ए. प्रथम श्रेणी में प्रथम आई थी। स्वर्ण पदक मिला था। "वही माधुरी एक दिन दोपहर के वक्त दौड़ती-हाँफती आई। उसके पूरे शरीर में किरासन की गंध। बोली वो लोग मुझे मार डालेंगे। मेरे हाथ में माचिस की तिल्ली देकर चिल्लाने लगे—आग लगाओ।..." 14 दिन कमांड अस्पताल में रहकर चल बसी। लास्ट स्टेटमेंट दिया—'मेरी मौत के लिए कोई जिम्मेदार नहीं।' माधुरी का हृदय विदाकर किस्सा दर्शकों को अन्दर से हिला जाता है। जीवन में मिली स्त्रियों की कथा-व्यथा सुनाते हुए उषा बराबर स्त्री की अवस्था को व्यापक सामाजिक सन्दर्भों के बीच रखकर जाँचने-परखने की कोशिश करती हैं। कहना न होगा, नाटक इस कोशिश में सफल होता है। यही नहीं, नाटक उषा गांगुली के आत्मकथांश को जानने का अवसर भी देता है। लेकिन उनके निजी और रंगजीवन में जो स्त्रियाँ आईं—उनमें सबसे प्रिय कौन है? 'अंतर्यात्रा' की नायिका इस प्रश्न से भी जूझती है। इस प्रश्न का उत्तर कितना कठिन है! दूर खड़ी है पुरुष के प्रेम के द्वंद्व में फँसी 'बीना'। आत्मसम्मान से जीने के लिए घर से बाहर आई 'मुनियां'। राजनैतिक विप्लव की साकार छवि बन गई गोर्की की 'माँ'। गाड़ी के बोझ को अकेले खींच रही—'हिम्मतमाई'। साहसी सावित्री। उधर रुदाली की सनीचरी, जिसका पेशा है—अमीरों के मुर्दों पर रोकर पैसा कमाना। बचे रहने के लिए सनीचरी ने रोने का पेशा अपनाया।

नाटक का एक संवाद है—मीराबाई की जंजीर भी कम भारी नहीं थी। उन्हें जीने के लिए मरना नहीं पड़ा था। मीरा ने अपने गीत में कहा था—

छोड़े पिता, छोड़े माँ,
छोड़े जिस-जिसको छोड़ना हो।
मीरा प्रभु चरणों में लगी ही रही,
इसमें जो होना हो, सो हो।

यह लगे रहना ही तो बचे रहना है। उषा गांगुली आखिर में कहती हैं—मैं भी बचूँगी। मैं बच गई। इस संवाद के साथ ही परदा गिरता है। कहना न होगा परदे के भीतर भी स्त्री का संघर्ष और उसका आत्म संघर्ष चलता रहता है। अब भी चल रहा है। संघर्ष में ही राह की निर्मित होती है और स्त्री विमर्श के नए गवाक्ष खुलते हैं।

मेरी बेटियाँ

□ **प्रभुनाथ सिंह 'आज़मी'**

तब वह लगभग डेढ़ साल की रही होगी। मैंने दोपहर का खाना खाया, फिर घर के पीछे वाले दरवाजे से निकलकर दफ्तर के लिए बमुश्किल पच्चीस-तीस कदम चला होऊँगा कि मुझे ओवरटेक करके एक अज्ञात व्यक्ति बोला, "ये पीछे आप की बच्ची है क्या...?" उसने भाँप लिया होगा कि मैं, पीछे कौन है से बेखबर हूँ। मैंने पीछे मुड़कर देखा–वह मेरी ही बेटी थी–सबसे बड़ी 'रुचि'। मेरे जी में उसके लिए प्यार उमड़ा। इस तरह से शायद पहली बार। मैं चकित हुआ कि पिता होना मात्र अपने बच्चे के लिए इतना खींचने वाला होता है कि बच्चा अपने आप उसके पीछे खिंचा चला जाता है। जी धक से हुआ–कि अपनी बेटी से अगर यूं ही बेखबर दूर तक निकल जाता और वह कहीं खो जाती तो! आज भी इस 'तो' के आगे सोचता हूँ तो दिल वैसे ही धक से हो जाता है। उम्र के किसी भी पड़ाव पर–आज भी जब कि वह विज्ञान में स्नातक है और 'आहारिकी तथा पोषण' में स्नातकोत्तर कर रही है। बेटियों से बेखबर–दूर हो जाना अपराध है।

उस समय उसे गोद में लेकर मैंने पूछा; कहाँ जा रही हो...? उसने कहा था, आप के साथ।" वह जबाब देकर मुक्त हो गई। मुस्कुराते हुए मेरे गले में बाहें जो तब पूरी नहीं पड़ रही थीं, डालकर सीने से लग गई थी। अपने बच्चे को सचमुच कहीं भीतर से उफने सम्वेदनात्मक प्यार से गले लगाने का यह पहला मौका था। मैं स्वभाव से ही प्रेम की अभिव्यक्ति करने में बेहद फिसड्डी रहा हूँ। बच्चों में घुलना-मिलना मेरे लिए कठिन होता है–चाहे वे मेरे ही क्यों न हों। अपने बचपन में लौट तो पाता हूँ पर वह भी कम्बख्त बचपन जैसा क्या? इसमें बचपना ही नहीं है। मुझे याद तो सब कुछ है–पर उसमें भी मैं अकेला ही हूँ। अपनी उम्र के बच्चों के साथ खेला ही नहीं। अपने उमड़ते प्यार और धक से हुए जी के साथ जब रुचि को यह कहते पाया कि "आप के साथ" तभी से वह मेरे साथ है। मेरे पीछे नहीं। यह वाक्य आज भी मेरे भीतर कौंधता रहता है। मेरे बच्चों ने कभी तोतले ढंग से बोलकर वात्सल्य का अतिरिक्त मजा नहीं लेने दिया।

डेढ़ साल तक उससे मेरी वह निकटता नहीं हुई थी। जबकि उसने कभी किसी तरह से हमें यानी मुझे तथा माया को तंग नहीं किया था। जन्म के समय सहज सामान्य पैदाइश, कभी न व्यर्थ रोई न चिड़चिड़ाई, न बीमार रही, खाने-पीने में जो मिला खाया-पिया, नींद लगी सोई, मुस्कुराते हुए जगी। फिर भी हमारे बीच एक ठण्डा रिश्ता बना हुआ था। दरअसल उससे पहले एक बेटा था जो हमारे साथ आठ नौ महीने ही रहा पर अपने न रहने का सन्दर्भ ता-उम्र के लिए दे गया। यहाँ तक कि रुचि के जनम पर भी वह भारी था। जिस किस्से का मैं जिक्र कर रहा हूँ उससे पहले तक वही था हमारे आस-पास। था, रहे...इसमें बुराई भी क्या थी! पर उसे किसी और के हिस्से का प्यार छीनने का हक नहीं था। यह बात मुझे उसी दिन रुचि ने समझाई थी। मेरे भीतर जमी गर्द को साफ कर उसने अपना चित्र खुद चमकाया था।

इस घटना के लगभग तीन महीने बाद हम दक्षिण भारत की यात्रा पर गए। यात्रा का मुख्य आकर्षण था कन्याकुमारी तथा रामेश्वरम्! यात्रा में मेरी आदत है रास्तों में आने वाली नदियों के नाम पढ़ना, छोटे-छोटे स्टेशनों पर हरी झण्डियों/टार्च या बत्ती लिए खड़े व्यक्ति को निहारना—इससे एटलस में देखी-पढ़ी नदी मेरे भीतर भरपूर जल और वेग से दौड़ने लगती है। और तेज भागती गाड़ी से, हरे सिग्नल वाले आदमी को देखकर लगता है जैसे जगह-जगह हमारी सुरक्षा की चिन्ता में खड़े लोग हमारी निर्विघ्न यात्रा को सुनिश्चित कर रहे हैं। माया आदतन हिलती गाड़ी में सोने का सुख लेती हैं। रुचि लगातार मेरी हरकत पर नजर रख रही थी। अचानक एक नदी मेरी गफलत में गुजर गई—रुचि ने मेरी कमीज की आस्तीन पकड़ी और बाहर उंगली से इशारा करते हुए कहा ''पापा''। मेरी रुचि में अपनी उत्सुकता को शामिल करने का उसका अन्दाज पुराना तथा प्रभावशाली है।

मेरी मनचाही चीज मेरी गफलत में गुजर न जाए इसके लिए वह आज भी सतर्क रहती है। अभी पाँच साल पूर्व जब मुझे पाँच-साल विदेश प्रतिनियुक्ति पर जाने का मौका मिला—और मैं अपने पीछे बच्चों को लेकर उधेड़ बुन में था, अचानक एक सुबह रुचि ने मुझे एक कागज की पर्ची दी—उसमें लिखा था, ''पापा आप विदेश जरूर जाइए...हमारी चिन्ता मत कीजिए।'' वह मुझे केवल अपनी चिन्ता से ही नहीं मुक्त कर रही थी—क्योंकि तब तक बेटे की तलाश में दूसरे नम्बर पर भावना भी हमारे बीच आ चुकी थी। और तीसरे नम्बर पर आए बेटे के जोड़े की तलाश में आकृति भी हमारे परिवार को संवर्द्धित कर चुकी थी। हालाँकि बाहर जाने की सबसे बड़ी ताकत तो माया के भरोसे से पैदा हुई थी। लेकिन अपनी ओर से रुचि ने भी 'हमारी चिन्ता मत...कीजिए' कह कर मुझे शक्ति दी थी इसमें कोई शक नहीं—क्योंकि इस तरह वह अपने दायितव का दायरा विकसित कर रही थी। मुझे अच्छा लग रहा था।

रुचि अभी दो साल की ही थी कि बेटे की प्रतीक्षा में भावना की आमद हुई। यूँ बेटे की इच्छा का मेरे जीवन में पुश्तैनी महत्व है। मेरे जन्म के बाद, कई नर शिशुओं

के गर्भपात के बाद भी मेरे माँ-बाप दूसरे बेटे की प्रतीक्षा में बूढ़े होते गए। मेरे बाद बहन बिन्दु आई 12 साल बाद और फिर आशा 16-17 साल बाद। यानी ये दोनों भी मेरे जीवन में बेटियों सरीखी ही शामिल हुईं। अब जब कि तीस साल बाद घर परिवार में बच्चे के आने की प्रतीक्षा है—सो बेटा एक बार फिर चाहा जाने लगा। इसमें लालसा का ग्राफ सबसे बड़ा माँ का था। स्त्रियाँ भी बेटियाँ नहीं चाहतीं—सामाजिक क्रूरता का इससे बड़ा उदाहरण क्या होगा।

तो भावना की आमद अनिच्छा से स्वीकृत हुई। एक जाने पहिलहीं रहलीं...उधर से दुसरको जाने तारै के खातिर आ गइलीं...'' माँ मुखर थीं, अपने स्वभाव को साबित करते हुए। उम्मीद तो हम भी कर रहे थे। मेरे माँ, बाप, बहनें—माया के माँ-बाप भाई बहन, भाभी सब। वास्तव में पहला बेटा मेरी ससुराल यानी माया के मायके में गुजरा था। मेरी ससुराल के लोग पता नहीं क्यों इसे अपना अपराध माने बैठे थे—सो दुआ कर रहे थे कि एक लड़का हो जाए तो पाप मुक्त हों। ईश्वर ने सभी को निराश किया।

मुझे लगा कि अब भावना को मेरी जरूरत है। अपनी औकात से बढ़कर जितना भी हो पाया खिलौने कपड़े उसके लिए मैं ले आया। लाता रहा। उसके साथ खेलने तथा उसे खिलाने की भरपूर कोशिश की पर उसने मुझे कभी लिफ्ट नहीं दी। उसे केवल माँ से मतलब था। डेढ़ दो साल तक तो उसने लगभग सभी को अस्वीकृत कर रखा था। केवल रोना, खाने-पीने में केवल अरुचि। माँ जो भी जबरदस्ती पिला दे बस वह। कुल मिलाकर चिड़चिड़ा बना देने को तत्पर बच्ची। दो साल की रही होगी—एक खिड़की के पास रखी साइकिल को पकड़कर उसके ऊपर चढ़ गई। अचानक साइकिल सन्तुलन खोकर गिर पड़ी। हम सबने तब उधर देखा—भावना जी खिड़की की छड़ पकड़ कर सटकी हैं। बिना किसी ठोस आधार के। मुझे ये हादसा अच्छा लगा। अचानक आए संकट का सामना करना तथा अपनी बाहों पर भरोसा करना तथा उसे साबित करना उसे अपने आप आया है।

भावना ने बोलना काफी देर से सीखा। हमें तो चिन्ता होने लगी थी। क्या करें—डॉक्टर को दिखाएँ—? उसकी सारी भाषा "उरऽऽऽ" और दाएँ हाथ की उंगलियाँ थीं। अचानक उसने एक दिन 'हाथी'' कहा। सारे घर में त्योहार आ गया। अगले ही दिन उसने बोला था 'चूही'' हमें लगा अब बोलेगी। सम्भवतः अपने प्रारम्भिक दिनों में अत्यधिक रोने की क्षतिपूर्ति के रूप में वह काफी दिनों तक मौन रही थी। धीरे-धीरे उसने मेरे पास रहना सीख लिया। घुली मिली। 'हाथी' और 'चूही' के बीच क्या सम्बन्ध हो सकता है—समझा नहीं।

एक दिन मैं, कुछ दिनों के लिए घर से बाहर जाने के लिए घर में अपना सूटकेस जमा रहा था। अचानक वह मेरे पास आई। उसने मुझे अपने हाथों से बनाए बीस-पच्चीस टूथ पिक दिए। आठ-दस साल की रही होगी तब। उन दिनों खाना खाने के बाद

टूथपिक माँगना मेरी आदत थी। जवाब में कभी रुचि, कभी माया ये काम कर दिया करते थे लेकिन भावना नियमित करती थी। जब कभी वह पिछड़ जाती तो भी मैं उसे रख लेता था। धीरे-धीरे कब टूथ पिक माँगना मैंने छोड़ दिया पता ही नहीं चला। खाना खाने के बाद भावना का टूथ पिक लाना जारी रहा—आज भी है जबकि वह बी. काम. के दूसरे वर्ष में पढ़ रही है। वे टूथ-पिक उसने अगरबत्ती बुझने के बाद बची तीलियों को बड़ी सफाई से तैयार किए थे। मुझे यह बात ठीक उसी तरह से लगी जैसे रुचि का पीछे-पीछे आना लगा था। अपने आप उसने घर में जगह बनाई आज वह हम सबकी चहेती है। माँ की (पिताजी की भी अब तो वे रहे नहीं) माया की भी, रुचि की भी यहाँ तक कि आकृति की भी। दूसरों की रुचियों, सुविधाओं और जरूरतों का ख्याल रखकर ही उनके दिलों में हाजिर हो सकते हैं। बावजूद इसके उसे अपने अधिकार पता हैं, परम श्रद्धाजनित समर्पण उसमें नहीं है। अपने अस्तित्व को व्यक्तित्व बनाने में वह निपुण है। एक दुर्घटना में घायल मेरा दायाँ हाथ दुख देता है—इस बात को जानते तो सभी हैं (घर में) पर उसका ख्याल रखना केवल उसे आता है। साथ में यदि सामान तथा भावना दोनों हैं—तो क्या मजाल है सामान मेरे हाथ में हो। कभी-कभी तो वह इतना ख्याल रखती है कि मन में आता है चाँटा मार दूँ। पर कैसे? उसे तो केवल प्यार किया जा सकता है!

अब से पाँच साल पूर्व जब मैं देश से बाहर मलावी (अफ्रीका) जा रहा था तब भी उसने मुझे अपने हाथ से बनाए टूथपिक दिए जबकि सुगढ़ सुन्दर टूथपिक बाजार से लाए घर में थे। मैंने रखे—उन्हें वहाँ स्वाद की तरह इस्तेमाल किया। आज भी बचा के दो चार रखे हैं। उसको गौर से देखता हूँ तो अपनी उम्र से बड़े मंगल गान की तरह दिखती है—मेरी शक्ति की तरह।

तीसरे नम्बर पर बेटे की विकराल इच्छा कम हो चली थी। अब वह आवेग नहीं था। ठीक है—हो जाए तो अच्छा। वर्ना बेटियाँ—क्या बुरी हैं। क्योंकि तब तक यानी भावना के दो साल बाद तक बेटियाँ केवल अपनी जगह बना रही थीं—ताकत में तब्दील नहीं हुई थीं। बेटा आया। घर भर ने आनन्द मनाया।

परिवार ने जोड़ा बेटा की उम्मीद जताई। हमने भी चाँस लिया। आकृति आई। समाज में शर्मिंदगी उठाने की स्थिति बन आई। क्योंकि माया के माँ बनने का पाँचवाँ मौका 17 साल बाद आया था। कुल मिलाकर मेरी प्रगतिशीलता भी पिता के पद चिह्नों पर ही चली बल्कि उनसे बदतर। धीरे-धीरे हम बेशर्म होकर सामान्य हो गए।

इस मामले में मुझे कम झेंपना पड़ा क्योंकि मेरे मित्र बहुत कम हैं। सामाजिक संसार छोटा है। मेरे सुख-दुःख में शामिल होने वाले बहुत कम लोग हैं। पर अब भी जब कहीं लोग मुझसे मेरे बच्चों के बारे में पूछते हैं तो "प्राइमरी से यूनिवर्सिटी तक..." में उनकी उपस्थिति पर ठहाके मारते हैं...मैं झेंपता हूँ।

जब मैं पाँच साल विदेश में रहा तो आकृति के बचपन के पाँच साल बेहद

खले क्योंकि वही अपने जन्म से लेकर आज तक सहज ढंग से मेरे साथ खेलती आई है। अपने आप को अभिव्यक्ति करने का, मेरे तमाम बच्चों में, उसी का ढंग सर्वोत्तम है। घर में सबकी बातचीत के बहाव में वह नहीं बहती। उसकी अपनी प्राथमिकताएँ हैं। अपने विषय। उसकी खाने-पीने की वस्तुएँ बहुत सीमित हैं। नए स्वाद को चखने से ही उसे परहेज है। बमुश्किल कोई नई चीज वह चखती है—स्वीकृत हो गया तो हमारे चेहरे चमत्कृत हो जाते हैं कि चलो एक और आप्शन तो मिला।

मलावी से मैंने एक मित्र के हाथों एक कार्डलेस टेलीफोन भिजवाया था। वहाँ से फोन करके मैंने यह जानना चाहा कि वह ठीक ठाक मिल गया या नहीं। लेकिन बात करते वक्त भूल गया, तथा सबसे बात होती रही सब अपनी पसन्द के विषय पर बात करते रहे पर उस फोन के बारे मं, न मैं पूछ पाया न कोई बता पाया, जब आकृति का नम्बर आया उसने सबसे पहला वाक्य बोला—"पापा जो नया टेलीफोन आपने भेजा है न...वह बहुत अच्छा लगा।" सुनकर मुझे भी बहुत अच्छा लगा। भाषा, उच्चारण, वाक्य सब कुछ सही—तोतली यह भी नहीं निकली। लेकिन बच्चे के सच्चे आनन्द का साक्षात्कार तो आकृति के साथ ही हुआ।

समकालीन समाजशास्त्र बेटियों को जिस तरह विपत्ति की तरह प्रक्षेपित कर रहा है वह भयावह है, ऐसे में मेरी बेटियाँ मुझे शक्ति देती हैं—मैं सबल होता हूँ। रही शादी की बात तो अगर यह स्वर्ग से संचालित होती है तो मुझे क्या और अगर मुझे संचालित करना है तो...फिर मुझे ही करना है—भय क्यों? बेटियों को लड़कियाँ न समझें!

मेरी बेटी

□ आह्लाद मधुकर

ठीक दस साल पहले की वह सुबह आज भी ठीक उसी तरह याद है। हम दोनों पिछली रात ठीक से सो नहीं पाए थे। नींद पूरी न हो पाने की वजह से पपोटे भारी थे। पर एक अजीब उल्लास सा तारी था हम दोनों पर। क्योंकि आज हमें उसे पहली बार देखने जाना था।

नित्यक्रम के दौरान बीते तीन बरसों का घटनाक्रम एक फ्लैशबैक की तरह दिमाग़ पर कौंध गया। जाने कितने लोग कितनी सलाहें। जिनसे सलाह की उम्मीद न थी वे भी अपनी सलाह लिए हाज़िर थे। जिनकी औकात नहीं थी वे भी अधिकारवाणी से ऐसा अनुभव करा रहे थे जैसे कि हम दोनों नासमझ बच्चे हों! ये तो वे लोग थे जिनका हमारी ज़िन्दगी में कोई वजूद नहीं था। और जिनका होना हमारे लिए मायने रखता था उन्होंने ऐसा अबूझा व्यवहार धारण कर रखा था जो समझ से परे था।

विवाह को अब लगभग चार साल होने को आ रहे थे। विवाह बाद का पहला साल तो जैसा सबका बीतता है वैसा ही आनन्द-उल्लास में बीता था। दूसरा साल बीतते-बीतते परिवार में खुसर-पुसर शुरू हो गई थी। परिवार में मेरा स्वभाव अखखड़ किस्म का क्यों माना जाता है यह मेरे लिए आज तक प्रश्न चिह्न है। हाँ पर इसके चलते कहीं उल्टा-सीधा जवाब न मिल जाए, शायद इस भय से बड़ी दोनों बहनों एवं पिता ने सीधे कभी कोई पूछताछ करने की कोशिश नहीं की। पर इन सबका सहज निशाना बनी थी मेरी पत्नी। ससुराल पक्ष से भी अब पूछताछ की शुरुआत हो चुकी थी। जवाबदेही का काम वहाँ भी पत्नी को ही करना पड़ता था।

सीधे न सही पर परदे की ओट से अब दोनों ही पक्षों से अपने-अपने परिवारों के पूर्व में सम्पन्न विवाहों का एवं उसके बाद उनके यहाँ हुई गर्भधारणा की कालगणना का उल्लेख बार-बार होने लगा था। अमुक ने तो साल भी बीतने नहीं दिया। तमुक तो ठीक नवें महीने आदि-आदि।

हम दोनों के बीच इन सबको लेकर बात होती रहती थी। नियोजन वगैरह की गुँजाइश हमारे मामले में नहीं थी। विवाह के समय मेरी उम्र थी 36 और पत्नी की

28 बरस। पर प्रकृति थी कि हमारे बस में ही नहीं आ रही थी।

हर बीतते दिन के साथ हम दोनों भी अब इस एकरसता के दिनक्रम से उकताने लगे थे। सुबह उठ ऑफिस जाओ। शाम लौटने पर फ्रेश हो किसी रिश्तेदार या पारिवारिक मित्र के घर हो आओ। इन सभी के घर भी पहले सी सहजता अब अचानक ग़ायब थी। खासकर महिला वर्ग की आँखों की चुभन हम दोनों महसूस करने लगे थे। सामाजिक संरचना में उनका व्यवहार शायद सहज ही था।

हमारी एक पारिवारिक महिला मित्र जो पेशे से डॉक्टर हैं और अपना नर्सिंग-होग चलाती हैं; हम दोनों ने उनसे सलाह करना तय किया। अब उनकी सलाह पर क्लिनिकल–पॅथेलॉजिकल टेस्ट, इनका सिलसिला शुरू हुआ। फिर टेस्ट-रिपोर्ट, उसका निदान एवं उस पर उपचार। अब दवाइयाँ, उनके कोर्स एवं उसके लिए लगनेवाला समय। यदि हल शून्य रहा तो फिर कोई अन्य टेस्ट और फिर वही अन्तहीन सा रिच्युअल और इन्तज़ार।

इस दौरान चूँकि एलोपैथिक चिकित्सा चल रही थी, ऐसे बहुतेरे सुझाव मिलने लगे कि इस पैथी में इस तरह के मामले में सक्सेस गैरंटीड है। अमुक की ननद की देवरानी का केस भी ऐसा ही था। उसने अमुक पैथी का इलाज किया और आज दो बच्चों की माँ है।

यह चालू चिकित्सा को बदलने का आग्रहनुमा मशविरा उन लोगों की ओर से था जिनकी अहमियत हम दोनों के लिए फासले पर रखे जानेवाले मित्र या रिश्तेदार की सी थी। ये वे लोग थे जो किसी खास आयोजन-प्रयोजन पर ही बुलाए जाते हैं या जिन्हें बुलाना आपकी सामाजिक मजबूरी होती है। जो इस कॅटेगरी से ऊपर थे उन्होंने इन लोगों से भी बढ़कर हद ही कर दी थी। एक की छोटी देवरानी के गाँव में कोई बाबा हैं। वे पूरणमासी को कोई अनुष्ठान करते हैं और प्रसाद देते हैं। यदि यह प्रसाद किसी पुत्राकाँक्षी महिला को खिला दो तो उसे चाँद सा सुन्दर बेटा ही होता है। एक अन्य सलाह–एक मुजाविर हैं किसी मज़ार के वे जुमेरात को यदि कलमा पढ़कर ताबीज बाँध दें तो साल भर में किलकारियाँ सुनो।

अरे न जाने कितने मन्दिर-मज़ार-बड़-पीपल और उनका इतिहास कि जहाँ माँगी गई मन्नतें आज तक बेकार नहीं गई थीं। इन स्थानों पर जाने का आग्रह इतना कि वे स्वयं हम दोनों को साथ ले जाने को तत्पर! मुझे केवल ऑफिस से दो-तीन दिन के अवकाश की व्यवस्था करनी थी!

इस सब आपाधापी के चलते हमारे विवाह को अब तीन साल पूरने को थे। और वैज्ञानिक निदान था वेट एण्ड वॉच।

एक दिन हमारी महिला डॉक्टर मित्र ने सुझाया कि क्यों न हम बच्चा गोद लें? चूँकि इस दौरान बच्चे का क्रेविंग भी अपनी चरम सीमा पर पहुँच चुका था। और हम दोनों भी अब इस बच्चा विषय को पूर्ण-विराम देना चाह रहे थे। हमने हामी भर दी।

न जाने क्यों? कैसे? हम दोनों एकमत थे कि हमें लड़की ही चाहिए। अब हमारी सारी आशाएँ बस उस आने वाले बच्ची पर केन्द्रित हो गई थीं। इन्हीं डॉक्टर मित्र ने कुछ एजेन्सियों के पते भी दिए। अब वहाँ के चक्कर शुरु हो गए। उनके नियम-कानूनों के मुताबिक हम दोनों का अलग-अलग इण्टरव्यू आदि आदि।

इस सबके बाद उसे देखने का वह विलक्षण दिन भी अन्ततः आ ही गया। हमने उसे देखा और हामी भर दी। पर वह मिली लगभग डेढ़ माह बाद क्योंकि तब वह मात्र दो माह की ही थी और तीन माह से कम उम्र में ऍडोप्शन प्रोसेस नहीं हो सकता था।

आज हमारी बिटिया अपना 11वाँ बर्थ-डे मना चुकी है और हम दोनों उसमें और वह हममें बीझी हैं। मैं पचास पार करने को हूँ और अब सोचता हूँ कि सारे विरोधाभासों के होते हुए भी यदि हमने उस समय वह निर्णय न लिया होता तो हम दोनों का क्या होता?

क्योंकि Wait & Watch के चलते हमें अभी तक बच्चा तो हो नहीं पाया। और अब वह सम्भावना भी जाती रही है।

उसके आने के बाद के ये ग्यारह बरस उन सभी के लिए बड़े ही घाल-मेल के रहे हैं जिन्होंने पहले चार बरसों में हम दोनों को ही अपने-अपने सलाह-मशविरों से अवाधित रूप से समृद्ध किया था।

परिवार के कुछ सदस्यों ने 'बिटिया' इस निर्णय का सहज स्वागत किया। कुछ का रिमार्क था कि 'लड़का' लेते तो वंश का दीपक, बुढ़ापे की लाठी बनता आदि-आदि। कुछ ने चाहते, कुछ ने अनचाहे भी समय बीतते अब उसे हमारे जीवन और परिवार का अंग मानना शुरू कर दिया है।

अब ग्यारह बरस बीतते-बीतते सब कुछ सामान्य सा हो चला है। बिटिया का विकास भी अन्य बच्चों की तरह सामान्य रूप से हो रहा है। वह अब छठवीं कक्षा की छात्रा है, पारिवारिक संस्कारों का बोझ उस पर डिसिप्लिन के नाम पर लादा जाने लगा है।

माता-पिता की हैसियत में हम-दोनों को एक अलग किस्म के काम को अंजाम देना है। वह विचित्र सा काम यह कि बिटिया पर यह बात डिस्क्लोज करना कि वह हमारी बायोलॉजिकल बेबी नहीं है। इस डिस्क्लोजर के समय को लेकर हम दोनों कुछ भी तय नहीं कर पा रहे कि उसे यह सब कब-कैसे और किस तरह बताया जा सकेगा। साथ ही इस बारे में भी शंकित हैं कि इस जानकारी पर वह किस तरह रिऍक्ट करेगी। हम-दोनों अभी तो 'जो होगा सो देखा जाएगा' की तर्ज़ पर इस यक्ष-प्रश्न को परे धकेल रहे हैं, पर जैसे-जैसे समय नज़दीक आ रहा है, हम पर इस प्रश्न का बोझ बढ़ता जा रहा है।

इन सब परिस्थितियों में अब भी कभी-कभार पारिवारिक आयोजनों में कुछ की

नज़रों में वह दिख ही जाता है जैसे वह कह रहीं हों कि यही वह महिला है जो इनके परिवार को बच्चा न दे सकी। पत्नी के प्रति उनका यह नज़रिया बहुत कचोटता है।

क्या हम कभी भी पितृसत्तात्मक परिवार की इस अर्थहीन अवधारणा से अपने आपको मुक्त कर पाएँगे?

क्या हम इस प्रगल्म समाज में अब भी उसी पुरुष समाज में जीना चाहेंगे जहाँ नारी अब तक हाशिए पर ही है?

स्त्री विमर्श : कुछ पठनीय पुस्तकें

औरत होने की सजा	अरविंद जैन
उत्तराधिकार बनाम पुत्राधिकार	अरविंद जैन
यौन हिंसा और न्याय की भाषा	अरविंद जैन
न्याय क्षेत्रे अन्याय क्षेत्रे	अरविंद जैन
बचपन से बलात्कार	अरविंद जैन
औरत अस्तित्व और अस्मिता	अरविंद जैन
आदमी की निगाह में औरत	राजेंद्र यादव
अतीत होती सदी और स्त्री का भविष्य	अर्चना वर्मा
औरत उत्तर कथा	राजेंद्र यादव
भारत में विवाह संस्था का इतिहास	विश्वनाथ काशीनाथ राजवाड़े
समान नागरिक संहिता	सरला महेश्वरी
नये आयामों को तलाशती नारी	दिनेश नंदिनी डालमिया
प्राचीन भारत में नारी	डॉ. उर्मिला प्रकाश मिश्र
जो मारे जाएँगे	जया मित्रा
प्राचीन भारत में न्याय व्यवस्था	नताशा अरोड़ा
स्त्री-अधिकारों का औचित्य साधन	मेरी बोल्सटन क्राफ्ट
इक्कीसवीं सदी की ओर	सुमन कृष्णकांत
नारी देह के विमर्श	सुधीश पचौरी
न्यायिक क्रांति के बदलते आयाम	गुमान मल लोढा
हिंदी की महिला उपन्यासकारों की मानवीय संवेदना	उषा यादव

मैं और मेरी बेटियाँ

□ वीणा तिवारी

बेटा=आश्वस्ति। बेटी=आशंका। समीकरण पुराना होकर भी नया है। कम से कम आज तो है ही। कल सम्भवतः कुछ शुभ परिवर्तन हो। मैंने तो भविष्य की आशंकाओं, जीवन में उगले वाली सम्भावनाओं के कल्पित संसार के भय के बीच बेटियों को प्यार किया। वे मात्र मेरे शरीर का रक्तमाँस नहीं थीं। जीवित स्पन्दन थीं मेरे स्वपनों का। इन्द्रधनुष थीं कल्पनाओं का। लगता था मैंने जो भी कुछ खोया, वह उन्हें न खोना पड़े। जो श्रेष्ठ हो, वह उन्हें मिल सके। इसी का प्रयास था उनका लालन पालन। आज तटस्थ भाव से–विगत देखती हूँ तो लगता है मैं माँ कम, युवती अधिक थी, उस समय। स्वप्न संसार में विचरण करने वाली कवि हृदय थी। स्वयं को मूर्तिकार मानती थी। मिट्टी से चट्टानी मूर्ति गढ़ना चाहती थी। ऐसी प्रतिभा जो समाज की विपरीतताओं के बीच अजेय अड़िग खड़ी रह सके। मैं ही नहीं, उसकी श्रेष्ठता पर सब गर्व करें। उन्हें जीवन के हर क्षेत्र में प्रथम देखना चाहती थी, चाहे वह पढ़ाई हो, भाषण, वादविवाद हो, संगीत हो, कढ़ाई हो या रसोई कार्य। उनकी इच्छा मेरे लिए पूजा का सा महत्व रखती थी। आज इस तरह विश्लेषण करने बैठी हूँ तो इतना और कबूलना चाहूँगी कि बड़ी बेटी नीलम व छोटी बेटी निधि के बीच पाँच वर्ष का जो अन्तराल था इसका प्रभाव बढ़ती उम्र के कारण मेरी मानसिकता पर भी पडा। मैं जितनी कठोर माँ बड़ी बेटी के लिए थी, उससे कम छोटी के लिए थी। दोनों अलमस्त निश्छल, दुनिया के प्रपंचों से दूर दूधिया मन की हैं। कई बार नाराजगी में मेरा मौन वे समझ नहीं पाती थीं, दरअसल कारण वे रहती नहीं थी, कारण तो मेरे अपने मन का भय रहता था। कहीं जवान लड़कियों के साथ हुआ हादसा सुना या ससुराल में अत्याचार तो मेरी रूह काँप जाती थी। सोती बेटियों का चेहरा निहारती और सोचती क्या यह सब इनके साथ भी हो सकता है? बस फिर उनकी खिलखिलाहट पर नाराज होती, कपड़ों की जरा सी भी बेतरतीबी मुझे सहन नहीं होती। आज लगता है जवान बेटियों की माँ क्या मनोरोगी हो जाती है? उनकी तीव्र कुशाग्र बुद्धि ने उन्हें हरदम मेरिट और प्रथम स्थान पर रखा। कुनबे भर की मिसाल मेरी बेटियाँ मुझे गर्व से भरती

रहीं। बहुत प्यार दिया उन्होंने। उनके विवाह के समय मैंने उनकी जड़ों से मिट्टी सा खुद को खूब साफ करने का प्रयास किया ताकि नई जमीन पर वे शीघ्र पल्लवित हो जावें। पर एक बात भूल गई थी या उम्र या अनुभवहीनता का फल था कि जो परिस्थितियाँ ससुराल में मुझे मिलीं, वे उन्हें भी मिलेंगी, यह जरूरी नहीं। हर व्यक्ति अपनी लड़ाई खुद लड़ता है या उसे लड़ना पड़ती है। मैं तो मात्र उनके लिए एक लाईट हाउस थी। दूर से दिखती रोशनी उन्हें आश्वस्त करती रहे कि वे अपने जीवन संग्राम में अकेली नहीं पर माँ है। जरा सी उनकी आवाज की बदलाहट मुझसे आज भी न जाने क्या क्या कह जाती, जबकि आज बड़ी बेटी अड़तीस वर्षों की स्वयं दो बच्चों की माँ, एक जिम्मेदार व्याहता है, और दूसरी तैतीस वर्षीय इंजीनियर व दो बेटों की माँ है। आज वे आदर्श बहू का खिताब प्राप्त कर मुझे और मोद से भर रही हैं, पर सच कहूँ लगता है मैं परेशान न होती तो भी यही सब होता। भविष्य हमारी दृष्टि से परे दीवाल के पार का सच रहता है। विधाता ने उनका भाग्य पहले ही गढ़कर भेजा था। मैं स्वयं को नियन्ता मानकर व्यर्थ ही उद्वेलित रही। पर यह समझ भी तो उर्म के छठवें दशक ने दी। मैं क्यों उनकी सुरक्षा कवच बनी रही। क्यों अपने प्यार को सात परतों में छिपाए रही। उनके लिए कठोर अनुशासन प्रिय माँ कम मास्टरनी ज्यादा रही—उनकी एक एक याद को छाती से चिपकाए उम्र की डालियाँ यूं फलाँगती रही। आज भी उनकी पदचाप और दरवाजे के हेण्डिल खोलने का ढंग कान पहचानते हैं। जबकि बड़ी को घर से गए पन्द्रह वर्ष और छोटी को नौ वर्ष बीत गए। आज भी उनकी पसन्द की चीज बनने पर पहला कौर गले में अटकता है।

मेरी बेटियों को अपनी माँ आदर्श लगी या नहीं पता नहीं। पर उन्होंने मेरे मातृत्व को गौरावान्वित किया है—यह सच है। आज उनकी प्रशंसा करने में भय नहीं लग रहा वरन दोनों को जी भर लाड़ लड़ाने का मन हो रहा है। पर मैं यह भी जानती हूँ, उनके सामने आते ही चुप होकर उनका चेहरा चेहरे के हर उतार चढ़ाव पढ़ती रहूँगी। उनमें कहीं परेशानी की लकीर न पाकर गहरी साँस लूँगी व परमात्मा के प्रति कृतज्ञता से भर उठूँगी। आज वे मुझे सबसे अच्छी मित्र मानती हैं तो लगता है कि बेटियाँ अच्छी ही नहीं, उदारमना भी हैं। उनका दिया यह मित्रता का खिताब—मेरी सबसे बड़ी निधि है!

कन्याभ्रूण की हत्या : कारक और कानून

□ श्री निवास गुप्त

पुत्रीति जाता महतीह चिंता, कस्मां प्रदेयेति महानवितर्कः।
दत्वा सुखमवाप्नसवयाति वा न वेति, कन्या पितृत्वं खलुनाम कष्टम् ।।

अर्थात् 'कन्या का जन्म महती चिंता का कारण है क्योंकि सबसे बड़ा सवाल यह है कि उसका परिणय किससे किया जाए? परिणय कर भी दिया तो वह ससुराल में सुख पाएगी या नहीं, यह प्रश्न मन को मथने लगते हैं। अतएव कन्या का पिता होना निश्चित रूप से कष्टकारी है।' इसी प्रकार, महाकवि कालिदास भी एक स्थान पर कण्व ऋषि के माध्यम से शकुन्तला से कहते हैं कि ससुराल में सास-ससुर व बुजुर्गों की सेवा करना तथा अपनी सपत्नियों से सखी भावना रखना। नारी दासता का इससे बड़ा प्रमाण अन्यत्र नहीं मिलेगा। रामायण व महाभारत काल में भी महिलाओं की दशा संतोषजनक नहीं रही, और तो और, आज वैज्ञानिक साम्राज्य के युग में भी इस कटु सत्य को नकारना दुष्कर होगा कि कन्या जन्म की सूचना पर एक आम भारतीय परिवार में हर्ष की लहर नहीं आती। फूल की थाली बजाए जाने के साथ ही लोहे का काला तवा अभी भी पिटपिटाया जाता है।

बेटे-बेटी के बीच भेदभाव आज भी स्पष्ट दिखाई देते हैं, पारंपरिक दृष्टि से बेटों को पूजा जाता है। पुत्र की कामना किए जाने का कारण माता-पिता की मृत्यु के बाद उनका अंतिम संस्कार करने का उसका अधिकार है। इसके अतिरिक्त, पुत्र परिवार का नाम और वंश भी चलाता है। पुत्र बूढ़े माता-पिता का आर्थिक सहारा बनता है। धर्म पर आधारित कानूनी व्यवस्थाओं में भी पुत्र-पुत्री के बीच भेदभाव रखा गया है। वैवाहिक अलगाव, साम्पत्तिक अधिकार, बच्चों को रखने का अधिकार संबंधित नियमों में यह अंतर स्पष्ट हो जाता है।

पुत्री को तो बचपन के पूरे अधिकार भी नहीं दिए जाते हैं। लड़कियों को मौलिक स्वास्थ्य सेवा, पोषण और शिक्षा की पर्याप्त सुलभता से वंचित रखा जाता है। लड़कों की अपेक्षा लड़कियाँ अधिक संख्या में कुपोषण की शिकार होती हैं। इसी प्रकार परिवारों

में लड़कों की शिक्षा पर जितना ध्यान दिया जाता है उतना लड़कियों पर नहीं दिया जाता। उनके विवाह की बात से उन्हें सदा जोड़े रखा जाता है। अधिकांश परिवारों में दहेज का दानव उन्हें व उनके पूरे परिवार को डराता व कोसता रहता है क्योंकि दहेज जुटा पाना एक अत्यंत कठिन तथा अनिश्चय भरा कार्य होता है, अतः सारी उम्र माता-पिता बेटी को कोसते रहते हैं। बात-बात में ताने देते रहते हैं जैसे कि उसने जन्म लेकर कोई अपराध कर दिया है। यही सब कारण हैं कि आज उसे भ्रूणावस्था में ही नष्ट कर देना एक साधारण बात हो गई है जो कि एक हत्या है, पाप है, व अमानवीय कृत्य है।

समस्या की गंभीरता

सन् 2001 की जनगणना के अनुसार राष्ट्रीय स्तर पर प्रति 1000 पुरुषों पर 933 महिलाओं का अनुपात आता है परंतु 0-6 वर्ष की आयु संवर्ग में यह अनुपात केवल 1000:927 ही आता है जबकि 1991 में यह 1000:945 था। पंजाब में यह अनुपात 1000:793 पाया गया है जबकि 1991 में प्रति 1000 लड़कों पर 878 कन्याओं का अनुपात था। इसी प्रकार, गुजरात में 1991 में यह अनुपात 1000:928 था जो कि अब 1000 878 रह गया है। इसके अतिरिक्त, संयुक्त राष्ट्र विकास कार्यक्रम की एक ताजा रिपोर्ट में बताया गया है कि केवल मुम्बई में वर्ष 1984 में कन्या भ्रूण हत्या के 40,000 मामले प्रकाश में आए तथा तमिलनाडु में छः जनपदों में प्राथमिक स्वास्थ्य केंद्रों से प्राप्त आंकड़ों के अनुसार 1995 में 3178 मामलों में कन्या भ्रूण को नष्ट कर दिया गया। तमिलनाडु में मदुरै की उसिलपट्टमी तहसील में कल्लार जाति में कन्याओं को पैदा होते ही मार देने की प्रथा काफी पुरानी है। 1990 में प्रोफेसर ताराबाई ने एक सर्वेक्षण में पाया कि 1989 में केवल इस स्थान पर ही 200 कन्याओं की हत्या की गई।

1989 में किए गए एक अनुमान के अनुसार अहमदाबाद में प्रति वर्ष इस प्रकार के 10,000 मामले होते हैं। राजस्थान के 12 गाँवों के एक समूह में हर वर्ष 150 कन्या भ्रूणों की हत्या कर दी जाती है। इसीलिए वहाँ पर 10,000 की जनसंख्या में युवतियाँ केवल 50 ही हैं। जापान के प्रति हजार पुरुषों पर 1033 महिलाएँ हैं जबकि इण्डोनेशिया में यह अनुपात 1000:1009 है तथा पाकिस्तान में केवल 1000:905। इसी प्रकार बंग्लादेश तथा श्रीलंका में क्रमशः 1000:941 और 1000:962 का अनुपात है जबकि नेपाल में प्रति 1000 पुरुषों पर केवल 946 महिलाएँ हैं।

ऐतिहासिक पृष्ठभूमि

बनारस राज्य के रेजीडेंट जोनाथन डंकन ने 1789 में जौनपुर जिले की राजीकुमार जनजाति में कन्या भ्रूण हत्या पर अंकुश लगाने के प्रयत्न में 17 दिसंबर, 1789 को

उक्त जनजाति के सभी लोगों को कसमें दिलवाई थीं कि वे यह अमानुषिक कार्य नहीं करेंगे। सन् 1795 तथा 1804 में कन्या भ्रूण हत्या पर पाबंदी लगाने के लिए अधिनियम बनाए गए थे जो तत्कालीन परिस्थितियों में प्रभावी सिद्ध नहीं हुए। इसके बाद लार्ड मायो ने 1870 में एक अधिनियम लागू किया था जिसके अंतर्गत भी इस जघन्य कृत्य पर रोक लगाई गई थी। राष्ट्रीय अभिलेखागार में विद्यमान दस्तावेजों के अनुसार बस्ती जिले के सात गाँवों में किए गए एक सर्वेक्षण में 104 लड़के और मात्र एक लड़की पाई गई थी। सत्ताइस अन्य गाँवों के संवेक्षण में यह बात सामने आई थी कि वहाँ के ग्रामीणों ने कन्या विवाह कभी देखा ही नहीं था। लार्ड मायो का उक्त कानून उत्तर पूर्वी प्रांतों, पंजाब तथा अवध तक सीमित था। इन दस्तावेजों से यह तथ्य भी उजागर हुआ कि जौनपुर जिले की कबीला जाति में दूध पीती कन्याओं को एक प्रथा के रूप में भूखा रखकर मार डाला जाता था क्योंकि उनके लिए दहेज जुटा पाना अत्यंत कठिन था। जम्मू एवं कश्मीर के राजा गुलाब सिंह ने भी कन्या भ्रूण हत्यारों की सम्पत्ति जब्त करने व उन्हें कारागार में डालने का हुक्म सुनाया था।

प्रमुख कानूनी प्रावधान

भारतीय दण्ड संहिता की धारा 312 व 313 के अंतर्गत महिला के जीवन को बचाने के अतिरिक्त भ्रूण नष्ट करने के मामलों में, चाहे वे सहमति से हुए हों या असहमति से, कठोर दण्ड की व्यवस्था की गई है जो कि तीन वर्ष तक के कारावास या जुर्माना या दोनों हो सकता है और यदि अधिक अवधि का भ्रूण था तो सात वर्ष तक का कारावास और जुर्माना हो सकता है तथा उस महिला को भी दण्ड दिए जाने का प्रावधान है जो स्वयं अपने गर्भ में पल रहे भ्रूण को नष्ट करती है। यहाँ तक कि धारा 315 में उसे भी दण्डित करने की बात कही गई है जो आशयपूर्ण कोई ऐसा कार्य करता है जिससे जन्म लेने से पूर्व ही भ्रूण की हत्या हो जाती है।

चिकित्सकीय गर्भ समापन अधिनियम, 1971 में कुछ विशेष परिस्थितियों में भ्रूण को नष्ट किए जाने को वैधता प्रदान की गई है। परंतु दुर्भाग्य की बात है कि निर्धारित विशेष परिस्थितियों एवं शर्तों की घोर उपेक्षा एवं उल्लंघन करते हुए चिकित्सकों ने कन्या भ्रूणों की हत्या के रूप में एक विशेष प्रकार का आपराधिक व्यवहार करना आरंभ कर दिया। भ्रूण जल परीक्षण अर्थात् अमनियोसेन्टाइसिस तकनीक से या अल्ट्रासाउण्ड मशीन से भ्रूण का लिंग पता करके कन्या होने की स्थिति में आवश्यक रूप से गर्भ समापन कर देना, आम बात हो गई है। चिकित्सक धन के समक्ष अपना धर्म भूल गए हैं और कन्या भ्रूण हत्याएँ बहुत अधिक होने लगीं। अस्सी के दशक में इस समस्या के विरोध ने एक जन आंदोलन का रूप ले लिया अतः 1988 में विधेयक यह तैयार किया गया जो प्रसव पूर्व नैदानिक तकनीक (नियमन एवं दुरुपयोग से बचाव) अधिनियम, 1994 बना तथा जनवरी 1, 1996 को लागू हो गया।

इस कानून से गर्भस्थ भ्रूण के लिंग परीक्षण पर प्रतिबंध लगा दिया गया है तथा इसका उल्लंघन करने वालों के लिए तीन से पाँच वर्ष तक के कारावास एवं तीस से पचास हजार रुपए तक के जुर्माने की व्यवस्था की गई है। प्रसव पूर्व निदान तकनीक के आधार पर एक विशिष्ट जैवीय असमानता अथवा व्यवस्था का पता लगाने के अनुज्ञा एवं उसके विनियमन का प्रावधान किया गया है। साथ ही साथ गर्भस्थ भ्रूण के लिंग का पता करने के लिए इस तकनीकी प्रसार पर रोक लगा दी गई है। एक प्रावधान के अनुसार यदि कोई जैवकीय परामर्श केंद्र, जैवकीय प्रयोगशाला अथवा जैवकीय उपचार केंद्र इस अधिनियम के अंतर्गत पंजीकृत नहीं है, वह न तो जन्म पूर्व निदान तकनीक को किसी प्रकार संचालित कर सकता है, न ही उससे सम्बद्ध हो सकता है और न ही इस प्रकार की कार्यवाहियों के संचालन में किसी प्रकार की सहायता कर सकता है। इसके अतिरिक्त कोई भी जैवकीय परामर्श केंद्र, जैवकीय प्रयोगशाला अथवा जैवकीय उपचार केंद्र किसी भी ऐसे व्यक्ति को नियोजित नहीं करेगा अथवा नियोजित नहीं कराएगा जो विहित योग्यता नहीं रखता है। इसी अधिनियम की धारा-3 के अंतर्गत कोई भी रजिस्टर्ड मेडिकल प्रेक्टिशनर अथवा अन्य व्यक्ति, केवल इस कानून में पंजीकृत स्थान के अतिरिक्त न तो किसी स्थान पर इस प्रकार के कार्य का संचालन कर सकता है, न ही करवा सकता है और न ही किसी प्रकार की सहायता कर सकता है। धारा 4 के अंतर्गत जन्म पूर्व निदान तकनीक का प्रयोग केवल निम्न असामान्यताओं की जानकारी करने के लिए ही किया जाएगा।

1. क्रोमोजोम से संबंधित असामान्यता,
2. जिनेटिक मेटाबोलिक रोग,
3. हेमियो ग्लोबिनोपैथिज,
4. लिंग से संबंधित जैवकीय बीमारी,
5. अजन्मिक असामान्यताएँ,
6. कोई अन्य असामान्यता अथवा बीमारी जैसा कि केंद्रीय पर्यवेक्षण बोर्ड द्वारा विहित किया गया हो।

इसके अतिरिक्त, धारा 5 के प्रावधान के अनुसार कोई भी व्यक्ति जन्म पूर्व निदान प्रक्रिया का संचालन तब तक नहीं करेगा जब तक कि

1. वह इस प्रक्रिया के सभी प्रभावों को उक्त महिला को स्पष्ट नहीं कर देता है।

2. उसने विहित प्रारूप में उस महिला की लिखित स्वीकृति इस प्रक्रिया के अनुपालन के लिए उसके द्वारा समझी जा सकने वाली भाषा में प्राप्त नहीं कर ली है।

3. इस स्वीकृति की एक प्रति उक्त महिला को भी नहीं दे दी जाती है। उल्लेखनीय है कि धारा 6 में भ्रूण का लिंग सुनिश्चित किया जाना विशेष रूप से प्रतिबंधित कर

दिया गया है। धारा 7 में परामर्श बोर्ड के गठन, धारा 16 में बोर्ड के कार्यों, धारा 22 से 28 तक में दण्ड, धारा 29 में अभिलेखों के रखरखाव, धारा 30 में तलाशी एवं जब्ती शक्तियों, धारा 31 में केंद्र तथा राज्य सरकारों द्वारा किए गए कार्यों और धारा 32 में केंद्र की नियम बनाने की शक्ति का वर्णन किया गया है।

उच्चतम न्यायालय ने **सेंटर फार इंक्वायरी इनटू हेल्थ बनाम भारत संघ** (2001) के मामले में यह स्वीकार किया कि पीएनडीटी एक्ट के अधिकांश प्रावधानों को केंद्र व राज्य सरकारों द्वारा लागू नहीं किया जा रहा है तथा केंद्र सरकार, राज्य सरकारों/केंद्र शाषित राज्यों के प्रशासनों को इस अधिनियम को लागू करने के लिए उपयुक्त अधिकारिता, प्रसव पूर्व लिंग जाँच तथा कन्या भ्रूण हत्या के विरुद्ध टी.वी., मीडिया व अनेक अन्य साधनों द्वारा जन-जागृति उत्पन्न करने, अधिनियम के प्रावधानों के प्रवर्तन की समीक्षा एवं पुनर्विचार करने, उपरोक्त बोर्ड के पास तिमाही रिपोर्ट भेजने, प्रसव पूर्व लिंग जाँच करने वाली संस्थाओं के पंजीकरण करने तथा अपंजीकरण संस्थाओं के विरुद्ध की गई कार्यवाही के संबंध में अनेक निर्देश दिए। इतना ही नहीं 29 जनवरी, 2002 को न्यायालय ने कन्या भ्रूण हत्याओं को रोकने के अपने पक्के आशय के साथ पुनः सभी राज्यों को निर्देषित किया कि उन सभी अल्ट्रासाउण्ड मशीनों को जब्त करके सील कर दिया जाए जिनके लिए लाइसेंस प्राप्त नहीं किया गया है तथा उनका प्रयोग लिंग जाँच करने के लिए कहीं भी किया जा रहा है। यहाँ तक कि पंजीकरण के लिए दिए गए आवेदन पत्र के किसी दशा में अपूर्ण होने की स्थिति में पंजीकरण प्रमाण पत्र निर्गत न करने का निर्देश भी न्यायालय ने दे दिया।

कानून असफल क्यों रहा?

गर्भपात कानून के अंतर्गत चिकित्सकों को मानसिक आघात के आधार पर किसी महिला को गर्भपात कराने की सलाह देने तथा उसके भ्रूण को नष्ट करने की छूट प्राप्त है। कन्या भ्रूण की जानकारी मात्र से महिला के मानसिक आघात का मामला बनाकर चिकित्सक आसानी से गर्भपात करवा देते हैं तथा कानून उन्हें दण्डित नहीं कर पाता है। सी.वी.एस. भ्रूण जल परीक्षण तथा अल्ट्रासाउंड विधि से भ्रूण का लिंग पता करने के लिए अतिरिक्त अन्य जैवकीय असामान्यताओं की जानकारी भी प्राप्त की जाती है जो कि आयुर्विज्ञान में अत्यंत महत्त्वपूर्ण व मानव कल्याण के लिए आवश्यक है। इस कानून के अंतर्गत केवल भ्रूण लिंग जाँच करने तथा कन्या भ्रूण को नष्ट करने या इस जाँच का प्रचार आदि करने वाले संस्थानों आदि पर प्रतिबंध लगाया गया है अतः इन प्रक्रियाओं पर पूरा प्रतिबंध न होने की स्थिति में अनेक संस्थाओं एवं चिकित्सालयों पर कानूनी कार्यवाही कर सकना संभव नहीं होता है। इसके अतिरिक्त, कार्यवाही करने के लिए आवश्यक है कि किसी महिला ने शिकायत की हो कि उसे इस प्रकार के परीक्षण के लिए बाध्य किया गया तथा उसके कन्या भ्रूण की हत्या

कर दी गई है। शासन के पास इस प्रकार की शिकायतें प्रायः नहीं आती हैं।

इस अधिनियम में यह स्पष्ट नहीं है कि कन्या भ्रूण की हत्या के लिए दण्ड किसे दिया जाएगा—माता को, पति को, रिश्तेदारों को यह चिकित्सक को। यद्यपि कानून चिकित्सक को दण्डित करने की बात कहता है परंतु उसका लाइसेंस भारतीय चिकित्सा परिषद द्वारा ही वापस लिया जा सकता है जो कि ऐसी परिस्थितियों में प्रायः कार्यवाही नहीं करती है। इस कानून के पूरी तरह सफल न रहने के लिए उपरोक्त कारणों के अतिरिक्त वास्तविकता यह भी है कि शासन ने कोई विशेष पहल नहीं की। प्रदेश, जनपद व और निचले स्तर पर इस कानून को लागू करने हेतु किसी प्रकार की मशीनरी की व्यवस्था नहीं की गई है। अतः जिस प्रकार से बाल विवाह निषेध कानून, सती निरोधक कानून, दहेज प्रतिषेध कानून आदि महज औपचारिकता बन कर रह गए, समाज की समस्याओं को निरूपित नहीं कर पाए, उसी प्रकार से यह अधिनियम भी सफल नहीं हो पा रहा है।

गर्भधारण पूर्व एवं प्रसव पूर्व परीक्षण तकनीक (लिंग चयन निवारण) अधिनियम

प्रसव पूर्व नैदानिक तकनीक (नियमन एवं दुरुपयोग से बचाव) अधिनियम, 1994 में जैसाकि बताया जा चुका है, अनेक खामियों के निवारण करने तथा कानून को अधिक प्रभावशाली एवं सफल बनाने के उद्देश्य से भ्रूण परीक्षण तकनीक (नियमन एवं दुरुपयोग रोकथाम) संशोधन विधेयक, 2002 तैयार किया गया थी जिसे संसद में प्रस्तुत करने के लिए मंत्रिमंडल ने 31.5.2002 को अनुमति प्रदान कर दी है। इस विधेयक में वर्तमान कानून का नाम बदल कर गर्भ धारण पूर्व एवं प्रसव पूर्व परीक्षण तकनीक (लिंग-चयन निवारण) अधिनियम रखा गया है तथा यह भ्रूण लिंग के अवैधानिक परीक्षण में लगी अल्ट्रासाउंड मशीनों अर्थात् उनके लाइसेंसदारों पर शिकंजा कसेगा। इसके अतिरिक्त यह अजन्मे बच्चों के लिंग चयन की उभरती हुई नई-नई तकनीकों जैसे क्रोमोसोम्स का पृथकीकरण तथा परखनली शिशु आदि पर भी रोक लगाएगा। वर्तमान कानून में इस प्रकार के प्रावधान का अभाव है। अब अल्ट्रासाउंड मशीनों को इस कानून के क्षेत्राधिकार में और स्पष्ट रूप से ले लिया जाएगा तथा दंड प्रावधनों को कठोर बनाया गया है। अब 50,000 रुपए जुर्माने की जगह एक लाख रुपए तक देना होगा तथा कानून के उल्लंघनकर्ताओं को पंजीकरण स्थगन को झेलना पड़ेगा। अल्ट्रासाउंड मशीन से किए गए प्रत्येक मामले का लेखा रखा जाना अनिवार्य किए जाने की व्यवस्था है तथा इन मशीनों के क्रय-विक्रय को भी नियंत्रित किया जाएगा। केंद्रीय परिवीक्षा बोर्ड को अब पहले से ज्यादा शक्ति प्रदान की गई है। अब वह लिंग चयन तकनीकों तथा उनके दुरुपयोग, देखभाल एवं कानून के प्रवर्तन तथा जनता में जन्म पूर्व लिंग चयन संबंधी फैली भ्रांतियों के विरुद्ध जागरूकता उत्पन्न करने के विषय में भी सरकार को सलाह दे सकेगा।

लेसली गार्नर के अनुसार मानवता के अभ्युदय काल से आज तक प्रकृति ने सदैव चतुर चितेरे की भूमिका निभाई है। उसने लड़का और लड़की के अनुपात के बीच सदा संतुलन बनाए रखा है। यदि हम प्रकृति के इस नियम का विरोध करके चारों तरफ लड़के ही लड़के उत्पन्न कर देते हैं तो भविष्य में युवकों का समूह यौन कुंठाओं से घिर जाएगा। उसका स्वभाव आक्रामक हो जाएगा और उसकी प्रवृत्ति विध्वंसक। प्रकृति के नियमानुसार हर युवक को युवती की मित्रता चाहिए होती है। इससे उसमें आत्मीयता, निःस्वार्थता एवं दूसरे के दुःखों की चिंता करने जैसे सद्‌गुणों का विकास होता है और उसे उद्दण्डी एवं उच्छृंखल होने से बचाता है। उसमें पूरे के पूरे जन समूहों को जला कर राख कर देने का जुनून पैदा नहीं होता है।

माता-पिता को अपनी विचारधारा में परिवर्तन लाना होगा। यदि पति-पत्नी केवल एक या दो बच्चों को, चाहे किसी भी लिंग के हों, जन्म देने का निर्णय कर लें तो समाज में परिवर्तन संभव है। धार्मिक बहानेबाजी छोड़नी पड़ेगी। अनुशासन के नाम पर हो रही हिंसा पर यदि तत्काल रोक न लगाई गई तो कल कितना भयावह होगा, यह विचारणीय है। लोगों को दहेज लेने, माँगने, देने को एक दम बंद करना होगा। यद्यपि इस परिवर्तन में अनेक परिवार टूटेंगे। पिता व पुत्र/पुत्री के मध्य मन-मुटाव भी होंगे। रिश्तों में दरारें पड़ेंगी। जब तक मजबूत आर्थिक आधार न हो तब तक किसी को विवाह करने का विचार त्यागना होगा। विवाह-विच्छेद के कानून को सरल व प्रक्रिया को कम समय में पूरी होने वाली बनाना होगा। कानून की जानकारी जनमानस में प्रसारित करनी होगी। समाज में विच्छेदित विवाह के पक्षकारों को हीन दृष्टि से देखा जाना बंद करना होगा। लड़कियों की शिक्षा को हर स्तर पर निःशुल्क करना तथा प्रोत्साहित करना होगा। आदर्श परिवार का स्वरूप भी बदलेगा। इन सभी परिवर्तनो के लिए हमें तैयार रहना होगा।

बेटों की माँओं के नाम एक चिट्ठी

□ **जयन्ती**

कैसी हैं बेबे आप? बेबे कह रही हूँ क्योंकि और कोई सम्बोधन मुझे सूझ नहीं रहा। आप ही हरविन्दर की माँ हैं न? क्या आपको पूरा विश्वास है कि इस 22 साल के लौंडे (क्षमा करना बेबे, आपके बेटे के लिए और कोई शब्द सूझ नहीं रहा) को आपने ही जना है? अभी भी वक्त है। सोचिए, क्या सच में इसी को नौ महीने आपने अपनी कोख में रखा था? इसी के लिए इतनी पीर उठायी, रातों की नींद खराब की? अगर अब भी आप इसी जिद पर अड़ी रहती हैं कि आप ही हरविन्दर की माँ हैं, तो मेरी गल आपको सुननी ही पड़ेगी।

आप कितने बरस की हैं? बेटा 22 साल का है। कम से कम आप चालीस साल की तो होंगी ही। उम्र हाथों से निकलती सी लग रही होगी। बदन में चर्बियों ने डेरा जमा लिया होगा। इन दिनों आप भी परेशान होंगी अपने मेनोपॉज की आशंका को लेकर। तमाम तरह की दिक्कतें होंगी। पता नहीं आपको परिवार से कैसा सहयोग मिल रहा है? पति आपको किस तरह से ले रहे हैं? लेकिन आपके बेटे को देखने, उसकी करतूतों को जानने के बाद तो लगता है कि आपको अपने परिवार से किसी किस्म का सहयोग नहीं मिल रहा होगा। आपको लगता होगा कि सब आपके साथ हैं, लेकिन इस पत्र को पढ़ने के बाद आपकी धारणा बदल जाएगी। दूसरों के बारे में भी और अपने बारे में भी।

आज 16 अक्टूबर 2002 है। दशहरे का अगला दिन बस कुछ ही क्षणों में अगला दिन हुआ जा रहा है। मैं तनाव में हूँ। नींद नहीं आ रही। इधर कुछ दिनों से मन में आक्रोश सा भर गया है। आज दिनभर मैं आपके बारे में सोचती रही। पता नहीं इस वक्त आप क्या कर रही होंगी और क्या सोच रही होंगी? सो रही होंगी? या मेरी ही तरह सोच रही होंगी? आपको कब पता लगा कि आपके पुत्तर हरविन्दर को कल रात क्या किया है? आपकी जानकारी के लिए मैं बता दूँ कि आज के अखबार में पहले ही पृष्ठ पर तीन कॉलम की खबर है। कल रात नौ बजे किस तरह आपके बेटे ने अपने दोस्त के साथ मिलकर लगभग मेरी उम्र की एक मध्यमवर्गीय महिला

के लिफ्ट देने के बहाने नई दिल्ली के गोल मार्केट से अपनी वैन में बिठाया और उसके साथ बलात्कार करने की कोशिश की।

यह घटना कुछ इस प्रकार हुई होगी। उस महिला का नाम कुछ भी हो सकता है। हमारे ही तरह के परिवार की महिला है। दशहरे के दिन गोल मार्केट में मिठाई खरीदने आई थी। पहाड़गंज से गोल मार्केट की दूरी यूँ ज्यादा नहीं है। लेकिन त्योहार के दिन बसों के रूट बदल जाते हैं। ऑटो रिक्शा वाले कमबख्ती दिखाते हैं। उस महिला को घर लौटना था। न जाने कितने काम पड़े हुए थे। वह ऑटो की तलाश में मिठाई की दुकान से कुछ आगे निकल आई। माथे पर परेशानी की सलवटें पड़ चुकी थीं। इन दिनों यूँ भी राजधानी सुरक्षित नहीं रह गई। ऑटोवाले को रोकते हुए उसे पहाड़गंज की गुहार लगाते आसपास के सभी लोगों ने सुना था। इतने में एक वैन उसके पास आ कर रुकी। उसमें दो लड़के थे। लगभग उन्हीं के बेटों की उम्र के। कह रहे थे—"आण्टी, हम भी पहाड़गंज ही रहते हैं। हम आपको छोड़ देंगे।"

वह महिला कुछ क्षणों तक तौलती रही होगी इस प्रस्ताव को। इनके साथ जाए या ना जाए? हर्ज क्या है? दस मिनट में घर पहुँच जाएगी। ऑटो पता नहीं कब मिलेगा। ऑटो के पैसे बच जाएँगे। मन के एक हिस्से ने रोका भी होगा। लेकिन अगले ही पल वह गाड़ी में बैठ गई होगी, यह सोच कर कि लड़कों की माँ उसी की तरह होंगी।

जब उन दोनों लड़कों ने उसके साथ बदतमीजी शुरू की होगी, पता नहीं उस पर क्या गुजरी होगी? आश्चर्य हुआ होगा? रोना आया होगा? शर्म आई होगी? अपने पर नहीं उन पर। किसे कोसा होगा उस घड़ी? एक बात कहूँ, अगर मैं उस महिला की जगह होती, तो उस वक्त सिर्फ आपको कोस रही होती। सिर्फ आपको।

उस महिला ने पता नहीं क्या-क्या सहा। पता नहीं कैसे शोर-मचा पाई। जब उन लड़कों ने उसे चलती गाड़ी से बाहर फेंका, पता नहीं वह किस दशा में थी। शरीर से तो सबने देखा, मन से? गनीमत थी कि उस गाड़ी के पीछे पुलिस की गाड़ी थी और कुछ मिनटों की भागदौड़ के बाद दोनों धर लिए गए।

आपको कब पता चला? रात को ही? सबसे पहली प्रतिक्रिया क्या हुई आपकी? हाय, मेरे पुत्तर ने ऐसा कैसे कर दिया या बेवकूफ पकड़ा गया! आप रोईं? पुलिस ने तो तुरन्त ही दोनों की जम कर पिटाई कर दी थी। बहुत बुरा लग रहा है न आपको? जिस्म जल गया होगा यह सोचकर कि आपके फूल से बेटे का यह क्या हाल कर रही है पुलिस? यह वक्त नहीं है आपसे कुछ सवालों के उत्तर जानने का। पर जानना चाहती हूँ कि क्या इससे पहले भी आपके बेटे ने ऐसी हरकत की है? जरूर की होगी। अगर आज उसमें इतनी हिम्मत है कि राह चलती अनजान उम्रदराज महिला को अपना शिकार बनाए, तो उसने शायद ही आसपड़ोस की कन्याओं और घर की नौकरानियों को छोड़ा होगा! हाँ, मैंने बहुत कठोर बात कह दी है। पर जरा अपने दिमाग पर जोर दे कर देखिए कि जब पहली बार आपने अपने बेटे की छिछोरी हरकतों में लिप्त पाया

था, तो आपकी क्या प्रतिक्रिया हुई? उस उम्र में तो आप उसे मार भी सकती थीं। क्या आपने उसे समझाने की कोशिश की थी कि आप भी एक महिला हैं और उसे दूसरी महिलाओं के साथ कैसे पेश आना चाहिए? क्या वह अपने बाप पर गया है? आपने उसे रोकने की कोशिश की? अगर की भी तो किस तरह? सबसे पहली बात तो यह कि क्या आपके घर में स्त्रियों की इज्जत होती है? होती भी है तो किस तरह? अगर आपके बेटे की उम्र का कोई लड़का ऐसी हरकत आपके साथ करता, तब आपकी क्या प्रतिक्रिया होती? और आपके घरवालों की?

कुछ अर्से पहले मैं टीवी में समाचार देख रही थी। आजकल माहौल में एक और नाम है, जिसने काफी जिज्ञासा उत्पन्न की हुई है। इंडियन एक्सप्रेस की हताहत पत्रकार शिवानी भटनागर के कत्ल के आरोपी रविकान्त शर्मा ने। जिन दिनों शर्मा अज्ञातवास में थे, उन्हें देखने की उत्सुकता सी थी। तीन बरस पहले अखबारों में चर्चा जरूर हुई थी, लेकिन उस वक्त तक रविकान्त इस तरह से इस हत्याकाण्ड में नहीं फँसे थे। करोड़ों रुपये की सम्पत्ति के मालिक रविकान्त को देखा है आपने? टेलीविजन में तो देखा ही होगा? क्या आपके बेटे से उसकी छवि नहीं मिलती? ध्यान से देखिए। अपने बेटे में आपको मनु शर्मा, सुशील शर्मा और इन जैसे कई पुरुषों का अक्स नजर आएगा।

शिवानी से मैं मिली नहीं, लेकिन कई मित्रों के जरिए मैंने उसके किरदार को समझने की कोशिश की है। ऐसे मित्र जो उसे बेहद नजदीकी से जानते थे। नैना साहनी और जेसिका लाल सिर्फ नाम भर हैं। लेकिन उनके बारे में जो पढ़ा है, उससे उनकी छवि बुनी जा सकती है। शिवानी आज के दौर की युवती थी। यहाँ भी उसे मैं 'मेरे जैसी' कहूँ, तो अतिश्योक्ति नहीं होगी। छोटे शहर की तेज और सपने देखने वाली युवती। ठीक है कि उसका सपना एक आम मध्यमवर्गीय लड़की का सपना नहीं था। साधारण परिवार में जनमी शिवानी का मकसद युवा होते ही शादी करना, घर-परिवार सम्भालना और उन्हीं में उलझ जाना नहीं था। वह अपने लिए कुछ करना चाहती थी। आज मैं देख रही हूँ कि उसका यह अपने लिए कुछ करने को कितने गलत ढंग से प्रचारित किया जा रहा है। महत्वाकाँक्षा पुरुषों में हो, तो यह उनका प्लस प्वाइंट बन जाता है, स्त्रियों में हो तो माइनस प्वाइंट? इसमें गलत क्या था, जो वह अपने कैरिअर में आगे बढ़ना चाहती थी? पुरुषों के साथ उसकी मित्रता को सन्देह की दृष्टि से देख कर उसे खलनायिका करार देना आसान है। लेकिन यह कैरिअर वूमन ही जानती है कि नौकरी करने के लिए उसे पुरुषों से किस स्तर तक जाकर दोस्ती करनी पड़ती है और उनका विश्वास जीतना पड़ता है। एक तरफ तो महत्वाकाँक्षी पुरुष सिरमोर बने यह भी कटाक्ष करते फिरते हैं कि औरतें हमारी तरह आगे बढ़ने के लिए अपनी निजी जिन्दगी की कुर्बानी नहीं दे सकतीं। अगर देती हैं, तो उन्हें कटघरे में खड़ा कर दिया जाता है। क्यों नहीं औरतों के पास यह चॉइस होती है

कि वे अपनी जिन्दगी और अपना कैरिअर अपने हिसाब से प्लान कर सकें? अगर कोई विवाहिता पत्रकार देर रात तक खबर सूँघने के लिए प्रेस क्लब में बैठी पाई जाती है, तो उस पर कैरिअरिस्ट होने के बजाय लूज कैरेक्टर की उपाधि चस्पाँ कर दी जाती है। आगे बढ़ने के लिए जो रास्ता शिवानी ने अख्तियार किया, अगर वही रास्ता उसके क्षेत्र की किसी पुरुष ने किया होता, तो उसका जिक्र नायकों में किया जाता।

शिवानी ने आगे बढ़ने के लिए कुछ नामी और ताकतवर शख्सीयतों से सम्पर्क बनाए। उनका इस्तेमाल भी करना चाहा। सम्पर्क का ही एक सूत्र था रविकान्त, जिसके लिए शिवानी के मन में कोमल भावनाएँ उपजीं। इस बात को भी जरूरत से ज्यादा तूल दिया गया। जिस व्यक्ति ने शिवानी से सम्बन्ध बनाए, उसे निभाने का वादा किया, फिर उसकी हत्या के षड़यन्त्र में शामिल हुआ, उसका क्या हुआ? आगे क्या होगा? क्या रविकान्त की पत्नी यह जानते हुए भी कि उनके पति का दूसरी स्त्री से गम्भीर सम्बन्ध था, उसके पक्ष में नहीं बोल रही?

रविकान्त की माँ के बारे में मैं नहीं जानती। लेकिन इतना तो पढ़ा है कि वे एक सम्पन्न परिवार के पुत्र थे। हरियाणा के उनके गाँव में आज भी उनकी तूती बोलती है। पता नहीं उनकी माँ कितनी पढ़ी-लिखी थी और अपने घर-परिवार में उनकी क्या हैसियत थी? बेटे ने किस उम्र तक उनका कहना माना? हो सकता है आज भी पुत्र जब अपनी माँ से मिलता हो, तो उनके चरण स्पर्श करता हो। आज जब रविकान्त शर्मा जेल में है और दिल्ली की पुलिस विश्वास के साथ कह रही है कि शिवानी हत्याकाण्ड में रविकान्त के विरुद्ध उन्हें सारे सुबूत मिल गए हैं, उस माँ की क्या दशा होगी? क्या उनमें भी बेबे आप अपना रूप पाती हैं? आप दोनों को मैं किस श्रेणी में रखूँ? बेचारी अबला, जिसका बस अपने बच्चों पर नहीं चलता या ऐसी माँ जिसने अपने बेटे को सही संस्कार नहीं दिए? जिसमें आज इतनी हिम्मत है कि अपराध करने के बाद भी सीना चौड़ा करके घूमता फिरे। अपरोधों में भी जघन्य अपराध है औरत की अस्मिता का अपमान। एक औरत हैं आप दोनों। इतना तो महसूस कर ही सकती हैं। चाहे औरत किसी भी धर्म, जाति, उम्र या तबके की हो, उसकी मर्जी के बिना अगर बदन पर किसी पुरुष का एक खरोंच भी लगता है, तो वह बर्दाश्त नहीं कर पाती।

पता नहीं आपने कभी भीड़ भरी बसों में यात्रा की है या नहीं? बस, ट्रेन, सार्वजनिक स्थल, सिनेमा हॉल—हर कहीं हर किस्म की औरत चौकन्नी रहती है। अस्मिता सिर्फ देह की नहीं होती, दिल की भी होती है। यही अस्मिता खोई है शिवानी और नैना साहनी ने। उनकी रूह का अपमान किया गया। उनका चरित्र पब्लिक प्रापर्टी बन गई। उनकी जिन्दगी का रेशा-रेशा रुई की तरह धुन दिया गया। उनकी गलती सिर्फ यही थी कि उन्होंने किसी सुशील शर्मा या रविकान्त पर विश्वास किया। आपको लग सकता है हरविन्द की माँ कि मैं आपके बेटे और रविकान्त या सुशील शर्मा को एक ही पलड़े पर क्यों तौल रही हूँ? उसी तरह मैं शिवानी, नैना साहनी, जेसिका लाल और उन जैसी तमाम

महिलाओं को भी एक ही तरफ रख रही हूँ, जो किसी एक स्तर पर पुरुषों द्वारा आहत हुई हैं। यहाँ शायद मैं आपका भी नाम लूँगी। आज आप भी इसी स्तर पर आ खड़ी हुई हैं। इस वक्त जो दुख आपको पहुँच रहा होगा, वह किसी भी बेटे की माँ के लिए त्रासदपूर्ण होता है। बेटे के दुष्कर्मों की सजा हमेशा माँ को ही भोगनी पड़ती है। वह बेटे के बाप की तरह मन को यह तसल्ली भी नहीं दे पाती कि क्या हुआ, लड़का है। कोई न कोई रास्ता निकाल लेंगे उसे बचाने या छुड़ाने का। सलमान खान के पिता सलीम खान की तरह वे अपने बेटे को निरपराध घोषित करने और बेटे का पक्ष लेने के लिए किसी भी हद तक जा सकते हैं। माँ तौलती है बेटे के अपराध को। कहीं आप भी यही तो नहीं कर रहीं? कहीं यह भी लगता होगा कि हमारा बेटा ऐसा कैसे कर सकता है? क्या आप इस बार मन ही मन उसे माफ करने की योजना बना चुकी हैं? अगर ऐसा है भी तो मुझे हैरानी नहीं होगी। क्योंकि यह हो ही नहीं सकता कि आपका बेटा आज जो कर रहा है, आपको उसका भान न हो। उसको ऐसा बनाने में कहीं न कहीं अपराध हाथ जरूर है।

मेरे एक तरफ आपकी पीढ़ी है, दूसरी तरफ शिवानी की। आपकी पीढ़ी की महिलाओं में कितनी महत्वाकाँक्षा थी, अनुमान लगाना मुश्किल था। लेकिन आज समाज में लड़कों की जो नई पौद आई है, उनकी हरकतों को देखकर लगता है कि आप लोग भी कम महत्वाकाँक्षी नहीं थीं। आप खुद शायद बहुत कुछ नहीं कर पाईं। कैरिअर बनाने और अपने स्तर पर निर्णय लेने की आप लोगों को इजाजत नहीं थी। हालाँकि आपकी पीढ़ी की भी कई महिलाओं ने ये बन्दिशें तोड़ी हैं और अपने लिए बेहतरीन मुकाम बनाया है। लेकिन हरविन्द की माँ, आपको तो शुरू से भौतिक चीजों का जबरदस्त मोह होगा। आपने अपने पति की कमाई को भी कभी ईमानदारी की निगाह से नहीं तौला होगा। पैसे जहाँ से आते हैं, यह महत्वपूर्ण नहीं है, महत्वपूर्ण है उसका आना। यह बेहद जरूरी है। आपने भी सोशियल स्टेटस बनाने की दौड़ में बढ़चढ़ कर हिस्सा लिया होगा। किटी पार्टियों में हजारों का सूट, लाखों के गहने झलकाने की होड़ से आप कहाँ बच पाई होंगी? तो उस वक्त आपका बेटा किसके हाथ में पल रहा था? कितने साल का था आपका पुत्तर जब उसके पिता ने अपने जाम के गिलास से उसे घूँट भर पीने को दिया था और शाबाशी भी दी थी कि बेटा उनके नक्शेकदम पर चलने को पूरी तरह तैयार हो रहा है? घर की नौकरानियों ने जब आपसे शिकायत शुरू की कि साहब का हाथ उनकी देह को मापने के लिए उद्दण्ड हो रहा है, तब आपने क्या कदम उठाया था? क्या जिन्दगी में आपने कभी पति से सवाल किया है? बेटे पर हाथ उठाया है? अहम सवाल! क्या आपकी बेटी भी है? अगर है, तो वह किन सूरतों में पली-बढ़ी है? क्या उसे भी आपने उतनी ही छूट दे रखी थी, जितनी हरविन्दर को दे रखी थी?

पता नहीं कैसे इस घेरे में आपने जिन्दगी के इतने दिन काट दिए?

अगर आपके हाथ में विकल्प होता, तब भी क्या आप हरविन्दर की माँ बनना पसन्द करतीं? या अपने बेटे को इसी तरह से पालतीं? या यहाँ हम यह मान कर चलें कि बेटे का पालना आपके बस में था ही नहीं? फिर आपने किया क्या? अच्छा यह बताइए आज से आठ साल पहले जब नैना साहनी दिल्ली के होटल के तन्दूर में जलाई गई, तब आपको कैसा लगा? आपको पता भी है कि नैना को तन्दूर में क्यों जलना पड़ा? अपने जमाने में ब्यूटी क्वीन रही नैना भी शिवानी की तरह आम युवती नहीं थी। उसकी भी महत्वाकाँक्षाएँ अलग थीं। उसे राजनीति में आना था। अपने लिए उसने खास सपना देखा था। उसे पता था कि वह जिस स्तर पर है, वहाँ आगे आना आसान नहीं है। सुशील शर्मा से मिलने के बाद उसे लगा था कि उसकी महत्वाकाँक्षा को पंख मिलेंगे। वह खुद राजनीति में था। नैना की जगह अगर कोई पुरुष किसी स्त्री को सीढ़ी की तरह इस्तेमाल करता है, तो उसका जिक्र तक नहीं होता या बड़े आराम से स्मार्ट की पदवी लेकर किनारा कर लिया जाता है। नैना जैसी युवतियाँ यहीं कठघरे में खड़ी कर दी जाती हैं। आप बताइए बेबे, क्या बिना किसी का सहारा लिए आगे बढ़ सकता है कोई? सफलता या शिखर पर पहुँचने के लिए हजारों सीढ़ियाँ चढ़नी पड़ती हैं। चाहे किसी भी क्षेत्र में हो। खासकर राजनीति और मीडिया के क्षेत्र में से एक ऐसा नाम बताइए, जिसने बिना किसी को सीढ़ी बनाए शिखर की राह ली हो? शिखर पर पहुँचने के बाद अक्सर लोग सीढ़ियों को ठोकर मार देते हैं। यहीं जब पुरुष को लगता है कि स्त्री की महत्वाकाँक्षा उसकी महत्वाकाँक्षा की राह में रोड़े पैदा कर रही है, वह सीधे उस स्त्री की ही छुट्टी कर देता है। यह भी कितना आसान हो गया है आजकल।

ये स्त्रियाँ आज हैं नहीं, अपने सच बताने के लिए। वरना जेसिका बताती कि अच्छी दोस्त मालिनी रमानी के लिए ही सही, होटलों में बार टेंडर का काम करना कितना जुगुप्सा पैदा करता है। उस मनु शर्मा की हैसियत क्या थी, हाथ में पिस्तौल लेकर घूमने की? जेसिका से उसकी दुश्मनी क्या थी? मनु शर्मा की माँ से कभी आप मिल लीजिएगा। आप दोनों में कई साम्यताएँ निश्चित होंगी। बिगड़े बेटों की माएँ आपस में बहुत कुछ शेअर कर सकती हैं। कुछ नहीं तो आप लोग आपस में मीडिया, प्रेस और आम जनता को कोस सकती हैं, जिनकी नजर हमेशा आपके पैसों पर लगी रहती है, जो समय-समय पर आपकी लाइफ स्टाइल को कोसते रहते हैं और आपको कठघरे में खड़ा करते रहते हैं। यह भी कह लीजिए कि हम आपसे जलते हैं और आपके स्टेटस को हम पचा नहीं पाते।

जेसिका का मॉडलिंग कैरिअर उस वक्त ढलान पर था। मालिनी के साथ उसने काम करना इसीलिए स्वीकार किया था कि जल्द ही वह भी होटल इण्डस्ट्री में कदम रखना चाहती थी। उसकी सारी आकाँक्षाएँ धरी की धरी रह गईं। एक अनजान आदमी आता है और उसे गोली मारकर चला जाता है। सब कुछ खत्म हो जाता है। इसके

बाद शुरू होती है जेसिका को लेकर तमाम तरह की बातें कि उस रात वह वहाँ क्या कर रही थी? किस हैसियत से दारू सर्व कर रही थी? उसके चरित्र को लेकर तमाम तरह की अटकलें लगाई जाने लगीं, जिसकी रत्ती भर जरूरत नहीं थी। जिस बात की जरूरत होती है, हम उस पर तो कभी बात ही नहीं करते।

जब भी किसी युवती पर हमला होता है, फौरन उसके चरित्र को टटोलने की लम्बी प्रक्रिया शुरू हो जाती है।

बलात्कार की शिकार महिलाएँ भी इससे अछूती नहीं रहतीं। किसी कैब्रे डाँसर के साथ अगर बलात्कार होता है, तो मीडिया ही लिख मारता है कि उसे इस बात से फर्क क्या पड़ता है? राह चलते महिला घेर ली जाती है, तब प्रश्न खड़ा किया जाता है कि वह अभियुक्त को पहले से जानती थी। वह रात को (या दिन में) उस स्थान पर क्यों खड़ी थी? उसने लिफ्ट ली ही क्यों? वह अकेली थी, तो क्यों अकेली थी और अगर किसी के साथ थी, तो क्यों किसी के साथ थी?

आप ऐसी खबरों पर कैसे रिएक्ट करती हैं हरविन्दर की माँ? उस औरत का दर्द महसूस कर पाती हैं? या यह सोचती हैं कि रेप या मोलेस्ट जैसी बातों पर इतना हल्ला क्यों मचाया जा रहा है?

औरत का अपना अस्तित्व तो शुरू से रहा है ना? आप भी आज जो कुछ हैं, उसका अपना अलग वजूद तो है ही। बहुत समय बाद और मुश्किल से औरत चल कर आज इस मुकाम तक पहुँची है कि कोई नैना, जेसिका या शिवानी बन सके। मैं सिर्फ इन औरतों के नाम ले रही हूँ क्योंकि इन्होंने अपनी महत्वाकाँक्षा की कीमत चुकाई है। जो बन गईं, सफल हो गईं, वो तो हो ही गईं। अब कोई पलट कर भी नहीं पूछता कि क्या माधुरी दीक्षित ने संजय दत्त को सीढ़ी की तरह इस्तेमाल किया था या अनीता मोदी-सिंह अपने पति सैयद मोदी की हत्या के इलजाम में संजय सिंह के साथ कठघरे में खड़ी हो कर पाक साफ निकल आईं? अनीता या माधुरी ने क्या किया था, इससे किसी को कोई फर्क नहीं पड़ता। आज दोनों अपनी जिन्दगी बखूबी जी रही हैं। आप यह सवाल कर सकती हैं कि सिर्फ आपके बेटे को ही क्यों घसीटा जा रहा है? उन तमाम बड़े नामों का क्या, जिनका नाम शाश्वत रूप से उछलता रहता है? यह सवाल तो उनकी माँओं से भी हैं। बल्कि ऐसा कोई मंच होना चाहिए, जहाँ से आपको जवाब देना पड़े। हमें सवाल पूछने और जवाब जानने का पूरा हक है।

यहाँ पुरुषों को ही अपराधी क्यों मानें? महिलाएँ भी तमाम तरह के अपराध करती हैं। पैसा, प्यार (सेक्स) और पॉवर के लिए जघन्य अपराध करती हैं। इसे भी उनकी महत्वाकाँक्षा ही मानना होगा। किसने कहा है कि सारी महत्वाकाँक्षी पॉजिटिव ही होती हैं? यहाँ भी औरत का अपराधी होना बड़ा ही ऑब्जेक्टिव तरीके से लिया जाता है। यह मानकर कि उनको पॉवर और पैसे के उपयोग का अधिकार नहीं या वे कर ही नहीं सकतीं, फूलन देवी तक की हत्या कर दी जाती है।

तो अब बेबे? अब आपने बेटे के लिए क्या सोचा है? कानून की धारा 354 के तहत उसे दो साल कैद बा-मशक्कत और 356 के अन्तर्गत और दो साल की सजा हो सकती है। अगर उस पर अपहरण का भी केस बन गया, तो सजा छह साल की तो हो ही जाएगी। तो...छह साल बाद जब वह जेल से आएगा, तब आप कैसा व्यवहार करेंगी उससे? आपको उम्मीद है कि उसकी नीयत बदल चुकी होगी तब तक? औरतों के प्रति वह सम्मानजनक व्यवहार करने लगेगा? या इसके विपरीत होगा? आपका दिल बैठा जा रहा होगा। अपना दर्द निलम्बित सीनियर पुलिस अधिकारी रविकान्त शर्मा की माँ और पत्नी मधु से बाँट कर देखिए, जो खुद अपराध प्रूव होने पर उम्र कैद काटने का मन बना चुका है? जो रविकान्त शिवानी की हत्या के दोषी हैं उनका अपनी पत्नी से कैसा व्यवहार रहा होगा? बेटियों से? आज जो माँ और बेटियाँ उनके लिए लड़ रही हैं, कितना झेल चुकी हैं उनकी वजह से, शायद यह भूल गई लगती हैं। अगर मधु शर्मा अब भी यह मानती हैं कि उनके पति का शिवानी की हत्या से कोई सरोकार नहीं है, तब भी यह तथ्य तो सच साबित हो ही चुका है कि उनके होते पति के परस्त्री से गहरे सम्बन्ध थे। इसके बाद भी पति उन्हें दूध के धुले कैसे लगते हैं? सच में हम महिलाओं की सहनशक्ति का कोई जवाब नहीं। पति, बेटा, पिता चाहे जो अपराध कर ले, क्षमा करने को हमेशा तैयार रहती हैं।

यही क्षमा हम अपनी ही तरह की स्त्रियों को नहीं दे पातीं। स्त्रियों के लिए हम बेहद कठोर हो जाती हैं। शिवानी और जेसिका की जितनी छीछलेदर महिलाओं ने की है, शायद किसी ने नहीं की है। उसके प्रेम सम्बन्धों को चटखारे लेकर पढ़ा जा रहा है। सहानुभूति पति के साथ है। शिवानी चरित्रहीन थी, जिसने देवता स्वरूप पति को छोड़ परपुरुष से सम्बन्ध कायम किया। हालाँकि शिवानी के पति ने कभी उसका चरित्रहनन नहीं किया।

क्या इन बातों से समाज को सरोकार होना चाहिए कि शिवानी असल में क्या थी? क्या यह काफी नहीं कि वह एक औरत थी और उसकी हत्या कर दी गई?

जिन दो लड़कों ने दशहरे के दिन महिला को लिफ्ट देने के बहाने उसका अपहरण कर उसका बलात्कार करने की कोशिश की, क्या उस महिला के साथ भी यही होगा? क्या आम मध्यमवर्गीय परिवार की वह महिला जिन्दगी में कभी इस दंश और त्रासदी से अपने को मुक्त पाएगी?

हर मोड पर स्त्रियाँ खड़ी हैं, प्रश्न बनकर। है ना बेबे? आज आप भी खड़ी हो गई हैं प्रश्नों के घेरे में। अगर अब भी आपको लगता है कि अपने पुत्तर को ऐसा बनाने में आपका कोई योगदान नहीं है, तो आगे आइए और अपना पक्ष सामने रखिए। वरना तो यही कहा जाएगा कि माँ ने बेटे को सही संस्कार नहीं दिए। माएँ अपना रोना रोती रहेंगी और बेटे, उन्हें जो करना है, करते रहेंगे।

वेश्यावृत्ति में लुटता बचपन

□ उदय सहाय

''आप सबों ने हमारे लड़कों को जहाँ अपना नौकर और चौकीदार बना रखा है, वहीं हमारी लड़कियों को वेश्या।'' नेपाल में बाल यौन व्यापार की स्थिति पर एक प्रभावशाली नेपाली समाजसेवी की इस भड़ास में आक्रोश का पुट है, तो दर्द का भी। यह जाहिर करता है कि इस मुद्दे पर नेपाल में भारत के प्रति गहरी नाराजगी है।

यूनीसेफ की एक रिपोर्ट बताती है कि भारत में लगभग चार लाख बाल वेश्याएँ मौजूद हैं। इनमें से 20 प्रतिशत नेपाल और बांगलादेश से आयी हैं। भारत में वेश्याओं की कुल आबादी में 2.5 प्रतिशत नेपाली और 2.7 प्रतिशत बांगलादेशी हैं और इनमें से अधिकांश नाबालिग हैं। दस वर्ष से कम आयु की बच्चियों से वेश्यावृत्ति कराने की दृष्टि से भारत और पाकिस्तान सबसे बड़े पनाहगार साबित हुए हैं। सीमापार यौन व्यापार की दृष्टि से वेश्यावृत्ति हेतु पारगमन का केन्द्रीय स्थल बना हुआ है। नेपाल और बांगलादेश से बच्चे लाना और मध्यपूर्व के देशों को ले जाना हर दिन दुहरायी जाने वाली घटना बन चुकी है। इन छोटे बच्चों को घरेलू काम, सैक्स, टूरिज्म, अश्लील साहित्य और वेश्यावृत्ति के पेशे में धकेल दिया जाता है। लगभग पाँच हजार से सात हजार नाबालिग नेपाली कन्याओं को प्रति वर्ष भारत लाया जाता है, जिनकी औसत आयु 10 से 14 वर्ष पायी गई है। बांगलादेश से रोजाना 200 स्त्रियों और बच्चों की तस्करी भारत को की जाती है। इनमें से अधिकांश भारत, पाकिस्तान और मध्यपूर्व के देशों में वेश्याएँ बनकर रह जाती हैं। वेश्यावृत्ति में झोंकी गई स्त्रियों में अधिकांश मुम्बई, कलकत्ता और दिल्ली जैसे महानगरों के चकलों में फँसी हुई हैं। दिल्ली इनमें अग्रणी है।

इस साल जनवरी में भारत और पाकिस्तान बाल यौन शोषण और इसके व्यापार से लड़ने के लिए संयुक्त राष्ट्र के नये समझौते पर हस्ताक्षर कर पाँच अन्य दक्षिण एशियाई पड़ोसी देशों के हमसफर बने थे। इन दोनों देशों के हस्ताक्षर कर देने से इस समस्या से सबसे बुरी तरह से ग्रस्त देश नेपाल और बांगलादेश में उम्मीद बँधने लगी थी कि भारत कुछ नया कर दिखाएगा। चूँकि भारत में चल रहा देह का बाजार

एशिया के इस क्षेत्र में सबसे बड़ा बाजार है और माना जाता है कि इस बाजार में बहुत अधिक संख्या में नेपाली और बांगलादेशी बच्चे फँसे पड़े हैं, इसलिए नेपाल और बांगलादेश ने इस समझौते से राहत महसूस करना शुरू कर दिया था।

लेकिन इन आशाओं पर ओस पड़नी शुरू हो गयी है। हस्ताक्षर करने के चार महीने गुजर जाने के बाद भी अब तक कोई ठोस पहल होते हुए नहीं दिखी है। नेपाल और बांगलादेश की अपेक्षाएँ जितनी ज्यादा ऊपर चढ़ी थीं, अब कटुता ने उसी मात्रा में उस स्थान को भरना शुरू कर दिया है।

भारत के चकलों में 1.6 लाख नेपाली स्त्रियाँ फँसी हुई हैं। इनमें से लगभग 50 हजार मुम्बई के चकलों और 40 हजार कोलकाता के चकलों में हैं। भारत और नेपाल की सीमा 1780 मील लम्बी है और आवागमन के लिए असंख्य रास्ते बने हुए हैं जिसके जरिए पारगमन (ट्रेफिकिंग) बड़ा ही सरल है। पिछले एक दशक में नेपाल से भारत लाई गई लड़कियों की औसत उम्र 14-15 वर्ष से घटकर 10-14 वर्ष हो गई है। नेपाल के सिद्धुपालपुरचक जिले को बाल वेश्याओं का सबसे बड़ा स्रोत बताया जाता है। नेपाल के मकवानपुर, धादिंग और खारवे जिलों से भी इनकी आपूर्ति की जाती है। भारत में बिहार और उत्तर प्रदेश राज्य के कई शहर ट्रांजिट सेटेलाइट शहरों के रूप में उभरे हैं। बेगूसराय, धौलपुर और गोरखपुर के ये ट्रांजिट शहर नेपाल और बांगलादेश से लड़कियों को लाने के बड़े बाजार बने हुए हैं।

लगभग दस हजार बांगलादेशी बच्चों से मुम्बई और गोवा के चकलों में पेशा कराया जा रहा है। कोलकाता में ऐसे बच्चों की संख्या लगभग 30 हजार है। बांगलादेशी नाबालिगों की तस्करी के लिए कोलकाता सबसे बड़ा और महत्वपूर्ण पारगमन केन्द्र है। माना जाता है कि लगभग ऐसे बीस प्रवेश मार्ग हैं जिसका इस्तेमाल ऐसी तस्करी के लिए किया जा रहा है। यहाँ से इन नाबालिगों को मुम्बई और पाकिस्तान ले जाया जाता है। बांगलादेश के सातरवीरा, जेसोर, जेनडिया, मेहरपुर, राजशाही, नवाबगंज, जयपुर हाट और कोमिला के जिलों से इनकी आपूर्ति की जाती है। नारायणगंज के ताना बाजार के कुख्यात चकले कमसिन और कमउम्र लड़कियों की खरीद-फरोख्त का प्रमुख बाजार बने हुए हैं।

यौन व्यापार के धन्धे में स्थानीय रसूख और सम्पर्क के जरिए ही ट्रेफिकिंग सम्भव हो सकता है। पाया गया है कि माँ-बाप, रिश्तेदार अथवा जान-पहचान के लोग ही नाबालिगों की बिक्री करते हैं। अधिकतर मामलों में रोजगार (नौकरी) तथा विवाह के झूठे वायदों के सहारे माँ-बाप या लड़कियों को धोखा दिया जाता है। ट्रेफिकिंग में लिप्त लोग ग्रामीण और शहरी इलाकों के गरीबी के मारे ऐसे परिवारों की लगातार तलाश में रहते हैं जो येन-केन-प्रकारेण आमदनी के लिए अपनी लड़कियों को बलात बेचने से भी गुरेज नहीं करते। ट्रेफिकिंग के गिरोह में मर्द और औरत दोनों ही लिंग के लोग होते हैं। इनके अलावा इन गिरोहों में चकले की संचालिकाएँ या पुरानी वेश्याएँ

भी हो सकती हैं। नेपाल और बांगलादेश के स्रोत वाले क्षेत्रों में व्याप्त गरीबी और शिक्षा का अभाव गरीब माँ-बाप के लिए बेटियों का सौदा करने की उर्वर भूमि तैयार करते हैं। स्थानीय सम्पर्क सूत्रों में अक्सर वे लोग शामिल होते हैं जो ऐसे गरीब परिवारों के सदस्य या मित्र होते हैं और जिन पर लड़कियाँ भी सहज विश्वास करती हैं। ट्रेफिंकिंग के इस धन्धे को दलाल-पुलिस-ट्रेफिकिंगकर्ता का गठजोड़ और भी सुगम्य बनाता है। 1000 नेपाली रुपये में खरीदी गई लड़की को भारत में कम-से-कम तीस हजार रुपयों में बेचकर ऊँची कमाई की जाती है। लड़कियाँ पार कराने वाले अब एक नई तरकीब के तहत नेपाल के बड़े शहरों और राजधानी में जाकर वहाँ के कारखानों और व्यावसायिक प्रतिष्ठानों में बड़ी संख्याओं में कार्यरत लड़कियों से सम्पर्क साधते हैं। इन लोगों की मंशा से अनभिज्ञ लड़कियों को बेहतर नौकरी दिलवाने के झाँसों में फँसा लिया जाता है। इन्हें यह पट्टी पढ़ा दी जाती है कि वे नेपाल पार करने के दौरान पूछे जाने पर साथ ले जाने वाले व्यक्ति को अपना पति बताएँ, जब तक कि वे सीमापार कर सही ठिकाने तक न पहुँच जाएँ। इन लड़कियों को अन्तिम पड़ाव चकले तक पहुँचाने से पहले कई बार इनकी गोपनीय ढंग से खरीद-फरोख्त की जा चुकी होती है।

चकले में पहुँचा दिए जाने के बाद पेशा में उतारने से पहले इन लड़कियों को प्रशिक्षण देने का काम शुरू कर दिया जाता है। इन्हें अश्लील साहित्य और फिल्में दिखाई जाती हैं, ग्राहक को रिझाने के गुर सिखाये जाते हैं और इनका मनोबल तोड़ने के लिए इनके साथ बार-बार बलात्कार किया जाता है। इन्हें कई-कई दिनों तक कमरे में बंद कर भूखा-प्यासा रखा जाता है। मारा-पीटा जाता है और शरीर को जलती सिगरेटों से दागा जाता है। यह सारी मशक्कत इसलिए कि वे एक दिन में कम-से-कम 25 ग्राहकों की सेवा करना सीख जाएँ। दिल्ली के जी.बी. रोड के चकले के चंगुल से निकाली गई एक नेपाली लड़की के अनुभवों की दास्तान रोंगटे खड़ी कर देने वाली है।

"जब मैंने सहवास से इंकार किया तो मुझे उस अंधेरे यातना कक्ष में डाल दिया गया जिसे नई लड़कियों का मनोबल तोड़ने के लिए इस्तेमाल किया जाता है। मुझे इस बिना खिड़की वाले, संकरे कमरे में चार दिनों तक भूखा-प्यासा रखा गया। चौथे दिन चकले की मालकिन का एक गुर्गा आया और मुझे फर्श पर पटककर मेरे सिर को कंकरीट वाली सतह पर तब तक उठा-उठाकर पटकता रहा जब तक मेरी पेशाब नहीं निकल गई। बाद में मैं बेहोश हो गई। जब मैं होश में आई तो पाया कि मैं नंगी थी और लाल मिर्च में डुबोया हुआ एक बेंत का डंडा मेरे जननांग में ढकेला जा चुका था। फिर कमरे में मैडम (चकले वाली) आई और मुझे बताया कि उसने मेरे लिए 50 हजार रुपये की कीमत चुकाई है और मुझे उसके लिए तब तक काम करना पड़ेगा जब तक पाई-पाई की वसूली न हो जाए।"

भारत में अधिकांश रूप से ऐसी लड़कियों को लाया जाता है जिनका कौमार्य

भंग न हुआ हो। इन्हें उन लोगों को सौंपा जाता है जो इनकी सबसे ऊँची बोली लगाते हैं। यहाँ हैरान करने वाली बात यह है कि लड़कियों को इस बात का रत्तीभर भी इल्म नहीं होता है कि देह व्यापार में आखिरकार कमाई कितनी है, क्योंकि पैसों का भुगतान चकले के स्वामियों, प्रबन्धकों और नायिकाओं को किया जाता है। जी.बी. रोड में एक लड़की एक रात में औसतन एक हजार रुपये की कमाई करती है। उसे बताया जाता है कि 5000 रुपये माहवार बैंक में उसके नाम से जमा किया जा रहा है। दलाल और मध्यस्थ इन लड़कियों की अशिक्षा का पूरा फायदा उठाकर इनकी कमाई का बड़ा भाग हड़प लेते हैं। हकीकत यह है कि बैंक में जमा की गई राशि बतायी गई राशि से बहुत कम होती है। तीन-चार साल के अन्तराल पर जब ये लड़कियाँ अपने देश को जाती हैं तो बतौर दान 5000 रुपये और आने-जाने के किराये के पैसे इन्हें दिए जाते हैं। इससे ये अभागी लड़कियाँ स्वयं को उपकृत समझती हैं और इनके बीच मालिक एक निरंकुश परन्तु दयालु व्यक्ति के रूप में प्रतिष्ठित हो जाता है।

अन्तिम मंजिल तक लड़कियों के पहुँच जाने के बाद प्राइवेट डॉक्टरों द्वारा उनका आयु परीक्षण करवाकर नाबालिग लड़कियों के लिए बालिग होने का चिकित्सीय प्रमाण पत्र तैयार करवाया जाता है। पिछले साल दिल्ली के दरियागंज इलाके में एक डॉक्टर की गिरफ्तारी के बाद ही इस जालसाजी का भंडाफोड़ हुआ था। इन लड़कियों को बालिग साबित करने के लिए कई अन्य धूर्तताएँ भी की जाती हैं। जानबूझकर ग्राहक रिझाने के मामले पुलिस में मामले दर्ज कराये जाते हैं। लड़की की उम्र लिखाते समय उसे वयस्क उम्र वाला दिखाया जाता है। इस प्रकार पुलिस रिकार्ड में भी वह लड़की वयस्क के रूप में दर्ज हो जाती है। जाली चिकित्सीय रिपोर्ट व दस्तावेज और पुलिस रिकार्ड दोनों ही मिलकर एक ढाल तैयार कर देते हैं। लड़कियों के उद्धार के लिए चलाये गए अभियान और उनके निर्वासन के प्रयासों को हतोत्साहित करने में यह ढाल बहुत कारगर सिद्ध होती रही है।

चकला मालिकों, पुलिस, डाक्टरों, महाजनों और कुछ संदिग्ध गतिविधियों वाले एनजीओ (गैर सरकारी संगठनों) के कुत्सित गठजोड़ ने नाबालिगों में देह व्यापार की एक त्रासद तथा बदरंग दुनिया बना रखी है। प्रत्येक कोठे से हर महीने एक निश्चित रकम की उगाही, किसी बाहरी एजेंसी के संभावित छापे की पूर्व सूचना के लिए अतिरिक्त पैसे, जरायमपेशे वाले ग्राहकों से बचाव, जैसे कुछ बने-बनाये आमदनी के स्रोतों से कुछ पुलिसवाले जी.बी. रोड से हर महीने एक लाख से भी ज्यादा रुपयों की कमाई कर रहे हैं। कुछ गैरलाइसेंसधारी डॉक्टर इस रेड लाइट एरिया में मिजाज को मस्त बनाने वाली रंगीन तरल की कुछ बूँदें अथवा औषधीय वनस्पति के व्यवसाय और अपनी चिकित्सावृत्ति के जरिए मोटी कमाई कर रहे हैं। रेड लाइट घोषित क्षेत्रों के चारों तरफ कुछ आधुनिक क्लिनिक धड़ल्ले से चलाए जा रहे हैं, जहाँ डॉक्टरों की विशेष दिलचस्पी हर नवागंतुक नाबालिग लड़की को बालिग ठहराने के लिए जाली

आयु निर्धारण परीक्षण और प्रमाण पत्र देने में है। इसके लिए वे मोटा शुल्क वसूलते हैं। नाबालिग वेश्या इन खर्चीले इलाजों और परीक्षणों का खर्च उठाने के लिए महाजनों और सूदखोरों से पैसे उधार लेती हैं। इस इलाके के माफिया इन डॉक्टरों से अपना प्रतिशत वसूल कर इस देह व्यापार से अच्छी-खासी कमाई कर रहे हैं। महाजन इस व्यवस्था को बदस्तूर जारी और दुरुस्त रखने के लिए धन उपलब्ध कराते हैं। सिनेमा जाने, मेकअप, दाल-चावल के साथ अतिरिक्त पौष्टिक आहार इत्यादि के लिए नाबालिग वेश्याएँ महाजनों से 500 प्रतिशत ब्याज के दर से कर्ज लेती हैं। इस प्रकार ये लड़कियाँ कर्ज के दुरूह चक्र में बराबर फँसी रहने को वाध्य हैं। दूसरी ओर इस धन्धे से अत्यधिक आय होने की वजह से चकलों के स्वामी, प्रबंधक और स्थानीय थाने के पुलिसकर्मी की आय महाजनों की आय की भाँति ही दुगुनी चौगुनी बढ़ती जाती है। जहाँ तक इस व्यापार में एनजीओ के गठजोड़ की बात है, इनमें से एक संगठन को तो दिल्ली के जी.बी. रोड स्थित चकला-स्वामियों और ट्रेफिकर्स (लड़कियाँ लाने वाले) का मुखौटा पाया गया है। मानवाधिकार की तेज होती माँग और मुद्दे की आड़ में यह संगठन देह व्यापार में फँसी स्त्री की आवाज बनने की जगह अपने पैट्रॉन यानी संरक्षकों के हितों का प्रवक्ता बनी हुई है। ऐसा ही एक और संदिग्ध एनजीओ कहने को तो वेश्याओं में कंडोम के प्रचार-प्रसार में लगा हुआ है लेकिन हकीकत में यह वेश्याओं के निमित्त भेजे गए कंडोमों को खुले बाजार में बेच रहा है।

कौमार्य को लेकर कई पुरुषों में एक मिथक घर जमाये हुए है। इनका विश्वास है कि अक्षत कौमार्य वाली कुँवारी स्त्री से संभोग करने पर एड्स और अन्य यौन संक्रामित रोगों (एसटीडी) से प्रभावी रूप से छुटकारा मिल जाता है। इसी विश्वास के चलते देह व्यापार की दुनिया में ज्यादा से ज्यादा नाबालिग कन्याओं को झोंकने की प्रवृत्ति में तेजी आई है। अतः इस दुनिया में सात वर्षीया बालिका का होना न तो असाधारण ही है और न ही उसे सबसे कम उम्र की ही समझा जाना चाहिए। ग्राहक में सदा ही यह भ्रांति बनी रहती है कि बच्चियाँ तो कुँवारी होती ही हैं और इसलिए उनसे यौन सम्पर्क बनाने से रोग का शिकार होने की आशंकाएँ भी बहुत कम रह जाती हैं। कुँवारियों के लिये ही की जा रही ऐसी माँग ने इस देह व्यापार में नाबालिग कुँवारियों को अधिकाधिक रूप से भरने के क्रम को बढ़ाया है। बाजार का नियम है : "जितनी कम उम्र, उतनी ही बड़ी कीमत।" यूनीसेफ के सर्वेक्षण में यह उल्लेख भी शामिल है कि भारतीय चकलों में एक कुँवारी नेपाली लड़की की पहली रात के लिए कम-से-कम कीमत छ हजार रुपये वसूली जाती है।

देह व्यापार में नाबालिगों का नाना प्रकार के रोगों का शिकार होने का जोखिम भी है। इस धन्धे में उतरने के बाद उन्हें निरंतर यौन उत्पीड़न का सामना करना पड़ता है नतीजतन उनके स्वास्थ्य पर प्रतिकूल असर पड़ने का खतरा भी बहुत ज्यादा बढ़ जाता है। उन्हें एचआईवी/एड्स जैसे जानलेवा रोगों से दो-चार होने के खतरे का लगातार

सामना करना पड़ रहा है। वे विभिन्न प्रकार के संक्रामित रोग, यौन संक्रामित रोग, नशे एवं शराब की लत और हिंसाजन्य संघातिक चोटों और घावों की शिकार रहती हैं। मानसिक और भावनात्मक आघात भी कोई न कोई अमिट दाग छोड़ ही जाते है जो शारीरिक चोट से कहीं ज्यादा काल तक इन्हें सताता रहता है।

ऐसी भयावह स्थिति के मद्देनजर भारत कम से कम इतना तो कर ही सकता है कि वह बच्चों के देह व्यापार के खिलाफ नेपाल के राष्ट्रीय एक्शन प्लान द्वारा चलाये जा रहे अभियान से कुछ सीख ले। यह प्लान इस सिलसिले में संस्थागत, वैधानिक, आर्थिक, शैक्षणिक, सामाजिक और स्वास्थ्य संबंधी पक्षों से जुड़े मसलों को उठाता है और बहुशाखीय संकायों से इस सिलसिले में आगे आने की गुजारिश करता है। नेपाल ने अपने एजेंडे में ट्रैफिकिंग विरोधी उपायों को उच्चतर स्थान दिया है; साथ ही यह भी तय किया है कि ऐसे मामलों का निपटारा छः महीने के भीतर हो जाए। ट्रैफिकिंग के लिए उसने दण्ड के सख्त प्रावधान बनाये हैं और इससे प्रभावित क्षेत्रों में पिछले एक दशक से भी ज्यादा समय से गहन जागरूकता अभियान छेड़ रखा है। भारत में दिल्ली और मुम्बई के उच्च न्यायालयों और कुछ चुनिंदा एनजीओ ही मुख्य रूप से नाबालिग वेश्याओं के उद्धार और पुनर्वास का काम कर रही हैं। सरकारी प्रयास इस आंदोलन के अनुयायियों की भांति ही रहे हैं, न कि किसी नेता की तरह। दिल्ली में मात्र एक ही एनजीओ 'स्टॉप' तमाम अड़चनों के बावजूद बचाव और पुनर्वास का कार्य दृढ़ता से जारी रखे हुए है, शायद उच्च न्यायालय के निरन्तर समर्थन के कारण ही ऐसा संभव हो पाया है। अन्य एनजीओ सिर्फ एड्स नियन्त्रण, जागरूकता, शिक्षा इत्यादि से जुड़े मसलों पर ही काम कर रही हैं। लेकिन ठोस पुनर्वास कार्यक्रमों के अभाव में ऐसे बचाव कार्य अधूरे ही लगते हैं। अपनी पनाह में आई नाबालिग वेश्याओं की हताश मनोभावना और मनोबल को फिर से जिलाने के लिए सरकार चालित आश्रय गृहों के पास जगह और दिल (इच्छा) दोनों का ही पूरा अभाव है। चकले में फंसी नाबालिगों की संख्या और आश्रय गृहों की क्षमता के बीच खाई जितना अंतर है। यह क्षमता इतनी अपर्याप्त है कि यदि एक ही बार इन सभी नाबालिगों का उद्धार हो जाए तो इनके पुनर्वास की गम्भीर समस्या उठ खड़ी होगी।

दक्षिण एशिया के देशों की मौजूदा वैधानिक व्यवस्थाओं में व्याप्त कानूनी दांव-पेंच के समक्ष सीमापार से लाये गए ये नाबालिग बहुत कमजोर सिद्ध हुए हैं। ऐसे नाबालिगों की लम्बी नजरबंदी और हिरासत में उनके साथ अत्याचार की समस्या गहराई हुई है। इन नाबालिगों को कई बार आव्रजन कानून के तहत दुगर्ति भी भुगतनी पड़ती है। पाकिस्तान में तो इन पर हुदूद प्रथा के तहत जिना (व्यभिचार) का आरोप लगाया जाता है। भारत में, सौभाग्यवश, आव्रजन कानून नरम हैं और उद्धार की गई इन नाबालिग लड़कियों पर लागू नहीं किए जाते। दिल्ली में हाल तक स्त्रियों, अधिकांशतः लड़कियों को ही गिरफ्तार किया जाता रहा है। लेकिन लगता है कि गिरफ्तारी का

तरीका बदल रहा है और अब लड़कियों को लानेवालों, ट्रैफिकिंग कराने वालों, चकलों के मालिकों और कोठा संचालकों को ज्यादा-से-ज्यादा संख्या में पुलिस के फंदे में लाने की तरफ ध्यान दिया जा रहा है। इसका श्रेय स्टाप की प्रमुख रोमा देवव्रत को दिया जाना चाहिए, जिन्होंने दिल्ली पुलिस के सहयोग और दिल्ली उच्च न्यायालय के मार्गदर्शन से संभव कर दिखाया है। शोषकों के इस वर्ग के खिलाफ अनैतिक पारगमन कानून (इम्मॉरल ट्रैफिकिंग एक्ट) के प्रावधानों के अलावा भारतीय दण्ड संहिता के कानूनों का मुक्त रूप से इस्तेमाल करने के विभिन्न प्रयोग भी इन दिनों किये जा रहे हैं। बहुत देर से ही सही लेकिन यह जानकर कि देह व्यापार में फँसी भारतीय नाबालिगों में अधिकांश अनुसूचित जाति और अनुसूचित जनजाति समुदाय की हैं, लगता है कि पुलिस नेतृत्व भी नागरिक अधिकार संरक्षण कानून के प्रावधान भी लागू करने का मन बना रहा है।

भारत में पुलिसतन्त्र चूँकि राज्य सरकार के अधीनस्थ है, जिसके कारण प्रतीत होता है कि इस समस्या से लड़ने में राज्यों और पड़ोसी देश के साथ परस्पर समन्वय और तालमेल का भारी अभाव हो गया है। समझौते पर हस्ताक्षर होने के बावजूद जमीनी सच्चाई को एक आला नेपाली पुलिस अधिकारी द्वारा व्यक्त आशंकाओं से सहज ही समझा जा सकता है। दिल्ली में पकड़े गए एक प्रमुख ट्रैफिकिंगकर्त्ता भक्ति राम पाण्डेय के नेपाल प्रत्यर्पण के सिलसिले में उनकी प्रतिक्रिया बड़ी ही हताशापूर्ण थी। उन्होंने बड़ी गम्भीरता से अनुरोध किया था कि "जब उसकी जमानत मंजूर हो जाए, तो कृपा करके उसे आप भारत-नेपाल सीमा पर ले आएँ और बाकी की चीजों को हम सँभाल लेंगे।" प्रत्यर्पण की पेचीदगियों और प्रक्रिया में लगनेवाले लम्बे समय से सशंकित इस पुलिस अधिकारी ने कहा था, "आप तो जानते ही हैं कि पंजाब के पूर्व मुख्यमन्त्री के हत्यारों में से सिर्फ सुच्चा सिंह का ही आज तक प्रत्यर्पण हो पाया है।" इससे यह जाहिर होता है कि प्रत्यर्पण की पेंचीदगियाँ भी अपराधियों के लिए ढाल बनी हुई हैं और कानून के रखवालों की सिरदर्दी को बढ़ाने का कारण भी।

एक समान नागरिक संहिता एवं महिला अधिकार

□ आशा कौशिक

सभ्य समाज की किसी भी परिकल्पना में मानवीय गरिमा, सामाजिक न्याय एवं समता के आदर्श पंथिक आस्थाओं, परंपराजन्य विश्वासों तथा अहमवादी उद्घोषों से निश्चय ही वरीय हैं। महिला अधिकारों का प्रश्न उक्त आदर्शों का पारदर्शी मानदंड है। एक समान नागरिक संहिता (यूनीफॉर्म सिविल कोड) पर जो बहस राष्ट्रीय स्तर पर छिड़ गई है, उसका विश्लेषण एवं मूल्यांकन महिला अधिकारों तथा लैंगिक न्याय के संदर्भ में करना समीचीन है। कारण यह है कि एक समान नागरिक संहिता मात्र वैधानिक मुद्दा नहीं है, अपितु वैधानिकता की सामाजिक वैधता का भी मसला है। साथ ही, एक समान नागरिक संहिता का विरोध अथवा समर्थन गिने चुने महिला अधिकारों की सूची बढ़ाने या घटाने से संबद्ध नहीं है, बल्कि संपूर्ण सामाजिक एवं सांस्कृतिक दृष्टि में परिवर्तन से आबद्ध है। अतः यह प्रश्न समग्र क्रांति की अवधारणा से असंबद्ध नहीं है।

एक समान नागरिक संहिता पर बहस में उग्रता लाने का श्रेय भारतीय न्यायपालिका को जाता है। सर्वोच्च न्यायालय ने मई, 1995 के ऐतिहासिक निर्णय में प्रधानमंत्री एवं भारत सरकार को एक समान नागरिक संहिता के निर्माण की दिशा में उचित कदम उठाने के निर्देश दिए। निर्देश में धारा 44 का विशेष उल्लेख किया गया। ज्ञातव्य है कि इससे पूर्व भी सर्वोच्च न्यायालय द्वारा इस प्रकार के निर्देश केंद्र सरकार को दिए गए थे। लगभग दस वर्ष पूर्व, तत्कालीन मुख्य न्यायाधीश वाई.वी. चन्द्रचूड ने एक समान संहिता के संदर्भ में निष्क्रियता के लिए सरकार को दोषी ठहराया था। न्यायालय ने यह रोष विवादास्पद शाहबानो प्रकारण के संबंध में जताया था। कुछ समय पश्चात् एक विशिष्ट वैवाहिक विवाद सिख पति तथा ईसाई पत्नी के संदर्भ में, न्यायालय द्वारा पुनः एक समान संहिता का आवश्यकता महसूस की गई। तीसरी बार, मई 1995 में दूसरी शादी के लिए धर्म परिवर्तन के मसले को गंभीर मानते हुए, न्यायालय ने सरकार को धारा 44 पर नवीन एवं गंभीर दृष्टि से विचार कर, अपेक्षित कदम उठाने के निर्देश दिए हैं।

भारतीय संविधान के भाग 4 में नीति निर्देशक तत्त्वों के अन्तर्गत, धारा 44 में स्पष्ट प्रावधान है कि भारतीय राज्य संपूर्ण देश में प्रत्येक नागरिक के लिए एक समान नागरिक संहिता के निर्माण का प्रयास करेगा। अतः स्पष्ट है कि एक समान नागरिक संहिता का निर्माण एक संवैधानिक दायित्व है, जिसे दुर्भाग्यवश अब तक भारत सरकार ने गंभीरता से नहीं लिया है। तर्क यह दिया जाता रहा है कि निदेशक तत्त्वों की प्रकृति ऐच्छिक है, बाध्यकारी नहीं। उनका क्रियान्वयन सरकार की ऐच्छिकता का विषय है। निश्चय है, निदेशक तत्त्वों की वैधानिक बाध्यता नहीं है, किन्तु 'सुशासन' में उनकी भूमिका 'मूलभूत' है, मात्र हाशिए में नहीं। वस्तुतः मूल अधिकारों की वास्तविक अर्थपूर्णता नीति निदेशक तत्वों के उचित क्रियान्वयन पर काफी हद तक निर्भर है। संविधान सभा में भी स्वीकार किया गया था कि सरकार के कार्य निष्पादन की समीक्षा में निदेशक तत्त्व मानदंड होंगे। अतः निदेशक तत्त्वों को निरर्थक प्रावधान मानना उचित नहीं है। निदेशकों का दर्जा राजनीतिक व्यवस्था के आदर्श प्रयोजनों एवं दिशा निर्देशकों का है। एतद्स्वरूप, एक समान संहिता का आग्रह मात्र ऐच्छिकता का विषय नही अपितु संविधान में आदर्श प्रयोजन है, जिसे वैधानिक दायित्व के रूप में लिया जाना चाहिए।

ज्ञातव्य है कि संविधान में एक समान (यूनिफॉर्म) शब्द का प्रयोग किया गया है, समान (कॉमन) शब्द का नहीं। अवधारणात्मक स्तर पर दोनों में विभेद है। 'समान' का विचार बाह्य परिस्थितिजन्य तथा शीघ्र परिवर्तनीय है, जबकि 'एक समान' की धारणा में 'सिद्धांततः समानता' का प्रत्यय निहित है। 'समान संहिता' के आग्रह में 'असमान' की विद्यमानता तथा असमान तत्त्वों पर आवश्यकता से अधिक बल दिए जाने की आशंका है। अतीत के 'समानता' के तत्त्व वर्तमान में 'असमानता' के पोषक हो सकते हैं। वर्तमान की असमानताएँ भविष्य में समानता की नई दिशाओं का आधार बन सकती हैं अथवा और अधिक असमान व्यवस्था को जन्म दे सकती हैं। 'एक समान' संहिता के आह्वान में सामयिक या सतही समानता की खोज नहीं, अपितु सभी के लिए अधिकारों एवं अधिकारों के अवसरों की 'सिद्धांततः समानता' की खोज है। इस खोज में यह भी अंतर्निहित है कि उक्त अधिकारों का हनन दंडनीय है। वैधानिक दृष्टि से यह भी कहा जा सकता है कि एक समान संहिता 'कानून के शासन' सिद्धांत का ही विस्तारीकरण है—उन पक्षों तक जो सामाजिक न्याय से सीधे जुड़े हैं।

बी.आर. अम्बेडकर ने संविधान सभा में ठीक ही कहा था कि लोकतांत्रिक व्यवस्था की बहुत सी सीमाएँ हैं तथा किसी भी वैधानिक प्रयोजन का क्रियान्वयन धीमी गति एवं विवादास्पद स्थितियों से गुजरने के बाद ही संभव है। इस समान संहिता का निर्माण भी एक दूभर दायित्व है, विशेषतः भारत के बहुलवादी सामाजिक सांस्कृतिक परिवेश में, जहाँ प्रत्येक पंथिक, सांस्कृतिक इकाई अपनी आस्थाओं, पंथिक मान्यताओं तथा रीति-रिवाजों के प्रश्न पर अडिग है। एक समान संहिता पंथिक आग्रहों से पंथनिरपेक्षता

की ओर अग्रसर होने का प्रयास है। दूसरे शब्दों में, यह आधुनिकीकरण, पंथनिरपेक्षीकरण तथा सामाजिक न्याय की वृहद् परिकल्पना की दिशा में संभावित कारगर कदम है।

प्रश्न यह नहीं है कि धर्म अथवा पंथ महत्त्वपूर्ण हैं या नहीं। निश्चय ही धर्म/पंथ की समाज एवं सामाजिकता में निर्णायक भूमिका रही है, जिसे ऐतिहासिकतः नजरअंदाज नहीं किया जा सकता। किन्तु, आज महत्त्वपूर्ण प्रश्न है कि क्या विवाह, तलाक, विरासत आदि मात्र धार्मिक/पंथिक विषय हैं अथवा उनका मूल स्वरूप सामाजिक एवं आर्थिक है। यदि हाँ, तो इनके लिए संघर्ष भी सामाजिक एवं आर्थिक संघर्ष के रूप में ही होना चाहिए। साथ ही, यह भी विचारणीय है कि अतीत के पंथिक, सामाजिक नियम कब तक परिवर्तित परिस्थितियों की आवश्यकताओं को पूरा करने में सक्षम रह सकते हैं। क्या पंथिक वैधानिक मध्ययुगीनता वर्तमान परिवेश में अंतर्विराधी नहीं है? क्या पंथिक सामुदायिक नियमावलियों (पर्सनल लॉज) का रूप शाश्वत एवं तर्कातीत है? क्या उनमें समयानुसार परिवर्तन एवं सुधार वाँछनीय नहीं है? संभवतः यह तो निर्विवाद है कि सामुदायिक नियमों में सुधार आवश्यक हैं, किंतु सुधार कहाँ, कितना एवं किस दिशा में किया जाए, विवादास्पद है।

विवाद में मूल तर्क यह दिया जाता है कि व्यक्तिगत, धार्मिक/पंथिक, सांस्कृतिक विषयों में राज्य का वैधानिक हस्तक्षेप नहीं होना चाहिए। सिद्धांततः यह आदर्श स्थिति है क्योंकि किसी भी स्वतः प्रेरित सुधार की विश्वसनीयता एवं दीर्घकालिकता, वैधानिक रूप से आरोपित सुधारों की तुलना में निश्चय ही स्वतः सिद्ध है। किंतु, जब स्थितियाँ आदर्श नहीं रहें तब वैधानिक हस्तक्षेप आवश्यक हो जाता है। ऐतिहासिक साक्ष्य यह दर्शाते हैं कि धार्मिक/सामाजिक मसलों में संबंधित समुदायों की सहमति अथवा उनकी स्वयं की माँग तथा कभी-कभी एक बड़े भाग की असहमति के बावजूद कानूनी दखल किया गया है तथा कारगर भी सिद्ध हुआ है। ज्ञातव्य है कि स्वतंत्र भारत को विरासत में ब्रिटिश सरकार द्वारा निर्मित एवं क्रियान्वित एक समान कानूनों का समुच्चय प्राप्त हुआ, जो शासन प्रशासन के लिए आवश्यक था। इंडियन पीनल कोड, क्रिमिनल प्रोसीजर कोड, सिविल प्रोसीजर कोड, इंडियन एवीडेंस एक्ट, ट्रांसफर ऑफ प्रोपर्टी एक्ट आदि ऐसे एक समान कानून थे जो सभी भारतीयों पर लागू होते थे तथा आज भी होते हैं। यह सच है कि साम्राज्यवादी सरकार अपने हितों के संबंध में बहुत स्पष्ट थी। सामाजिक/धार्मिक मसलों में यथासंभव अहस्तक्षेप की नीति को सुरक्षित माना गया तथा हिंदू एवं मुस्लिम समुदायों की सामुदायिक नियमावलियों में अधिक हस्तक्षेप नहीं किया गया। लेकिन इसका यह तात्पर्य भी नहीं कि इन्हें कानून से परे स्वीकार कर लिया गया था। ईसाइयों एवं पारसियों की सामुदायिक नियमावलियों में वैधानिक हस्तक्षेप किया गया। हिंदुओं एवं मुसलमानों की सामुदायिक नियमावलियाँ भी अछूती नहीं रहीं। हिंदू विडोज़ रिमैरिज एक्ट 1856, हिंदू वूमन्स राइट टू प्रॉपर्टी एक्ट 1937, शरियत एक्ट 1937 तथा डिजोलूशन ऑफ मुस्लिम मैरिज एक्ट 1939 आदि सामुदायिक

नियमावलियों में वैधानिक हस्तक्षेप के उदाहरण हैं, जिन्हें महिला विरोधी या लैंगिक न्याय विरोधी नहीं माना जा सकता था तथा जिन्हें थोड़े-बहुत प्रारंभिक रोष के बाद आम तौर पर स्वीकार भी कर लिया गया। स्वतंत्र भारत में सर्वाधिक महत्त्वपूर्ण प्रसंग है—शाहबानो केस। इस प्रकारण में एक प्रगतिवादी न्यायिक निर्णय को, भारतीय संसद ने कतिपय रूढ़िवादी मुस्लिम तत्त्वों के दबाव में विधायन द्वारा बदल दिया। यहाँ प्रश्न उठाया जा सकता है कि यदि रूढ़िवादी मत के पक्ष में वैधानिक हस्तक्षेप का स्वागत किया जा सकता है—जैसे कि शाहबानो प्रकरण में मुस्लिम पंथिक नेताओं ने किया, तो परिवर्तन सम्मत, प्रगतिशील मसलों पर ऐसा क्यों नहीं किया जा सका? इस संदर्भ में, एक समान संहिता का विरोध पूर्वाग्रहों से ग्रसित ही माना जा सकता है।

भारतीय समाज में अधिकांश धर्म-व्यवस्थाएँ पितृसत्तात्मक हैं तथा दैवीय शक्ति के रूप में समाज में प्रतिष्ठित एवं मान्य हैं। विभिन्न समुदायों में प्रचलित पंथनियमावलियों को इसी संदर्भ में देखा जाना चाहिए। पंथिक नियमावलियों की 'पवित्रता' के पक्ष में तर्क दिए जाते रहे हैं, उनके मूल में भी कदाचित लैंगिक न्याय को अवरुद्ध करने की रणनीति है। धार्मिक आस्थाओं के संरक्षण में धर्मशास्त्रों एवं दैवीय शक्तियों की अलौकिक अनुकम्पा का आह्वान किया जाता है, किन्तु यह सर्वविदित है कि धर्म के अलौकिक आध्यात्मिक एवं दार्शनिक पक्ष से भिज्ञ व्यक्तियों की संख्या नगण्य है। वस्तुतः आम जनसमुदाय की अनभिज्ञता का अधिकांशतः उपयोग, प्रचलित धार्मिक आस्थाओं एवं रीतियों के असमतावादी तत्त्वों को उभारने में किया जाता है। इस प्रकार के यथास्थितिवादी निर्वचन में युगों से चित्रित, लिखित, अलिखित आदर्श सामाजिक आचार संहिता का सूत्र विहित है, जिसके सार रूप में महिलाओं के दोयम दर्जे को प्राकृतितः आवश्यक एवं उचित माना गया है। लैंगिक न्याय की आवाज उक्त यथास्थितिवादी आचार संहिता के पुनर्निमाण की आवाज है, समाज के सभी घटकों की भूमिका की पुनर्परिभाषा एवं स्वस्थ संवाद तथा समतापूर्ण व्यवहार की पेशकश है। दुर्भाग्यवश, एकसमान संहिता का सर्वाधिक प्रखर विरोध कुछ 'शरियत' समर्थक-कट्टरपंथियों द्वारा किया गया है, किंतु कट्टरवाद का विरोध भी प्रगतिशील मंचों द्वारा निरंतर किया जाता रहा है। उदाहरणार्थ, अधिवक्ता सोना खान ने 'शरियत' को दैवीय अनुदेश मानकर उसमें किसी भी प्रकार के संशोधनों को अस्वीकार करने की वृत्ति को अनुचित बताया है। उनके मत में 'शरियत' 'कुरानशरीफ' द्वारा नहीं, अपितु अरब देशों के इस्लामपूर्व रिवाजों द्वारा प्रेरित है, अतः उसे दैवीय मानकर पवित्र मानना संशयपूर्ण है। शरियत-सम्मत बहुविवाह एवं तलाक संबंधी नियमों एवं परिपाटियों पर समय-समय पर विवाद उठते रहे हैं। सोना खान का स्पष्टीकरण है कि कुरान में दूसरे विवाह की इजाजत सशर्त है, अतः असामान्य है। कुछ अथवा क्षेत्र-विशेष में स्त्रियों की संख्या पुरुषों से अधिक हो, अधिसंख्यक स्त्रियाँ निराश्रित या विधवाएँ हों तथा पति में क्षमता हो कि अपनी सभी पत्नियों को समकक्ष रख सके। ये शर्तें गंभीर एवं

महत्त्वपूर्ण हैं, किंतु व्यवहार में इन्हें नजरअंदाज किया जाता है। यहाँ, यह तात्पर्य नहीं है कि गैर-मुस्लमानों में बहुविवाह का प्रचलन बिल्कुल नहीं है। किंतु इतना अंतर अवश्य है कि इस प्रचलन को धर्म-सम्मत कह कर प्रत्यक्ष रूप में सामाजिक वैधता का रूप नहीं दिया गया है। इसी संदर्भ में ध्यातव्य है कि मई 1995 में भारतीय न्यायपालिका ने, दूसरे विवाह की वैधता के लिए गैरमुसलमानों द्वारा इस्लाम धर्म में परिवर्तन को अनुचित ठहराया एवं विविध पंथिक नियमावलियों में व्याप्त विषमताओं एवं लैंगिक-न्याय विरोधी प्रवृत्तियों को रोकने के प्रयोजन से एकसमान संहिता के निर्माण का निर्देश दिया।

न्यायालय के उक्त निर्देश के विरोध में एक प्रमुख तर्क यह दिया गया है कि एकसमान संहिता धार्मिक स्वतंत्रता के मूल अधिकार के हनन का प्रयास है। यदि इस तर्क को निरपेक्ष न मानकर वर्तमान सामाजिक परिप्रेक्ष्य में देखें तो स्पष्ट होगा कि पितृ-सत्तात्मक धार्मिक-सामाजिक संरचनाओं में महिला की मानवीय गरिमा आहत ही नहीं, नष्ट हुई है। संभवतः सामाजिक न्याय के संघर्ष की प्रक्रिया में यह प्रश्न उठाना समीचीन होगा कि क्या दमन की संस्थागत एवं सांस्कृतिक अभिवृत्तियों को स्वतंत्रता—धार्मिक स्वतंत्रता, अधिकार—मूल अधिकार की संज्ञा देना उचित होगा। मानव अधिकारों का परिप्रेक्ष्य अवश्य ही इस प्रश्न की वैधता को सुनिश्चित करेगा।

एकसमान संहिता के विरोध में एक अन्य तर्क अल्पसंख्यकों की आशंका पर आधारित है। अल्पसंख्यकों के कुछ तबकों द्वारा यह आशंका व्यक्त की जा रही है कि न्यायपालिका द्वारा अनुशंसित एकसमान संहिता का रूप वस्तुतः हिंदू पंथिक नियमों का अल्पसंख्यकों पर आरोपण होगा। संभवतः यह सर्वाधिक गंभीर आशंका है जिसने अल्पसंख्यकों के कुछ तबकों में उग्र विरोध को जन्म दिया है। किन्तु उक्त आशंका, संशय एवं संदेह पर अधिक आधृत है, वस्तुस्थिति की संभावनाओं पर कम। ध्यातव्य है कि भारतीय संविधान में निहित अनेक उपबंध, विगत कुछ वर्षों में विकसित न्यायिक सक्रियता एवं सामाजिक क्षेत्रों में कार्यरत अनेक प्रगतिशील मंचों की प्रभावी क्रियाशीलता-कतिपय ऐसे कारक हैं, जो अल्पसंख्यकों की उक्त आशंका पर प्रश्नचिन्ह लगाते हैं। यह सच है कि पिछले कुछ वर्षों में भारतीय राजनीति में आक्रामक बहुमतवाद पनपा है, जिसके फलस्वरूप अल्पसंख्यकों में असुरक्षा की भावना बलवती हुई है, किंतु असुरक्षा एवं आशंका का समाधान राजनैतिक एवं वैधानिक स्तरों पर उपलब्ध है तथा यह भी स्मरणीय है कि देश में एक बड़ा जागरूक समुदाय पंथनिरपेक्षवादी लोकतंत्र के प्रति प्रतिबद्ध है। अतः एकसमान संहिता का आग्रह एक पंथ के दूसरे पंथ पर वर्चस्व के लिए नहीं अपितु सभी पंथिक नियमावलियों में से वाँछित, न्याय-सम्मत तत्त्वों के संग्रहण एवं संश्लेषण के लिए है। इस प्रयास में प्राथमिक कसौटी पंथ की पवित्रता नहीं, सामाजिक न्याय एवं लैंगिक समानता होगी।

एकसमान संहिता के निर्माण के मूल में यह बुनियादी दृष्टि है कि विवाह, परिवार,

स्त्री-पुरुषों के अंतर्संबंध ऐसे सामाजिक घटक हैं जिन्हें किसी काजी या पंडित या पादरी या अन्य धर्मसत्ता के निर्णय द्वारा नहीं, लोकतांत्रिक 'कानून के शासन' एवं समतावादी समाज व्यवस्था द्वारा संचालित किया जाना चाहिए।

स्मरणीय है कि भारतीय संविधान की धारा-44 के अंतर्गत जिन शब्दों का प्रयोग किया गया है (राज्य एकसमान नागरिक संहिता के निर्माण का 'प्रयास' करेगा), उनमें 'क्रमिक' प्रयास की आवश्यकता पर बल दिया गया है, त्वरित, क्रांतिकारी, हिंसावादी या आरोपणवादी परिवर्तन पर नहीं। इसलिए आरोपणवाद की आशंका की अतिरंजना उचित नहीं है। किंतु यह निश्चय ही शोभनीय है कि हमारी सामाजिक व्यवस्था के विभिन्न संभागों में पनपती आशंकाओं के समाधान के लिए समग्र राष्ट्रीय दृष्टि का विकास अभी तक संभव नहीं हो सका है। विविध स्तरीय आशंकाओं की लंबी सूची के मूल में कदाचित् हमारी समाज सुधार की रणनीति में 'विशिष्ट' मुद्दों पर निरपेक्ष रूप में ध्यान केंद्रित करने की प्रवृत्ति रही है, जो अल्पकालिक प्रयोजनों के लिए उचित हैं, किंतु उसका विस्तारण समग्र एवं संपूर्ण व्यवस्था के दीर्घकालिक प्रयोजनों के लिए होना अपेक्षित है। सामाजिक न्याय एवं लैंगिक न्याय इसी प्रकार के समग्र व्यवस्थागत मुद्दे हैं जिन पर समग्र दृष्टि के विकास की आवश्यकता है। 'महिलाओं' का संघर्ष कुछ अधिकारों तक सीमित नहीं है। यह संघर्ष समता एवं न्याय के लिए है। असमतावादी परिवेश में महिलाएँ न सुरक्षित हैं न स्वतंत्र। लैंगिक अन्याय की जड़ें संपूर्ण सामाजिक-धार्मिक सांस्कृतिक विरासत में निहित हैं तथा आर्थिक-राजनैतिक संरचनाओं द्वारा पोषित हो रही हैं। अतः संघर्ष की दृष्टि एवं परिधि, दोनों को विस्तीर्ण करना अनिवार्य है।

ज्ञातव्य है कि रूढ़िवादी तत्त्व एक समान संहिता के कट्टर विरोधी हैं, किंतु सुधारवादियों का भरसक प्रयास है कि विभिन्न सामुदायिक/पंथिक नियमावलियों में सुधार की प्रक्रिया प्रारंभ हो तथा कालांतर में एक समान संहिता के लिए आधार भूमि तैयार हो। दूसरी ओर, आधुनिकतावादियों की दृष्टि में पंथिक मानसिकता से मुक्ति समय की माँग है एवं एक समान संहिता इस दिशा में वाँछनीय कदम है। ऐसा प्रतीत होता है कि एक समान संहिता के पक्ष एवं विपक्ष में तर्क निहित हितों पर उसके संभावित परिणामों पर अधिक आधृत हैं। सामाजिक एवं लैंगिक न्याय के विशिष्ट मुद्दे पर कम।

यह भी रुचिकर है कि विभिन्न महिला संगठनों ने एक समान संहिता का सदैव विरोध ही नहीं किया है। बल्कि, अस्सी के दशक में एक समान संहिता का निर्माण, उनकी प्रमुख माँगों में शामिल था। यहाँ तक कि महिलाओं के एक प्रगतिशील मंच—'फोरम अगेन्स्ट द ऑप्रेशन ऑफ वीमेन' बंबई, ने तो एक 'मॉडल एक समान संहिता' का निर्माण भी किया था, जिसे विभिन्न समुदायों के समक्ष बहस के लिए रखा जाना प्रस्तावित था। किंतु, जब कुछ सांप्रदायिक ताकतों ने आक्रामक बहुमतवाद का प्रवर्तन प्रारंभ कर दिया तो महिला संगठनों ने अपनी नीति में परिवर्तन किया एवं

एक समान संहिता के विकल्प के रूप में विभिन्न सामुदायिक/पंथिक नियमावलियों में आंतरिक सुधार पर बल देना प्रारंभ किया। निश्चय ही, आंतरिक सुधार की प्रक्रिया का प्रस्ताव अधिक लोकतांत्रिक है तथा अधिक दूरगामी भी। किंतु यह भी निश्चित है कि यह प्रक्रिया अत्यंत ही धीमी है तथा अत्यधिक दीर्घकालिक भी। क्या त्वरित परिवर्तनों के वर्तमान परिवेश में हमारे पास अनंत दीर्घकालिकता की गुँजाइश है? स्पष्ट है, महिला संगठनों की दृष्टि पंथिक रूढ़िवादिता से भिन्न है, जो परिवर्तन विरोधी है। महिला संगठन परिवर्तन के पक्षधर हैं—महिलाओं में पक्ष में सकारात्मक परिवर्तन के पक्षधर, किंतु परिवर्तन की प्रक्रिया में उभरने वाले अंतर्विरोधों तथा उनके संभावित समाधानों के लिए आरोपणवादी विकल्पों में अत्यधिक आशंकित हैं। लैंगिक न्याय के लिए वृहद् स्तर पर बुनियादी परिवर्तन की आवश्यकता है तथा बुनियादी परिवर्तन के लिए क्रांतिकारी रणनीति की।

सामाजिक व्यवस्था की विसंगतियाँ, आर्थिक उत्पीड़न, मूल्यों का बिखराब—ऐसा समग्र परिवेश है जिसमें लैंगिक न्याय का प्रश्न एकाकी रूप में नहीं, प्रत्युत संपूर्ण व्यवस्था के मूल स्वरूप से जुड़ा है। अतः संघर्ष के दायरे को वृहत्तर बनाने की आवश्यकता है। इस वृहत्तर संघर्ष में सभी पंथिनिरपेक्षवादी, प्रगतिशील ताकतों की एकजुट सहभागिता अपेक्षित है, क्योंकि महिला अधिकारों का प्रश्न सामाजिक न्याय के बड़े प्रश्न का सर्वाधिक महत्त्वपूर्ण पक्ष है। एवद्स्वरूप उक्त दिशा में रणनीति में परिवर्तन समीचीन है। कहने का तात्पर्य यह कदापि नहीं कि महिला आंदोलन की अब तक की रणनीतियों की उपलब्धियाँ किसी भी दृष्टि से कम हैं। निश्चय ही, महिला आंदोलन ने महिला अधिकारों एवं लैंगिक न्याय के प्रश्नों को सैद्धांतिक एवं राजनैतिक स्तरों पर इस प्रकार प्रतिष्ठित किया है कि किसी भी राष्ट्रीय तथा अंतर्राष्ट्रीय नीति निर्माण के मंच पर उक्त प्रश्नों को अनदेखा, अनसुना नहीं किया जा सकता। महिला अधिकारों की माँगों को संगठित स्वर देकर महिला आन्दोलन विश्वस्तर पर एक शक्ति के रूप में उभरा है, जो नगण्य उपलब्धि नहीं है। किन्तु उक्त उपलब्धियों के बावजूद नारी उत्पीड़न के नित नए आयाम प्रतिदिन उजागर होते रहते हैं। विश्व के प्रत्येक भाग में लैंगिक समता एवं न्याय का सपना पूरा होने से न जाने कितना दूर है। नारी की चहुंमुखी असुरक्षा कम होने के बजाय बढ़ती ही जा रही है। खुली बाजार व्यवस्था, वैश्वीकरण, विमानवीकृत टेक्नोलोजी, अनियंत्रित सांस्कृतिक आक्रमण ऐसी प्रवृत्तियाँ हैं जिनका प्रभाव लैंगिक शोषण की प्रक्रिया पर निरंतर बढ़ेगा। इन नवीन चुनौतियों से निबटने के लिए भी, संघर्ष की पूर्ण रणनीति में परिवर्तन आवश्यक है—प्रगतिशील ताकतों के साथ एकजुट होकर संघर्ष करने की दिशा में।

जहाँ तक एक समान संहिता का प्रश्न है, विभिन्न महिला संगठनों के मंचों से जो 'नारीवादी दृष्टि' अब तक उभरी है, उसकी चर्चा यहाँ समीचीन है। प्रथमतः सरकार से यह अपेक्षित है कि सभी पंथिक समुदायों की महिलाओं के लिए समान न्यूनतम

आर्थिक अधिकारों की रूपरेखा तैयार करे जो विवाह संस्था के अंतर्गत शामिल हों। दूसरे शब्दों में, विवाह संस्था की संरचना में महिला की आर्थिक सुरक्षा अंतर्निहित हो। इस संदर्भ में, वैधानिक नियमन स्वागत योग्य होगा। संबद्ध दूसरे मसलों यथा तलाक, बच्चों की परवरिश, गोद लेने के प्रावधान आदि के लिए फिलहाल आम सहमति नहीं है, इसलिए विशिष्ट पंथिक समुदायों के सुधारवादियों को कुछ और अवसर दिए जाने चाहिए ताकि कालांतर में एक समान संहिता के लिए उपयुक्त आधारभूमि तैयार हो सके। द्वितीय, एकरूप संहिता के पूर्व, 'स्पेशल मैरिज एक्ट 1954' की तरह कतिपय ऐच्छिक कानून बनाए जा सकते हैं। विभिन्न समुदायों की महिलाएँ एवं पुरुष स्वेच्छा से इनके द्वारा शासित होना स्वीकार करें। इस प्रकार के प्रयोग, क्रमशः समाज में पंथनिरपेक्षवादी दृष्टि उत्पन्न करने में उपयोगी सिद्ध होंगे। क्रमिक दृष्टिकोण से विस्फोटक अलगाववाद की प्रवृत्ति से बचा जा सकता है। नारीवादी आंदोलन की वर्तमान स्थिति में, किसी भी वर्ग में अविश्वास की आशंका प्रतिगामी ताकतों को स्फूर्त कर सकती हैं। अतः नारीवादी मंच सर्वसम्मत निर्णयों के हामी हैं, कम से कम उक्त प्रश्न पर। तृतीय, परंपरागत पंथिक नियमावलियों में, जो पक्ष लैंगिक समता में अवरोधक नहीं हैं उन्हें स्वीकार कर लिया जाना चाहिए। दूसरे शब्दों में, पंथिक नियमों के 'पूर्ण बहिष्कार' की नीति त्याज्य है। साथ ही, पंथवादियों, विशेषतः अल्पसंख्यक पंथवादियों को विश्वास दिलाया जाना चाहिए कि पंथिक नियमों में परिवर्तन की माँग धार्मिक हितों पर कुठाराघात नहीं है, अपितु धर्म की तात्त्विक व्याख्या पर आधारित मानववाद की दिशा में एक कदम है। पहले भी ऐसे परिवर्तन किए गए हैं। हिंदू पंथिक नियमों में परिवर्तन एवं सुधार किए गए हैं। मुस्लिम देशों में शरियत की भिन्न-भिन्न व्याख्याएँ की गई हैं, तदनुरूप वैधानिक हस्तक्षेप भी किया गया है। ईसाई एवं पारसी पंथिक नियमों में भी वैधानिक संशोधन परतंत्र भारत में ब्रिटिश सरकार द्वारा किए गए थे। अतः परिवर्तन की माँग से आशंकित होने की तथा उसका पुरजोर विरोध करने की इतनी आवश्यकता नहीं है, जितनी दिख रही है। फिर भी, नारीवादी मंच इस आशंका से काफी सशंकित हैं तथा विपरीत ऐतिहासिक साक्ष्यों के बावजूद वैधानिक हस्तक्षेप के स्थान पर स्वैच्छिक परिवर्तन के ही पक्ष में हैं। ज्ञातव्य है कि महिला संगठनों की वर्तमान प्राथमिकता परिवर्तन की तत्कालीन सूची (एजेंडा) पर ही केंद्रित दिखती है, सामाजिक परिवर्तन के दूरगामी सैद्धांतिक पक्ष पर नहीं। तत्कालीन सूची किसी भी आंदोलन में केंद्रस्थ भूमिका अवश्य रखती है किंतु यदि उसे वृहत्तर एवं दीर्घकालिक प्रयोजनों के संदर्भ में संशोधित नहीं किया जाए तो वृहद् हितों की उपेक्षा एवं तत्कालीन हितों की साधना का गंभीर खतरा हो सकता है।

यदि हम यह स्वीकार करते हैं कि हम लोकतंत्र के मूल्यों का सम्मान करते हैं तो हमें यह भी मानना होगा कि लैंगिक न्याय के बिना सामाजिक न्याय का सपना अधूरा रहेगा तथा लोकतंत्र का आदर्श खोखला ही बना रहेगा। साथ ही हमारा यह

दम्भ कि हम विवेकसम्मत, वैज्ञानिक, आधुनिक परिवेश में जीते हैं मिथ्या साबित होगा यदि हम मध्ययुगीन पंथिक मानसिकता से उबरने का साहस नहीं जुटा पाए। एक समान संहिता का आग्रह, मेरी दृष्टि में मध्ययुगीनता से इक्कीसवीं सदी की आधुनिकता की ओर विवेकसम्मत, लोकतांत्रिक आग्रह होगा।

यहाँ यह प्रश्न उठना स्वाभाविक है कि इतने विवादास्पद माहौल में एक समान संहिता का क्या स्वरूप हो सकता है? निश्चत ही चुनौतियाँ गंभीर हैं। इसलिए, एक मुश्त एक समान संहिता व्यावहारिक नहीं होगी। संभवतः वाँछनीय भी न हो। अतः प्रथम चरण में कुछ मूलभूत प्रश्नों, जिन पर आम सहमति भी है, वैधानिक नियमन की पेशकश की जाए तथा उसके बाद विवादास्पद प्रश्नों पर खुली बहस की जाए ताकि पक्ष तथा विपक्ष सही परिप्रेक्ष्य में उभर सकें। कतिपय पक्षों से संबंधित ऐच्छिक कानूनों से भी प्रारंभ किया जा सकता है। प्रक्रियागत प्रश्नों पर बहस जारी रखी जा सकती है, प्राथमिकता है एक समान संहिता की आश्वयकता को स्वीकार करने की। हाल ही में, अलीगढ़ विश्वविद्यालय के विकास अध्ययन संस्थान द्वारा किए गए सर्वेक्षण से स्पष्ट होता है कि हिंदू उत्तरदाताओं में 74% ने एक समान संहिता का समर्थन किया है जबकि मुस्लिम उत्तरदाताओं में 8.65% ने, तथा इन उत्तरदाताओं में अधिकांश, मध्यमवर्गीय, सुशिक्षित, शहरी एवं प्रोफेशनल सेवाओं के व्यक्ति हैं। यह भी स्पष्ट है कि शिक्षा, साक्षरता एवं जागरूकता की कमी संभवतः एक समान संहिता जैसे मुद्दों पर, आम परिवर्तनवादी दृष्टि कायम करने में आड़े आती है। अतः व्यवस्था की बुनियादी चुनौतियों से सतत समानांतर संघर्ष उक्त सोच को पनपाने के लिए अपेक्षित है। अन्ततोगत्वा, यह संघर्ष किसी भी एक मंच से नहीं, अपितु समान दृष्टिधारक मंचों के एकजुट प्रयासों से ही फलीभूत होगा।

फिलहाल, एक समान संहिता के प्रश्न पर सुनिश्चित एवं स्पष्ट बहस की जरूरत है। इसके लिए आवश्यक है कि आजमाइशी तौर पर कुछ मोटे मुद्दों को लेकर एक समान संहिता का मसविदा तैयार किया जाए, जिस पर राष्ट्रीय बहस प्रारंभ की जाए। उदाहरणार्थ, एकल विवाह की मर्यादा का प्रश्न मूलभूत है, जिसे एक समान नागरिक संहिता में शामिल किया जाना चाहिए। द्वितीयक, तलाक के कानूनों में लैंगिक न्याय की दृष्टि से उचित परिवर्तन किए जाने चाहिए। तृतीय, निराश्रित महिलाओं की देखभाल एवं परवरिश के लिए एक समान न्यूनतम आर्थिक सुरक्षा का प्रावधान हो। चतुर्थ, विरासत में स्त्री-पुरुषों की समान भागीदारी सुनिश्चित की जाए। पंचम, गोद लेने संबंधी कानूनों में नारीवादी दृष्टि का समावेश हो।

अंतिम, महिलाओं के प्रति हर प्रकार की हिंसा को जुर्म का दर्जा दिया जाए तथा इस प्रकार की हिंसा में लिप्त एवं सहभागी व्यक्तियों को मुजरिमों की तरह सजा दी जाए। समाज में महिला अधिकारों के हनन की प्रवृत्ति को गंभीरता से लिए जाने तथा उसके विरोध में सशक्त कदम उठाए जाने की आवश्यकता है। एक समान संहिता

इस दिशा में कारगर संयंत्र साबित हो सकती है।

मेरी दृष्टि में, उक्त प्रावधानों को प्रारंभिक एवं प्रायोगिक तौर पर एक समान संहिता के मसविदे में आधारभूत तत्त्वों के रूप में कानूनबद्ध किया जा सकता है तथा पर्याप्त राष्ट्रीय बहस के पश्चात् विस्तृत सुधारों एवं तदनुरूप विधायन का कदम उठाया जा सकता है। अवश्य ही, विवादास्पद मसलों को संहिता में शामिल करते वक्त यह बेहतर होगा कि संहिता का स्वरूप 'ऐच्छिक' रखा जाए तथा समानांतर रूप में पंथिक नियमों में सुधारों की प्रक्रिया को भी तेज किया जाए। इस प्रक्रिया में सभी सुधारवादी, प्रगतिवादी, पंथनिरपेक्षवादी ताकतों की एकजुट सहभागिता आवश्यक है। साथ ही राजनीतिक इच्छा शक्ति एवं प्रतिबद्धता भी अपेक्षित है। उचित होगा यदि सरकार राष्ट्रीय स्तर पर वृहद् समिति में संगठनों, बुद्धिजीवियों एवं पंथिक संगठनों का पर्याप्त प्रतिनिधित्व हो। ये समितियाँ उपलब्ध मतों के आधार पर एक समान संहिता का प्रायोगिक प्रारूप तैयार करें जिसे राष्ट्रीय बहस के लिए प्रस्तुत किया जाए। इस प्रकार की एक या अनेक प्रस्तुतियों के बाद संभवतः अगली सदी में हम एक समान संहिता के साथ प्रवेश कर सकें।

स्त्री विमर्श : कुछ पठनीय उपन्यास

छाया अन्नपूर्णा	क्षमा शर्मा
छिन्नमस्ता	प्रभा खेतान
ठीकरे की मंगनी	नासिरा शर्मा
शाल्मली	नासिरा शर्मा
माई	गीतांजलि श्री
तिरोहित	गीतांजलि श्री
अपनी सलीबें	नमिता सिंह
इदन्नमम	मैत्रेयी पुष्पा
चाक	मैत्रेयी पुष्पा
अलमा कबूतरी	मैत्रेयी पुष्पा
झूलानट	मैत्रेयी पुष्पा
मुझे चांद चाहिए	सुरेंद्र वर्मा
चित्रलेखा	भगवती चरण वर्मा
रेखा	भगवती चरण वर्मा
सुनीता	जैनेंद्र कुमार
दशार्क	जैनेंद्र कुमार
वैशाली की नगरवधू	आचार्य चतुरसेन

समान नागरिक संहिता का महिला पक्ष

□ नुसरत बानो रूही

भारतीय संसद में, महिला आरक्षण विधेयक का जो हश्र हुआ उसको देखते हुए भारतीय महिलाओं में यह आशंका घर कर गई है कि यदि सम्मानित संसद के सामने भारतीय महिलाओं द्वारा कोई आधुनिक भारतीय नागरिक संहिता विधेयक प्रस्तुत किया जाए तो संभवतः उसका परिणाम उससे भी बद्तर होगा जो महिला आरक्षण विधेयक का हुआ। कारण स्पष्ट है। महिला आरक्षण विधेयक में भारतीय महिलाओं को संसद और विधानसभाओं में केवल 33 प्रतिशत स्थान देने की बात कही गई है अर्थात पुरुषों से एक तिहाई कम। महिलाओं की संख्या पुरुषों के 2/3 के मुकाबले में 1/3 होगी।

जब पुरुष महिलाओं को राजनीति में दूसरे दर्जे का स्तर भी देने को तैयार नहीं हैं तो समाज और परिवार में वे उनके पूर्ण समानता व स्वतंत्रता के अधिकार, उनकी मानवीय गरिमा और उनके स्वतंत्र व्यक्तित्व को स्वीकार करेंगे और संसद में कानूनी मान्यता देंगे, फिलहाल असंभव दिखाई देता है। यही कारण है कि संविधान के अनुच्छेद 44 में समान नागरिक संहिता के सुझाव को, आजकल कुछ राजनीतिज्ञ एक सांप्रदायिक मुद्दा बनाकर (हिंदू बनाम मुसलमान) प्रस्तुत कर रहे हैं। स्पष्ट है कि धर्म का संबंध विभिन्न लोगों की विभिन्न प्रकार की आस्था से है जिसके लिए किसी वैज्ञानिक तर्क, वितर्क, वस्तुस्थिति या सामाजिक विश्लेषण की जरूरत नहीं है। जैसे विधवाओं को सती करना उनकी आस्था है, एक से अधिक शादियाँ करना उनका धार्मिक अधिकार है। इन पर उचित प्रतिबंध उनके धर्म में हस्तक्षेप माना जाएगा।

दूसरी बात विभिन्न धर्मों के मानने वाले कभी किसी एक विषय पर सहमत नहीं होते। ऐसी स्थिति में न वे कभी सहमत होंगे और न कभी समान नागरिक संहिता बन सकेगी। केवल राजनीतिक उद्देश्य के लिए यह एक छेड़छाड़ का मुद्दा बना रहेगा। बकौल मिर्जा गालिब–छेड़ खूबा (हसीनों) से चली जाए असद, कुछ नहीं है तो अदावत (दुश्मनी) ही सही।

आजाद और आधुनिक भारत की महिलाएँ जिनको भारतीय संविधान ने पुरुषों के समान अधिकार दिए हैं, वे आधी शताब्दी बीतने के बाद भी समाज में एक

सम्मानजनक स्थिति पाने से वंचित हैं। वे अपनी स्थिति बेहतर बनाने के लिए लगातार प्रयासरत हैं। गरीबी और भुखमरी के बावजूद उनमें साक्षरता का प्रतिशत बढ़ रहा है। शिक्षा, विज्ञान, तकनीक आदि के विशिष्ट क्षेत्रों में भी वे अपने जौहर दिखा रही हैं। अपने व्यक्तित्व और जीवन के बारे में भी उनका दृष्टिकोण बदल रहा है। एक स्वतंत्र और आधुनिक देश की महिला, चाहे वह हिंदू हो या मुसलमान, सिख, ईसाई हो या पारसी, वह एक स्वतंत्र, गरिमामय, लगातार प्रगति करने वाले जीवन का स्वप्न देखती है। उसको धर्म, जाति, वर्ग के खानों में बाँट कर देखना सही नहीं है। उसका विवाह का उद्देश्य एक बेहतर जीवन और एक ईमानदार जीवनसाथी की तलाश है। उसको ऐसी नागरिक संहिता चाहिए जो उसके स्वप्नों पर पूरी उतरती हो और उसको एक बेहतर जीवन देने में उसकी सहायक हो।

एक विचार, संभवतः मुसलमानों को डराने के लिए, यह भी प्रस्तुत किया जा रहा है कि हिंदू कोड बिल को ही समान नागरिक संहिता का दर्जा दे दिया जाएगा। अगरचे ऐसा करना सही प्रतीत होता, फिर भी हिंदू कोड बिल पास हो जाने के बाद से हिंदू महिलाओं की स्थिति में क्या परिवर्तन आया, उसकी समीक्षा करने में कोई हर्ज नहीं है। भारत में पूँजीवादी विकास और बाजारवादी अर्थव्यवस्था ने समाज के समस्त जीवन दर्शन को बाजारू बना दिया है। यहाँ तक कि विवाह के बाजार में लड़के और लड़कियों का तोल-मोल उससे कई गुना बढ़ गया है जितना कि हिंदू कोड बिल बनने से पहले था। दहेज (या विवाह) की बलि वेदी पर आज भी सैकड़ों लड़कियाँ कुर्बान की जा रही हैं। बेशक दूसरे धर्मों के अनेक नौजवान भी उसका अनुसरण कर रहे हैं। हिंदू लड़की को पिता की संपत्ति में जो हिस्सा मिलना चाहिए वह दहेज की नजर हो जाता है जो गलत है। पति की संपत्ति में लड़के के बराबर हिस्सा तब मिलेगा जब विवाह अंत तक सफल हो जाए और पत्नी-पति के बाद जीवित रहे। यह बात तो सबको मालूम है कि हिंदू कोड बिल के बावजूद हिंदुओं में दो विवाह करने वालों की संख्या कहीं अधिक है। केवल सरकारी कर्मचारियों पर ही अंकुश है, (चाहे वह किसी धर्म के हों) उसमें भी बच निकलने के बहुत अवसर हैं। हिंदू कोड बिल दूसरी पत्नी के कानूनी अधिकार को नहीं मानता। इसलिए हिंदू कोड बिल को आधुनिक महिलाओं के लिए आदर्श नहीं माना जा सकता।

दूसरा विकल्प जो पेश किया जा रहा है वह यह है कि सभी धर्मों के धार्मिक नेता साथ बैठें और हर एक धर्म में नागरिक संहिता से संबंधित जो अच्छी बातें हैं उनको जमा कर लिया जाए और उसका नाम 'एक रूप नागरिक संहिता' रख दिया जाए। यह विचार अत्यंत अव्यावहारिक और हास्यास्पद है। एक प्रगतिशील, हर पल बदलने वाले समाज की जरूरत को वह पूरा नहीं कर सकती। हजारों वर्षों से चले आ रहे इस पुरुष प्रधान समाज में स्त्री-पुरुष के रिश्ते की इच्छानुसार उनके द्वारा स्थापित राजनीतिक, आर्थिक व्यवस्था कानून और सामाजिक व धार्मिक संस्थाओं द्वारा नियंत्रित

किए जाते हैं और आज भी उसी तरह नियंत्रित किए जा रहे हैं। अलग-अलग धर्मों के पर्सनल लॉ अलग-अलग हैं लेकिन अपने दृष्टिकोण में वे सब एक समान हैं। उनके शोषण की तकनीक में कुछ अंतर हो सकता है, किंतु महिलाओं के शोषण व अत्याचार के प्रश्न पर उनमें कोई मतभेद नहीं है। इसलिए अब जबकि आधुनिक भारत के लिए एक नागरिक संहिता की बात की जा रही है तो निश्चित रूप से वह संहिता आधुनिक भारत की जागरूक, प्रगतिशील और लोकतांत्रिक पद्धति में विश्वास करने वाली महिलाओं की इच्छाओं और आकांक्षाओं के अनुरूप होनी चाहिए। जिसमें विवाह का अर्थ कन्यादान या कनीज (दासी) न होकर स्वतंत्र व्यक्तियों का समान स्तर पर रिश्ता होना चाहिए। जिसमें पति न देवता होगा, न पूजनीय और न उसकी आरती उतारी जाएगी, न उसकी हिंसा बर्दाश्त की जाएगी। जिम्मेदारियों का बँटवारा बराबर-बराबर होगा और तलाक के समय संपत्ति का बँटवारा भी बराबर-बराबर होगा। तलाक के नाम पर जब चाहे पत्नी को हाथ पकड़कर घर से नहीं निकाला जा सकेगा। तलाक भी सम्मानजनक रूप से होगी। हिंसा, किसी ओर से भी हो, अपराध मानी जाएगी। एक पति या पत्नी की मौजूदगी में दूसरा विवाह समान रूप से अपराध माना जाएगा। जो नियम महिलाओं के लिए लागू होंगे वही पुरुषों के लिए भी। जिन कारणों से पति दूसरा विवाह कर सकते हैं उन कारणों से पत्नियों को भी दूसरा विवाह करने का अधिकार होगा। दूसरे विवाह से पहले, पहला विवाह विच्छेद किया जाएगा। समाज में नैतिक मूल्यों को बनाए रखना पुरुष व महिला दोनों की जिम्मेदारी होगी। केवल महिलाओं के त्याग के बल पर समाज में नैतिक मूल्य स्थापित नहीं हो सकते। संपत्ति, शिक्षा, सेवा और विकास के अवसरों पर किसी व्यक्ति या परिवार द्वारा रूढ़ि या परंपरा के नाम पर कोई प्रतिबंध नहीं लगाया जाएगा। किसी भी व्यक्ति—लड़के या लड़की का विवाह उसकी इच्छा के विरुद्ध करना अपराध माना जाएगा। समान नागरिक संहिता के लिए यह समय उचित है या नहीं यह समान नागरिक संहिता वाले जानें, आधुनिक भारतीय नागरिक संहिता के लिए यह बिल्कुल सही समय है, क्योंकि भारतीय महिलाएँ अब और अधिक अत्याचार और शोषण सहन करने के मूड में नहीं हैं। उनकी मुक्ति की लड़ाई शुरू हो चुकी है।

हम नहीं जानते कि भारत के समाजशास्त्रियों ने इस बात को नोट किया है या नहीं कि पुरुषों द्वारा अहसनीय और अमानवीय अत्याचारों और स्वयं को मुक्त करने के लिए पत्नियों को मनमाने तरीके से तलाक देना और घर से निकलने पर मजबूर करने से ऐसी स्वतंत्र महिलाओं की संख्या दिनोंदिन बढ़ती जा रही है जो बिना किसी मर्द के सहारे स्वयं को जीवित रखने और समाज में एक सम्माजनक दर्जा प्राप्त करने के लिए संघर्ष कर रही हैं। इस वर्ग में वे विधवाएँ भी शामिल हैं जिनसे उनके परिवारजन और समाज अमानवीय सुलूक करते थे किंतु वे मेहनत-मजदूरी करके समाज में एक सम्मानजनक स्थिति प्राप्त करना चाहती हैं। इस वर्ग में वे महिलाएँ भी शामिल

हैं जो विवाह को महिलाओं के लिए एक लानत समझती हैं और उन्होंने अपने आपको किसी न किसी तरह इस लानत से बचाए रखा है।

स्वतंत्र और आधुनिक भारत ने उनको शिक्षा और रोजगार के नए अवसर प्रदान किए हैं जिनका लाभ उठाकर ये महिलाएँ ऐसा कर सकी हैं। विवाहित जीवन के जो कड़वे अनुभव उनको हुए हैं उन्होंने उनके दिल में विवाहित रिश्तों के प्रति कभी समाप्त न होने वाली घृणा पैदा कर दी है। अगरचे महिला मुक्ति का यह मार्ग अत्यंत बेढंगा है किंतु यह स्वाभाविक और स्वचालित है। एक बार शुरू होने के बाद अब इस प्रक्रिया को पीछे की ओर नहीं मोड़ा जा सकता। यह प्रक्रिया और आगे बढ़ेगी और आगे चल कर स्वाभाविक रूप से एक ऐसी स्थिति बन सकती है जब महिलाएँ विवाह से मिलने वाले अपमान के मुकाबले में समान और गरिमामय संबंधों को तरजीह दें। इस दौर में पुरुषों को बदलना होगा।

यदि वे नई सामाजिक-आर्थिक व्यवस्था के अनुसार स्वयं को नहीं ढालेंगे तो परिवार निश्चित रूप से बिखर जाएगा जिसकी जिम्मेदारी स्वयं पुरुषों पर होगी। फिर वे और उनके धार्मिक कट्टरपंथी लाख नैतिकता की दुहाई दें, महिलाओं पर तेजाब फेंके या गोलियों से उनको भून दें वे स्वचलित सामाजिक प्रक्रिया को पीछे नहीं धकेल सकेंगे। इसलिए अभी भी समय है कि पुरुष प्रधान समाज अभी भी संभल जाए और महिलाओं के प्रति अपने दृष्टिकोण को बदले। उसको केवल यौन वस्तु के बजाए मानव माने और ऐसा नागरिक सिविल कानून बनाए जो बदली हुई परिस्थितियों में पारिवारिक ढाँचे को बचा सके और परिवार में रहकर महिलाएँ अपने व्यक्तित्व का पूरा विकास कर सकें और उनका सम्मान और गरिमा भी बरकरार रहे।

इस उद्देश्य के लिए महिला संगठनों को स्वयं आगे बढ़कर एक आधुनिक भारतीय नागरिक संहिता का प्रारूप तैयार करना चाहिए और उसे संसद में पेश करना चाहिए जो समस्त भारतीय महिलाओं के लिए हो। उसका संबंध न किसी समुदाय, वर्ग विशेष के पर्सनल लॉ के विरोध से हो न किसी के समर्थन से बल्कि आधुनिक भारतीय समाज में होने वाले परिवर्तनों, उनसे उपजी समस्याओं को ध्यान में रखते हुए यह प्रारूप बनाया जाए।

पुरुष-ग्रंथि ही मुख्य बाधा

□ अशोक कुमार अवस्थी

अभी हाल में सर्वोच्च न्यायालय ने एक बार पुनः समान नागरिक संहिता पारित करने का सुझाव दिया है। न्यायालय ने विधायिका को स्मरण कराया है कि भारतीय संविधान के अनुच्छेद 44 में संपूर्ण राज्यक्षेत्र में लागू होने वाली एक समान नागरिक संहिता बनाने का निर्देश है तथा अर्द्धशती से भी अधिक बीत जाने के बावजूद इस दिशा में सार्थक पहल नहीं हुई है।

अनुच्छेद 44 एक ऐसा उपबंध है जिसे क्रियान्वित करने में राज्य आनाकानी कर रहा है। इसमें पहला कदम 1954 में उठाया गया जब विशेष विवाह अधिनियम पारित किया गया था। इसके बाद हिंदुओं की वैयक्तिक विधि में एकरूपता लाने के लिए हिंदू विवाह अधिनियम, हिंदू उत्तराधिकार अधिनियम, हिंदू दत्तक एवं भरण-पोषण अधिनियम तथा हिंदू अप्राप्तवायता एवं संरक्षण अधिनियम पारित किए गए। इन कानूनों के द्वारा अन्यों के अतिरिक्त पहली बार हिंदुओं में एक से अधिक विवाह पर रोक लगाने, कतिपय परिस्थितियों में न्यायिक पृथक्करण तथा तलाक की व्यवस्था करने तथा पिता की संपत्ति में पुत्री को भागीदारी देने की व्यवस्था थी, जिसके कारण उस समय इसे मुखर-विरोध का सामना करना पड़ा था। उस समय संसद में कांग्रेस का प्रचंड बहुमत था फिर भी इस विधेयक को पारित कराने में पंडित नेहरू को खासी परेशानी हुई थी, और तो और तत्कालीन राष्ट्रपति डॉ. राजेन्द्र प्रसाद भी इन प्रावधानों से प्रसन्न नहीं थे लेकिन अंततः यह अधिनियम पारित हो गया।

संविधान में जब अनुच्छेद 44 जोड़ा जा रहा था तब मुस्लिम सदस्यों ने इसका विरोध किया कि यह उनके वैयक्तिक अधिकारों के क्षरण का आधार बनेगा लेकिन उत्तर में कहा गया था कि भारत के अन्यान्य क्षेत्रों में वृहत् तथा समान विधियाँ पहले से ही लागू हैं। यह भी बताया गया कि हालाँकि विभिन्न वैयक्तिक विधियों में एकरूपता नहीं है लेकिन वे ऐसी भी पवित्र नहीं हैं जिन्हें छुआ न जा सके। विवाह, विरासत तथा उत्तराधिकार ऐसे विषय धर्म से अलग किए जाने चाहिए। इनमें समानता लाने से राष्ट्रीय एकता मजबूत होगी।

वैसे तो कई विवाद ऐसे हुए जिनमें समान नागरिक संहिता की आवश्यकता महसूस की गई लेकिन 1985 में मोहम्मद अहमद खाँ बनाम शाहबानो के बहुचर्चित मुकदमे में सर्वोच्च न्यायालय ने समान कानून की अपरिहार्यता को रेखांकित किया तथा राष्ट्रीय एकता के परिप्रेक्ष्य में इसे जरूरी बताया। मुस्लिम संप्रदाय के एक वर्ग में इस निर्णय का बहुत विरोध हुआ जिसके आगे झुक कर अंततः सरकार को इस निर्णय को अप्रभावी करने के लिए कानून बनाना पड़ा। इस निर्णय का विरोध भी हुआ तथा एक केंद्रीय मंत्री ने इस विधेयक के विरोध में मंत्री पद से इस्तीफा दे दिया लेकिन कानून बन कर रहा।

समान नागरिक संहिता के मुद्दे को सांप्रदायिक चश्मे से देखा जाता है तथा उसका राजनीतिक लाभ लेने के प्रयास होते हैं। तर्क दिया जाता है कि एक संप्रदाय में चार विवाहों की अनुमति है जबकि दूसरे में बहुविवाह पर पाबंदी है। इसी प्रकार स्त्रियों को पिता की संपत्ति में हिस्सेदारी देने पर कड़ी आपत्ति दर्ज कराई जाती है। दरअसल समान संहिता के विरोध के पीछे पुरुष ग्रंथि है जो स्त्रियों को बराबरी का दर्जा नहीं देना चाहता। वह सामंती तरीके से वैयक्तिक मामलों में पुरुष श्रेष्ठता का अलम्बरदार है। हिंदू तथा मुस्लिम वैयक्तिक विधियों में कानून का स्पष्ट झुकाव पुरुषों के पक्ष में है और उनके अहम् की तुष्टि करता है। इनमें किसी भी परिवर्तन को सद्भावना से नहीं लिया जाता तथा अन्यान्य कारणों से उसका विशेषकर मामले को खत्म करने का प्रयास होता है।

साधारणतः इन विधियों में विवाह, तलाक, विरासत, उत्तराधिकार, दत्तक-ग्रहण तथा भरण-पोषण से संबंधित मामले आते हैं। इनको संचालित करने वाली विधियों में स्त्रियों को समानता का अधिकार देने को लेकर विवाद है। विभिन्न पंथों, संप्रदायों तथा धर्मों में स्त्रियों को उनका संवैधानिक बराबरी का हक न देने वाले नियम, परिनियम तथा रूढ़ियाँ हैं और उनको सुधारने तथा प्रगतिशील बनाने में सामंतवादी पुरुष मानसिकता आड़े आती है। पुरुषों का यही संकीर्ण रवैया अपनी स्त्रियों को बराबरी की दृष्टि से नहीं देखता तथा इसी कारण प्रत्येक ऐसे कानून का विरोध होता है जिनमें उनको बराबरी देने की बात होती है। हिंदू विवाह अधिनियम पारित होने से पूर्व पुरुषों को एक से अधिक विवाह की छूट थी लेकिन स्त्रियों को निःसंतान विधवा होने के बावजूद विवाह की अनुमति नहीं थी बल्कि उन्हें सती बनाने की प्रथा थी। राजा राममोहन राय ने सती प्रथा का विरोध किया था तथा हिंदू विधवा पुनर्विवाह अधिनियम पारित कराया लेकिन विधवा विवाह अपेक्षित मान्यता नहीं प्राप्त कर पाया। कानून होने के बावजूद पुरुष दूसरा विवाह कर लेते हैं और अधिकांश मामलों में पहली पत्नी को विष का घूँट पीकर रह जाना पड़ता है क्योंकि दूसरा विवाह सिद्ध करना असंभव नहीं तो मुश्किल अवश्य है। हिंदू उत्तराधिकार अधिनियम में बिना वसीयती तथा स्वअर्जित संपत्ति में पत्नी तथा पुत्री (विवाहित या अविवाहित) को बराबरी का अधिकार है लेकिन

पुत्रियाँ अपने विवाह में दिए गए दहेज के एवज में इसे छोड़ देती हैं तथा पत्नी को केवल जीवन-पर्यंत इसका उपभोग करने की छूट होती है। उसकी मृत्यु के बाद यह पुनः पुत्रों में बँट जाती है। स्त्रियाँ अपने परिवार से संबंध बनाए रखने के लिए भी अक्सर अपना हिस्सा नहीं माँगती हैं। पैतृक संपत्ति में सिर्फ पुरुष सदस्यों को ही हिस्सा मिलता है।

मुस्लिम विधि में भी स्थिति महिलाओं के हितों के प्रतिकूल है। यह विधियाँ शरियत अधिनियम 1937, मुस्लिम विवाह-विघटन अधिनियम 1937 तथा मुस्लिम स्त्री (विवाह-विच्छेदन पर अधिकार संरक्षण) अधिनियम 1986 में संहिताबद्ध है। शरियत अधिनियम कहता है कि मुस्लिम वैयक्तिक कानून प्राथमिकता प्राप्त करेगा, लेकिन वस्तुतः यह पवित्र कुरान की व्याख्याओं पर आधारित है तथा इस पवित्र ग्रंथ की चार भिन्न-भिन्न टीकाएँ उपलब्ध हैं। सन् 1939 का अधिनियम मुस्लिम स्त्रियों को तलाक की इजाजत केवल कुछ अत्यंत दुरूह परिस्थितियों में देता है जैसे पति की क्रूरता तथा नपुंसकता, जिसे सिद्ध करना आसान नहीं। वहीं पुरुष को तीन बार बोल कर तलाक का अधिकार है। यहाँ यह उल्लेखनीय है कि तीन तलाक (तलाक-उद-विदा) को पैगम्बर मोहम्मद साहब ने ही प्रतिबंधित कर दिया था। कई मुस्लिम देशों में इसे समाप्त कर दिया गया है किंतु भारत में उसे मान्यता प्राप्त है। बहुत से मुस्लिम देशों ने एक विवाह का नियम बना लिया है और मुस्लिम विधि के अनेक नियम बदल दिए गए हैं। जिन देशों ने ऐसा किया है उनमें ईरान, मिस्र, मोरक्को, जोर्डन, सीरिया, तुर्की, ट्यूनीशिया तथा पाकिस्तान शामिल हैं। तलाक देने के बाद इद्दत की अवधि (लगभग तीन माह) बीत जाने पर स्त्री को विवाह के समय तय की गई मेहर की रकम से ही काम चलाना पड़ता है तथा उन्हें भरण-पोषण नहीं प्राप्त है और जब सर्वोच्च न्यायालय ने दंड प्रक्रिया संहिता की धारा 125 के परिपालन में शाहबानो को भरण-पोषण दिलाने की घोषणा की, तब हाय-तौबा कर कानून ही बदलवा दिया गया।

जहाँ तक संपत्ति में हिस्सेदारी का प्रश्न है, मुस्लिम स्त्रियों को पवित्र कुरान द्वारा अधिकार तो है लेकिन वे पुरुष सदस्यों की तुलना में आधा हिस्सा पाने की हकदार हैं। 1937 का अधिनियम उन्हें कृषि योग्य भूमि में वह भी हिस्सा नहीं देता। स्वतंत्रता के बाद भी एक पंथनिरपेक्ष देश के कानून में कृषियोग्य भूमि में मुस्लिम महिलाओं को अधिकार नहीं दिया गया।

ईसाइयों पर लागू कानून इस दृष्टि से कम विभेदकारी हैं तथा इंडियन क्रिश्चियन अधिनियम 1872 तथा भारतीय तलाक अधिनियम 1969 विधि को संहिताकृत करने वाले अग्रणी अधिनियम रहे हैं लेकिन यह भी अपेक्षित आदर्श स्थिति को प्राप्त नहीं है। अभी हाल में भारतीय उत्तराधिकार अधिनियम की एक धारा विभेदकारी होने के कारण ही सर्वोच्च न्यायालय द्वारा निरस्त की गई है।

समान संहिता लागू करने में न्यायपालिका का योगदान अप्रतिम है लेकिन वह कानून

नहीं बना सकती। गीता हरिहरन के मामले में सर्वोच्च न्यायालय ने निर्धारित किया कि पिता के जीवित रहते भी माँ अपने बच्चे की संरक्षक हो सकती है। सरला मुद्गल (1995) के मामले में न्यायालय ने धर्म परिवर्तन की आड़ में द्वितीय विवाह को अवैध करार दिया है। डेनियल लतीफी (2000) के मामले में न्यायालय ने तलाकशुदा मुस्लिम महिलाओं को इद्दत-अवधि के बाद भी कतिपय दशाओं में भरण-पोषण का अधिकारी करार दिया है। हिंदू विधि में एक विवाह की अनिवार्यता को चुनौती देने वाली वह भी याचिका खारिज कर दी गई थी जिसमें कहा गया था कि पुत्र न जनने वाली स्त्री के पति को दूसरा विवाह करने की इस आधार पर अनुमति होनी चाहिए क्योंकि पुत्र ही पिंडदान करता है। न्यायालय का कहना था कि यदि किसी दंपति के पुत्र नहीं है तो यह कार्य दत्तक पुत्र से कराया जा सकता है। जब वैज्ञानिक परीक्षणों से सिद्ध हो गया है कि पुत्र जनने में अक्षमता स्त्री की नहीं बल्कि पुरुष की होती है।

हिंदू विधि में संशोधन इस कारण संभव हो पाया कि यह बहुसंख्यक वर्ग के लिए था तथा विधायिका में इनका बहुमत था। मुस्लिम विधि में परिवर्तन इसलिए नहीं किया जाता क्योंकि इनका विरोध सत्ता की राजनीति में असर दिखा सकता है। मुस्लिमों को प्रतिनिधित्व देने वाली संस्था का भी अभाव है जिसे वास्तव में बहुसंख्यक मुस्लिमों का आदर व समर्थन प्राप्त हो। देश में उनकी जनसंख्या का प्रतिशत 12 है जबकि संसद में प्रतिनिधित्व मात्र 4 प्रतिशत है और जो हैं वे भी संकीर्णता तथा दकियानूसीपन के शिकार हैं।

स्त्रियों को शिक्षा, उनको समान अवसर तथा पुरुषों की समकक्षता से धर्म की हानि नहीं बल्कि उन्नयन होगा। जो पंथ दीवार पर लिखी इबारत को नहीं पढ़ पाता उसकी प्रगति अवरुद्ध हो जाती है। समान संहिता बनाने के बजाए पहले अपने-अपने संप्रदाय तथा धर्म में कुरीतियों, अन्याय तथा विभेदकारी कानूनों को समाप्त करने की पहल होनी चाहिए तथा स्त्रियों को उनका उचित हिस्सा दिलाने का कार्य किया जाना चाहिए।

वर्तमान परिवेश में स्त्रियाँ सती नहीं होतीं बल्कि अपने पुत्र, पति या पिता का अंतिम संस्कार करने शमशान तक जा रही हैं। न्यायालय उनसे भी उनके पिता, बच्चों तथा पति को गुजारा भत्ता दिलवा रहा है। ऐसे में भी यदि उन्हें बराबरी न दी गई तो हमारे 'पौरुष' का खोखलापन ही उजागर होगा।

□ रघुवीर सहाय

स्त्री

स्त्री की देह
मुस्कुराती स्त्री
उसकी देह
पीठ इधर करते ही
उसके जीवन के
दस बरस और दिखे
हर स्त्री के
गर्भ में रहते हैं
उसके आनेवाले क्लेश
जब वह घुटनें मोड़कर
करवट लेती हो
तब देखोगे कि तुम
देख रहे हो कि
उस पर अन्याय होंगे ही
पर उसका चेहरा उसका विद्रोह है
यह कितनी कम औरतें जान पाती हैं
इस भ्रम में भूली हुई कि वह भविष्य है
वह घुटने मोड़कर करवट लेट जाती हैं।

अभिनेत्री

अभिनेत्री जब बँध जाती है
अपने अभिनय की शैली से

तो चीख उसे दयनीय बनाती है
पुरुषों से कुछ ज़्यादा
औ' हँसी उसे पुरुषों से ज़्यादा बनावटी
यह इस समाज में है औरत की विडम्बना
हर बार उसे मरना होता है
टूटा हुआ बचाती है
वह अपने भीतर टूटफूट के
बदले नया रचाती है
पर देखो उसके चेहरे पर
कैसी थकान है यह फैली
हँसने रोने को कहती है
उससे पुरुषों की प्रिय शैली
इन दिनों से कुछ ज़्यादा
औरत का चेहरा कह सकता है
पर क्या उसकी ऐसी आज़ादी
पुरुष कभी सह सकता है
वह उसे हँसाता रहता है
वह उसे सताता रहता है
वह अपने सस्ते रंगमंच पर
उसे खेलाता रहता है
औरत का चेहरा है उदास
पर वह करती है अट्टहास
उसके भीतर की एक गरज
अनमनी चीख बन जाती है
वह दे सकती थी कभी कभी
अपने संग्रह से गुप्तदान
पर दया सरेबाज़ार वही
खुद एक भीख बन जाती है।

□ विष्णु खरे

वृन्दावन की विधवाएं

वृन्दावन में सबसे पहली विधवाएँ कौन सी आई थीं
कहीं कोई उल्लेख नहीं कोई प्रमाण नहीं
लेकिन जाने क्यों ऐसा विश्वास सा होता है
कि वे वही रही होंगी
जिन्होंने बूढ़े अर्जुन की अशक्त सुरक्षा के बावजूद
दस्युओं के साथ जाना स्वीकार नहीं किया
लेकिन अपने आतंक में भागकर वे किसी तरह बच निकली होंगी

उन्हें कृष्ण की मृत्यु में विश्वास न हुआ होगा
सोचा होगा उन्होंने
जो मायावी ब्रज छोड़कर द्वारका आ सकता है
वह वापस मथुरा भी लौट सकता है

खोजती हुई वे पहुँची होंगी वृन्दावन
जहाँ वृद्धा राधा ने भी उनसे कहा होगा
मरण छू नहीं सकता उसे
यहीं कहीं है वह गोपीवल्लभ

और बूढ़ी हुई होंगी द्वारका की रानियाँ चेरियाँ गिरस्तिनें नगरवधुएँ
बरसाने की गूजरियों के साथ
किसी न किसी को उनमें से दिखे ही होंगे कृष्ण
यह कौन पूछना चाहती कि कैसे
किन्तु सभी को दिखे होंगे सखा की तरह

मृत्यु के पास पहुँचते पहुँचते
अधिकांश बन गई होंगी यशोदा और देवकी
और उन्होंने देखा होगा मिट्टी खाया मुँह खोले हुए
कान्हा के तालू के नीचे ब्रह्माण्ड को महारास को और उसमें अपने को

वृन्दावन की पहली विधवाएँ
तब स्वीकार कर चुकी होंगी अपने वैधव्य को
अपनी मृत्यु और कृष्ण के परमधाम गमन को
किन्तु उन्होंने फिर कहा होगा हाँ हमने कल ही देखा था
कृष्ण को कालिंदी के तट पर काम्यवन में

बाद की अभागिनें यह सब भूलती चली गईं
लेकिन वृन्दावन में उनका आना बन्द न हुआ
परम्पराएँ बन जाती हैं उनका प्रारम्भ विस्मृत हो जाता है
अब भी आती हैं वे पता नहीं क्या अथवा कौन-सा सखा खोजने
उनमें से भी शायद किसी को दिखते होंगे कृष्ण
लेकिन या तो वे अब किसी को बताती नहीं
या पहचानती नहीं द्वापर के उस लीलापुरुष को इस कलियुग में
जिसमें उन्हें सभा में नहीं
सड़क पर आना पड़ता है एकवस्त्रा जहाँ सब दिखाते हैं जाँघ
जाना होता है कीचकों के पास
जो केवल विराटनगर के अँधेरे में ही प्रतीक्षा नहीं करते
जहाँ अब दस्यु देते हैं दो जून की रोटी और रात का आसरा

□ चंद्रकांत देवताले

बेटी के घर से लौटना

बहुत ज़रूरी है पहुँचना
सामान बाँधते बमुश्किल कहते पिता
बेटी जिद करती
एक दिन और रुक जाओ न पापा
एक दिन

पिता के वजूद को
जैसे आसमान में चाटती
कोई सूखी खुरदरी ज़ुबान
बाहर हँसते हुए कहते-कितने दिन तो हुए
सोचते कब तक चलेगा यह सब कुछ
सदियों से बेटियाँ रोकती होंगी पिता को
एक दिन और
और एक दिन डूब जाता होगा पिता का जहाज

वापस लौटते में
बादल बेटी के कहे के घुमड़ते
होती बारिश आँखों से टकराती नमी
भीतर कंठ रूँध जाता थके कबूतर का

सोचता पिता सर्दी और नम हवा से बचते
दुनिया में सबसे कठिन है शायद
बेटी के घर से लौटना।

बाई! दरद ले

तेरे पास और नसीब में जो नहीं था
और थे जो पत्थर तोड़ने वाले दिन
उस सबके बाद
इस वक़्त तेरे बदन में
धरती की हलचल में
घास की जमीन पर लेटी,
तू एक भरी-पूरी औरत
आँखों को मींच कर
काया को चट्टान क्यों बना रही है

बाई! तुझे दरद लेना है
जिंदगी-भर पहाड़ ढोए तूने
मुश्किल नहीं है तेरे लिए,
दर्द लेना

जल्दी कर होश में आ
वरना उसके सिर पर जोर पड़ेगा
पता नहीं कितनी देर बाद रोए
या न भी रोए
फटी आँख से मत देख
भूल जा जोर-जबर्दस्ती की रात
अँधेरे के हमले को भूल जा बाई

याद कर खेत और पानी का रिश्ता
सब कुछ सहते रहने के बाद भी
कितना दरद लेती है धरती
किस-किस हिस्से में कहाँ-कहाँ
तभी तो जनम लेती हैं फसलें
नहीं लेती तो सूख जाती सारी हरियाली
कोयला हो जाते जंगल
पत्थर हो जाता कोख तक का पानी

याद मत कर अपने दुःखों को
आने को बेचैन है धरती पर जीव
आकाश पाताल में भी अट नहीं सकता
इतना है औरत जात का दुख
धरती का सारा पानी भी
धो नहीं सकता
इतने हैं आँसुओं के सूखे धब्बे

सीता ने कहा था—फट जा धरती
न जाने कब से चल रही है ये कहानी
फिर भी रुकी नहीं है दुनिया

बाई! दरद ले
सुन बहते पानी की आवाज
हाँ! ऐसे ही देख ऊपर हरी पत्तियाँ
सुन उसके रोने की आवाज़
जो अभी होने को है
जिंदा हो जाएगी तेरी देह
झरने लगेगा दूध
दो नन्हे होंठों के लिए

बाई! दरद ले

□ भगवत रावत

कचरा बीनने वाली लड़कियाँ

आपने अपने शहरों में भी
ज़रूर देखी होंगी
कचरा बीनने वाली लड़कियाँ
मोहल्ले भर के कूड़े के ढेर पर
चौपायों सी चलती-फिरती
कचरे में अपने आप पैदा हो गई
नहीं लगतीं
ये कचरा बीनने वाली लड़कियाँ?
जगह-जगह फटे
अपने कपड़ों जैसे टाट के बोरे में
भरती हैं वे बीन-बीन कर
हमारे आपके रद्द किये कागज़ के टुकड़े
टूटे-फूटे टीन और प्लास्टिक के डिब्बे
जब कोई छपा हुआ फोटू
या साबुत डिब्बा मिल जाता है उन्हें
तो वे रख देती हैं उसे अलग सँभालकर
और उस समय तो आप
उन्हें देख नहीं सकते जब वे
कचरे में से न जाने क्या उठाकर
चुपचाप मुँह में रख लेती हैं
अपने आस पास
घूमते सुअरों के बीच कैसी लगती हैं
ये कचरा बीनने वाली लड़कियाँ?
यह सवाल

समाजशास्त्र के क़ोर्स के बाहर का है
और सौंदर्यशास्त्र उनके लिए
अभी बना नहीं,
हाँ, आजकल कलात्मक फोटोग्राफी के लिए
मसाला ज़रूर हो जाती हैं
ये कचरा बीनने वाली लड़कियाँ
अपनी त्वचा पर
कालिख की परतों पर परतें चढ़ाती
बालों को जट-जूटों की तरह
फैलाती-बढ़ाती
बिना शरम-लिहाज
शरीर को चाहे जहाँ खुजलाती
पसीने और पानी के छींटों से बनी
मैल की लकीरों वाले चेहरे पर
पीले दाँतों से
न जाने किसको मुँह चिढ़ाती
आठ-नौ बरस से
बीस-पच्चीस तक की उमर की
पता नहीं कब कैसे
किस कूड़े घर से
अपने पेट में
बच्चे तक उठा ले आती हैं
ये कचरा बीनने वाली लड़कियाँ
मर तो चुकी थीं सारी की सारी
चौरासी की गैस में
अब किससे पूछें
फिर कहाँ से उग आई हैं
ये कचरा बीनने वाली लड़कियाँ?
किसी रजिस्टर में इनका नाम नहीं लिखा
ढूँढ़ने पर भी इनके बाप का पता नहीं मिलता
इनका कहीं कोई भाई नहीं दिखता
यहाँ तक कि खुद ही
अपनी माँ होती हैं
ये कचरा बीनने वाली लड़कियाँ।

□ नवीन सागर

औरत

यह तो
बच्ची सी दौड़ती आई थी मेरे भीतर कभी
भीतर जंगलों में खो गई अभी
बैठी है बाहर
खिड़की से देख रही आसमान
शहर के सिर पर जो चूर रहा सुबह से
देखकर अचानक उसको
खामोश
बरसों की खामोशी चली गई सूनी लम्बान में
आँखों से मेरी औरत की आकृति तक
और विकल मन हुआ बुरी तरह
सोचती रही यह बात बरसों से
ना तो यह कवि है
ना है यह जानवर!
दिल-दिमाग में इसके
कितना अँधेरा है दूर तक
जानूँ मैं कैसे
इस औरत का संसार
भीतर से कैसा है!
दस्तक दूँ हाथ कहाँ
दरवाजा कहाँ गया
औरत के भीतर जो गुम्बद है भीषण
दरवाजा कहाँ गया उसका!

ऋतुराज

वह औरत

वह औरत आम का दरख़्त थी
कहीं से हरा कहीं से सूखा
उसे उन्होंने कई हिस्सों में चीर लिया
बूढ़े ने समय पर भोजन, दवा और बिस्तर ठीक करने के लिए
तो उस बुढ़िया ने अपना सिर देखने
सुई पिरोने और छत पर चढ़कर
चंद्रमा की खबर सुनाने को
पति था सो जनम से ही थका-थका
कंधों पर रखे जुए को हर पाँच मिनट पर उलटता-पलटता
उसे शिकायत थी कि इस दरख़्त की
खूब फैली छाया क्यों नहीं हुई
जिसमें वह दिन-रात सोता-खेलता

कुछ चिरे हुए तख्ते बच्चे घसीटते हुए भागे
उन्हें इससे कोई मतलब नहीं था
कि जलती हुई लकड़ियों के बीच उनकी माँ
उन्हें बरज रही थी कि तुम मत होना मेरी तरह
मुझसे तो कहीं बेहतर है वह विधवा पुजारिन
जिसे नित्य प्रसाद और प्रभु के दर्शन प्राप्त होते हैं।
लेकिन अकेले में सुख भोगने के लिए
मंदिर होना चाहिए मेरे पास
न कि घर-कुटुंब

जब वह औरत अपनी विवशताओं पर
इस तरह सोच रही थी
तो उसे बूढ़े की आवाज़ सुनाई दी
बहू, खाना लगा दे
अब मैं और अधिक इंतज़ार नहीं कर सकता...

पूर्वदर्शनम्

आज भरा हुआ है घाट स्त्रियों से
गाँव में जरूर किसी खास आदमी की
मौत हुई है

सभी स्त्रियाँ गीली साधारण धोतियों में
ठिठुरती हुईं लौट रही हैं
मैं सकुचाकर एक ओर हट जाता हूँ

अपवित्र हूँ क्योंकि स्त्री नहीं हूँ
न रोया हूँ कभी सामूहिक रूप से
चुपचाप अकेले में कभी-कभार किया है विलाप
सदा अकेला ही नहाया हूँ

घाट पर से लौटती इन स्त्रियों में
बहुत कठिन है पहचानना कि किसका पति मरा है
शायद वह ही है जो सबसे आगे चल रही है बाल खोले

अरे, मगर
उसका चेहरा तो मेरी पत्नी से मिलता है

पीठ

एक मेहनतकश औरत की पीठ देखकर
तुम नहीं कह सकते कि वह कितनी जवान है

या कितनी वृद्ध
तुम्हारी आँखें उसकी पीठ के सुतवाँ पहाड़ पर
चढ़ते हुए थक जाती हैं
शायद उन्हें इतने कठोर शिलाखंडों को
देखने की आदत नहीं है

पीठ सबकी होती है
लेकिन बोझ उठाने की ताकत के मुताबिक
उसका आकार बदल जाता है

उस औरत की पीठ पर
खपच्चियों के निशान होते हैं
और बच्चे की कोमल हथेलियों की गुदगुदी भी
साथ-साथ उभर आती है

उसके कंधों पर सूखी झाड़ियों का जलावन
ख़बर देता है कि इस धरती की आग को
वह बाँधकर अपने आँगन में पटक देना चाहती है
उस औरत की पीठ पर
भूख की दो आँखें हैं
जो तुम्हारी तरफ घृणा और तिरस्कार से देखती रहती हैं

□ नरेन्द्र जैन

सुचित्रा उस लड़की का नाम है

सुचित्रा
उस लड़की का नाम है
जिसके लिए मैं लिखता हूँ
और तुम संगीत बजाते हो
सुचित्रा उस लड़की का नाम है
जिसके लिए धूप यहाँ आती है
और पेड़ों पर फूल उगते हैं
सुचित्रा उस लड़की का नाम है
जिसे आए दिन चार हुए हैं यहाँ
और जो पूरा जीवन गुजारेगी
सुचित्रा उस लड़की का नाम है
जो माँ के स्तनों की छाँह में सोती है
एक दिन सुचित्रा धूल पर चलेगी
एक दिन सुचित्रा नदी में उतरेगी
एक दिन सुचित्रा किताब पढ़ेगी
एक दिन सुचित्रा पत्थरों को छुएगी
एक दिन सुचित्रा यात्रा पर निकलेगी
सुचित्रा
वह इच्छा है जो
शुरू हुई है अभी
सुचित्रा वह स्वप्न है
जो देखा जा रहा है

एकान्त श्रीवास्तव

मेधा पाटकर

समुद्र है तो बादल है
बादल है तो पानी है
पानी है तो नदी है
नदी है तो बची हुई है मेधा पाटकर

नदी है तो घर हैं
उसके किनारे बसे हुए
घर हैं तो गाँव है
गाँव है मगर डूबान पर
डूबान में एक द्वीप है
स्वप्न का
झिलमिल
मेधा पाटकर

वह जंगल की हरियाली है
चिड़ियों का गीत
फूलों के रंग और गंध के लिए लड़ती
जड़ों की अदम्य इच्छा है वह
वह नर्मदा की आँख है
जल से भरी हुई
जहाँ अनेक किश्तियाँ डूबने से बची हुई हैं

सत्ता के सीने में तनी हुई बंदूक है
धरती की माँग का
दिप-दिप सिंदूर है मेधा पाटकर।

□ स्वप्निल श्रीवास्तव

एक औरत की रहस्यमय चुप्पी

उस औरत की रहस्यमय चुप्पी
और पथरीले चेहरे के बारे में
कोई विश्वसनीय जानकारी नहीं है
दरअसल वह बंद दरवाज़ा है
दस्तक के बाद भी नहीं खुलता

तिलिस्मी दरवाज़े के सामने भविष्यवक्ताओं
की भीड़ है,
वे इस-औरत की किंचित् मुस्कराहट से
नये अर्थ निकालने को उत्सुक है
उनके संकेत से तय होगा
देश का भविष्य
कुछ लोग वहाँ खड़े-खड़े पत्थर
हो गए हैं
कुछ लोगों का भविष्य ख़तरे में
पड़ गया है
कुछ को उम्मीद है, खुलेगा यह दरवाज़ा
उनके अंधेरे चेहरे पर फैल
जाएगी रोशनी
अफवाहें यह बताती हैं, जल्दी ही कुछ
घटित होने वाला है
कुछ लोग मारे जाने वाले हैं
कुछ लोगों को मिलेगा, अभयदान

इस क़िले के सदस्य के बारे में
कविता लिखने का दुस्साहस
मैं फिलहाल नहीं करूँगा
इसके बारे में पुरातत्ववेत्ता एवं जादूगर
ज़्यादा जानते होंगे

□ इब्बार रब्बी

रोती हुई औरत
(बीबु के लिए)

मैं भीग रहा था,
वह रो रही है।
ढीला हुआ तनाव,
चाहकर भी
पोंछ नहीं सका आँसू।
यही, बिलकुल यही,
कविता लिखता रह गया।
        कितने बूढ़े रोए तो
        बने उपन्यास;
        कितने बच्चे बिलखे
        तो कहानियाँ;
        कितनी औरतें रोईं
        तों उतरी कविता।
वह सिसकती रही,
मैं कुछ कर नहीं सका।
मैं भी रो न पड़ूँ
हाथ में रख दिया
उसने हृदय।
क्या करूँ इसका,
समझ नहीं सका।
        बहने लगी संवेदना
        डूबने लगा तार-तार मन।

मैंने बार-बार रूमाल निकाला,
पर कविता को पोंछ नहीं सका।
हत्यारे पीते हैं खून;
तितलियाँ पराग-कण
वकील थाम लेते हैं मुक़दमा;
पत्रकार सूँघ लेते हैं ख़बर;
गए-गुजरे हैं कवि
आँसू से छानते हैं कविता।
चायघर में धुआँ
दफ्तर में शोर,
भीड़ और चेहरे,
नहीं मिला एकांत
कहाँ मैं आँसू पोंछता!
पानी पर पानी के गिलास,
चाय के जाम और मठरियाँ।
वह बार-बार माफी माँग रही थी।
उसने तोड़ दिया विश्वास,
जोड़ने की कोशिश में
क्या-क्या तोड़ देते हम!
टूट गया सब कुछ
यही टूट, यही छूट
जोड़ रही थी
मुझे, उसे और कविता को।
रातों-रात रोती रही,
पति और बच्चों से छिपकर।
धुआँ-धुआँ चारों ओर,
शोर पर शोर,
टूटता-जुड़ता हूँ मैं
जब-जब रोती है वह।
मैं नहा रहा था
कि सिसकी सुनी,
पी रहा था चाय, सिगरेट,
तोड़ता था रोटी,
कि गले में अटकी हिचकी उसकी।

दफ्तर में सुने उसके आँसू,
सड़क गीली थी उनसे।
    भीगी थीं चाय की दुकानें
    धुंध और कोहरे के पार,
    चमक रहे थे आँसू।
कितने रेगिस्तानों, बीहड़ों
नदियों, समुद्रों के पार
मिलेगा वह एकांत,
जहाँ सुखा लूँ गीली कविताएँ
पोंछ दूँ
उसके आँसू।

उदय सहाय

इस बाजार में

इस जगह की रक्षा में खड़े हैं
काँव-काँव करते
झूठ बोलते वकील
पुलिस देती है दबिश हर नई आवक पर
और अकालग्रस्त इलाके के जमींदार की तरह
झपटती है भाग्यहीनों पर

स्वार्थ गिद्दी संस्थाएँ हैं
'अर्थ' की आशा में
धूनी रमाए चारों तरफ

डॉक्टर हैं जो मैग्नीफाइंग ग्लास से
बच्चियों के जवान होने का
सच ढूँढ़ लेते हैं और अदालतें चुप

कौव्वे, चील, गिद्ध और बाजों से घिरी
इस जगह से नहीं निकला कोई मुर्दा
ताबूत और अर्थी से मरहूम इस बाज़ार में
गोश्त बिकता और ख़त्म हो जाता है

दलालों और मालकिनों से भरी इस जगह में
एक दूसरा समय है जिसमें
मजबूत बाहें और हथेलियाँ
मासूम फाख़्ताओं पर ढाते हैं क़हर
इस बाजार में नहीं आता कोई भगवान

सूरज की तरफ आँख किए

लड़कियाँ और लड़कियाँ
बंगाल से महाराष्ट्र से
नेपाल से कोई
कोई लगती पाताल से
कोई आकाश से
उतरके धरती पे
घुटनों और कमर तक
दलदल में फँसी

लड़कियाँ हकलाती हुई
डरी हुई चिड़ियाओं सी
जैसे नकारी गई बाहर से
या जबरन उठाई गई
क़ैद इस चहारदीवारी में अब

ढूँढ़ती कोई सुरंग निकल भागने को
कि जैसे असंख्य हसरतें
होठों को दाँतों तले काटती बेबस
चमकती तेज थिरकती पुतलियों में
बाहर का आकाश नापने का स्वप्न

लड़कियाँ हड़बड़ाई सी
अजनबी घूरती भूखी आँखों के सामने
हिलाती टाँगे बरबस
चेहरा झुकाए सिमटती गठरी सी
छुई-मुई पत्तों सी अतीत में डूबी
छूटे सपनों पर टँगी आँखों में
सहमी उदासी का श्रृंगार ओढ़े

लड़कियाँ ढीठ भी इतनी
उदंडता में भाँपती भेड़ियों को
देती व्यावसायिक प्रश्नों का

निःसंकोच तपाक जवाब
कि न दिखे कोई अफसोस

अंधकार भरी गुफाओं में खोजने का
उनका अपना फलसफा
जैसे हर मुद्दे पर आत्ममंथन के बाद
उतर आतीं धरती पे बँधी, सधी
ज़िंदगी को वापस पाने का स्वप्न लिए
लड़कियाँ और लड़कियाँ
सूरज की तरफ आँख किए

मुन्नी-सी एक लड़की

आसिफ़ सलीम!

उन्हीं दिनों ये भी हुआ
कि मुन्नी-सी एक लड़की
रक्से-जुनूं
फज़ा-ए-किश्तो-खूँ
एक ज़हरनाक मौसम में
स्कूल से घर आते वक़्त
अपना रस्ता भूल गई
आगे जो रस्ता जाता था
उस पर उसने देखा
इक खूनी बरसात लगी थी
जैसे सड़क वीरान बनी थी

ऐसे में एक दरवाज़ा छोटा-सा
मरियल-सा बोसीदा-सा
उसकी आँखों में आया जैसे
जीने की ललक को साथ लिए
मुन्नी-सी वो लड़की अन्दर
पहुँच के जैसे ठिठक गई थी

अन्दर दुनिया क्या अजब थी
बाबा जैसा कोई खड़ा था
तस्बीह के दोनों का हार सजा था
गोया भगवान यहाँ था

इसी सोच के आलम में
दो हाथों ने उसको जतन से
अपनी बाँहों का हार दिया
ख़ौफ़-व-अलम से सहमे मन को
ढेरों-ढेरों प्यार दिया

मुन्नी-सी एक लड़की अब भी
उस घर को सोचा करती है
सो जाती है जब दुनिया सारी
छुप-छुप के रोया करती है

सहीफ़ा केलिए

मुशर्रफ़ आलम ज़ौक़ी

गुजरात बोलता है
इसलिए कि बोलने के नाम पर ही जलती है
माचिस की तीली
गुजरात चीख़ता है
कि चीखने के रद्दे-अमल के तौर पर पैदा होते हैं
फ़िदाईन, इन्सानी बम और अक्षरधाम
गुजरात पहचानता है
कि पहचान से ही फ़र्क़ कर सकते हैं आप
दो इन्सान
दो ख़ून
और दो मज़हब के दरमियान
और गला काट सकते हैं

मेरी बिटिया अभी डेढ़ साल की है
मेरी बिटिया बोलती नहीं
चीख़ती नहीं
पहचानती नहीं
मैं अपनी अपाहित-सी बिटिया को गोद में उठा कर

हँस पड़ता हूँ
ज़ोरों से
लेकिन
न जाने क्यों
मेरी बिटिया मेरे हँसने पर भी
नहीं हँसती है
बोलने पर भी नहीं सुनती है
पहचानने पर भी...

चालीसवाँ

मंजी सुल्तान

गोधरा काण्ड में
बाप मारा गया
मेरी माँ
रोते-रोते जाँ-बहक़ हो गई
मेरा भाई
बहन का तक़द्दुस बचाते हुए
शहीद हो गया
मेरा मासूम बच्चा
दहकती हुई आग में ज़िन्दा जलाया गया
मैं नसीबां जली
फिर भी ज़िन्दा रही
रात आई
मैं गहरी स्याही का तन पर लबादा लिए
ख़ौफ़-व-दहशत की चादर में लिपटी हुई
भागकर
रामश्रवण चचा के यहाँ छिप गई
जिस जगह
शफ़क़तों से भरे, एक बरगद तले
पिछले चालीस दिन से
एक बेटी की मानिंद रहती चली आ रही हूँ
आज की शब

मेरे अपनों के मारे जाने का
चालीसवाँ है
सोचती हूँ बराए सवाब और ईसाल
अपने ख़ूँ से सने
सुर्ख़ आटे से कुछ रोटियाँ
और
जल चुके अपने आबाई घर के
अवशेष से कोई सब्जी बनाऊँ
पुकारूँ, उन कारसेवकों को
जो क़ातिल भी हैं और हीरो भी हैं
ये बताऊँ उन्हें,
मैं मुसलमान हूँ
मौलवी क़ासिम की बेटी सबीहा हूँ
सब मर गए
मैं अब तक ज़िन्दा हूँ
कहाँ हैं तुम्हारे चमचमाते त्रिशूल
तुम उन्हें मेरे सीने में गाड़ दो
फिर उबलते हुए रक्त से
अपने माथे पर तिलक की लालिमा रौशन करो
जय श्रीराम के नारे बुलन्द करो
और तुम भी
सच्चे कारसेवक की सनद हासिल कर लो

एज़ाज़

(एक हिंदू नारी के नाम, जिसने अपने मुस्लिम दोस्त
को बचाने में अपनी जान दे दी)

आग की बारिश थी
और भीड़ ने घेरा था
कैसी बला की ताक़त थी
नाज़ुक-सी कलाई में
उसने अपने आँचल को परचम-सा बनाया था

और हथियार बना एक दस्त-ए-वफ़ा से
दुश्मन की यल्ग़ार को रोका था
जिन हाथों ने राम तुम्हारी सेवा की थी
उन हाथों पर यह ज़र्ब बड़ी ही कारी थी
भीड़ ने आख़िर उरयाँ किया
मेह्र-व-वफ़ा की लाज गई
तहज़ीब की दौलत लूटी गई
इश्क़ की दुनिया सूनी हुई
तंवीर-ए-मुहब्बत ख़ाक हुई
और क़ातिल को सरदारी का एज़ाज़ मिला

गूँगी कठपुतली

□ डॉ. आशा जोशी

दिल्ली-हाट में उस दिन कठपुतली का नाच था और मैं बच्चों को कठपुतली का नाच दिखाने के बहाने दिल्ली हाट घुमाने ले आई थी। दिल्ली हाट सचमुच में ऐसी जगह है जहाँ व्यक्ति अकेला होकर भी अकेला कहाँ रहता है। कई तरह की दुकानों में कई तरह की हस्तकला के रंग, बेरंग मन को भी कुछ समय के लिए रंगीन कर ही देते हैं। फिर मायानगरी दिल्ली में आनन्द और मनोरंजन का उत्सव, यहाँ बिना जेब को ज्यादा काटे मनाया जा सकता है। हाट में पहुँच कर बच्चे अपनी खानपान की दुनिया में मस्त हो गए और मैं कॉफी का डिस्पोजेबल कप थामे मंच के पास बिछी कुसिर्यों पर जाकर बैठ गई। खुले आसमान के नीचे, शाम के गहराते रंगों में, चुपचाप एकाकी बैठकर शोरगुल के बीच भी शोरगुल से दूर रहकर कॉफी के घूँट धीरे-धीरे भरने का यह अपने ही तरह का सुख था...जिसे पाकर मन भीतर तक शान्त और अम्लान होता जा रहा था कि इसी बीच मंच पर हलचल आरम्भ हो गई। पर्दा लग गया। रोशनी के विविध रंगों के बीच कठपुलियों की हाट सज गई और थोड़ी ही देर में पर्दे के पीछे से कुशल हाथों के संचालन से कठपुलियाँ अंगसंचालन करने लगीं। अब तक अगल-बगल खाली पड़ी कुर्सियाँ भरने लगीं। बच्चे-बड़े सब कठपुतली के नृत्य में आनन्दमग्न होने लगे। नृत्य का आनन्द लेते-लेते मेरे नेत्र अचानक कठपुलियों की अँगुलियों, सिर, कमर, पैरों पर जाकर टिक गए जिन्हें नटसम्राट ने धागों से मजबूती से कस कर बाँधा हुआ था। वह जिस अंग की डोर खींचता था वही अंग उसके संचालन में थिरकने लगता था और जिस अंग की डोर ढीली छोड़ता था वही निस्चेष्ट हो जाता था। पर्दे के पीछे से भी कठपुलियों और खासतौर से नायिका कठपुतली की डोर पूरी तरह से उसके हाथ थी और वह पूर्ण रूप से समर्पिता, त्यागशीला, सहनशीला, विनम्र, मौनमुखरा की तरह उसकी आज्ञा का पालन कर रही थी।

जाने कब मैं जीवन के उस कटु यथार्थ में पहुँच गई जिससे मैं अब लगभग स्वयं को मुक्त कर चुकी हूँ और उसे पूरी तरह एक ऐसा दुःस्वप्न मान चुकी हूँ जो बीत गया है और कम से कम मेरे वर्तमान का सच और भविष्य का बंद दरवाजा

नहीं है। भविष्य के दिखावे को तो मैंने अब बहुत मजबूत और नक्काशीदार बना लिया है और वर्तमान को मैं भरपूर जीना सीख गई हूँ...लेकिन बीता हुआ समय स्मृतिदंश के रूप में अथवा स्मृतिपर्व के रूप में तो हमारे मन के गलियारों में कैद रहता ही है। हम चाहकर भी उससे पूरी तरह मुक्त नहीं हो पाते। रिश्तों की टूटन तो वैसे भी बहुत गहरे तक वार करती है, ऐसा वार जिसकी बाहरी तौर पर कोई आवाज नहीं होती पर अन्तर का कोई अंग उसके आघात से बच नहीं पाता। कहाँ भटक गई मैं! हाँ, तो सामने नाच रही थी दारुनटी और उसमें देख रही थी मैं स्वयं की प्रतिछवि। जहाँ मेरे जीवन की डोर कभी पिता के हाथ में थी कभी पति के ओर मैं दोनों के हाथ का मोहरा बनी अपने जीवन के एक-एक पल को नर्तन के पलों में पलट रही थी। सच, मैं भी दारुनटी ही तो थी, लगभग बीस वर्षों तक। बाहर से हँसती अन्दर से रोती...बाहर से खिलखिलाती अन्दर से सिसकती...अन्दर से उबलती बाहर से सहजती...दारुनटी नहीं थी तो क्या थी मैं विवाह, परिवार, समाज, सम्बन्धों के नाम पर तिलतिल मरती, पल-पल घुटती... पढ़ाई की बड़ी-बड़ी डिग्रियों की बेगार ढोती। शिक्षित होते हुए भी अजाग्रत। आत्मचेतना से दूर आत्महंता की तरह जीवन को क्षार करती हुई। आज सोच सकती हूँ कि शिक्षा का वास्तविक उपयोग तभी माना जा सकता है जब हमें वह आत्मनिर्भर होने के साथ-साथ आत्मसम्मान के प्रति भी चेता सके और निडर तथा आवश्यकतानुसार वाचाल भी बना सके। पर जहाँ बचपन से ही लड़की को यह शिक्षा दी जाती हो कि, कम बोलो, फालतू बहस न करो, चुप रहो—वहाँ निडरता या निर्भीकता कहीं कोने में दुबक जाती है। मेरे साथ भी शायद यही कुछ हुआ। इसीलिए बीस वर्षों की लम्बी अवधि तक मेरे बोल सूने गलियारों में सो गए और 'विरोध' की बुद्धि भी कुण्ठित हो गई।

'अब चलें माँ, नौ बज गए हैं, घर चलें।' मेरी तन्द्रा टूट गई। सामने कठपुतली का नृत्य कब का समाप्त हो चुका था पर मेरे मन के भीतर तो वह पूरे साजो सामान के साथ चल रहा था। उस रात घर लौट आए थे हम, पर रात भर वह कठपुतली मेरे चारों ओर हाथ-पैर पटक-पटक कर नाचती रही थी और नट सम्राट की जगह मुझे 'वह' ही दिखाई देता रहा था जिसे मैं देखना नहीं चाहती थी। सो नहीं सकी थी उस सारी रात...। सुबह से एक पहर पहले बड़ी मुश्किल से आँख लगी थी तो देखा—"आखिर मेरा कसूर क्या है।" मैं सिसक-सिसक कर रोती हुई पूछ रही थी और उसके चेहरे की मुस्कान बद से बदतर होती जा रही थी। मेरी सिसकियां और आंसुओं की अविरल धार उसके लिए वह चषक थी, जिसमें उसकी दानवी वृत्ति डूब-डूब कर आनन्द मना रही थी। बार-बार मेरा आहत और अपमानित स्वर अपनी गलती का कारण पूछता था। अनेक बार पूछने पर एक बार उत्तर मिला था—"क्या तुम नहीं जानतीं कि तुम्हारी गलती क्या है? इतनी भोली तो नहीं हो तुम।"

"मेरे जाने मैंने कोई गलती नहीं की—" मैं तर्क पर आती तो उसका क्रोध

में उन्मत्त स्वर दहाड़ में बदल जाता—"अच्छा, जबान लड़ाती है?" और उसके बाद वाणी का काम उसके हाथ और पाँव करने लगते और तब तक करते रहते जब तक थक न जाते।

अचानक मैं घबराकर जाग गई। देखा तो सपना देख रही थी। यह तो खैर रात्रि का स्वप्न था लेकिन तब यही स्वप्न मेरे जीवन का कटु सत्य था। यह बरसों में एक बार की दुर्घटना नहीं थी मास में घटने वाली कई घटनाओं की शृंखला की एक कड़ी भर थी।

जब जीवन के एकान्त में बैठती हूँ तो खुली आँखों के सामने बीते हुए दिन चलचित्र की तरह चंचल हो उठते हैं और मैं शून्य में अपलक उन्हें देखती रह जाती हूँ किंकर्त्तव्यविमूढ़, अनमनी, अचम्भित। यह मैं ही थी क्या, जिसने इतना सहा? आपबीती को शब्दबद्ध करने बैठी हूँ तो यह तो नहीं करूंगी कि सारा मीठा-मीठा अपने पल्ले डाल लूँ और कड़वा-कड़वा दूसरे की झोली में। लेकिन यह भी बेलाग सच है कि बीस वर्षों की लम्बी अनिश्चितता भरी जिन्दगी की कसूरवार मैं भी उतनी ही थी जितना सामने वाला। क्यों किया मैंने ऐसा? क्यों रही मैं बीस वर्ष तक मौन?? क्यों इस हँस-हँस झुठलाती रही मैं जीवन का कड़वा सच!!! क्यों समाज के सामने जीवन की तार-तार चादर को तारकशी के तारों से कढ़ी हुई चादर की तरह सजाती और दिखाती रही इतने सुन्दर झूठ के साथ कि जब समाज के सामने कटु सत्य आया तो वह समाज को हजम ही नहीं हो पाया! आखिर मुझे झूठ के महल बना कर क्या मिला? झूठा सम्मान, खोखला जीवन, रेगिस्तान में नंगे पाँवों का सफर! सच, समाज के भय से, समाज को दिखाने के लिए, झूठी तसल्ली और झूठे सम्मान के लिए जब सत्य का गला घोंटते हैं तो अपने जीवन की सुख शान्ति का गला घोंट देते हैं। पर यह सच कहना इतना आसान होता है क्या? वह भी एक स्त्री के लिए जिसे बचपन से ही घुट्टी में घोल कर यह सिखाया जाता है कि—'अपने घर की बात अपने घर तक ही रखना। माता-पिता के घर तक मत लाना। अब दो परिवारों की इज्जत तुम्हारे हाथ है। लड़की की डोली पिता के घर से उठती है, अर्थी तो पति के घर से ही उठनी शोभा देती है।' क्या बोलेगी लड़की, क्या खाकर विरोध करेगी। आज तो फिर भी परिदृश्य बदल गया है। लड़कियाँ अपनी अस्मिता और वैयक्तिक सत्ता के प्रति जागरूक हो रही हैं। सारी नहीं, थोड़ी ही सही, पर स्वस्थ परिवर्तन आया तो है। पर मैं तो उसी पुरानी लीक की पोथी पढ़कर बड़ी हुई थी जहाँ लड़की बड़ी होती है, घर का कामकाज सीखती है, विनम्रता बनती है और फिर बहू बन कर 'अपने घर' चली जाती है। और फिर वही उसका घर होता है, जो वास्तव में कभी उसका अपना घर हो ही नहीं पाता।

आज अपनी आत्मा को गवाह मान कर कहती हूँ कि विवाह की प्रथम रात्रि को ही मुझे अपने भावी जीवन की नाव डोलती हुई दिखाई देने लगी थी लेकिन घुट्टी

में मिले आदर्शवादी संस्कारों के कारण झटके से कठोर निर्णय लेने का साहस कर नहीं पाई। कायर थी, निपट कायर। या फिर अच्छी लड़की या अच्छी बहू कहलाने के लालच में सबकुछ चुपचाप निगल गई...निगलती रही बीस वर्ष...जब तक सारा विष, सारी कड़वाहट वमन के लिए कुलबुला न उठी।

सत्तर का दशक। 1971 में शिक्षा पूरी कर बिना झंझट के मिली नौकरी...मस्त जीवन। सख्त माँ और उदार पिता के व्यक्तित्व से बना परिवार--जहाँ भरपूर प्यार मिला, जीवन को स्वावलम्बी बनाने की दिशा भी मिली। नहीं मिली तो साहसी बनने की कला। पिता के परिवार में उच्चशिक्षा पाने वाली पहली लड़की, जिसके कॉलेज में कदम रखने से पहले ही माँ ने अपनी सीख की गांठ खोली 'ऐसा कोई काम नहीं करना कि बिरादरी में हमारी नाक कट जाए।' उस समय तो समझ नहीं आया था नाक कटने का मतलब लेकिन चार-छः माह में ही समझ आ गया—विश्वविद्यालयी जोड़ों का झुण्ड देखकर। मतलब यह कि—'प्रेम-व्रेम मत कर बैठना लड़की, यह सब हमारे यहाँ नहीं चलता।' और इस लड़की ने उस उम्र की सपनों सी तैरती दुनिया में यह गाँठ बाँध ली कि पढ़ना है, पढ़कर घर लौटना है और घर जाकर सो जाना है। सोई रही यह लड़की दारुनटी की तरह। पूरे पाँच वर्ष। बी.ए. और एम.ए. करने तक...अपनी ओर दोस्ती का राग घोलती आँखों को भी अनदेखा करती रही। काष्ठ की तरह—क्योंकि—अपने यहाँ यह सब नहीं चलता मूलमन्त्र की तरह पीछा करता था यह वाक्य। ऐसा नहीं कि जीवन जिया न हो। मित्रों के साथ हँसी-ठिठोली घूमना-फिरना सब किया। लड़के-लड़की के भेद ने कभी त्रस्त भी नहीं किया लेकिन प्रेम-गली' को इस तरह से कस कर बन्द कर दिया कि एकतरफा प्यार करने वाला भी वहाँ किसी तरह घुस न सके। और नींद खुली तब जब पिता ने अपनी समझ से अपनी ही जाति के पढ़े लिखे तथा तथाकथित सम्पन्न परिवार में रिश्ता कर दिया।

आज भी अतीत के दोने में खट्टे अँगूर की तरह रखी हैं वे यादें। अब दिन और तारीख तो याद नहीं लेकिन सन् 72 था तब। मेरी नौकरी लग चुकी थी। छुट्टी का दिन था और मैं अपनी सहेली के घर गई थी। उसी हफ्ते 'साप्ताहिक हिन्दुस्तान' में एक इण्टरव्यू के साथ मेरी तस्वीर छपी थी जिसकी कटिंग लेकर उसके बड़े भाई, बड़ी बहिन, भाभी और भतीजा हमारे घर आए थे रिश्ता लेकर और मेरे सरल तथा अयथार्थवादी पिता पर अपने बड़बोलेपन की धाक जमा गए थे। पहली मुलाकात में ही मेरे पिता उनके प्रभाव में आ गए थे। बड़े आनन-फानन में मेरी एक 'ब्लैक एण्ड ह्वाइट' फोटो निकाल कर दिखाई गई थी। उसे उन लोगों ने सराहा था और उनके साथ आए उसके भतीजे ने कहा था—"हम तो इसे ही अपनी चाची बनाएँगे।" मानो वे साम, दाम, दण्ड, भेद से यह रिश्ता हथियाने आए थे, बाज की तरह जो झपट्टा मार कर छोटे पक्षी पर अपना अधिकार कर लेता है। माँ पिता से अधिक व्यावहारिक थीं। उन्होंने बच्चे के हाथ से मेरा चित्र लेते हुए उसके माता-पिता से कहा था—"लेकिन

रिश्ते ऐसे तय नहीं होते, अभी तो हमारी लड़की भी घर पर नहीं है। आपका लड़का भी हमने नहीं देखा। हम आपके परिवार के बारे में भी कुछ नहीं जानते। आप फिर आइए तब बात होगी।" और उन्हें चाय पिलाकर विदा कर दिया था। उनके जाने के बाद सुना है पिता नाराज हो गए थे कि तुमने उन्हें ऐसा क्यों कहा? वास्तव में केवल किताबी शिक्षा में निपुण मेरे विद्वान पिता से माँ ने जीवन की किताब ज्यादा पढ़ी थी। और उन्होंने मेरे आने से पूर्व ही पिता को एक वाक्य में अपना निर्णय सुना दिया था कि–"इस घर में हमारी सीधी सादी लड़की खप नहीं सकती। इनकी तो रग-रग में चालाकी भरी है।" लेकिन पिता ने माँ को यह कह कर चुप कर दिया था–"अभी से ये बातें करने से लाभ? जब दुबारा आएँगे तब देखेंगे।" और माँ चुप हो गई थीं। लौटने के बाद सारी कथा माँ से ही पता लगी थी।

खैर फिर दुबारा क्या? वहाँ तो रोज ही उस परिवार का कोई न कोई सदस्य धमकने लगा और पिता उनकी गिरफ्त में कसने लगे। माँ की अनिच्छा के बावजूद पिता जी ने वहीं रिश्ता पक्का करने की ठान ली। मेरी इच्छा-अनिच्छा का तो प्रश्न ही नहीं उठता था क्योंकि न तो मेरा उस परिवार से परिचय था न उस 'सुपुत्र' से। फिर जब निर्णय लेने की सुविधा के नाम पर भी मर्यादा की दीवार खिंची हो तो वह निर्णय भी तो बेमानी हो जाता है। मैं उस पूरे प्रसंग में इस तरह द्रष्टा बन गई जैसे किसी पड़ोस की लड़की के ब्याह की बात चल रही हो। पाँच बहन-भाइयों में सबसे बड़ी मैं–मेरा कोई भी विरोध-प्रतिरोध औरों में भी विरोध के बीज आरोपित करता न! खैर, बात वहीं पक्की हुई, होनी ही थी। परिवार के मुखिया की इच्छा थी। माँ न तो उतनी पढ़ी लिखी थी, दुनिया के हिसाब से शिक्षितों की नफासत नज़ाकत उसमें नहीं थी। उसकी अनिच्छा को बाहरी रूपरंग पर आधारित अनिच्छा मान लिया गया और वह चुप हो गई। अन्त में विवश होकर मुझसे एकान्त में बोली–"तू ही अपने पिता से कह दे, मुझे यहाँ ब्याह नहीं करना। कह क्यों नहीं देती–लड़का मोटा है, अरे कह दे लड़का काला है। चुप क्यों है तू? तेरी बात तेरे पिता टाल नहीं पाएँगे।" यह तो मैं जानती थी कि मेरे मना करने पर बात पर विराम लग जाएगा, पर अगला रिश्ता भी तो पिता ही ढूँढ़ कर लाएँगे। वह भी इससे भी गया गुजरा हुआ तो क्या बदल जाएगा। रंग या वर्ण का भेद तो मेरे लिए कोई अर्थ नहीं रखता है। मोटापे की बात को पिता ने यह कह निरस्त कर दिया था कि "लड़कियाँ शादी के बाद मोटी हो जाती हैं।" (मैं शादी के बाद सचमुच मोटी हो भी गई थी)। इस हाँ और ना के पूरे प्रकरण में मेरे सामने वही घटना तैरती रही थी जब वह सुपुत्र अपने बड़े भाई और भाभी के साथ देखने दिखाने की रस्म निभाने आया था। उसके बड़े भाई भी विश्वविद्यालय के एक कॉलेज में लेक्चरर थे, मैं भी, मेरे पिता भी। जितनी देर चाय नाश्ते का दौर चला, उसकी भाभी मुझे निरन्तर घूरने की मुद्रा में देखती रही थी। उसके भाई निरन्तर समाज, दर्शन, राजनीति, अर्थशास्त्र पर अपना ज्ञान बघारते

रहे थे। बीच-बीच में मुझसे पूछ लेते थे और मैं अपनी समझ के अनुसार उत्तर दे देती थी। और वह पूरे समय चुपचाप बैठा रहा था। आते ही अपने कपड़ों में काँपते हाथों से चाय का प्याला गिरा चुका था। मैं कभी-कभी उसे कनखियों से देख लेती थी कि क्या यही आत्मविश्वास से दीनहीन व्यक्ति मेरे जीवन की डोर से बँधने जा रहा है।

अब कैसे यह कहा जा सकता है कि वहाँ मेरी गलती नहीं थी। मेरे पास उस रिश्ते के लिए 'ना' कह देने के कारण मौजूद थे। रूपरंग के नहीं मानसिक अपरिपक्वता के भी--पर मैं चुप रही। मेरी एक चुप्पी ने मेरे पूरे जीवन की कथा बदल कर रख दी। सच, जब हम सही समय पर सही बात, चाहे वह कटु ही क्यों न हो नहीं बोल पाते तो उसका मुआवज़ा जीवन में बहुत लम्बे समय तक चुकाते रहते हैं। एक अनावश्यक चुप्पी जीवन में ढेर सारे अनावश्यक कष्ट और संघर्ष ले आती है और हम फिर पूरे जीवन स्वयं को माफ नहीं कर पाते।

उस दिन मेरी चुप्पी टूट गई होती तो पूरा जीवन त्रासदी का पर्यायन बना होता और उस त्रासदी से मुक्त होने के लिए जुझारू सैनिक की तरह न लड़ना पड़ता, वह चुप्प का साम्राज्य आखिर मुझ पर छाया क्यों? तभी नहीं, लगभग बीस वर्षों तक छाया रहा। स्वयं उसको तोड़ने का प्रयत्न मैंने तब तक नहीं किया, जब तक समाज में जीवन का बाहरी आवरण सुनहरा, मनभरा दीखता रहा। अगर जीवन के छिद्र स्वयं ही झाँक-झाँक कर असलियत नहीं दिखाने लगते तो मैं तो शायद और दस बीस वर्ष सुखद भरी-पूरी गृहस्थिन की तरह दिख कर निकाल देती।

सोचती हूँ क्यों हमारे यहाँ लड़कियों को बराबरी का पाठ नहीं पढ़ाया जाता और क्यों लड़कों में लड़कियों के प्रति सम्मान का भाव नहीं जगाया जाता? पढ़ाई-लिखाई, खान-पान, खेलना-कूदना कभी भी माँ ने या पिता ने हमारे प्रति भेदभाव नहीं रखा। घर की चारदीवारी में बेटियों को शायद बेटों से अधिक ही प्यार दिया होगा परन्तु जो चीज नहीं दे पाए वह थी--निर्भीकता से अपनी बात कहने का तेज। कोई वस्तु, कोई व्यक्ति, कोई वातावरण रास नहीं आ रहा है तो 'ना' कह दो, मत स्वीकार करो--यह बताया या सिखाया ही नहीं गया। मैं तो बस यही जानती थी--बहुत ज्यादा बकर-बकर करने वाली लड़कियाँ अच्छी नहीं होतीं। हर बात पर तर्कशास्त्र करने वाली लड़कियाँ घरों में कलह और बँटवारे किया करती हैं। लड़कियों को तो नम्र, विनयी और मितभाषी होना चाहिए। मुस्कान उसका आभूषण हो पर ठहाकेदार हँसी न हो। और न जाने क्या-क्या! बड़ी लम्बी फेहरिस्त होगी यह तो। लेकिन मुद्दा यह कि मेरे भीतर बैंठी एक 'अच्छी लड़की' ने समय रहते चुप्पी नहीं तोड़ी और बहुत लम्बे समय तक एक आदर्श बहू की भी भूमिका निभाई। कारण की खोज में जीवन के बीहड़ अतीत में उतरती हूँ तो पाया कि मेरा बचपन का महत्वपूर्ण हिस्सा गाँव में बीता। सातवीं तक शिक्षा गाँव में हुई। पिता लखनऊ में थे नौकरी के लिए। हम भाई बहिन माँ के साथ

गाँव में रहते थे। पिता, बस छुट्टियों में कुछ दिन के लिए गाँव आते थे। गाँव में खेती और बच्चों के साथ संघर्षों से जूझने के लिए माँ थी। संघर्ष शहर में पिता भी कम नहीं कर रहे थे। मेरा और मुझसे छोटे भाई का जन्म लखनऊ में ही हुआ थी पर अचानक आ गए आर्थिक कष्टों से माँ को गाँव लौटना पड़ा था। इसलिए संघर्ष पिता ने भी किया पर दोनों के संघर्ष में अन्तर था। माँ के साथ घर, खेती, बच्चे, रिश्तेदारी, लेनदेन सबकुछ जुड़ा था। पिता इन सब चीजों से बरी थे। कभी-कभी छुट्टियों में घर आना–केवल छुट्टियों में घर आने वाला व्यक्ति तो मेहमान जैसा होता है। वह जब तक घर की समस्याओं से जुड़ते तब तक उनकी छुट्टियाँ खत्म हो जातीं। माँ में जीवट था और आज भी है। उसने सारी विपरीत परिस्थितियों को सम्भाल लिया पर बच्चों को कोमल आयु में परवरिश में जो सावधानी चाहिए उसके लिए उसके पास न समय था न समझ। उसने अपनी परिस्थितियों और परिवेश के अनुरूप संस्कार दिए। बहुत अच्छी लड़की बनाने के चक्कर में व्यक्तिगत समस्याओं के सन्दर्भ में गूँगा बना दिया, चुप्प। मौन!! मौन कभी-कभी कितना दुखदाई हो जाता है!! या कहाँ मौन को मुखरता में परिवर्तित किया जाता है यह शायद माँ को भी मालूम नहीं था। इन परिस्थितियों और परिवेश में एक जीती जागती खेलती खाती लड़की काष्टमूर्ति ही तो बन सकती है, और क्या बनेगी।

मैं जब बड़ी हुई तो सपने बुनने लगी थी। सपने बुनना मेरे आदत थी पर मैं सपने बहुत कम देखती थी। सपने बुनने में और सपने देखने में अन्तर होता है न! लेकिन जब थोड़ी और बड़ी हुई तो घर में शादी ब्याह की बात चलने पर सपने देखने भी लगी थी। एक सपना बार-बार मेरी नींद में आता था और मुझे जगा जाता था और फिर में सारी रात सो नहीं पाती थी। ऐसा भी नहीं कि घर में अन्धविश्वास का वातावरण था!! लेकिन वह सपना आता था, पूरी सजधज के साथ और मुझे डरा जाता था–मैं देखती थी कि किसी दूर वीरान, उजाड़ में सूखे नँगी डालों वाले पेड़ हैं और ब्याह की वेदी है। आसपास मंडराते कव्वे ही मानो मन्त्रोच्चार अपनी काँव-काँव ध्वनि में कर रहे हैं। हरियाली के नाम पर वहाँ केवल मैं हरे रंग का लहँगा पहने हूँ जिसके ऊपर पूरी बाँह का सफेद ब्लाउज है। मेरे सिर पर न तो चुन्नी है और न मेरे केश गुँथे हैं। मैं जिसके साथ फेरे ले रही हूँ उसने भी एकदम सफेद कोरे लट्ठे का कुर्त्ता-पजामा पहना हुआ है। उसके सिर पर टोपी है पर उसका चेहरा दिखाई नहीं देता। फेरे लेते हुए वह बार-बार गिरता है... वह सीधा खड़ा नहीं हो सकता...शायद उसकी रीढ़ की हड्डी नहीं है। मैं उसे उसकी कमर से सहारा दिए हूँ...बिना सहारे के वह मुड़कर दुहरा-तिहरा हो जाता है...अचानक वह वेदी से गायब हो जाता है और मैं अकेली उस निर्जन प्रदेश में चिल्लाती हुई भागने लगती हूँ–यह सपना मैंने एक बार नहीं अनेक बार देखा। बार-बार देखा। जब-जब देखा मैं घबरा गई। पर यह सपना किसी को कभी बता नहीं पाई यह सोचकर कि लोग कहेंगे कैसी पागल है।

एक बार माँ को बताया—तो झिड़क दी गई। क्या बेकार की बातें करती है। सपने कभी सच नहीं होते। सपने बेमानी होते हैं। पर मेरा तो यह सपना भयावह रूप में सच हो गया। कभी-कभी सपने हमारी जिन्दगी का कितना बड़ा सच दिखा जाते हैं। यह सपना तो जैसे मुझे भविष्य की चौखट में पाँव रखने से पहले ही जीवन की किताब खोल कर दिखा गया था।

बीस वर्ष तक एक ऐसे आदमी के साथ ही तो जीवन ढोती रही जिसकी रीढ़ की हड्डी थी ही नहीं। जिसका जीवन के प्रति अपना कोई नज़रिया न था। जो केवल अपने भाई बहनों की आँख से ही दुनिया देखना चाहता था और मुझे अपनी भाभियों की आँख से दुनिया दिखाना चाहता था। पत्नी उसके लिए अपने जीवन में सत्ताइस वर्ष की आयु के बाद प्रवेश करने वाली महिला थी इसलिए उसका महत्व पूर्व रिश्तों के मुकाबले सत्ताइस गुना घट जाता था। पत्नी हँसते रहने के लिए होती है, सहने के लिए होती है, सेवा करने के लिए होती है, रोने के लिए होती है लेकिन अपनी इच्छा व्यक्त करने के लिए नहीं होती—यही उसका मानना था और वह कहता था कि मेरे पिता का भी यही मानना था। तभी मुझे लगता था है कि मेरी सास का भी व्यक्तित्व अत्यन्त अविकसित था। बहुत अधिक दबाव भरे जीवन का दर्द कभी-कभी उनकी आँखों से भी झाँकता था। खैर यह सब कथा प्रसंग के अनुसार ही कहूँगी। हमने किराए का मकान लेकर अपनी गृहस्थी शुरू की थी, और शायद हम गृहस्थी की नींव अच्छे से रख भी लेते पर वह अभी भी अपनी बहिन भाई भाभी के लिए ऐसे तरसता था जैसे छोटे बच्चे। जब कभी उसके भाई-भाभी घर आते तो उसके हाथ-पाँव काँपने लगते थे, आवाज हकलाहट में बदल जाती थी। या तो वह उनके सामने सेवक की तरह खड़ा रहता था या फिर उनकी बेतुकी बातों के उत्तर में जोर-जोर से बोलने लगता था। उसका व्यक्तित्व उनके सामने एक बौने की तरह हो जाता था और वे उसे देखकर ऐसे मुस्कुराते थे जैसे किसी बन्दर का नाच देख रहे हों। उनकी गलत बात पर भी हाँ में सिर हिलाता था। मेरे विरोध करने पर उन्हीं के सामने मुझे गाली गलौज से नवाज़ने लगता था। और उनके जाने के बाद अपने तनाव को कम करने के लिए कभी-कभी मेरी लात और थप्पड़ से भी पूजा करता था। यही कभी-कभी बाद में पूरे जीवन का उपहार बनता चला गया। और मैं सोचती कि क्यों नहीं मैं पहली ही रात उसे छोड़ कर पिता के घर चली गई?

मैं विदा होकर उसके भाई के घर गई थी। जहाँ शादी के उत्सव का कोई भी चिह्न नहीं था। चार-पाँच घर के रिश्तेदार, स्त्रियाँ और उसके भाई-भाभी। रात को खाना खाकर सभी बैठे थे कि उसके भाई ने कहा था जाओ इसे थोड़ी देर बाहर घुमा लाओ। और वह आज्ञा का पालन करने के लिए उठ खड़ा हुआ था। मैं अन्दर आकर बाल बनाने लगी थी कि वह भी पीछे से आकर खड़ा हो गया और मुझे अकेले पाकर धीरे से मेरा हाथ पकड़ लिया। लेकिन तभी कमरे में उसके भाई का जवान नौकर

आ गया और मैंने हाथ छुड़ा लिया। वह कमरे से बाहर जाकर मेरी प्रतीक्षा करने लगा। दोनों बाहर निकले और थोड़ी ही दूर गए कि वह जोर-जोर से बोलने लगा, फिर चिल्लाने लगा और फिर डाँटने धमकाने लगा–"हाथ छुड़ाती है। क्यों? क्या मैं अच्छा नहीं लगता? साली बता कितने यार हैं तेरे। किसका हाथ अच्छा लगता है तुझे? बता?" वह धाराप्रवाह चिल्लाता जा रहा था। बिना मेरी बात सुने-जाने। मैं हतप्रभ। घबरा उठी। रो पड़ी! यह मेरी पहली रात है–नए घर में, नवजीवन में! तभी वह सड़क पर तेजी से भागने लगा–चिल्लाता हुआ–"जा साली अपने बाप के घर चली जा। तलाक ले ले तलाक। नहीं तो मैं देता हूँ तुझे तलाक। हाथ छुड़ाती है साली!" और मैं बदहवास, खुले जूड़े बिखरे बालों के साथ भाग रही थी उसके पीछे–फिरोजशाह रोड पर–मुझे उसके भाई के घर का रास्ता भी तो अभी पूरी तरह याद नहीं था।...वह भाग रहा था और मैं उसको पकड़ने का यत्न कर रही थी। लेकिन यह क्या? भाई का घर पास आते ही वह सामान्य गति से चलने लगा था, रुक कर मेरी प्रतीक्षा करने लगा था! पास आने पर बोला था–"घर चल कर किसी से कुछ कहा तो अच्छा नहीं होगा!" और घर में घुसते हुए उसने मेरा हाथ पकड़ लिया था और घर में माँ भाभी के सामने पड़ते ही छोड़ दिया था!

यह मेरी आदिकथा के आदिखण्ड के कुछ पन्ने हैं जो जब तब स्मृतियों में आते हैं–चले जाते हैं। विस्तारकथा आगे कहूँगी लेकिन 'ब्रेक के बाद'...

मेरा बचपन, मेरा जीवन

□ गायत्री आर्य

बस में अपनी माँ की गोद में बैठी एक दो साल की छोटी बच्ची रोती है, क्योंकि उसे पूरी चॉकलेट चाहिए थी, बहन के दिए दो पीस नहीं। उसकी माँ ने उसे चूमा, पुचकारा। बड़ी को डांटा और पूरी चॉकलेट देने को कहा। बच्ची को फिर याद आया फिर हूक उठी और ज़ोर से बिलखने उठी। माँ ने उसे चूमा, सीने से लगाकर कहा, चल मेरी बच्ची चुप हो जा। घर जाकर नई, पूरी चॉकलेट दिलवाऊँगी। वो धीरे-ध ीरे चुप हो गई। इस पूरे रोने में उसे दो बूंद आंसू भी नहीं गिरे... वह रोना तो अपनी बात मनवाने, मनचाहा पाने के लिए था, जिसमें वो सफल हो गई।...मैं बड़े गौर से उसे देखकर सोच रही थी, बड़ी लड़की (जवान) के लिए ऐसा क्या है जिसे वो रोकर माँग ले और माँ चूमते-चूमते उसे वो मनचाही चीज़ दिलवा भी दे। ख़ैर जवान लड़की को मनचाही चीज़ मिल भी सकती है...अपनी शर्तों पर? अपनी शर्तों पर तो जो वो डिज़र्व करती है वो भी नहीं मिलता...! दिमाग़ के खेल में भी कमबख्त 'देह' आड़े आ जाती है! उस बच्ची को देखकर मुझे अपना बचपन याद नहीं आया। मुझे याद नहीं बचपन में 'अच्छे बच्चे' बनने के चक्कर में बचपन जिया ही नहीं...और अब जीने का मन करता है तो वक़्त की रेत हाथ से फिसल चुकी है।

पहली कक्षा गाँव के एक स्कूल में ही पास की। तब हम तीनों भाई-बहन (बड़ी दीदी, भैया और मैं) माँ पिताजी के साथ गाँव में ही रहते थे। पिता जी हर रोज़ शायद साईकिल से शहर (बड़ौत) पढ़ाने जाते थे। एक बार गाँव के ही किसी पढ़े-लिखे आदमी ने मुझसे गणित या अंग्रेज़ी का कुछ पूछा जो मैं सहीं नहीं बता पाई। उसने यह बात पिताजी तक पहुँचाई। खूब पिटाई हुई। कारण मुझे कुछ न आने से ज्यादा शायद उनकी शान में कमी थी, कि एक प्रोफेसर की बेटी को इतना भी नहीं आता। ख़ैर, पहली क्लास तक मेरे पिटने-पिटाने का ज़िम्मा माँ के हाथों में था। एक बार एक लड़की को (जिसका पैर खराब था) 'लंगड़ी' और 'नंगी' कहा था। शिकायत माँ के दरबार में पहुँची। सज़ा मिली, 'गन्ने' से खूब पिटाई हुई। और एक हफ्ते के लिए मेरा गाजर का हलवा बिल्कुल बन्द कर दिया गया, जिसे माँ बनाकर स्टील के डिब्बे

में रखती थी। और हम तीनों शाम को चार बजे खाते थे। मार खाने से भी बड़ा अत्याचार, मुझे हलवा न देना लग रहा था। दादी उस वक्त फरिश्ता लगी जब उन्होंने मुझे चोरी से और फिर माँ के सामने ही हलवा खिलाया, यह कहकर कि बच्चे तो ग़लती करते ही हैं। यादों की 'सन्दूकड़ी' (बॉक्स) में ये यादें सबसे अधिक पुरानी हैं।

दूसरी क्लास में जब मैं आई तो दीदी आठवीं पास कर चुकी थी। उसके बाद गाँव में स्कूल नहीं था। इसीलिए शहर आना था। मुझसे पूछा गया मैं कहाँ रहना चाहती हूँ? माँ के साथ गाँव में (दाद-दादी की वजह से माँ को वहीं रहना पड़ा था) या भैया दीदी के साथ शहर (बड़ौत)। बचपन में मैं भैया से जितना प्यार करती थी, उतना धरती पर किसी से नहीं। इसकी वजह साफ थी। उन्होंने मुझे कभी मारा नहीं, न ही हाथों से और न ही बातों से...बड़े होने पर भी नहीं। भाई होने का यह 'दायित्व' (अपनी छोटी व बड़ी बहन को पीटने का) उन्होंने अपने कन्धों पर कभी नहीं लिया। भैया ने मुझे न सिर्फ अपनी डाँट और मार से बचाया बल्कि पिताजी की मार से भी बहुत बचाया। दूसरी कक्षा में मैं माँ को छोड़कर शहर आ गई थी। दूसरी से पाँचवी तक बिना माँ के साथ ही रही। फिर पाँचवीं से आठवीं तक माँ के साथ ही रही। फिर अब दीदी-भैया के साथ मेरी भी पिटाई का सिलसिला शुरू हो गया। मेरी पिटाई सिर्फ पढ़ाई पर ही होती थी क्योंकि उसी का डर इतना था कि शरारत तो सूझती ही नहीं थी। पिटाई रोज़ की दिनचर्या का सबसे खौफनाक और कभी ग़लती से भी न मिस होने वाला हिस्सा था। गणित के बाद इसमें अंग्रेज़ी व साइंस भी शामिल हो गए। शुरू-शुरू में पिटाई थप्पड़ घूंसे व दीवार में सिर मार कर होती थी। फिर इसमें एक हथियार भी जुड़ा गया 'रूल' (लकड़ी का मोटा बेंत)। कुछ दिनों के लिए मेरे मामा का लड़का भी हमारे साथ रहा। अब पिटने वाले हम दो हो गए थे।

मुझे अच्छी तरह से याद है कि अक्सर हमारे शरीर पर नील पड़े होते थे, बेंत से पिटने के कारण। एक बार पिटाई खाते वक्त रोयें थे दहाड़ें मारकर। दूसरी बार सुबह नहाते समय बाथरूम में अपने नील देखकर...चुपचाप, अपनी हालत पर तरस खाकर। मुझे याद है एक बार इतनी ज़्यादा मार खाई थी कि नवम्बर-दिसम्बर के महीने में नील पड़-पड़ कर हाथ इतनी बुरी तरह अकड़ गए थे कि मैं और मेरे मामा का लड़का (मनु) सोने से पहले अपनी-अपनी जैकेट भी नहीं उतार पाए थे। 'नील' के बैंगनी, हरे, गुलाबी, पीले रंग आज भी स्मृतियों में ज्यों के त्यों हैं। स्मृतियों के पन्ने जब भी फड़फड़ाते हैं एक टीस सी उठती है।

भैया को शायद मुझे मार खाता देख कर तरस आता था। इसलिए गणित के सवालों के हल बताकर उन्होंने मुझे बहुत बार मार से बचाया। इसके लिए मैं हमेशा उनकी अहसानमंद रहूँगी। यही कारण है कि उनके प्रति स्नेह का मेरे पास कोटा था, है, और हमेशा रहेगा। बचपन में सेब, सन्तरे और पिटाई जी भर के खाई। अधिकतर

स्कूल के टिफिन में फल या फलों की चाट ही ले जाती थी मैं। ऊब चुकी थी पर कोई विकल्प नहीं था क्योंकि सवेरे-सवेरे कोई रोटी बनाने वाला ही नहीं था। उस वक्त स्कूल में दूसरों की टिफिन की सूखी रोटी और अचार भी ऐसा लुभाता था कि किसी को पकवान भी क्या लुभाता होगा। मुँह पर ना-ना दिल में हाँ-हाँ लिए हर रोज़ इंतज़ार रहता कि कोई चाहे अपनी आधी रोटी ही दे, द्रे, लेकिन बस दे दे। माँ कभी-कभी मिलने आती थी। जब वे आतीं वहाँ रहतीं, उन दिनों पिटाई में भी थोड़ा कन्सेशन मिल जाता था। इसलिए जब माँ वापस जाती थी तो दो वजहों से रोना आता था। एक तो ये कि वो जा रही है। दूसरा ये कि कल से वही मार खाने की रुटीन। लेकिन वो हर बार वापस जाने से पहले यही कहती रोएगी तो अगली बार नहीं आऊँगी। अपने हिस्से की ममता मुझे (हम तीनों को ही) नन्हे-नन्हे टुकड़ों में मिली। जिसकी भरपाई आज तक नहीं हो पाई शायद...

इस वक्त मैं अपने बचपन को पूरे समग्र रूप से याद कर रही हूँ, पर आश्चर्य बचपन की एक भी मीठी याद; उस मार-पिटाई, डर, तनाव दमघोंटू चुप्पी पर भारी नहीं पड़ रही। मार-मार और सिर्फ मार! जैसे कोई सवर्ण मालिक अपने निम्न जाति के नौकर के बच्चे को उसकी गलती पर पीट रहा हो... पिताजी अपने बच्चों को ऐसा मारते थे... दीदी के अनुसार मैंने हम तीनों में सबसे कम मार खाई है। लेकिन यदि वह कम थी तो मैं दीदी की मार की तो कल्पना भी नहीं कर सकती। लेकिन मैं इतनी भावुक और संवेदनशील हूँ, कि मुझे वो सब याद करके आज भी तकलीफ होती है।

भैया का सातवीं का रिजल्ट आया था। वे क्लास में फर्स्ट थे लेकिन पिताजी को नम्बर कम लग रहे थे, उनका मूड खराब था। पिताजी ने जब दोबारा से रिपोर्ट कार्ड माँगा और वह भैया को नहीं मिला, तो गुस्से से आगबबूला होकर उन्होंने भैया को हाकी से मारा था...मैं उस दिन सिर झुकाए किताब में आँखें गड़ाए रो रही थी, उस दिन पहली बार अहसास हुआ कि किसी भी मुसीबत या दुख का अहसास तब ज़्यादा होता है, जब खुद अपने नहीं, किसी अपने के ऊपर गुज़र रही हो।

खैर यूँ ही पिटते-पिटते अच्छे नम्बर लाए, मैं पाँचवीं क्लास में आ गई। बड़ौत में हमने ये तीसरा घर बदला था और आखिरी भी। अब माँ हमारे साथ रहती थी। मैं खुश थी क्योंकि टिफिन में 'रोटी' ले जाने लगी थी। पढ़ाई का डण्डा और पिटाई की नंगी तलवार अभी भी सिर पर लटकी हुई थी। इस वक्त हमारा परिवार पूरा था।, माँ-पिताजी, भैया, दीदी, मैं। सब एक साथ एक ही छत के नीचे। लगभग तीन साल मैं अपने पूरे परिवार के साथ रही। अफसोस यह कि बचपन के (जिन्दगी के भी) दो सबसे तल्ख़ तजुरबे भी इसी साल में हुए जब परिवार के साथ में रही थी। और उसमें भी बदकिस्मती ये कि दूसरे अनुभव में तो थे ही घरवाले...शुक्र है भैया उसमें शरीक नहीं थे, उस वक्त वे दिल्ली में कॉलेज में दाखिला ले चुके थे।

पिताजी के बेहद गुस्से की वजह से घर का पूरा माहौल हमेशा तनावग्रस्त सा ही रहा। बहन भाई आपस में मजाक करते थे। लेकिन कब, कहाँ किस बात को लेकर कितनी डाँट पड़ जाए, इसका किसी को भी पता नहीं था। पिताजी शनिवार, रविवार को गाँव में जाते थे, तब शायद हम (खासतौर से मैं) खुली हवा में साँस ले पाते होंगे। इसलिए शनिवार के जाते ही शनिवार का इंतजार शुरू हो जाता था। इतने तनाव व भय वाले माहौल में कोई...किसी का दोस्त भी बन सकता है, यह बात सोचना भी असंभव था। लड़के-लड़की में भेदभाव जैसी कोई चीज नहीं थी ये सबसे अच्छी बात थी। बल्कि एक कदम आगे माँ-पिताजी लड़कियों की शिक्षा के अंधसमर्थक थे। दीदी हम तीनों में सबसे बड़ी थी। पढ़ाई के लिए पिटाई भी सबसे ज़्यादा उन्हीं की हुई थी। माँ की अनुपस्थिति में काम की जिम्मेदारियाँ उन्होंने माँ की तरह ही निभाई थीं, लेकिन जब उन्हें ही इतना प्यार नहीं मिला तो वो सबसे छोटी बहन पर (मेरे ऊपर) कहाँ से उड़ेलती। पिताजी के बाद पढ़ाई को लेकर मुझे उनसे ही सबसे ज़्यादा डाँट व मार पड़ी, इसलिए मेरा व दीदी का रिश्ता भी हमेशा डर का रहा, दोस्त का नहीं। माँ की अनुपस्थिति में काम को जिम्मेदारियाँ उन्होंने माँ की तरह ही निभाई हैं। लेकिन माँ के साथ भी दोस्ती जैसा कुछ नहीं था। उस वक्त सिर्फ उन लोगों के लिए मेरे दिल में प्यार था। जो मुझे न डाटें न मारें न, सिर्फ प्यार करें। इसलिए मैं सच में सिर्फ भैया से बेहद प्यार करती थी। लेकिन बालमन की भावनाओं की शेटरिंग वहाँ भी नहीं होती थी। वहाँ क्या कहीं भी नहीं होती थी।

कड़ी मेहनत-ईमानदारी आत्मस्वाभिमान और ज़िन्दादिली पिताजी में आज तक कूट-कूट कर भरी है। पर हक़ीकत यह है कि उस बक्त (बचपन में) मुझे इन आदर्शों से कोई मतलब नहीं था। मेरी अच्छे बुरे की तराजू सिर्फ प्यार करने पर टिकी थी। जो ज़्यादा प्यार करे वह सबसे अच्छा, जो डांटे या मारे...उससे बुरा तो कोई हो ही नहीं सकता था। एक तो बच्चे को आती ही प्यार की भाषा है। दूसरे मैं बहुत ही भावुक रही हूँ प्यार और रिश्तों को लेकर। घर से और घर के भीतर हर एक रिश्ते (भैया को छोड़कर) से मेरा सम्बन्ध सिर्फ डर का रहा। जब तक मैं घर से और घर के रिश्तों से दूर नहीं होती चली गई। सच तो ये है हॉस्टल में आकर ही इस भय से मुक्ति मिली, किसी भी रिश्ते में दोस्ती न होने की वजह से मैंने हर एक रिश्ते को 'अधूरा' जिया है। यही कारण था कि बहुत बचपन से ही इस 'अधूरेपन' की पूर्ति मैंने बाहर से करनी चाही दोस्ती के रूप में। जो मुझे सिर्फ प्यार करे। मैंने दोनों में कभी कमी नहीं की। इसलिए जो भी मुझझे जुड़ा मेरे दिल के बहुत करीब रहकर गया। मैं सच में कितनों के दिल के करीब रही यह मुझे अभी भी नहीं पता।

हर रोज की तरह दिन का दोपहर का वक्त था। स्कूल के खुले मैदान को छोड़ मैं घर (जेल) आ रही थी। कन्धे पर बस्ता, सिर पर धूप, पैरो में वापस उसी जगह लौटने की विवशता, जहाँ से मैं हमेशा के लिए उड़ जाना चाहती थी। उन दिनों हम

बड़ौत में किराए के मकान में रहते थे। ध्यान नहीं माँ हमारे साथ रहती थी या गाँव में। हाँ लेकिन मैं घर परिवार में रहती थी। हमारा मकान पहली मन्जिल पर था। मकान मालिक के आँगन से होकर हमें अपने मकान की सीढ़ियों तक पहुँचना होता था। खुले आँगन से होकर हमें अपने मकान की सीढ़ियों तक पहुँचना होता था। खुले आँगन में आते ही मकान मालिक का ड्राइंग रूम दिखाई पड़ता था। जिसका एक दरवाजा बाहर वाले खुले आँगन की तरफ था दूसरा दरवाज़ा भीतर वाले आँगन की तरफ। मैं बस्ता टाँगे बोझिल कदमों से आ रही थी। ड्राइंग रूम का दरवाज़ा खुला, मालिक अंकल (मकान मालिक) थोड़े से बाहर झाँके और इशारे से मुझे बुलाने लगे। शायद पहले दिन ही उनके बुलाने को मैंने 'अनिच्छा'के बावजूद स्वीकार कर लिया। अपनी गोदी में बिठाया, गालों पर चूमा और साथ ही प्यार भी किया। सिर पर हाथ फेरा। फिर कहा...स्कूल से दोपहर में आती है, धूप में थक जाती होगी। इतना घूमकर क्यों जाती हो? हमारे ड्राइंग रूम से निकल जाया करो। मैं चली गई, या कहूँ कि मुझे छोड़ दिया गया! दूसरे दिन शायद फिर यही हुआ होगा। इस कुछ ना होने में भी मैं अजीब तरह से असहज हो गई थी। आँगन के दरवाज़े में घुसते ही मन ही मन दुआ करती कि काश आज मालिक अंकल दरवाज़े से मुझे न बुलाएँ। खैर, ये लुका छिपी चलती रही। कभी मेरी दुआ कबूल होती, कभी मालिक अंकल की! एक दिन जब मुझे बुलाया तो कहा...रसगुल्ले पसंद हैं...? खाएगी...(कौन बच्चा मना करेगा भला) और 'हाँ' कहते ही, अगले दिन मेरे बुलाने का रास्ता साफ हो गया। बोले ठीक है मैं कल लाकर रखूँगा...स्कूल के बाद यहाँ आ जाना। अगले दिन मुझे छोटी सी पॉलिथीन में से दो सफेद रसगुल्ले खाने को दिए गए और मुझे चूम कर भेज दिया गया। तब मैं छठी या सातवीं में थी, तो 11-12 साल की रही होऊँगी। हमारे घर टीवी नहीं था उन दिनों। टीवी देखने के लिए मेरा मन हमेशा ललचाता रहता था। बच्चों का मन तो ललचाता ही है ना...? मेरा मन कुछ अलग तो नहीं था। रामायण देखने तो हम सभी जग जाते थे उनके ड्राइंगरूम में। लेकिन मैं उससे अलग भी जाती थी टीवी देखने वहाँ। संभवतः छुट्टी का दिन था...समय दोपहर के खाने से कुछ पहले का होगा...पढ़ाई से ऊबकर या कहूँ कि घर की घुटन से बचने के लिए मैं टीवी देखने नीचे उनके ड्राइंगरूम में चली गई। शायद फ्रॉक पहने हुई थी। मालिक अंकल ने लंबी सी चिरस्थायी मुस्कान में मेरा स्वागत किया। मैं टीवी देखने लगी, और वे मुझे! थोड़ी देर बाद उन्होंने अपने सब्र की सीमा तोड़ी...और मुझे अपनी गोदी में बैठा लिया। फिर वही चूमना...लेकिन इस बार सिर्फ चूमना नहीं! उनका दायाँ हाथ मेरी दोनों टाँगों पर। घुटने और जाँघ पर हाथ ऐसे घूम रहे थे जैसे हरे घास के मैदान पर घोड़ा! और फिर चरते-चरते घोड़ा सीमाहीन हो गया हो। मालिक 'अंकल' ने लड़की की कच्छी का नाड़ा खोला, हाथ अंदर डाला और तब तक खंगालते रहे जब तक कि मैं दबी आवाज में, दर्द और घबराहट से रोई-चीखी नहीं...चूमते-पुचकारते नाड़ा बाँधा गया...मैं

स्तब्ध भी नहीं थी क्योंकि उसके लिए भी सहज होना जरूरी है...उन्होंने मुझे भुना हुआ भुट्टा ऑफर किया और फिर मुझे वहीं छोड़कर रसोई में भुट्टा भूनने चले गए...मैं ये सोचते हुए डरते-डरते, दबे पाँव ड्राइंगरूम से निकली कि कहीं मालिक अंकल फिर से न आ जाएँ और मुझे फिर न धर दबोचें!...और मैं, अपने आप से भी सब कुछ छिपाते हुए खुद को भी ये समझाते हुए कि कुछ नहीं हुआ है, चुपचाप सीढ़ियों से चलकर कमरे में पहुँची और जाकर डबलबैड पर लेट गई, आँखें मूँद कर। बिल्कुल खामोश...चुप...सबसे और खुद से भी डरी हुई। मेरी गहरी खामोशी या सहमा सा चेहरा घरवालों के लिए कुछ असहज नहीं था क्योंकि पिताजी के डर से वैसे भी हम लोग चुप और डरे-डरे से ही रहते थे। घर में दोस्त मेरा कभी कोई नहीं बना जिसे 'वे' बातें भी बताई जा सकती हों, जिन्हें इंसान अपने से भी छिपाता है। इसलिए ये घटना किसी को नहीं बताई। बता देती तो भी ज्यादा से ज्यादा क्या होता? मुझे डाँटकर कहा जाता, आज से नीचे टीवी देखना बन्द! मुझे ध्यान नहीं मैंने स्कूल में भी अपनी सहेली को इस 'गंदी' बात के बारे में कुछ बताया हो। जिन्दगी सामान्य ही चलती रही। 'असामान्य घटना' के बाद भी! इतना भर हुआ कि अब मैं उनके बुलाने के बाद भी उनके पास नहीं जाती थी। भैया या दीदी कभी अखबार माँगने भी मुझे वहां भेजते तो भी मैं नहीं जाती। कहना न मानने वाली गंदी लड़की बनना ही मुझे मंजूर था बजाए कि 'गिद्ध' सी आँखों वाले आदमी के पास जाना।

शुरू-शुरू में हम तीनों भाई-बहन खादी का कुर्ता-पज़ामा ही पहनते थे, पिताजी के 'सिप्लीसिटी' में विश्वास रखने के कारण। मुझे तो बिल्कुल लड़कों की तरह ही रखा जाता था। बाल भी जरा-जरा से होते थे सिर पर, जिस कारण सब मुझे लड़का ही समझते थे। बाद में ये हुआ कि मैं अपने साथ हुई इस घटना को अपने पहनावे से जोड़कर देखने लगी। मेरे भीतर गुस्सा बढ़ता गया जिसकी ज़िम्मेदारी मैं मालिक अंकल से ज़्यादा अपने माँ पिताजी की मानती थी। मेरा सोचना था कि मालिक अंकल ने वो सब मेरे साथ ये जानने के लिए किया था कि लड़का हूँ या लड़की या फिर...? मुझे अपने लड़के की तरह दिखने से नफरत होने लगी थी। सम्भवः वक्त के साथ माँ पिताजी के प्रति मेरा गुस्सा भीतर ही भीतर उबलता गया...पर अब सोचती हूँ कि वक्त की स्मृतियों में ये घटना जितना दबती गई 'पुरानी शराब' की तरह उसकी तासीर उतनी ही बढ़ती गई...!

ये घटना तो उनमें से है जो दिन के उजाले में पूरे होशो हवास में मेरे साथ घटी। इससे अलग दो बार और सम्भवतः ऐसा ही कुछ मेरे साथ हुआ है जिसे कभी-कभी मैं गहरी नींद का सपना भी समझती हूँ। आज भी नहीं जानती कि वो हकीकत थी या बन्द आँखों का डरावना सपना। हाँ लेकिन उसके बाद फिर कभी ऐसा सपना देखा नहीं जो कड़वी हकीकत ज्यादा लगता हो। दिल्ली शहर था...मामा का घर। दोनों ही बार काली घनी, गहरी, खामोश रात...मामा (सगे नहीं), और हर बार एक डरी-सहमी

कम बोलने वाली दब्बू लड़की! दिल आज भी इसे सपना समझने की इजाज़त नहीं देता। लेकिन दिमाग अभी भी सबूत माँगता है...जो कि मेरे पास नहीं।

इन घटनाओं से अलग एक दूसरी घटना ने मेरे बचपन, किशोरावस्था व वर्तमान में जितना ज़हर घोला, उतना शायद किसी अन्य घटना ने नहीं। कारण था कि इसमें मेरे अपने माँ-बाप व दीदी शरीक थे। शुक्र है कि भैया उस पूरे प्रकरण में नहीं थे, भैया शुरू से लेकर आखिर तक एक ही इमेज में रहे मेरे दिल में। बेहद प्यार करने वाले, डाँटने न वाले, दूसरों की मार से बचाने वाले, केयर करने वाले।

हम बड़ौत मालिक अंकल वाले घर में ही रहते थे। मैं उस घर में तीन साल रही। इन तीनों सालों में ये दूसरी घटना थी जिसने मेरा बचाखुचा बचपन फिर से रौंदा, और हमेशा के लिए मार दिया। पर किसी को कानोंकान खबर भी नहीं हुई।

मेरी एक मामी अपने दो छोटे बच्चों के साथ, हमारे घर कई दिन रही। जिस दिन वे लौटने लगीं उनकी हाथ की धड़ी गुम हो गई। ब्लैक लैदर के साथ चकोर डायल वाली घड़ी। दोनों बच्चों से पूछा गया, उन्होंने नहीं उठाई थी। बाहर से कोई अजनबी घर में आया नहीं था क्योंकि उन दिनों बरसात हो रही थी। हर संभव जगह से ढूंढा गया। नहीं मिलने पर मामी जी चली गईं। थोड़े से आश्चर्य के बाद मेरे लिए बीत गई सो बात गई। लेकिन माँ पिताजी के दिमाग का कीड़ा शान्त न हुआ। भैया तब तक दिल्ली रामजस कालेज में दाखिला ले चुके थे इसीलिए दिल्ली ही रहते थे। लगभग 10-12 दिन बाद खोई हुई घड़ी अचानक से प्रकट हो गई। रसोई में जिस अख़बार पर बर्तन रखे जाते थे उसके नीचे। वहाँ से उठाकर घड़ी को दीवार पर टाँग दिया गया जहाँ कि वो सबको दिखाई दे! अगले दिन मैंने माँ से पूछा ये घड़ी कहाँ से मिली? माँ कहती, यही तो हमें पूछना है कि घड़ी वहाँ रसोई में कैसे पहुँच गई? और फिर प्रकरण शुरू हो गया। सीन बिल्कुल वही था, जो कि पुलिस द्वारा किसी निर्दोष को अपराध कबूल करवाने में होता है!...डराना, धमकाना, टार्चर करना। आखिरकार पिताजी व माँ की चुप्पी टूटी। मुझसे कहा गया, हमें सब कुछ सच बता दे तुझे कुछ नहीं कहेंगे। मतलब ये कि मुझे 'सच' नहीं बोलना था...मुझे वो सच बोलना था जो कि वे सुनना चाहते थे। 'झूठ सच'! वे सुनना चाहते थे कि घड़ी मैंने चुराई है। हारकर बात खत्म करने के लिए मैंने मान लिया कि हाँ मैंने ही चुराई है लेकिन बात यहीं खत्म नहीं हुई। अब सवाल आया कि क्यों चुराई है? ये 'क्यों' पहले वाले 'क्या' से अधिक सख्ती से पूछा गया। मैंने चुराई हो तो मैं बताती भी कि क्यों चुराई है। मुझे क्यों का जवाब नहीं सूझा तो मैंने फिर से इंकार कर दिया कि मैंने नहीं चुराई। अब एक सवाल और बढ़ गया कि जब चुराई नहीं तो स्वीकार क्यों किया। माँ ने अपने सिद्धान्तों-आदर्शों का बखान झाड़ना शुरू किया, "हमें तो चाहे कोई फाँसी पर लटका दे या गला काट दे हम तो कभी झूठ नहीं बोलेंगे..." काश! वे उस वक्त ये भी कहतीं कि किसी को सच के नाम पर झूट स्वीकार करने को बाध्य भी नहीं करेंगे।

ये पूरा प्रकरण चार-पाँच दिन तक 24 घण्टे सुबह, दोपहर, शाम, रात लगातार चलत रहा। मैं स्कूल भी नहीं गई, कि थोड़ी सी खुली साँस ही कहीं से मिल जाती। पिताजी और माँ ने मुझे डराने-धमकाने की हर संभव कोशिश की!...तुझे थाने भेज देगें। वहाँ पुलिस मार-मार कर तुझसे सच उगलवा लेगी...! कभी कहते सारे रिश्तेदारों को बता देंगे फिर जब तू कहीं आएगी-जाएगी सब तुझे 'चोर' कहेंगे, तुझे कैसा लगेगा, इन तमाम धमकियों के आगे बच्ची ने हार मार ली। न सिर्फ घड़ी की चोरी का झूठा इल्ज़ाम स्वीकार किया, बल्कि चोरी करने का झूठा कारण भी गढ़कर बताया, अगले दिन जब पिताजी कॉलेज जा रहे थे, तो मैं अपराधियों की तरह गिड़गिड़ाकर उनसे माँफी माँग रही थी! वे मुझे हिकारत भरी निगाह से देखकर यह कहते हुए साइड से निकल गए...हमें कोई मतलब नहीं, जो जैसा करेगा वैसा भरेगा...इसने अपनी बड़ी बहन को परेशान किया...इसे पाप लगेगा, बड़ी बहन तो माँ के समान होती है!

पिता जी के जाते ही माँ व दीदी ने फिर से रोना शुरू कर दिया। दीदी झूले पर बैठकर फफक-फफक के रोती जाती और मुझे कोसती जाती...ऐ, तुझे इसी दिन के लिए बड़ा किया था क्या...? तू चोरियाँ करेगी...हमारा नाम बदनाम कराएगी... माँ बिस्तर पर लेटकर रो रही थी और दीदी को चुप करा रही थी...ये तू रो-रो कर अपनी आँख फोड़ेगी क्या...चुप हो जा...मेरे पास आ जा मैं तो खड़ी नहीं हो पा रही। मैं दोनों के बीच खड़ी रोती रही...मुझे किसी ने नहीं चुपकराया, दुलारा व पुचकारा...मैं अपराधी जो थी! मुझसे सिर्फ घृणा ही की जा सकती थी...जो कि भरपूर मिल रही थी।

चार-पाँच दिन घर में ऐसा मातक सा छाया रहा जैसे घर के किसी जवान की हत्या हो गई हो। और वो हत्या मैंने की हो, जिसका दुख मुझे छोड़कर बाकी सबको था। इतनी उपेक्षा, घृणा तो मैंने अपनी 25 साल की जिन्दगी में कभी नहीं झेली, न घर में, न ही घर के बाहर। रात में जब मैं सोने का नाटक कर रही थी तो पिताजी आकर दीदी से कहते...इसने जो भी किया उसका हम सबको अफसोस है—और यदि सच्चे दिल से अपनी गलती का प्रायश्चित करना है तो इसे एक दिन का उपवास रखना चाहिए। अगले दिन उपवास का आदेश मिलने से पहले ही मैंने कह दिया कि मैं खाना नहीं खाऊँगी। किसी ने दिन भर मुझे खाने के लिए नहीं पूछा। रात में भैया दिल्ली से आ गए थे। रात में जब मैंने कहा कि मैं खाना नहीं खाऊँगी तो माँ ने कहा—खा ले...ठीक उसी अंदाज में जैसे कह रही हो, "खा ले अब उपवास की नौटंकी से क्या होगा...जो तुझे करना था तू कर चुकी।" और फिर मेरी अनुपस्थिति में भैया को सब कुछ बताया गया। सामने बताया जाता तब भी क्या हो जाता।

पाँच-छः दिन बाद जब मैं स्कूल गई तो मैंने पूरी घटना अपनी एक सहेली (जो मेरे और मैं उसके बहुत करीब थी) को बताकर मैं खूब रोई। याद नहीं उन दिनों स्कूल से घर ही लौटना मुझे कैसा लगता होगा। हाँ इतना याद है कि तीन साल जब

तक मालिक साहब के घर में रही मैं बुरी तरह से डिप्रेशन की शिकार थी। शायद ही कोई दिन जाता हो जब मैं आत्महत्या न करना चाहती होऊँ...! बचपन से ही बेहद भावुक थी। छोटी-छोटी कविताएँ, स्केच से रंगे हुए चित्र, कार्टून पेटिंग काट-काट मैंने एक पैकेट में रखे हुए थे... वो पैकेट मुझे उतना ही प्यारा था जैसे आदमी को अपना बेटा होता है। सम्पत्ति प्यारी होती है। मेरे इमोशनल होने की हद ये कि जब-जब मैं आत्महत्या करने की सोचती अगले ही पल मुझे वो पैकेट याद आ जाता कि मेरे बाद उसका क्या होगा? तब मैं सोचती कि लिखकर मरूँगी कि मेरे बाद इसे संभाल कर रखें। एक बार किया भी था ऐसा। अपना वो पैकैट पढ़ने की मेज पर रखकर उसके ऊपर 'नोट' रख दिया—'आदरणीय अम्मा व पिताजी...मैं जीना नहीं चाहती। मुझे माफ करें। मेरे बाद मेरे इस सामान को संभाल कर रखना आपकी बेटी—'' और फिर मैं घर के बरामदे में आ गई जहाँ बिजली का मेन स्विच था। काफी देर तक उसे घूरती रही। फिर मेन स्विच में से एक कटाउट निकाल लिया। कुछ देर हाथ में लिए खड़ी रही...मरना चाहती थी पर, बिजली के तेज झटके से डर रही थी। उस झटके को झेलने की हिम्मत नहीं थी...सोच ही रही थी की इसी बीच नीचे से माँ आती हुई दिखाई दी। मैंने जल्दी से कटाउट का प्लग वापस लगाया और आकर 'सुसाइड नोट' के टुकड़े-टुकड़े कर दिए।

एक बार स्कूल में मैंने कच्ची पैंसिल से एक कागज पर लिखकर अपनी दोस्त को दिया था 'तुझे पता है चूहे मारने वाली दवाई कहाँ मिलती है। प्लीज़ मुझे ला देना—मैं मरना चाहती हूँ।' गलती से वो कागज मेरे कजन (मामा के लड़के) के हाथ लग गया। (वो उन दिनों हमारे घर ही रहता था, दोनों एक ही क्लास में थे) उसने मेरा लेख पहचान लिया मुझे डराने लगा पहले मास्टर जी को दिखाया—वहाँ कोई हल नहीं निकला। फिर मेरे पास आकर कहने लगा— ये कागज़ फूफा जी को दिखाऊँगा फिर तुझे मार पड़ेगी...मैंने कहा दिखा देना...दिखा देना...मुझे डर नहीं मैं घर ही नहीं जाऊँगी। लेकिन 'अच्छी बच्ची' घर कभी नहीं छोड़ पाई, और न ही कभी 'अच्छी बन' पाई! बड़ी सख्त जान थी, न कभी जी पाई, न मरी ही...मरने की चाह में जीती चली आई! और अब मरना ही नहीं चाहती, मरने के बाद भी...

आठवीं बड़ौत के सरकारी हिन्दी मीडियम स्कूल से पढ़ने के बाद मैं एक साल के लिए अपने चाचा के साथ असम चली गई। वहाँ नौवीं क्लास में सेंट्रल स्कूल में मेरा दाखिला करा दिया गया। स्कूल अंग्रेजी मीडियम था। घर वालों ने वहाँ क्यों भेज था यह मुझे आज भी नहीं मालूम। स्कूल में अपने पहले दिन से लेकर आखिरी दिन तक मेरी हालत में कोई सुधार नहीं हुआ। क्लास में मेरी हालत ऐसी थी जैसे जंगल में कोई अजूबा जानवर आ गया हो। एक तरफ गाँव की सिर्फ हिन्दी बोलने वाली दब्बू लड़की, डरपोक लड़की, जिसे अपने शरीर में होने वाले जैविक परिवर्तनों को भी होश नहीं था। दूसरी तरफ फरार्टेदार अंग्रेज़ी बोलने वाली 'स्मार्ट' लड़कियों की फौज़।

जिन्हें न सिर्फ 'सुन्दरता' व 'स्मार्ट नेस' का अर्थ पता था बल्कि जिन्हें सुन्दर दिखना भी आता था। एक तरफ वो लड़की जिसके लिए 'पीरियड' शब्द भी नया व अटपटा था, दूसरी तरफ वे लड़कियाँ जिन्हें यह भी पता था कि जिसे पीरियड्स नहीं आते वो लड़की माँ नहीं बन सकती! जैसे एक गाँव के अनपढ़ को बिलायत भेज दिया जाए। वहाँ जाने पर उसकी जो हालत होगी, वही हालत पूरे वर्ष मेरी रही। रिजल्ट मेरा फेल था जो कि शायद किसी के लिए भी चौंकानेवाला न हो।

वहाँ घर में एडजस्ट होने में मुझे कोई तकलीफ हुई हो ऐसा मुझे ध्यान नहीं। वैसे भी जो लड़कियाँ घरेलू कामकाज में निपुण हों और काम से जी न चुराती हों, उन्हें एडजस्ट करने में शायद ही कहीं परेशानी आती हो। उस परिवार की सबसे अच्छी बात यह थी कि माँ बाप अपने बच्चों (दो लड़कियां एक लड़का) के बहुत प्यारे दोस्त थे, सबसे बुरी बात यह थी कि पति-पत्नी के रिश्ते का इतना रौद्र व भयंकर रूप मैंने पहली बार वहीं देखा।

इस बीच एक बात और हुई। वो घड़ी वाली घटना अब मेरे दिल पर ज्यादा असर करने लगी थी। कारण साफ था, चाचा-चाची अपने बच्चों को बहुत प्यार करते थे, उन्हें मारते नहीं थे। और मेरे माँ-बाप मुझे प्यार करना तो दूर, मेरे ऊपर चोरी का झूठा इल्ज़ाम लगाते हैं—मुझे टार्चर करते हैं। इसका परिणाम ये हुआ कि मैं लगभग रोज़ रोती थी। पूछने पर कहती घर की घर वालों की याद आ रही है। पर ऐसे घर की याद आ सकती थी भला...?

खैर एक साल पूरा हुआ। हम लोग वापस आ गए। गाँव आने पर माँ ने मुझसे पूछा...सुना है तू पूरा साल वहाँ रोई थी...क्यूँ? रोते-रोते मैंने कहा कि...वह घड़ी मैंने नहीं चुराई थी तो माँ कहती...मैं तो वो घटना भूल ही गई और वैसे भी यदि नहीं चुराई थी तो स्वीकार क्यों किया था...हमें तो कोई चाहे कितना भी डराए धमकाए, हम तो कभी झूठ स्वीकार नहीं करेंगे...और इस बात का तेरे वहाँ रोने से क्या सम्बन्ध है? 'सम्बन्ध' तो बताना चाहते हुए भी मैं नहीं बता पाई...क्योंकि छोटा मुँह बड़ी बात हो जाती। और बिना बताए वो समझ नहीं पाई... दीदी ने तो समझा ही नहीं, पर 'माँ का दिल' भी नहीं समझ पाया!

दोबारा से मेरा दाखिला नौंवी कक्षा में हुआ दिल्ली के एक सरकारी स्कूल में। उस वक्त मैं दीदी भैया के साथ अपने मामा जी के घर रहती थी। दिल्ली आते ही मैं पिताजी की डाँट और मार से हमेशा-हमेशा के लिए बच गई थी। मार खाने के बाद भी किसी भी क्लास में फर्स्ट न आने के बाद मैं जब दिल्ली पहुँची तो वहाँ नौंवी में मैं पहली बार प्रथम आई, और बारहवीं तक ये सिलसिला चलता रहा। दसवीं कक्षा में एक वर्ष के लिए मेरी पिटाई की जिम्मेदारी दीदी ने निभाई। डर के जिस एक रिश्ते को मैं पीछे छोड़कर आ रही थी, दूसरे वैसे ही रिश्ते ने वहाँ जन्म ले लिया। दीदी के साथ तब के बिगड़े हुए सम्बन्ध आज 10-11 साल बाद सामान्य हुए हैं बल्कि

वापस हुए हैं क्योंकि आज पूरे घर में वही मेरा सबसे अधिक साथ देती हैं हर तरह। अब लगता है कि माँ-बाप तो सभी अपने बच्चों के लिए अपना पेट काटते हैं, पर ऐसी दीदी किस्मत वालों को ही मिलेगी... आज पूरे परिवार में वे सबसे आधुनिक विचारों वाली हैं।

यह वो समय था जब मैं किशोरावस्था में कदम रख रही थी, जब हर लड़की शायद अपने शारीरिक-मानसिक परिवर्तनों को गौर से देखकर खुद पर थोड़ी इतराती होगी। सब कुछ नया-नया, उजला-उजला और शोख नजर आता होगा... पर मैं इस सब से दूर पता नहीं किस मायूसी और डिप्रेशन में रहती थी। बचपन का डर खौफ मेरे भीतर इतना रच बस चुका था कि मैं वहाँ भी अपने आप को आज़ाद महसूस नहीं करती थी—शायद थी भी नहीं।

घर में किसी से भी दोस्ती न होने से मैंने सारे रिश्ते 'अधूरे' ही जिए। ये बात मुझे बहुत दिनों तक कचोटती रही। इसलिए वो तलाश बाहर मुझे भटकाती रही। जहाँ से भी मुझे ज़रा सा प्यार मिलता मैं उसी की हो जाती। ग्यारहवीं में मेरी एक दोस्त बनी ज्योति। मैं उसे बेहद पसंद करती थी। उन दिनों उसका एक लड़के से चार साल पुराना अफेयर चल रहा था। वे दोनों एक दूसरे से बेहद प्यार करते थे। हालाँकि बाद में ये अफेयर टूट गया। मेरा प्यार ज्योति कभी पचा नहीं पाई। उसे लगता कि एक लड़की दूसरी लड़की को इतना प्यार कैसे कर सकती है। शायद इसी से तंग आकर उसने मुझसे कहा था, 'इतना प्यार' तू किसी लड़के से करती तो तेरी किस्मत बन जाती! उसकी ये बात अब याद करती हूँ तो हँसी आती है, कि लड़के से प्यार करके किस्मत बनती भी है!

खैर उन दिनों हमारी क्लास में लगभग हरेक लड़की का अफेयर चल रहा था जिसमें निशा और ज्योति का सबसे फेमस था। उसकी बातें हम खूब चाव से सुनते थे। मेरे साथ ऐसा कोई लफड़ा नहीं था क्योंकि मैं 'अच्छी' बच्ची थी। मुझे अच्छी बने रहना था। दिल्ली आई थी तो भैया ने बस एक बार कहा था तू मेरे कहने से दिल्ली आई है वर्ना वहीं गाँव में पढ़ती। फिर तेरी शादी हो जाती...मेरी नाक मत कटवा देना। कभी सब लोग मुझे कहें, हमने तो पहले ही कहा था! मुझे खुशी इस बात की है, कि जब तक मैं भैया की ज़िम्मेदारी बनकर रही। मैंने कभी उन्हें शिकायत का मौका नहीं दिया—न घर में...न ही बाहर।

मुझे लगता है क्लास की हर लड़की अपने प्यार को सबसे ज़्यादा बड़ा व मज़बूत समझती होगी। पर उनमें से शायद ही किसी की शादी उनके पहले प्यार से हुई हो। मज़ेदार बात तो ये थी कि क्लास में कुछ लड़कियाँ इसलिए फेमस थीं कि वो कई ब्वायफ्रेंड्स बदल चुकी हैं। दूसरी तरफ निशा व ज्योति जैसी लड़कियाँ पूरी 'मित्रव्रता' थी। निशा कहती थी यदि विजय से मेरी शादी नहीं हुई तो मैं मर जाऊँगी।

बारहवीं क्लास के बाद उसका ये नशा उतर गया और उन दोनों का ब्रेकआफ

हो गया। एक बार निशा मेरे लिए भी अपने मौहल्ले के एक लड़के का ऑफर लाई थी। बकौल निशा, सुनील शेट्टी से उसकी बहुत शक्ल मिलती है और वो कहता है मैं गायत्री से बहुत प्यार करता हूँ। मुझे ये सब सुनना अच्छा लगा हो मुझे याद नहीं। जब कई बार वो यही बात कहलवा चुका तब मैंने निशा से सिर्फ इतना ही कलवाया....पिटना है क्या? उसके बाद उस गली के मजनू की कहानी वहीं खत्म हो गई।

अपनी तनहाई और अकेलेपन को बाँटने के लिए मैं ज्योति को ख़त लिखती थी। पहली बार मैंने इस तरह से किसी को खत लिखे थे। यही समय था जब मैंने कविताएँ लिखना शुरू किया था। हर रोज़ मैं नई कविता ले जाती और अपनी सहेलियों को सुनाती थी। धीरे-धीरे उन्हें भी चावं हो गया कि मैं आज क्या लिखकर लाई हूँ। उन्हीं दिनों मेरी वीनू से अच्छी दोस्ती हुई। मेरी कविताओं को पढ़कर उसे लगता था कि जैसे मैं अपनी उम्र के हिसाब से 10-12 साल आगे जीती हूँ। और जिन्दगी के बहुत बड़े-बड़े अनुभव मुझे हो चुके हैं। बीनू से मेरी दोस्ती अभी तक चल रही है और वो माँ बन चुकी है।

बाहरवीं पास करके दिल्ली के मैत्रेयी कॉलेज में मेरा दाखिला हो गया। स्कूल के तमाम बंधनों के बाद कॉलेज के उन्मुक्त परिवेश में जाने पर लड़कियों के भीतर जो पुलक होती है वह मेरे भीतर नहीं थी। किशोरावस्था की चहक, जीने की उमंग, सुंदर लगने की चाहत, किसी का प्यार पाने की लगन, मेरे लिए ये बातें अभी तक दूसरे जहान की थीं। कॉलेज के पहले साल मैंने लाइब्रेरी से अलग कुछ नहीं देखा था। लेकिन नम्बर फिर भी अच्छे नहीं आए तो दूसरे साल मैंने एन. सी. सी. जॉएन की और लाइब्रेरी की शक्ल देखना भी छोड़ दिया।

एन. सी. सी. कैम्पस में जाना शुरू किया। कैम्पस में मुझे थोड़ी जिन्दगी सी मिली, तमाम बन्धनों, सीमाओं से दूर अपनी एक अलग ही दुनिया जिसमें सिर्फ मस्ती, चहक, आजादी थी। धीरे-धीरे मेरी कोशिश यही होती थी कि मैं ज्यादा से ज्यादा कैम्पस में जाऊँ। इसी बीच मेरा सलेक्शन आर. डी. सी. (रिपब्लिक डे कैम्प) में हुआ। मैं बहुत खुश थी। एक तो एन. सी. सी. में आर. डी. सी. करने वालों की सबसे अधिक तारीफ की जाती थी, दूसरे वर्दी पर आर. डी. सी. का बैज लगते ही दूसरों पर सिक्का अच्छा जमता था क्योंकि आखिर तक आर. डी. सी. में सलेक्शन बड़ा मुश्किल काम था। जैसे-जैसे एन. सी. सी. में रमती चली गई, अन्दर की बातें पता चलने लगीं। इन वर्दी धारियों की असलियत पता चलने लगी। सारे इंस्ट्रक्टरों की आँखें अक्सर लड़की कैडेट को छातियों पर ही अटकी रहती थी। और भी छोटी-मोटी छेड़खानियों से बाज नहीं आते थे। लगभग सबकी आँखें एक सी झपटती थीं—उफ! जयपुर कैम्प में अपनी एक दोस्त रति के मुँह से सुना, "साले सारे के सारे कमीने हैं...रात को सी. ओ. के कमरे में कैंडेट्स (लड़की) भेजी जाती है।" अब धीरे-धीरे

इन बातों पर यकीन होने लगा था। प्री. आर. डी. सी. के जयपुर कैम्प में हमारे सी.ओ. कर्नल जुल्का थे। उनकी रेपुटेशन बाकी सी. ओ. से अच्छी थी...या कहूँ की अच्छी बना रखी थी। आर डी कैम्प खत्म होने तक मैं इस आदमी से थोड़ा सा जुड़ गई थी भावानात्मक स्तर पर। मैं उसे अपने बाप की तरह देखती थी। और उससे वही प्यार पाना चाहती थी जो कि एक बाप अपनी बेटी को करता है। उसे भी मैंने ये बात बहुत बार बताई थी। अपने घर पर भी बताया जुल्का सर के बारे में कि ''बहुत अच्छे हैं।' उस वक्त पिताजी ने कहा था कि थोड़ा बच के रहना, लड़कियों का शोषण भी करते हैं, पर उनकी बात का असर नहीं लिया था। एक बार मैं अपनी एक दोस्त और उनके साथ लाँग ड्राइविंग पर गई। उसने मेरा चेहरा चूमा-चाटा—मैं सिर्फ ये सोचती रही क्या ऐसा प्यार अपनी बेटी से किया जा सकता है! धीरे-धीरे दिमाग़ की खिड़कियाँ खुलीं तो अपनी कमअक्ली पर बहुत गुस्सा आया...मुझे खुद से नफरत सी हो गई थी। क्या मैं ऐसी हूँ...? सब लोग एक ही चीज़ क्यों चाहते हैं...? एन. सी. सी. का ये सबसे बुरा व दहलाने वाला अनुभव था जिसे मैं खुद से भी छुपाना चाहती थी...मुझे अहसास हुआ कि एक जवान लड़की को घर से बाहर बाप का प्यार कभी नहीं, कहीं नहीं मिल सकता।

फाइनल आर. डी. कैम्प एक महीने का था जो दिल्ली के परेड ग्राउंड में लगा था। इस कैम्प से एक साल पहले एन. सी. सी. डे के कैम्प में मेरी मुलाकात हिमांशु से हुई थी। वह वैटेनरी डॉक्टर की पढ़ाई पढ़ रहा था। मेरी एक फोटो उसके कैमरे में थी जो कि अपने वायदे के अनुसार उसने बड़ी ईमानदारी से भेज दी। मुझे बहुत अच्छा लगा। उस वक्त तक लड़कों से दोस्ती का मतलब मैं सिर्फ अफेयर समझती थी। लगभग एक-डेढ़ साल हमारी खतो-खिताबत चलती रही। कभी फोन पर भी बात हो जाती थी। हिमांशु आर. डी. कैम्प में फिर मिला। तब हम दोस्तों की तरह मिले, अजनबियों की तरह नहीं। पंद्रह-बीस दिन हम लोग शाम को कैफेटेरिया में मिले दोस्तों के साथ। बीच में अचानक दिल्ली के कैडेट्स का कैफेटेरिया जाना बैन हो गया। उस दिन मैं बहुत परेशान हुई और गुस्से में मैंने अपना बाँया हाथ ब्लेड से पंद्रह जगह से काट लिया। किसी को कानों-कान खबर भी न हुई क्योंकि अपने दोस्तों में मैं सबसे ज्यादा हँसाने वाली व बेहद ज़ोर से हँसने वाली लड़की के रूप में जानी जाती थी। जब भी मैं हँसती हीयान (हमारा साथी कैडेट) कहता—''तेरी हँसी सुन कर तो बच्चे डर जाएँ, क्यूँ इतना दहाड़ती है।''

खैर फेटेटरिया न जाने का बैन हटा, मुलाकातों का सिलसिला फिर शुरू हुआ। जैसे-जैसे कैम्प खत्म होने जा रहा था भीतर की बेचैनी बढ़ती जा रही थी पता नहीं क्यों? आखिरी दिन भी आया। रात का वक्त था मैंने हर रोज़ की तरह साड़ी और ऊपर ब्लेज़र पहना हुआ था। हिमांशु अपने बैरक लौट रहा था। मैं अपने आंसू छिपाती हुई धीमे-धीमे कदमों से उसके साथ चल रही थी क्योंकि हर नए कदम पर हमारे

बिछुड़ने की सीमा करीब आ रही थी। सीमा आई और मैं खड़ी हो गई। कुछ पलों का मौन, फिर उसने कहा, ''लिसिन गायत्री, एवरी चैप्टर हैज़ एन एंड लैट्स प्रे फॉर इटस वैस्ट एंड!'' उसके ये अल्फाज़ आज भी कानों में अटके हुए हैं। जब भी किसी रिश्ते की चिता को अग्नि देनी पड़ती है हर बार उसके ये शब्द कानों में गूँजने लगते हैं...इस तरह से शायद मैं उसे हमेशा याद रखूँगी।

इतना कहकर आर. डी. कैम्प का वैस्ट राइडर लंगड़ाते हुए दूर जाने लगा... और मैं वहीं खड़े-खड़े आँखों से उसके ओझल होने तक नज़रो से उसके साथ-साथ चलती रही। अगली सुबह हमें 5 बजे आगरा घूमने के लिए निकलना था। वो पूरी रात मैंने रोते हुए और उसे खत लिखते हुए बिताई। अगली सुबह जब पंजाब के वैरक के सामने से अपने दोस्तों के साथ जा रही थी जो बहुत देर तक अपनी रुलाई को रोकने के कारण मैं जब रुकी तो एक बार हिचकियों में मेरी साँस भी रुक गई थी। उस सुबह मैं जितना रोई थी उतना मैं जिन्दगी में आज तक नहीं रोई। उसके बाद भी वो एक दो बार दिल्ली आया, फोन पर भी हमारी बातें हो जाती थीं। कभी पत्रों के माध्यम से। इस बीच उसका कहीं और अफेयर चल रहा था। बाद में वो लड़की उसे छोड़कर चली गई थी। अफेयर टूटने के बाद उसने एक दिन मुझे ये सब बताया। उस पर मुझे बहुत गुस्सा आया कि उसने मुझसे सबकुछ छिपाया है। धीरे-धीरे फासला बढ़ता गया। फिर दो-तीन साल बाद हॉस्टल में अचानक एक रात उसकी आवाज़ फोन पर सुनाई दी। गोवा से बोल रहा था। सिर्फ दोस्ती करना चाहता था। फिर उससे कभी बात नहीं हुई।

एन. सी. सी. में सबसे अच्छी दोस्त मुझे राखी मिली। पुरी कैम्प में मेरी दोस्त हुई थी। उम्र में छोटी अनुभवों में बड़ी। फोन और खतों का अरोक सिलसिला जैसे दो प्यार करने वालों का। इस वक्त मैं कॉलेज के फाइनल इयर में थी। बस मामा जी के घर से विस्थापित होकर दीदी के यहाँ आ गई थी... मामा जी के प्यार, केयर और छोटी-छोटी चीजों के लिए प्रोत्साहन के लिए मेरे पास शब्द ही नहीं हैं—वे बस अद्भुत हैं। जिन दिनों मैंने राखी को खत लिखने शुरू किए थे उन दिनों कविता लिखने का दूसरा दौर शुरू हुआ था। हरेक खत में उसे कविता लिखकर भेजती...वो तारीफ करती और मुझे अच्छा लगता।

कॉलेज के फाइनल इयर तक एन. सी. सी. में काफी पैर पटकने के बाद मेरा रुझान थोड़ा-थोड़ा पुलिस व आर्मी लाइन की तरफ होने लगा था। इस वक्त घरवालों की तरफ से मेरे ऊपर ऐसा कोई दबाव नहीं था कि मुझे किसी क्षेत्र विशेष में ही जाना हो। लेकिन सच ये है कि मेरी हालत उस वक्त ऐसी बेल की थी जो उगने से लेकर बढ़ने तक किसी सहारे से लिपटी रही हो। और अचानक वो सहारा हटा दिया जाए और कहा जाए कि आगे तुम सीधा बढ़ने के लिए स्वतंत्र हो। ग्रेजुएशन तो हो गई। नम्बर अच्छे नहीं आए बस पास हो गई। लड़की पढ़ाई में होशियार न

हो तो सिर्फ विवाह ही विकल्प रह जाता है। सो मेरी शादी की बात भी माँ ने शुरू कर दी। कई वजह थीं इसकी, एक तो पढ़ाई पूरी हो गई और शादी की उम्र भी (लगभग 21 साल), दूसरे रिजल्ट इतना खराब था कि कुछ करूँगी इसकी उम्मीद भी छूट गई होगी, तीसरे काफी दिनों बाद एक बार फिर से पिताजी को संन्यास लेने की धुन सवार हो गई। सो माँ ने सोचा पिताजी के ऐसा करने से पहले ही गंगा नहा ली जाए। मुझे इस बात की खबर सबसे पहले अपने कज़न भाई द्वारा पता चली कि मेरे शादी की बात चल रही है। पहले तो मुझे यकीन नहीं हुआ फिर मेरी बत्ती बुझ गई। बात सामने आई तो मेरी रुलाई फूट गई। कभी शादी नहीं करनी, कभी अभी नहीं करनी, कभी दीदी की दुहाई देकर कि 'उनकी तो लेट की थी' शादी की बात दो साल के लिए टल गई। मैंने राहत की साँस ली। दूसरी तरफ क्या करना है ये ज़्यादा स्पष्ट नहीं था दिमाग़ में...

उस वक्त शादी के लिए मना न किया होता तो एक दो बच्चों की माँ होती। कितने समय तक पति द्वारा बलात्कार होता ये मुझे भी नहीं पता...पर तब मैं उसे बलात्कार नहीं कहती क्योंकि तब मुझे यही पता था कि ये तो पति का अधिकार है! और मेरा अधिकार...? इसका मुझे ज्ञान नहीं था। जिस लड़की को सैक्स का भी नहीं पता हो, उसे इच्छा कैसे हो सकती है? वो पवित्र 'संभोग' कैसे हो सकता है जिसमें लड़की और लड़के की सम इच्छा ही शामिल न हो... लड़की की इच्छा के बगैर यदि उसे भोगा जाए तो कानूनी भाषा में उसे बलात्कार ही कहते हैं। हालाँकि पति द्वारा बलात्कार जैसी कोई अवधारणा अभी हमारे यहाँ नहीं है पर जल्दी ही विकसित होगी। ये जो लड़कियों की दिमागी खिड़कियाँ खुल रही हैं ये जंगल की आग की तरह फैल रही हैं...मुझे तो लगता है अधिकाँश लड़कियों के साथ ऐसा ही होता है। खासतौर से गाँवों में, और छोटे शहरों की लड़कियों के साथ यही होता है। यहाँ भी तो ऐसी कितनी लड़कियों को जानती हूँ जो दस में से नौ हिस्से को तो सहर्ष जीने को राज़ी हैं पर उस एक हिस्से को स्वीकार करने में उनकी बत्ती गुल हो जाती है। पर उस एक हिस्से को अस्वीकार करने का विकल्प है किसके पास...? विवाह संस्था में तो अपनी सहमति होने तक, उससे बचे रहने का विकल्प है नहीं। सुप्रीम कोर्ट ने भी सम्बन्ध न बनाने के अधिकार पर पति को तलाक लेने का पूरा-पूरा अधिकार दिया है यह कहकर कि वह स्थिति पति को मानसिक व भावनात्मक ठेस पहुँचाती है। मतलब कि पत्नी की भावनात्मक व मानसिक ठेस 'ठेस' नहीं है, पति की है! उसका खून-खून है हमारा खून पानी है?

खैर, इसी बीच मैंने बी. एस. एफ. व आई. टी. बी. पी. में ए. एस. आई. की पोस्ट के लिए लिखित परीक्षा दी। बी. एस. एफ. में लिखित परीक्षा पास की पर टाईपिंग न आने से भर्ती नहीं हुई। टाईपिंग-वाईपिंग करना मुझे शुरू से ही अच्छा नहीं लगा। इस पर पिताजी की प्रतिक्रिया थी कि "ए. एस. आई. की पोस्ट क्या होती है—कौन

पूछता है ए. एस. आई. को–?" संभवतः ऐसी प्रतिक्रियाएँ...हम तीनों भाई-बहनों ने सुनी होंगी लेकिन मैं भावुक थी इसलिए मेरे ऊपर इनका असर ज़्यादा दुःखदाई था। इसी क्रम में फिर कुछ समय बाद सुनने को मिला, "एक आध लाख देकर पुलिस में सिपाही-विपाही...या हवलदार हो जा...इससे ज़्यादा तो तेरे बस की...।"

पुलिस की नौकरी से मेरा मन हटने लगा। आर्मी के लिए एक तो अंग्रेज़ी इतनी अच्छी नहीं थी कि एस. एस. बी. का इंटरव्यू पास कर पाती। दूसरी तरफ आर्मी की भीतरी दुनिया का नज़ारा मैं एन. सी. सी. में देख चुकी थी जिससे मैं सिर्फ नफरत करती थी। इसी समय बैंक की परीक्षा के लिए एक बार परीक्षा भी दी थी। पर न तो मैं उस नौकरी के लिए थी, न ही वो मेरे लिए। बी. एड. कर लेती तो इतना भटकना नहीं पड़ता कहीं न कहीं मिल जाती नौकरी।

शादी के प्रति एक जवान लड़की के मन में जो सुनहरे सपने, लुकी-छिपी सी मद भरी अभिलाषाएँ होती हैं वो मेरे भीतर कहीं नहीं थीं। धीरे-धीरे मन हो रहा था शादी नहीं करनी। क्यों नहीं करनी, इसका कारण खुद को बताने के लिए भी मेरे पास नहीं था उस वक्त। सिर्फ दीदी मेरी इस बात से ज़्यादा असहज नहीं थीं। बल्कि सबके लिए अकल्पनीय थी।

ग्रेजुएशन के दौरान ज़रूरतमंदों की मदद करने की जो चाह भीतर पनप रही थी अब वो ज़्यादा बढ़ने लगी थी। समाज सेवा की लगन मेरे भीतर पिताजी से ही आई है। सहयोग विकास सोसाइटी (एन. जी. ओ.) के प्रेसीडेंट मिस्टर शुक्ला के काम से दीदी व दीदी के काम करने के ढंग से शुक्ला बहुत प्रभावित हुए। दीदी ने कहा मेरी छोटी बहन जो कि शादी नहीं करना चाहती समाज सेवा करना चाहती है, उसे प्लेटफार्म नहीं मिल रहा। शुक्ला ने मुझे अपने एनजीओ में आंमत्रित किया। दीदी अपने ऑफिस से छुट्टी लेकर मुझे उसकी संस्था (बदरपुर) में ले गई। दिल्ली में ही थी। उसने बताया कि उनकी संस्था ड्रॉपआउटेड बच्चों को पढ़ाने का, उनके स्वास्थ्य का व गर्भवती महिलाओं की चिकित्सीय जाँच आदि का काम कराती है।

ऑफिस सा न लगने की हालत में उसका ऑफिस। मैं दीदी के साथ ऐसे बैठी थी जैसे मैं वहाँ काम करने नहीं नर्सरी में दाखिला लेने बैठी हूँ और दीदी मेरी गार्जियन हैं जो उससे बातें कर रही थीं। उस वक्त दिल्ली में रहते हुए मुझे लगभग सात वर्ष हो गए थे, पर न तो मैं दिल्ली की लड़कियों जैसी स्मार्ट थी और न ही मुझमें वो आत्मविश्वास था और न ही मुझे किसी से बातें करना ही आता था। दिल्ली में कहाँ, क्या है कैसे आते-जाते हैं कौन सी बस कहाँ जाएगी मुझे कुछ नहीं पता था। सात साल बाद भी मैं ऐसी थी जैसे कल परसों दिल्ली आई हूँ। क्योंकि घर से स्कूल व कॉलिज दोनों ही वाकिंग डिसटेन्स पर थे। मुल्ला की दौड़ मस्जिद तक थी, घर से कॉलिज, कॉलिज से घर। बस एक सरोजनी नगर के बाज़ार का तो पता था, जहाँ भइया-दीदी के साथ जाती थी। ये उन दिनों की बात है जब तक कि मैं 'अच्छी व

शरीफ' लड़की थी। मुझे किसी से (खुद से भी नहीं) मतलब नहीं था। किसे मुझसे क्या मतलब ये मुझे पता नहीं था।

मैं बदरपुर आने-जाने लगी। शुरू-शुरू में मुझे सिर्फ ऑनरेरियम मिलता था, बारह सौ रुपए। मेरा काम वहाँ कुछ निश्चित नहीं था। कभी फील्ड में महिलाओं से मिलती, कभी उसके साथ स्कूटर पर बैठकर ऑफिसों में धक्के खाती, कभी बच्चों को पढ़ाती। उसने एन. जी. ओ. से अलग एक पब्लिक स्कूल भी खोल रखा था, कभी प्रिन्सिपल का काम करती कभी ऑफिस वर्क। सुबह छः बजे मैं निकलती मिण्टो रोड से। डेढ़ घण्टे की दूरी तय करके अपनी दिहाड़ी पर पहुँचती। जहाँ से शाम तक घर पहुँचती थी। यह लगभग रोज की दिनचर्या थी। जब काफी दिनों तक मैं जाती रही तो शुक्ला को लगने लगा कि मैं छोड़कर नहीं जाऊँगी। वह जगह ही ऐसी थी जहाँ हर कोई आसानी से जाने को राज़ी नहीं होगा। बस से उतरने के बाद दो बार ऑटो बदलना पड़ता था। फिर पैदल का दस मिनट का सफर गन्दगी वाले रास्ते से। उसने मुझे तीन हज़ार देने शुरू किए। वे सौ सौ के तीस नोट देखकर मैं बहुत खुश होती थी।, सोचती थी पता नहीं इनसे क्या-क्या कर लूँ। पहली कमाई का पहला स्वाद बहुत ही मीठा था।

मुझे फील्ड में जाकर महिलाओं से बात करना, उन्हें कुछ समझाना बहुत अच्छा लगता था। उन्हें भी मुझसे कुछ अजीब सा आकर्षण था। मेरी एक सहृदय मुस्कान व एक प्यार का सहानुभूति-भरा स्पर्श एक ही नज़र में उनके दिल के करीब ले जाता। लेकिन किसी के 'अंडर' काम करना मुझे अच्छा नहीं लग रहा था। शुक्ला का पीठ थपथपाना दिन ब दिन मुझे बुरा लगता गया।

मेरी 25 साल की जिन्दगी का कुल हासिल इतना है कि अब मैं जीना चाहती हूँ, हर हाल में चाहे जो हो जाए। सिर्फ एक ही बार मरूँगी। अब मैं मरने के बाद भी जीने के लिए जीऊँगी।

उन दिनों

□ उषा महाजन

16 जनवरी, 1968
शाम का वक्त।

इलाहाबाद यूनीवर्सिटी का लड़कियों का इकलौता हॉस्टल। मेरा 'सिंगल' कमरा, न. 116, कमरे के भीतर का अकेलापन पूरे वजूद पर छाता जा रहा है। आज कुछ भी अच्छा क्यों नहीं लग रहा। मन इतना उदास। कुछ भी करने का जी ही नहीं कर रहा। पढ़ने को ढेरों पड़ा है। सालाना इम्तिहान सिर पर।

कड़ाके की सर्दी में भी दम घुट कर रह जाएगा, जैसे। इतनी उमस मन में। ऐसा क्यों लगता है कभी-कभी! बेवजह ही—अनमना सा, बेजार सा!

उम्र ही ऐसी है। महज उन्नीस साल। कुछ भी चुभ जाता है, बींध जाता है मन-अन्तर को। कुमकुम और शीला की ऐसी छन रही है आजकल। मैं तो जैसे उनका हिस्सा ही न रही होऊँ कभी। इतना बेगानापन!

अपने प्रथम तल के कमरे से निकल, बाहर कॉरिडॉर में आ जाती हूँ। लम्बा का लम्बा कॉरिडॉर। छोर पर है एक बड़ा कमरा न. 119। पिछले साल शीला शर्मा, कुमकुम जैन और मैं—हम तीनों ही तो इसी कमरे में रहती थीं। एक साथ। इस साल हम सबको अलग-अलग कमरे मिले हैं। कुमकुम और शीला को दूर, उस सामने वाले विंग में।

पिछले साल हम तीनों कितने मजे करती थीं। तीनों घर से दूर, परिजनों से दूर, एक दूसरे में अपनापन, अवलम्ब ढूँढ़ती। कुमकुम सहारनपुर से आई थी। अमीर घराने से। 'संसार' सिलाई मशील वालों की बेटी। पॉलिटिकल साइंस विभाग के डॉ. हरिमोहन जैन उसके लोकल गार्जियन थे। शीला शर्मा के पिता एयर फोर्स में थे और फिलहाल इलाहाबाद के पास ही बमरौली में पोस्टेड थे। शीला उतनी 'होमसिक' नहीं होती, पर कुमकुम को घर की याद सताती, तो सितार उठाकर रियाज शुरू कर देती।

पॉलिटिकल साइंस हम तीनों का साझा विषय, कुमकुम ने शिक्षा शास्त्र (एजूकेशन) और संगीत भी लिए हुए थे। पॉलिटिकल साइंस के अतिरिक्त मेरे विषय थे अर्थशास्त्र

और अंग्रेजी साहित्य। शीला के साथ अंग्रेजी साहित्य भी साझा। कुमकुम और शीला अपने दो विषयों के लिए मुख्य कैंपस में जातीं। मेरे सभी विषयों की कक्षाएँ हॉस्टल के सामने की ही खम्भों से घिरी लाल दीवारों वाली इमारत में होतीं, विमेंस कॉलेज में ही।

कुमकुम की माँ उसकी छोटी बहन मुनिया के साथ सहारनपुर से अक्सर आतीं और कंडेस्ड मिल्क के ढेरों डिब्बे (हमारी चाय के लिए), मिठाइयों के पैकेट, सूखे मेवे और न जाने क्या-क्या दे जातीं और हमारे पूरे विंग की दावत होती। बीच-बीच में बाऊजी भी आते मेरे, नवाबगंज से। माँ उनके हाथ घर के बने अचार, मठरियाँ, मिठाइयाँ और खासकर देसी घी भेजा करती। 'हॉस्टल का खाना पता नहीं कैसा हो--घी जरूर डाल लिया करो दाल में, चम्मच भर' उनकी नसीहत भी साथ होती।

शीला हम सब में सबसे ज्यादा मिलनसार। पढ़ाई में भी उतनी ही कुशाग्रबुद्धि। पढ़ाई-लिखाई से फारिग होते ही वह अपने कमरे से निकल पड़ती। वह अपने आप को हाथ देखने में माहिर सिद्ध करती कहीं न कहीं दिख ही जाती है, किसी न किसी विंग में किसी न किसी लड़की का हाथ थामे। लड़कियाँ भंवरों की तरह उसके गिर्द मँडराती हैं। सभी को तो जानना है—उसे उसका प्रेमी कब मिलने वाला है? कितने प्रेम लिखे हैं हाथ की रेखाओं में? पढ़ाई कितनी? शादी कब? लड़कियों की जिज्ञासाएँ अनन्त हैं। और शीला का धैर्य असीम। शीला के पास सभी के लिए सन्तोषप्रद जवाब। हॉस्टल के फाटक और खम्भों से घिरे लाल दीवारों वाले विमेंस कॉलेज के बीच दोपहर भर खूब चहल-पहल रहती है। पानी-पूरी और आलू टिक्की के खोमचेवालों से शीला को कभी कुछ खरीदना नहीं पड़ता। हाथ दिखाने वाली इतनी लड़कियाँ हैं, उसका खयाल करने को।

शीला का दूसरा शगल है 'गॉसिप'।

विमेंस कॉलेज के ठीक सामने वृहद गोलाकार पार्क है। बीच-बीच में बेंच लगे हैं। 'विजिटर्स डे' पर सभी बेंचों पर 'हाउस फुल', गीता दी हमारी वार्डन हैं—गीता घटक। 'विजिटर्स डे' से खासा चिढ़ती हैं और लड़कियों के मुँह पर साफ कह देंगी, "ऊपर से भैया, भीतर से सैंया, खूब जानती हूँ तुम लोगों को।"

विमेंस कॉलेज की पोर्टिको की सीढ़ियों पर हम कुछ लड़कियों के साथ बैठी शीला खिलखिलाती है, "अभी तक हमें कोई सैंया नहीं मिला, हमारी क्लासें यहाँ जो होती हैं—विमेंस कॉलेज में।" इन्द्रा सिंह, मिथिलेश कुमारी (किसी रियासत की भूतपूर्व राजकुमारी की बेटी) उर्फ मृगांका दी, मीरा गुप्ता—हमारी सीनियर्स, ऊपर से गुजरती हैं और हम चुप।

खुसफुसाहट होती है, हम लड़कियों में, "मीरा गुप्ता के भाई को देखा है—मधुकर गुप्ता। ही इज सो डैशिंग! आई. ए. एस. में आएगा, जरूर। बट, ही इज सो रिजर्व्ड..." एक और खिलखिलाहट, "सो वॉट? अरे, हमारे अपने हीरो भी तो हैं—आलोक राय।

कैसे मैनरिज्म से पढ़ाते हैं अंग्रेजी! उछल कर कभी मेज पर बैठ जाएँगे, कभी बिल्कुल हमारी कुर्सी के पास...''

आलोक राय सचमुच हमारे हीरो हैं। कभी-कभी अंग्रेजी पढ़ाने आते हैं हमें विमेंस कॉलेज में। उनकी कक्षा हो, तो शायद ही कोई लड़की अनुपस्थित रहती हो। वैसे हम इला पंत की भी दीवानी हैं और अमिता तथा जया अग्रवाल की भी, तीनों अंग्रेजी की प्राध्यापिकाएँ। और पॉलिटिकल साइंस की मिस वी. एल. पुरवार यानी विजयलक्ष्मी पुरवार तो हमारी जान हैं, हमारी 'रोल मॉडेल' एकदम आदर्श शिक्षिका, आदर्श व्यक्तित्व।

शीला उचकती है, ''डिड यू सी मृणाल पन्त टु डे? हमारे हॉस्टल आई थी आज। ओह, शी इज सो प्रिटी। उनकी साड़ी देखी थी? सो क्यूट शी लुक्ड़! अरे, तुम्हें नहीं मालूम? शिवानी की बेटी है मृणाल...''

119 नंबर के कमरे से बरबस दृष्टि हटा लेती हूँ। कुछ है ज़रूर आज!

किसी अनहोनी का सन्देश? कुछ अशुभ तो नहीं होने को है? इतने कौए एक साथ कॉरिडॉर के रेलिंग पर?

शुभ-अशुभ की शंकाएँ कब से घेरने लगीं? मैं तो इन सब में विश्वास ही नहीं करती। ढोंग-पाखंडों में, होनी-अनहोनी में।

पर संयोगों, दैवयोगों पर?

मन विचलित सा हो रहा है। काँव काँव करते कौओं की कतार को रेलिंग पर फड़फड़ाता देख।

मृगांका दी। एक साल सीनियर हैं। पर उनका स्नेह है मुझ पर, बहुत। उनके कमरे में जाती हूँ। चित्त को कुछ राहत। उस शाम डायनिंग हॉल में खाना भी उन्हीं के साथ। एक साल सीनियर हैं वे पर लगने ही नहीं देती। मन की इतनी उदात्त, इतनी निर्मल! इसी साल एक और लड़की से दोस्ती हुई, राजुल माथुर से। राजुल सहपाठिनी है। उसने भी अंग्रेजी साहित्य लिया है। लम्बी, छरहरी सी राजुल दिल की एकदम साफ। राजुल भी वहीं बैठी है। अब कुछ अच्छा सा लग रहा है।

अगली दोपहर।

पॉलिटिकल साइन्स का पीरियड अभी छूटा ही है। त्रिवेणी का कमरा। ग्राउण्ड फ्लोर पर है। दुआ-सलाम का ही नाता है उससे। वह बेचैनी से ढूँढती सी आ रही है, ''सुनो, तुम्हारे कोई भाई आए हैं। लक्ष्मी भैया! तुम्हें लिवा ले जाने आए हैं। अभी तुरन्त जाना है तुम्हें घर।''

''लक्ष्मी भैया? अयोध्या से?''

लक्ष्मी भैया तो बड़े भाइयों के दोस्त हैं, बचपन के। अब फैजाबाद में किसी सरकारी नौकरी में हैं। रहते हैं अयोध्या में, कनक भवन के पास कहीं।

लक्ष्मी भैया क्यों लिवाने आए हैं?

बाऊजी नवाबगंज सुगर मिल में काम करते हैं। नवाबगंज अयोध्या से पाँचेक मील होगा, सरयू पर बने लम्बे पुल के उस पार। बाऊजी के साथ माँ और दो छोटे भाई रहते हैं। कहीं किसी को कुछ...?

लक्ष्मी भैया सीधे लिवाने क्यों चले आए? छुट्टियों में खुद ही जाती हैं घर! हम दोनों बहनें। कुक्की भी यहीं पढ़ती हैं न बारहवीं में, क्रॉस्थनेट कॉलेज में।

लक्ष्मी भैया तो विमेंस कॉलेज के दफ्तर के बाहर कुक्की को साथ लिए ही खड़े हैं।

रास्ते भर ट्रेन में वे हम दोनों बहनों से कोई बात नहीं करते। हमारी किसी शंका-आशंका का समाधान नहीं। बस, खिलाते-पिलाते जा रहे हैं कुछ न कुछ, थोड़ी-थोड़ी देर में। अधिक पूछते हैं तो बस एक छोटा सा जबाब उनका, "बाऊ जी की तबियत ठीक नहीं है।"

तब भला क्या सूझता कि झूठ बोल रहे थे, लक्ष्मी भैया! घर तक पहुँचाने की अपनी जिम्मेदारी को सहजता से लिया। ले जाने के लिए इतना बड़ा झूठ बोलते रहे लक्ष्मी भैया हमसे?

घर पहुँचे, नवाबगंज, तो देखा जमशेदपुर से बड़े भाई-भाभी और कोयम्बटूर से एयर फोर्स वाले भाई और भाभी भी आए हुए हैं।

क्यों भला?

और बाऊजी कहाँ हैं? कहाँ हैं हमारे बाऊजी?

बौराई सी हम दोनों बहनें एक कमरे से दूसरे कमरे 'बाऊ जी' 'बाऊ जी?' करती उन्हें ढूँढ रही हैं।

पर बाऊ जी कहाँ?

वे तो उसी सुबह जा चुके थे, जिस शाम कॉरीडॉर की रेलिंग पर कौओं का जमघट देख, मैं नास्तिक भी किसी अनिष्ट की आशंका से अनमनी हुई पड़ी थी। बाऊजी के बिना भी चल सकेगी हमारी दुनिया? माँ की उम्र सिर्फ अड़तालीस वर्ष, हॉस्टलों में रहकर पढ़ रही हम बहनें? दो छोटे भाई?

बड़े भाई बी. एच. यू. से इंजीनियर हैं। टाटानगर में अच्छी नौकरी है। लेकिन इतने बड़े परिवार का बोझ?

बड़े भाई-भाभी ने बिलखते भाई-बहनों को अपनी बाहों में छुपा लिया—कुछ भी नहीं बदलेगा। सब कुछ वैसे ही जारी रहेगा, जैसा बाऊजी के रहते था। भाई उनके पास जमशेदपुर में रह कर ही पढ़ेंगे। वे अभी छोटे हैं। हम दोनों बहनें इलाहाबाद में ही।

दोनों बहनों को दूसरे ही दिन वापस भेज दिया गया। इम्तिहानों की तैयारी में कोई बाधा नहीं पड़नी चाहिए।

16 जनवरी, 1969

बाऊजी के जाने के ठीक बरस भर बाद।

यह भी क्या दैवयोग नहीं था कि जमशेदपुर से बड़े भाई का टेलीग्राम मुझे ठीक इसी दिन मिला–'अगली ट्रेन से ही जमशेदपुर के लिए चल पड़ो। बेहद जरूरी है।'

घबराहट कुछ-कुछ वैसी ही।

अब क्या हो सकता था?

लेकिन ऐसा कुछ होता, तो भाई यों टेलीग्राम भेज कर परेशान न करते। पिछले महीने भाभी को दो बेटियों पर बेटा हुआ था। तब भी भाई ने तार से ही खुशखबरी दी थी। अब शायद उसी नवजात की खुशी में कोई आयोजन हो।

ट्रेन में बैठी। किसी तरह टाटानगर स्टेशन आया।

देखा, भाई-भाभी दोनों आए हुए थे स्टेशन पर लिवाने।

घर पहुँची तो अपने नवजात भतीजे को वैसे ही ढूँढने लगी, जैसे पिछले बरस बाऊजी को ढूँढ रही थी नवाबगंज में।

"वह तो हफ्ते भर का होकर ही चल बसा। फेफड़ों में पानी भर गया था। टाटा अस्पताल के बड़े-बड़े डॉक्टर भी नहीं बचा पाए उसको..." माँ ही बता सकीं।

भाभी का जिगर इतना बड़ा। अपने बच्चे का गम दिल में ही जज्ब। बोली, "देख, तुझे इसलिए बुलाया है तार देकर कि कल तुझे देखने कलकत्ते से लड़के वाले आ रहे हैं। माँ जी और तेरे भापा (भाई) देख आए हैं कलकत्ता जाकर उन्हें। लड़का अच्छा है। इण्डियन ऑयल कम्पनी में इंजीनियर है। दुर्गापुर में पोस्टेड है। लड़के का बाप रेलवे में बड़ा अफ्सर है। घर-खानदान सब अच्छा है..."

भाभी के शब्दों ने मानो वज्रपात ही कर दिया।

अपने अनदेखे नवजात भतीजे के गुजरने का शोक मनाऊँ या देखने आने वालों की कृपादृष्टि के लिए खुद को तैयार करूँ?

बड़ी बहन के साथ सब होते देख चुकी थी। अपनी हर कमी के लिए आँखों से क्षमा याचना करता सा, परिणाम सुनने को बेताब कन्यापक्ष और परीक्षक की तरह, कोर-कोर परखता, आपके ही घर में आपको छोटा करता, लड़के वालों काफिला। हाँ, काफिला ही तो! लड़की को देखने पूरा शहर बटोर कर ला सकते हैं वे।

"नहीं! मुझे नहीं करनी अपनी नुमायश लोगों के सामने। मुझे शादी करनी ही नहीं है। क्या मुझे अपनी पढ़ाई पूरी नहीं करनी?"

"तुझे कौन कह रहा है, पढ़ाई छोड़ने को। वे तो कह रहे हैं कि तू आगे पढ़ती रहना, जितना चाहे..."

दूसरे दिन। सोकर उठते ही भाभी पीछे पड़ जाती हैं, "बाल-वाल धो ले। शैंपू कर ले। इतना तेल चुपड़ रखा है। क्या कहेंगे वे...?"

"नहीं होना है मुझे तैयार-वैयार। मुझे नहीं करनी शादी-वादी..."

अभी मुश्किल से दस ही बजे थे कि गेट पर गाड़ी रुकने की आवाज। लड़का, लड़के का छोटा भाई, बड़ी भाभी, माँ और पिता—पूरी पलटन।

इतवार का दिन। भाई-भाभी भी तैयार नहीं थे। दोनों दौड़े बाहर अगवानी को।

लड़के के पिता ने ड्राइंग रूम में बैठते ही ठहाका लगाया, "हावड़ा से टाटानगर एक्सप्रेस और टाटा स्टेशन से सीधे आपके घर..."

भाई-भाभी खातिरदारी में जुट गए।

पर उन्हें तो खाने-पीने से अधिक लड़की का मुख देखने की क्षुधा।

भाई का आदेश हुआ—उनकी बहन को भेजा जाए।

सादी सी सूती साड़ी। भाभी ने लाख कहा कि उनकी कोई साड़ी पहन लूँ। पर नहीं। मेकअप के नाम पर चेहरे पर, काजल की लकीर तक नहीं। तेल चुपड़े घने बालों की कमर तक लटकती कस कर गूँथी चोटी।

लड़के का छोटा भाई—बंगाल इंजीनियरिंग कॉलेज का छात्र। एक पर एक प्रश्न दाग रहा है, जैसे इंटरव्यू ले रहा हो। बाद में उसे अपने पिता को कहते सुना—'शी नोज नथिंग बट यस एंड नो।'

भाई ने तो पहले ही उन पर अपनी स्वीकृति की मुहर लगा दी थी। अब तो बारी उनकी थी। लड़की से पूछने की जरूरत न वे समझ रहे थे, न भाई। अभी नादान जो थी, मात्र बीस बरस की। अपने लिए फैसला करने की क्षमता ही कहाँ होती है लड़की में?

सिर्फ 'यस एण्ड नो' के जवाबों, मेकअप विहीन चेहरे, तेल चुपड़े बालों और तमाम उदासीनता के बावजूद उन्होंने कहा—हमें लड़की पसन्द है।

रुँआसी सी बोली भाई से, "मुझे तो अभी पढ़ना है। कम से कम दो साल और..."

भाई ने पुचकारा, "अच्छे लड़के बार-बार नहीं मिलते। पढ़ाई का क्या है। होती रहेगी। मना थोड़े ही कर रहे हैं वे आगे पढ़ने से..."

शाम के पहले ही उन्हें वापसी की ट्रेन पकड़नी है। लंच से पहले ही सारी फॉर्मेलिटीज़ कर ली जाएं।

लड़के की भाभी और माँ ने सलाह की। पर्स से नगोंवाली अँगूठी निकाली और लड़के को थमा दी। लड़का मुझे अँगूठी पहना रहा है और उसका भाई उन क्षणों को अपने कैमरे में कैद कर रहा है।

जितनी जल्दी उन्हें अँगूठी पहनाने की थी, उतनी ही शादी रचाने की थी। उसके पिता भाई से बोले, "तुम कहो तो हम अगले ही इतवार बारात लेकर आ जाएँ!"

भाई हकलाते से बोले, "नहीं नहीं। इतनी जल्दी नहीं। इतनी जल्दी तो हम नहीं कर सकेंगे सारा इन्तजाम। आप तो जानते ही हैं कि हमारे पिता नहीं हैं और सारा बन्दोबस्त मुझे ही...हमें कुछ मोहलत दीजिए..."

पिता ने अपने उसी फक्कड़ अन्दाज में भाई की पीठ पर धौल जमाई, "बरखुरदार, तुम्हें क्या किसी का टैक्स देना है जो बन्दोबस्त करना पड़ेगा? हमें तो सिर्फ लड़की चाहिए। कोई दान-दहेज नहीं...समझे।"

भाई अवाक, "नहीं-नहीं यह बात नहीं। हमारी तो लाडली बहन है। हमें तो देना ही है अपनी तरफ से, जो हम देना चाहते हैं। खरीद-फरोख्त के लिए कुछ वक्त तो दीजिए ही..."

मूक-वधिर सी देखती हूँ कि शादी की तारीख 9 मार्च तय कर दी जाती है। क्योंकि इतवार का दिन है और खुशगवार महीना। न ज्यादा दूर, न पास। सहूलियत--दोनों पक्षों की।

कमरे में जाकर खूब रोई। इसी को कह रहे थे कि वे मुझे नहीं रोकेंगे आगे पढ़ने से? मार्च के महीने में शादी? और उन्हीं दिनों इम्तिहान?

क्या हुआ? इम्तिहान अगले साल दिए जा सकते हैं। शादी तो नहीं रुक सकती न साल भर?

और इस तरह 9 मार्च, 1969 को जीवन के पहले अध्याय का पटाक्षेप।

दुर्गापुर से इलाहाबाद कौन आता है दोबारा! पढ़ने क्या, मिलने को भी!

शायद सचमुच! दुनिया इतनी बड़ी भी नहीं कि खो जाएँ हम, हमेशा-हमेशा के लिए।

पढ़ाई तो अधूरी रहनी थी, सो रही। एक ही सपना बरसों तक बार-बार आता रहा कि परीक्षा हॉल में बैठी हूँ। पर्चा पढ़ने में ही पूरा वक्त गुजार दिया। लिखा तो कुछ भी नहीं। बहुत कहा परीक्षक से कि कुछ मोहलत दे दें, मुझे सब आता है। सभी उत्तर, पर वह बेरहमी से उत्तर-पुस्तिका छीन लेते हैं। आँख खुलती है, तो पसीने से तर-बतर।

हाँ तो, दुनिया शायद सचमुच बहुत बड़ी नहीं।

अस्सी के दशक में तबादले पर दिल्ली आना हुआ।

पहली मुलाकात कुमकुम से। कुमकुम का परिवार अपने व्यवसाय सहित दिल्ली में स्थानांतरित। और कुमकुम अब उद्योगपति गूजरमल मोदी की पुत्रवधू है, उनके सबसे छोटे बेटे उमेश मोदी की पत्नी।

और शीला! विश्वास करेंगे आप? मुनीरिका में मेरे घर के करीब ही, दूध की डिपो के पास खड़ी मुझे घूर रही है और हिम्मत कर पूछती है, "यू आर उषा नो?" पलट कर देखते ही आँखें अपलक, "शीला! तुम? यहाँ?"

"हाँ, मेरे मम्मी-पापा तो यहीं रहते हैं न मुनीरिका में, डी. डी. ए. फ्लैट्स में। भाई भी यहीं नौकरी करता है।"

"और तुम?"

"मैं मद्रास में रहती हूँ। यू नो, आई डिड माई एम. ए. इन चंडीगढ़। किरण वेदी मेरी गहरी सहेली है। मुझे देखते ही गले लगाकर उठा लेती है..."

और फिर, 1990 की सर्दियाँ।

अयोध्या में कारसेवकों पर प्रशासन द्वारा गोली चलाए जाने पर खूब हो-हल्ला मचा था। टी. वी. चैनलों पर कवरेज की होड़। डिवीजनल कमिश्नर पर आरोप कि आदेश उसने दिए। फैजाबाद के डिवीजनल कमिश्नर के इंटरव्यू–सब चैनलों पर।

आँखें फैली की फैली रह जाती हैं–मधुकर गुप्ता? वही लड़कियों का हार्ट ऑब-मधुकर गुप्ता? फैजाबाद का डिवीजनल कमिश्नर?

पत्र लिखती हूँ उन्हें, इलाहाबाद यूनीवर्सिटी में पढ़ाई के दिनों का हवाला देते हुए। और पूछती हूँ कि अयोध्या की वस्तुस्थिति के बारे में क्या सही-सही जानकारी वे मुझे दे सकते हैं! पते की जगह सिर्फ उनका नाम और पद, फैजाबाद, उ. प्र.

मधुकर गुप्ता का रजिस्टर्ड पत्र, मेरे नाम! खुशी का ठिकाना नहीं रहता। मेरे छोटे से खत के जवाब में इतना मोटा, रजिस्टर्ड लिफाफा!

हड़बड़ी में खोलती हूँ लिफाफा। पत्र पर तिथि है 10 नवम्बर 1990 की। सात पृष्ठों का लम्बा खत। साँस रोके ही पढ़ जाती हूँ। मधुकर ने ब्यौरेवार लिखे हैं अयोध्या के हालात और जिन हालातों में उन्हें वह दुष्कर निर्णय लेना पड़ा था। और फिर सबसे अधिक पुलकित करने वाला रहस्योद्‌घाटन–"तुम्हारी प्यारी मृगांका दी–मिथिलेश कुमारी मेरी पत्नी हैं। वह भी तुम्हें पत्र लिखेंगी।"

मधुकर गुप्ता के पत्र को आधार बना कर एक लेख लिखती हूँ–'रामजन्मभूमि बाबरी मस्जिद विवाद का हल अगर अभी नहीं, तो कभी नहीं।'

लेख कई दिनों तक नवभारत टाइम्स में राजेन्द्र माथुर के पास पड़ा रहा। उन्होंने नहीं छापा। दूसरे भी कई अखबारों ने छापने से मना कर दिया। कमलेश्वर जी तब कुछ समय के लिए 'दैनिक जागरण' के सम्पादक थे। उन्होंने उस लेख को जस का तस उसी शीर्षक से 2 दिसम्बर 1990 के दैनिक जागरण में प्रमुखता से छापा। 2 नवम्बर, 1990 को अयोध्या में हुए गोलीकाण्ड की सारी जिम्मेदारी प्रशासन द्वारा अफसरों पर डाल दी गई थी। अपने लेख में मैंने मधुकर द्वारा बताई वस्तुस्थिति का खुलासा किया और अपना सुझाव देते हुए उपसंहार किया–

"किन्तु अब 6 दिसम्बर की प्रस्तावित कार सेवा के चलते वह निर्णायक 'स्टेज' आ गई है, जब इसका सर्वसम्मत हल ढूँढ ही लिया जाना चाहिए। इस बार अगर फिर से प्रशासनिक एजेंसियों द्वारा इसका अस्थायी हल ढूँढने की कोशिश की गई, तो शायद यह सम्भव न हो सके, क्योंकि स्थानीय जनता जो कि पहले ही रोष में भरी बैठी है, किसी भी तरह के बल प्रयोग और ज्यादती और हिंसा की इजाजत नहीं देगी। इसलिए उन वरिष्ठ अधिकारी का यह कहना है कि अगर पुनः प्रशासन द्वारा ऐसा कोई प्रयास किया गया तो परिणाम भयानक और विध्वंसकारी हो सकते हैं।"

काश किसी ने मधुकर गुप्ता की आशंकाओं और चेतावनियों पर थोड़ा सा भी ध्यान दिया होता।

उसके बाद 6 दिसम्बर को क्या हुआ, हम सभी जानते हैं।

बहरहाल, उसके कुछ भी समय बाद मधुकर का तबादला दिल्ली हो गया, गृह मंत्रालय में। मधुकर और मृगांका कई बरस दिल्ली में रहे। आजकल मधुकर गुप्ता उत्तराँचल प्रशासन में प्रधान सचिव हैं।

मृणाल दी को जब देखती हूँ, तो शीला शर्मा की बात याद हो आती है, "ओह, शी इज़ सो प्रिटी' और जोड़ने को जी चाहता है, "...सो प्रिटी, इविन टुडे।'

तीन मूर्ति लाइब्रेरी द्वारा आयोजित एक सेमिनार के दौरान आलोक राय से मिलना हुआ। उन्हें बताया कि उन्होंने मुझे पढ़ाया था 68 में। यह भी कहा कि वे तब बहुत उछलते-कूदते हुए, बड़े मैनरिज्म के साथ पढ़ाया करते थे। वे बोले, "वह तो मैं आज भी करता हूँ।" फिर पूछने लगे, "आप 68 बैच की हैं? राजुल माथुर को जानती हैं?"

मैंने कहा, "हाँ, वह तो मेरे साथ ही एस. एन. हॉस्टल में थी। हम अच्छी दोस्त थीं। हम दोनों ने अंग्रेजी साहित्य लिया हुआ था..."

वे सहज भाव से बोले, "वह अब पढ़ाती हैं, इलाहाबाद विश्वविद्यालय में। राजुल मेरी पत्नी हैं।"

अभी और भी संयोग-दैवयोग बाकी हैं क्या?

पुनरागमन

□ उर्मिला शिरीष

ोक पच्चीस वर्ष बाद लौट रहे हैं अपने जन्मस्थान, अपनी जमीन, अपने गाँव में। ाँव जो उनकी स्मृतियों का हिस्सा बनकर दूर पड़ा था...पर अदृश्य होते हुए भी कोई ो चीज सम्बन्ध नहीं तोड़ पाती है...जन्म स्थान जहाँ पूर्वजों का नाम-पता-कुल गोत्र ौर रस गंध...कपड़े लत्ते–किताबें-पोथियाँ तथा उस धरती पर रोपी गई वंश बेल ी सैकड़ों जड़ें...दूर-दूर तक बिखरी पड़ी थीं...सिर्फ मिट्टी को हटाने की जरूरत-भर ी। पता नहीं क्यों जिस धरती पर उनका नरा गढ़ा था–उस पर कदम रखने का जरे समय में ख्याल क्यों नहीं आया! ख्यालों की वह अक्षम दुनिया समय के परदे 5 पीछे–छुपी पड़ी रही...विस्मृति का वह मोटा आवरण उनके बीच फैला था।

पूरा जीवन उन्होंने...वहाँ जिया था और कई जीवनों का सृजन वहाँ से किया ा...शायद ख्याल ही न रहा था कि वृक्ष जब घना और बूढ़ा होने लगता है तो वह ुनः जमीन की ओर ही लौटता है। मिट्टी की गन्ध तथा ऊर्जा उसे अनजाने ही खींचती ै–लेकिन वे मजबूर न होते तो क्या लौटते–जन्म लेने के बाद कंठ से निकली वह थम पुकार उन्हें खींच कर लाती, फसल को सींचने वाले उनके हाथों ने जल की ारा को...कभी उल्टी दिशा में प्रवाहित होते नहीं देखा था, हाँ...इधर-उधर मुड़ते हुए जरूर देखा था... बेटे-बहुओं ने जीना दुश्वार न किया होता तो क्या लौटते...

जीवन की अन्तिम अवस्था में...जब वे स्वयं को बड़ा सफल और सन्तोषी प्राणी मानने लगे थे तभी...दरारें पड़नी शुरू हो गई थीं...

अन्तिम घर से पूरी तरह बेआस होकर ही इधर का रुख किया था उन्होंने...तब अतीत ही उन्हें–सबसे ज्यादा निकट तथा आत्मीय लगा...तब उन्हें ऐसा क्यों लगा था कि...जैसे किसी ने गहराई से पुकारा हो, आओ, इधर आओ। इसी धूल में तुम्हारा उद्धार छुपा है। यही मिट्टी तुम्हारा मान रखेगी। यही वह धरती है जो तुम्हें अन्तिम साँसों तक जिन्दा रखेगी, वह दुलार देगी जिसके लिए तुम तड़प रहे हो, भटक रहे हो। बड़े बेटे के अफसरी ठाट-बाट और अनुशासन भरे घर में दम घुटने लगा था। बहू के आदेशों तथा निर्देशों से उनका स्वाभिमान छिल जाता। सबकी बातें-बहसें

सुनते-सुलझाते कब वे अवांछनीय तत्व बन गए, इस बात का पता तो उन्हें उस दिन लगा जब युद्ध अन्तिम अवस्था में था और सामने से घोषणा हो चुकी थी कि इस घर की सीमारेखा के भीतर वे कदम न रखें। सीधी चुनौती थी। ललकार थी। तिरस्कार था। भविष्य में भी न लौटने देने का संकेत था।

दूसरा घर भाई का था जहाँ वे अपनी मरजी से रहते थे मगर भाई से उनकी जरा भी नहीं पटती थी। वे पूरब तो भाई पश्चिम। बात समाप्त होते न होते माहौल इतना गरम हो जाता था कि वे अपने कमरे में जाकर बन्द हो जाते। दो-चार दिन तक सन्नाटा छाया रहता। चेहरे तने होते। सुबह-शाम की चाय कमरे में पहुँचा दी जाती—और शाम का टहलना भी बन्द हो जाता।

अपने अतीत के किस्से सुनाने जब वे बैठते तो अतीत लम्बा हो जाता और सुनने वाला ऊबने लगता था। उन्हें नहीं एहसास था कि उनका अतीत दूसरों के लिए क्योंकर रोचक होगा। मगर इतिहास की उन मोहक परछाइयों में जीते वे उन्हीं के साथ तदाकार रहते थे...सम्पृक्त होते थे।

तीसरा घर छोटे बेटे का था जहाँ बहू बच्चों से कोई परदा न था। किसी प्रकार की तकरार न थी। दिनभर गप्पें चलती। सात पीढ़ियों की चर्चाओं से लेकर विश्व राजनीति वहाँ छायी रहती। वे योगासन सिखाते। नेती करवाते। दुग्ध नेती। जल नेती। सुबह-शाम ध्यान लगवाते। स्वास्थ्यवर्धक जड़ी बूटियों को इकट्ठा करके आयुर्वेद के नुस्खे अपनाए जाते। गली-गली खुले ब्यूटी पार्लरों, स्लिम-ट्रिम सेन्टरों को देखकर ही बहू को इस बात की प्रेरणा मिली होगी कि—भारतीय स्वास्थ्य की इस महान परम्परा को क्यों न प्रोफेशनल बनाया जाए। बढ़िया सेन्टर खोल लिया जाए। मुहल्ले पड़ोस को जो चीज वो मुफ्त में सिखाते हैं उससे पैसे क्यों न कमाए जाएँ! बहू का सुझाव था कि एक बोर्ड लगा देते हैं। विज्ञापन दे देते हैं। फीस तय कर देते हैं। जो भी पैसा आएगा उससे उनका हाथ खर्च निकल आएगा और फालतू रहने का बोझ भी उनके सिर पर न रहेगा। बस इसी एक बात ने उनको भीतर तक चीर दिया था। वे तत्काल बैग उठाकर चल दिए थे। सबने पूछा। कसमें दिलवायीं लेकिन उन्होंने मुँह न खोला। तीर हृदय की कोमल श्लथ दीवारों में गढ़ा था। जहर फैलकर-आत्मा को तड़पाने लगा था। पूरी रात दरवाजे के पीछे बैठकर गुजारी। पैसा। हर बात का पैसा। परलोक सेवा का भाव ही समाप्त कर लो।...फिर शेष क्या रहा इस धरती पर...यदि सामने वाला तुम्हारे घर में आकर साँस ले तो कहो कि—इतनी देर के इतने पैसे रेट फिक्स है।

और चौथा घर नाती का था जहाँ चाहकर भी वे न रुक सके थे। आत्ममन्थन में गुजरा था वह दिन। कहाँ जाएँ—चित्रकूट-मथुरा...वृन्दावन या कोई अलग से कमरा ले लें। इन लोगों की बदनामी होगी। तभी जैसे किसी ने पुकारा था—यहाँ आ जाओ...। यहाँ तुम्हारे पाँवों के निशान और हाथों के बनाए स्मृतिचिह्न खड़े हैं। यहाँ सिर्फ तुम

होगे। यहाँ से तुम अपने बच्चों तथा भाई की खातिर गए थे। पत्नी की मृत्यु के बाद तमाम दायित्वों को निभाना उनका कर्तव्य था।...उन्होंने इस बात को लेकर कभी शिकायत भी नहीं की थी। अपना कर्मक्षेत्र, अपनी महत्वाकांक्षाएँ...सब कुछ बच्चों पर आकर केन्द्रित हो गई थी। कोई भेद न था। कोई अलगाव न था। सब एक थे। सब में वे थे। सब उनमें थे! हर चीज पर प्रत्येक का नाम था। हक था। मगर वही बच्चे अपने-अपने घरों में अपने नाम तथा अस्तित्व के साथ थे। सबकी अपनी-अपनी अलग-अलग पहचान थी। नेमप्लेट थी। बस वही एक बेनाम बिना नेमप्लेट के थे। प्रायवेसी थी, मोटे परदों के पीछे झाँकना अशिष्टता मानी जाती थी। विभाजन की यह रेखा उनके लिए बेहद नागवार थी। उनका स्वभाव ही कुछ ऐसा है कि जहाँ रहते हैं जी जान लगा देते हैं। सब कुछ उड़ेल देते हैं। शरीर की ताकत, दिमाग की त्वरा शक्ति...हृदय की विशालता...आत्मा की पवित्रता...। आँखों के सामने एक-एक दृश्य, चेहरे तथा ऊँची-ऊँची दीवारें...उन पर आराम करती पीपल की शाखाएँ उन शाखाओं से उठती घनी हवाओं का स्वर पेड़-पौधे—मुस्कुराने लगे थे...उँगलियों पर उनका स्पर्श अभी भी महसूस कर सकते हैं...वे ईमानदार समर्पित लोग जो इशारे पर एक पाँव पर खड़े हो जाते थे...

बस से उतरे तो अंधड़भरा हवा का तेज झोंका पूरे शरीर को लपेट कर ले गया। स्वयं को सम्भालने के लिए पाँवों को जमकर रेतीली मिट्टी में धँसा लिया और पास के पेड़ की शाखा को पकड़कर खड़े हो गए। कमजोर होते इन्सान और पेड़ को हर कोई उखाड़कर फेंक देना चाहता है। ऐसा क्यों...सम्बन्धों की जीवन शक्ति का वो तत्व क्योंकर सूख जाता है...पुरानी चीज की उपादेयता किसी रूप में नहीं रहती। फेंकने वाली चीजें घर के एक कोने में उपेक्षित पड़ी रहें...बस यही चाहते हैं सब। जीवन का परिष्कार करते-करते पता चलता है कि—कुछ शेष ही नहीं रहा...निरपेक्ष रहो भी तो कैसे! निरपेक्ष और मौन रहने वाला व्यक्ति आत्मकेन्द्रित सा दिखता है।

जब वे बच्चा बनना चाहते थे...जब वे सबके बीच रहना चाहते थे, जब वे निर्द्वन्द्व जीना चाहते थे तभी उन्हें अपने लिए एक नई शुरुआत करनी पड़ी...उनका मन व्याकुल हो उठा। पतले तौलिए से कानों को लपेटा। नाक तथा होंठों पर धूल चिपक गई थी जिसकी गंध तथा स्वाद मुँह में किसकिसा रहा था। दोनों बैगों को कंधों पर टाँग लिया जैसे बचपन में बच्चों को कंधे पर बैठाकर नदी-नाले-पार करवाया करते थे।

रास्ता सुनसान था। एकदम उजाड़। पलाश के पेड़ अब भी खड़े थे पर उतने सघन नहीं जितने पहले हुआ करते थे। फसल कटने के बाद खेतों में खड़े सुनहरे रंग के ठूँठ चादर की तरह बिछे लग रहे थे। अस्त होते सूरज की किरणों में मामूली सी लालिमा और गहरी नीरवता परिव्याप्त थी। पहुँचते-पहुँचते रात हो जाएगी। उन्होंने धूल धूसरित मौन आकाश की तरफ देखा...बिना पंछियों के आकाश को देखना कितना

अजीब सा लगता है। झुरमुटों के पीछे-छोटी चिड़ियाँ जरूर फुदकती दिखीं। सोने के लिए पलंग होगा या नहीं...चादर तो रख कर लाए हैं और पानी... पानी से याद आया कि वे कब से प्यासे हैं। गला सूख रहा था। बोतल निकालकर कुल्ला किया। ढेर सारी धूल मुँह के अन्दर थी... फिर पानी पिया गटागट। लगभग आधी बोतल खाली कर दी। बटुआ निकालकर तम्बाखू-सुपारी...और चूने को हथेलियों के बीच रगड़कर मुँह में डाल लिया और फिर चलने लगे। कभी यही रास्ता सवा घन्टे में पार कर लिया करते थे, इतने तेज चलते थे वे...कि लोग उनके साथ चलने में कतराते थे। लोग कहते थे कि उनके साथ जाने के लिए दौड़ना पड़ता है।

एक हाथ में झकाझक धोती का छोर और दूसरे में डायरी...खादी के कपड़ों को स्वयं धोकर, प्रेस करवाकर आज तक पहनते हैं...गंदे कपड़े...गंदगी से रहना उन्हें जरा भी पसन्द नहीं था। रोटी या सब्जी में बाल दिख जाए तो उस दिन का भोजन त्याज्य। रोड बना तो है। विकास की पुरवइया हवाओं ने गाँवों को छुआ तो है, मगर इतने गड्ढे बन गए हैं कि अन्धेरे में कोई गिर जाए तो—बिना हड्डी चटके बाहर न निकल सकेगा। कुछ ऐसा ही दृश्य उन्हें देश के सन्दर्भ में भी दिख पड़ता है। विगत पचास वर्षों में साम्प्रदायिकता, जातीयता, भाषा, आरक्षण, निरक्षरता, भ्रष्टाचार न जाने ऐसे कितने गड्ढ़े बन गए हैं विकास के मार्ग पर। कोई तो लेगा, पर कब लेगा कलंकी अवतार। सुना था छोटी-छोटी सड़कों का ठेका लेने वाला ठेकेदार शुक्ला...आज...शहर में चार-चार बसों, ट्रकों और मकानों का मालिक बना बैठा है और शहर के सम्भ्रान्त नागरिकों में से एक माना जाता है। दिन में एकाध बार बस जाती है या ट्रेक्टर वाले सवारियों को बैठा लेते हैं।

अब तक अन्धेरा पूरी तरह से फैल चुका था। हरे पत्तों से भरा जंगल और भी काला तथा डरावना लग रहा था, उनके अपने रास्ते ही उनके लिए अटपटे-कंकरीले हो गए थे या उन्हें ही इन रास्तों पर चलने का अभ्यास न रहा था, इसीलिए तो बार-बार टकराते हैं...गिरते हैं फिर-सम्भालते हैं स्वयं को। बैग के वजन के कारण दोनों कंधें तथा हाथ सुन्न पड़ रहे थे। बेटे की चार पहिए की गाड़ी में बैठकर जाने वाले वे आज अन्धेरी पथरीली राहों पर पैदल चल रहे हैं—जब कभी बच्चे ठोकर खाकर गिर जाते थे या तलवों में नुकीला पत्थर या काँटा चुभ जाता था तो वे वहीं बैठ जाते थे निकालने के लिए, लेकिन उनके तलवों में चुभने वाले काँटों को निकालने वाला...कौन है...इसके लिए वे स्वयं जिम्मेदार हैं या उनका आत्माभिमान या संस्कार या अपनी सत्ता पर किसी के काबिज होने से उत्पन्न विरक्ति। पता नहीं कई बार तो उन्हें लगता है कि चीजों को भीतर तक देखने और महसूस करने की क्षमता—आत्मदृष्टि और सहिष्णुता खोते जा रहे हैं—या बच्चों ने ही उन्हें नहीं समझा है। नकारा बना दिया है। वे उनके अनुसार क्यों चलें...क्यों?

निविड़ अन्धकार में डूबा सारा गाँव। एक दो रास्तों पर भटकने के बाद—सीधा

रास्ता पकड़कर—अपने घर तक आ पहुँचे। हाथ किवाड़ों से जा टकराया। खुरदरापन लगा। बड़े भारी किवाड़ों पर साँकल चढ़ी थी। बड़ा सा ताला जो जीवन की तरह जंग खा चुका था, चाबी! याद आया चाबी तो पटेल के घर में रहती है। बैग एक तरफ रखकर पटेल के घर की तरफ चल दिए। सामने वाले घर में रोशनदान से हल्का सा प्रकाश झाँक रहा था। रेडियो पर चल रहे फिल्मी गानों की धीमी आवाज कभी-कभार सुनाई दे जाती। लाईट के खम्भे दिखाई तो दिए थे...मगर अन्धेरे में खड़े मूक पहरेदारों की तरह उम्मीद बंधाते। खम्भों को देखकर उनका मन खुश हुआ कि चलो जल्द ही गाँव की गलियाँ...पीली रोशनी से चमक उठेंगी। बीच में कुआँ हैं। उसकी जगत काफी ऊँची बनवानी पड़ी थी क्योंकि उसमें दो-तीन बार बकरियाँ गिर गई थीं। कुएँ की जगत को छूकर उन्होंने अन्दाज लगाया कि वे सही गली में जा रहे हैं। उनके पाँवों की आहट मिलते ही कुत्तों के भौंकने की आवाज सुनाई दी। गाय का रँभाना, गाँव के बाहर...लड़इयों का रोना...टिटहरी का चीखना और कुत्तों का भौंकना हमेशा खतरों का संकेत देकर मनुष्य को चौकन्ना बना देता है कि कोई है। कोई अजनबी। कोई चोर, डाकू। मानुस गन्ध जानवरों तक उड़कर जाती है।

"कौन।" अन्दर से थरथराती आवाज जैसे सदियों से वह आवाज...परिचय पूछते-पूछते थक गई हो। उस आवाज को पैंतीस वर्ष बाद सुन रहे थे।

पूरा शरीर क्षणांश के लिए सिहर गया...। क्या जवाब देंगे वे उनको!

"हम हैं श्रीराम।"

"कौन श्रीराम!...अरे श्रीराम महाराज तो नहीं?" आश्चर्य तथा सन्देह से भरकर पूछा गया सवाल अब करीब-जान पड़ा। अपरिचय से दूर होती गंध महसूस होने लगी।

फिर विराम। जैसे टोह ले रहे हों। दुश्मन अैर डाकू अपने आत्मीयों की आवाज बनाकर दरवाजा खुलवा लेते हैं...

उनके शरीर में फुरफुरी दौड़ गई। पलभर बाद देखेंगे उन्हें।

"हाँ,...भूल गए क्या...हम श्रीराम हैं।" उन्हें हल्का सा आघात लगा। दीर्घ समायावधि में दैहिक दूरियाँ तो बढ़ी ही थीं, मानसिक रूप से भी अलग कर दिया था। उन्हेंने भी तो कभी खबर नहीं ली थी। हर बार गाँव के नाम पर चुप साधकर रह जाते थे। उस मौन ने आज पंख फड़फड़ाए थे। उड़ान भरी थी। परिणामस्वरूप वे आज पटेल के दरवाजे में सामने खड़े थे।

"हम कहाँ भूले महाराज! भूल तो आप गए अपने पटेल को। अपने गाँव को। उम्मीद ही न थी कि जीते जी आपके दरसन होंगे।" कहते हुए उन्होंने भारी भरकम दरवाजे का एक किवाड़ खोल दिया। आधा बैंड़ा अब भी बाहर निकला था।

अरे यह कौन! विस्मित आँखों से देखते रह गए। लम्बे चौड़े डीलडोल वाला गोरा-चिट्ठा आदमी इतना कैसे सिकुड़ सकता है... इनके शरीर का माँस पिघलकर कहाँ चला गया...और आँखों पर चढ़ा ये मोटा चश्मा।

पास आकर चरण स्पर्श किए।

"वाह महाराज वाह! अन्तिम समय में दरसन हो गए आपके! प्राण निकलने के पहले यह साध भी पूरी हो गई..."

भाव विह्वल हो उठे पटेल। आँसुओं की धारा को रात का टिमटिमाता प्रकाश भी न छुपा सका।

"अरे, यह क्या पटेल, बच्चे हो क्या?" उनको यूं रोता देखकर पीठ थपथपाकर गले लगा लिया!

"भीतर आओ।" उनके लिए चारपाई पर चादर बिछा दी, "बैठो महाराज़! तो अब जाकर फुरसत मिली। अरे ऐसे भी कोई अपनों को बिसारता है, छोड़ता है...एक बार गाँव की देहरी क्या छोड़ी..पलटकर न देखा...आप यहाँ होते तो वह सब क्यों होता... अब तो इसी आस में प्राण अटके हैं कि...लो जल पिओ!...हे राम...सीताराम...तेरी माया...तू ही जाने...अब किसका भला करने आए हो! फिर कोई चुनाव लड़ना है या किसी के लिए प्रचार करना है।" व्यंग्य बेहद तीखा था—मगर अपनत्व और आत्मीयता की मरहम भी थी साथ में। चलो कोई तो है उलाहने देने वाला। उनके अस्तित्व को स्वीकारने वाला...उनकी याद करने वाला, बरना वहाँ तो किसी ने कभी कहा ही नहीं कि आप न होते तो पूजा-पाठ न होता, हवन-भोजन न होता...आप न होते तो हम अकेले हो जाते—आपका होना उनके लिए दूर का अजनबी शब्द हो गया था। हृदय में घुमड़ता हुआ गोला आँखों की कोरों पर आकर ठहर गया...तिनके की तरह काँपता हुआ।

"सबसे संन्यास ले लिया अब तो।"

"संन्यासी तो हरिद्वार या हिमालय जाते हैं लौटकर गाँव-चौपाल पर थोड़ी न आते हैं महाराज..."

अभी भी व्यंग्य था पटेल के कथन में।

उन्होंने नजर उठाकर देखा, मोटी झुर्रियों से भरा चेहरा। मोटे चश्मे के भीतर छुपी आँखें, चौड़े कंधे सिमटकर छोटे रह गए थे...चेहरे से उठकर निगाहें छत पर चली गईं। बारिश के पानी के निशानों से भरी छत...वही दीवार जिस पर भगवान के चित्र वाले कैलेण्डर टंगे थे, वही जलती हुई लालटेन। अनजानी चीजों की लम्बी चौड़ी छायाएँ जो छत से चिपकी थीं। ये छायाएँ क्या कभी नहीं मरतीं! सामने बैठे पटेल दोनों हाथों को पीछे टिकाए...जैसे पहले बातें किया करते थे—लग रहा है कल की ही वह बात है। अभी-अभी तो उठकर गए थे। कहाँ है पैंतीस सालों का अन्तराल...

इस बीच उनके आने की खबर जनानखाने में पहुँच गई थी। मातु ने हाथ मुँह धोने के लिस पानी रखवा दिया था और चाय बनवाकर भिजवा दी थी। चाय पीने के बाद उन्होंने खूब रगड़-रगड़कर हाथ पाँव धोए जैसे सालों का चिपका मैल छुड़ा रहे हों। मुँह, आँखों पर ठण्डे पानी के छींटे मारे। जूट की चटाई पर पालकी मारकर

बैठे तो लगा पाँवों में दर्द का प्रवाह फूट पड़ा हो...हड्डियाँ चटकने लगी थीं। गरम-गरम पूरीयाँ तथा दूध का कटोरा बड़ी थाली में लगकर आ चुका था।

शुद्ध घी की सुगन्ध और उबले दूध की सोंधी महक पूरे कमरे में फैल गई थी।

"राजकुमार की बिटिया है यह।" उन्होंने किवाड़ के पास लड़की का परिचय करवाते हुए कहा।

"क्या राजकुमार यहीं पर है?"

"ना महाराज। इसके ब्याह के छः महीने बाद ही दामाद की हत्या कर दी थी। विधवा कहाँ जाती... ससुराल से लिवा लाए...वहाँ भी रहना मुश्किल हो गया था, यहाँ लाए..."

मुँह में कौर अटककर रह गया। गले के बीचों बीच फँसी उस कौर की गोली ने उनकी साँस रोक दी। थाली परे खिसका दी। गरम दूध गला साफ करने के लिए एक ही साँस में पी गए, हालाँकि बाद में लगा तालू की झिल्ली फूलकर छितर गई है। मासूम सा चेहरा। बड़ी सहमी आँखें, काजल की गहरी रेखा फैल गई थी—शर्म संकोच और भय से सिमटी...देह। वे पलों तक देखते रहे, विधाता, तूने ऐसा क्यों किया! आह मुँह में घुटकर रह गई। आत्मग्लानि का भभूका हृदय को झुलसा उठा...कभी तो पूछा होता कि क्या हो रहा है—किन मानसिक सन्तापों में जी रहे हो... तभी तो पटेल ने व्यंग्य किया था—व्यंग्य नहीं अपना दर्द कहा था...अपनी छुपी वेदना को उकेरा था...वे नजरें न उठा पाए...पलकें भारी हो उठीं। उन्होंने नीची निगाहों से ही उस बूढ़े क्लांत चेहरे को देखा जिसके चेहरे पर एक सम्पूर्ण जिन्दगी की चिन्ता चिपकी हुई थी।

"बस बेटा, उठा लो।" कहकर उठ खड़े हुए थे।

"फिर क्या सोचा...?" बेप्रसंग ही पूछ बैठे वे।

"पाँव दुख रहे होंगे महाराज। पैदल चलने की आदत नहीं रह गई होगी।" उन्होंने प्रसंग बदलकर पूछा।

"नहीं, वहाँ चार बजे उठकर घूमने जाते थे। सारे बच्चों को योगासने सिखा दी, नेती सिखा दी, रामायण व गीता का परायण करवा दिया।" अब वातावरण की बोझिलता तथा रात्रि की घुटनभरी निस्तब्धता कम होने लगी थी। मगर छाती के अन्दर अब भी कुछ उमड़-घुमड़ रहा था जैसे चट्टानें खिसकती हैं।

"वहाँ रहकर इतने सालों तक क्या करते रहे?"

शाश्वत प्रश्न, अब सवाल सीधे उनके वर्षों में फैले-पसरे जीवन कर्म पर आकर टिक गया। वे आश्चर्य चकित थे—इस प्रश्न का दंश शहर से गाँव तक उनके साथ आ गया था।

"देखा जाए तो बहुत कुछ और जो न समझे उनके लिए शून्य।" उन्होंने अपनी पतली-पतली उँगलियों को पोंछते हुए कहा। पीली रोशनी की फीकी चमक में उन

दोनों के चेहरे पीले पुराने थके तथा उदास लग रहे थे जैसे वर्षों से रखे पीतल या तांबे के बर्तन पर परत जम जाती है।

"सच-सच बताना महाराज। हमेशा के लिए आए हो या कुछ समय के लिए या बेटों ने भेजा है कि गाँव की जमीन बेच-बाच आओ।" बात में फिर गहरी चोट थी। चोट की व्यथा थी और व्यथा में तीखापन था।

"कुछ बातें और निर्णय समय पर छोड़ देना चाहिए। हम और तुम कौन होते हैं अपने जीवन का फैसला करने वाले! जिसकी जो नियति होती है वह होकर ही रहता है।"

"हूँ...सो तो सत्य है..." एक लंबी आह तथा जंभाई के साथ पटेल ने अपने दोनों पाँवों को पसार लिया। पटेल की शिराओं में, दिमाग में और हड्डियों में बेपनाह दर्द दौड़ रहा था जैसे पृथ्वी के नीचे पानी भापें, आग, भूकँप अचानक...लौटने लगते हैं। इधर उनका मन भी ग्लानि से दबा जा रहा था–कि वे अपराधी हैं। उन्हें याद रखना था। पूछते रहना था। क्या गाँव और ये जमीन, ये ईंटें और दीवारें प्रतीक रह गई थीं? पटेल ने क्या सोचा होगा उनके बारे में।

"यहीं सो जाओ महाराज। सामान उठवा देते हैं।"

महीनों-सालों से बन्द घर में कहाँ पड़े रहोगे।"

वही पुराने ताजा गुड़ सी आत्मीयता तथा अधिकार में डूबा मीठा स्वर बह कर उनकी कर्णेन्द्रिय में घुल रहा था। सचमुच उस घर में घुसने की कल्पना मात्र से उनके शरीर में सिहरन दौड़ गई।...थकान तथा नींद के बावजूद उस बच्ची का चेहरा उनकी आँखों के सामने आ खड़ा हुआ। क्या होगा इसका। सब इसके भाग्य निर्माता बने बैठे हैं मगर उसके भीतर क्या है कौन जानता है, सिवा ईश्वर के। इन बूढ़ों के बीच उसकी, जवान होती आकांक्षाओं की छुअन किसको होती होगी।

जब वे सुबह अपने घर पहुँचे तो दरवाजे की दुर्दशा देखकर दुःखी हो उठे। बदरंग। बदसूरत। जगह-जगह से लकड़ी की परत उतरकर चटक रही थी। ताला जंग खा चुका था। किवाड़ खोले तो जोर की चरमराहट की आवाज हुई। दोनों चबूतरे गलकर बह चुके थे। ...इन चबूतरों पर न जाने कितने बाराती सोते थे...कितने वर्षों तक भजन मण्डली-भजन किया करती थी और गाँव की महिलाएँ भजन दादरे और कीर्तन गाया करती थीं। दीवारों की लाल मिट्टी भी झड़ रही थी। समय हर चीज को भुरभुरा करके झाड़ देता है हर चीज की चमक और ताकत धीरे-धीरे कम होती जाती है। सामने लगे नीम नीबू के पेड़ काटे जा चुके थे।

सामान के नाम पर बैलगाड़ी के अवशेष तथा पत्थर रखे थे। पीछे वाला बगीचा तो एकदम ही उजाड़ हो चुका था। बाड़ की दीवार को पीछे से काट दिया था। अरण्डी के वृक्ष गायब थे। कैंत, लबेरे, इमली और अमरूद के लम्बे-चौड़े घने वृक्षों के स्थान पर ईंटों का ढेर लगा था–पूर्वजों की याद में बना चबूतरा काई की परत के पीछे

छुपा था, टूटा-फूटा उसके पास बनी बाँबी अब भी मौजूद थी। क्या पूर्वज सांप बनकर रहे गए हैं या सांपों को भी इससे सुरक्षित स्थान नहीं मिला... और आगे बढ़े तो पास में पीछे बना कुआँ पत्तों और मिट्टी से पुर गया था, उसके किनारे लगे बेरी के पेड़ को देखकर अन्दाज लगाया जा सकता था कि ये वही स्थान है... लोहे की बनी सीमा रेखा उखाड़ दी गई थी। पता नहीं वह लोहा-रहट कहाँ चले गए! पास में बनी भट्टी बुझी पड़ी थी। राख का ढेर अधजली लकड़ियाँ...कड़ाहे तथा बोतलें भरी पड़ी थीं...क्या बनाते है यहाँ और... प्रकृति की इस खण्डित बीरान दुनिया को देखकर उनका मन स्वयं पर झुंझलाने लगा... घर के अन्दर प्रविष्ट हुए तो लगा बीहड़ खण्डहर में आ गए हैं जहाँ प्रकृति नाराज होकर मौनभाव से अपना कर्म करती रही होगी। खपरे (कबेलू) फूट जाने के कारण सूरज की किरणें अन्दर गिर रही थीं। मयार में लगी लकड़ियों मे दरारें पड़ गई थीं और उनसे झड़ता बुरादा उनको खोखला बना चुका था। कब कौन सी लकड़ी टूटकर गिर जाए...उसको अवलम्ब देने के लिए बीचों-बीच लकड़ी खड़ी करनी होगी।

पूजा घर में तो अन्धेरे, धूल और जालों ने उनके सिर को घेर लिया। सामने खुलने वाली खिड़की को जोर से खींचा तब कहीं जाकर खुली। बाहर का दरवाजा बन्द था...इसी दरवाजे से होकर लोग मन्दिर में दर्शन करने के लिए आते थे। मूर्तियाँ पीले वस्त्र से ढकी थीं। पूरी दीवार धूल से भरी पड़ी थी। यहाँ से वहाँ तक फैला दस कमरों वाला मकान अपनी उपेक्षा तथा बदहाली पर क्षोभ दिखा रहा था। शहर में इसी जमीन की कीमत लाखों में होगी और यहाँ लावारिस पड़ी है। किसी को फिक्र नहीं। मोह नहीं। लगाव नहीं। जिन चीजों को अपना नाम तथा संरक्षण दिया है...जिन जगाहों पर पूर्वजों के शरीरांश दबे पड़े हैं, उन स्थानों को यूं छोड़ देना कहाँ का इन्साफ है...वे क्या करते...कहाँ-कहाँ देखते। सामने वाली दालान में गए जहाँ गाय, बैल तथा भैंस बाँधी जाती थी। नीला, मरखी, सीता, मुनिया...उनके वे भोले-भोले बछड़े काले मुलायम बालों वाली पड़िया...जो दूध की आस में चुप रह कर अपने कान और पूंछ हिलाती रहती थी... पहले उन सबको बेचते हुए कितना दुख होता था, उस रात खाना नहीं खाया जाता था। कहीं बेच दो पता चलता, रस्सा तोड़कर वे वापिस आ जाते...फिर—धकेलकर खींचकर ले जाओ। बच्चों की तरह जिद करते थे वे। अधिकार और नाराजगी जताते थे।...जाते वक्त सबकों बेचना पड़ा था, सिर्फ बूढ़ी मुनिया को खुला छोड़ दिया था ताकि वह शेष जीवन मुक्त होकर जी सके... लेकिन बाद में खबर मिली थी कि कब तक जिन्दा रही, फिर कोई कसाई पकड़कर ले गया। सबके चेहरे और रंग, आँखों की भाषा उनका चाटना...सूँघना, उनका रंभाना...स्मृतियों में भर उठा...लगा रंभाकर बुलाएँगी—भूसा चाहिए—खली मिली सानी-हरी घास... सूखा भूसा गले में नहीं उतरता...उनका सीना बिछोह की भावना से भारी हो उठा... वे सब और उनके वंशज पता नहीं कहाँ होंगे...किस हाल में होंगे...?

"महाराज, पुरानी बातें याद आ रही हैं।" साथ आए लड़के ने टोका।

"पानी ला दो एक बाल्टी।" उन्होंने चौंककर स्वयं को वर्तमान में ला खड़ा किया।

"कोई मजूर मिलेगा। बुहारी लगवा देते, साफ सफाई हो जाए तो पुताई भी करवा लेंगे।"

"ना महाराज बुहारी कोई नहीं लगाएगा। आप कहें तो मैं ही आ जाऊँ।"

उन्होंने लड़के के चेहरे को देखा। गोरा-चिट्ठा रंग, दुबला लम्बा शरीर और आँखों में पके गेंहू सी चमक। बातचीत में बुन्देलखण्डी बोली का कोई असर न था।

"पढ़े-लिखे हो।"

"हाँ महाराज। पाँचवी कक्षा के बाद ग्वालियर चला गया था। वहाँ पाँच-छः साल रहा...फिर भाग आया। कोई ठिकाना न था। न नौकरी न भविष्य।"

"हमारे पास रहकर काम करोगे?"

"हाँ महाराज।"

सामने वाला कमरा उन्होंने जानबूझकर नहीं खोला। उस कमरे में उनके युवा जीवन की मधुर स्मृतियाँ बिखरी पड़ी थीं...उन स्मृतियों में मौत की छायाएँ भी लिपटी थीं और जीवनभर एकाकी रहने की प्रतिज्ञा भी। अपने मन को स्थिर रखने के लिए दिनभर सफाई करवाते रहे। लाईट के तार बाहर तक आ गए थे। अन्दर कनेक्शन लेना पड़ेगा, बल्व ट्यूब तथा पँखे मंगवाने पड़ेंगे।

जब घर झड़ गया—बखरी...रसोई और दालान, तो बैठने की इच्छा हुई।...हालाँकि तुलसी का चौरा ढह गया था मगर...उसमें तुलसी का सूखा ठूँठ अब भी लगा था। रसोई में बीच की दीवार ज्यों की त्यों खड़ी थी। बहू परदा करती थी। घूँघट डालकर कैसे रोटी बनाए सो दीवार बनवायी थी...यहाँ बच्चे खाना खाते थे, यहाँ चटनी पीसते थे, भीतर स्टोर रूम अन्धेरे में डूबा रहता था। लैम्प ले जाकर सामान निकालना पड़ता था—कागज को गलाकर लुगदी बनाकर बड़े बर्तन बनाये जाते थे...फिर पोतकर...उन पर चित्रकारी बनाकर गेंहू, चावल या..दालें भरकर रख दिए जाते थे। अब वे तमाम बर्तन टुकड़ों में बिखरे पड़े थे या गल गए थे...

"क्या देख रहे हो महाराज। सांप बिच्छू न हो, सम्भलकर पाँव धरना महाराज।"

लड़के ने ढक्कन उठाकर उन टंकियों को देखा जो उन मौसमों की कठोरता के बावजूद साबुत बचे थे।

उन्होंने ईंटों का चूल्हा बनाकर आग जलाई और दूध गरम किया। पूरा बदन थकान से टूट रहा था मगर मन में उत्साह तथा सुकून था जैसे कुएँ खोदनेवाले को पानी में घुली मिट्टी को देखकर होता है। इस बीच पटेल के घर से खाना आ गया था। रात्रि भोजन के लिए उन्होंने पहले से ही कहलवा लिया था, "क्यों ननकू। बगीचे में किसका सामान भरा पड़ा है?"

"खुमान का। खुमान ने आपका बगीचा खराब कर दिया है महाराज। कब्जा किए बैठा है। पेड़ काटकर बेच दिए और पता है महाराज वहाँ क्या होता है?"

"क्या...?" उसकी रहस्यमयता से उनका मन आशंकाओं से भरने लगा।

"वो तो गाँव का दादा बन गया है। उसी की चलती है। दवाइयाँ बेचता है। इलाज करता है। सामान लाकर कमीशन खाता है। सबने मना किया था कि महाराज का बगीचा है... बोला आने दो हम निपट लेंगे।"

"ऐसा बोल रहा था..."

"मइया कसम महाराज।" ननकू ने गला छूकर कसम खाई।

"पार्टीबन्दी चलती है गाँव में। उसने अपना नेता पक्का कर लिया है। सब गन्दे-गलत काम करता है, —आपने देखा नहीं। देसी दारू बनाता है वहाँ पर महाराज, आप मेरा नाम मत लेना' वह मार डालेगा। जब नेता आते हैं तो बकरा, मुरगा बनता है या तीतर पकड़े जाते हैं, बोतलें भरी पड़ी..." कहकर ननकू चुप हो गया। डर उसकी आँखों में चमक रहा था।

"उससे बचकर रहना महाराज, वो बहुत खतरनाक है...बहुत ताकतवर।" ननकू उन्हें बूढ़ों की तरह समझाने लगा।

"उसको बुलाकर तो लाओ। प्यार से बोलना कि श्रीराम महाराज ने बुलाया है, मिलना चाहते हैं।"

ननकू उल्टे पाँव चला गया मगर उतनी ही जल्दी वापस भी आ गया।

"क्या बोला खुमान ने?"

"बोलता है कि टेम नहीं है। इधर से निकलेगा तो मिल लेगा।"

"चलो छोड़ो..."

स्वयं ही उठकर चल दिए वे। सांध्यबेला थी। सूरज की लालिमा पेड़ों पर उतर आई थी। आकाश में धूल की परतें जमा थीं। चारों तरफ उजाड़ पड़ा स्थान। दो दिन पहले ही तेज आँधी आई थी इसलिए अब तक आँधी की निशानियाँ बिखरी पड़ी थीं। मन में बच्चों का ख्याल आ गया, सब टी.वी. देख रहे होंगे कमरा बंद करके ए.सी. चलाकर...और आगे निकल गए मन्दिर की तरफ।

नए बच्चे जो उन्हें नहीं पहचानते थे आश्चर्य तथा अपरिचय के भाव से देख रहे थे। विशाल घना पीपल का पेड़ और नीम का झुका हुआ पेड़ वैसा ही खड़ा था...कई चीजें शायद कभी नहीं बदलतीं...स्थिर...सन्तुलित होकर देखती रहती हैं अपने आसपास के जीवन को। छोटी सी कोठरी में विराजी देवीजी के सामने दीपक जल रहा था। पता नहीं किसकी कामनाओं और अन्तः प्रतिज्ञाओं की मौन बाती जल रही थी। शिवलिंग पर बासे फूल पड़े थे। लगता है किसी ने जल नहीं चढ़ाया था। इस कमरे में कभी साधु संन्यासी आकर रुका करते थे।

तीर्थ यात्राओं पर निकले साधुओं के दल हफ्तों तक विश्राम किया करते थे...वे

अपनी यात्राओं के अनेक संस्मरण गाँववासियों के बीच छोड़कर जाते थे। अब...गिने-चुने साधु महात्मा गाँव के ताकवर और ऊपर तक पहुँच रखने वाले लोगों के घर में आकर ठहरा करते हैं। वे उनके लिए राजनैतिक सीढ़ी का काम करते हैं।

थोड़ी देर चबूतरे पर बैठे। एकान्त में आँखें मूंदकर। ठण्डी हवा के झोंके प्राणों को ऊर्जा से भरने लगे। शीतल...स्वच्छ हवा में बहती वनस्पतियों की सुगन्ध...आँखें खुली तो अन्धकार फैल चुका था। आकाश नक्षत्रों से दिपदिपा रहा था...इस दिपदिपाते अन्धकार का सौन्दर्य उन्हें हमेशा ही चकित करता रहा है। मोहता रहा है। जंगलों से लौटते जानवरों के खुरों की आवाज तथा उनको हुलकारते चरवाहे। मन में उन सबको देखने की इच्छा हो उठी इसलिए घर वापस न जाकर मुहल्ले की तरफ चल दिए।

बगीचा ठीक हो जाए तो वहाँ एक योगशाला बनाई जा सकती है या छोटा सा स्कूल या डिस्पेंसरी या जड़ी-बूटियों को उगाया जा सकता है... इतनी बढ़िया जगह का उपयोग अच्छे काम के लिए होना चाहिए अतः वह सीधे खुमान की दुकान पर जा पहुँचे। छोटी सी दुकान थी उसके दादा की। पहले गिना-चुना सामान मिलता था लेकिन उन्होंने पाया कि वे एक बड़ी आधुनिक साज सज्जा से चमकती दुकान के सामने खड़े हैं जहाँ इलेक्ट्रोनिक्स से लेकर कास्मेटिक्स और दवाइयों से लेकर बड़े-बड़े सामान भरे पड़े थे। गाँव का डिपार्टमेन्टल स्टोर था।

"कम्पाउण्डर बाबू..." उनके पीछे खड़े लड़के ने कुछ मांगा... खुमान ने दवाइयों का पैकेट उसके हाथ में थमा दिया। दुबला-पतला काला सा लड़का अब प्रौढ़ आदमी बन चुका था। घनी मूँछें और बालों में आती सफेदी उसकी उम्र को दर्शा रही थी। आँखों के पीले रंग में ताकत और निश्चिंतता का दर्प घुला हुआ था। उन्हें याद है एक बार इन्जेक्शन मरीज को गलत लगा देने पर मरीज का पूरा कूल्हा सूज गया था...तब उसके परिवार वालों ने शिकायत कर दी। खुमान का बाप और वह जेल में बैठे थे और उसकी माँ उनके पाँवों को पकड़े रोती-गिड़गिड़ाती छाती पीट रही थी। किसी की जिन्दगी के साथ खिलवाड़ करने का क्या अधिकार है...उन्होंने कितना डांटा था, जीवनभर नैतिक काम करने की प्रतिज्ञा की थी उसने तब कहीं जाकर उन्होंने छुड़वाया था। मगर वे देख रहे हैं उसकी डॉक्टरी का मायाजाल...एक नहीं सैकड़ों लोगों की जिंदगी पर जादू किए हुए था...वह हर मर्ज की दवा देने वाले विशेषज्ञ के रूप में स्थापित हो चुका था। यहाँ न सरकारी डॉक्टर की जरूरत है न मेडीकल स्टोर की।

"खुमान, वो सामान उठवा लेना।" उन्होंने एकदम सहज होकर कहा। वे अपने भीतर उठती चिन्ता तथा बैचेनी को जानबूझकर छुपा गए।

"अभी तो फुरसत नहीं है महाराज।" उसने बिना उनकी तरफ देखे कहा।

"जब सुभीता हो जाए एक-दो दिन में।"

"क्यों, आपको इस जगह की क्या जरूरत है, आप तो फिर चले जाओगे।"

"नहीं, हम नहीं जाएँगे अब।" उन्होंने स्पष्ट और दृढ़ स्वर में कहा।

"इतने सालों से तो हमी ने बचाकर रखी थी वरना..." बोलते हुए खुमान हल्का सा तुतलाता था और उसके एक पाँव में भी लचक थी जो तेज चलते वक्त दिखाई देती थी।

"वरना क्या...? कौन ले रहा था हमारी जमीन?"

"अब बेच दो।"

"हम बेचने नहीं बचाने आए हैं।"

"वो बच तो न पाएगी अब महाराज।"

"तो क्या धमकी दे रहे हो! जबरदस्ती कब्जा किए बैठे रहोगे! दो-तीन दिन में खाली हो जाना चाहिए।" कहकर वे चले तो आए मगर समझ गए कि काम इतनी आसानी से न होगा। बगीचा उनका होते हुए भी उनका न रहा था। उसने अपना आधिपत्य जमा रखा था। खुमान भी वो खुमान न रहा था जो पाँवों पर गिरकर माफी मांगता था। बाप बेटे नजरें मिलाकर बात नहीं करते थे, इतने दिनों बाद उन्हें इस बात का एहसास भी हुआ कि ये गाँव वो गाँव नहीं रहा जहाँ के डाकुओं में भी मर्यादा तथा नैतिकता होती थी। जो ब्राह्मण, वृद्ध, महिला और बच्चों को सामने देखकर भी छोड़ दिया करते थे। ये कैसी छायाएँ आ घुसी हैं यहाँ की हवाओं में, यहाँ की मिट्टी में... क्या कभी फसलों में भी छायाएँ...जड़ों के साथ चिपकी हुई हैं। अब न तो संध्या समय मन्दिर के घन्टों की ध्वनि सुनाई दी है न आरती के समय शंख झालर का मिश्रित गूँजने वाला स्वर। औरतों की खिलखिलाहट कहीं से भी सुनाई नहीं दी। उन खिलखिलाहटों को किसने कैद कर लिया है। होली के दिन गाई जाने वाली फागों और लांगुरिया, मन्दिर के प्रांगण में होने वाले भजनों की मीठी स्मृतियों से भरे हृदय में, हत्याओं और परोक्ष रूप से दहशत फैलाती इन शक्तियों ने जीवन की रंगीनियत ही बदल दी है। यह भयभीत मौन उन्हें आहत कर उठा। वे मर्माहत हो उठे। आदर सम्मान तो दूर खुमान ने यह तक नहीं पूछा कि महाराज, कब आए हो। कब तक ठहरोगे? कैसे आना हुआ! जल लेंगे। बैठिए। आँख उठाकर उपेक्षा से देखा भर था। इतनी घृणा या बगीचे वाली जमीन खाली करवाने का अनकहा रोष। जाने कब शहर की जहरीली हवा इस शान्त सुन्दर गाँव में घुस आई।

जाकर पटेल के चबूतरे पर बैठ गए। बाहर का टिमटिमाता हुआ बल्व और वृक्षों पर सरसराता काला सन्नाटा। इसी चबूतरे पर कभी रामलीला खेली जाती थी। इस पेड़ से उस पेड़ तक रस्सी बाँधी जाती थी जिसके सहारे हनुमान जी संजीवनी बूटी पहाड़ सहित लाते थे और राम का विलाप पूरी फिजां को कंपकंपाता महसूस होता था। भरत मिलाप हो या वनगमन का दृश्य—दर्शकों की सिसकियाँ सुनाई दे जाती थीं। सीता का वेश धार करने वाला वो सुन्दर सा लड़का कितनी तरह की बातें

करता था..और तब राम-लक्ष्मण सहित-पूरी मण्डली को बड़े-बड़े लोग अपने घर में आमन्त्रित करते थे। उनका अभिषेक किया जाता था। आरती उतारी जाती थी। पूरी मण्डली की जीविका का यही आर्थिक आधार होता था...कि कौन कितनी भेंट दे रहा है—और भेंट में क्या-क्या दे रहा है।

उन्होंने कभी नहीं पूछा कि वे लड़के किस जाति के थे। किस धर्म के थे...क्या उनके विचार थे, और वो भजन मण्डली...जो नवदुर्गा में आया करती थी...फिल्मी तर्ज पर बने भजनों और कब्बालियों का अपना ही सुरीलापन था, रात रातभर जागकर... आनन्द में डूबे लोग... वो हारमोनियम तथा तबले अब भी पड़े होंगे कहीं।

'अरे महाराज आप! आवाज लगा देते। बुरा लग रहा है। बाल-बच्चों की याद आ रही होगी।'' पटेल ने जल का लोटा उन्हें थमाते हुए कहा।

''पुरानी बातें याद हो आईं, अब तो बड़ा मुश्किल लग रहा है।''

''क्या...?''

''बगीचा खाली करवाना...बगीचा ठीक हो जाए तो अपन सब फिर से वही सब कर सकते हैं...भजन भन्डारो-रामलीला।''

''सबने समझाया था महाराज। दारू बनाता है, जिस दिन अपनी आँखों से देखें पुलिस में रपट लिखवा देना।''

''पुलिस तक नहीं जाना चाहते हैं हम। न दुश्मनी बढ़ाना चाहते हैं। पंचायत में मामला पहुँचे इससे पहले एक बार और बात कर लो।''

''हम तो किसी काबिल नहीं रहे महाराज... छोटी-छोटी बातों को दुश्मनी में बदल दिया था। प्रताप को इन सबने...अकेले में घेरकर लट्ठों से...'' यह क्या! उन्होंने देखा पटेल फूट-फूटकर रो रहे हैं, अन्धेरे में बढ़ती सिसकियों को...और काँपते शरीर को थामकर बैठे रहे चुप। बेशब्द। कब से दबा मुंदा रुका पड़ा दुख का सागर बह जाना चाहता है।

''माते...।'' उन्होंने क्षणों बाद पीठ थपथपाकर कहा।

देखा सामने कप-प्लेट में चाय लिए वही लड़की खड़ी है। विनत। सिर झुकाए।

''क्या नाम है बेटा।''

''कमल।''

''पढ़ती हो?''

''ना।''

''क्या करती हो?''

''कुछ नहीं।''

''कुछ नहीं।'' वे उसका चेहरा देखते रहे। पिछले पैंतीस वर्ष के शहरी जीवन की स्मृति जहाँ हर कोई कुछ न कुछ करता है। कोमल। धवल। निर्झर सा, लावण्यमय चेहरा। आँखों में झिलमिलाती पानी की परछाइयाँ। इतनी छोटी उम्र और इतना लम्बा

अभिशाप। कैसे मूर्ख हैं पटेल भी। क्या इतना शऊर नहीं है कि इसे पढ़ाते-लिखाते।

"कुछ पढ़ती-लिखती हो।"

"दद्दा बोलते हैं कि रामायण पढ़ा करो।"

"अच्छा बिटिया, एक गिलास पानी और ला दो।"

"ये तुमने क्या किया माते। बच्ची तो मर जाएगी या पागल हो जाएगी। उसकी आँखें देखीं। तुम्हारी इस हवेली में वह साँस भी न ले पाती होगी।"

"क्या करें महाराज। वहाँ ऐसा उत्पात हुआ, अपने लोग ही उसकी इज्जत..."

"बस-बस।" उन्होंने हाथ बढ़ाकर शेष शब्दों को रोक दिया। समझ गए अतृप्त कामनाओं को दबाए बैठे कामुक लोग रिश्तों की ओट में कैसे घिनौने कृत्य करने लगते हैं।

"अभी तो तुम जिन्दा हो। तुमने क्या सोचा है, अमृत पीकर आए हो। कब तक रखवाली करोगे, तुम्हारे बाद क्या होगा। पढ़ने के लिए भेज दो। कुछ करने दो। उसे खुला जीवन चाहिए।"

"इसी की चिन्ता तो घुन की तरह लगी है। हृदय कलपता है। कैद हैं हम तीनों। बहू और नाती को यहाँ से इसीलिए निकाल दिया कि..."

'हे राम! सीताराम!" अपनी हथेलियों को जमीन पर टिकाकर, पीछे की तरफ गर्दन झुका ली पटेल ने। तनाव से भरा खून तेजी से नसों में दौड़ रहा था, उंगलियों से दबाकर बैठ गए सिर को...

"हमारी बात मानो तो शहर में रख दो। स्कूल में भर्ती करवा दो।"

"कोई रखने को तैयार नहीं महाराज। लड़का अपनी टाल में धंधे में लगा रहता है और उसकी बहू को इतनी समझ नहीं है।"

"हॉस्टल में। पैसे-लत्ते की तो कोई बात नहीं है।"

"ना महाराज ना। सब कुछ उसी के लिए है यहाँ का।"

उन्होंने देखा था कमल के चेहरे पर डूबते-उतरते दरिया को। एक बन्द हवेली की दीवारों में सिमटी जिन्दगी की उतरती हुई रंगत को। उसका चहकना, उसका बोलना, उसका वो उल्लास...सबसे वंचित है वो... जीवन से कोसों दूर है वो। मात्र देह को लेकर जी रही है...दैहिक अभीप्साओं को दबाकर... जब वे वहाँ से उठे तो गहरा अवसाद उनके मन में भर गया था। उसी रात उन्होंने अपने अफसर बेटे को चिट्ठी लिखी, "यहाँ के कलेक्टर को कहकर अपना बगीचा वापिस दिलवा दो। एक अच्छे हॉस्टलवाले स्कूल का पता कर सको तो बहुत अच्छा होगा। अब हम यहीं रहना चाहते हैं।"

जवाब आया, "आपको बुढ़ापे में यह सब करने की क्या जरूरत है। माया, मोह के बंधनों में बंध गए हो। यहाँ आराम से रहते और पूजा-पाठ में ध्यान लगाते। अब हमें यहीं चिन्ता लगी रहती है कि वहाँ आप अकेले कैसे रहोगे। अचानक तबियत खराब हो जाए या..."

फिर उन्होंने लिखा, "खुमान अपने बगीचे की पवित्र जमीन पर शराब की भट्टी लगाकर बैठा है। हमारे पुरखों का चबूतरा बना है वहाँ! अवैध धन्धा चल रहा है। अपने कुएँ की सफाई करवायी जाए तो उसमें पानी निकल सकता है। खेती हो जाएगी।"

उधर से जवाब आया, "हमारे पास न तो इतना फिजूल पैसा है न समय कि हम वहाँ आकर कुआँ खुदवा सकें। आपके इतने बड़े खण्डहर की मरम्मत करवाने का बूता हमारा नहीं है। किसी के पचड़े में मत पड़ना। उसके ऊपर कई केस चल रहे हैं। नेताओं के बीच गहरी पैठ है। वहाँ के कलेक्टर से एक काम करने को कहेंगे... अतः इन सब बातों में पड़ने से कोई फायदा नहीं। खाने पीने की क्या व्यवस्था है। बिना पंखे तथा लाइट के कैसे रहते होंगे। समझ में नहीं आता कि आप इतनी आराम की जिन्दगी छोड़कर वहाँ क्यों चले गए हो?"

अब क्या करें। किसका सहारा लें!

सामने दीख रहा था कि इस काम से क्या फायदा होने वाला है? मगर अकेले इतना बड़ा लक्ष्य प्राप्त करना भी कोई आसान न था। अपनी आँखों के सामने गलत काम होते देखना सबसे ज्यादा तकलीफदेह तथा अपमानजनक होगा। इस जगह पर अनदेखा जाल उनके लिए पहले से ही बिछा दिया गया था। खुमान आसानी से मानने वाला व्यक्ति न था। उसने अपने पाँव पूरी ताकत से जमा लिए थे और दो साल पहले ही इसके गुट के आदमियों ने दूसरे गुट के एक-दो आदमियों को लाठियों से कुचल-कुचल कर मार डाला था। दो आदमियों ने वहीं पर दम तोड़ दिया था और दो घायल अवस्था में ही कहीं और जाकर छुप गए थे। उनके परिवार वाले भी पलायन कर गए थे। प्रताप...की हत्या के बाद इस गाँव की हवा में खून की गंध उठती रहती थी। मगर जो बात जायज है उसके लिए लड़ना नहीं? वे नहीं डरते। उन्हें भय नहीं लगता। जमीन उसने हड़पी है। हमने नहीं। उसके कर्म अनैतिक हैं। अपवित्र हैं... उस जमीन को गंदे पाँवों के तले रौंदने के लिए नहीं छोड़ेंगे वे। सारे तार परस्पर जुड़े हुए थे... बगीचे में कुआँ था, कुएँ में पानी था...पानी से खेत सिंचते थे, खेतों से फसल आनी थी और फसलों के मिलने वाले पैसे से वे अपने मकान को नए रूप में खड़ा करेंगे। मगर इन सभी तारों के ऊपर खुमान नाम का व्यक्ति फन फैलाकर बैठा हुआ था। यह बिडम्बना ही थी या समय का खेल कि पैंतीस वर्ष पूर्व जिस गाँव में उनकी तूती बोला करती थी उसी गाँव में आज उन्हें अपने घर तथा जमीन को लेकर लड़ना पड़ रहा था। ग्राम पंचायत के अध्यक्ष की हैसियत से उनका जो रुतबा था और...अपने मित्र को विधायक बनवाकर वह जो काम किया करते थे उसी की वजह से सारे अफसर और नेता उनके घर पर आया करते थे। वे पढ़े-लिखे, मितभाषी, उदार और ईमानदारी स्वभाव के इन्सान हैं। वह चाहते तो स्वयं एम.एल.ए. बनकर अपने लिए अकूत पैसा कमा सकते थे...मगर उन्होंने जो किया...सिर्फ गाँव की भलाई के लिए किया था... उनके बनवाए गए कुएँ स्कूल...घाट...तालाब—और भवन। बाद

में किसी ने मरम्मत तक नहीं करवाई उन सकबी। अगर परिवार की जिम्मेदारी नहीं होती तो कहाँ से कहाँ पहुँच जाते। पार्टी के लोगों ने कितने पद उनको देने की पेशकश की थी लेकिन बच्चों को कुछ बनाने का संकल्प इन सबसे दूर ले गया था। एक बार...इस तरफ से किनारा किया तो फिर पलटकर नहीं देखा। अब क्या करें! वे बच्चे नाराज हैं। भाई नाराज है...यहाँ कोई साथ देने वाला है नहीं! कौन? कौन...जिसके पास जाकर वे अपनी बात कह सकते हैं...कौन...

बहुत सोचने पर उन्हें याद आया उस जमाने के अपने अभिन्न मित्र जिनको तीन बार एम.एल.ए. बनबाने में उन्हीं का योगदान रहा था। क्या श्याम जी से बात करें। अब तो उनका बेटा सांसद है। पता नहीं क्या सोंचेंगे कि जब काम पड़ा तभी आये। रातभर ऊहापोह की स्थिति में जागते रहे। गरम हवाओं से तपता शरीर। विचलन से भरा मन। एकाकी पड़ जाने का विवश ख्याल। यह आदमी राक्षसों की तरह अपनी शक्तियों का प्रदर्शन कर रहा है और सारा गाँव चुप है। डरा हुआ। कायर हैं सब। इस गाँव को एक आदमी ने बाँध रखा है। वो गुर्राता है और सब दुबक जाते हैं। वे उठकर बाहर आ गए। दरवाजा खुला छोड़ दिया। देखें कौन क्या करता है। उन्हें नहीं लगता भय। न खुमान से न इस निस्तब्धता में डूबी रात्रि से। आधी रात को लौटते थे शहर से। तेज आंधियों, भड़कती बिजलियों और पत्थर बराबर गिरते ओलों के बीच पेड़ों के नीचे खड़े होकर घन्टों बिताया करते थे। जंगलों की खाक छानी है पर कभी विपदाओं से नहीं घबराए। बेरहम अँग्रेज पुलिस से नहीं डरे। विचारों में विद्रोह था। खून में उबाल। घनश्याम बाबू ने उन्हें छुपकर मदद पहुँचाने का काम सौंपा था। कितनी ही बार उनका घर उन लोगों के छुपने का ठिकाना बना था। लेकिन आज अपने ही राज में राजनीतिक संरक्षण प्राप्त गुण्डे से डर जाएँ। करने दें उसे अपनी मनमानी। वह चाहे तो रक्त बहाए और वह चाहे तो जान ले ले। नहीं, ऐसा नहीं होने देंगे। उन्होंने मन ही मन अपने संकल्प को दोहराया, शायद अभी एक लड़ाई और शेष है... दरवाजे से बाहर तेज कदमों से टहलने लगे। ऊपर निस्तेज आसमान था। सघन नीरवता में डूबा हुआ और पाँवों के नीचे मरुभूमि थी। दूर-दूर तक सनसनाती हवाओं ने जंगल की नींद उड़ा दी थी। बेजान पड़ी चाँदनी में सोए हुए मकान...पहाड़ियाँ...टोरिया के काले विशाल पत्थर। अचानक ही उन्हें कुछ सुनाई दिया। कोई आहट...कोई परछाई...कोई हवा का झोंका। साँप या नेबला हो सकता है–मेंढक या बिल्ली...फिर वही सरसराहट... कोई चोर या उन पर हमला करने वाला या आत्मा...नहीं, आत्मा-प्रेतात्मा को मानने के बाबजूद वे कभी नहीं डरे... वे उसी दिशा में बढ़ने लगे। फिर उन्हें दो आकृतियाँ घुटनों के बल रेंगती हुई दिखाई दीं, शायद कुत्ते-बकरी या जंगली जानवर होंगे, मगर पदचाप के साथ फुसफसाहट भी सुनाई दी।

"कौन है वहाँ।" वे जोर से चिल्लाए।

दोनों आकृतियाँ तेजी से चलने लगीं। वे उतनी उम्र पार करने के बावजूद फुर्तीले

थे। भाग सकते थे। उन्होंने लम्बे-लम्बे डग भरते हुए दोनों आकृतियों का पीछा किया और इनमें से एक आकृति को घसीटते हुए दरवाजे के बाहर तक ले आए। लैम्प के हल्के प्रकाश में उसका चेहरा देखा तो चार कदम पीछे छिटक गए, जैसे सैकड़ों साँपों को एक साथ देख लिया हो।

''कमल।'' अस्फुट आश्चर्य तथा क्षोभ से भरे शब्द फूटे उनके मुँह से।

लड़की भय और घबराहट के कारण अधमरी मूर्च्छित सी जमीन पर पड़ी थी। न उसके मुँह से आवाज निकल रही थी, न शरीर में स्पन्दन हो रहा था। किसी ने इस हालत में देख लिया तो। वह कौन था। भाग गया। उन्होंने पलटकर देखा... पेड़-पौधे...हवाएँ सभी कुछ पहले की तरह शान्त एवं आत्मरत थी। सामने पड़ी लड़की का क्या किया जाए? कुछ क्षण तक वे यूँ ही खड़े रहे। स्तब्ध। विचारमग्न। फिर छः महीने की बच्ची की तरह गोद में उठाकर चल दिए। नाजुक से शरीर की बच्ची। वजन में हल्की थी। शायद उसके भार से उसके दुखों का वजन अधिक था। उनके पाँव चल नहीं दौड़ रहे थे। अन्धेरे में हिचकोले खाते हुए। किसी ने देख लिया तो।

इसका जीना मुश्किल हो जाएगा।

जोर-जोर से सांकल बजाई।

दरवाजा खुलने पर सीधे अन्दर जाकर उसे लिटा दिया। हांफने लगे थे। गुस्से से पतली नाक फूल आई थी और आँखें घूम रही थीं चारों तरफ...

''क्या हो गया महाराज! यह कौन है?''

''चश्मा लगाकर देखो : पानी के छींटे मारो मुँह पर।''

''बात तो बताओ। क्या हुआ?''

''स्वयं को बड़ा होशियार समझते हो। आँखों पर परदा डालकर बैठे हो। शरीर के साथ दिमाग भी बूढ़ा हो गया है तुम्हारा।''

उनके मुँह से निकला एक-एक शब्द काँप रहा था। पटेल पर बेतहाशा गुस्सा आ रहा था उन्हें।

''लड़की कहाँ रहती है, मालूम है?'' कहकर उन्होंने सारी घटना बता दी।

पटेल तो जैसे प्राणविहीन हो गए। एकदम स्पन्दहीन। साँसें डूब गईं। दृष्टि बँध गई जमीन पर।

''माते। माते।'' उन्होंने पटेल को हिलाया डुलाया।

''हड्डियाँ तोड़ दो। इतनी हिम्मत। मार डालो। विक्षोभ से भर बड़बड़ाने लगे।

''नहीं, बेवकूफी मत करो।'' उन्होंने उनके लचीले कमजोर शरीर को झिंझोड़ते हुए कहा।

''उसे सदमा बैठ गया है। मारोगे-पीटोगे तो आत्महत्या कर लेगी। याद है सुमीता कुएँ में कूद गई थी, समझदारी से काम लो माते।''

''कौन था वो। टुकड़े-टुकड़े करवा देंगे उसके।''

"उससे इसका जीवन सुधर जाएगा क्या?"

"तो क्या करें जहर दे दें। बताओ कहाँ जाएँ हम इस अभागिनी को लेकर।" कहकर वे ज़मीन पर बैठकर माथा पीटने लगे... उनकी रुलाई थम नहीं रही थी...

अन्दर से लड़की के रोने-चीखने की आवाज आने लगी थी..."नहीं-नहीं...पाँव पड़ती हूँ...हाहा खाती हूँ...।"

भागकर भीतर आए। देखा तो रोंगटे खड़े हो गए। कमल का सबसे छोटा चचेरा मामा उसे पीटे जा रहा था और उनकी नानी...बचाने के प्रयास में पिटे जा रही थी।

"पागल हो क्या?" उन्होंने उसे धक्का दिया।

"जाओ ,अन्दर ले जाओ।"

क्षणों बाद ही हवेली में सन्नाटा छा गया। सब मौन बैठे थे।...कभी-कभार सुनाई देने वाली सिसकी उनके हृदयों को चीर देती थी।

"अब भी कुछ नहीं बिगड़ा है। उसे प्यार से समझाओ। बाहर भेज दो। आँधी तूफान से क्षत-विक्षत, घर को फिर से बनाते हो या नहीं। क्यों? क्योंकि वह अपना होता है...छोड़ तो नहीं देते न।"

"टूटे उखड़े रूख रोपे जाते हैं महाराज? इसकी भोली सूरत के पीछे इतना छल।"

कलपते हृदय से...कंपकंपाते शब्द निकले।

"कोशिश करनी पड़ेगी।" उन्होंने पटेल की पीठ पर हाथ रखा तो लगा कोई बड़ी भट्टी वहाँ सुलग रही है।

"महाराज, कोई ऊँच–नीच..." शेष शब्द उनकी रुंधी आवाज में घुलकर रह गए।

"उसको डराना-धमकाना नहीं माते वरना हम सब मुँह दिखाने लायक नहीं रह जाएँगे," नासमझ है इसलिए मामला घर में ही सुलझाना है। पुचयाकर पूछेंगे तो बता देगी। डराओगे-धमकाओगे तो हो सकता है भय के मारे कुछ खा-पी ले।

"देखो, कल हमें जरूरी काम से बाहर जाना है। स्कूल का पता करके आएँगे। उसके भविष्य को फिर से सँवारना है। इस बार उसके हाथ पढ़ा-लिखाकर पीले करेंगे। ईश्वर निष्ठुर नहीं है। विश्वास रखो।"

"महाराज, छोड़कर तो नहीं जाओगे।" पटेल ने उनके हाथ पकड़ लिए।

"नहीं रे...रात बहुत हो गई।" कहकर वे बाहर निकल आए मगर उनका मन और हृदय बुरी तरह से तड़प रहा था। अचेतावस्था में पड़ी लड़की का वह भयभीत चेहरा और सरपट भागकर गया वो। कौन था वो जिसके साथ इतनी रात गए बाहर निकली थी। कहाँ ले जाता होगा? कोई बाहर का आदमी तो नहीं है...। भगाकर न ले जाए...

आधी रात से ज्यादा हो गई थी। चारपाई बिछाकर बाहर ही बैठ गए। आँखों में नींद न थी। साँसों में स्थिरता न थी... दिल की धड़कनें अब तक असामान्य थीं।

हाथ-मुँह धोया। शाम को ध्यान न लगा सके थे...सो वहीं बैठ गए...शायद चित्त को कुछ शान्ति मिले... दो-तीन कोस चलने के बाद बस मिलती थी...इसलिए सुबह ही निकल पड़े...

जब एम.एल.ए. साहब के बंगले पर पहुँचे तो दिन चढ़ चुका था। पुराने मित्र को इतने वर्षों बाद आया देखकर वे बेहद प्रसन्न हुए। गले मिले। हालचाल पूछा। भोजन किया साथ में। बड़ी विशाल कोठी। दोनों बेटों का बिजनेस है। तीसरा सांसद होकर दिल्ली में ही रह रहा था। गाँधी-नेहरू तथा इन्दिरा गाँधी सहित अन्य नेताओं की बड़ी तस्वीरें टँगी थीं। कुछ चित्रों में बेटा तथा वे स्वयं राष्ट्रपति, प्रधानमन्त्री तथा अन्य नेताओं के साथ खड़े थे, भव्य एवं गरिमामय माहौल देखकर उन्हें अच्छा लगा।

"एक जरूरी काम से आए हैं।" वे सकुचाते हुए बोले, "यदि आप करवा सकें तो। जोर-जबरदस्ती कतई नहीं है।"

"कैसी बातें करते हैं श्रीराम जी। कभी तो कुछ नहीं कहा। कहिए न।"

उन्होंने सारी बात विस्तार से बता दी।

आनन-फानन फोन किया, चिट्ठी लिखी और अपनी स्थूलकाय देह के साथ स्वयं बस स्टैण्ड तक छोड़ने आए।

और चमत्कार यह हुआ कि तीसरे दिन ही उनकी आँखों के सामने से सामान ट्रेक्टर में लदकर जा रहा था। खुमान की पराजित आँखों में घृणा का भाव भाले की नोक की तरह चमक रहा था। देखते ही देखते...बगीचे की सफाई होने लगी... कुआँ भी साफ होने लगा।

इसमें बोर लगवा लेते हैं। भरपूर पानी मिलेगा तो खेत भी जोत लेंगे, गाँव वालों को पानी मिल जाएगा। जल पर तैरने वाली पृथ्वी से जल निकालने के लिए वे बेचैन थे। उसी दिन बेटे की चिट्ठी आ गई।

"और कितना कर्ज करोगे। हमारे पास आपका कर्ज चुकाने के लिए पैसा नहीं है। जब हम लोगों को वहाँ से कोई सम्बन्ध नहीं रखना है तो आप क्यों पैसा लगाना चाहते हैं। कौन देखभाल करने जाएगा।"

चिट्ठी को पकड़े बैठे रहे वे देर तक। बच्चे दूरागत के बारे में कितनी वारीकी से विश्लेषण कर लेते हैं। उनकी सूक्ष्म दृष्टि वर्तमान की वनस्वित भविष्य को ज्यादा देख-परखकर चलती है। सचमुच उनके बनाए हुए इस तामझाम को कौन सम्भालेगा...एक चुनौती का भाव मन को उकसाने लगा—क्या वे स्वयं में एक सम्पूर्ण इकाई नहीं हैं? उनका अपना अस्तित्व नहीं है? उँगलियों पर यदि जिन्दगी को गिनने बैठ गए तब तो भोजन भी नहीं करना चाहिए। अभी इतने अशक्त नहीं हुए हैं कि उन सब के सहारे की जरूरत हो। वृक्ष वे हैं या बच्चे। सहारा उन्होंने दिया था अपने कंधों का या बच्चों ने... हाँ अर्थी जरूर बच्चों की मोहताज होती है—अर्पण-तर्पण-और गंगा में अस्थि विसर्जन के समय ही पुत्र-पौत्रों बन्धु-बान्धवों से मुक्ति के सूत्र जोड़ दिए

हैं धर्म के ठेकेदारों ने वरना...क्या प्राणें का विसर्जन ही, मुक्ति का मार्ग नहीं होता...

उन्होंने आगे की पंक्तियाँ पुनः पढ़ीं, "किसके लिए कर रहे हो। कौन आएगा वहाँ रहने के लिए! हम लोगों को तो खाने की फुरसत नहीं है।" उनका मन व्यथित हो उठा...सचमुच तुम लोगों को खाने का वक्त नहीं मिलतौ... विश्राम का वक्त नहीं मिलता। निद्रा और जागरण दोनों अवस्थाओं में तुम लोगों का मन दौड़ता रहता है।...भाग दौड़, टेलीफोन, स्पर्धा...वायदे...तरक्की...महत्वाकांक्षाओं के पायदान...खाली करके छोड़ रखे हैं। महत्वाकांक्षा की लकीर को मन पर इतना लम्बा नहीं खींचना चाहिए जिसके सामने कोई भी सफलता की लकीर छोटी लगे। ऐसे में जीवन भर सिर्फ असन्तोष ही हासिल होता है। एक शहर...दूसरा शहर... कहाँ है वहाँ प्राणों में नवीन ऊर्जा का संचार करने वाला यह निर्मल पवन। आकाश से झरती अछोर अपूर्व शीतल छटा। क्या वे सोचते हैं कि शीतलता...प्रकाश, वायु...रस, गंध किसके लिए दे रहे हैं, कितना दे रहे हैं...

"तुम लोग छुट्टियों में आओगे तो यहाँ सब कुछ मिलेगा। कोई दिक्कत न होगी। हम चाहते हैं कि तुम्हारे बच्चे एक बार आकर देखें कि वे जो खाते पीते हैं, उनका अंकुरण धरती को फाड़कर होता है...सब्जियाँ, गेहूँ, दालें...कहाँ उगती हैं...वे कुछ नहीं जानते अभी।" उनकी इस चिट्ठी का लम्बे समय तक कोई जवाब नहीं आया था। वे जानते थे कि उनकी बातों का उपहास किया जा रहा होगा। कहा जा रहा होगा कि उन्हें बुढ़ापे में धन-दौलत के मोहपाश ने बाँध रखा है...

सुबह उठे तो...सबसे पहले पटेल के घर जा पहुँचे। दो दिन का मानसिक संताप और यात्रा की शारीरिक थकन ने उन्हें एकदम पस्त कर दिया था।

"कमल कैसी है?"

"बात नहीं कर रही है। मुँह बन्द किए पड़ी है। उस रात से मुँह में अन्न-जल का एक दाना तक नहीं गया। हम तो हार गए महाराज।"

"भलाई इसी में है कि कोई अच्छा सा लड़का देखकर उसकी शादी कर दें। पहले तो इसी को तलाशते हैं। पढ़ा लिखा समझदार गैर बिरादरी का हो या अपनी का। बस लड़का अच्छा हो।"

"चाहे वह कोई भी हो..."

"तो क्या करोगे। बाहर भेजना नहीं चाहते...पढ़ाना-लिखना चाहते नहीं। आखिर-क्या संन्यासिनी बनाकर छोड़ जाओगे तो भेज दो किसी आश्रम में।" वे आवेश में बोले।

"अपने बाप की मौत मरेगी। भाग्य खोटे थे तभी तो..."

"माते। वे एकाएक गुस्से में बोले, "हत्या करोगे लड़की की। जाहिल आदमियों की तरह सोचते हो तुम भी। कहाँ है वह बुलाओ।"

बूढ़ी नानी उसका हाथ पकड़कर ले आई। देखकर लगा कोई बेजान देह चली आ रही है। बुझा हुआ चेहरा। सूजी हुई आँखें और भूख प्यास का असर साफ दिख

रहा था। उसकी हालत देखकर वे चुप हो गए। उनकी आँखें भर आईं। भावना और डर का लावा उसे जलाए हुए था...

"क्या पूछोगे इससे! कुलच्छनी है, नाश करवाएगी इस परिवार का। वैसे भी बचा क्या है...?"

"बैटा शहर जाकर पढ़ोगी?..."

"..............."

"पढ़ लिखकर नौकरी कर लेना। तुम्हारी उम्र की कितनी लड़कियाँ बाहर रहती हैं। किताबें मंगवा देते है। बेटा..." वे कुछ और कहते, इससे पहले ही वह धम से गिर पड़ी।

बात छाती में धँस चुकी थी। दो पाटों के बीच दबी वह धीरे-धीरे पिस रही थी। उठकर चले आए। मन किया उस लड़के को खोज निकालें। आकर चुपचाप पड़े रहे। बिना खाए-पिए। निराहार...इस उम्मीद के साथ कि रात्रि में वह उसी राह से गुजरेगा।

सबके विरोध के बावजूद उन्होंने बोरिंग मशीन लगवा ली थी। नवग्रहों का पूजन करवाया। नारियल फोड़ा। बोर लगने के बाद सचमुच...पानी का झरना फट पड़ा...अथाह जल... नवजात शिशु की माँ के स्तनों से फूटती श्वेत धारें। पवित्र...मीठी... दो तीन मील तक पैदल चलने वाली औरतों की आँखों में आशा का जल झिलमिलाने लगा था...बगीचे के पत्ते-पत्ते पर...ओस की बूँदों की तरह चमक रही थी जलधार... पुराने ठूँठ अब भी खड़े थे। उनको कुल्हाड़ी से काटकर देखा तो जीवन रस शेष था...बीच में से चीरकर कोंपलों के फूटने का इन्तजार किया जाने लगा... बीच में ईंटें डलवाकर पनहारियों के लिए पगडण्डी बना दी गई ताकि वे वहाँ से पानी भर सकें...बड़ा सा पाईप लगाकर घर तक पानी ले आए मगर धार इतनी मोटी और तेज कि...नल खोलने पर धार फूट पड़ती... पड़ौस की बूढ़ी काकी के घर वहीं से पाईप निकालकर पानी का कनेक्शन कर दिया। ये तमाम कार्य इतनी तेजी के साथ हो रहे थे कि उन्हें जरा भी फुरसत न मिलती, मगर पता नहीं क्यों सोते-जागते बच्चों के चेहरे आ जाते सामने। बड़े बेटे के पूरे बाल सफेद हो चुके हैं, छोटे का भी वही हाल है और छोटे-छोटे बच्चों की आँखों पर लगा चश्मा। तब भी पढ़ाई और कम्प्यूटर, टेलीविजन से फुरसत नहीं मिलती। उद्विग्न हो उठते वे।

यहाँ आकर कमल की चिन्ता भी मन में बैठी थी...देखने के लिए चल दिए।

"कैसी है वो।"

"बात नहीं कर रही है।"

"एडमिशन करवा देते हैं। मन बदल जाएगा उसका।"

"जवान लड़की को कहाँ छोड़ दें। वहाँ कौन से साधु-संन्यासी होंगे।"

पटेल ने अपना चेहरा छुपा लिया। जैसे सारे गम और गुबार को अन्दर दबा

लेना चाहते हैं।

"यह तो होना ही था माते। मनुष्य की वासनाओं और कामनाओं को दबाया जा सकता है, खतम नहीं किया जा सकता...। अतृप्त जीवन का अभिशाप कुलों को डुबो देता है, हमारी बात मानो नहीं तो उसकी शादी करवा दो।

"आपकी मति मारी गई है क्या महाराज।"

पटेल गुस्से और दुख से भभक उठे।

"तो मार डालो उसे।" "जब किसी कुएँ से लाश निकलेगी तब समझ में आएगा।"

"कोई है। है तो बताओ।" जैसे वे चुनौती दे रहे हों उन्हें।

"तैयार हो। सोच लो।" कहकर वे चले आए। पता नहीं क्यों न चाहते हुए भी पटेल से उनकी तनातनी हो जाती है, जबकि वे उनकी मानसिक अवस्था तथा चिन्ताओं को गहराई से जानते हैं।

यदि उसका पता चल गया और पटेल ने कुछ करवा दिया तो...एक नया तनाव उनके मन-मस्तिष्क को उद्वेलित करने लगा।

"इस वारिश के बाद यहाँ आने का प्रोग्राम बन गया था। करीब आठ महीने बाद चिट्ठी आई थी कि वे लोग आ रहे हैं। बड़ा बेटा बहू...बच्चे। वे लग गए तैयारी में। कहाँ खाना बनेगा। कहाँ सोएँगे वे लोग। पोता और उसकी बहू पहली बार आ रही है सो सबसे मिलवाने के लिए कोई आयोजन करना पड़ेगा। एक छोटा सा भोज रख देंगे।

बाथरूम में टीन का दरवाजा लगवाया। पानी के लिए नया टब बनवाया। बैठक वाले कमरे की पुताई करवाई। दो पलंग कसबाकर रख लिए।

"बहुत खर्चा हो रहा है महाराज।"

"होने दो। फसल के आते ही सारी उधारी चुका देंगे।

"और सुनो ननकू, नये गद्दे और कप-प्लेंटे भी ले आना।

"महाराज अपने ही तो बच्चे हैं उनके लिए इतना खर्चा क्यों करते हो।"

"नीचे लेटने की आदत नहीं है... फिर यहाँ कीड़े-मकोड़े...सांप बिच्छु निकलते रहते हैं। चिन्ता मत करो सारा कर्जा पट जाएगा।"

और जिस दिन बहू बेटों ने दरवाजे पर कदम रखा उस क्षण उनका चेहरा गर्व तथा खुशी से दीप्त हो उठा। लगा जैसे सारे गाँववालों के बीच उनकी विजय हो गई हो।

"इतनी गन्दगी के बीच रहते हो बाबा। छिः यहाँ खाना बनाते हो। इतने अन्धेरे में। मिट्टी में...गैस तक नहीं है। चूल्हा! लकड़ियाँ। काले बर्तनों में दाल...पंखा नहीं है...बाबा वापस चलो। यहाँ नहीं रहना है..."

"डर नहीं लगता आपको?"

"कैसे रह लेते हो। क्या मिलेगा। किसी दिन यूँ ही रात में सोते रह गए तो...

न बिजली न फोन...न टी.वी. पता नहीं कैसे समय काटते होंगे।''

''ये अपने खेत हैं। अपनी फसल। बहुत ज्यादा उपजाऊ हैं।''

बेटे की आँखों में हरियाली के रंग उतर आए।

हरा समुद्र लहरा रहा था दूर-दूर तक...

''आपने तो कमाल कर दिया बाबा। क्यों पापा, आपने तो लाखों की प्रापर्टी यूँ ही छोड़ दी थी...''

''पूर्वजों की अमानत है बेटा। खून-पसीना एक करके बनाये थे ये खेत। पत्थरों को उखाड़-उखाड़कर समतल किया था। खेतों के किनारे मेड़ें बनाई थीं।''

उस रात उस टूटे-फूटे अन्धेरे में डूबे घर में उत्सव जैसा माहौल बन गया था। जमीन पर बैठकर बच्चों ने खाना खाया था। जमीन पर रेंगते कीड़े-मकोड़ों को कौतुहल से रेंगते हुए देखा था। जुगनुओं की अंधियारे में चमक व झींगुरों की आवाजे बच्चों को विस्मय में डाल रही थीं। लालटेन की रोशनी में सबके चेहरे उन लोगों को सांवले रंग के लग रहे थे। क्या गाँव का जीवन ऐसा होता है। कान्वेंट में पढ़ी पोती बहू को एक-एक चीज को देखकर आश्चर्य हो रहा था। इन्जीनियर बेटे का हिसाबी-किताबी दिमाग खेतों को देखकर भविष्य के सपने बुनने लगा था। वे सपने जैसे खेतों में जाकर बिखर जाना चाहते थे। इच्छाएँ जैसे आसमान में पंख फैलाकर उड़ान भरना चाहती थीं।

''बाबा हरी और लाल मिर्च एक ही पौधे पर लगती है या अलग पौधे होते हैं।'' पौधे पर लगी मिर्च को देखकर सहज प्रश्न किया बच्चों ने।

वे जोर से हँस पड़े।

''मटर, चने, मूँग कहाँ लगते हैं...कितने बड़े पेड़ होते हैं इनके और वो कौन सा पेड़ है जिस पर पापा और चाचा घण्टों आकर छुपे रहते थे।''

''और वो कौन सा आदमी है जो आपको परेशान कर रहा था। इनलीगल प्रैक्टिस करता है। क्वैक है, कहो तो जेल भिजवा दें।''

''जाने दो। अब तो मामला ही निपट गया है।''

''गलत इलाज करते हुए किसी की जान चली जाए तो।''

''तो आप ट्रैक्टर क्यों नहीं ले लेते।''

''नहीं बेटा। अधिया वटिया से खेती हो रही है। किराए से ट्रैक्टर मिल जाता है। कौन चिन्ता मोल ले।''

''आपको काहे की चिन्ता। एक आदमी रख लेना।'' अब सब उनका साथ देने को तैयार थे।

फसलों का हरा तोंतई रंग देखकर बच्चे सचमुच खुश हो उठे। जाते वक्त उनकी भाषा...उनका व्यवहार, उनकी चिन्ताएँ बदल गई थीं।

फसल के बिकते ही उन्होंने अपनी डायरी निकाली जिसमें पैसों का हिसाब लिखा

था। तभी दूसरे दिन बेटे का पत्र आ गया।

"फसल बेचने के पहले हमसे पूछ लेना। जब अच्छे रेट मिलें तभी बेचना। हम लोग आ जाएँगे।"

मन में आया मना कर दें मगर मन मसोसकर रह गए। सालभर से जो लोग इन्तजार कर रहे थे उन लोगों का क्या होगा। कुछ लोगों ने तो दूसरे लोगों से पैसा उठाकर दिया था और जब देने का वक्त आया तो...उनके मन में गहरा क्षोभ भर उठा था।

चौथे दिन देखा...गाड़ी खड़ी है घर के सामने।

"क्या बात है! अचानक! कोई परेशानी!"

"यूँ ही चले आए। सोचा आपके लिए व्यवस्था जमा दें।"

"अच्छा बाबा, ये बताओ अपनी फसल से कितना पैसा आया।" अन्ततः असली मकसद पकड़ ही लिया।

"क्यों! तुम्हें क्या चाहिए? यहाँ की फसल से कोई उम्मीद बाँधकर आए हो?"

"फिर भी! हमने एक नया फ्लैट बुक किया है, ये घर छोटा पड़ने लगा है।"

"फ्लैट छोटा पड़ने लगा है या मन में तृष्णा बढ़ती जा रही है।"

"कुछ पैसे हो जाते तो आसान हो जाता।"

"अभी तो पूरी जिन्दगी पड़ी है मकान बनाने के लिए।"

"अच्छे दामों में मिल रहा है। हमने तो फायनल कर दिया है बाबा। हमें मालूम था आपकी फसल आने वाली है। जी. पी. एफ. से पापा पैसा निकालने के पक्ष में नहीं हैं। यह उनके सिद्धान्तों के विपरीत होगा।"

"हमें भी तो देना है। साल भर से लोग उम्मीद लगाकर बैठे हैं। उनका क्या होगा। इनके भी तो बच्चे हैं। सिर्फ हमारे भरोसे पर काम कर रहे थे।"

पोता चुप रह गया। उसका चेहरा उतर गया। चारों तरफ उदास अँधेरा घिरता आ रहा था। झींगुरों की तीखी आवाज कानों को झंकृत कर रही थी और उधर निष्ठुर हवाओं ने जंगल में तहलका मचाया हुआ था।

"मोटर लगवा दें! पूरा घर बनवाने की क्या जरूरत है। एक कमरा ठीक करा लो। बाकी पैसा खेती में लगा दो। अब अधिया-बटिया पर देने की क्या जरूरत है?"

"अब तुम्हें खेती की इतनी फिक्र क्यों होने लगी बेटा।" इस बार उनके शब्दों में व्यंग्य तथा पीड़ा का भाव उभर आया था।

"इसलिए कि आधुनिक खेती से अच्छा पैसा आ सकता है। धीरे-धीरे फार्म हाउस बनवा लेंगे।"

"यह खेती हमने तुम्हारे लिए नहीं की है। एक साल से रात-दिन काम किया है इन गरीबों ने।"

"तो क्या इन गाँव वालों के लिए की है?"

"एक साल से इतनी परेशानियों के बीच रह रहे हो तो किसके लिए! किसके लिए बाबा! बताओ। इनके लिए जो कब्जा किए बैठे थे!"

"हाँ, इन गाँववालों के लिए ही जिन्होंने हमारे लिए कभी ना नहीं कहा...इन सबने सामान, बीज, खाद लाकर दिया...सिर्फ विश्वास पर..."

"बाबा आपका तो दिमाग खराब हो गया है, लाखों रुपए की फसल आप..."

"..............."

"चुप क्यों हो बाबा। बोलो। मेरी बेइज्जती हो जाएगी। बात पलट जाएगी!"

"तो हम क्या करें! तुम सक्षम हो। किसी मुसीबत में होते तो हम सोचते। सिर्फ फायदा देखकर..."

"बाबा, आप इतने कठोर कैसे हो गए।"

पोता जोर-जोर से चिल्लाने लगा।

वे उठकर बाहर चले आए। सारा हिसाब लगाने के बाद उनके पास पाँच हजार रुपए बच रहे थे। अन्दर आकर उन्होंने बक्से में से रुपए निकालकर दे दिए।

"आप ही रखो। नहीं चाहिए। सब कुछ इन्ही लोगों को दे देना। हम तो दुश्मन हैं। हमेशा अपनी जिद पूरी करते हो।" कहकर पोते ने अपने ड्राईवर को बुलाया और गाड़ी में बैठ गया... वे कुछ कहते या पुकारते कि देखा सामने से पटेल चले आ रहे हैं।

बूढ़ा शरीर... तेज चलती साँसें। चेहरे पर बेहिसाब घबराहट!

"जल्दी चलो महाराज। सत्यानाश हो गया..."

"क्या बात है...?"

"वो..."

जाकर देखा तो आँखें मूँद ली। जमीन पर खून बिखरा पड़ा था और कमल तड़प रही थी। कतरा-कतरा बहता खून...। पेट के नीचे उठती दर्द की चिलकती रेखाएँ... ऐंठती हुई देह।

"जल्दी करो।" चादर में लपेटकर जा बैठे ट्रैक्टर की ट्राली में!

"पता नहीं क्या खा लिया?"

"जान का खतरा नहीं था क्या? इतना तो सोचा होता कि..."

"जो होना हो, सो हो महाराज..."

रास्ता दूर है। पास में कोई डॉक्टर न था। कभी कोई डॉक्टर आया भी तो खुमान ने अपनी चालबाजियों से टिकने न दिया!

"भुगते अपने किए का नतीजा। पाप किया है..." क्रोध को जब्त किए वे भावेश में काँप रहे थे!

"मरे तो मुक्त हो जाएँ। कहीं का नहीं छोड़ा इस कलमुँही ने! क्या मुँह दिखाएँगे।" पटेल होठों ही होठों में विलाप कर रहे थे। उनका चेहरा क्रोध तथा यातना से काँप

रहा था। बूढ़ी आँखों में बर्फ की सफेदी जम गई थी।

"एक बात मानोगे!"

"क्या... आँखें उठाकर पूछा उन्होंने।"

"इसको हमें दे दो।"

"आपको दे दें...हमें क्या भारी पड़ी है, महाराज? दुनिया क्या कहेगी! लड़की को क्या जवाब देंगे, उसके ससुराल वाले क्या कहेंगे कि दो रोटी नहीं खिला पा रहे हैं हम! महाराज, अभी इतना कंगाल नहीं हुआ है ये पटेल। आपने तो हमारे मुँह पर जूता मार दिया है...जूता।"

कमल अभी तक अचेत पड़ी थी। खून से चादर भर गई थी।

"आज इसके भाग्य का फैसला हो जाने दो। पटेल हम भी उतने ही बूढ़े हैं जितने तुम। कितने साल तक जिन्दा रहेंगे हम! हमारे बाद इसका क्या होगा...सोचा कभी...बोलो। नाराजगी दिखाकर भविष्य को रोक सकते हो।"

"फिर...क्या करोगे गोद लेकर। अपने घर की रोटियाँ बनवाओगे। हे राम! तेरी माया है प्रभु। उठा लो, इस नरक से उठा लो प्रभु।"

"इतना ही सोच पाए तुम। कूप-मंडूक हो। गाँव के अनपढ़ और तुममें क्या अन्तर है और कहलवाते हो अपने को पटेल। बात करते हो रामायण और गीता की। बनते हो धर्मात्मा। पर जब एक जिन्दगी का सवाल आया तो बुद्धि पर अँधेरा छा गया। देखा तुमने कोई लड़का। सोचा कभी।"

"आप तो हमारे खानदान की नाक कटवाओगे!"

"अभी कौन सी नाक ऊँची है और अगर पढ़ाने लिखाने में नाक कटती है तो कटने दो, क्या अब तक रोक पाए तुम! कोई उफनती नदी को कभी अलंगों से रोक पाया, बोलो।" पटेल को मालूम है महाराज असत्य और घुमाव-फिराव वाली बातें नहीं करते।

"नेताओं की तरह भाषण दे रहे हो।" उसका क्रोध भी फटा जा रहा है।

जानते हैं वे एक बूढ़े जर्जन होते व्यक्ति का आर्तनाद। समाप्त होती जिन्दगी चेतना शून्य होने लगती है। भविष्य की चिन्ता और अपनी ही जाति बिदादरी में उठने वाली प्रतिक्रियाओं को झेलने की हिम्मत भी तो होनी चाहिए...मगर...इन सबसे परे एक जीवन है—एक नन्हा सा तूफानों से घिरा जीवन जो उन्मुक्त आकाश में उड़ना चाहता है। खिलखिलाना चाहता है...भागना चाहता है... वे उड़ाएँगे उसे क्षितिज के पार... मगर इन पलों वे कल को लेकर क्यों करें कैसे। किस अधिकार के साथ। नामालूम क्यों उनके मन में गोद लेने का विचार आ गया...तभी कमल कुछ बुदबुदाई...गोपाल...वे मार डालेंगे...भाग जाओ...छिप जाओ..."

"गोपाल किसका नाम है..." वे चौंके।

बाबा का। पिता का। भाइयों का। रिश्तेदारों का या पति का...

ना-ना!

फिर...

"खुमान के लड़के का। तो वो है हरामजादे की औलाद। अब तो मारकाट होकर ही रहेगी। कमीना खुद नहीं कर पाया कुछ तो लड़के को लगा दिया। क्या चाहता है...वो अब क्या बचा है..."

इतना भीषण क्रोध पहली बार देखा था उन्होंने पटेल के चेहरे पर। उन्होंने घृणा से मुँह फेर लिया जैसे किसी घिनौनी चीज को फेंक देना चाहते हों।

"महाराज, बाहर भेज दो इसे। ऐसी जगह जहाँ कोई पता न कर पाए।"

"नहीं, अब बाहर नहीं भेजेंगे! क्या करता है ये लड़का?"

"दसवीं पास है। खेती सम्भालता है। अब क्या होगा महाराज! बचा लो! बदनामी से बचा लो।"

"जब रास्ता मिल गया है तो पूछते हो क्या होगा? सब कुछ हमारे ऊपर छोड़ दो माते। लड़की की जिन्दगी का सवाल है। पूरी जिन्दगी का! अपना अहँकार इतना मत बढ़ाओ कि सब कुछ नष्ट हो जाए।"

"अगर यही सब तुम्हारी बच्ची के साथ होता तो?"

"ऐसा मौका ही न आने देते हम।"

"खुद पर गुजरती है तभी पता चलता है कि घाव कितना गहरा है..." पटेल ने छाती पर हाथ रखकर कहा। कमल के साथ-साथ उन्हें पटेल की भी चिन्ता होने लगी थी।

अस्पताल के निकट पहुँचकर ट्रैक्टर रुका।

पटेल तब भी न उतरे। पाँव पसाकर घायलों की तरह...वहीं पसर गए!

"न महाराज...न...आप ही जाओ। मैं हार गया।"

उन्होंने देखा उनकी आँखों से अविरल आँसू बह रहे हैं।

अस्पताल की सीढ़ियाँ चढ़ते हुए उनकी निगाह जिस पर पड़ी वह गोपाल ही था जो साइकिल को थामे ओट में खड़ा था। डरा। सहमा। छुपा हुआ। यह उसका स्वीकार था या अस्वीकार! देखने की उत्सुकता या अपना रहस्य खुल जाने के बाद क्या परिणाम निकलेगा यह जानने का औत्सुक्य! कमल को ऑपरेशन रूप में भेजने के बाद वे वापस सीढ़ियाँ उतरकर नीचे आए। देखा गोपाल वहीं खड़ा है। अस्पताल की तरफ निर्निमेष देखता एक निरीह पक्षी सा। उसकी मासूम आँखों में उन्हें एक सच्चाई नजर आई। अनायास ही उनके कदम उसकी तरफ बढ़ गए।

ऐ प्रिये, तेरे लिए!

□ विभा रानी

पात्र : पुरुष, उम्र 40 के आसपास

(मंच पर उजला प्रकाश, बाईं तरफ पोडियम और दाईं तरफ एक अत्यन्त सुन्दर स्त्री की तस्वीर, जिस पर गुलाब की मोटी माला चढ़ी हुई। सामने दीप और अगरबत्ती जल रहे हैं, पोडियम पर मिनरल वाटर की एक बोतल और एक खाली पर ढँका हुआ शीशे का ग्लास है। पुरुष सिल्क के कुर्ता-पाजामा और जैकेट में है। आँखों पर सुनहरे फ्रेम का चश्मा है। लम्बे, रूखे बाल, कमानीकट मूंछें। चेहरे पर धूर्तता भरी मुस्कान और आवाज में अत्यन्त नाटकीयता। मंच पर आकर वह गला साफ करता है, फिर पोडियम पर माइक के सामने बोलने का अभिनय करता है।)

पुरुष : (काव्यात्मक लहजे में)

'हो जहाँ कहीं भी नीलकुसुम की फुलवारी
मैं एक फूल तो किसी तरह ले आऊँगा,
जूड़े में जब तक भेंट नहीं वह बाँध सकूँ
किसी तरह प्राण की मणि को गले लगाऊँगा।'

(माइक पर बोलने का अभिनय समाप्त होता है। पुरुष चश्मा उतारकर पोडियम पर रख देता है। पूरे मंच पर चहलकदमी करता है। फिर मंच के मध्य में खड़ा हो जाता है।)

मंच पर रखे पोडियम के माइक पर अपनी हंसा को राष्ट्रकवि रामधारी सिंह दिनकर की ये पंक्तियाँ समर्पित करते वक्त मैं बेहद भावुक हो उठा। इतना कि मेरा गला रुँध गया। आँखें भर आईं। (तनिक रुककर) मैंने एक दो सिसकी भी भरीं। गला रुँधने, आँखें भर आने और सिसकी भरने का पूरे हॉल पर अनुकूल असर पड़ा और पूरा का पूरा हॉल ख़ामोशी और भारी माहौल के लौहतार से गुँथ गया। सभी के सभी चुप, जैसे ये सारे के सारे लोग मेरे इस जवान सोग के भागीदार हो रहे हों। आखिरकार, मान्यवर नरेश जी ही अपनी अध्यक्षीय कुर्सी से उठे और पीछे से मेरे दोनों बाजू थामकर उसे हल्के, परन्तु मजबूत स्पर्श के साथ दबाया, कन्धे थपथपाए,

पीठ सहलाई और फिर उसके बाद धीरे-धीरे चलकर अपनी कुर्सी पर जाकर बैठ गए।

(पार्श्व से एक करुण धुन बजती है। पुरुष पोडियम पर रखी बोतल खोलकर ग्लास में पानी ढालता है, एक-दो घूँट पीता है और रुँधी हुई आवाज को सामान्य बनाता है।)

आशानुरूप समारोह बहुत सफलतापूर्वक सम्पन्न हुआ। मुख्य अतिथि और अध्यक्ष महोदय दोनों ही बहुत बढ़िया बोले। आखिरकार, हवाई जहाज से आने-जाने व पाँच अंकोंवाले मानधन और रात की ब्लैक लेबल का सवाल जो था। मेरे कार्य की भी उन्होंने भूरि-भूरि प्रशंसा की। हॉल में भी पूरी ऑडियंस की आँखों में मेरे लिए श्रद्धा और प्रशंसा के किरमिची बल्ब झिलमिला रहे थे कि मैं अपनी हंसा, अपनी जान से भी प्यारी हंसा के प्यार में अब तक इतना डूबा हुआ हूँ कि उसके जाने के चार साल बाद भी मैं उसकी याद में इस तरह से भावुक हो सकता हूँ। समारोह के बाद नाश्ते पर टूटी पूरी की पूरी भीड़ अपने-अपने हिसाब से मुझे बधाई, सम्वेदना और सम्प्रेषण दे रहे थे। महज दो लोगों को छोड़कर, जिनकी वक्र मुस्कान मैं मंच पर से ही महसूस कर गया। फिर भी, किसी सधे हुए खिलाड़ी की तरह मैं गुरु, बड़ी ही गम्भीर मुस्कान से लोगों की अनुभूतियों के खील-बताशे समेटते हुए तत्परता से कह भी उठता, ''समोसे लीजिए, अरे एकाध पीस बर्फी और खाइए भाई! एकदम फ्रेश है।''

मंच पर दाहिने कोने में हंसा की बड़ी सी आदमकद तस्वीर! हर साल की तरह ताजे गुलाब की फूलमाला! हर साल माला की मुटाई बढ़ जाती है, जिसमें हंसा का चेहरा छुपता चला जाता। इस बार की माला ने उसकी कनपटियों और ठुड्ढी, यहाँ तक कि उसके होठों तक को भी ढँक लिया था। वरना हो सकता है कि 'नील कुसुम की फुलवारी' पढ़ते समय वह तस्वीर में से ही बेसाख्ता हंस पड़ती। जिन्दगी भर मेरे सामने कभी भी हंस न सकने वाली हंसा अब मेरे कमान और नियन्त्रण से बाहर जा चुकी थी और अब वह कुछ भी कर सकने के लिए स्वतन्त्र थी; हँसने के लिए, मेरे गाल पर तमाचा जड़ने के लिए, या मेरे मुँह पर थूकने के लिए भी। (ऐसे मुँह पोंछता है, जैसे सचमुच किसी ने उस पर थूक दिया हो।)

मंच पर जो कुछ भी हुआ या मैंने किया, वह जरूरी था—बेइंतहा जरूरी। आखिर अपनी हंसा के प्रति, अपनी प्रिये के प्रति अपनी शाहजहाँनियत मुहब्बत दिखाने के लिए यह जरूरी था। और आप तो जानते ही हैं कि एक आम भारतीय मनुष्य रूपी जीव और किसी बात पर फिसले या न फिसले मर्द के आँसू पर सीधा रपट जाता है। और मैंने तो आँसू बहाने में अभिनय की कोई क्लास ज्वॉयन किए बिना ही निपुणता हासिल कर रखी है।

(तीक्ष्ण मुस्कान दर्शकों पर फेंकता है। मंच का एक चक्कर लगाता है। फिर मंच के बाएँ कोने पर जाकर खड़ा हो जाता है। पार्श्व से सोगभरी हल्की धुन। वह बेहद भावुक दिखने का अभिनय करता है।)

आज ही नहीं, जब हंसा का पार्थिव शरीर उठाया जाने लगा था, तब भी मैं अर्थी के बाँस को अपने से जकड़कर बिलख उठा, "नहीं हंसा नहीं! मुझे छोड़कर मत जाओ। मैं तुम्हारे बिना कैसे रहूँगा, देखो अपनी पिंकी और रिंकी को। ये तुम्हारे ही बच्चे हैं और तुम इन्हीं से मुँह मोड़कर जा ही हो। (चीखते हुए) नहीं! नहीं ले जाने दूँगा मैं अपनी हंसा को, अरे, यह नहीं बोलती तो क्या हुआ। मैं इससे बात करूँगा। यह मुझसे रूठ गई है तो क्या हुआ! मैं इसे मनाऊँगा।" पिंकी जबरन मुझे अर्थी से खींचते हुए बोली, 'पापा, होश में आइए पापा! हम लोग हैं न पापा! आपके साथ हैं। धीरज धरिए पापा। प्लीज पापा!"

मेरी अधीरता और आँसू देखकर वहाँ उपस्थित हर व्यक्ति रो पड़ा था—हेमा तो सबसे ज्यादा और मेरे भीतर का श्रीमान कामेश्वर कुमार उर्फ कामू उस समय बड़ी तीक्ष्ण, परन्तु अदृश्य सी हँसी हँसा। तभी अचानक मुझे पिंकी का हाथ ढीला सा लगा तो मैं डर गया कि कहीं यह मेरे भीतर के कामेश्वर कुमार उर्फ कामू को पहचान तो नहीं गई है। अपने इस डर को छुपाने के लिए बिजली की गति से तड़पकर मैंने पिंकी को अपने से चिपका लिया।

(सामान्य, परन्तु ठहरे हुए स्वर में, दर्शकों की ओर पीठ करके।)

बाहर से धीरे-धीरे सबकुछ सामान्य होने लगा। लेकिन मैं असहजता के बवण्डर से घिरा हुआ था, (दर्शकों की ओर मुँह करके) क्योंकि मैं अब अपने जीवन का सबसे बड़ा दाँव हंसा की बिसात पर खेलने वाला था। इसकी योजना तो मैंने हंसा के जीवित रहते हुए ही बना ली, पर बताया किसी को भी नहीं—हंसा को भी नहीं। अरे, उसे बताने का तो सवाल ही नहीं था। आखिर कैसे बताता कि तुम्हारी राख से मैं अपनी प्रसिद्धि और कामयाबी की नज्में लिखने वाला हूँ। यों इसकी शुरुआत तो मैंने तभी कर ली जब हंसा ने अपनी काबिलियत से मेरा परिचय कराया—मुझे, यानी अपने परम प्राणप्रिय पति कामेश्वर को, यानी श्रीमान कामेश्वर कुमार उर्फ कामू को।

(मंच के मध्य में आ जाता है।)

हंसा को मैंने अपने जीवन में प्रवेश भी दिया तो बहुत सोच-समझकर कि माँ को खुश भी कर लूँगा और लायक बेटे का खिताब भी पा लूँगा। वैसे यह दूसरी बात रही कि उसकी खूबसूरती देखकर मैं अपने मन्सूबे एकदम से भूल गया और उसे किसी भी तरह से पा लेने की आतुरता से भर उठा। यों तो मैं अपनी तारीफ नहीं करता। लेकिन (स्वर में तनिक अभिमान का पुट भरकर और खुद को दिखाते हुए) देखने-सुनने में मैं भी खासा छैला हूँ। मेरी सबसे बड़ी खासियत तो है मेरे होठों के कोरों पर फैली हुई यह हल्की सी मुस्कान, जिससे लगता है कि मैं मुस्कुरा ही रहा हूँ। अ स्माइलिंग फेस। (गहरी मुस्कान छोड़ता है)

मेरी यह नैसर्गिक मुस्कराती छवि बचपन में मुझमें गजब की मासूमियत भरती और मैं शरारतें करने और मुहल्ले के बच्चों की धुनाई करने के बावजूद उनकी माताओं

के हाथों से बच निकलता। बड़े होकर यही मुस्कान मेरे व्यक्तित्व में चार चांद बनकर उगी और मुहल्ले की सारी लड़कियाँ मेरे इस मुस्कुराते चाँद के ऊपर कुमुदिनी बन-बनकर खिलने लगीं और पूनों की रात में समुद्र में उठे ज्वार की भाँति कूल किनारा तोड़-तोड़कर बाहर निकलने को बेताब रहने लगीं। झूठ नहीं बोलूँगा। इन मुस्काते अधरों के स्पर्श को बेताब उन कन्याओं की इच्छापूर्ति मैं हर सम्भव तरीके से करता। हाँ, इतना जरूर ख्याल रखता कि इस मुस्कान के बीज किसी के अधरों के रास्ते उतरकर उनके आमाशय और आँतों में न जा फँसे। (एक खतरनाक सी हँसी हँसता है।)

और सचमुच यकीन कीजिए कि मेरे इस सुरक्षात्मक कदम से उन लड़कियों को अति-अति अभय जीवन दान मिला जो बार-बार मेरे अधरों की मुस्कान में लिपटने आ जातीं। उनका भला इस रूप में भी हुआ कि वे अब अक्षत यौवना की लाल चादर में लिपट-लिपटकर अपने-अपने भाग्यविधाताओं के यहाँ पहुँचती गईं। न किसी के होठ मलिन हुए, न आँखों में विवशता के आँसू भरे, न मोहल्ले की औरतों को किस्से कहानियों के मसाले मिले और न ही दाइयों-चनइनों को अपनी फीस बढ़ाने की या ऐन वक्त पर टेढ़ी आंख दिखाने या धौंस जमाने का मौका ही मिला। अरे, और तो और, उनके भाग्यविधाताओं के चेहरों पर भी अनछुआ गुलाब पाने की पूर्ण सन्तुष्टि लिखी हुई थी। मेरी एक सावधानी ने कितनी जिन्दगियों में बहार खिलाई सोचता हूँ तो आज भी गर्दन तन जाती है, सीना अतिरिक्त रूप से चौड़ा हो जाता है।

(ठहरकर मंच का एक चक्कर लगाता है फिर अकडू भाव में बोलता है।)

दिल्ली पहुँचकर मेरे होठों के फैले कोने मेरा सेक्स सिम्बल बन गए। (लम्बी साँस छोड़ता है व मुस्कराता है) जगह-जगह का फर्क है भाई! बी.ए. करके हर पक्के और प्रतियोगी परीक्षा के प्रति कर्तव्यनिष्ठ और समर्पित बिहारी युवक की तरह ही मैं भी अपनी घिसी हुई दो-चार कस्बानुमा कमीजों और दो जीन्स, क्योंकि इतनी ही मेरे पास थीं, इन्हें लेकर नई दिल्ली रेलवे स्टेशन पर उतरा और अपने भाग्य की आजमाइश शुरू कर दी।

(जैसे सबकुछ याद कर रहा हो)

यहीं दिखाई गई मुझे हंसा—स्वजातीय। एक बड़े धनी-मानी और पढ़े-लिखे बाप की बेटी, साऊथ कैम्पस से एम. ए. कर रही हंसा! मेरी माँ बड़ी खुश हुई जब मैंने कह दिया कि मैं उसकी पसन्द की लड़की से ही शादी करूँगा। पर शर्त यह रहेगी कि लड़की मैं भी देखूँगा और न केवल देखूँगा, बल्कि उससे एकान्त में बातचीत भी करूँगा। माँ मेरे लड़की देखने की शर्त पर सहमत थी, किन्तु एकान्त में बातचीत के प्रस्ताव से नहीं, क्योंकि गाँव की सारी लड़कियों के साथ की गई मेरी कारगुजारियों का उसे पता था। घर में भी मैं ऐसे मौके नहीं छोड़ता। (साँस लेकर) हुआ यह कि एक बार मेरे दूर के रिश्ते की एक बुआ आई अपनी जवान बेटी के साथ। बस केवल जवान थी—बाकी तो उबले आलू जैसी रंगहीन, गंधहीन और फीकी, एकदम से देहाती

भुच्च और दिन रात मुझे भैया-भैया कहने वाली। मगर, गाँव की सारी लड़कियों को अपनी मुस्कान की खड़ी-नुकीली धार दिखाने वाले मुझ श्रीमान कामेश्वर कुमार उर्फ कामू को उसके बहनपने में कोई दिलचस्पी न थी, वह तो भैया के 'भ' को सैंया के 'स' में बदलने को तत्पर व उत्सुक था। मगर वह पतिव्रता नारी की तरह ऐसी पक्की भाईव्रता निकली कि अपनी मुस्कान के गर्वोन्नत शिखर को दबाते हुए मुझे वहाँ से भागना पड़ा।

(क्रोध भरे स्वर में)

मेरे साथ हुआ यह पहला हादसा था। मैं हार और हाल के अपमान से सुलग रहा था। बित्ते भर की इस देहाती भुच्च छोकरी की यह मजाल! और बात यहीं तक रहती तो भी कुछ हद तक बर्दाश्त हो जाती। (दाँत पीसते हुए) उस कमीनी ने तो यह बात अपनी माँ को और उसकी माँ ने मेरी माँ को बता दी। उसकी माँ तो मोटे-मोटे टसुए बहाने लगी और मेरी माँ ने मुझे लताड़ना शुरू कर दिया। मेरे अपमान की जलती आग पर यह घी जैसा पड़ा और मैं एकदम से भभक उठा—"हाँ, मैं करूँगा यह सब और करता रहूँगा। और सुन लो, यह तुम्हारी जो सीता-सावित्री है न, उसको यहाँ से ले जाओ, वरना किसी दिन मैंने इसे धान से चावल बना दिया न तो मुझे दोष मत देना। हरामजादी, खुद तो पता नहीं कहाँ-कहाँ, क्या-क्या तानकर, उघाड़कर चलती होगी और यहाँ बड़ी सतबरता बनने आई है। गाँव भर की छोरियों को तो मैं सत्रह-सत्रह दफे उलट-पुलट चुका हूँ। यही कोई हूर बनकर उतरी है कहीं से।"

(थोड़ी देर मंच पर एकदम से अँधकार। फिर धीरे-धीरे प्रकाश मंच के बीचोंबीच में पड़ता है, जहाँ वह खड़ा है)

माँ का चेहरा राख की मानिन्द बुझ गया। वह पाला मारी फसल की नाईं वहीं की वहीं ठमककर खड़ी रह गई। फिर धीरे-धीरे उसका चेहरा अपार घृणा से भर उठा। एक अजीब जुगुप्सा के भाव से भरकर उसने मुझे देखा और चुपचाप चली गई। तबसे लेकर आज के दिन तक माँ ने मुझसे कोई बात नहीं की। लेकिन, आखिर को वह माँ थी और मैं कैसा भी था, था तो उसका बेटा। सो जब हंसा से शादी करने की स्वीकृति मैंने दे दी तो पहली बार वह मुझसे मुखातिब हुई। उसकी पसन्द की लड़की से ही शादी करने की बात से खुश। अन्ततः उसने मुझे हंसा से अकेले में बात करने की अनुमति भी दे ही दी।

(कामुकता भरे अन्दाज व स्वर में।)

जब मैंने हंसा के दमकते जिस्म और सौन्दर्य को देखा तो...वह मेरी पत्नी बनने वाली है, यह जानते हुए भी मैंने नजरों ही नजरों में उसके पूरे बदन को माप डाला। वह मुझे कहाँ-कहाँ से, किस-किस रूप में सुख पहुँचाएगी और मेरे होठों के फैले नैसर्गिक कोने नाग की लपलपाती जीभ बनकर उसे किधर-किधर से लपेटेंगे, यह सब कुछ मैंने देख लिया। (वह उसकी तस्वीर के पास चला जाता है और एक-एक अंग दिखाकर

कहता है) उसके काले, लम्बे, घुँघराले बाल, सुतवाँ नाक और उसमें हीरे की नन्हीं सी लौंग, बिल्कुल मछली के आकार सी आँखें, सँतरे के फाँक से मध्यम मोटाई वाले होंठ, (अपने होंठ कामुक तरीके से मसलता है), पतली और लम्बी गर्दन, जिसमें पतली सी चेन और हीरे का एक छोटा सा लॉकेट और उसके नीचे (क्षण भर रुकता है, फिर कामुक स्वर में कहता है) बत्तीस, नहीं नहीं, चौंतीस, हाँ, चौंतीस का अनुमान मैंने कर ही लिया और इस अनुमान के साथ ही मेरे साथ उन्हें अपने में भरने को कसमसा उठे, जिसे मैं बड़ी मुश्किल से रोक पाया, क्योंकि मैं नहीं चाहता था कि मेरी तनिक भी इधर-उधर की हरकत से इसके मन में मेरे खिलाफ कोई गलत धारणा बने और वह मेरी उसी दूर के रिश्ते की बुआ की बेटी जैसी तलफलाए या शोर मचाए, आखिर कौन मर्द नहीं चाहता कि उसकी बीवी सुन्दर हो, अत्यन्त सुन्दर!

आश्चर्य कि मेरे होठों की तरह ही हंसा के होठ भी नैसर्गिक मुस्कान के कोनों से तने हुए थे। परन्तु, उसकी और मेरी मुस्कान में जमीन-आसमान का फर्क था। अपनी मुस्कान को लगातार तरह-तरह के थूक से लथेड़ने के कारण अब उसमें एक तरह का काइयांपन और शातिरपन समा चुका था, जबकि हंसा की मुस्कान किसी नन्हे शिशु की तरह सरल, निष्कष्ट और निश्छल थी।

(तस्वीर के होठों को छूता और सहलाता है। फिर मंच का एक चक्कर लगाता है। और स्पष्ट शब्दों में अपनी बात रखता है)

मैं आज पूरी ईमानदारी से कहूँगा कि हंसा के सरल, सौम्य, निश्छल, विनम्र, सह्दय व्यक्तित्व के आगे मुझ जैसे लुच्चे और लँपट का कोई वजूद न था। उसका भीतरी और बाहरी सौन्दर्य उसके पूरे व्यक्तित्व में एक गजब की संवेदनशीलता भरकर उस पर गरिमा के हरसिंगार बरसाता, किसी देवी की प्रतिमा सी शुभ और पवित्र, जबकि मैं किसी भारतीय मिथकीय खलनायक जैसा।

हम जहाँ भी जाते, अपने आन्तरिक और बाहरी सौन्दर्य की वजह से वह मुझसे बीस पड़ती और सबके आकर्षण का केन्द्र बन जाती। मर्द और वह भी मुझ जैसा मर्द, जो अपनी डोरी पर सबको नचाने का भाव रखता हो, यह कैसे बर्दाश्त कर लेता कि उसकी बीवी उससे आगे निकल जाए। परन्तु (आवाज में काइयांपन भरते हुए) अपने दुश्मनों को परास्त करने का मेरा अमोध अस्त्र था मीठा चाकू। मैंने मन ही मन दाँत पीसे और उसके लिए शब्द उछाले, 'साली कुत्ती हरामजादी! अपने रूप और जवानी पर ऐंठ रही है न! तो देखना, तेरे रूप और जवानी के गुलाब जल को कीचड़ बनाकर न लथेड़ दिया तो मेरा नाम भी श्रीमान कामेश्वर कुमार उर्फ कामू नहीं।'

महत्वाकाँक्षा के सातवें आसमान पर सवार मेरा घोड़ा दिल्ली जाने के बाद बेलगाम सरपट दौड़ पड़ा। इच्छा तो हो रही थी कि इन्स्टैण्ट कॉफी की तरह ही मेरे नाम की, मेरे काम की, मेरी पहचान की महक चारों ओर फैल जाए। मैं आपको यह भी बता दूँ कि शुरू से ही मैं औसत किस्म का छात्र रहा। खींच तानकर बीए सेकेंड क्लास

से कर पाया, मुझे मालूम था कि इस साधारण सेकेंड क्लास बीए बैल को आज के जमाने में चपरासी से ज्यादा की नौकरी नहीं मिलने वाली। और मुझ जैसा महत्वाकांक्षी व्यक्ति चपरासी बनकर अफसर के आगे-पीछे जी हुजूर की नाक रगड़ता फिरे, असम्भव!

(हँसता है।)

पढ़ाई में फिसड्डी होते हुए भी खुरपेंच वाली अकल मुझमें कूट-कूटकर भरी हुई थी। इसलिए मैंने बाप पर अपना जाल फेंका और कहा—एमए, फेमए करके क्या करूँगा मैं! ज्यादा से ज्यादा गाँव के किसी नए खुले कॉलेज में ऑनरेरी लेक्चरार बनकर दसियों बरस तक जूते घिसूँगा। सौ सवा सौ रुपल्ली भी मिल जाया करेंगे तो धन्य-धन्य समझूँगा खुद को। ऐसे में जब आप लोग बूढ़े होंगे तो मैं आप लोगों की क्या खाक सेवा कर सकूँगा। वो कहावत है न कि नँगी नहाए क्या निचोड़े क्या? अब तो मैं दिल्ली जाऊँगा और सिविल सर्विसेज की तैयारी करूँगा; कॉम्पीटीशन में बैठूँगा।

(व्यंग्य भरी हँसी हँसता है।)

और शायद आपको मालूम हो कि मेरे बिहार में यह एक ऐसा चारा है जो बेटे द्वारा सामने दिखाए जाते ही बाप हर तरह का बाँध तोड़कर उस ओर को लपक पड़ता है। भविष्य अनायास ही बड़ा सुहावना लगने लगता है। बेटा कलक्टर बनेगा और वह कलक्टर का बाप! इस सुहावने व लुभावने की आस में अपना वर्तमान तमाम कर्जों-वर्जों के नाना तन्तुओं से जोड़ते हुए अपने आपको 'पराधीन सपनेहु सुख नाहीं' वाले हालात में बदल लेने वाले बापों से तनिक भी अलग नहीं निकला मेरा भी बाप!

मेरा बाप कमासुत था। आप हँस रहे होंगे कि यह कमासुत शब्द तो पूत के साथ लगता है। पर यहाँ तो खुद मैं पूत हूँ और बाप के बारे में कह रहा हूँ तो कमासुत विशेषण तो बाप पर ही लगेगा न! (फिर से हँसता है) सो मेरा कमासुत बाप अच्छा खाता-पीता गृहस्थ था और हिसाब-किताब में बड़ा ही तेज। मेरे बी ए करते ही वह मुझसे होने वाली आय, यानी तिलक-दहेज, सोना, गाड़ी, वगैरा का हिसाब लगा बैठा। ऊपर से जब यहाँ मैंने कलक्टरी की हरी-भरी घास दिखाई, तो उसकी सूँघने की शक्ति और भी तेज हो उठी। बेटा अगर कलक्टर बन गया तब तो वारे-न्यारे और जो न भी बना तो भी 'दिल्ली में पढ़ रहा है', इस एक आधार पर ही मूल से तिगुना-चौगुना वसूल तो किया ही जा सकेगा, इसलिए मुझे हर माह पैसे भेजने में उसने तनिक भी कोताही नहीं की।

सच! देवी कसम! (कण्ठ छूकर कसम खाने का अभिनय करता है।) यह देवी कसम बोलना मैंने दिल्ली में आने के बाद सीखा। जय माता दी के प्रभाव से! मैं दिल्ली पढ़ने-वढ़ने नहीं आया। मैं तो यह जानकर यहाँ आया कि दिल्ली शहर पहुँच और पैरवी के घोड़ों पर सवार एक ऐसा राजकुमार है, जिससे अगर आपकी दोस्ती की गाँठ पक्की हो गई तो आप सोने के हिंडोले पर झूलते हुए हीरे-मोती से जड़ी चाँदी की कटोरी में सोने की चम्मच से गाय के शुद्ध दूध और मालभोग चावल से

बनी गाढ़ी मीठी खीर का स्वाद लेते रहेंगे।

(मुँह चलाता है। फिर ठहरकर राजदार आवाज में बोलता है, जैसे योजना बता रहा हो।)

और मैंने वही किया। मैंने अपने ही यहाँ के एक नेता और एक अफसर को पकड़ा और उससे इन्स्टैण्ट कामयाबी और शोहरत का नुस्खा पूछा। जी हाँ, अजीब तिकड़ी थी—एक अफसर, एक मन्त्री और एक बेकार फटीचर, और उस पर से मेरी हँसी! मुझे हँसता देख जानते हैं, नेताजी ने क्या किया। उन्होंने मेरी पीठ थपथपाई और फिर कहा—"हँस रहे हो बेटे? तो हँस लो, मगर हँसी की इसी गैया की पूँछ पकड़कर इस वैतरणी को पार करोगे, यह याद रखो।" मन्त्री जी अफसर से बतियाए—"जो बेहैसियत ही चीजों और लोगों का मजाक उड़ाने और उन पर हँसने की कूवत रखता है, वह निश्चित तौर पर आगे बढ़ता है।"

अफसर और मन्त्री ने गुरुमन्त्र दिया—"बच्चा! स्वदेशी की बीन फूँक, दुनिया पूरब के बारे में बोले तो तू पश्चिम की बोल, लोग गेहूँ पर बोलें तो तू भूसे की खाल उतार, हवा जिधर की हो, उसके विपरीत में जाकर बोल। हवा का उल्टा रुख कर के चल। और जो पक्ष में बोलना ही हो तो शाश्वत चीजों पर बोल। फिर देख, तू कहाँ और किस जम्बो जेट की गति से आगे बढ़ता है।" (हवाई जहाज के उड़ने का स्वाँग करता है)

मैं बढ़ा। हाँ, खम ठोककर कहता हूँ कि बढ़ा। उस अफसर और उस मन्त्री के गुरुमन्त्र स्वदेशी, गरीबी और महँगाई पर चलकर बढ़ा। अपनी इस प्राण प्रिये हंसा की लाश पर पैर रखकर बढ़ा। अब मैं सचमुच श्रीमान कामेश्वर कुमार था—एक सफल और सम्पन्न व्यक्ति, जिससे जुड़कर राजतन्त्र, लोकतन्त्र, नौकरतन्त्र सब प्रसन्न होते, कुछ हद तक धन्य-धन्य!

अलबत्ता मैं बहुत सन्तुष्ट नहीं था। हंसा का मासूम और पवित्र सौन्दर्य मुझे अपनी राह से विचलित कर देता। उसे छूते हुए मुझे लगता, जैसे खून भरे हाथों से मैं किसी देवी की पवित्र मूर्ति छू रहा हूँ। सौन्दर्य का ऐसा दिव्य रूप मन्दिरों में ही अच्छा लगता है। जीते जी और वह भी अपनी बीवी के रूप में, जिसके साथ आप मनचाहा सलूक कर सकते हैं, उसे ऊपर से नीचे तक मार-पीट सकते हैं, उसके साथ मनमाने ढंग से सो सकते हैं—वह सारा का सारा व्यापार इस विलक्षण और अनुपम जीती जागती प्रतिमा के साथ नहीं किया जा सकता। नतीजा, जिस हंसा को पाने पर मैं अपने सौभाग्य पर इठलाता फिर रहा था, वही हंसा अब मेरे गले की हड्डी बन गई। (ठहरकर) परन्तु मैं इतना मूर्ख भी नहीं रहा कि इस हड्डी को निकालने के लिए किसी काँटे या चाकू के बल का प्रयोग करता। हंसा के पिता मुझसे ज्यादा रसूख वाले व्यक्ति हैं और हंसा के खिलाफ बल प्रयोग से वे मेरा सारा का सारा पांसा पलट दे सकते हैं। यह मैं जानता था, इसलिए मैं हंसा में निपटने का अहिंसात्मक तरीका

खोजने लगा।

(मंच के एक कोने में रखे किताब की रैक में से एक किताब निकाल लेता है। पन्ने पलटता है। किताब हाथ में लिए हुए ही)

विवाह के शुरुआती दिनों में ही हंसा ने अपनी साहित्यिक और कलात्मक अभिरुचि के बारे में मुझे बताया। हालाँकि वह राजनीति विज्ञान से एमए कर रही थी, किन्तु राजनीति से उसे वैसी ही चिढ़ थी, जैसे सांड को लाल कपड़े से होती है। विज्ञान और टेक्नॉलॉजी के ज्ञान से लैस उसके परिवार में कला और साहित्य पढ़ना निहायत ही पिछड़ेपन की निशानी समझा जाता था, इसलिए उसने बड़े बेमन से पॉलिटिकल साइंस लिया। इधर अपने साहित्यिक और कलात्मक अनुराग को लाइब्रेरी में साहित्यिक किताबें, पत्रिकाएँ पढ़कर और चोरी छुपे कविताएँ-कहानियाँ लिखकर और स्केचेज बनाकर पूरा करने लगी। उसकी कविताओं, कहानियों में शैली की आधुनिकता होती और भावों की उदात्तता। उसके पोर्टेट दर्द और जज्बाती भावों से भरे चेहरों की जीवन्त दास्तान लगते। पढ़ाई, साहित्य सृजन, पेंटिंग और सौन्दर्य—चारों ओर से वह अद्‌भुत और अनुपम थी, अद्‌भुत और अनुपम!

मैंने कहीं पढ़ा है कि मर्द हमेशा अपने से घटिया औरत से ही प्यार करता है। हंसा को पाने के बाद, यह बात अब मुझे एक सौ एक प्रतिशत सही नजर आने लगी है। मैं हंसा को उसके बेमिसाल स्वभाव और दैवीय दिव्यता के साथ प्यार नहीं कर सकता। नहीं!

औरत, खासकर बीबी को पराजित करने का सबसे साधारण उपाय है, उसे मन के स्तर से तोड़ देना। यह एक ऐसी टूटन होती है जिसका निशान वह किसी को दिखला भी नहीं सकती और अन्दर ही अन्दर वह दरकती, खिसकती और खण्डित होती रहती है—दीमक लगे खोखले पेड़ की तरह। उसके पिता के हमले से सुरक्षित रह सकने का यही एक अमोघ अस्त्र मेरे पास था। यहाँ मैं बता दूँ कि प्रकट में मैंने उसे प्यार करते समय भी कभी उसका हाथ तक सख्ती से नहीं दबाया।

एक दिन डॉक्टरी रिपोर्ट आई। (एक क्रूरता भरी हँसी हँसता है। उसकी नजरें स्थिर हैं जैसे सब कुछ सामने घटता देख रहा हो।)—स्पाँडलाइटिस, गठिया और ब्लडप्रेशर, लगातार डिप्रेशन और टेंशन हो तो इन सभी की सम्भावना ज्यादा बढ़ जाती है, यहाँ तक कि मानसिक असन्तुलन या हार्ट अटैक की भी।

डॉक्टर ने सुझाया – फीजियोथेरेपी, यानी जीवन के दिए की लौ को तरह-तरह के एक्सरसाइजों के तेल के हवाले कर देना। तेल है तो लौ है, तेल खत्म लौ खत्म।

पिंकी और रिंकी को जन्म देने के बाद तो हंसा की खूबसूरती और भी बढ़ गई। पूरा बदन भर आया। मातृत्व के तेज से उसका चेहरा और दीप्त हो गया। मगर उसका यही दिव्य रूप मेरे लिए नाकाबिले बर्दाश्त हो उठा। दूसरे, जिस हंसा से बँधकर मैं अपने बचपन की मुस्कान बाँटने वाली आदत भूलने लगा था, वह एकाएक अँगड़ाई

लेकर जाग उठी। मैं स्वाद के उस विविध संसार में जाने के लिए छटपटाने लगा। पर मैं नहीं चाहता कि लोग मुझ पर ताने कसें कि हंसा जैसी पत्नी के होते हुए भी मैं ऐसा घटिया कर्म कर रहा हूँ। अपनी सामाजिक छवि के प्रति पूरी तरह से कांसस मैं उसे किसी भी सूरत पर बिगाड़ना नहीं चाहता था। लिहाजा, ''साँप भी मर जाए और लाठी भी न टूटे'' पर विश्वास करने वाले अहिंसावादी श्रीमान कामेश्वर कुमार उर्फ कामू की इस लार को जस्टीफाई करने के लिए जरूरी था कि हंसा इस रूप में नकारा सिद्ध कर दी जाए।

(पार्श्व में तबले की एक जोरदार थाप के साथ ही मंच पर घना अँधकार, प्रकाश मंच के बाईं ओर पोडियम से आगे, जहाँ खड़ा वह औरताऊ हाव-भाव व व्यंग्य के साथ बोलता है)

इस बार माँ मुझे सरापना नहीं भूली—''कीड़े पड़ेंगे तुम्हारी देह में। अरे, जो हंसा जैसी देवी के साथ छल करेगा उसको मैं तो क्या, भगवान भी कभी माफ नहीं कर सकता। अपना ही बेटा हुआ तो क्या हुआ! वह भी तो किसी की बेटी है।''

(हंसा की तस्वीर की ओर आ जाता है और पहले जहाँ खड़ा था, उस तरफ इशारा करते हुए कहता है।)

अपनी माँ का मदर इंडिया वाला यह रूप मुझे तनिक भी न सुहाया और मैंने माँ पर पगली, बूढ़ी, हरामजादी आदि सहस्त्रों गालियों की बौछार कर दी। (तस्वीर की ओर उँगली करके) हंसा की तारीफ करने वाला हर शख्स अब मेरा दुश्मन था यहाँ तक कि हरामजादा, साला मोहन भी। साहित्यिक व कलात्मक क्षमताओं से भरपूर मगर बेरोजगार मोहन, जिसे मैंने अखबार में नौकरी दिलाकर जो अहसान उस पर किया था, उसके एवज में कई-कई गुना उससे वसूल भी कर चुका था। वही मोहन अब मेरा दुश्मन था और उससे भी बड़ी दुश्मन उसकी पत्नी हेमा, जिससे मोहन ने परिवार की मर्जी के खिलाफ शादी की थी। इन दोनों की शादी में कन्यादान से लेकर उनका घर बसाने तक का सारा का सारा दायित्व हंसा ने इस प्रकार ओढ़ा, जैसे उसकी अपनी ही बेटी की शादी हो रही हो, हंसा की बदौलत मोहन और हेमा का घर सद्यः विवाहितों का घर लगने लगा। लेकिन भूले से भी उसने मोहन या हेमा को अपनी साहित्यिक या कलात्मक क्षमता की भनक तक न लगने दी। मोहन और हंसा की इसी काबिलियत का फायदा मैंने उठाया, जी, हाँ! मैंने।

(जोर-जोर से हँसता है। फिर मंच, हॉल, दीवार, हंसा की तस्वीर आदि देखते हुए) और, उसी हंसा के नाम पर मैंने भव्य आयोजन भी किया। आनन-फानन में हंसा कुमार न्यास गठित कर घोषित कर डाला कि हर वर्ष देश की एक उभरती साहित्यिक या कलात्मक प्रतिभा को सम्मानित किया जाएगा। यह तो केवल मैं जानता था कि यह चट मँगनी पट ब्याह वाला मामला न था। बताया तो था आपको भी कि हंसा के जीवन काल में ही यह योजना मैंने गढ़ ली थी।

मैंने बड़े प्रेम से हंसा से कहा—"हंसू! अपनी सारी रचनाएँ मुझे दे दो और ये सारी पेंटिग्स और स्केचेज भी। रचनाएँ मैं पत्र-पत्रिकाओं में भेज दूँगा और पेंटिग्स की भव्य प्रदर्शनी लगवाऊँगा। तुम इतनी अच्छी कलाकार और लेखिका हो, यह बात लोगों से छुपी क्यों रहे भला! सभी नामी गिरामी पत्र-पत्रिकाओं को तुम्हारी रचनाएँ भेजूंगा। एक बार छपने का सिलसिला शुरू होते ही झट से तुम्हारी पुस्तकें भी निकलवा दूँगा। तुम्हारे बनाए अपने स्केच के साथ ही, एकदम ग्रैंड, बिल्कुल इनोवेटिव तरीके से।"

ऐसा नहीं कि हंसा समझती नहीं थी। मगर, मेरे व्यवहार के जाल में फँसकर कोयल की तरह कूकने वाली हंसा अब धीरे-धीरे चुप रहने लगी—शान्त, खामोश और गमहीन। (खुशी जताते हुए) जब पहली बार मैंने उसके चेहरे पर गहरी उदासी का निहायत ही बीबीनुमा औरताऊ भाव देखा तो (सीने पर हाथ रखते हुए वक्र मुस्कान के साथ) मत पूछिए कि मेरे दिल को कितनी तसल्ली हुई। उस सारी रात मैं ग्लास पर ग्लास चढ़ाता रहा और पहली बार उसे बुरी तरह से नोचा खसोटा, जैसे रोएँ-रोएँ से झड़ रही उसकी दिव्यता को मैं नोंच-नोंचकर फेंक देना चाह रहा होऊँ। मेरी कारगुजारी इतनी भयानक रही कि हंसा मारे पीड़ा के चीख-चीख पड़ती और उसकी चीख से मेरा रोम-रोम पुलकित होता रहा।

(चेहरा क्रूरता के भाव से विकृत हो जाता है। थोड़ी देर तक उसी भाव में। फिर धीरे धीरे सामान्य अन्दाज में।)

उसके दूसरे ही दिन हंसा को लकवे का भारी अटैक आया। मैं डॉक्टर के सामने गिड़गिड़ाने लगा—"डॉक्टर साब! मेरी हंसा को क्या हो गया डॉक्टर साब! मेरी प्राण प्रिया हंसा। उसे बचा लीजिए डॉक्टर साब। मैं अपनी तमाम बचत उस पर खर्च कर दूँगा। मगर मेरी प्रिया, मेरी हंसा को बचा लीजिए डॉक्टर साहब! मैं उसके बिना जी नहीं पाऊँगा, जी नहीं पाऊँगा!"

(बेहद खोजी स्वर में)

हालाँकि मैंने अपनी आवाज को पूरा भावुक बनाने का भरसक प्रयत्न किया, पर पता नहीं, कहीं कोई कसर रह गई या क्या कि डॉक्टर ने मुझे बड़ी अजीब निगाहों से देखा और बर्फ जैसी ठण्डी और सख्त आवाज में बोला—"आई बिल ट्राई माई लेवल बेस्ट।"

शायद लकवे का आघात तन से ज्यादा मन पर पड़ा। पूरे तीन दिनों तक हंसा बेहोश पड़ी रही। चौथे दिन उसे जरा सा होश आया भी तो मुझे सामने देखते ही फिर से बेहोश हो गई। डॉक्टर ने कहा—"प्लीज मि. कामेश! वी फील कि इन्हें सिर्फ हमारी निगरानी में रहने दीजिए। आप इनकी तबीयत के बारे में फोन पर भी पता कर सकते हैं।"

(वह मंच का एक पूरा चक्कर लगाता है। फिर मंच के बाईं ओर खड़ा हो जाता है।)

उधर हंसा अस्पताल में बिस्तर पर पड़ गई और इधर मैं हंसा के बिस्तर पर माधुरी को हंसा का प्रतिरूप देने में मशगूल हो गया। माधुरी हंसा के पाँवों की धूल के बराबर भी नहीं थी, न रूप में, न गुण में, हंसा के चेहरे की दिव्यता और उसके सलोनेपन की जगह माधुरी के चेहरे पर एक वीरान खामोशी और वीभत्स भावशून्यता पसरी होती, जैसे वह चेहरा न होकर कोई खण्डहर होती जा रही हो, जगह-जगह से टूट-फूट रही इमारत हो या मुर्दाघर में बर्फ की सिल्लियों से दबी सफेद लाश, मगर, साथ ही साथ, एक बहुत बड़े भौतिक गुण से लबरेज! वह बेइन्तहा अमीर थी और पैसे लुटाते रहना उसका शगल था।

(सामान्य हँसी हँसते हुए वह मंच के दाहिनी ओर खड़ा हो जाता है)

वह मेरे लिए बैंक थी, जिसे मुझे लूटना था, परन्तु बड़े प्यार से, विश्वास से, जैसे हंसा को लूटा। (मंच के बाईं ओर) बिहार से दिल्ली पहुँचकर मैंने बड़े प्रयासों से बिहारी उच्चारण का मुलम्मा उतारा और बड़े श्रम से अंग्रेजी बोलना सीखा। अब खड़ी बोली के टोन में हिन्दी और अंग्रेजी मेरे व्यक्तित्व में चार चाँद लगाते। इसलिए माधुरी की तरफ जब मैंने हाथ बढ़ाया, तब अपने गाँव या दिल्ली की लड़कियों के बीच वाली अपनी नैसर्गिक मुस्कान बाँटने नहीं, उसे इस विश्वास में लेने कि दिल कभी भी किसी के रूप-रंग को नहीं देखता और मैं तो इन्सान की आत्मा और उसके स्वभाव पर जाता हूँ। (स्वर को भावुक बनाता है।) यह तन तो माटी का ढेर है जिसे माटी में मिल जाना है। यह फलसफा भी मैंने उसमें जोड़ दिया। (स्त्रियोचित हाव-भाव) स्त्रियों की ऐसी इमोशनल ब्लैकमेलिंग इतनी स्वाभाविक होती है कि वे तुरन्त शहद में मक्खी बनकर फँस जाती हैं। माधुरी के लिए तो यह और भी ज्यादा स्वाभाविक रहा, क्योंकि उसने सपने में भी नहीं सोचा होगा कि मुझ जैसा सुदर्शन पुरुष उसे अपने प्यार का प्रस्ताव देगा, क्योंकि अकूत पैसा होने के बावजूद उसके लिए अच्छे लड़कों के प्रस्ताव नहीं आए, जिस वजह से पिता और वह खुद अपनी उम्र के हर पड़ाव को झेलने को मजबूर थे और यह मजबूरी उम्र के छत्तीसवें मोड़ तक उसे खींच ले आई थी।

(स्थिर और ठोस स्वर में। आकाश की ओर देखकर चिड़िया और जाल में फँसने का अभिनय)

माधुरी को अपने जाल में फँसाकर मैं किसी कामयाब शिकारी की तरह मुस्कुरा उठा। हंसा 15 दिनों बाद घर लौटी। फालिज से पूरा बायाँ अंग बेकार हो गया। बाईं तरफ का चेहरा भी इस वजह से अजीब ढँग से खिंच गया। बाईं आँख भैंगी सी और होंठ तिरछे हो गए। बोलने में जबान बुरी तरह लटपटाती। बिस्तर से उठना भी उसके लिए मुमकिन नहीं हो पाता।

मैंने कभी माँ के मुँह से सुना था—लकवे का मरीज ढाई दिन, ढाई महीने या ढाई बरस! अब देखना था कि ढाई दिन के ग्रह से निकल कर ढाई महीने की ओर

अग्रसर हंसा ढाई महीने में टें बोल जाती है या कि फिर ढाई बरस तक मुझे उसके अपाहिजपन को ढोना होगा! ओह। (सर थाम लेता है।)

मैंने उसकी रचनाएँ भेजीं और वे जब इधर-उधर से छपकर आईं तब मेरी खुशी का ठिकाना न रहा। रिंकी ने हंसा को बताया—"मम्मी! जानती हो, पापा की कविताएँ मैगजीन्स में आई हैं उनकी फोटो के साथ!"

बोलने में असमर्थ हंसा ने लटपटाती आवाज में जो कहा, उसका सार संक्षेप यही रहा कि उसे वे पत्रिकाएँ दिखाई जाएँ। रिंकी दौड़कर सारी पत्र-पत्रिकाएँ उठा लाई और उनमें मेरी तस्वीर सहित मेरे नाम से छपी रचनाएँ और स्केच दिखाने लगी। लेटी हुई हंसा के आँसू दोनों ओर लुढ़कते रहे। उसके हृदय पर एक और गहरा आघात लगा। वह फिर से हॉस्पिटल पहुँचा दी गई। डॉक्टर ने इस बार बताया—"हार्ट अटैक।" डॉक्टर पहले वाला ही था। मुझे देखकर फिर से उसके चेहरे पर पहले वाले भाव ही आए। फिर भी वह स्थिर स्वर में बोला—"केस बहुत सीरियस है। हम अपनी तरफ से पूरी कोशिश कर रहे हैं।"

घर अब मैं माधुरी के पैसों से चलाने लगा और अपने पैसों को तरह-तरह के निवेश में डालने लगा। माधुरी के पिता स्विटजरलैण्ड में कई तरह के कारोबार चलाते थे। माधुरी और उसकी माँ यहाँ से माल भिजवाते रहते। पिता ने बाकायदा वहाँ जम जाने के बाद इन दोनों माँ बेटी को भी वहीं आ जाने को कह दिया।

(स्वर को बदलते हुए)

"घर में ताला रहेगा और क्या!" माधुरी जब बोली तो मैंने बड़े ही नाटकीय अन्दाज में कहा, "और साथ-साथ मेरा हृदय द्वार भी बन्द करके जा रही हो प्रिये! मैं तुम्हारे वियोग में कैसे दिन काटूँगा। नहीं प्रिये नहीं, मैं तो यहीं से कूदकर अपनी जान दे दूँगा।"

(हँसता है। बेसाख्ता काफी देर तक हँसता है। फिर हँसी रोककर बोलता है।)

कोई दूसरी लड़की होती तो ऐसे डायलॉग पर पिच्च से थूककर चली जाती क्योंकि आम जीवन में ऐसे सम्वाद नहीं बोले जाते। लेकिन मेरे प्रेम में पागल माधुरी ने मेरे इस डायलॉग को बेहद गम्भीरता से लिया। उसकी आँखें भर आईं। मेरा हाथ थामकर वह बोली, "ऐसा नहीं कहते। मुझे अभी जाने दो। वहाँ पहुँचकर मैं पापा का बिजनेस सम्भालने वाली हूँ। थोड़ा सेटल होते ही तुम्हारे लिए टिकट भेजूँगी।"

और बच्चे? हंसा? हालाँकि दिल तो मेरा स्विटजरलैण्ड के नाम से ही बल्लियों उछलने लगा। वहाँ की आबोहवा, अकूत पैसे, गुप्त खाते और उस पर से कोनियक के पेग। मगर प्रकट में हंसा के प्रति अपनी जिम्मेदारी तो दिखानी ही थी न! डॉक्टर ने हंसा की तारीफ की। (डॉक्टर की नकल उतारते हुए)—"शी इज वेरी करेजियस! वरना पैरालिसिस और हार्ट अटैक के बाद लोग बचते कहाँ हैं?" हुँह! करेजियस! (मुँह बिचकाता है।)

स्विटजरलैण्ड की बातें करते-करते मैंने माधुरी को अपने आगोश में ले लिया—आई लव यू माई डार्लिंग। आई लव यू। बस एक बार हंसा जरा पार-घाट लग जाए। फिर उसके बाद तो हम और तुम, तुम और हम होंगे। ढाई महीने के बाद इस ढाई बरस का सफर तो हमें तय करना ही होगा न डार्लिंग!

मैंने हंसा से माधुरी को मिलवाया और बेदर्दी से कहा—प्रिये! माधुरी तुम्हारे बच्चों का भार उठाने को तैयार है। वह स्विटजरलैण्ड में उनके एडमिशन की कोशिश में भी है। मैं भी सोचता हूँ कि यही अब से घर और बच्चों को भी देखे। क्यों, तुम्हारा क्या विचार है? जब तक वह यहाँ है, तुम्हारे पास रहेगी। तुम्हारा भी अकेलापन थोड़ा कम होगा। है न?

(बेहद आश्वस्ति भरे स्वर में)

मैं इस बात को अच्छी तरह जानता था कि दुनिया की कोई भी औरत अपनी सौत को किसी भी हालत में बर्दाश्त नहीं कर सकती। फिर आप पूछेंगे कि मैंने ऐसा क्यों किया? जीते जी उसकी अघोषित सौत को उसके कलेजे पर क्यों ला बिठाया? तो मतलब भैया बिल्कुल साफ था कि मैं ढाई साल तक हंसा के फालिजपने को नहीं ढो सकता था। नहीं! (हाथ झाड़कर) मैं चाहता था कि एकाध बड़ा अटैक उसे और आ जाए और मुझे उसके फालिजपने से शीघ्र ही मुक्ति मिल जाए। हाँ, मुक्ति!

(पागल की तरह हँसता है। फिर मंच के मध्य में पहुँचकर चारों ओर हाथ के इशारे से यह जताता है, जैसे वहाँ लोग-बाग भरे हुए हों।)

लेकिन प्रकट में अपने सभी जानने वालों से कहता—हंसा की हालत मुझसे देखी नहीं जाती। इतनी अच्छी और भली हंसा को पता नहीं किस बैरी की नजर लग गई। ओर इतना कहते-कहते मैं फूट-फूटकर रोने लगता (रोने का अभिनय करता है।) मेरी आँखें जबर्दस्त ढंग से मेरा साथ देती हुईं बरसाती नाले की तरह भर आतीं। लोग मुझे धीरज बँधाते। सभी कहते, कितना प्यार करता है यह अपनी पत्नी से। (हँसता है।) औरतें उसाँसें भरतीं। (जनाना स्वर में)—ऐसा पति तो भगवान सबको दे। और मैं अपने खेल की सफलता पर मन ही मन मुस्कुरा उठता।

(एक गहरी मुस्कान छोड़ता है। थोड़ी देर चुप रहता है, फिर चेहरा बुरा सा बनाता है।) सिर्फ मोहन और हेमा मेरी बातों पर यकीन नहीं करते थे। नहीं करते तो न करें। अब मुझे उनकी बैसाखी की जरूरत ही नहीं रह गई। ना! एकदम नहीं, उल्टा मेंने उनके लिए प्रचारित कर दिया कि हंसा की अतिरिक्त मदद के कर्ज तले दबे होने के कारण ये ऐसा-वैसा कह रहे हैं। अब एहसानों तले दबा आदमी हमेशा उसी के पक्ष में तो बोलेगा न जिसके एहसान उसके सर पर हों।

(कुटिल अन्दाज में।)

हंसा के जीते जी ही उसकी रचनाओं के बलबूते मैं साहित्य और कला जगत में भी पैठ गया और अपने बलबूते में दो-तीन महीने में एक छोटा-मोटा आयोजन

करके शहर के साहित्यकारों, कलाकारों, समीक्षकों के सूखे होठों को तर कर देता। दूसरे शहर जाता तो वहाँ के लेखकों, आर्टिस्टों से मिलता, नाम पते नोट करता और जन्मदिन या दीपावली जैसे मौके देखकर कुछ न कुछ भेज दिया करता, जिस 'मेज' की सेज पर वे हमेशा गुलाब जूही और चमेली बरसाने को तैयार रहते। हाँ! (व्यंग्यपूर्वक हँसता है।)

शुरू में मैं सभी पत्र-पत्रिकाओं के सम्पादकों को रचनाएँ भेजते समय लिखता (अत्यन्त नाटकीय आवाज में)—"मैं अपनी पत्नी को प्राणों से भी ज्यादा चाहता हूँ। उसको विधाता से असमय मिले अपघात की ताब मैं नहीं सह पा रहा हूँ। उसे देखता हूँ और खून के आँसू रोता हूँ। विडम्बना तो यह है कि अपने आँसू, अपना दर्द उस बिचारी को दिखा भी नहीं सकता। लिहाजा, मन के विचारों को कागज पर उतारना शुरू किया है। ये भाव कब कविता, कहानी या नाना आकृतियों का रूप ले लेते हैं, मुझे स्वयं पता नहीं चलता। आपकी सेवा में अपने ये चन्द मनोभाव भेज रहा हूँ। ये सब मेरी प्राणप्रिये हंसा को समर्पित हैं। छापकर आप मुझ पर नहीं, उस पर उपकार करेंगे।" (हँसता है ठठाकर।)

हंसा अब थोड़ी बेहतर तो हुई पर चल अभी भी नहीं पाती थी। फिर भी उसने कागज कलम फिर से थाम लिया। हालाँकि उसके हाथ इतने थरथराते कि अक्षर फैल बिगड़ जाते। मगर मैं अटकल लगाकर पढ़ ही लेता। (दर्शकों की ओर देखकर) एक बार उसने लिखा—

(पूरे कविता पाठ के समय प्रकाश हंसा की तस्वीर पर।)

शिलाखण्ड होते हैं हम
जिन पर लिख दिया जाता है,
समय का अभिलेख
खुद जाते हैं उस पर
समारोहों के दिन, महीने, साल
दीप-धूप, पुष्पगुच्छ, चन्दन हार
लिपिबद्ध होता है शिलाखण्ड
आयोजनों की सफल धूम फैलती है चतुर्दिक
युगों से जी रहे हैं हम
अनंतकालीन पाषाण युग में।

(प्रकाश तस्वीर पर से हटकर उस पर केन्द्रित हो जाता है। वह एक लम्बी साँस लेता है। कुछ क्षण तक चुप रहता है, जैसे कुछ सोच रहा हो। फिर परेशानी भरे स्वर में बोलता है।)

माधुरी का दबाव लगातार जारी था—बच्चों के एडमिशन करवा दूँगी। पापा से बोलकर तुम्हारे लिए वहाँ कोई बिजनेस भी शुरू करवा दूँगी। मगर हमारी शादी। (तनिक

रुककर) दरअसल जीवन के छत्तीसवें मोड़ पर उसे मुझ जैसा सुदर्शन राही मिला, सो वह खुशी के साथ-साथ आशंकित भी थी कि मैं कहीं (शोखी आवाज में।) बैरन चिड़ैया की तरह फुर्र से उड़ न जाऊँ। इसलिए उसने सोचा कि शादी करके वह मेरे पंख कतर दे। (व्यंगभरी हँसी के साथ) उसे क्या पता कि उससे ज्यादा तो मुझे उसकी जरूरत है। उसकी नहीं, उसके पैसों की, जिसके बल पर मैं अपनी नई-नई इच्छाओं और सपनों के पुष्पक पर सवार इधर से उधर कलाबाजियाँ खाता फिर रहा था।

(कोमल स्वर में)

मैं बड़े प्यार से उसे समझाता—बस प्रिये! कुछ दिन और सबर करो। हंसा अब फालिजपने के तीसरे साल में प्रवेश कर चुकी है। भीतर से तो वह इतनी टूट चुकी है कि मुझे नहीं लगता कि अब वह ज्यादा दिनों तक चल पाएगी। उसके जीने की इच्छा ही खत्म हो गई है। देखो तो, हंसा तुम्हारा रास्ता कितना आसान बना रही है। और रह गई बात शादी की तो वह तो होगी ही। मैंने उसे गुदगुदाना शुरू कर दिया, आओ प्रिये, यह मेरा तन, यह मन सब कुछ तुम्हारे लिए ही तो है। हाँ प्रिये, सिर्फ तुम्हारे लिए। (स्वर में उत्तेजना आती है।) मेरे हाथ माधुरी के जड़ व सूखे पड़े अंग प्रत्यंग को थाम रहे थे, तोल रहे थे।

(गर्म साँस भरने, सिसकारियाँ लेने व छोड़ने, स्पर्श करने का अभिनय करता है।)

आहों और सीत्कारों के सिलसिले के साथ हम अपने चरम के मध्य में ही थे कि धप् की आवाज दरवाजे के पास हुई।

(वह स्तब्ध और शब्दहीन खड़ा रहता है थोड़ी देर। फिर अफरातफरी मचाते हुए)

तेज चलती गाड़ी में अचानक ब्रेक लगने जैसा ही तेज झटका हमें लगा। हम दोनों ही चौंककर अलग हो गए। अपने ही बिखरे कपड़ों, खुद को ढँकने और धौंकनी की तरह चलती साँसों को सामान्य करने की कोशिश करते हुए हमने दरवाजे की ओर देखा। (आश्चर्य का भाव चेहरे पर लाते हुए।) वहाँ हंसा गिरी पड़ी थी—अचेत! जीने की लालसा खत्म कर चुकने के बावजूद वह किस जिजीविषा के वशीभूत (सर हिलाता है) यहाँ तक आ गई यह जानने में मुझे कोई भी भ्रम नहीं रहा।

दरअसल माधुरी की ठोस और जड़ देह में खुद को भुला नहीं पा रहा था और अन्जाने में ही हंसा की कोमल देह की गंध मुझ पर हावी होती जा रही थी। इन दोनों ही स्थितियों से बचने और हंसा को यह बताने के लिए कि मैं उसके अपाहिजपन को और बर्दाश्त नहीं कर सकता, मैं माधुरी से ऊँची-ऊँची आवाज में बातें करने लगा था, जिसका परिणाम रहा हंसा का आगमन! (ठंडी साँस छोड़ता है।)

मैंने बच्चों को भी धीरे-धीरे हंसा की तरफ से मोड़कर माधुरी की तरफ कर दिया। मैं हंसा की कभी इतनी कारुणिक तो कभी इतनी वीभत्स तस्वीर खींचता कि

बिचारी दोनों बच्चियाँ सिहरकर कह उठतीं—"बस पापा, प्लीज!" एक दिन पिंकी ने कहा—"पापा, अमेरिका में तो मर्सी डेथ होती है न! इंडिया में ऐसा नहीं है क्या?"

(आश्वस्ति भाव के साथ)

यानी बच्चे भी माँ की मौत के लिए तैयार थे। मेरा एक मोहरा और फिट बैठ गया। (हल्की सी हँसी) मैं खुश था। बेहर खुश। खुशी की एक वजह और भी रही कि मैंने माधुरी को समझा-बुझाकर उसका बंध्याकरण करवा दिया और इस तरह से अपने साथ-साथ अपनी बच्चियों का भी मार्ग निष्कंटक बना दिया। वरना दो-दो बेटियों की पढ़ाई-लिखाई, शादी ब्याह का खर्च, तिलक दहेज की मोटी रकम! (लम्बी साँस लेता है) यह सब तभी सम्भव था, जब माधुरी बाँझ बनी रहती। हाँ, (चेहरा घृणा से भर उठता है) बाँझ, जो औरतों के लिए सबसे बड़ी गाली है। फिर भी मेरे इस प्यार के जाल में फँसकर माधुरी ने जिन्दगी भर के लिए इस गाली को रामनामी चादर की तरह ओढ़ लिया। यह रहा मेरा तीसरा मोहरा, एकदम फिट! और इस फिटनेस के अहसास से भरकर अब मैं निश्चिन्तता पूर्वक माधुरी की जड़ और सूखी देह को नरम व भुरभुरी करने की कोशिश में डूब जाता!

माधुरी के आने पर हंसा मुँह फेर लेती। उसने अब दवा खाना भी बन्द कर दिया। मैं जब समझाने की रस्म अदा करने जाता तो वह चेहरे पर बिना कोई भाव लाए आँखें मूँद लेती। फालिज गिरने के बाद से मैंने उसे छूना भी बन्द कर दिया। छुआ भी तो बस कभी-कभी दवा देने या उसे उठाने के क्रम में ही, कभी उसके पास बैठना भी पड़ता तो सामने कुर्सी खींच कर बैठता। यह जानते हुए भी कि हंसा को मेरे स्पर्श, मेरे सहारे, मेरे प्यार की कितनी सख्त जरूरत है, मैंने बेरहम साहूकार की तरह न केवल उन सबसे उसे वंचित ही रखा, बल्कि कठोर सूद की तरह माधुरी को उसके सीने पर बिठा भी दिया।

(प्रकाश अब उस पर)

हंसा जब मुझे देखकर मुँह फेर लेती तो मुझे कभी-कभी अपनी माँ और उसका दिया हुआ शाप याद आ जाता है। मुझे लगता कि वह भी माँ की तरह ही मुझे शाप दे रही है, मगर मैं हिन्दुस्तानी औरतों के मूल स्वभाव के प्रति आश्वत था कि वे चाहे भले खुद जल, मर जाएँ, मगर पति पर आँच भी नहीं आने देंगी।

मेरी चतुर्दिक कामयाबी के शिखर तक पहुँचने की प्रक्रिया का साक्षी रहा मोहन। हंसा की मानसिक यातना का प्रत्यक्ष गवाह रही हेमा। माधुरी के बारे में पता चलने पर वह आकर मुझसे लड़ी और पूरे हक से लड़ी तो मैंने भी पूरी बेहयाई से दाँत निकालते हुए कहा—"ऐसा है हेमा जी कि आप हंसा को दीदी मानती हैं, इसलिए आप मेरी साली हुईं। अब आपकी दीदी तो हैं बीमार और मेरी जरूरतें हैं बेशुमार। तो क्या मैं उनकी पूर्ति के लिए आपके पास आऊँ?"

(बेशर्मी से दाँत निकालकर हँसता है।)

शर्म और अपमान से हेमा का चेहरा लाल हो गया। वह अँगारे बरसाती आँखों से मुझे देखती चली गई।

(मंच के एक किनारे चला जाता है, जैसे किसी कोने में छुपकर सब कुछ सुन रहा हो। प्रकाश कभी उस पर, कभी तस्वीर पर)

हेमा हंसा को समझा रही थी, "तुम जानबूझकर उसे अपने से जल्दी से जल्दी अलग करने की कोशिश कर रही हो, जो वह चाहता ही है, जब तुम खुद अपनी आँखों से सबकुछ देख चुकी हो और अपने बाद इस घर का भविष्य भी जानती हो तब क्यों तुम उसके मोहपाश में पड़ी हो? अरे, टॉर्चर दिखाने के लिए हाथ-पैर का टूटना या पीठ-पेट पर जले का निशान होना अनिवार्य है क्या? इतनी मानसिक यातनाओं के बाद भी तुम मुँह नहीं खोल रही हो तो यह क्या है, क्यों है और किसके लिए है? उसे तुम्हारे मरने का इन्तजार है तो करने दो जरा देर तक इन्तजार। मुझे पता है कि दुनिया की थू-थू की उसे बहुत परवाह है और इसकी वजह से वह अभी उस चुड़ैल से शादी नहीं करेगा और जब तक शादी नहीं करेगा, उसकी जायदाद इसके कब्जे में नहीं आएगी। हंसा, जीने की सोचो, प्लीज। थिंक टू लिव, यस, एक बार इस सोच को विकसित कर लोगी तो उठ भी बैठोगी, हाँ, सचमुच!"

(क्रोध से काँपता है। दाएँ हाथ की मुट्ठी बाईं हथेली पर ठोकता है। गुस्से से दाँत पीसता है।)

उस दिन मेरी बात सुनकर गुस्से से काँपती हेमा चली गई थी आज उसकी बात सुनकर मेरा सम्पूर्ण शरीर क्रोध से जलने लगा। हंसा चुपचाप लेटी हुई थी। केवल आँसू दोनों कनपटियों से होते हुए तकिए में समा रहे थे।

(झटके से चलकर हंसा की तस्वीर के पास पहुँचता है और तस्वीर को बेहद घृणा और क्रोध से देखता है।)

मेरे घर में मेरे ही खिलाफ साजिश और मेरी बीबी उसमें हिस्सेदारी निभाए! मैंने भड़ाक से दरवाजा खोला और हंसा की आँसू भरी आँखों में जलती आँखें डालकर बोला (तस्वीर की आँखों में आँखें डालकर) तो हंसा रानी! बड़ी अच्छी भारतीय पत्नी हो जो पति के खिलाफ यूँ इतनी गहराई से चालें चल रही हो। पर, याद रखो रानी, मैंने भी इसे सूद समेत न वसूला तो एक बाप का बेटा नहीं। और बड़ी बेदर्दी से उसके दाएँ गाल पर जोर की चिकोटी काटी और लेटी हुई हंसा को बिस्तर पर ही एक ओर धकेला और हेमा को जलती हुई निगाहों से घूरता हुआ बाहर निकल गया।

(तस्वीर को धक्का देकर गिरा देता है। गुस्से से अभी भी उसका बदन काँप रहा है। बड़ी मुश्किल से अपने क्रोध को रोकता है फिर धीरे-धीरे मंच के बीचोंबीच आकर खड़ा होता है।)

यों तो शारीरिक प्रताड़ना का यह दूसरा मौका था, मगर फालिज गिरने के बाद का पहला। (ठोस स्वर में) उसी रात में, उसके फालिज गिरने के बाद, पहली बार मैंने उसके साथ वही वहशियाना व्यवहार किया, जैसा मैंने तब किया था, जब पहली बार उसके चेहरे पर निहायत ही भारतीय पत्नी की बेचारगी और दीनता देखकर ग्लास चढ़ाकर मैं उस पर बुरी तरह से टूट पड़ा था।

(एक बार फिर से वहशीनुमा उत्तेजना से वह भर उठता है। जंगली भैंसे की तरह डकारता है, इधर-उधर घूमता है, मुँह से लार चुलाता है, हाँफता है।)

दो बार, चार बार, पता नहीं कितनी बार मैंने उसे अपनी वासना के कीचड़ में लपेटा। (हाँफते हुए ही) मुझ पर जैसे कोई दानव सवार था। मैं चाहता तो उसका गला दबाकर हमेशा के लिए उससे छुट्टी पा लेता। (आवाज में धीरे-धीरे स्थिरता आती है।) मगर, तब मैं कानून की नजरों में हत्यारा बन जाता।

(स्वर और अन्दाज में बेहद मासूमियत भरते हुए)

खुदा को हाजिर नाजिर जानकर मैं पूरी ईमानदारी से बता रहा हूँ कि मैं ऐसा दानव नहीं हूँ। दरअसल मैंने कभी ऐसा राक्षस बनना भी नहीं चाहा। (फिर से क्रोध भरे स्वर में) पर हेमा की बातों ने मेरे तन-मन को बुरी तरह से दहका दिया। उस पर तो मैं अपना गुस्सा उतार नहीं सका, लिहाजा, उसके हिस्से की धधक भी मैंने हंसा पर ही उतार दी।

(जैसे तलवार किसी के पेट में घोंपी हो, ऐसा अभिनय। फिर से मासूम स्वर में)

और किस पर उतारता भला? (उपलब्धि भरे भाव में)

और उस महाकाल रात्रि के ठीक तीन महीने बाद ही हंसा कुमार न्यास और मेरे व माधुरी के विवाह का रजिस्ट्रेशन हो गया। (मुस्कुराता है।) मैंने फिर से अपना हनीमून मनाया—एकदम तरोताजा और उन्मुक्त भाव से—कोनियक की बोतलों के साथ। कई एक बोतलों से माधुरी को नहलाया और कोनियक से भीगे उसके जड़ सूखे शरीर में खुद को भुलाने की कोशिश करने लगा। पर हर बार जाने कहाँ से उसमें से हंसा के शरीर की कोमल गंध आ जाती।

(प्रकाश एक बार घूमकर तस्वीर पर टिकता है। अब वह फिर से पोडियम के सामने है। किसी बौद्धिक व्यक्ति द्वारा भाषण दिए जाने वाले स्वर व अन्दाज में। प्रकाश धीरे-धीरे हंसा से शिफ्ट होकर उस पर केन्द्रित होता है। एक हल्का प्रकाश तस्वीर पर भी है।)

आज अगरबत्ती और शुद्ध घी के दिए की निर्धूम गंध के बीच हंसा कुमार न्यास का तीसरा आयोजन बड़े भव्य पैमाने पर सम्पन्न हुआ। (कमेन्ट्री की शैली में) इस बार का पुरस्कार एक उभरते कलाकार को दिया गया, जिसने अपनी बेहतरीन कृति

मुझे प्रेजेन्ट की और मेरा आदमकद स्केच बनाने का वादा भी जिसने किया। सामने वाली पंक्ति में माधुरी बैठी हुई थी मेरे 'हो जहाँ कहीं भी नील कुसुम की फुलवारी' पर उसका इम्पोर्टेड कॉस्मेटिक्स से पुता चेहरा मुर्झा गया और चेहरा गुलाबी के बजाय नीला लगने लगा, जैसे धमनी से सारा शुद्ध रक्त निकालकर किसी ने सिर्फ अशुद्ध रक्तवाली शिराएँ ही प्रवाहित होने को छोड़ दी हों, यों भी वह हर आयोजन में अपने को अनचाहा सा पाती और महसूस करती कि पूरी की पूरी भीड़ उस पर जलती निगाह डाल रही है। जैसे सभी उसे ही हंसा की मौत का कारण मान रहे हों, (उत्फुल्ल हंसी के साथ) मेरे लिए तो यह बड़ा ही शुभकर रहा, क्योंकि इस तरह से हंसा की मौत की जिम्मेदारी से मैं पूरी तरह से बरी हो गया। सिर्फ मोहन और हेमा ही ऐसे कम्बख्त निकले, जो आज तक न तो हंसा को भुला पाए और न मेरी करतूतों को। पर, अब महत्वाकाँक्षा की सीढ़ी दर सीढ़ी तय करते हुए मैं जिस मकाम पर पहुँचा था, वहाँ से मोहन और हेमा बिल्कुल तुच्छ नजर आते, धरती पर रेंग रहे नामालूम से कीड़े मकोड़ों की तरह।

(चुटकी से कीड़े को मसल देने का अभिनय, फिर एक गहरे निःश्वास के संग)

माधुरी के सर से अब मेरे प्यार का भूत उतर गया और मुझे तो पहले से ही उसकी जड़ और सूखी देह से वितृष्णा थी। परन्तु अभी मैं उसके जड़ व सूखे बदन पर मिटने के लिए विवश था क्योंकि मैंने पाया कि उसका बाप बड़ी लम्बी उमर लिखा कर लाया है। कानूनन जब तक सब कुछ माधुरी के नाम से न हो जाए, मुझे श्रवणकुमार की तरह उसके बाप को ढोना ही था, वैसे ही, जैसे हंसा के अपाहिजपने को ढोया। मैं एक और मौत की प्रतीक्षा करने लगा। (डिस्को लाइट) अब घर में शराब की बोतलों का ढेर लगने लगा और रात दस बजे के बाद मैं कम और माधुरी का खूसट बाप उसमें ज्यादा डूबा रहने लगा। (कमीनी मुस्कान के साथ) उसका दारू में नाक तक डूब जाना उन दोनों माँ बेटी के लिए खतरे की घण्टी बजा जाता तो मेरे लिए सफलता का बैण्ड, मगर प्रकट रूप में मैं हंसा के साथ किए जा रहे व्यवहार को ही अपनाता। बेहद नम्र, बेहद कोमल, बेहद शालीन। माधुरी के बूढ़े बाप के साथ भी व उन दोनों के साथ भी। इसीलिए अपने बंध्याकरण के लिए जब माधुरी मुझे दोष देती तो मैं उसे कुछ यूँ समझाता—"तुम्हारे जैसा दिव्य और गहरा भावात्मक प्यार मुझे और कहाँ मिलेगा। और प्रिये, मैं जो कुछ भी कर रहा हूँ, तुम्हारे लिए ही न!"

(झुककर हंसा की गिरी हुई तस्वीर उठाता है। उसे कुर्ते के छोर से साफ करता है, फिर पुरानी जगह पर टिकाता है, कुछ पल उसे देखता है, फिर पोडियम पर रखा चश्मा पहन लेता है। पोडियम से ही बोलता है।)

यही मैंने हंसा से भी कहा था और यही इस तीसरे सम्मान समारोह के दर्शकों से भी, (भावुक स्वर में) कि मैं जो कुछ कर रहा हूँ, अपनी हंसा के लिए, अपनी प्राणप्रिये

हंसा के लिए। (हँसते हुए) अब मैं क्या कर रहा हूँ और किसके लिए कर रहा हूँ, बताने की जरूरत है क्या? (चश्मा ठीक करता है) नहीं न। तो लीजिए और यह ताजा बर्फी खाइए। अगले साल इससे भी अच्छी मिठाई आएगी।

(हाथ जोड़कर अत्यन्त विनम्र भाव से खड़ा हो जाता है। चेहरे पर मुस्कान है। पार्श्व से उत्सव-भरी धुन बजती है जो धीरे-धीरे सोग भरी धुन में बदल जाती है। पहले उसे और तस्वीर को छोड़कर पूरे मंच का प्रकाश गायब होता है। फिर तस्वीर और उसके ऊपर का प्रकाश क्लोज होते-होते उसके चेहरे पर स्थिर होता हुआ पूरी तरह से फेड आउट हो जाता है।)

स्त्री विमर्श : कुछ पठनीय उपन्यास

सूरजमुखी अंधेरे के	कृष्णा सोबती
डार से बिछुड़ी	कृष्णा सोबती
मित्रो मरजानी	कृष्णा सोबती
यारों के यार	कृष्णा सोबती
ए लड़की	कृष्णा सोबती
दिलो दानिश	कृष्णा सोबती
समय सरगम	कृष्णा सोबती
आपका बंटी	मन्नू भंडारी
चितकोबरा	मृदुला गर्ग
कठगुलाब	मुदुला गर्ग
बेघर	ममता कालिया
सारा आकाश	राजेंद्र यादव
आधे अधूरे	मोहन राकेश
अंतराल	मोहन राकेश
अर्धनारीश्वर	विष्णु प्रभाकर
नर-नारी	कृष्ण बलदेव वैद
प्रेमी प्रेमिका संवाद	शरद देवड़ा
विषय पुरुष	मस्तराम कपूर
मॉडल गर्ल	बलवंत गार्गी

ट्रैक से बाहर

□ सुषमा मुनीन्द्र

विजया के पेट का आकार बढ़ता जा रहा है और यह बढ़ता जा रहा आकार विजया की दस वर्षीया पुत्री अन्नू के लिए घोर चिन्ता का विषय है। अन्नू को मालूम हो गया है ममा एक बच्चे...मेल बेबी को जन्म देने वाली है और उसे डर है यह आने वाला जो उसका भाई होगा उसके एकछत्र राज्य में एक जबर्दस्त व्यवधान बन कर दाखिल होगा। अन्नू अकेले अपनी तरह से लगभग लापरवाही के साथ जीने की आदी हो चुकी है। अलग कमरा, अलग बिस्तर, अलग अलमारी, अलग दुनिया। अपनी इस अलग दुनिया में रहते हुए उसकी एक अलग सोच विकसित हो चुकी है और वह अब अपनी सोच बदल नहीं सकती, किसी की सोच को अपनी सोच पर आरोपित नहीं कर सकती। सामांजस्य उसने नहीं सीखा। सिखाया नहीं गया। विजया को अपने उप पुलिस अधीक्षक के पद और उसके पति शाश्वत को अपने तहसीलदार के पद से अवकाश नहीं। दोनों भिन्न-स्थानों में रहते आए हैं। दोनों अन्नू को समय, सामीप्य, सहयोग नहीं दे पाते तो मुआवजे के रूप में अच्छी बहुमूल्य ड्रेसें, खिलौने, जूते, सैण्डिल, इलेक्ट्रानिक सामानों का ढेर लगाते रहे। उसे जन्म से लेकर आज तक आवश्यकता से अधिक दिलाया जाता रहा। और अब न दिलाओ तो वह रो-चीखकर जीना हराम कर देती है। ड्यूटी के बाद लस्त-पस्त हुई विजया को एकान्त, आराम, शान्ति चाहिए इसलिए माँग पूरी कर अन्नू से अपनी जान बचाना चाहती रही। अन्नू ने कभी अभाव नहीं देखा तो उसे चीजों का मूल्यांकन करना नहीं आता, केयर नहीं आती, चीजों को किसी के साथ मिल कर बाँटा नहीं तो शेयर करना नहीं आता। माता-पिता की अनुपस्थिति बुरी लगते हुए अब अच्छी और सुविधा जनक लगने लगी है। वह घर की इकलौती स्वामिनी होती है और गवर्नेस पर रोब गालिब करती हुई खुद को विजया की जगह महसूसती है। अन्नू अकेले रहने की आदी हो चुकी है और यदि घर में दूसरा बच्चा आ रहा है तो उसे स्वीकार करने के लिए तैयार नहीं।

विजया भी तो गर्भधारण करना नहीं चाहती थी। अन्नू हो गई तो हो गई पर अब परिस्थिति पर्याप्त भिन्न है। अब वह एक महत्वपूर्ण पद पर है और उस पर एक

बड़ी जिम्मेदारी है। तिस पर अन्नू अपने असामान्य और विचित्र आचरण के कारण समस्या बनी हुई है और विजया को बच्चों से भय होने लगा है कि आज के बच्चे काम्प्लीकेटेड होते जा रहे हैं। मातृत्व प्रकृति का अमूल्य वरदान हो सकता है पर कैरियर को भी बाधित करता है। तीन या छः माह के प्रसूति अवकाश में ही तो बच्चा पल-बढ़कर समझदार नहीं हो जाता। शिशु के पालल-पोषण के लिए अपना कैरियर छोड़ा नहीं जा सकता। बच्चों को पालना दो-चार घंटे का काम नहीं बल्कि यह जीवन भर चलने वाली एक जटिल और पेचीदा प्रक्रिया होती है। बच्चे के गर्भ में आने से लेकर उम्र भर की जिम्मेदारी, बोझा, चिन्ता, तनाव। कम से कम आजकल के ये आधुनिक बड़बोले और जरा सी उम्र में दुनियादारी को समझने का दम भरने वाले अन्नू जैसे बच्चे तो त्रास ही देते हैं।

शाश्वत यह सब नहीं समझता। समझना नहीं चाहता।

"तुम समझो विजया, तुम डिप्टी एस. पी. ही नहीं इस कुल की अकेली बहू हो और खानदान को एक वारिस देने की तुम्हारी जिम्मेदारी बनती है। अम्माँ-बाबूजी हमसे आस न लगाएँ तो किससे लगाएँ? उनका अन्तकाल है और वे एक वंशधर के लिए तरस रहे हैं। अन्नू की जगह बेटा हो जाता तो हम सन्तोष कर लेते।"

"मेरी दौरे वाली नौकरी है, बच्चा पालने नहीं बैठ सकती। आखिर मेरा भी कैरियर है।"

"तुम्हारा कैरियर? माने? किसके लिए कमा रही हो इतना जबकि कोई सहेजनेवाला नहीं होगा। कोई धन-संपदा पाने वाला हो, हमारा नाम कायम रखने वाला हो।"

"मैं इसलिए नहीं कमा रही कि एक दिन कमाई कोई ले लेगा। मैं अपनी योग्यता और क्षमता को सिद्ध करने के लिए इस पद पर हूँ, अपने सन्तोष के लिए हूँ। नाम हम अपने दम पर ही कायम रख सकते हैं। फिर बच्चा पालने में सचमुच परेशानियाँ आएँगी। अन्नू को लेकर ही हम लोग खासे तनाव ग्रस्त हो जाते हैं। वह समस्या बनती जा रही है, उसका मिजाज तुम्हें मालूम है।"

"इसलिए भी कहता हूँ, घर में एक बच्चा और आना चाहिए। अन्नू को एक साथी की जरूरत है। तभी वह शेयर करना, एडजस्ट करना सीख सकेगी। इकलौता बच्चा सेल्फसेंटर्ड और स्वार्थी हो जाता है, समझौता करना नहीं सीख पाता।"

"अन्नू समझौता करना सीखे इसके लिए अब ये प्रयोग करना होगा?"

"तुमसे कौन उलझे? जानता हूँ प्रतिभाशाली हो, तर्कशील हो। अब एक बेटा दे दो। अम्माँ को दे देंगे, वे पाल लेंगी, तुम नौकरी बजाती रहना।"

शाश्वत बहुत जल्दी तल्ख होने लगता है। शायद पति होने का सबूत देता हो।

"यह नहीं होगा। बच्चा न हो अलग बात है, हो जाएगा तो उससे मोह-ममता हो जाएगी और उसे गँवार-देहाती बनाने के लिए अम्माँ को सौंप नहीं दूँगी। तुम सब कुछ जितना आसान समझ रहे हो उतना आसान नहीं है।" विजया ने कितने ही तर्क

भिड़ाए पर उसे शाश्वत की बात रखनी पड़ी। एक इसी मुद्दे पर नहीं दूसरे मुद्दों पर भी। और दो बार मादा भ्रूण को गर्भ में विसर्जित करने के उपरान्त गर्भ में नर भ्रूण है और अचरज ही कहें पर पुत्रवती होने के दबे-ढँके सनातन मोह के चलते विजया ने इसे स्वीकार भी कर लिया है। वह अपने ही कारणों से मातृत्व धारण करने से बचना चाहती थी तब उसने नहीं सोचा था अन्नू के कारण कोई समस्या उत्पन्न होगी।

विजया के रुटीन चेकअप के लिए घर आई महिला चिकित्सक नीरा ने अन्नू को सूचना दी थी,ख "अन्नू, यू नो, घर में छोटा बेबी आने वाला है। तुम दीदी बनोगी।"

विजया, अन्नू को उत्सुकता से देखने लगी थी कि अन्नू ताली पीटते हुए खुशी व्यक्त करेगी। जैसा कि विजया अपने भाई-बहनों के जन्म पर खुश होती थी कि एक जीता-जागता खिलौना मिल गया है।

अन्नू ने ताली बजाने के स्थान पर गर्दन तान कर चेतावनी दी, "ममा, यहाँ कोई चाइल्ड नहीं आना चाहिए। मैं उसे टालरेट नहीं कर सकती, अपना रूम, चीजें शेयर नहीं कर सकती। अभी बुआ के बच्चे आए थे और वे मुझे बिल्कुल पसन्द नहीं थे। नो, नेवर।"

"गो फ्राम हियर।" विजया ने जल्दी से कहा था। उसे डर था अन्नू, डॉक्टर नीरा के सामने और भी कुछ कह कर उसकी पोजीशन बिगाड़ सकती है। वह असीमित बोलने लगी है इन दिनों।

अन्नू दौड़ती हुई डायनिंग हाल में भाग गई और वी.सी.आर. पर कार्टून फिल्म का कैसेट लगा कर वाल्यूम बहुत तेज कर दिया। विरोध प्रदर्शन का उसका अपना तरीका है। विजया, नीरा के सामने असहाय सी बैठी रह गई। लगा इज्जत उतर गई। आज अचानक एकाएक अपने बड़े पद से च्युत कर दी गई है। उसने बड़े-बड़े सरगनों, अपराधियों से लोहा लिया है पर घर की इस नन्ही योद्धा से निरन्तर मात खाती जा रही है। इन्सान शायद अपनी सन्तान से ही हारता है। विजया के उतर गए चेहरे को लक्ष्य कर डॉ. नीरा कहने लगीं, "आपको अब अन्नू को बहुत प्यार और धैर्य से विश्वास में लेना होगा। आज के बच्चे सेल्फ सेन्टर्ड और सेलफिश होते जा रहे हैं। हर घर में एक या दो बच्चे हैं और शेयर करने की उन्हें आदत नहीं। हमने ही शायद उन्हें यह सिखाया है। आजकल माता-पिता दोनों काम के सिलसिले में बाहर रहते हैं तो बच्चे अब उनके साथ भी एडजस्ट करना नहीं चाहते। उन्हें अब सम्बन्ध नहीं, सुविधाएँ चाहिए। उन्हें हमारे घर में न रहने से फ्रीडम फील होती है। और वे निडर हो गए हैं। निर्णय करने लगे हैं। आप परेशान न हों। मैं भी यही कुछ भोग रही हूँ। मेरा एक बेटा है। उसकी अपनी दुनिया है। उसे मुझसे अधिक वास्ता नहीं रहता। कहीं कोई कमी है, गड़बड़ी है, कुछ तो है। कभी-कभी सोचती हूँ कम्प्यूटर, सेटेलाइट, ई-मेल, क्लोनिंग, हमने बहुत तरक्की कर ली पर कुछ खोया भी है, कुछ छूटता गया है हमसे, शायद घर।"

डॉक्टर नीरा एक क्षण को भावुक हुई फिर सम्भल गई, "खैर सब ठीक होगा। टेक केयर योर सेल्फ।" विजया ने चौंक कर नीरा को देखा था। यही सब तो वह कहती है, शाश्वत कहता है, शायद सब एक जैसी समस्याओं से जूझ रहे हैं और एक सी भाषा बोलने लगे हैं। डॉ. नीरा चली गई। विजया पाँच माह के गर्भ पर हाथ फेरती बैठी रही। वह जानती है वह अन्नू को पर्याप्त समय, स्नेह, सहयोग नहीं दे पाती और अन्नू ने एक घर में रहते हुए अपनी अलग-विभाजित दुनिया बना ली है। पर विजया ये सब जान-बूझ कर नहीं करती। उसके पास अपने लिए ही वक्त कहाँ है? ओह वक्त का न होना कितनी जटिलताओं को जन्म देता है।

विजया अपने पद, उपलब्धियों, गौरव के बीच कभी-कभी एकदम बौनी और अकिंचन हो उठती है। अन्नू से सम्भाली नहीं जाती और इसीलिए वह दूसरी सन्तान नहीं चाहती थी कि क्लेश, तनाव, खींचतान बढ़ेगी पर...

विजया कुछ देर अपने स्थान पर विमूढ़ सी बैठी रही फिर चलकर डायनिंग हाल में आयी। उस बड़े हाल के इको के कारण टी. वी. का वाल्यूम शोर की तरह चुभ रहा था।

"अन्नू, वाल्यूम कम करो। तेज आवाज पोलूशन बढ़ाती है।"

अन्नू ने अधर विदोर कर वाल्यूम नाम मात्र को कम कर दिया। अन्नू हर बात पर अधर इस तरह विदोरती है जैसे उसके ऊपर कितना बड़ा भार पड़ गया हो।

"अन्नू, बेटी, फिल्म बाद में देखना अभी मेरे पास आकर बैठो।"

"नहीं। मुझे ये बिल्कुल नहीं सुनना कि घर में एक चाइल्ड आने वाला है।"

अन्नू ने उपेक्षित दृष्टि विजया पर फेंकी।

विजया के भीतर उबाल उठा, अन्नू को दो करारे थप्पड़ रसीद कर दे। चाह कर भी हाथ नहीं उठा सकी। उसने अनू को कभी ममता में ऊब-डूब हो कर दुलराया नहीं तो मारा भी नहीं। विजया ने खीझ और बेचैनी में भरते हुए टी.वी. ऑफ कर दिया, "मैं तुमसे कुछ कह रही हूँ।"

"कहिए।" अन्नू ने सुनने के लिए उत्सुकता नहीं दिखाई बल्कि विजया की आँखों में आँखें डाल कर मुकाबले की सी मुद्रा बना ली।

विजया आहत हुई। उसकी माँ अशिक्षित थी फिर भी वे भाई-बहन माँ से इस तरह मुकाबला नहीं कर सकते थे। उनका लिहाज करते थे, रोब-दाब मानते थे और वह उच्च शिक्षित, बड़े पद पर, कमाऊ है और यह अँगुल भर की लड़की तनिक झिझकती नहीं।

"तुम दिन भर टी.वी. देखती हो वह क्यों? पिछले टेस्ट में पुअर मार्क्स मिले वह क्यों? गुस्सा बहुत आने लगा है, वह क्यों?

विजया को वही "दिनभर घर में अकेली बोर होती हूँ और टी.वी बड़ा सहारा है। आप पुलिस लाइन के बच्चों के साथ खेलने नहीं देतीं कि मैं बिगड़ जाऊँगी।

नम्बर पुअर हैं क्योंकि मुझे कोई टेंशन थी। (टेंशन, बोर, प्राब्लम, हेडेक, शिट ये कुछ शब्द हैं जो बच्चों की जबान पर चढ़ गए हैं।) मुझे गुस्सा आता है तो आपको भी आता है, डैड को आता है, डैड बताते हैं उनके फादर का गुस्सा पूरे गाँव में मशहूर था। तो ममा मेरा गुस्सा तो जेनेटिक है।"

अन्नू के स्वर के सन्तुलन, सधाव, निर्भीकता ने विजया को हिला दिया। लगा जिसे वह नन्हीं बच्ची समझती है वह समय पूर्व बड़ी और बहुत परिपक्व हो गई है। होती जा रही है। विजया याद करने लगी जब अन्नू बहुत छोटी थी तब से ऐसी बातें करती आ रही है। विजया, शाश्वत से तब कहती थी आज के बच्चे बहुत स्मार्ट, जीनियस, शार्प होते हैं। और अब वह कथित स्मार्टनेस असहनीय होती जा रही है।

"अन्नू, तुमने डॉ. नीरा के सामने अच्छा बिहेव नहीं किया। बैड मैनर्स।"

"मैंने यही तो कहा मुझे भाई नहीं चाहिए। यू, नो, वॉय? मैंने आपकी और डैड की बातें सुनी हैं, अन्नू लड़का होती तो हम एक उसी से सन्तोष कर लेते, नाम लड़के से चलता है। तो मैं कुछ नहीं हूँ? ममा मुझे बुरा लगता है। और फिर मैं नहीं जानती क्यों पर मैं किसी चाइल्ड को टॉलरेट नहीं करूँगी। दैट्स ऑल।"

दहल गई विजया! तो अन्नू घर में होने वाली सारी बातों की जानकारी लेती है। विजया शिथिल बैठी रह गई। वह अन्नू के चीखने-चिल्लाने, तीखे-करारे जवाब देने से घबराने लगी है। स्थिति अब उसके हाथ में नहीं रही। डाँटने-मारने का प्रतिकूल प्रभाव ही पड़ेगा। गलती कहाँ पर हुई? वे सात भाई-बहन। पिता की छोटी नौकरी में पल-पढ़ गए। न अच्छे कपड़े, न खिलौने, न गाड़ी-मोटर। सात पत्थर ढूँढ़े, कपड़े की गेंद बना कर सितौलिया खेल लिया, इमली के बीज फोड़ कर चन्दा-गोटी खेल लिया। मिल-जुल कर रह लिए। हाँ अभाव बहुत खटकते थे और विजया को अभाव का प्रमुख कारण सदस्य संख्या का अधिक होना लगता था। अब अपनी इकलौती सन्तान को अभाव से दूर रखा तो उसमें सब कुछ अकेले हथियाने की विकृति आ गई। आज जब पद, प्रतिष्ठा, पैसा सब कुछ है तब जिन्दगी में तनाव और तमाम किस्म की परेशानियाँ बढ़ गई हैं।

ऐसे समय पर विजया सारा दोष टी.वी. पर थोप देती है। टी. वी. के कार्यक्रम देखकर ही बच्चे समय पूर्व वयस्क बनते जा रहे हैं, असंवेदनशील और बदजबान हो रहे हैं। वे छोटी उम्र में ही दुनिया-जहान की चीजें जान लेना चाहते हैं। बच्चों के प्रश्न बढ़ते जा रहे हैं और माता-पिता के पास समय नहीं है। टी. वी. के माध्यम से खुलापन घरों में प्रवेश कर गया है और माता-पिता आधुनिक होने का दम भरने के बावजूद इस खुलेपन को खुलेपन के साथ स्वीकार नहीं कर पा रहे हैं। जेनरेशन गैप। अन्नू का प्रिय विज्ञापन रहा है—जरा सी सावधानी, जिन्दगी भर............वह लय के साथ दिनभर गाती थी। बार-बार आपत्ति किए जाने पर उसने यह आदत इस टीप के साथ छोड़ी, "मैं जो भी करूँ आपको गलत लगता है।" फिर किसी दिन

अन्नू ने शाश्वत के सामने विजया से सैनीटरी पैड की उपयोगिता पूछी थी और विजया बता नहीं सकी थी। दूसरे दिन स्कूल से लौटकर अन्नू ने बताया, "लीना बता रही थी इसको पहन कर स्वीमिंग करते हैं।"

अर्थात स्कूल में बच्चे टी.वी. के कार्यक्रमों, विज्ञापनों की चर्चा करते हैं।

विजया को लगा था वह कभी अन्नू के स्कूल जाए, गोपनीय तरीके से बच्चों की बातें सुने और डपटे ये क्या बातें करते हो तुम लोग। बुरी बात है। टी.वी. के जरिये बलात्कार, कत्ल, रक्तपात, मार-पीट, वाद-विवाद, तर्क-वितर्क, बदजबानी सब कुछ तो घर में घुस रहा है। बच्चे संस्कार और शालीनता छोड़ रहे हैं। बहस करना सीख रहे हैं। टी. वी. की दुनिया में जीते हुए उनके चेहरों का भोलापन, निश्छलता समाप्त होती जा रही है। उनके चेहरों, बातों, बर्ताव में परिपक्वता, सयानापन, बड़बोलापन आता जा रहा है। अब बच्चे खूनी लड़ाई देख कर आक्रान्त नहीं होते क्योंक पर्दे पर यह सब देख कर उनका साहस और हौसला बढ़ गया है।

शाश्वत जब भी आता है विजया अन्नू की ढेर बातें लेकर बैठ जाती है। यही एक समस्या है जो वह हल नहीं कर पा रही है। दोनों छत पर पड़ी केन की कुर्सियों पर बैठे थे और बँगले से कुछ फर्लांग पर बने तालाब के एक कोने में खिले लाल कमलों को देख रहे थे। विजया को इस तालाब को देखना अच्छा लगता है।

"बड़ी झंझट है। अन्नू कहती है वह इस घर में किसी दूसरे बच्चे को टॉलरेट नहीं करेगी।"

"इसीलिए इतनी गम्भीर हो। बच्ची है, अकेले रहती है, छोटा बच्चा देखेगी तो उससे दोस्ती कर लेगी।"

"वह आजकल ऐसी मुँहफट, उद्दंड, स्वार्थी होती जा रही है और मुझे डर लग रहा है।"

"ये तुम्हारी आदत है विजया। हर बात को गम्भीर बना दोगी और तनाव में रहोगी। सब ठीक होगा। बच्चे भोले होते हैं।"

"आज के बच्चे भोले नहीं रहे। तुमने अन्नू के तेवर नहीं देखे।"

सच है शाश्वत को अन्नू से उस तरह सामना नहीं करना पड़ता जिस तरह विजय को। शाश्वत यहाँ रहता नहीं है और आता है तो अन्नू को आवश्यकता से अधिक छूट देकर उसने उसे बिगाड़ा ही है।

"जानती हो ये सब क्यों हो रहा है?" शाश्वत ने कुर्सी विजया के पास खींच ली जैसे कोई गुरु-गंभीर मंत्रणा कर रहा हो।

"क्योंकि बच्चे अकेलापन भोग रहे हैं। हम उन्हें अकेले रहने के लिए वाध्य करते हैं। उनका कमरा अलग, दुनिया अलग और वे अपनी उस दुनिया में कैसा महसूस करते हैं हम यह जानने की कोशिश नहीं करते। यह सब माँ का काम है पर आजकल की माँओं के पास, बच्चों के लिए समय नहीं है। एक कहावत है बचपन में माँ और

बुढ़ापे में पत्नी न मरे वरना मनुष्य की दुर्दशा हो जाती है। बच्चे को सुविधा देने से ही हम आदर्श माता-पिता नहीं बन जाते। उसे अकेले रहने की आदत पड़ गई है। तुम्हारी व्यस्तता के कारण वह असामान्य वातावरण में पली-बढ़ी है और उसके विकास क्रम में यह सब जटिलताएँ आ गई हैं।''

''फिर क्या करूँ? अन्नू को सुधारने के लिए ऐसा महत्वपूर्ण पद छोड़ दूँ। बेवकूफी नहीं होगी? मेरी अपनी निजी जिन्दगी, महत्वाकाँक्षा है।''

''फिर बहस क्यों? समस्या का समाधान ही नहीं जब। जब भी आता हूँ दो दिन चैन के गुजारना चाहता हूँ, तुम अन्नू के किस्से सुनाकर टेंस कर देती हो।''

''अन्नू समस्या बनती जा रही है, यह समस्या केवल मेरी नहीं होनी चाहिए।''

अन्नू दबे पैर छत पर आ गई थी और सीढ़ी वाले कमरे में खड़ी हो कर उनकी बातें सुन रही थी। उसे मालूम है उनकी बातों में मुख्यतः वह होती है। उसके अवगुणों की सूची। वह अपने माता-पिता से शत्रुता नहीं रखती पर उन्हें अपना निन्दक मानती है। अन्नू एकदम से दौड़ती हुई आई और दोनों के बीच की छोटी सी जगह में ठहर गई, ''माम, अपने माला डी खाई होती तो ये मेरा काम्पीटीटर पैदा न होता। आप टी. वी. से कुछ लेसन नहीं लेती।'' अन्नू ने अपनी समझ में बहुत जायज बात कही थी पर ममा-डेड के चहेरे पहले से अधिक गम्भीर और खिंचे हुए हो गए। शाश्वत कहना चाह रहा था तो अब अगला बच्चा पैदा करने से पहले अन्नू हमें तुमसे अनुमति लेनी पड़ेगी पर उसके मुँह से निकला, ''ये...ये...तुम्हें किसने कहा?''

''मैं जानती हूँ।'' अन्नू निर्भीक और सहज थी।

विजया के हाथ में फिर खिंचाव आया। अन्नू को करारा थप्पड़ रसीद करे, पर कभी मारा नहीं से विजया ने बड़ा धैर्य दिखाते हुए अन्नू का हाथ खींच उसे अपने निकट किया, ''देखो बेटी तुम अच्छी लड़की हो और तुम्हें फालतू बातें नहीं करनी चाहिए। तुम एक बात समझ लो घर में छोटा सा भाई आ रहा है और वह तुम्हें बहुत प्यार करेगा।''

''झूठ। मेरी क्लासमेट है सलोनी। जब से उसका भाई हुआ है उसकी मम्मी बस भाई की केयर करती है। सलोनी दुःखी रहती है। अब उसकी मम्मी उसका टिफिन पहले की तरह तैयार नहीं करती। बेचारी रोज ब्रेड-बटर लाती है।''

''तुम्हारे साथ ऐसा नहीं होगा।''

''मालूम है क्योंकि मेरा टिफिन काकी (गवर्नेस) तैयार करती है। फिर भी मैं किसी चाइल्ड को टॉलरेट नहीं करूँगी।''

विजया कुछ और समझाती पर शाश्वत पागल सा हो रहा था, ''अन्नू जाओ यहाँ से। जाकर पढ़ाई करो। बहुत जिद्दी हो गई हो।''

बस अन्नू को इसी तरह टाला जाता रहा है। स्थिति को टालना सबसे बड़ी त्रुटि होती है। अन्नू चली गई। पति-पत्नी एक-दूसरे से दृष्टि बचाते दूर तालाब को

ताकते बैठे रहे फिर शाश्वत ने हमेशा की तरह सारा दोष विजया पर डाला, "विजया, लड़की हाथ से गई। आज इतना कह रही है, कल को रात भर घर से गायब रहेगी। क्लबों में डाँस करेगी, लड़कों से दोस्ती करेगी और तुम्हारे पास वक्त नहीं होगा।"

विजया चुप रही। बहुत बार उठाए गए इस मुद्दे का एक ही उत्तर है--तो नौकरी छोड़ दो? और उसे यह उत्तर खिझाता है।

उसको शान्त देख शाश्वत जल-भुन गया, "अम्मां-बाबू यहाँ आकर रहते, अन्नू उनके संरक्षण में कुछ संस्कार सीखती पर अम्मां-बाबू को तुम सहन नहीं करती। छः बहनों के बाद बड़े अरमान से मैं हुआ और उनके लिए कुछ नहीं कर पाता। बेचारे गाँव में पड़े हैं। कभी तुम उनके पास जाकर रहो तो तुम्हें छुट्टी नहीं, अन्नू को भेजो तो तुम्हें उसके देहाती बनने का खतरा दिखता है।"

"यही है। अम्माँ-बाबू आते हैं और घर की व्यवस्था बिगाड़ देते हैं। उन्हें शहरी ढंग से रहना नहीं आता और मेरी एक इमेज है, रेपुटेशन है। अन्नू को गाँव नहा भेजा जा सकता। अब वह बड़ी हो रही है। उसे छुट्टियों में हॉबी क्लासेस में भेजना है। कम्प्यूटर सिखाना है। कोई काम्पीटीशन निकालना है तो तैयारी बहुत पहले से करनी होती है। और सबसे बड़ी बात ये कि अम्माँ अस्थमैटिक हैं। और बच्चों को संक्रमण जल्द होता है। मैं आने वाली परेशानियों को सोचकर चिन्तित हूँ और अन्नू का एन्टी रियेक्शन एक समस्या है। मैं कैसे मैनेज करूँगी यह भी एक समस्या है।"

"क्या समय आ गया है बच्चे जिन्हें ईश्वर का रूप कहा जाता है वे माँ को अड़चन लगने लगे हैं। अम्माँ के सात बच्चे हुए, एक दर्जन भी होते तो खुशी से पाल लेतीं।"

"इन्हीं की पीढ़ी ने जनसंख्या बढ़ाई है। बच्चे पैदा करना ही सीखा था इस पीढ़ी ने।"

"अब उस पीढ़ी को कोसने न बैठो।"

"कोस नहीं रही हूँ बल्कि कभी-कभी सोचती हूँ वे घरेलू स्त्रियाँ हम लोगों से कहीं अधिक सुखी थीं। दोहरी जिन्दगी जीने को वाध्य नहीं थीं। आज की स्त्री को मातृत्व भी धारण करना है, गृहस्थी भी देखनी है, पति को रिझाना है और शिक्षित होने से उसकी महत्वाकाँक्षा, साध भी सिर उठाने लगी है। उद्दण्ड बच्चों से भी जूझना है। एक साथ कई मोर्चों पर लड़ कर स्त्री थक रही है। विचित्रता देखो, स्त्री किसी भी मोर्चे पर कमजोर पड़ती है तो हार उसी की होती है।" यह एक प्रकार से शाश्वत पर हमला था। वह बहुत बार जता चुका है उसे चाहिए सुव्यवस्था, सुस्वादु भोजन, सुगृहणी, सजी-धजी पत्नी, सेवाभावी बहू, स्नेही माँ और विजया का बड़ा पद भी...

शाश्वत दुःखी मुद्रा बनाए हुए बोला, "घर में एक सदस्य क्या आ रहा है हमारे चेहरे ऐसे हो रहे हैं जैसे कयामत आने वाली है। यदि ये सच है अभिमन्यु ने गर्भ में माता-पिता की बातें सुनी थीं तो यह बच्चा हमारी बातें सुन रहा होगा और खुद

को अवान्छित समझ कर दुःखी हो रहा होगा। मैंने कहीं पढ़ा है विजया बच्चे को गर्भ में पता चल जाए वह अवांछित है तो वह मरना पसन्द करता है और मिसकैरिज हो जाता है।''

नहीं यह नहीं होना चाहिए। आ ही रहा है तो वह स्वीकार भी कर चुकी है। छठे माह में मिसकैरिज... माँ-बच्चे दोनों को खतरा हो सकता है। सिहर गई विजया, ''प्लीज, कुछ मत कहो।''

विजया अन्नू को समझाना चाहती है और अन्नू दिनों-दिन अबूझ होती जा रही है। विजया ने अब तक नोटिस नहीं ली थी—अन्नू, गवर्नेस के अधिक करीब है। नोटिस ली भी थी तो उसे यह स्थिति सुविधाजनक लगती थी। अब अन्नू को विश्वास में लेने के लिए वह उसके पास आना चाहती है पर अन्नू अपनी नियन्त्रण रेखा के अन्दर विजया को आने देना नहीं चाहती। वह अपने प्रश्न गवर्नेस के सामने ही रखती है।

विजया ने साफ सुना, ''काकी, तुम्हें कैसे पता भाई आने वाला है, बहन नहीं आ सकती?''

''अस्पताल में एक मशीन होती है उससे मालूम हो जाता है लड़का होगा या लड़की। तो तुम्हारी ममा को लड़का होगा।''

''और यदि लड़की होने वाली होती तो?''

''तो हो जाती।''

''नहीं, ममा दवाई खा लेंती और लड़की मर जाती। मैं जानती हूँ। तुम्हीं ने तो बताया था काकी। भूल गई? टी. वी. में एक औरत गाती है मेरी बिटिया होगी...फिर वह कोई दवाई खा लेती है। लड़की मर जाती है। औरत खूब रोती है। तुम्हीं ने तो बताया था।''

कि मैंने भी दो बार मादा भ्रूण को...ईश्वर। आज के बच्चे चीजों को कितनी जल्दी समझ लेना चाहते हैं।

''काकी लड़कियाँ बुरी होती हैं?'' अन्नू इस भरोसे के साथ विजया से बातें नहीं करती जैसा गवर्नेस के साथ कर रही है।

''नहीं तो।''

''फिर ये मम्मी लोग क्यों नहीं चाहतीं लड़की पैदा हो।''

''एक लड़की, एक लड़के वाला परिवार अच्छा होता है न।''

गवर्नेस यही समझा सकी।

''मुझे लड़कियाँ अच्छी लगती हैं।'' अन्नू शायद अपने स्तर पर सिद्ध करना चाहती है लड़कियाँ, लड़कों से बेहतर हैं।

''हाँ, बिटिया। लड़कियाँ अच्छी होती हैं। लो, अब दूध पी लो फिर पढ़ाई कर लो।''

''दूध पीने से वोमिट फील होती है।'' अन्नू ने वमन करने का अभिनय किया।

विजया को अन्नू के इस अभिनय से वितृष्णा सी हुई।

दूध न पीना, खाना छोड़ना, नाक-भौंह सिकोड़ना, कंधे उचका कर गर्दन झमकार कर अधर बिदोरकर बात करना, यही सीखा है आज के बच्चों ने। इस क्रिया व्यवहार को ये आधुनिकता समझते हैं। वह अन्नू को बच्ची समझती रही और इसमें बच्चों जैसा कुछ भी नहीं है। विजया को घुटन हुई। लगा सब कुछ बड़ी तेजी से अंत की ओर बढ़ रहा है।

''नहीं, दूध पी लो। तुम अच्छी लड़की हो। रानी।''

विजया को लगा गवर्नेस सचमुच बड़ी धैर्य वाली है। बहुत दबाव डालने के बाद अन्नू ने नाक बंद कर किसी प्रकार दूध गटका।

समाचार से पहले वही विज्ञापन दिखाया जा रहा था—मेरी बिटिया होगी।

''माम, देखिए क्या दिखाया जा रहा है?''

अन्नू का उद्देश्य पता नहीं क्या था पर उसे अपने सन्दर्भ में जोड़ते हुए विजया उत्तर न दे सकी। अन्नू की तिर्यक दृष्टि उसे ऐसी लगी जैसे कह रही हो ममा अपने बचाव में सफाई दीजिए या दोष स्वीकार कीजिए। विजया का जी चाहा दूरदर्शन के अधिकारियों को तत्क्षण पत्र लिखे आप लोग सामाजिक जागरण के लिए जो कुछ दिखा रहे हैं, बंद कीजिए। यह सब देख कर बच्चे समय से पहले वयस्क बन रहे हैं, माता-पिता से हिसाब-किताब माँगने लगे हैं और हमें बच्चों की परिपक्वता और जिज्ञासा डराती है। विजया ने गहरी साँस छोड़ी। उसमें और उसके सबसे छोटे भाई में पन्द्रह वर्ष का अंतर है पर उसने अम्माँ का गर्भवती होना नहीं जाना था और अन्नू...उसने नहीं सोचा था भाई होगा या बहन और यह अन्नू...उसने नहीं सोचा था लड़का अच्छा होता है या लड़की और अन्नू? कितना कुछ बदल गया है। विजया दहल जाती है। विजया हार रही है। उसे लगता है जो सफल और अविजित लोग सोचते हैं वे सफल हैं वे भी किसी न किसी मोर्चे पर असफल होते हैं और हारते हैं। भले ही वे अपना असफल होना और हारना जान न पाएँ अथवा स्वीकार न करें। कहीं न कहीं, कभी न कभी मनुष्य हारता है।

अन्नू के तेवर पहले भी समझ में नहीं आते थे और अब तो जैसे उसे खीझ, रोष, विरोध, चिड़चिड़ाहट व्यक्त करने का प्रत्यक्ष कारण मिल गया था।

शाश्वत आया तो फिर अन्नू पुराण।

''अन्नू, काकी से पूछ रही थी ममा को कैसे मालूम हुआ लड़का होगा। लड़की को कोई पसन्द क्यों नहीं करता। क्यों ये मम्मी लोग दवाई खा लेती हैं।''

''उफ् ये लड़की भी। इतनी छोटी सी है और...''

''वह छोटी नहीं है। टी. वी. के पर्दे पर दुनिया को देखकर असमय बड़ी हो गई है। हमने भी शायद इसे निरंकुश होने दिया कि जो करना हो करो, हमें डिस्टर्ब मत करो। वह आधा-आधा घण्टा तक अपने सहपाठियों से बात करती है। टी. वी. के सीरियल डिसकस किए जाते हैं। सीरियलों की कहानी उसे रटी हुई है। कल ही

अन्नू, काकी को बता रही थी उसका क्लास फेलो अरुण उसे ब्लैंक कॉल दे रहा था। अरुण का बड़ा भाई अपनी गर्ल फ्रेण्ड को ब्लैंक कॉल देता है इसलिए। तो यह हाल है।" विजया ने कपाल थाम लिया।

"अन्नू इंग्लिश मीडियम के लड़के-लड़कियों का मुक्त व्यवहार देखती है और सीखती है। घर में भी उसे बहुत अच्छा वातावरण नहीं मिला। तुमने कभी गाइडेन्स नहीं दिया। माँ को बच्चे का प्राथमिक शिक्षक कहा जाता है पर तुम्हारे पास समय नहीं है, अब परिणाम सामने आने लगे हैं।"

शाश्वत, विजया को दोषी ठहराने से बाज नहीं आता।

"देखो, तुम मुझे बार-बार दोषी ठहराते हो यह मुझे दुःखी करता है। तुम इस तरह परिस्थितियों से भागना चाहते हो। खुद को अलग कर लेते हो। मैं सोच रही थी अगले सेशन से अन्नू को हॉस्टल में डाल दें। अच्छे स्कूल में पढ़ाएँ। मेरा स्थानान्तरण होता रहता है, छोटी जगहों में भी रहना पड़ता है और अन्नू की पढ़ाई में व्यवधान पड़ता है। उसका कैरियर बनाना बहुत जरूरी है। हॉस्टल के डिसीप्लिन में रहेगी। यहाँ तो बात बिगड़ती ही जा रही है।"

"तुम भी विजया...पागलों जैसी बातें करती हो। ये घर ही हॉस्टल से क्या कम है। घर जैसा कभी तुमने अन्नू को दिया कुछ? स्त्री ही घर को घर बनाती है पर यहाँ तो तुम्हारी ये बड़ी पोस्ट...बस वही भर दिखती है। अम्माँ-बाबूजी यहाँ रहें तो संबंधों को बनाने में तुम्हें विश्वास नहीं, भावनाओं को समझने का तुम्हारे पास समय नहीं। अन्नू वैसे भी इस भाई नाम के जीव को टॉलरेट नहीं कर रही है और अब तो उसे यही लगेगा भाई आ रहा है और हम उसे नेगलेक्ट करने लगे हैं।"

"तो छोड़ दूँ नौकरी? रेजिगनेशन दे दूँ? मन से कह रही हूँ। बच्चा जो अभी जन्मा नहीं है उसके सिर पर हाथ रख कर।"

विजया का दाहिना हाथ पेट पर था।

इस बिन्दु पर अटक गया शाश्वत। बहस का अन्त कई बार बल्कि हर बार इसी बिन्दु पर आकर होता है। पर आज विजया के स्वर में, चेहरे में, आँखों में एक चेतावनी और दृढ़ता थी। कुछ कर गुजरने का निश्चय। ये बँगला, पद, रुतबा, रुपया-पैसा, पत्नी उप पुलिस अक्षीक्षक है बताने का विशाल गौरव...शाश्वत एकदम से मुलायम पड़ गया, "क्यों टेंस होती हो इतना। बच्चे पर बुरा असर पड़ेगा।"

शाश्वत ने विजया का पेट पर रखा हाथ परे हटा दिया, "दोष पूरी तरह हमारा भी नहीं (तुम्हारा से हमारा) समय का दोष है। पाश्चात्य संस्कृति के आयातित बीज बच्चों के जेहन में बो दिए गए हैं और बच्चे उच्छृंखल हो रहे हैं। क्या करोगी? सब समय का दोष है। सब कुछ ट्रैक्स से बाहर जा रहा है और शायद अब हम कुछ भी रोक न पाएँ। बच्चे ऐसे डैशिंग हो रहे हैं कि छोटी-छोटी बात पर आत्म-हत्या कर रहे हैं। मुझे याद है कहीं तीन बहनों ने इसीलिए सामूहिक आत्महत्या कर ली थी

कि उन्हें घर में भाई का आना बुरा लग रहा था। उन्हें अपने साथ पक्षपात होने का डर था।''

...और अन्नू, जिसकी माता-पिता की बातें छिपकर सुनने की आदत है, उसने इस तरह भी बहुत से जानकारी पाई है, एकाएक मोटे फूलदार पर्दे की किसी परत से अवतरित होकर उनके सामने आ गई, ''शिट। पुअर एण्ड फुलिश गर्ल्स। उन्हें स्ट्रगल करना नहीं आया होगा। मैं होती तो सुसाइड नहीं करती बल्कि भाई का गला...यूँ...यस।'' अन्नू ने पहले हाथों को रस्सी की तरह बनाकर गला दबाने का संकेत किया। फिर हाथ को मुट्ठी की शक्ल देकर तानकर विजेता की सी मुद्रा बना ली। वह जल्दी-जल्दी आँखें घुमाकर माता-पिता को इस तरह देख रही थी जैसे उन्हें अगले चरण के लिए उकसा रही हो।

लगता नहीं दस वर्ष की बच्ची यह सब कहेगी पर वह कह रही थी। शाश्वत और विजया के चेहरे तमतमा गए।

शाश्वत बोला, ''अन्नू तुम बहुत बिगड़ती जा रही हो। एग्जाम हो जाएँ तो तुम छुट्टी में गाँव जाओगी, दादा-दादी के साथ रहोगी, समझी।''

पिता के तमतमाने का थोड़ा भी तो प्रभाव न पड़ा अन्नू पर, –''माय फुट। डैड मुझे आपके पैरेन्ट्स् अच्छे नहीं लगते। बैक वर्ड। मैं गाँव नहीं जा सकती, नॉट एट ऑल।''

''अन्नू चुप रहोगी? तुम्हारा ट्रीटमेन्ट करना पड़ेगा। तुम नेक्स्ट सेशन से हॉस्टल में रहोगी।''

विजया जितना तेज चीखना चाहती थी, चीख नहीं सकी।

''हाँ, मैं हॉस्टल में रहूँगी। मैं आपके साथ नहीं रहना चाहती ममा। मैं जानती हूँ आप लोग मुझे घर से निकालना चाहते हैं। भाई आने वाला है और मुझे नेगलेक्ट करना चाहते हैं। सलोनी ठीक कहती है, ऐसा ही होता है। मैं हॉस्टल जाऊँगी। आय एम रेडी।''

विजया के हाथ में सुरसुराहट हुई। इस धृष्ट, असंस्कारी, ट्रैक से बाहर जाती लड़की को एक थप्पड़ रसीद करे, पर उसका हाथ उठ नहीं सका। जैसे पक्षाघात हुआ हो।

आज सनीचर चढ़ा है रे!

□ वन्दना राग

जिस दिन गुड़िया के पिता को गुस्सा आता, माँ कोई न कोई सफाई दे देतीं। 'आज बिट्टू पिताजी थक गए हैं, आज भूखे होंगे, आज आफिस में मनीजर साहब से झड़प हो गई होगी...।' सुनते-सुनते गुड़िया आदी हो गई। बहुत छोटी उम्र से समझने लग गई थी कि पिता से स्नेह और सहजता की आशा करना व्यर्थ है। दिन भर तो वो स्कूल में रहती, घर आकर स्कूल से मिला गृहकार्य करती फिर आसपास के घरों के लड़के-बच्चों के साथ खेलती रहती। तब तक, जब तक कि माँ आवाज दे बुला न लेती। फिर गुड़िया हाथ-मुँह धो, गरम-गरम रोटी सब्जी खा सो जाती।

गुड़िया वैसे भी अपने पिता को खास पसन्द नहीं करती थी। चार साल की थी, तभी से पिता की गोदी में बैठने पर उसे उनके मुँह से बास आती थी। बाद में जाना पिता बीड़ी फूँकते थे, दारू पीते थे। वही सबकुछ जो टी.वी. पर दिखाते थे। राजू के घर देखा था उसने। राजू के घर रंगीन टी.वी. था। जिसमें सबकुछ खूब सुन्दर चमकीला और रंगीन दिखता था। उसे वैसे भी राजू के घर बड़ा मजा आता था। राजू का घर उसके घर जैसा नहीं था और राजू के पिता उसके पिता जैसे नहीं थे। उनकी अपनी टेलरिंग की दुकान थी। उससे काफी पैसा कमाते थे और उस पैसे से ढेर सारा सामान लाते थे। राजू की स्कूल ड्रेस हमेशा साफ और अच्छी दिखती थी। उसका बैग, उसका टिफिन सब टी.वी. में जैसा बच्चों का दिखाते थे, वैसा ही दिखता था। राजू पांचवीं में पढ़ता था, उससे तीन साल उम्र में बड़ा था। पर, गुड़िया को बहुत मानता था। हमेशा अपने खिलौने से खेलने देता था और जब टी.वी. पर कुछ अच्छा प्रोग्राम आता था तो उसे आवाज दे जरूर बुला लेता था। गुड़िया आ जा, बच्चों का सीरियल आ गया, गुड़िया—फिल्मी गाने...। वही राजू के घर राजू के टी.वी. पर गुड़िया ने समझा था, दारू क्या होती है और उसको पीने से कैसे बेहोश हो जाते हैं, या फिर उल्टी-सीधी हरकतें करते हैं। उसे ये बिलकुल अच्छा नहीं लगता था कि उसके पिता इसी तरह उल्टी-सीधी हरकतें करें और गन्दे कहलाएँ। पर वह कर ही क्या सकती थी।

एक दिन उसने अपनी माँ से कहा था माँ पिताजी कितने गन्दे दिखते हैं। एकदम डरावने! उनके मुँह से बास आती है। मुझे अच्छे नहीं लगते। कभी प्यार भी नहीं करते। माँ क्या हम दूसरा पिताजी नहीं ला सकते? राजू के पिताजी जैसा! उसका इतना कहना था, कि माँ दाल छौंकना छोड़ उसकी ओर लपकीं और उसके इकलौते सुन्दर पीले फ्रॉक का कोना पकड़ उसे धकिया दिया। उसका सिर फर्श से जोर से टकरा गया। खूब दर्द हुआ। वह जोर-जोर से चिल्ला-चिल्ला कर रोने लगी। इससे माँ और बिगड़ गई और उसे डांटने लगी 'भाग यहाँ से, अब ज्यादा नाटक मत पसार, पतुरिया टाइप बात करती है, सौख तो देखो छोकरी के...बाप ही बदल डालें? ऐं, भाग यहाँ से, नाही तो जलता स्टोववा रख देंगे तोरे ऊपर। हमारे माता-पिता इतना दूर गाँव से भेजे हैं तोरे इसी बाप के साथ, सादी करके। अब मरें चाहें जीएँ, इसी के साथ। जो होगा सो होगा! ज्यादा बकर बकर इस तरह का करेगी तो जान से मार डालेंगे।' गुड़िया की जान तो दर्द से पहले ही आधी हो रही थी, तिसपर जलता स्टोव और जान खो देने का डर इतना सशक्त था कि गुड़िया को वहाँ से हवा की तरह भगा ले गया। गुड़िया सीधे अपने कमरे से भाग राजू के घर पहुँची। राजू के पिता दुकान से लौट चुके थे और राजू को उसके स्कूल का काम करा रहे थे। गुड़िया ने अपनी आँखों से देखा राजू के पिता राजू के सिर पर हाथ फेर रहे थे और मुस्कुरा रहे थे। ये देख गुड़िया की चोट और दुखने लगी। उसे और जोर से रोना आ गया और वह वहीं राजू के कमरे के दरवाजे के पास सुबकने लगी। राजू के पिता ने गुड़िया को रोते देखा तो उसका हाथ पकड़ अन्दर ले आए और उसके माथे पर निकला गूमड़ सहलाने लगे।

'उ...उ...उ...इत्ता जोर से दुख रहा है। चाचा, अब हम नहीं जाएँगे अपने कमरे में। चाचा अब नहीं जाएँगे अपने कमरे में। चाचा, हमारे पिताजी भी गन्दे और माँ भी गन्दी।'

'नहीं बेटा।' राजू के पिता ने प्यार से समझाया, 'ऐसा नहीं बोलते। माँ-बाप तो प्यार करते ही हैं। कभी-कभी तो हर माँ-बाप को गुस्सा आता है।'

'नईं-नईं चाचा कभी-कभी नई, हर दिन हमई पर गुस्सा आता है। पिताजी तो कभी आपकी तरह प्यार नहीं करते। आप राजू को कित्ता प्यार करते हो। और माँ! पिताजी के बारे में कुछ सुनती ई नई। हमेसा पिताजी के आगे पीछे घूमती रहती है। हमको कोई नईं पूछता। अब हम वहाँ नईं जाएँगे।' ये सुन राजू के पिताजी भी परेशान हो गए। 'राजमणी' को समझाना आसान काम नहीं था। वे यह बात प्रतापगढ़ से जानते थे। प्रतापगढ़, जहाँ वे राजमणी के पड़ोसी थे और उसी के साथ वहाँ से चले आए थे मुम्बई। यहाँ अपना भाग्य आजमाने। राजमणी उनके बचपन का साथी जरूर था, पर उसके स्वभाव में कुछ विचित्र सी कठोरता थी, जो राजू के पिता की समझदारी से बाहर की चीज थी। इसलिए राजू के पिता ने उसके उस पक्ष को यूँही, अनछुआ,

अनदेखा कर उसका साथी बनना स्वीकार किया था। फिर राजमणी कुछ पढ़ा लिखा भी था, जो उसके व्यक्तित्व से दूरी बनाए रखने का एक और कारण बनता था। राजू के पिता ने खुद तीसरी क्लास के बाद पढ़ाई को नमस्कार कर दिया था। मुम्बई आने के बाद राजमणी को एक चप्पल बनाने की फैक्ट्री में फाइल इधर-उधर करने का काम मिल गया। इतने पैसे मिलने लगे कि गृहस्थी जमा कर महीना चलाया जा सके। राजू के पिता को टेलरिंग का शौक था सो उसने टेलरिंग की दुकान पर बैठ-बैठ कर अपने शौक को हुनर में बदल डाला। पहले एक दो कुरते पायजामे सिले घर-घर से माँग कर। फिर पूछ परख बढ़ी और पैसे आने लगे। उस पैसे से अपनी चाल के पास ही एक दुकान डाल ली। अपनी चाल के पास कई और चालें थीं सो दुकान चल निकली। बिल्डिंग से नीचे उतरते ही सब्जी मार्केट था, सो काँदा-कोथमीर-बटाटा सुनते सुनते धंधा और गृहस्थी वहीं बस गई। दिल लगाकर काम करने से घर में खुशहाली भी नजर आने लगी थी।

पर उधर राजमणी न जाने किस सोहबत में पड़ गया था? पहले कभी-कभी से शुरुआत हुई फिर रोज धुत होने का सिलसिला शुरू हो गया। रोज गाली-गलौच और रोने-पीटने की आवाज आती, पर राजमणी की औरत कभी शिकायत करने नहीं आई। उसकी अपनी औरत भी वहीं गाँव की थी पर राजमणी की पत्नी की तरह चीखती चिल्लाती नहीं थी। दो बात कहने पर गउ समान सुन लेती थी। ज्यादा चुप रहती थी। राजमणी की औरत तो चुप भी नहीं रहती थी, पर गजब की बात थी कि शिकायत भी नहीं करती थी। राजू के पिता को इसपर बड़ा आश्चर्य होता था। उसे गुड़िया के माँ-बाप दोनों गड़बड़ लगते थे पर वह कुछ कर पाने में स्वयं को असमर्थ पाता था। फिर चिन्ता का विषय थी गुड़िया। 'ई मासूम लड़की जात कहाँ से पैदा हो गई ई दोनों पागलों के बीच। बड़ी होगी तो का होगा?' बहुत बार ये बच्ची पिट के उसके घर आती और वह दुलार के, टाफी-चाकलेट खिला कर उसे वापस भेज देता। पर हर बार चिन्तित हो जाता।

आज राजमणी की औरत का वहशीपना उसे ज्यादा अखर गया। साली, कड़ाई से रखती राजमणी को, डाँट-फटकार कर, तो थोड़ा सुधरा रहता। सराबी-कबाबी कहीं का! राजू के पिता ने गुड़िया को अपने हाथ से अपने घर की रोटी सब्जी खिलाई और घर भेज दिया।

गुड़िया बिना किसी से बोले अपने बिछौने पर जाकर सो गई। गुड़िया के पिता घर लौट चुके थे और माँ उनको खाना परोस रही थी। किसी ने गुड़िया से बात नहीं की! तो वो ही क्यों करती?

अगले दिन सण्डे था। गुड़िया की स्कूल की छुट्टी का दिन। गुड़िया उस दिन उठ कर हाथ मुँह धो अपनी मैली शमीज पर अपना पीला फ्राक पहन, लहराती हुई बाहर चल दी। 'बिटू' माँ की अलसाई आवाज उसे सुनाई दी, 'दरवाजा भिड़वा देना

रे।' उसने आज्ञाकारी बच्चे की तरह दरवाजा भिड़का दिया। इतने धीरे से कि दरवाजा बन्द होने की आवाज उसे भी नहीं आई। डाँट खाने का मौका टल गया, इससे गुड़िया बेहद खुश हो गई और 'राजू...राजू किलकती हुई, राजू के कमरे की ओर चल दी।

राजू के कमरे के आगे बड़ी भीड़ थी। यह देख गुड़िया ठिठक गई। ये राजू के घर कौन-कौन से लोग, अच्छे-अच्छे कपड़े पहने, सिगरेट फूँकते, सुन्दर-सुन्दर औरतें और आदमी। उनके हाथ में लम्बे बिजली के पोल जैसे डण्डे और काली-काली काँच लगी कुछ मशीनें थीं। साथ में लम्बे बिजली के तार। मशीनों को आँखों के सामने रखे वे गोल-गोल घूमते जा रहे थे। कभी राजू के कमरे के पलंग की ओर कभी पार्टिशन के पार की रसोई और बर्तनों की ओर। वो वहीं दरवाजे के बाहर खड़ी होकर तमाशा देखने लगी। अन्दर जाने का मन करने लगा पर कैसे जाए इसी उधेड़बुन में एक पैर के बल उचकने लगी। तभी उसने देखा एक सुन्दर सी औरत नीला-नीला मलमल सा कुरता और नीली पैन्ट पहने, घूम-घूम के सबको कुछ कहती जा रही थी। कानों में लकड़ी के बड़े-बड़े लटकन थे जो उसके बोलने पर बहुत सुन्दर ढँग से आगे पीछे होते थे। गुड़िया उसको एकटक देख रही थी, जब उस औरत की नजर उस पर पड़ी तो वो औरत उसे देख मुस्करा दी और प्यार से पूछा 'नाम क्या है बच्चे?' गुड़िया को अपनी ओर इस तरह का ध्यान बड़ा अच्छा लगता था। घर में तो मिलता नहीं था सो इतरा के बोली 'गुड़िया!' 'ओह' वो औरत बोली 'गुड़िया बड़ी प्यारी हो, चलो तुम्हारा भी एक शॉट लेते हैं। सुनो, जीतेन्द्र', उसने अपने एक साथी को गुड़िया की ओर कैमरा करने को कहा। तब गुड़िया समझी। वो काली-काली मशीन कैमरा थी। 'गुड़िया अब स्माइल करो—हाँ मुस्कुराओ बेटा...वेरी गुड, बहुत सुन्दर। चलो जीतेन्द्र अब बाजू वाली सोसाइटी में जाते हैं। वहाँ अब कुछ शॉट्स लेते हैं। ओ.के. एवरीवडी लेट्स पैकअप।' गुड़िया ये सब सुन चौंकती जा रही थी। समझने की कोशिश कर रही थी और अपने अधकचरे ज्ञान से लबालब हर्षित होती जा रही थी। उसका फोटो लिया गया है! शायद टी.वी. के लिए।...आहा झूम गई गुड़िया। 'राजू' उसने जोर से आवाज लगाई। चाचा बाहर निकले। 'गुड़िया तुम्हारी भी फोटू ली गई न? अब टी.वी. पर आएगी।'

'वो कौन लोग थे चाचा?'

'फिल्म वाले बेटा।' चाचा उसे प्यार से अन्दर ले गए और समझाने लगे 'हम लोग की खुशहाली पे फिल्म बना रहे हैं। मुम्बई की चाल की कठिन जिन्दगी, फिर भी हमारी हँसी खुसी।'

'चाचा...!'' कुछ बोलते बोलते गुड़िया चुप खा गई।

हमारी खुशी पर फिल्म बन रही है! पर हम तो खुस नहीं हैं। राजू और चाचा की बात तो और है। उसे खुशी के दायरे में राजू के परिवार के साथ घसीटा जाना बिल्कुल अच्छा नहीं लगा। उसे तो बल्कि उल्टा रोना आने लगा। सब समझते हैं वो

खुश है। सारे चाल वाले और वो अजनबी औरत (मैडम) भी। 'पर चाचा मैडम को कैसे पता चला हम खुश हैं?'

'अरे! तू हँसती है तो कित्ती प्यारी लगती है गुड़िया। खुश भी उत्ती ही दिखती है। है न? और बेटा, हमेशा खुश ही रहना चाहिए। अब जाओ, भागो। माँ-पिताजी को बताओ जाके कुछ दिन बाद टी.वी. पर आएगी।' गुड़िया अनमने भाव से उठ कर चल दी पर अपने कमरे में नहीं। सीढ़ी से नीचे उतर वो काँदा वाले सेठ के यहाँ जा कर बैठ गई।

'क्यों ताई?' काँदा वाला उसे हमेशा चिढ़ाता था, 'आज मूड खराब है क्या?'

काँदा वाला खूब गोरा-गोरा और लम्बा था। माँ कहती थी काँदा बेचते-बेचते खूब पैसे कमा लिए हैं। हाँ, रहता चुगद जैसा है जिससे कोई समझे न, उसके घर में इत्ता पैसा है। उसे काँदा वाला अच्छा लगता था। उसे वह अपनी दिल की सारी बातें बताती थी। काँदा वाला उसे फिल्म स्टारों की रंगीन तस्वीरें भी दिखाता था और उनके बारे में कभी-कभी बताता भी रहता था। पर आज न जाने क्यों गुड़िया को उसका उसे 'ताई' बोलना अच्छा नहीं लगा। उसे उदास-उदास लग रहा था। उसने उसी उदासी से काँदे वाले की ओर भरपूर नजर से ताका। इस पर काँदा वाला टमाटर वाले की ओर देख मुस्कुराने लगा। 'ताई का मूड आज बहोत खराब है भाई!' इस पर टमाटर वाला अपना सड़े दाँत निकाल हँसने लगा।

'साल्ली अबी से इत्ता नखरा दिखाती है। बड़ी होके तो फिल्लमस्टार इच बनेगी। क्यों...?' फिर काँदे वाले को खुफिया ढँग से फुसफुस कर बोला, 'ऐ तेरे को ज्यादा इन्तजार नई करना पड़ेंगा रे...।' ही-ही-ही।

गुड़िया की आँख में आँसू आ गए। कहाँ तो वह काँदा वाले सेठ को दिल का हाल बताने आई थी, वो टी.वी. वाली बात...। और कहाँ ये सब बैठ उसे ही चिढ़ाने लग गए थे। उसे आज, उनका इस तरह हँसना बिलकुल अच्छा नहीं लग रहा था। वह दौड़ कर वहाँ से भागी पर टमाटर वाले की हँसी भूत की तरह उसकी देह से लगती हुई उसके साथ भागती चली आई।

कमरे में पहुँच उसने माँ से खाना माँगा। माँ बड़बड़ाने लग गई।

'हेट्ट'। उसके पिता चिल्लाए।'

'तोड़ दो इसकी टाँग, दिन रात उधम मचाए रहती है।'

'अरे तो का टूटी टाँग के साथ जीवन भर घर में बिठाए रखोगे?'

'साली एही कुली टेंशन तो हमको खाए जात है।'

'देखों माथा केतना दुखने लगा। इधर आ पहिले हमरा माथा दबा।'

गुड़िया को बड़ी जोर से भूख लगी थी। भूख के मारे पेट भी दुखने लगा था, सो मिनमिनाते बोली, 'माँ पहिले खाना दे दो।'

'बहुत डिसटरब करती है, जा निकाल ले, सात साल की होने वाली है। अभी

भी दुलार माँगती है जैसे गोदी की बच्ची है।'

खाना बनकर स्टोव के पास रखा हुआ था। गुड़िया चाहती तो निकाल सकती थी। पर स्टोव से उसे डर लगता था। उसमें आग भरी हुई थी। माँ जब गुस्सा होती थी तो उसे बार-बार ये ही धमकी देती थी, "स्टोव पटक देंगे तेरे ऊपर। फिर चिन्दी चिन्दी उड़ जाएगी। कुछ न बचेगा।" स्टोव गुड़िया के लिए बड़ी डरावनी चीज थी सो उसने उसके पास बना रखा खाना खुद से नहीं लिया। माँ ने जब पिताजी का सिर दबा लिया तो ही उसे और पिताजी को खाना दिया। गुडिया ने तीन रोटी खाई। फिर सोचा राजू के यहाँ चल दे, पर स्कूल का गृह कार्य पूरा करना था सो वही करने लगी। वैसे भी शाम को तो राजू के घर फिल्म देखने जाना ही था।

माँ हर सण्डे को बाजार जाती थीं, पिताजी के साथ। उसके देस वाले हाट लगाते थे। माँ कहती थी मुम्बई के दूसरे बाजारों से ये देस वाला बाजार ज्यादा सस्ता और खाँटी मिलता है। लोगों से भेंट मुलाकात भी हो जाती है। माँ पिताजी कभी-कभी उसे भी ले जाते थे। आज भी जब माँ तैयार होने लगी तो उसका मन किया वह भी साथ चली जाए पर डाँट के डर से मन की मन ही में रख ली। माँ से कहा कुछ नहीं। पिताजी भी सोए हुए थे। शायद सिर दर्द हो रहा था। वह भी चुपचाप आँख बन्द किए लेट गई। थोड़ी देर बाद आँख धीरे से खोली। माहौल का जायजा लेने के लिए। माँ जा चुकी थी। पिताजी भी उठ कर बैठ गए थे। जैसे ही उनकी नजर गुड़िया पर पड़ी उनका मूड खराब हो गया। नाक भिनका के बोले, "क्यों रे, फिल्लम कित्ते बजे है?"

"छह बजे से पिताजी।"

"अच्छा! अब यहाँ काहे बैठी है कहीं जाना वाना नहीं है तुझे?"

"कहाँ जाऊँ?" उसने स्नेह और स्वीकार की आशा से प्रश्न किया।

"अच्छा-अच्छा बैठी रह अब, चुपचाप, दूर होके, दिमाग मत चाट।"

ये लो। दिमाग कब चाटा उसने पिताजी का? वो सोचने लगी। तभी पिताजी बोले, "चल उठ, थोड़ा पानी और गिलास दे एक।"

"अच्छा पिताजी।" उसने आज्ञापूर्वक उनका कहा कर दिया।

फिर पिताजी उठे, कमरे के कोने में रखी कपड़ों की गठरी उठाई और उसके नीचे से एक चौड़ी चपटी सी शीशी निकाली। उसमें नारंगी रंग का कुछ भरा हुआ था। शायद पिताजी का सिर जोर का दुख रहा था इसीलिए दवा खा रहे थे सोचकर गुड़िया फिर अपने स्थान पर गुड़िमुड़ी हो गई। पर पिताजी के क्रिया-कलापों की ओर उत्सुक दृष्टि बनी हुई थी। फिर पिताजी के अकेले रहने से उनके सानिध्य की चाह भी उसे पिताजी को निहारने पर मजबूर कर रही थी।

उसने देखा, पिताजी ने पहले गिलास में थोड़ा पानी डाला फिर उसमें नारंगी दवा मिलाई और पी गए। फिर दूसरा गिलास बनाया, फिर पी गए। और उसके बाद

उसने ठीक से देख गिनना शुरू किया। पिताजी पूरे पाँच गिलास पी गए। अब उसे कुछ अजीब लगने लगा। थोड़ा डर सा भी लगने लगा। पिताजी की आँखें लाल हो रही थीं। वे डरावने लगने लगे। अब गुड़िया को हल्का सा लगने लगा कि पिताजी ने दवा नहीं शायद दारू पी है तभी वो ऐसे हो रहे हैं। उसे हमेशा से पिताजी इस रूप में गन्दे लगते थे। उनके मुँह से बास आती थी। कभी-कभी वे उल्टी भी कर देते थे और गुस्से का तो पूछो ही मत! इसीलिए उसने कमरे से भाग जाने का निर्णय लिया।

वो दबे पाँव उठी और दरवाजे की ओर बढ़ी। इतने में न जाने कैसे पिताजी ने उसे देख लिया और उसका हाथ पकड़ लिया।

"बिट्टो कहाँ जा रही है?"

"खेलने।" उसने डरते हुए छोटा सा उत्तर दिया।

"अच्छा।" पिताजी डगमग से मुस्कुराए।

"चल आज पिताजी तेरे साथ खेलेंगे, बढ़िया खेल खेलेंगे। आ...आ...न बिट्टो रानी।" पिताजी लटपटाते हुए बोले जा रहे थे।

उसे अब भयानक डर लगने लगा। उसे रोना भी आने लगा। वह पिताजी की गिरफ्त से छूटकर भागना चाह रही थी। पर पिताजी तो पिताजी थे। बड़े से। भयानक से। ताकतवर से। सो उन्हीं की जीत हुई। उन्होंने गुड़िया को भींचकर अपनी गोदी में बिठा लिया और उसके हाथ पैर जोर-जोर से दबाने लगे। उसे घबराहट होने लगी। दर्द होने लगा। अच्छा नहीं लगा। कहाँ तो रोज सोचती थी पिताजी उसे प्यार करें पर आज जब करने को हुए तो गंदा लगने लगा। वह फिर छूटने की कोशिश में मचलने लगी। इससे पिताजी को गुदगुदी होने लगी।

बिट्टो-हो!...ही-ही, गुड़िया रानी है—हे हे।" पिताजी अपने गाल उसके गाल से सटाने लगे।

उसने जोर-जोर से रोना शुरू कर दिया। तभी, दरवाजा खुला और माँ अन्दर आ गई।

"माँ-माँ-माँ।" वह पिताजी की गोद से छूट कर भाग के माँ से लिपट गई, "माँ पिताजी गन्दे हैं, बहुत गन्दे।"

माँ ने उसे पिताजी की गोद में बैठे देखा था। पिताजी को उसे दबाते भी देखा था, पर माँ को कुछ भी गन्दा नहीं लगा। उन्होंने हमेशा की तरह गुड़िया को झटक पिताजी से ही पूछा, "सिर दर्द कैसा है?"

"कहाँ ठीक हुआ रे। नारँगी भी इसीलिए लीए। पर ठीक नहीं ही हुआ।"

इधर गुड़िया रोए जा रही थी। माँ ने उसे यूँ देख बिगड़कर कहा, "जा, राजू के घर, फिल्म का टाइम हो रहा है। और मुँह हाथ धो के जाना नहीं तो लोग बाग सोचेंगे लड़की को बहुत कष्ट है, दिन रात आँसूवे बहाती है।"

गुड़िया निराश हो गई। क्या माँ कुछ नहीं समझती। पिताजी की हालत से क्या कभी डरती भी नहीं? लड़ती तो है पिताजी से पर फिर उन्हीं का पक्ष लेने लगती है। आज भी माँ उसके लिए नहीं डरी। आज तो बड़ी भयानक बात हो जाती। आज तो पिताजी उसे जान से ही मार देते। पर किसी को कोई फिकर नहीं है। न माँ को, न काँदे वाले को, न टी.वी. वाली मैडम को।

उसने धीरे से लोटे में भरे पानी से मुँह हाथ धोया। उसने सुना माँ पिताजी से कह रही थीं, "काहे जी आज पूरा होस खो बैठे! समझ रहे थे गोदी में कौन है? जाके कौन-कौन से कह देगी तब?"

"जानते हैं भाई।" बिट्टी के पिताजी धीरे से बोले।

"पर का जाने कोई भूत टाईप चढ़ के दिमाग में नाचने लगा। एकदम पण्डितवा जैसे कह रहा था, वैसा ही सनीचर चढ़ गया था। एक दम हम कमजोर हो गए।"

"अच्छा हुआ, हम आ गए तब तो। अब पण्डित जैसा कहा है वैसा ही करना होगा। दिन ठीक चल नहीं रहा है। मंदिर जा कर सनीचर के सनीचर तेल और पैसा चढ़ाना ही होगा।"

"हाँ तभी कुछ ठीक होगा, अब का करें? माथा तो ठीक होने का नाम ही नहीं ले रहा है।"

"आप सो जाइए। हम जाते हैं, राजू के यहाँ फिल्म देखने। गुड़िया को समझा देंगे।"

"ओह!" गुड़िया की माँ ने अदृश्य देवता के हाथ जोड़े, "सनी महाराज बक्स दो, ई भूत परेत टाईप चढ़ना ठीक नहीं।"

"आप, सोए रहिए।"

"हाँ...।" पिताजी बोले और सो गए।

गुड़िया और उसकी माँ राजू के यहाँ फिल्म देखने चले गए।

फिल्म देखते-देखते हीरो हीरोइन के प्रणय निवेदन वाला सीन देख सात साल की गुड़िया वहीं हाथ पैर फेंक ठण्डी हो गई। जब राजू के पिता ने अति चिन्तित होकर उस पर पानी की छींटों की बौछार की, तो गुड़िया होश में आई और कुछ अलाए बलाए बकने लगी। कुछ सनीचर और उसके भुतहे रूप के बारे में बात कर रही थी और बार-बार अपने पिता का नाम ले रही थी। लोग चिन्तित और चकित हो गए। खास तौर से राजू के पिता। उन्होंने गुड़िया की माँ की ओर देखा तो गुड़िया की माँ ने लोगों को बताया कि अगले हफ्ते सनी मन्दिर जा के वह लोग तेल पैसा चढ़ाएंगे तो सब ठीक हो जाएगा। सनी महाराज जी नाखुस हों तो ऐसा ही होता है। घर के सब लोगन पर दौरा पड़ने लगता है!

यहाँ सपने बिकते हैं

□ संतोष श्रीवास्तव

भला सा नाम था उस फ्लाई ओवर पुल का जिसके परली तरफ दो मंजिले मकानों की कतारें थीं जिनकी बालकनियाँ पुल की तरफ खुलती थीं। शाम का समय, बेहद व्यस्त पुल...गहराते आसमान में ध्रुव तारा चमक रहा था और ऐन सामने थी उसकी बाल्कनी जिसके समानांतर बिजली के तार पर एक टूटी पतंग लटक रही थी। दो बटा छब्बीस हाँ, यही नम्बर है उसके मकान का। मिथिलेश दयाल ने पत्रकारिता का अपना झोला कन्धे पर सीधा किया और घण्टी के बटन पर उँगली रख दी। कदमों की आहट और चूड़ियों की खनखनाहट ने मिथिलेश को मजबूर कर दिया कि वह अपने माथे और होठों के ऊपर आये पसीने को पोछे, अपनी सफल पत्रकारिता पर मिथिलेश को शक न था पर इस इलाके में आना और एक कॉल गर्ल का साक्षात्कार...उसका पहला अनुभव था। दरवाजा खुला, "आप अखबार से आई हैं?"—"जी...मिथिलेश दयाल।"

"आइए...अन्दर आइए।" बादामी चिकन के सलवार कुरते में उसकी भरी-भरी लुभावनी काया, बायें हाथ में ढेरों चूड़ियाँ...दाहिना हाथ खाली, ठूँठ-सा...कमर तक लम्बे खुले लहराते बाल और गोरा मोहक चेहरा...कुल मिलाकर दिलचस्प व्यक्तित्व था उसका। उसने सोफे पर बैठने का इशारा किया और ट्रे में पहले से ढका रखा पानी का ग्लास उसकी ओर बढ़ाया। पानी पीते हुए मिथिलेश ने एक नजर कमरे की सजावट पर डाली। एक आम मध्यम वर्ग का सजा सजाया बैठकनुमा कमरा ही तो था वह...वह भी आम औरतों जैसी ही, किन्तु फिर भी खास...खास उसका कमरा भी। मिथिलेश की नजर भी खास बनकर उस कमरे को तौल रही थी...कोने में रखे काँच के टेबल पर रखा लाल फोन। इस फोन पर कितने अपरिचितों के बुलावे पर वह अपने तन को सजा पहुँचाती होगी उनके शयन कक्ष में...सिहर उठी मिथिलेश...अपने बदन पर कई-कई छिपकलियों के रेंगने का एहसास हुआ जैसे..."क्या लेंगी? चाय-कॉफी? पत्रकार तो चाय ही अधिक पीते हैं, है न! तब तक आप यह पत्रिका देखिए।"

और जवाब का इंतजार किए बगैर वह एक फिल्मी पत्रिका उसे देती हुई अंदर

चौके में चली गई। फिल्मी पत्रिका के मुखपृष्ठ पर आज के सुपरस्टार रोहित की तस्वीर थी। तस्वीर पर हाथ फेरती वह रोमांचित हो उठी। पिछले हफ्ते अखबार के संपादक संदीपजी ने रोहित के विषय में जो कुछ बताया था उसी का परिणाम था आज का साक्षात्कारं इस साक्षात्कार के लिए कितना वक्त लगाया था प्रश्नों को तैयार करने में, कितनी सावधानी, चूक की बिल्कुल गुंजाइश न हो...हालाँकि यह ओस की बूँद को पकड़ने जैसा प्रयास था, यह जानते हुए भी कि हाथ लगते ही बूँद बिखर जाएगी। पर इस बिखराव में से ही तो सार खोजना था मिथिलेश को।

वह चाय बना लाई थी...प्लेट में बिस्किट और नमकीन भी, "जब से मालूम हुआ था कि आप आयेंगे मैं आपको अपने हाथ से बनाकर कुछ स्पैशल खिलाने वाली थी पर संकोच होता रहा...क्या पता आपको अच्छा न लगे।"

मिथिलेश मुस्कुराई, "नहीं...अच्छा क्यों नहीं लगता...मुझे तो अभी ही इतना अच्छा लग रहा है...इतनी आत्मीयता...वरना हम पत्रकारों से लोग बड़ी औपचारिकता से मिल पाते हैं।"

उसने चाय का अन्तिम घूँट भरा और सोफे पर आराम से टिक गई, "तो आपका अखबार मेरा साक्षात्कार छापेगा...लेकिन क्यों? अभी ही क्या कम फिकरे उछाले जाते हैं हम पर...कोई कसर बाकी है क्या?"

मिथिलेश दँग थी भाषा पर उसके अधिकार से...साफ सुथरा शिष्ट उच्चारण, पानी सी रवानगी...मिथिलेश ने डायरी और कलम सम्हाल ली।

"एक बात बताऊँ मिथिलेशजी! जब भी समाज में सुधारवादी संगठन सिर उठाते हैं...हमारे दरवाजों पर दस्तक होती है...कैमरे चमक उठते हैं। आखिर क्या दिखाना चाहते हैं वे समाज को? किसे सुधारना चाहते हैं? क्या मैं समाज से सताई गई हूँ? मुझे तो उस दीपक की लौ ने जलाया है जिसका दावा था कि वह मेरे जीवन का अन्धकार दूर करेगा...एक अदद पति था मेरा...था क्यों, है, आप सब जानते हैं कि कितने ठाठ से जी रहा है वह। उसकी सफलता शानो-शौकत से रश्क होता है न, पर इस सफलता, इस शान शौकत की तह में मेरी जवान काया दफन है, पता है किसी को?" जैसे कुए की गहराई में उतरकर उसकी आवाज आ रही हो, "शादी के बाद रोहित मुझे मुम्बई ले आए थे। बल्कि यों कहिए कि हमारा हनीमून भी मुम्बई में ही मना था...अपनी उम्र के बारहवें साल से माइग्रेन और डिप्रैशन से पीड़ित मैं खुली हवा में साँस लेना चाहती थी। रोहित की मौजूदगी में अपने दर्द भूल जाना चाहती थी लेकिन रोहित मुब्तिला थे फिल्मों के लिए संघर्ष में। चकाचौंध से भरी इस दुनिया में प्रवेश पाने के लिए रोहित ने तरह-तरह की मुद्राओं में तस्वीरें खिंचवाई थीं। पूरा फोटो सैशन ही करा डाला था, फिर उन तस्वीरों का अलबम बनाया बायोडाटा टाइप कराया और रोज सुबह आठ बजते ही प्रोड्यूसरों के दरवाजों पर दस्तक देने अलबम और बायोडाटा से लैस घर से निकल पड़ते। अपनी इंजीनियरी की डिग्री उन्होंने अलमारी

में बन्द कर दी। जिस डिग्री के सहारे बाबू की डूबती साँसों ने रोहित को मेरे लिये चुना था और बड़े फख्र से सबको बताया था कि मेरा दामाद इंजीनियर है किन्तु फिल्मी दुनिया ने रोहित के पंख उगा दिए थे और वे अपनी काबलियत से पाई डिग्री त्याग आकाश में उड़ान की साध लिये पंख तौल रहे थे। बचपन से ही एक उदास, जानलेवा और असुरक्षा की स्थिति में मैं सहजता से नहीं जी पाई थी। लेकिन इतना पता था कि फिल्मों के प्रति जैसा आकर्षण है सबमें वैसा तब न था। फिल्मों के लिए अच्छी धारणा नहीं थी मन में...एक दूसरी जिन्दगी नजर आती थी इस दुनिया में...गैर खानदानी और महज मनोरंजन देने वाली...जवान लड़के लड़कियों को बिगाड़ने वाली।

"हे भगवान...कहाँ की लत लग गई रोहित बाबू को...ढंग से नौकरी करते। हमारी मुनिया बिटिया सीधी साधी...कहाँ खपेगी इस दुनिया में?"

बाबू की मेरे प्रति असुरक्षा की चिन्ता...मेरा माइग्रेन का दर्द बिलबिला देती, "बाबू, मेरी सुरक्षा की चिन्ता छोड़ दो। मैं तो वहाँ भी सुरक्षित नहीं थी, तुम्हारे पास! बाबू, मैं थक चुकी हूँ और निरन्तर नियति से टकराकर रोहित के बन्धन में अपना नीड़ खोज रही हूँ...जो मुझे आराम दे...चैन दे।"

मैं रोहित की प्रत्येक जरूरत का ध्यान रखती। दिन भर के संघर्ष से थककर रोहित की झपकी लग जाती तो होले से अपनी गोद में उनका सिर दुबका लेती। ओह। कैसा अभिभूत कर देने वाला पल होता वह। लगता सारा भुवन मेरी गोद में सिमट आया है जिसमें हवाएँ, झरने, नदी, पर्वत, आकाश, चाँद, तारे सब तो हैं...ऐसी तो कभी खिंची नहीं किसी की ओर जैसी उनकी ओर खिंच रही थी मैं। उनका स्पर्श मदहोश कर डालता। मैं दिन भर उस स्पर्श को महसूसती गुनगुनाती रहती। मुझे उनके बदन के पोर-पोर से प्यार हो गया था, उनके हृदय से, उनकी आत्मा से...बहुत शुरुआत के चन्द दिन...जो बिल्कुल मेरे अपने थे और जिनमें रोहित मेरे लिए जिये थे। सागर के किनारे भुरभुरी रेत पर बैठे हम दोनों पश्चिमी आकाश में लुभावनी गेंद जैसे सूरज को देख रहे थे। बदलते रंगों का सागरीय जल, सफेद फेनयुक्त लहरें और चहचहाते पक्षी। धीरे-धीरे सूरज का गोला सागर में समा गया...मैं शरमा गई...मानो रोहित के सीने में मैं दुबक गई हूँ। अगर मैं चिड़िया होती तो चारों दिशाओं को उनके नाम की गूँज से भर देती। अँधेरा गहराने लगा...सागर उर्मियाँ तट पर मचल-मचल कर सिर पटकने लगीं...तट की रेत सिहर सी गई, फिर उसमें से एक कुलबुलाता केंकड़ा निकला और अपने पतले डगों से तेजी से चलने लगा। मैं डरकर उनके नजदीक सरक गई। वे मेरी ओर देख हँस पड़े, "केकड़े से डर गईं?"

और मेरी कमर में अपनी बाँह डाल फिरंकी सी ली, "डरपोक!"

मैं आश्वस्त...भरोसे से पूर्ण। बाबू नाहक मेरे भविष्य को लेकर चिन्तित हैं। रोहित हैं तो मेरे साथ...मेरे रोम-रोम को सुरक्षा देते। रोहित सांध्य तारों को टकटकी बाँधे देखते हुए बोले, "बहुत जल्द मुझे फिल्म इंडस्ट्री में प्रवेश मिल जाएगा। फिल्म

साइन होते ही देखना...क्या कमाल दिखाऊँगा। मैं...राज करोगी तुम...ऐश ही ऐश।''

रोहित की आँखों में लहराता निस्सीम सागर था। मैं डर गई, डर डूब जाने का न था बल्कि उसकी खौफनाक लहरों की चपेट में आने का था।

शाम गहराते ही सागर तट से लगी चौड़ी व्यस्त सड़क की बत्तियाँ जादुई आभास देने लगीं। सड़क के उस पार रेस्तराँ सजने लगे...महँगे रेस्तराओं के सामने महँगी कारों में बैठे आईस्क्रीम खाते जोड़े और उनकी कार की खिड़की को टकोरता फूलों के गुच्छे लिए छोकरा...सब कुछ अरेबियन नाइट सा तिलस्मी लगता...मेरा मन होता मैं रजनीगंधा के फूल खरीदूँ और घर का कोना-कोना महका दूँ। रोहित ने फुटपाथ पर बैठी मराठी लड़की से जुही की वेणी खरीदी और मेरे बालों में मोती सी जड़ दी...फिर मेरी हथेलियाँ अपने हाथों में भर मसलने लगे, मदहोश सी मैं...कैसे रास्ता पार हो गया पता ही न चला। लेकिन ये सब तो बहुत शुरुआत के दिनों की बातें हैं।

फिर फिल्मों के लिए संघर्ष का कठिन दौर...रोहित मुझे समय नहीं दे पाये। उनकी थकन निराशा को देख मैं भी अपनी भावनाओं को जब्त किए रही। लेकिन अकेलापन मेरे माइग्रेन के दर्द को और और जानलेवा बनाने लगा। दिन भर माथे पर दुपट्टा कसकर बाँधे रहती। उस शाम भी दुपट्टा कसा था, आँखें मुँदी थीं...लेकिन रोहित खुशी से छलके पड़ रहे थे। उन्हें हिट फिल्मों के प्रोड्यूसर ने अपनी नई फिल्म के लिए साइन किया था, जिसमें उन्हें हीरो के दोस्त का रोल मिला था।

''खोलो यार, ये दुपट्टा उपट्टा...आज तुम्हारे रोहित को मन्जिल मिल गई। अब देखना जानेमन...क्या धाँसू एक्टिंग करूँगा कि बस...''

''रोल तो दस मिनिट का ही है तुम्हारा?''

''मुझे अपनी काबलियत दिखाने का मौका तो मिला। देखना, यही प्रोड्यूसर एक दिन मुझे हीरो का रोल भी देगा अपनी फिल्म में।''

रोहित की आँखों में फिर वही निस्सीम सागर ठाठें मारने लगा...मेरा दिल धड़क उठा। मैं इस दुनिया से अपरिचित थी पर इतना जानती थी कि इस प्रोफेशन में सिक्यूरिटी नहीं है। फिल्म चले तो चले वरना कौन पूछता है...उम्र बीत जाने पर नौकरी भी नहीं मिलती और बुढ़ापा। कितने अपने समय के सफल हीरो हीरोइन गुमनामी की जिन्दगी जीते हुए तिरस्कृत, लाचार, अर्थहीन बुढ़ापा गुजार रहे हैं। जैसे बाबू...वे वकालत करते रहे। केस मिले तो मिले, नहीं तो घर के सुरसा के मुँह से खर्चों में उनकी सरकारी फीस तक स्वाहा होती रही...न कोई भविष्य निधि, न पेन्शन...लाचार बुढ़ापा टुकुर-टुकुर बस महेन्द्र भैया का चेहरा ही ताकता है। कैसा जलील कर डालता है यह बुढ़ापा इंसान की गैरत को...

रोहित का नौकरी न करने का इरादा मुझे बेचैन किये था लेकिन रोहित तो फिल्मी दुनिया के ज्वार में गले-गले तक उतर चुके थे और मैं तनहा, बेचैन, दर्द से पीड़ित, प्रतीक्षारत। एक कठपुतली की तरह कि कब मेरा मास्टर आए और मेरी डोर

खींचे। घर में था तो बस फोन, और चौबीस घण्टों में मात्र चार-पाँच घण्टों की रोहित की उपस्थिति जो सोने में ही गुजर जाती। जागकर नहाना शेव...तैयार होना और इस दौरान वही शूटिंग के किस्से...

"कल सीन ओ.के. होते ही डायरेक्टर ने मुझे गले से लगा लिया और व्हिस्की ऑफर की। जानती हो क्या कहा...रोहित। तुममे सम्भावनाएँ हैं...चमकोगे, अवश्य चमकोगे।" रोहित डायरेक्टर की नकल करते हुए शेव करते जाते। इसमें मैं कहाँ थी...रोहित की जिन्दगी में तो मेरा नामोनिशान तक न था। वे ऐसे चकाचौंध से भरे दिन थे जिसकी मरीचिका में रोहित निमग्न थे और यथार्थ की तपती रेत में मेरे पाँव छालों से भरे थे। अभी हमारी शादी हुए समय ही कितना गुजरा था? आँखों में स्वप्न होने चाहिए थे...पर मेरी आँखों में भय था, आशंका थी...बचपन की घटनाओं ने मेरे अन्दर एक असुरक्षा की भावना भर दी थी। मैं उसी को लेकर सीझती रहती। मेरी भावनाओं को साझा करने वाला साथी होना चाहिए था पर रोहित ने मुझे वनवास दे दिया था। रात-रात भर शूटिंग चलती, फिल्मी पार्टियाँ चलतीं। मुँह अँधेरे रोहित लौटते और तुरन्त सो जाते...मैं जागती रहती...अपने आपको रसोई में व्यस्त रखती। खाना बनाकर रोहित के जागने का इन्तजार करती। दोपहर ढल जाती। खाने का समय चाय के समय में तब्दील हो जाता। रोहित हड़बड़ाकर उठ बैठते, "अरे चार बज गए...उफ छः बजे से डबिंग है और सांताकुज पहुँचना है, दाढ़ी तक नहीं बनाई अभी।"

"दाढ़ी बढ़ी ही कहाँ है तुम्हारी? यूँ ही गाल छीले डालते हो। पहले हाथ मुँह धोकर चाय नाश्ता कर लो। सुबह से कुछ खाया नहीं तुमने।"

मैं सुनना चाहती थी कि "तुमने भी तो कुछ खाया नहीं होगा?" किन्तु...

"छोड़ो यार नाश्ता वाश्ता तुम मेरे खाने की चिन्ता मत किया करो, जिन्दगी में कुछ करने के लिए सबसे बड़ी बाधा है खाना।"

मैं रुआँसी हो उठी...रोहित को मेरी जरा भी परवाह नहीं। चाय का कप थमाकर मैं चौके में आ गई। न जाने कौन सा भाग्य लेकर लड़कियाँ आती हैं जो शादी के तीन चार साल पति की बाँहों में ही गुजर जाते हैं। रोहित चाय पीकर...तरोताजा हो चले जाते, मेरे लिए छोड़ जाते कालरात्रि...तनहा और शापित। सुबह का खाना गरम कर मैं जैसे तैसे अकेले बैठे टूँग लेती। बाकी बचे खाने के लिए मैं बाल्कनी में खड़ी होकर उस बूढ़े भिखारी का इन्तजार करती जो रोज ठीक नौ बजे आकर बाल्कनी की ओर देखते हुए गुहार लगता था, "कुछ खाने को मिल जाए माई।" मैं सारा खाना उसे देकर उसका तृप्त होना देखती वह बूढ़ा भिखारी महीनों मेरे अकेलेपन का साथी रहा है।

मेरा वनवास रोहित की फिल्म रिलीज होने के दिन समाप्त हुआ। प्रीमियर शो में रोहित मुझे भी ले गए, ले जाकर कुमार साहब की बगल में बिठा दिया। विदेशी परफ्यूम से मेरा दिमाग भन्ना गया। उन्होंने अपनी चारों उँगलियों में पहनी अँगूठियों

से भरा हाथ मेरी कुर्सी के हत्थे पर रख दिया, मैं सिमटी सिकुड़ी बैठी रही। फिल्म समाप्त होने पर कुमार साहब ने जेब से रेशमी बटुआ निकाला और उसमें रखी सुपारी चाँदी के सरौते से काटने लगे... सरौते में लगे घुँघरू बज उठे, "बधाई रोहित, तुम्हारा काम लाजवाब है। छोटे से रोल में तुमने अपना सिक्का जमा लिया।"

रोहित गद्गद्। उनकी दी सुपारी फाँक झट् से उनके पैर छू लिए। उन्होंने रोहित को गले से लगा लिया, "कहाँ घर है तुम्हारा? चलो छोड़े देते हैं?"

कार में रोहित आगे बैठे...मैं पीछे। कुमार साहब बार-बार मुड़कर पीछे देख लेते, "ठीक से तो हैं न आप..." मैं मुंडी हिला देती।

"अगले महीने हम दो दिन की शूटिंग के लिए यूरोप जा रहे हैं... लौटकर अपनी नई फिल्म की घोषणा करेंगे। तुम्हारे लिए एक बड़ा रोल-पक्का।"

रोहित की खुशी चरम पर थी पर न जाने क्यों मैं उनकी खुशी में हिस्सा नहीं बँटा पा रही थी। मैं बार-बार कुमार साहब के पीछे मुड़कर देखने से तँग आ चुकी थी। घर आया, हमारे साथ कुमार साहब भी उतरे और ऐन सामने आकर मुझसे हाथ मिलाने के बहाने मेरी हथेली दबा दी। एक फाँस सी मेरे मन में गड़ी जो रोहित ने नहीं देखी। मैंने उन्हें बताई भी नहीं। वे बेहद खुश थे और मैं उनकी खुशी में बाधा नहीं बनना चाहती थी। महीनों एड़ियाँ रगड़ी हैं रोहित ने तब जाकर यह दिन आया है।

कुमार साहब शूटिंग के लिए यूरोप गए थे और बुधवार तक रोहित आराम के मूड में थे। जाते थे पर जल्दी लौट आते थे। शाम को रोहित ने खुद कॉफी बनाई एस्प्रेसो कॉफी वे बहुत अच्छी बनाते हैं। कॉफी की चुस्कियों के दौरान उन्होंने बताया—"फिल्म इंडस्ट्री का नशा ही अद्भुत है। स्मैक के नशे से भी तीखा। जब यह नशा उतरता है तो इन्सान अपनी असफलता के यथार्थ को महसूस कर सोशल लाइफ में फिर लौट ही नहीं पाता। कितने तो संघर्ष करते-करते दलाल तक बन जाते हैं और तस्करों के अड्डों तक पहुँच जाते हैं।"

मैं काँप गई, "रोहित मुझे तुम्हारे लिए बहुत डर लगता है...न जाने क्यों अक्सर आँधी, ओले, बिजलियों की आवाजें सुनाई देती हैं।"

"तुम्हें तो खब्त है। तुम्हारे बाबू की जिन्दगी ने तुम्हें डरा दिया है। नौकरी, प्रॉविडेण्ट फण्ड, पेन्शन...बस, इसी को लेकर परेशान रहती हो, न जाने क्यों मेरे प्रोफेशन को सीरियसली नहीं लेतीं।"

रोहित ने कॉफी का अन्तिम घूँट भरा और सिगरेट सुलगा ली, "देखो डियर...हमें जिन्दगी में अपने उद्देश्य को लेकर चलना चाहिए। मेरा उद्देश्य है एक सफल कलाकार बनना, कुछ नया कर दिखाना। सोचो, है न मुझमें कुछ जो कुमार साहब जैसे सफल प्रोड्यूसर की फिल्म मिली। वरना प्रोड्यूसर्स की रिसेप्शनिस्ट के पास तो स्ट्रगलर्स का स्टैण्डिंग ऑर्डर रहता है टरकानेवाला कि अभी प्रोड्यूसर शूटिंग में बिजी हैं, विदेश

यात्रा पर गए हैं...डायरेक्टर के संग मीटिंग चल रही है। कल आओ, परसों आओ, महीने भर बाद आओ, सालों आते रहो, घिसते रहो एड़ियाँ...कमॉन यार...खुलो जियो।''

''लेकिन रोहित, यह दुनिया अण्डरवर्ल्ड से भी तो जुड़ी है, डरती हूँ रोहित...कहीं कुछ...''

लेकिन मेरी बात अधूरी ही छूट गई। वे मुझे आलिंगनबद्ध कर मेरे कानों में फुसफुसाए, ''अपने रोहित को स्टार तो बनने दो, फिर डरना अंडरवर्ल्ड से।''

बुधवार को कुमार साहब यूरोप से लौट आए और आते ही इनडोर शूटिंग में व्यस्त हो गए। उनके कहने पर रोहित मुझे फिल्मी पार्टियों में ले जाने लगे, शूटिंग में ले जाने लगे। मेरे पास इन जगहों में पहनने लायक ढंग के कपड़े न थे। रोहित मेरे लिए चार पाँच साड़ियो, सलवार सूट वगैरह ले आए, ''कुमार साहब ने दिए हैं तुम्हारे लिए...नजदीक से देखो यार फिल्मी दुनिया को...घर में बैठे-बैठे जंग लगा लोगी अपने आपमे।''

''ये तुम कह रहे हो या...कुमार साहब?'' मैंने कहना चाहा। अब कुमार साहब बाकायदा हमारी जिन्दगी के हर पहलू में विराजमान रहने लगे थे, उनकी मंशा के मद्देनजर रोहित भी जीवन के प्रति मेरी सीमाबद्धता को तोड़ उस महासमुद्र में मुझे तैराने लगे थे। और कुमार साहब!! कभी नरगिस के फूल, कभी विदेशी परफ्यूम, कभी कतरी हुई सुपारी, कभी ठहाके और कभी मात्र मुस्कान से मुझे नवाजने लगे थे। कभी अपनी फिल्म का कोई प्रेम भरा सम्वाद बोलकर बेबाकी से मेरा हाथ दबाकर पूछते, ''कैसा लगा?''

मैं सतर्क, हड़बड़ाई सी किन्तु तारीफ के लिए मजबूर, ''बहुत अच्छा...आपकी फिल्में तो लाजवाब होती हैं।''

''अरे रोहित...कल एक गेट टू गैदर रखा है, नई फिल्म के सिलसिले में वर्सोवा वाले बंगले पर...ले आना इन्हें भी।'' और सरौते के घुंगरू रूनझुनाने लगे।

दूसरे दिन सुबह से रिमझिम बरसात हो रही थी...जाते-जाते रोहित शाम को पहनने वाली मेरी पोशाक निर्धारित कर कह गए थे, ''टैक्सी ले लेना...बरसात की परवाह मत करना, आ ही जाना...वैसे भी बूँदाबाँदी है थम जायेगी तब तक। मैं तुम्हें पाँच बजे अँधेरी स्टेशन पर मिलूँगा।''

अंगारों पर सिंकते भुट्टों की सौंधी खुशबू लिए गीली हवा टैक्सी के शीशों से टकराई, मेरे बाल कन्धों पर बिखर से गए। मैंने, आँखें मूँद लीं?

''मैडम...कहाँ रोकूँ टैक्सी?''

ड्राइवर के पूछने पर आँखें खोलीं, तो अँधेरी स्टेशन सामने था। रोहित ने मुझे देख लिया था। उसने हाथ के इशारे से टैक्सी रोकने को कहा...फिर पिछली सीट पर बैठते हुए मुस्कुराया, ''वर्सोवा।'' टैक्सी सड़क पर फिसलने लगी।

''अच्छी दिख रही हो।'' रोहित ने मेरे कन्धों पर अपनी बाँह फैलाई और पिछली

सीट से टिककर आँखें मूँद लीं।

बड़ा खूबसूरत बंगला था कुमार साहब का...चारों ओर फूलों से भरा बगीचा...सामने लहराता सागर और नारियल के पेड़, दूर कहीं मछुआरों की बस्ती थी क्योंकि हवा में सूखती मछलियों की गंध समाई थी। बड़ा सा फाटक दरबान ने खोला। कुमार साहब बरामदे में पड़ी बेंत की कुर्सी पर बैठे-बैठे ही चिल्लाए, "सीधे चले आओ रोहित।"

फिर अपने अलसेशियन कुत्ते को भौंकने से मना करने लगे, "नो जॉली नो।"

लेकिन गेट टु गैदर के नाम पर केवल हम तीन। तो मि. कुमार अकेले में रोहित से मिलना चाहते थे। मुझे रोहित की काबलियत पर नाज हो आया। इतनी जल्दी तो अच्छे अच्छों को भी चांस नहीं मिलता ऐसी बड़े बजट की फिल्मों में काम करने का।

गोरखा नौकर अखरोट की लकड़ी से बनी नक्काशीदार ट्रॉली पर ह्विस्की की बोतल, सोडा, बर्फ और नमकीन सजाए हाजिर हुआ।

"अरे, स्ट्रॉबेरी मिल्क लाओ इनके लिए, हमने कहा था न बनाने को।" उन्हांने मेरी ओर इशारा किया और रोहित से पैग बनाने को कहा। ग्लास खूबसूरत डिजाइन वाले लेकिन मिट्टी के थे, बल्कि ट्रॉली में रखे सभी बर्त्तन मिट्टी के ही थे। मेरे लिए स्ट्रॉबेरी मिल्क भी मिट्टी की मुगलई ढंग की नाजुक सी सुराही में मंगवाया गया था। रोहित ने पैग बनाए...कुमार साहब कहानी की थीम बताने लगे, "बड़ी धाँसू कहानी है और तुम्हारा रोल तो नायक प्रधान है। पूरी फिल्म में छाए रहोगे तुम।"

रोहित आभार से हँसे, "आप देखिएगा, शिकायत का मौका नहीं दूँगा आपको।"

"आपको कहानी कैसे लगी?" उन्होंने मुझसे पूछा। मैं क्या कहती...सब कुछ तो था कहानी में...एक्शन, मारधाड़, स्मगलिंग, बलात्कार...

'ये भी खत्म हो गई...इस गोरखे को शराब का तजुर्बा नहीं है...वैसे यहीं पास में दुकान है।"

"मैं ले आता हूँ...आप परेशान न हों।"

रोहित के कहते ही वे उठकर अन्दर कमरे में चले गए फिर रोहित को अन्दर से आवाज दी। काफी देर दोनों अन्दर ही रहे। ऊब कर मैं उठकर बगीचे में टहलने लगी। अचानक रोहित कार की चाबी लिए बाहर आए, मैं तेजी से उनके पास पहुँची, "जल्दी आना...मुझे बोरियत लग रही है।"

रोहित कार में बैठ चुके थे...चेहरा तनावग्रस्त, नजरें झुकी हुईं, "देखो, अन्दर उनके साथ जाकर बैठो...कुमार साहब जो कहें मान लेना। आखिर फिल्म में इतना बड़ा रोल दे रहे हैं मुझे। लाखों का एग्रीमेण्ट है। नहीं, कुछ मत सोचो...तुम मेरी हो, बस मेरी रहोगी। इन सब बातों से कुछ फर्क नहीं, पड़ेगा मुझे।"

और मैं कुछ समझूँ, कहूँ, बोलूँ कि रोहित कार स्टार्ट कर चुके थे। मेरे पैर जहाँ के तहाँ जड़ थे। सब कुछ आरपार दीख गया था मुझे। नहीं, चकित नहीं थी मैं।

बचपन से यही नियति रही है मेरी। मेरे अपने भाई ने मुझे विदेह कर दिया था। मेरे मन ने मेरे शरीर को छूना बन्द कर दिया था। बस...आँखों में एक नदी सी उमड़ती जो रात के अंधकार में तटों को तोड़ उफनने लगती। गिलाजत, नर्क की बिलबिलाहट, सम्बन्धों की कीच...

"मुनिया...इधर आओ।"

गर्मी के दिनों में छत पर बिछे बिस्तरों में मेरे बिस्तर की ओर बढ़ता महेन्द्र भैया का हाथ। छोटे-छोटे चार भाई बहनों को लेकर महेन्द्र भैया ऊपर छत पर सोते थे। नीचे आँगन में माँ बाबू। महेन्द्र से छोटी मैं...मुझसे छोटे नरेन्द्र, चुनिया और बिट्टू। बारह वर्षीया मैं...देह की अनुभूति से अनजान और महेन्द्र भैया का बढ़ता हाथ...मेरी फ्रॉक के बटनों में उलझता...तमाम सीने की टोह लेता उनका हाथ...मेरा खून जम गया था, जबान सूखकर तालू से चिपक गई थी। उस रात मेरे अपने ही भाई ने मुझे देह का अर्थ समझाकर विदेह कर दिया था। सुबह जब मैं छत से उतर रही थी तो पैर थरथरा रहे थे। मन में विद्रोह की चिन्गारी थी लेकिन जबान कटी हुई थी। किससे कहती, कैसे और क्या कहती? न हिम्मत थी, न शब्द। मेरी खामोशी ने महेन्द्र भैया के पाप को और भड़का दिया। फिर तो जब भी मौका मिला, जहाँ भी मिलता महेन्द्र भैया मुझे घसीट लेते...यह नरक मैंने उनकी शादी होने तक भुगता और तिल-तिल मरती रही मैं...और आज रोहित...रोहित की महत्वाकाँक्षा ने मुझे शोषण के कगार पर ला पटका है...मेरे माँसल सौन्दर्य को मोहरा बना उन्होंने शतरंज की बिसात बिछाई थी। मेरी आत्मा पर यह क्रूर आघात था...औरत की माँसलता असाधारण और महान पुरुषों को भी अपने मकड़जाल में उलझा सकती है। रोहित ने यह नब्ज पकड़ ली थी। उसे छूनी थी ऊँचाईयाँ...लेकिन मेरे नारीत्व पर अपने पंजे जमाकर...

कुमार साहब लड़खड़ाते हुए मेरे पास आए और मुझे अपनी बाँहों में समेटकर अन्दर कमरे की ओर ले गए। कमरे में जहरीला नीला अँधकार था...रोहित की महत्वकाँक्षा साँप की जीभ सी मेरे चारों ओर लपलपाने लगी। हाँ, वह साँप मणि देगा पर एवज में मुझे डसकर। और मैं नर्म गुदगुदे बिस्तर में धँसती चली गई। मुझे लगा मैं एक विशाल जंगल में गुम हो रही हूँ जहाँ काँटेदार झाड़ियाँ हैं...मेरे बदन के कपड़े उन काँटों में उलझ कर तार-तार ही हो गए हैं...खरौंचें उभर आई हैं...देह चुनचुनाहट से भर गई है कि कुछ हलक में उँडेले जाने की छलछलाहट और जलता तुर्श घूँट मेरे हलक के नीचे उतर गया...सम्पूर्ण रूप से मुझे जलाकर खाक करता हुआ, "पियो...प्रिये...प्रियतमा...तुम्हारी मदहोशी से ही हम मदहोश होंगे।" तड़प, जलन, चुनचुनाहट और महत्वाकाँक्षाओं के तपते ढूह...और मैं एक अभिशप्त आत्मा जो हजारों साल, हजारों प्रलय और हजारों जन्मों से भटक रही हूँ। शायद मैं इसी तरह असीम आकाश में फैले गहरे अँधेरे की परतों से टकराती रहूँगी और न उस आकाश में चाँद निकलेगा न सूरज, क्योंकि चाँद रोहित की हवस, महत्वकांक्षा ने चुरा लिया है और

सूरज जहरीले नीले अँधकार से झुलस गया है। फिर वह डरता भी तो है मन्दिर की घण्टियों से जो उसके उगते ही बज उठती हैं और नदी के प्रावन जल में डूबी हथेलियों से जो पूर्व में लाली देख उसे अर्घ देने को भर उठती हैं।

जिन्दगी की ढेरों उलझनें...अन्तर्विरोधों से भरे पल-छिन और मन की चिनगारियों पर लाचारियों की परत पर परत झेलती मैं...रोहित उस घटना से स्तम्भित न थे...मानो सब कुछ सुनियोजित ही था...बल्कि वे तो अपनी उपलब्धि पर खुश थे, "आज एग्रीमेण्ट साइन हो गया। कुमार साहब की फिल्म में हीरो का रोल मिला है मुझे और जानती हो हीरोइन कौन है? आज की सबसे हिट नम्बर वन हीरोइन..."

उमंग, उत्साह...आसमान को छूने की कोशिश...जमीन से ऊपर उठे रोहित के पैर और रौंदी जाती मैं। मेरे होठों पर शिकायत...विरोध या विद्रोह की हिम्मत को तो महेन्द्र भैया ने बचपन में ही दबा दिया था। मैं उनकी करतूतों का जिक्र माँ बाबू से नहीं कर पाई थी...जब भी हिम्मत की उन्हें सब कुछ बता देने की...मेरी आँखों में उनका लाचार बुढ़ापा कौंधने लगा...तय था, सब कुछ सुनकर बाबू महेन्द्र भैया को घर से निकाल देंगे और उनका निकाला जाना माँ बाबू की तबाही का वायस बन जाएगा...चुनिया, बिट्टी...नरेन्द्र की भी तो जिम्मेदारी महेन्द्र भैया पर थी। बाबू की वकालत चल नहीं रही थी। बुढ़ापा दस्तक दे चुका था और दिल ने रोगी होने का ऐलान कर दिया था। जिस रात बाबू ने दिल के दर्द से बेहाल हो खून थूकना शुरू किया था उस रात घर में महेन्द्र भैया की अहमियत बढ़ गई थी।

और मैंने उनकी हवस के लिए होम होने दिया था खुद को...और होम कर दिया था रोहित के लिए भी इस शरीर को...तब से जिन्दगी के इस पोखर का पानी कीचड़ बन कर सड़ांध मारने लगा है जिस पर मच्छर भिनभिनाते हैं—जबकि खिलने चाहिए थे कमल। जिन्दगी की तमाम सुविधाओं से युक्त...सबसे महँगे इलाके में शानदार बंगला, गाड़ी...विदेशों की उड़ाने सब कुछ मयस्सर करा दिया रोहित ने लेकिन किस शर्त पर...मेरी सुहाग सेज पर मणिधारी सर्प छोड़कर कि उसकी मणि छीननी है मुझे। स्वयं को दाँव पर लगाकर...

रोहित की फिल्म बॉक्स ऑफिस पर अपने झण्डे गाड़ रही थी। रोहित शूटिंग की व्यस्तता से थक चुके थे और कुछ दिन स्विट्जरलैण्ड में आराम करना चाहते थे लेकिन तभी मुझे अपने अन्दर पनपते अंकुर का पता चला, मेरा सिर चकराने पर डॉक्टर आए थे चैकअप के लिए।

"बधाई मि. रोहित...आप पिता बनने वाले हैं।"

"पिता!!" रोहित का रोम-रोम खुशियों का झरोखा बन गया। डॉक्टर के जाते ही उन्होंने मुझे बाँहों में उठा लिया और झूले पर बैठाते हुए मेरे चेहरे को अपनी हथेलियों में भर लिया, "आज मैं बहुत खुश हूँ। ईश्वर ने मुझे सब कुछ दिया...जो भी मैंने चाहा...मैं शुक्रगुजार हूँ उसका।"

"लेकिन मैं नहीं, रोहित, मैं माँ बनना नहीं चाहती।"

मेरे सपाट उत्तर पर रोहित चौंके, "क्या कह रही हो तुम? पागल तो नहीं हो गईं?"

मैं झूले पर ही टिक गई, आँखें मूँद लीं, "रोहित, क्या तुम पसन्द करोगे कि हमारे बच्चों पर लोग उँगलियाँ उठायें कि इनकी माँ चरित्रहीन है...इनके पिता मात्र एक दलाल...जो अपनी महत्वाकाँक्षाओं की खातिर पत्नी तक का सौदा करते रहे..."

चटाक...मेरे गाल पर रोहित की पाँचों उँगलियाँ उछल आईं, "कमअक्ल औरत...आज की दुनिया की यही माँग है...वरना करते रहो जिन्दगी भर क्लर्की और खाते रहो दाल रोटी।"

मैं रो पड़ी। उबलते आँसू गालों पर से ढुलककर मेरा सीना भिगोते रहे...रोहित ने परवाह नहीं की और उठकर चले गए।

तो यह था मेरे गूँगे समर्पण का सिला। रोहित को मेरी तबाही का जरा भी रंज न था बल्कि वे तो मेरी माँ बनने की इन्कारी से मुझसे खिंचे-खिंचे से रहने लगे। ज्यादातर समय शूटिंग में व्यस्त रहते और घर में होते तो फोन...कभी बड़ी बहन को, कभी पापाजी को...या कभी दोस्तों को...

लातूर में भूकम्प आया था...भूकम्प के झटके मुम्बई ने भी खाए थे। एक भूकम्प मेरे मानस को, एक झटका मेरे दिल को...मेरे मन की दीवारों को भी तिड़का गया था...इनका फोन था स्टूडियो से, "सुनो...हम सब लातूर के भूकम्प पीड़ितों के लिए अपना एक दिन का मेहनताना डोनेट कर रहे हैं...लेकिन मैं पाँच लाख का अतिरिक्त चैक दे रहा हूँ...इतने धन का करेंगे क्या...न हमारे आगे कोई न पीछे।"

दीवारें तिड़कीं, मन ढह गया। तीव्रता से एहसास हुआ कि मुझे क्या हक रोहित की गृहस्थी वीरान रखने का? लेकिन माँ न बनने का मेरा इरादा भी पक्का था और इस गलीज शरीर को कहीं और रिश्तों मे बाँधना मुमकिन न था...अपने आप से घृणा थी मुझे। मैं जलती लौ नहीं बल्कि बुझती बत्ती थी जो मात्र प्रदूषण फैलाती है। नौकरी करना मेरे वश में न था। नौकरी के लिए चाहिए हिम्मत और स्वाभिमान, जो दोनों ही कुचले जा चुके थे मेरे अन्दर। रह गया था, घृणा योग्य शरीर। और फिर घृणित शरीर का घृणित प्रोफेशन।"

कहकर वह जोर से हँसी। उसकी हँसी से खिड़की के रास्ते कमरे में फुदक आई गौरैया चिड़ियाँ सहम गईं।

"मिथिलेश जी। जब इन्सान जबान से कुछ कह नहीं पाता तो उसका दिमाग, उसकी सोच कहती है। मेरी सोच ने मुझे सलाह दी कि जब जलालत से भरी जिन्दगी ही जीनी है तो क्यों न खुलकर स्वतन्त्र रहकर जियूँ...चुनौती बनकर जियूँ। पुरुष की बर्बरता के खिलाफ एक आन्दोलन बनकर जियूँ। मैंने रोहित को सच्चे दिल से चाहा इसीलिए उसकी गृहस्थी से चुपचाप अलग हो गई। वे तो इन दिनों अपनी पत्नी और

बेटी के साथ मॉरीशस में छुट्टियाँ बिता रहे हैं। एक-एक पल की खबर रखती हूँ मैं...आखिर धर्म से तो उनकी विवाहिता हूँ...वे धर्म नहीं निभा पाए यह बात दीगर है। कुमार साहब अब भी मेरे लिए बेचैन रहते हैं। मैं उन्हें दोष नहीं देती, उनके पास सपने थे, रोहित ने उन सपनों को खरीद लिया। बुलाते हैं अक्सर। जाती हूँ मैं...देखना चाहती हूँ कि पुरुष में आखिर कितनी भूख है? कब थकेगा वह? कब तृप्त होगा? इस आदिम भूख को अगर, एक माशा भी मिटा पाई तो अपनी साधना को पूर्ण मानूँगी। अरे, हम तो नालियाँ हैं मिथिलेश जी जो पुरुष के मन के, दिमाग के, वासना के तमाम कचरे को बहा ले जाती हैं ताकि आप जैसी सुहागिनों का घर न उजड़े।"

उफ! कैसा जज्बा रखती है यह औरत। अपने को मिटाकर, अपनी बरबादी का जश्न मनाती...सहसा मिथिलेश अपने को बौना महसूस करने लगी उसके आगे। उसकी आँखें छलछला आईं।

"अरे, आप रोने लगीं मिथिलेश जी, मुझे देखिए मैंने अपने सारे आँसू आँखों की रेत में सूख जाने दिए हैं।"

तभी उसकी आँखों के मरु से एक तूफान सा उठा और मिथिलेश की डायरी के पन्ने उसकी कहानी के घाव से फड़फड़ा उठे।

प्रतिबिम्ब

□ ऋतु त्यागी

आज दीप से फिर झगड़ा हुआ। और हमेशा की तरह दीप का घर से दिन भरके लिए पलायन। चाहत जानती है वह लौट आएगा पर हर दूसरे दिन चलने वाला यह चक्र कब रुकेगा वह नहीं जानती।

"मैंने तुमसे शादी की यह मेरा मूर्खतापूर्ण काम था,"

यही तो कहा था दीप ने और वह भीतर ही भीतर खाक होकर रह गई थी। एक बार उसके जी में आया कि अपना सिर दीप की कठोर छाती पर दे मारे पर दीप वहाँ से कब का जा चुका था और वह अपने टुकड़ा-टुकड़ा हुए वजूद को समेटकर स्थिर भाव से दर्पण के आगे जाकर खड़ी हो गई। जब भी दीप से उसका झगड़ा होता वह यूँ ही दर्पण के ठीक आगे जाकर खड़ी हो जाती और करने लगती विश्लेषण अपने विगत, अपने वर्तमान का।

बस एक ही मुलाकात तो थी जिसमें वह खोजने लगी थी अपने आपको उसमें। उसका घर में कदम रखना होता और वह दौड़कर दर्पण के आगे खड़ी हो जाती। सलीके से सँवरे हुए बालों को पुनः कंघी में पिरोना, टकटकी बाँधकर खुद को निहारना, अचानक ही हो गया था सब कुछ। दीप ने कब दरवाजे पर दस्तक दी, कब मम्मी ने दरवाजा खोला और कब वह ड्राईंग रूम में आकर बैठ गया। इन सब क्षणों को वह अँगुलियों के पोरों पर नहीं बल्कि दुपट्टे की अँगुली में लिपटी तहों द्वारा बाँधती।

दीप नितिन से मिलने आता है या उससे, वह समझने लगी थी धीरे-धीरे। मम्मी को अपने शब्द जाल से सहलाता दीप अपू दीदी के चश्मे की पीछे से झाँकती आँखों से कहाँ बच पाया था।

तभी तो एक दिन उनका प्रश्न चाहत के सामने आ खड़ा था, "चाहत, अपने कदम थोड़ी सावधानी से..."

दीदी, गिरते भी वही हैं जो कदम आगे बढ़ाते हैं और जिनमें कदम उठाने का ही साहस न हो उनका क्या गिरना और क्या सम्भलना?"

अपू का प्रश्न अध बीच में ही लटक गया था और वह धप-धप करती सीढ़ियों

से नीचे उतरकर दर्पण के सामने जाकर खड़ी हो गई थी। शायद अपू दीदी के मन में उसके प्रति ईर्ष्या जमी है तभी तो वह...उम्र के सत्ताइसवें वर्ष में भी उनके सौन्दर्य को सराहने वाले ओठों का अभाव था और वह अभी उन्नीस की ही तो है। जलती हैं दीदी उससे। दीदी सुन्दर नहीं हैं तो इसमें उसका क्या दोष? दिन भर आँखों के ऊपर मोटे से फ्रेम का भद्दा चश्मा चढ़ाए रखती हैं और तेल में लिपटी कसी चोटी। यदि कोई भला मानस उनकी विद्वता से प्रभावित होकर उनके पास आना भी चाहे तो उनके इस बाह्य सौन्दर्य का दर्शन कर छिटक कर दूर हो जाये।

किताबी दुनिया की जीव अपू दीदी भला क्या जाने इन उथल-पुथल मचा देने वाले क्षणों को। चाहत ने अपने प्रतिबिम्ब को देखा जो अपने रंग बिखेरने में व्यस्त था।

एक दिन दीप ने भी कहा था "तुम सुन्दर हो...बहुत सुन्दर...वैसे ही जैसे किसी पुस्तक का आवरण होता है जिसे छू लेने को अँगुलियाँ आतुर रहती हैं।

तब दीप के शब्द उसके कानों में किसी मीठे रस की भाँति उतरते चले गये थे। दीप उसे पसन्द करता है पर इतना...उसका रोम-रोम प्यार के बिछौने पर पनाह लेने को आतुर हो उठा था।

अपू ने एक दिन फिर उसे रुकने का हल्का सा संकेत भर किया था तो वह तमक कर बोली थी, "दीदी मेरी दुनिया आपकी दुनिया की तरह श्वेत-श्याम नहीं है उसमें रंग हैं बहुत सारे, जिसमें एक प्यार का रंग भी है पर...आप...आप नहीं समझ पाओगी यह सब क्योंकि आपने अपने चारों ओर सूखी, कटीली झाड़ियाँ जो खड़ी कर रखी हैं जो किसी को आपके पास आने ही नहीं देतीं।"

और अपू चाहत के गर्व से लिपटे वाक्य को सुनकर झनझना सी गई थी। क्या यह वही चाहत थी जो छोटे-छोटे सुख-दुख और अपने हर छोटे-बड़े लम्हे को उससे बाँटने को आतुर रहती थी।

घर में अपू की हल्की विरोध करती दृष्टि और दीप का निरन्तर घर में आना तब तक चलता रहा जब चाहत की आँखों का इन्द्रधनुष अपू की आँखों से होता हुआ मम्मी-पापा की आँखों में ठहर नहीं गया। कुछ प्रश्न उठे पर चाहत की दृढ़ता और अपू के समर्थन या फिर मम्मी-पापा की समस्या का स्वयमेव सरलीकरण होना देखने की लोभ दृष्टि, कुछ ऐसे समीकरण बने कि चाहत का विवाह सम्पन्न हो गया और रह गई अपू स्वयं से कुछ सवाल करती फिर उनका जवाब ढूँढ़ती। और स्थान वही जहाँ चाहत हुआ करती थी। दर्पण को भेदती हुई...भद्दे से फ्रेम का मोटे लैन्स वाला चश्मा, तेल से भीगी लम्बी चोटी, कुछ दबा-दबा सा रंग 'क्या यह उसी का प्रतिबिम्ब है?'

अपू के मन में कुछ उमडा फिर बरसने सा लगा। क्या आज तक उसने अपने आपको देखा तक न था तो...फिर आज स्वयं से यह वितृष्णा सी क्यों? फैसला तो उसका स्वयं का था। दिवाकर ने बार-बार अपनी आहट का स्वर दिया था पर उसने

ही अनसुना कर दिया। क्यों? क्या पापा का नाकारापन या फिर मम्मी का घर न दयनीय स्थिति? कुछ भी था पर आज फिर से मन क्यों मचलने लगा है, दिवाकर की स्मृति क्यों? अपू ने लम्बी साँस ली।

चाहत का विवाह हो गया उन्हीं रस्मों के साथ जैसा सबके साथ होता आया है। दीप की अस्थायी नौकरी, चाहत के सतरंगी स्वप्नों के साथ उनका विवाहित जीवन चल पड़ा। वह शिशुवत देखभाल करती, दीप हँसता तो वह हँसती, वह नाराज हो हे तो भी वह हँसती, उसे मनाती। दिन सरकने लगे थे। दीप के व्यक्तित्व के दूर पक्ष भी अब धीरे-धीरे उद्घाटित होने लगे थे। पापा का नाकारापन दीप में कैसे च आया उसे आश्चर्य होता पर दीप हू-बहू पापा की प्रतिकृति ही लगने लगा था

परिवार से लगभन बहिष्कृत दीप के साथ आये-दिन के मन-मुटाव, उसे लग कि कहीं कुछ गलत हो गया है। दीप का व्यवहार उसे लगभग छीलता हुआ सा निक जाता और वह सकपका जाती।

उस दिन फिर वही हुआ, झगड़ा और दीप का घर से दिन भर के लिए पलाय तब वह पता नहीं क्यों चली आई थी अपू के पास।

"दीदी..." चाहत ने अपू के गले को अपनी लम्बी, गोरी बाँहों से बाँध दिया, "बाकी सब कहाँ है दीदी...?" उसने इधर-उधर झाँका।

"तू बस मुझसे मिलने आई है ना चाहत?" अपू ने जैसे उसका मन पढ़ा।

चाहत खामोश हो अपू के कमरे को देख रही थी जो वैसा ही था जैसे तब हुआ करता था जब वह भी कभी उसमें आ जाया करती थी। चार वर्ष अपू और उसका कमरा...पर वह...

"क्या सोचने लगी?" अपू की आवाज ने उसे चौंकाया, "नहीं...बस...यूँही" चाहत अपू की पुस्तक के पृष्ठ पलट रही थी।

"दीदी एक बात कहूँ।"

"हूँ..."

"काश मैंने आपकी तरह सोचा होता।"

"क्या...अकेलापन?" अपू हँसी। "चाहत, हम एक दूसरे की राह क्यों चुनें?"

"लेकिन दीदी...आपकी साँसें आपकी अपनी हैं। और मेरी...किसी के पास..." उसके आँसू गिरने लगे।

अपू का मन हुआ चाहत के आँसू थाम ले और कहे उससे कि यह जो तू सोच रही है वह सिर्फ आधा सच है।

"चाहत यहाँ आओ," अपू दर्पण के सामने अपने चेहरे के क्षेत्रफल को अँगुलियों से माप रही थी। चाहत अपू के पास खड़ी हो गई। न जाने अपू क्या दिखाना चाह रही है जिसे वह नहीं देख पा रही।

"देखो...मेरी खुशियाँ..." अपू फीकी हँसी हँसी, "मेरे पास नाम है, पैसा भी

है...पर..." उसने अपनी अँगुलियों को अपने चेहरे के चारों ओर फैला दिया।

चाहत अपू के उसी मोटे लैन्स के चश्मे और तेल में भीगी उसकी चोटी में अपने प्रश्न का उत्तर खोज रही थी।

"चाहत क्या हम दोनों ही एक दूसरे का प्रतिबिम्ब नहीं, तू मेरा और मैं तेरा..." यह कहकर वह जोर से हँसी।

चाहत को पहली बार अपू को देख कुछ भय सा लगा। वह उस वक्त ऐसी मालूम पड़ रही थी मानो कोई पंखविहीन नन्हा सा चिड़िया का बच्चा हो जो चिप-चिप करती अपनी आँखों से नीले लम्बे वितान की तरह फैले हुए आकाश को कैद करने के अतिरिक्त कुछ और करने में स्वयं को बेवस अनुभव कर रहा हो।

"चाहत, आज तक मैं तुझे सुनहरे पँखों वाला पक्षी समझती रही और तू मुझे, पर चाहत हम दोनों ही गलत थे। अपनी चार दिवारी के बाहर के संसार को दुखविहीन समझ बैठे। जानती है ऐसा क्यों हुआ... क्योंकि तू मुझसे ईर्ष्या रखती थी और मैं तुझसे।"

अपू ने अपना वाक्य अधूरा छोड़ा और उसके पास खिसक आई। चाहत का ध्यान अपू से फिसलकर खिड़की के बाहर कनेर के पेड़ पर अटक गया, जहाँ चिड़िया अपने घौंसले के तिनके को अपनी चोंच में दबाकर व्यवस्थित करने का प्रयास कर रही थी।

□ निरंजन श्रोत्रिय

महिला सरपंच

यह स्वातन्त्र्योत्तर भारत में स्त्रियों के
उत्पीड़न संबंधी कोई आख्यान या
महिलाओं के उत्थान में व्याप्त विसंगतियों पर कोई टिप्पणी
नहीं है।
यह तो एक सीधे-सच्चे देश के
एक सीधे-सच्चे गाँव में
उत्तर आधुनिक स्त्री विमर्श से बहुत दूर
एक घटी बात है

घटना तक न हो पाई इस बात के मूल में
एक औरत है—नाम रामदेई जो बनी सरपंच उस गाँव की

रामदेई मूलतः सरपंच नहीं थी
वह स्त्री थी मूलतः जो सरपंच बनी

इसे कुछ लॉटरी के शगल
कुछ धुंधले-से संविधान
कुछ बलात्कार और स्त्री-दाह की शर्म से
उपजा प्रकरण समझें आप

बात कोई खास नहीं
बस एक मादा के मुखिया बन जाने का शर्मीला अजूबा
सो, जब भी जाओ सरपंच के घर

वहाँ मिलती रामदेई
कभी आटा सान रही है
कभी कण्डे थाप रही है
कभी बच्चे जन रही है
कभी हुक्का भर रही है
कभी सेंक रही है अपनी पीठ के घाव

वह घर की देहरी लांघ नहीं सकती थी
और पंचायत घुस नहीं सकती थी देहरी के भीतर
सो पाँच साल तक गाँव में
चलता रहा सब बहुत ही स्मूथली
        बलात्कार
        दहन
        प्रताड़ना
लेकिन यह तो तब भी होता था
जब एक औरत रही प्रधानमंत्री डेढ़ दशक तक
लोगों ने कहा
इसलिये यह कोई खास बात नहीं
आप दर्ज भी न करें

यह एक मूलतः स्त्री के मूलतः सरपंच हो जाने की क्रांति-कथा नहीं
बल्कि एक औरत के सरपंच बन जाने का मामूली मसला है

अब जबकि नये चुनाव सिर पर हैं
औरतें मना रहीं भगवान को
कि रामदेई न हो सरपंच इस गाँव की
जबकि मर्द नहीं अघाते प्रशंसा करते उसकी।

वे जो माँ नहीं हैं
(नवजात शिशु वार्ड की किशोर नर्सों के लिए)

बिलखते बच्चों को चिपटाये सीने से
उंडेलती है दुलार

सोखती पीड़ा अनकही
और बदल जाती पृथ्वी में

वे जो माँ नहीं हैं
उन बच्चों की
जो युद्धरत हैं
अपनी शिराओं में सलाईन थामे

सफेद यूनीफॉर्म के पीछे
कुँवारी कोख से रिस रही ममता
तैयार भिड़ने को विधाता से
सीने में घुमड़ता समुद्र दूध का
अतल गहराईयों से जिसकी
उठती लहर दुआओं की
सतह पर आकर मिल जाती
शिशुओं के रुदन में
वे जो माँ नहीं हैं
समझती शब्द-ध्वनियों के पूर्व की भाषा
नन्हीं बन्द मुट्ठियों में सहलाती बचपन
खोजती चोंच-होठों में मुस्कान

शिशु के डिस्चार्ज होने के सुख से
अपने ममत्व को दबाती
करती मजाक रुंधे गले से
—बहुत सू...करता था...बच्चा!

पलकों के किनारे टिका गीलापन
भिगो देता समूची पृथ्वी!

□ प्रताप राव कदम

औरत

गिरी एक औरत की लाश शहर पर
व्यवस्था जागी किसी तरह
शहर के सन्नाटे में हुई सरसराहट
रूद्र की तरह पर
किसी ने नहीं किया ताण्डव
हत्यारे छोड़ गये पीछे संशय
मारने के पहले क्या हुआ होगा
किया होगा क्या-क्या
गया होगा कितना माल
लूटा होगा कितनी देर असबाब
व्यवस्था अपनी कालिख छुपाने
मार रही थी औरत को
मरने के बाद बार-बार
वही व्यवस्था जो
दुहाई देते नहीं अघाती
स्त्री-पुरुष बराबरी का दर्जा
आरक्षण होना चाहिये इतने प्रतिशत
नहीं उसके पास आंकड़े
कितनी बच्चियां मार दी जाती भ्रूण में
कितनी जला दी जाती शादी बाद
कितनी ठीक से कह नहीं पाती मन की बात
गवाही देने नहीं जाने दिया जाता कितनी को
मान-मर्यादा की आड़ में

वोट किसे देना है बता देता खाबिंद
उसकी आँखों में प्रश्न तक नहीं तैरता
उन सब बीहड़ों से बाहर निकल
खड़ी होती कोई औरत
विचार की शक्ल में
उसे मार दिया जाता फिर
हत्यारे द्वारा
व्यवस्था घबराती है विचार से
वह हत्यारे के पीछे नहीं
विचार के पीछे पड़ती है
करती औरत की हत्या बार-बार
विचार को इसी तरह मारा गया
बरहमेश.

वह सहला रही है पुरुष दर्प

सौंदर्य प्रतियोगिता में
देह बनी औरत
क्या जानती है
देह के अलावा भी है
वह
कि मेघा पाटकर भी
एक औरत है
हरा जीवन है, उसके लिए
लड़ रही है वह
उसकी आँखें में
चमक रही है जाने कितनी आँखें
क्या जानती है ब्यूटी कान्टेस्ट में
इतराने वाली औरत
जनमने के पहले ही
मारी जा रही है वह
जलायी जा रही है
उठायी जा रही है उसकी ओर उँगुली

जो डालने जा रही है वोट
बेची जा रही है
खूसट के हाथों
गाय से भी कम दामों में
चौंतीस अट्ठाइस चौंतीस
आंकड़े में बंधने वाली औरत
क्या जानती है
सपनों का राजकुमार
आने के पहले ही थमा देता है फेहरिस्त
क्यों ठीक चार बचे
जब स्कूल छूटता है
टाइपिस्ट घूरने लगती है घड़ी
लड़खड़ाने लगती है अंगुलियाँ
बच्चे ठीक से पहुंचे होंगे घर!
क्या जानती है
कुछ ही अंकों से पिछड़ने वाली औरत
सहला रहीं है
उसी पुरुष दर्प को
जो मानता है
वही है सृष्टि का नियंता!

सपने हैं

सिलबट्टे पर
सपने हैं
चकला बेलन के बीच
आकार पाने को आतुर
सपने हैं
अदहन रखे भरते में
सीजने को है सपने
पकने और परोसे जाने के पहले
उचट जाती है नींद सदैव।

बॉडेट क्वीन

फूलन-फूलन
मिमियाते आता है
बकरी का बच्चा
नियंता की आंखों में आती है चमक
तौलता है
नरम लुच्च गोश्त हड्डी काठी
हट झटका नहीं
हलाल आहिस्ते ताउम्र
नियंता भागता है घाट से
लोटा-डोरी छोड़
अपनी पुश्तैनी हिंसक चमक
भरसक छुपाए
मेमना मिमियाता नहीं
गुर्राता है जो
नियंता इतिहास से शर्माता नहीं
बटोरता निर्लज्जता लौटता है
और मेमना भी गुर्राता नहीं सिर्फ
टेलीप्रिंटर पर उभरती है इबारत
बेहमई में बीस ढेर हो गए.

□ पवन करण

जिसे तुम मेरा पिता कहती हो

इस बार वह भी जल्दी घर लौटना ही चाहता था
और माँ तो हमेशा की तरह उसकी बेसब्री से प्रतीक्षा कर ही रही थी

इस बार वह घर लौटा तो बहुत बदला सा था
हमेशा की तरह वह कुछ लेकर भी नहीं आया वहां से
न एक जोड़ी नये कपड़े, न नयी चप्पलें, न कुछ रुपये
कि जिन्हें देखकर माँ को मिलती राहत
न लौटकर उसने किया कोई उत्साह प्रदर्शित
एकदम शांत बना रहा उसका चेहरा
माँ ने उससे पूछा भी तो उसने टाल दिया
लेकिन उसने महसूस किया माँ उसके भीतर के बदलाव को समझ रही है
हालाँकि पिछली बार भी जब वह लौटा असहज था
लेकिन उतना फिर भी नहीं जितना इस बार

इस बार उसके भीतर तेजी थी और आक्रामकता थी
इस बार ऐसा हो रहा था घर के आंगन में लगी मशीन
चारे की तरह उसे काट रही थी लगातार
और मशीन चलाने वाले हाथ भी उसी के थे
क्यों, आखिर क्यों? पिता छोड़कर चले गए माँ को
दिन भर काम में जुटी रहने वाली अपढ़
मगर खासी अच्छी इस औरत में क्या कमी थी
और क्या कमी है मुझमें अभी पिता की ही कलाई पकड लूं
तो वे छुड़ा भी न पायें मुझसे, रह जायें कसमसाकर

चुभता तो पहले भी रहा था लेकिन इस बार उसे,
भीतर तक बेधता रहा अपनी दूसरी माँ का चेहरा
इससे पहले जब वह उससे बात करती, फेरती उसके सिर पर हाथ
उसे अजीब मगर अच्छा लगता वह खुद चाहता वह उसे पूछ, प्यार करे
लेकिन इस बार उससे, उसके हाल-चाल पूछती वह उसके कतई अच्छी नहीं लगी
न ही उसका वह बेटा जिसे सब उसका छोटा भाई कहते
जहाँ तक कि गाँव में अकेलापन भोगती उसकी माँ भी,
इस बार वह भी अपने भाई की तरह नहीं लगा

पहली बार उसे लगा जैसे अपनी माँ के बेटे की तरह लौटा है वह
वह माँ के बारे में बेटे की तरह सोचते लौट रहा है
पहली बार उसे लगा यह आदमी जो गाँव में मेरी माँ को छोड़कर
इस औरत से यहाँ ब्याह रचाये बैठा है
मेरा पिता होते हुए भी पिता की तरह नहीं है मेरे

आखिर क्यों, क्यों भेजती है माँ मुझे उसके पास
लौटते ही क्यों पूछती है बार-बार उस आदमी के बारे में
जो कभी झांकता भी नहीं उसके मन में
पूछता भी नहीं कैसी है वह औरत जिसे वह
एक गाँव में अकेली एक ईंट-पत्थर के घर
और गोद में खेलते मेरे सहारे छोड़ आया

कैसे कहूँ माँ तुम्हारे और मेरे लिए कोई जगह नहीं वहाँ
न दिल में, न घर में कहीं कोई निशान नहीं वहाँ हमारे
वह औरत जिसे तुम मेरा छोटी माँ कहती हो
भले ही प्यार से मेरे सिर पर हाथ फैरती हो
खिला पिला देती हो कुछ नया बनाकर
लेकिन उसने आज तक मेरे सामने अपने बेटे से तुम्हे अम्मा नहीं कहा
तुमने भले ही स्वीकार कर लिया हो सब, लेकिन वह कभी
सोच भी नहीं सकती उसके शानदार से घर की बैठक में
उसके राजकुमार जैसे बन कर रहते बेटे के साथ
किसी दीवार पर टंग जाये तेरे गंवार बेटे का फोटो

वह दस हजार रुपये महीने कमाने बाली औरत
दस सेंकेंड के लिए भी तुम्हारा और पिता का जिक्र नहीं करती बर्दाश्त
और पिता भी क्या माँ जो मुझे वहां जानते हैं वह तो ठीक
मगर वे तो किसी और को ये भी बताने में हिचकते हैं
कि मैं गाँव में रह रही उनकी उस पत्नी का
वह बेटा हूँ जिसे वह छोड़ आये अन्धरों में भटकता

इस बार वह अकेलापन भोगती अपनी माँ को दृढ़ता से बताना चाहता है
हम दोनों के इस पिछड़ेपन से दूर उस रहन-सहन,
उस वैभव में, जिसे उस औरत और उस पुरुष ने मिलकर रचा है
कोई जगह नहीं हमारे लिए हमारी धूल में सनी शक्लें
कहीं नहीं ठहरती उनकी पाउडर से पुती शक्लों के सामने
और जिस आदमी को तुम बेहद समझदार, भला और अपना पति
और मेरा पिता कहती हो वह ऐसा कायर पुरुष है
जो अकेले में भी तुम्हे याद करने
और मुझे सबके सामने अपना बेटा कहने से हिचकता है, बचता है।

दरअसल उसे समझना खुद को समझना है

हम दोनों के अलावा उस कमरे में कोई और न था
हम दोनों एक दूरे के सामने बैठे थे
और चुरा रहे थे एक दूसरे से नजरें
जबकि हमें चढ़ने लगी थी फिर भी
हमारे बीच उभर आया विषय हमें एक दूसरे के आगे
झेंपने के लिए कर रहा था विवश

प्लेट से मूंगफली के दाने उठाकर मुंह में डालते हुए
मैंने उससे कहा आखिर तुम इस बात को क्यों जानना चाहते हो
इस बारे में मुझे कहां से पता चला
तुम यह समझते हो कि इस बारे में अब तक
किसी को कुछ पता नहीं तो मैं कहूंगा
एक बार फिर गलती पर हो तुम मेरे अलावा कुछ लोग
और भी हैं जो अच्छी तरह जानते हैं इस बारे में

तुम्हारी बात मान लो कि तुमने कोई कसर नहीं की
उसे प्यार करने में कई लड़कियों के बीच से चुनकर लाये तुम उसे
और सब भाग-दौड़ भी तुम उसी के लिए करते हो
तुम्हारे और उसके बीच सब अच्छा-अच्छा है,
फिर उसे क्या सूझी यह सब करने की,
इस मामले में तो यही कहा जा सकता है
सब कुछ अच्छा होने का मतलब
सब कुछ मन का नहीं हो जाता
इच्छाओं की चिड़िया भी तो भीतर चहचहाती है

इच्छाओं की तितलियों के पीछे भागने में
हम खुद क्या किसी से कम हैं इस मामले में
हमें एक दूसरे से बेहतर कौन जानता होगा
क्या हम अब भी उनके कोमल परों से खेलने से चूक जाते हैं
अपनी पसन्द के चयन और संग के बावजूद
क्या अब भी हमारे हाथ पैर नहीं फड़कते

पैग बनाओ और मेरा थोड़ा छोटा ही रखना
तुम भले ही उसे गलती कहो मुझे तो नहीं लगता
तुम्हारी पत्नी ने कोई गलती की है
वह भी अपनी इच्छाओं के जल में बहकर
दूर तक जा सकती है
वह भी सब कुछ अच्छे के बावजूद
अच्छे को एक तरफ उठकार रखते हुए
अपनी इच्छा को प्राथमिकता दे सकती है
खुद के सामने खुद ही को कर सकती है खड़ा,
लगता है वहीं उसने किया भी है

एक बात बताओ जीन के सबसे रंगीन इस रास्ते पर
जिस पर एक स्त्री का भी उतना ही हक
जितना कि हमारा, चलते हुए हम यह जानने की कोशिश क्यों नहीं करते
वह एक ही स्त्री आखिर कैसा पुरुष चाहती है
वह एक ही पुरुष में पति और प्रेमी दोनों चाहती है
या वह पति और प्रेमी दो अलग-अलग पुरुष चाहती है

वे शादीशुदा स्त्रियां जो होटलों के कमरों
दफ्तर के बाथरूमों और मित्रों के फ्लैटों में मिलती हैं हमसे
क्या वे हमारी पत्नियों जैसी स्त्रियां नहीं
क्या उसके पति और उस प्रेमी अलग-अलग पुरुष नहीं
वे जब मिलने आती हैं हमसे उस वक्त वे हमें और हम उन्हें
किस कदर पंसद करते हैं, बुरी तरह टूट पड़ते हैं एक दूसरे पर
जब कि उनके और हमारे पास सब कुछ अच्छा-अच्छा है

दरअसल उसे समझना खुद को समझना है
इस बात का कोई अर्थ नहीं कि तुम्हीं
इसके शिकार क्यों हुए मैं तुम्हीं से पूछता हूं
तुम्हें ही इस सब का शिकार क्यों नहीं होना चाहिए था

भले ही तुमने उसे रंगे हाथों पकड़ा हो भले ही वह
तुम्हारे पीठ फेरते ही किसी की आंखो में
रंगों की तरह बिखरती रही हो खिलती रही हो
किसी के पहलू में चमकतीले तारे की तरह
उसे समझने के लिये उसका यह जवाब ही काफी है

मैं नहीं जानती मैंने यह सब क्यों किया
न ही तो मैं तुमसे इर्ष्या करती हूं
ना ही तुम मुझे ना पसन्द हो
यह भी सच हे कि सबसे पहले मैं तुम्हें ही प्यार करती हूं
सबसे पहले मैं तुम्हारे ही प्रति जिम्मेवाद हूं
और ये बात तो मैं उससे भी कहती आयी हूं
मैं भले ही अपने आपको तुम्हें खुशी-खुशी सौंप देती हूं
लेकिन जहां तक उनका सवाल है
मुझ पर पहला हक तो उन्हीं का है

दिनेश कुशवाह

सदी की शुरुआत पर स्त्री के लिए शोकगीत

तड़पता रहता है मेरा मन
एक स्त्री को देखने के लिए
जबकि मेरे भीतर बसी हैं असंख्य स्त्रियाँ।

जब मैंने आँखें खोल दुनिया देखनी शुरू की
और प्रेम के बिना
यह जीवन निःसार लगने लगा
यह स्त्री उसी समय
मेरे मन में समा गई थी
जैसे मीरा की आँखों में नन्दलाल।

जीवन में मुझे गृहस्थ, सन्यासी, परमहंस मिले मद्यप-चोर-लूटेरे मिले
रास्ते में मिली राजा की सवारी/ब्रह्म-विष्णु-मुरारी!!!
सारे के सारे स्त्री के पीछे पड़े थे।

स्त्री कभी देखती थी लुभाकर
और अपने पर गर्व करती थी
कभी बेबाकी से हँसती थी
और कभी क्रोध से नथुने फड़काती।
कभी भागती थी डर कर
कभी भय से छिप जाती
और कभी
लड़ने का पूरा प्रयास करती हुई
घिर जाती इस चक्रव्यूह में।

वही कहीं मनचाहे आकार में
काटी-छाँटी जा रही थी
तो कहीं रंगी जा रही थी
कहीं ढँकी जा रही थी
तो कहीं उसकी दुकानें सज गई थीं
जहाँ उसकी सजावटी पैकिंग की जाती थी।

उसे हर माल अपनी देह के बल पर
बेचने के लिए लगाया गया था
पहले से ही जाल में पँसी चिड़िया की
यह नयी घेराबंदी थी।

मंत्री-हाकिम-वैद्य-शिक्षक-साधु
यहाँ तक कि उसके दलाल भी
उसे उपदेश देते थे
उसके दिल पर हाथ रखना चाहते थे
सबके पास उसके इलाज का दावा था।

स्त्री भी कम उलझन में नहीं थी
वह कहीं भाई पाना चाहती थी, कहीं पिता
कहीं उसे सिर्फ दोस्त चाहिए था
कभी वह किसी लल्लू के साथ
इतना खुश दिखती थी
कि मुझे उस पर दया आती थी

स्त्री बेहद सुडौल थी पर उतनी ही बेतुकी
एक आदमी जिसे वह पति कहती थी
उससे त्रस्त रहती थी
नहीं तो उसे त्रस्त किये रहती थी
उसे वह देखना भी नहीं चाहती थी
और उसके बिना उसे रहा भी नहीं जाता था।

विपत्ति की सबसे बड़ी रातें
उसे देखी थीं

सुख के सपने उसके जीवन में
हवा के झोकों की तरह आये
पर ऐसे मौकों पर उसे घर-परिवार
कुछ भी नहीं सँभालना पड़ा उतना
जितना कि अपना आँचल
पर यह विश्वास वह कभी नहीं जी पायी कि
अगर उसका दूध न होता तो
धरती पर कभी नहीं आते भगीरथ
कि पतित-पावनी गंगा से कमतर नहीं है वहा।

दूध जैसी सफेदी के सारे विज्ञापन
उससे अटे पड़े थे
पर दाग से सबसे अधिक
वही डरती थी।

समाज में बहुत कम लोग थे
जो स्त्री से प्रेम करते थे
उन्हें बस एक स्त्री चाहिए थी
ऐसी स्त्रियां भी थी जिन्हें
प्रेम से कुछ लेना-देना नहीं था
वे प्रेम को चूतियों का कोरस कहती थीं
उन्हें जो मिल गया था वो बहुत था
या बहुत कुछ पाने के लिए
वे कुछ भी कर सकती थीं।

पर अमूमन स्त्री जब प्रेम की तलाश में होती
तो सारे मर्द उसे एक जैसे लगते
पर उनमें कुछ इतने प्यारे थे कि उसे
उन्हें अपनी कोख़ में रख लेने का मन करता।

स्त्री के पास अपनी कमाई नहीं थी
और थी तो भरोसे के आदमी नहीं थे
जिनसे वह अपना घर-अघर सब कुछ
दिल खोलकर कह सके।

इसलिए अगर कोई एकपल के लिए भी
उसका मन दू देता तो
उसका तन-मन महावर की तरह
लाल हो जाता था।

उसे बचपन से ही एक पैर पर
खड़ा होना सिखाया गया था
उसे जीवन भर एक स्थान पर
इस प्रकार ठहरना पड़ा था कि
वह बुढ़ौती में भी
एकबार भागकर देखना चाहती थी।

परन्तु कई बार स्त्री उन्हें
एकदम समझना नहीं चाहती थी
जो उसे समझना चाहते थे
वह या तो किसी को बना रही थी
या किसी के द्वारा बनायी जा रही थी।

स्त्री ने अपना घर बनाया
और पुरुष को मालिक बना लिया
पुरुष ने स्त्री को घरेलू बनाकर
बनवास दे दिया।

स्त्री के पास ऊब थी, आदतें थीं अजूबे थे
मोहिनी थी, मर्म था, गृहस्थी थी
गरीबी थी, कठिन संघर्ष थे
गीत थे, गाने की इच्छा थी
कहीं अमीरी और ऐश भी थे
पर आँसू सब जगह थे।

मदन कश्यप

माँ के गीत

और क्या था माँ के पास
बस एक साँवला चेहरा
उम्मीदों को दुलार से पालने वाली बड़ी-बड़ी आँखें
और ढेर सारे गीत

व्यथा की चट्टान से फूट पड़ता था
हँसी का झरना
जब मेरा नन्हा सिर होता था उसकी गोद में

महल नहीं था माँ के पास
पर गीत थे कोठे-अटारियों के
गीत थे सोने की थाली के
छप्पन व्यंजनों के
रेशमी परिधानों के
गीतों में रूठकर चला जाता था मैं नदी के पार
फिर चांदी की नाव लेकर मनाने आते थे पिता
सोने का मुकुट होता था मेरे सिर पर
चंदन की पाटी पर लिखता था मैं मोती से अक्षर
कभी नहीं होते थे मेरे नंगे पाँव गीतों में

गीतों में होती थी मेरी एक पृथ्वी पूरी-की-पूरी
मेरा बिल्कुल अपना एक तारामंडल होता था
लाखों सितारों से जगमगा रही होती थी मेरी आकाशगंगा

मेरा एक सागर होता था
जिसकी असंख्य लहरें सुर में सुर मिलाकर गा रही होती थीं

मेरे सभी किलों के द्वार खुले होते थे
मेरे सारे मंदिरों की घंटियाँ बज रही होती थीं
गीतों में नहीं काँपते थे मेरे पाँव किसी को देखकर
राक्षस को मारकर राजकुमारी से ब्याह कर लेता था मैं
ले आता था ढेर सारा धन रंगून से
जीवन में चाहे हर बार जीतता हो
अत्याचारी कभी नहीं जीत पाता था गीतों में

तीज-त्यौहार से जतसार तक के असंख्य गीत
पसीने की गंध और पिसते आटे की खुशबू से सने गीत
माँ की आँखों में गीतों का महासमुद्र था जैसे
दुःख को भी गा लेती थी माँ

अनुष्ठानों की चोबों पर शामियाने की तरह तना था उसका जीवन
एक-एक अनुष्ठान के लिए कई-कई गीत
और कई-कई अनुष्ठानों के लिए एक ही गीत
गीतों के अद्‌भुत समुच्चय थे माँ के पास!

गोलबंद स्त्रियों की नज़्म

कुछ हँसती हैं आँचल से मुँह ढंककर
तो कुछ मुँह खोलकर ठहाके लगाती हैं
गोलबंद होकर स्त्रियाँ
जाने क्या-क्या बतियाती हैं

बात कुएँ से निकलकर
दरिया तक पहुँचती है
और मौजों पर सवारी गाँठ
समंदर तक चली जाती है

समंदर इतना गहरा
कि हिमालय एक कंकड़ की तरह डूब जाए
उसकी ऊँची-ऊँची लहरें
बादलों के आँचल पर जलधार गिराती हैं

वेदना की व्हेल
दुष्टता की सार्क
छुपकर दबोचने वाले रक्तपायी ऑक्टोपस
और भी जाने क्या-क्या गप्प के उस समुद्र में

गमी हो या खुशी
चुपचाप नहीं पचा पाती हैं स्त्रियाँ
मिलकर बतियाती हैं मिलकर गाती हैं
इसीलिए तो इतना दुःख उठा पाती हैं
स्त्रियों ने रची हैं दुनियाँ की सभी लोककथाएँ
उन्हीं के कण्ठ से फूटे हैं सारे लोकगीत
गुमनाम स्त्रियों ने ही दिए हैं
सितारों को उनके नाम!

लड़की का घर

घर में पैदा होती है लड़की
और बार-बार जकड़ी जाती है
घर में ही रहने की हिदायतों से
फिर भी घर नहीं होता लड़की का कोई
बस एक सपना होता है
कि एक घर उसका भी होगा पति का घर

सपना देखती है लड़की
अपने गाँव के सबसे बड़े घर से भी बड़े घर का
पास बुलाते दरवाजे
मुस्कुराती हुई खिड़कियाँ
माँ के आँचल-सी स्नेहिल दीवारें
लड़की के कोमल सपनों में होता है सपने-सा कोमल घर

दऊरे में महावरी पाँव रखती
जहाँ पहुँचती है लड़की
वहाँ घर नहीं होता
वहाँ होते हैं
मजबूत साँकलों वाले दरवाजे
कभी न खुलने वाली खिड़कियाँ
लोहे की तरह ठंडी दीवारें
जलता धुआंता बुझता चूल्हा
कच्ची मोरी के पास एक घिसा हुआ पत्थर
और कुछ अंधेरे कोने
जहाँ बैठकर करुण उसांसों के बीच
अपने लड़कपन के सपने उघेड़ती है लड़की

जितना बड़ा होता है घर
उतना ही छोटा होता है स्त्री का कोना!

अनिल गंगल

करवा-चौथ का व्रत रखती एक औरत

अहंकार से तनी रीढ़ का सामना करती
एक मार खाई औरत रखती है करवा-चौथ का व्रत
लाल आँखों और तनी हुई मूँछों के अंधकार में
एक गाली खाती औरत करती है करवा-चौथ का व्रत
कहीं किसी भी खाली जगह में जैसे-तैसे अँटती
अपनी सही-सही जगह न खोज पाई एक अपमानित औरत
रखती है करवा-चौथ का व्रत

जोड़-जोड़ टूटती पोर-पोर थकी
जनम-जनम से भूखी रही आई एक औरत
तीन वक्त के खाने से अघाए एक भरे पेट वाले पुरुष के लिए
रखती है व्रत

व्रत करती औरत
निर्जला रह चाँद के दिखने की प्रतीक्षा करती है

दुर्दिनों से गुजरती और विश्वास करती है
कि विश्वास के सहारे फ़तह किए जा सकते हैं किले
और तीनों भुवन
हाँफती-कराहती औरत करती है विश्वास
कि सिर्फ़ वही है जिसके व्रत से नहीं मँडराएंगी दुरात्माएँ
उसके सुहाग के आसपास भी
व्रत रखती एक औरत यम के हाथों से

एक पुरुष को छुड़ा लाने का रचती है मिथक
और एक गाथा में बदल जाती है।

सारा-सारा दिन निर्जला रहने के बावजूद
सुर्खरु आँखों की ललामी नहीं होती कम
तनी हुई मूँछों का कसाव जरा भी नहीं पड़ता ढीला
सदियों से अकड़ गई रीढ़ झुकती नहीं जरा भी
सहस्र पीढ़ियों के अपमान के ठूँठ से
उगती नहीं एक भी हरी कोंपल

सिर्फ उस रात ही नहीं
ताउम्र दिखता नहीं औरत को चाँद

कार्तिक स्नान के लिए जाती औरतें

जबकि सूरज पृथ्वी के उस छोर से उगने के पहले
पहाड़ों की ओट में अलसाया पड़ा है
और लोग कपड़ों और लिहाफ में लथपथ
इस रात का अंतिम स्वप्न देख रहे हैं—
गूँज रहा है नीरव सड़क पर
कार्तिक स्नान के लिए आती औरतों का अकेला स्वर

आस्था की मारी राजपाट विहीन ये औरतें
क्या गाती हुई तोड़ रही हैं सुनसान सड़क का एकांत
भंग कर रही हैं आवारा कुत्तों
और इक्का-दुक्का राहगीरों की एकाग्रता

अँधेरे में किसी ताल किसी नदी या किसी सार्वजनिक नल पर
किसी को दिखाई दिए बगैर
कर रही हैं वे ठिठुराते जल से स्नान
कि जलने लगती है उनके भीतर वह अबूझ आग
जिसमें देंगी एक-एक कर वे
अपनी इच्छाओं को होम
बिसरा देंगी कुछ दिनों के लिए वे

मीठे और नमक के स्वाद
भूल जाएँगी सुस्वादु फलों के नाम
जो झड़ जाएँगे डालों से अनखाए आत्मा में उतरे बगैर
त्याग देंगी माह भर के लिए
आँखों को लुभाते रंगीन वस्त्रों का मोह

काई की तरह गंधाते ठहरे हुए जीवन-जी में
किस अदृश्य के लिए वे गा रही हैं गीत
हाड़ कँपाते जीवन में
क्या पाने के लिए ठिठुर रही हैं वे नंगे बदन
क्यों कर रही हैं वे उपवास एक कंगाल जीवन को धकियाते हुए
क्यों नहीं है सैकड़ों बार सुनी-सुनाई व्रत-कथाओं में
उनके अपने जीवन पर एक पंक्ति भी

मौसम को चुनौती देते हुए
वे कर रही हैं जुड़ी हथेलियों से शीत का स्वागत
ऋतु की प्रिय चीजों को एक-एक कर छोड़ते हुए
वे रख रही हैं पाँव
गिरस्ती में रहते विरक्ति के पथ पर
गा रही हैं वे दत्तचित्त देवाधिदेव और
पवित्र नदियों के गीत
धीरे-धीरे हाथ हिला दे रही हैं विदा—
अगले बरस
हाँ, अगले बरस फिर आना कार्तिक
कुछ और इच्छाओं की पोटली लिए
हम फिर खड़ी मिलेंगी तुम्हारे इंतजार में
जड़-जंगम लौहद्वारों से सट कर खड़ी हुई।

बदसूरत लड़कियाँ

बदसूरत लड़कियाँ डरती हैं दर्पण के आगे पड़ने से
मगर डरती-डरती ढूँढ़ती हैं घर भर में
निगाह से बचा रखे दर्पण

क्या पाना चाहती हैं मरुस्थल में भटकती लड़कियाँ
क्यों जाना चाहती हैं वे एक मरीचिका से
दूसरी मरीचिका की ओर
दर्पण निहारती हुई
हसरत से देखती हुई
वे तोड़ती रहती हैं यहाँ-वहाँ से सफेद होते बाल
गिनती हैं त्वचा पर पड़ने वाली झुर्रियाँ
आँखों को घेरे काली झाइयों को देखते हुए
वे याद करती रहती हैं बाजार में बिकने वाले
लोकप्रिय प्रसाधनों के नाम

खूबसूरत लड़कियों से कहीं ज्यादा उदास होती हैं
अपने एकांत में बदसूरत लड़कियाँ
उनकी इतिहास या भूगोल की किताबों में रखे मिलते हैं
खूबसूरत लड़कियों से कहीं ज्यादा प्रेमपत्र

फैशन पत्रिकाओं के पृष्ठ उलटती
अधनंगी मॉडलों की लिपीपुती रंगीन तस्वीरों में
वे खोजती फिरती हैं अपना चेहरा
कमरे की दीवारों पर सजा रखती हैं वे अधूरी इच्छाएँ
इतिहास-नायकों और नायिकाओं की जगह
दिवास्वप्नों में देखती हैं वे
ऐश्वर्य राय और मधु सप्रे होते जाने के दुःस्वप्न

कवियों की कल्पनाओं में उद्दीपन की तरह नहीं उतरतीं वे
टाँगी नहीं जातीं चित्रानुकतियों की तरह ड्रॉइंगरूमों में
संग्रहालयों में नहीं रखा जाता उन्हें
इतिहास की अनुपम धरोहर की तरह
कला व्यापारी बच निकलते हैं साफ
कला-बाजार में उनका मोल कूते बगैर

खुद पर रंग बर्बाद किए जाने के लिए
बदसूरत लड़कियाँ
ताउम्र एक हुसैन के इंतजार में फ़ना होती हैं।

हरीश चंद्र पांडे

पहाड़ में औरत
(रोपाई दृश्य पर)

आंचलिक भाषा में
मांगलिक गीत गाते हुए
वे रोपती हैं
जिन्दगी की जड़ें पानी में

रंग-बिरंगी पोशाकें
माटी में सने हाथ
जैसे
पिघले सोने में सने हाथ

जमीन को दिन भर नमन करती कमर
शाम को चूल्हे से होते हुए
बिस्तर तक पहुँचती है जब
गीली लकड़ी की आग सी

धुआं-धुआं हो जाती है

पृथ्वी की गोलाई समेटे
नथली झूलती है
भविष्य सा

कई जंगल हैं सीने में
मगर ढूँढ़ती है गीत

पूरी शिवालिक शृंखला का नाम है औरत
औरत पहाड़ का नाम है

नृत्यांगना

एक पाँव जमीन पर
दूसरा अनंत में
तीन लोक चौदह भुवन थिरकती है नृत्यांगना

कुंतल से पायल तक अनंत झरने
सुर गति लय
अनगिन मुद्राएँ
असंख्य भावबोध
अभिव्यक्तियों की कई-कई मेहराबें
बनाती है नृत्यांगना

एक लंबी पहाड़-रात को खोदती है अनथक श्रम सी

गहरे अँधेरे के सीने में
शरद् के काँस की लहराती है
नृत्यांगना

हंसी का अर्थ

वह रेत के टीले पर खड़ी
हंस रही थी
उसे भूमिगत विस्फोट हेतु चुन लिया गया

उसे क्षत-विक्षत हो जाना है
उसे काले विषैले धुएँ में तब्दील होना है
वह खो देगी अपनी प्रजनन शक्ति

उसे पता नहीं था
वह हंसी का अर्थ
रेगिस्तान में एक लंबी नहर समझती थी

मोहन कुमार डहेरिया

माँ बनती हुई लड़की

वह घर की देहरी पर बैठकर
चीटियों को आटा खिलाती है
उसे पसंद है,
आते हुए वसंत को बाग में आने के पहले
घर की खिड़की के रास्ते
अपनी गोद में उतारना
उसे पसंद है, पेड़ों के जिस्म से
नई-नई शाखाओं का निकालना
और उनके स्वागत में
नन्हें-नन्हें परिन्दों का
पंखों को फैलाकर नाचना
उसे अच्छा नहीं लगता है
आसमान से किसी तारे का टूटकर गिरना
नई-नई जुती हुई जमीन से
समूचे भूकम्प का गुजर जाना
डरती है,
धान के खेतों के ऊपर उड़ते टिड्डियों के दलों को देखकर
और छा जाना चाहती है खेतों पर
अपनी बाँहों को फैलाकर
आकाश की तरह
होता है अद्‌भुत माँ बनती हुई लड़की का सौंदर्य
सम्भव नहीं, छल और द्वेष से भरी आँखों से
उसे पूरा का पूरा देख पाना।

□ अनिल त्रिपाठी

एक स्त्री का रोज़नामचा

देखो सँभलकर नहाना
हवा चोर है
वह उड़ा सकती है परदे
और चुरा सकती है
तुम्हारी अब तक सिरज़ी हुई
लाज की विरासत।

लगा लो जल्दी-जल्दी झाड़ू और पोंछा
कि कहीं कोई आ न जाए
और तुम्हारे एक कमरे की
तख्ती पर पहला ही हर्फ़
देर से लिखा जाए।

अभी सो रहा है तुम्हारा बच्चा
इसलिए निपटा लो कुछ काम
ताकि बिना चिड़चिड़ाए
दे सको उसे दूध और बिस्कुट

देखो जल्दी करो
अभी धुलने हैं कपड़े
जबकि तुम्हारी उँगलियाँ
सूखे पापड़ की तरह
भरी है चकत्तों से।

वो तुम्हारा आलसी पति
अखबार की एक एक सतर को
लगा है जज्ब करने में
और कुछ देर बाद कहेगा
उसे देर हो रही है ऑफिस जाने में।

करो कुछ करो
कुछ नहीं तो सेंक दो
दो-चार रोटियाँ
बना दो कोई भी सब्जी
या फिर वही रोज की दाल।

हाँ एक बात और
कभी मत भूलना
अलविदा करना अपने वर्तमान को
और हिलाने के लिए
उठाना हवा में अपना हाथ
भले ही वह प्रतीत हो
महज हवा में टँगा सा।

कहो किस तरह लगता है
तुम्हें इस तरह का रोजनामचा
सच सच बताना
तुम्हारी आँखों के नीचे
गहरा काला क्यों है?

□ नासिर अहमद सिकंदर

हफ्ते भर

हस्ते भर भी रही अगर
माँ अस्पताल में
तो घर का क्या होगा?
देखना अच्छा खासा नरक हो जाएगा।

हफ्ते भर भी रही अगर
माँ अस्पताल में
तो देखना अस्पताल हो जाएगा
घर जैसा स्वर्ग।

हफ्ते भर भी रही अगर माँ अस्पताल में।

महेन्द्र गगन

स्त्री होना नहीं भूलती दादी

सौ की होने आईं दादी
खो चुकी हैं
अपना बोध
उन्हें नहीं याद
कौन-सी चीज कहाँ रख दी
क्या खाया
रहतीं भोपाल में
और इसे समझतीं इन्दौर
जब कि दादी की स्मृतियों का इन्दौर
अब इन्दौर में भी नहीं।
बेटियों को बहुएँ
और बहुओं को
बेटियाँ समझ
पहचानती हैं वे
बावजूद इसके
नंगे होते जा रहे समय में
जहाँ सब कुछ
दिख-बिक रहा है
सर पर
पल्लू रखना नहीं
भूलतीं दादी
स्त्री होना
नहीं भूलतीं दादी

□ विजय कुमार 'विनीत'

दादीमाँ

हर पल
एक ताजा अखबार
होती है दादीमाँ
जिसकी झुर्रियों में छपे होते हैं
घर के पूरे हाल-चाल

जड़ को गहराई देती
और जर्रे-जर्रे को आबाद करती
वह विराट वृक्ष
होती है दादीमाँ
जिसकी इक-इक टहनी और फुनगी
होती है बच्चों की पहुँच में

बच्चों के लिए
रिमझिम बारिश का जल
होती है दादीमाँ
जिसमें करते हैं वे
छप्-छप्

शिवगंगा पोखर
होती है दादीमाँ
जिसके पुराने-हरियाए पानी में नहाकर
पवित्र हो जाते हैं लोग

संस्कृति होती है दादीमाँ
जोड़ती है जो
परिवार के सदस्यों को
एक-दूसरे से
परंपरा होती है दादीमाँ
जो चाहती है
कि उसके मरने से पहले
उसकी बहू भी बन जाए
दादीमाँ!

□ संजय शांडिल्य

दादी

दादी के सपनों में
इन दिनों
आता है बचपन का कुम्हार
सिर पर लादे
खिलौनों-भरी टोकरी
बचपन में लौटकर
दादी चुन लेती है
माटी के जाँते, चुक्के, चूल्हे और कुछ थालियाँ
फिर सहेजकर एक घरौंदे में
उड़ जाती है वहाँ
जहाँ रात-भर होती है नौटंकी
दादी के सपनों में
इन दिनों
आता है बरगद का बूढ़ा पेड़
लपेटकर सूत
लगाकर फेरे
दादी कर लेती है
दांपत्य-जीवन की मंगलकामनाएँ
दादी के सपनों में
इन दिनों
आ जाते हैं दादा
दिखाने ले जाते हैं कोई फिल्म
(सुरैया की)

हॉल के अँधेरे में
दादी महसूस करती है अनायास
दादा की गरम हथेली
दादी की ज्योतिहीन आँखों में
अब बासी ही सपने आ रहे हैं बार-बार
किसी नए सपने का पलना बिल्कुल बंद है।

स्त्री विमर्श : कुछ पठनीय पुस्तकें

देह की राजनीति में देश की राजनीति तक	मृणाल पांडे
परिधी पर स्त्री	मृणाल पांडे
दुर्ग द्वार पर दस्तक	कात्यायनी
स्त्री का समय	क्षमा शर्मा
स्त्रीत्व का मानचित्र	अनामिका
हौवा के बेटी	दिव्या जैन
उपनिवेश में स्त्री	प्रभा खेतान
हम सभ्य औरतें	मनीषा
औरत के लिए औरत	नासिरा शर्मा
खुली खिड़कियाँ	मैत्रेयी पुष्पा
औरत के हक में	तसलीमा नसरीन
स्त्री संघर्ष का इतिहास	राधाकुमार
सांप्रदायिक दंगे और नारी	नूतन सिन्हा
संघर्ष के बीच संघर्ष के बीज	इलिना सेन
स्त्रीवादी साहित्य विमर्श	जगदीश्वर चतुर्वेदी
अधीन जमीन	उपेन्द्रनाथ अश्क
रेणु की नारी दृष्टि	डॉ. अल्पना तिवारी
चुकते नहीं सवाल	मृदुला गर्ग
नारी प्रश्न	सरला महेश्वरी
स्वागत है बेटी	विभा देवसरे
जीवन की तनी डोर ये स्त्रियाँ	नीलम कुलश्रेष्ठ
गांधी युगीन नारी जागरण और हिंदी उपन्यास	डॉ. राजम नटराजन पिल्लै
स्त्री पुरुष कुछ पुनर्विचार	राजकिशोर
स्त्री के लिए जगह	सं. राजकिशोर
नारी शोषण आईने और आयाम	आशा रानी व्होरा
स्त्रीत्ववादी विमर्श समाज और साहित्य	क्षमा शर्मा
धर्म के नाम पर	गीतेश शर्मा
स्त्री उपेक्षिता	सीमोन द बोउआ
विद्रोही स्त्री	जर्मन ग्रेयर

हिन्दी में स्त्रीत्ववादी विमर्श : साहित्य में 'अधीनता से मुक्ति' के सवाल

□ सुधीश पचौरी

अलका सरावगी का उपन्यास 'कलिकथा वाया बाईपास' साहित्य अकादमी के द्वारा सन दो हजार एक के लिए हिन्दी की श्रेष्ठ कृति के रूप में साहित्य अकादमी सम्मान के योग्य पाया गया।

यह खबर बताती है कि स्त्रीत्ववादी समय में भी उसे स्त्रीत्ववादी लेखन के लिए नहीं चुना गया। यह भी तथ्य है कि उसे चुनने वाली ज्यूरी में एक भी स्त्री नहीं रही। जिन पुरुष लेखकों ने उसे 'श्रेष्ठ कृति' के लिए चुना, स्त्रीत्ववादी मानक ज्यूरी के लिए 'अजनबी' ही रहे। यहाँ 'श्रेष्ठ कृति' की कोटि में स्त्रीत्ववादी लेखन की कोटि अंतर्भुक्त नहीं है बल्कि हिन्दी की आलोचना के समकालीन कहे जाने वाले मानकों में वह एक पराई' 'पश्चिमी' 'गैर साहित्यिक' 'संदिग्ध कोटि' ही मानी जाती है जो श्रेष्ठता का मानक नहीं हो सकती!

ज्यूरी को उसके रहमो-करम पर छोड़ दें तो भी स्थिति की दयनीयता पीछा नहीं छोड़ती। सम्मानित लेखिका भी लेखन में स्त्रीलेखन या स्त्रीत्ववादी लेखन की कोटि को नहीं मानतीं।

ऐसी कई लेखिकाएँ हैं जो स्त्री लेखन या स्त्रीत्ववादी लेखन की अलग कोटि से परेशान होती हैं। वे स्त्री हैं लेकिन वे स्त्रीत्व की अवधारणा से अनभिज्ञ हैं। यह समकालीन आलोचना का एक पुरुषवर्चस्ववादी सीन है जिसके दबाव में स्त्री अलग से अपनी पहचान तक़ बनाने में सकुचाती है। किसी रचना का कोई 'स्त्रीत्ववादी पाठ' भी हो सकता है, इस संभावना से इनकार करना 'स्त्री लेखन' के 'आत्मनिषेध' की दुरवस्था को बताता है! इतने विशेषांकों के बावजूद यह स्थिति बनी हुई है। इससे समकालीन आलोचना में स्त्रीत्व के मानकों के होते हुए भी 'गायब' कर दिए जाने का पता चलता है। यह हिन्दी के स्त्री लेखन की प्राथमिक समस्या है जो लगातार सामने आती रहती है। इस बार फिर आई है। समकालीन हिन्दी के स्त्रीत्ववादी चिंतन

और लेखन के सन्दर्भ में इसे समझा जाना चाहिए।

भारत में स्त्री और उसके स्त्रीत्व की पहचान और उसके अधिकारों के संघर्ष एवं आंदोलनों को अब पच्चीस साल से ज्यादा होने को आए हैं। लिंगाधारित अन्याय से लड़ने की इच्छा समाज में बढ़ी है। अनेक संगठन स्त्री मुक्ति के बुनियादी एवं व्यापक प्रश्नों से जूझ रहे हैं। विश्व भर के स्त्री आंदोलनों और स्त्रीत्ववादी लेखन की जानकारी बढ़ने लगी है। पश्चिम में स्त्रीत्ववादी चेतना और लेखन का इतिहास एक सदी पुराना हो चला है। महिला आयोग बन चले हैं। स्त्री के अधिकारों के पक्ष में अनेक व्यवस्थाएँ आई हैं। कई अखबार तक सप्ताह में एक पृष्ठ स्त्री हित विषयक सामग्री देते हैं। कई पत्रिकाएँ अपने विशेष अंक इसी विषय को केन्द्रित करके निकाल चुकी हैं। स्त्रीत्वविषयक विमर्श की किताबें हिन्दी में अच्छा बाजार पाने लगी हैं।

तो भी साहित्यिक कृति की श्रेष्ठता की कोटि में स्त्रीत्ववादी स्तर की कोई हलचल नहीं नजर आती। हिंदी के साहित्यिक मानकों में स्त्रीत्ववादी मानक प्रवेश नहीं कर पाते। समीक्षा की कोटियाँ वही पुरानी बनी रहती हैं। हिन्दी के पंडे सर्वत्र पहरा देते हैं। जरा सोचिए : जिन कोटियों के आधार पर पिछले वर्षों सुरेन्द्र वर्मा के उपन्यास 'मुझे चाँद चाहिए' को अकादमी दिया गया लगभग उन्हीं कोटियों और उन्हीं विशेषणों को थोड़ा हेर फेर के साथ प्रस्तुत करके कलिकथा को इनाम दे दिया गया। यह सम्मान की दाता समिति की सीमा को बताता है। यह उस समिति की निंदा नहीं है बल्कि एक वस्तुस्थिति का बखान है। आज जितने सम्मान हैं उनके जितने मानक हैं उनमें स्त्रीत्ववादी कोटि का हल्का सा चिह्न तक नहीं दिखाई पड़ता।

लेकिन मामला इतनी सी शिकायत का भी नहीं है। समस्या उससे आगे की है। रचना के स्तर पर भले कुछ लेखिकाएँ स्त्रीत्ववादी प्रश्नों के प्रति जागरूक हो रही हों उन्हें एक मानक और क्रम देने वाली आलोचना स्त्री और लिंगाधारित अन्याय के प्रश्नों के प्रति बेहद संवेदनहीन नजर आती है। वे लोग भी जो स्त्रीत्ववादी मुहावरे में उनकी मुक्ति की बातें करते हैं असल में स्त्री के वाद से गहरी घृणा करते नजर आते हैं। ऐसे उदाहरणों की कमी नहीं है। उन्हें हर कहीं देखा पढ़ा जा सकता है।

अभी तक स्त्री के 'लिखने के योग्य' होने के प्रति एक गहन संदेह का वातावरण ही स्त्री लेखन का मुख्य वातावरण है। यह एक होस्टाइल वातावरण है जिसके दबाव स्त्री लेखन पर जगह-जगह पड़ते हैं। हिन्दी में 'जेंडर्ड' या लिंग-न्याय मूलक' आलोचना का अभाव है। जिस तरह लोग औरतों के प्रति अपराध करने की वृत्ति को 'स्वाभाविक' मानकर चलते हैं उसी तरह वे उनके लिखने को 'अस्वाभाविक' मानकर चलते हैं। स्त्री के प्रति जिस समाज में अनुदार वातावरण है स्त्री लेखन के प्रति भी उसी अनुपात में असहिष्णु वातावरण है।

उदाहरण के लिए जब कलिकथा के सम्मान की बात खबर बनी तो एक अखबार के संपादकीय में और फिर एक लेख में पहले यह बात बताई गई कि लेखिका के

इस उपन्यास को कई लोग 'उसका लिखा नहीं मानते।' फिर इस सूचना का उत्तर भी दिया गया। ऐसे आरोपों को 'मनगढ़ंत' कहा गया। 'गलत' कहा गया।

यह संवेदनहीनता की हद रही। पहले शक पैदा किया गया फिर उसे धोया गया ताकि निशान जरूर नजर आते रहें। स्त्री के लेखन की ऑथेंटिसिटी के प्रति ऐसा व्यवहार उसे संदिग्ध करके चलता है। वह मानकर चलता है कि औरत 'लिख' नहीं सकती। यह तर्क भी इसी का विस्तार है कि हर लेखिका की कीर्ति के पीछे एक अदद मर्द खड़ा है। ऐसी बातें आसानी से बिना किसी प्रोटेस्ट के खप जाती हैं चूंकि समाज में ज्ञान के निर्माण और वितरण के हर नाके पर, संचार के हर मुहाने पर पुल्लिंगी सत्ता का कब्जा है। इसका एक फलागम यह भी है कि हर लेखिका हर दूसरी लेखिका को संदिग्ध मानकर चलती है। यह हिन्दी के सकल स्त्री लेखन का समकालीन सीन है।

सबसे बुनियादी शंका को सर्कूलेट किया जाता है : क्या स्त्रीलेखन और उससे भी आगे स्त्रीत्ववादी लेखन की अपनी कोई स्वतंत्र सत्ता है कि यह भी एक पश्चिमी नकल और कुछ दिन का अपवाद है? यानी कि क्या औरत लिख भी सकती है? हिन्दी आलोचना का एक उपपाठ ऐसा ही है जो मानकर चलता है कि औरत लिख ही सकती। यानी जो लिखती है उसे मर्द ही लिखते हैं।

जब किसी पुरुष को सम्मान मिलता है तो यह नहीं कहा जाता कि वह उधारू रचना है। संदिग्ध रचना है। नकल है। कोई कहता है तो लोग नकल को प्रभाव बताकर काम चला लेते हैं। एक लेखक ने जब दूसरे लेखक के बारे में कुछ कहा तो वह धमकी देने लगा मानों मौलिकता का अधिष्ठान हो। एक स्त्री ने लिखा और उसे सम्मान मिला तो पहले 'आरोप' कहा गया और दबी जुबान से ही उसका उत्तर दिया गया। 'यह सिरे से एक अवैध सवाल है' ऐसा नहीं कहा गया। क्या यही सवाल हम विनोद कुमार शुक्ल से कर सकते हैं जिनके उपन्यास 'दीवार में एक खिड़की रहती थी' को पिछले दिनों सम्मान दिया गया था? या ऐसा सवाल क्या किसी अन्य पुरुष लेखक से नहीं किया जा सकता है कि यह कविता या कहानी उसकी लिखी नहीं है ऐसा आरोप है। क्या इस तरह यह नहीं मान लिया जा रहा है कि लिखना पुरुष का सहज कर्म है स्त्री उनमें एक अपवाद की तरह होती है इसीलिए संदिग्ध है। क्या इससे यह साफ नहीं होता कि लेखन जैसे कर्म में भी एक लिंगाधारित अन्याय सक्रिय है जो आमतौर पर रोजमर्रा के विमर्श में नजर नहीं आता? बिना किसी प्रमाण के एक आरोप बनाया गया और उसका जवाब दिया गया।

फूको ऑथर को कापीराइट से जोड़कर देखते हैं। यदि हम इसी फूको सूत्र को लागू करें तो जब लेखिका का नाम कापीराइट की जगह छपा है तब किस प्रमाण की आवश्यकता रह जाती है? लेखिका ही उसकी लेखिका है। उसका नाम लेखिका की जगह है इतना काफी है। क्योंकि किसी लेखक का 'होना' उसके कापीराइट का

होना ही है। यदि फिर भी कोई उसके लिखे पर शंका करता है तो वह कानूनन उसकी मानहानि करता है। उक्त संदर्भ में ही नहीं अन्य दैनिक संदर्भ में भी यह मानहानि सरेआम की जाती रही है। यही स्त्री को 'अधीन बनाने की राजनीति' है। समीक्षा कर्म बड़ी-बड़ी चुनौतियों की बात करता है लेकिन अपने इस अन्याय को देखता तक नहीं है कि किस तरह से उसने हिन्दी में स्त्री लेखन के प्रति एक जन्मना होस्टाइल रवैया बनाया हुआ है।

फूको के हवाले से इस स्थिति को समझें तो कहना होगा कि यह वातावरण हिन्दी में स्त्री विमर्श को आगे न आने देने की नीति ही है। फूको कहते हैं कि लेखक का नाम विमर्श के एक प्रकार्य की तरह काम करता है। टेक्स्ट में लेखक की उपस्थिति फंक्शनल होती है (मिशेल फूको एन इंटोडक्शन/फिलिप बार्कर/पेज3) ऐसे आरोप दरअसल स्त्री को एक लेखिका के रूप में कार्यकारी नहीं होने देते।

अगर कोई लेखक लेखिका चाहे तो इस प्रकार के आरोप के खिलाफ आवाज उठा सकता है लेकिन उक्त प्रसंग में उक्त लेखिका ने आवाज तक नहीं उठाई। एक अन्य लेखिका के बारे में हिन्दी में ऐसा प्रवाद चला दिया गया है कि वह स्वयं नहीं लिखती है कोई और लिखता है। दबी जुबान से कानाफूंसियों में हिन्दी का अखिल मर्दवादी बाजार हर दूसरे कान में चुपके से मंत्र फूँकता रहता है : वह उसने नहीं, 'उसने' लिखा है। 'वह' उसके पीछे खड़ा है।

पिछले दस-पंद्रह सालों के दौरान जब से कुछ स्त्रियों का लेखन 'दृश्यमान' हुआ है तबसे यह होस्टाइल वातावरण ज्यादा संगठित और ज्यादा तैयार होता गया है जो कनबतियों में बताता रहता है कि फलाँ औरत कहाँ लिख सकती है? वह तो फलाँ 'मर्द' ने लिखा है। इस काम में ऐसे उस्ताद भी मशगूल पाए जाते हैं जो औरतों की आजादी की बात करते नहीं अघाते हैं। यह उनकी औरत की आजादी की परिभाषा है जो लिखित में कुछ कहती है और बातों में कुछ और कहती रहती है।

दुःखद यह है कि हिंदी की लेखिकाएँ सब तरह के अपमान सहती रहती हैं। कई तो इस सहनशीलता को स्त्री का मूल्य तक मान बैठती हैं। यह भयानक अन्याय का आभ्यंतरीकरण जैसा लगता है। बात उनके कान तक भी पहुँचती होगी लेकिन वे सहती रहती हैं। वे उसका प्रतिवाद नहीं करतीं। फिर वे उसमें भी एक संतोष खोज लेती हैं कि स्त्री चूँकि रचनात्मक होती है इसलिए सहनशीला भी होती है। इससे असहनशील लेखिकाओं को किनारे कर दिया जाता है। सहनशीलता से यहाँ अर्थ पुरुष की बारीक ज्यादतियों को सहनेवाली ही है। हिन्दी में यह होता रहता है।

ऐसी बातें छाप दी जाती हैं। वे प्रतिवाद करने तक नहीं आतीं। बनारस की एक कथा पत्रिका ने एक लेखक की एक टिप्पणी ही छाप दी जो नाम लेकर एक लेखिका को संदिग्ध लेखिका बनाती थी और उसके 'औरत' होने को उसके लेखिका होने का 'कारण' मानती थी। तो भी लेखिका चुप लगा गई। एक मर्द लेखक की

एक किताब के बारे में जब एक लेखक ने कहीं बोल दिया कि वह किस विदेशी रचना की चोरी है तो उस ने उसे मुकदमें की धमकी दे डाली। लेकिन औरतें कुछ नहीं करतीं। उनका मान सम्मान, उनका स्वत्व कुचला जाता रहा है लेकिन वे कुछ नहीं कहतीं। और अब तो इसे भी सब्लाइम में ले जाती हैं। यह हिन्दी के स्त्रीत्ववादी लेखन की एक बड़ी बाधा है।

ये बातें प्रकारांतर से हिन्दी में स्त्रीत्ववादी चेतना के प्रसुप्त स्तरों के बारे में संकेत छोड़ती हैं। वे समाज में दमन और दबाव की कथा कह रही हैं। स्त्री का अपने अनुभवों का लगातार प्राकृतिकरण और आभ्यंतरीकण बताता है कि स्त्रियाँ अपने 'हित' और अपने 'अस्तित्व' के जटिल सम्बन्धों को पूरी तरह नहीं समझ पा रहीं। वे अभी औरत के 'मोनोलिथक' नजरिए को ही एक मात्र भाग्य मानकर चलती हैं। 'स्त्री कोमल है। सहनशीला है। ममता की खान है। रचनात्मक है...' ऐसे विचार हिन्दी में ही नहीं पश्चिमी समाजों में कोई पचास-साठ साल पहले तक काफी प्रचलित रहे हैं।

इस सन्दर्भ में डेल स्पेंडर के विचार उद्धरणीय लगते हैं। अपने प्रसिद्ध निबंध 'मार्डन फेमिनिस्ट थियरिस्ट्स : रिइन्वेंटिंग रिबेलियन' में लिखा है हि बे टी फ्रीडमेन ने 1960 के आस-पास अपने समय में औरतों के असंतोष के भाव का अध्ययन करते हुए 'द फेमिनिनिन मिस्टीक' में पश्चिम में औरत के स्टीरियो टाइप पर प्रश्न उठाते हुए कहा कि औरतों को बचपन से ही बताया जाता था कि उनका स्वर्ग घर और चौका है। वे घर बसाती हैं प्यार करती हैं शादी करती हैं बच्चे जना करती हैं और 'आत्म नकार' के जगत में रहती हैं। (पेज367) अनेक इस स्वर्ग में सुखी नहीं रहती। फिर वे अपने दोषों के लिए स्वयं को जिम्मेदार मानने लगती हैं। इस तरह उनका नाम और उनकी देह नितांत अनुपस्थित रहती है।

फ्रीडमेन के बाद डेल स्पेंडर और मेरी डाली ने औरत की 'बेनाम होने' की समस्या को 'नाम' दिया। औरत की 'अ-दृश्यमनता' और उसकी समस्या का 'बेनाम रहे आना' ये दो बातें स्त्रीत्ववादी विमर्श ने सबसे पहले सूत्रीकृत कीं। (वही पेज-368) यह विमर्श दूसरे युद्ध के बाद तेजी से आगे बढ़ा जब अमरीका-यूरोप में 'बाहर कामकाजी' औरतों की संख्या में इजाफा हुआ। सिमोन द बुआ का विमर्श इसी समय में सामने आया। आदमी ने अपने को मानक बना दिया और औरत को अपना अन्य बना डाला। जब समाज में एक आदमी अपने अनुभव को एक मात्र अनुभव की तहर लाने लगता है और उसे ही सहज सामान्य अनुभव बना डालता है तो वह अपने बाहर के अनुभवों को भी अपने ढंग से परिभाषित करने लगता है। उसके बाहर जो भी अनुभव आते हैं वे उसके लिए पराए और परेशान करने वाले हो सकते हैं। अनुभव के जगत में पितृसत्ता की पहचान यहीं से आरम्भ हुई। फिलिस चेस्लर ने इस प्रश्न को आगे बढ़ाया। (वही पेज-368) यदि इस तरह पढ़ें तो हिन्दी में स्त्री लेखन में अभी 'भाषा की भौतिकता' और 'कर्ता के निर्माण' की क्षमता के गहन अहसास के क्षण प्रकट नहीं हो रहे। इसीलिए

स्त्री लेखन अपने विमर्शात्मक रूप में नहीं आ पा रहा। इसीलिए अभी वह 'बायो एशेंसियलिज्म' या जैविक तत्ववाद यानि नितांत जैविक विलोमों में बंद है। वह 'लिंगभेदी चेतना' से युक्त नहीं है। छिटपुट प्रयत्न दिखाई देते हैं लेकिन वह अभी समग्र 'सांस्कृतिक विमर्श' नहीं बना है। कभी किसी लेखिका की मर्दानगी या बोल्डनैस को जब सेलीब्रेट किया जाता है तो प्रकारांतर से तो यही 'मर्द बरक्स औरत' टाइप के विलोमी युग्म(बाइनरी) काम करते हैं और वे जैव तत्ववाद से बाहर नहीं आ पाते। इसमें 'नए मर्दवादी' जिनकी हिन्दी में कमी नहीं है ज्यादा मजा लेते पाए जाते हैं। अभी स्त्री लेखन में लिंग चेतना को स्त्रीत्ववाद की चेतना के विस्तार के रूप में नहीं देखा जाता। यह कुल समाज में उनकी सकल कमजोर सत्ता का परिचायक है, उनकी सचेत हस्तक्षेपकारी भूमिका के न बनने देनेवाले वातावरण का परिचायक है।

हमने कहा कि हिन्दी में स्त्री लेखन अभी तक बेहद होस्टाइल वातावरण में लिखा जाता है। यह होस्टाइल वातावरण तब और ताकतवर बन जाता है जब हम लेखिकाओं को अपने लेखन को 'स्त्री-लेखन' या 'स्त्रीत्ववादी' की श्रेणी में ही रखने से मना करते पाते हैं। यह सिद्ध करता है कि साहित्य के मानक और अखाड़े अभी पुल्लिंगी अखाड़े हैं जो अगर जगह देना भी चाहते हैं तो जैव तत्ववादी विलोमी युग्म में जगह देते हैं। इतने सारे लेखक हैं तो कुछ औरतें भी गिना दी जानी चाहिए भाई! औरतों का जमाना है...वे सोचते हैं।

इससे उनके लेखन को लेकर उपलब्ध होस्टाइल वातावरण और मजबूत होता है। 'हर लेखिका को मर्द ही बनाता है' यह प्रवाद मौन स्वीकृति के सिद्धांत में बदल जाता है। यह भयानक बात है जो जारी रहती है। यह स्त्री लेखन को गायब कर देने या उसे संदिग्ध बनाने की बात है। यह उसका स्वत्व छीनने वाली बात है। यह उसका इतिहास उससे छीनने वाली बात है। यह उसके 'कर्ता' होने को नहीं मानती। यह उसके रचनाकार होने पर संदेह करती है। इस अन्याय में गहरे यौन अन्याय काम करते हैं। यह एक प्रकार की सुदीर्घ 'सब्जेक्शन' या 'अधीनतावादी' कार्यनीति है। ऐसे प्रचार और वातावरण जताते हैं कि साहित्य भी अन्य कार्यों की तरह 'ताकतवर यौन' कार्य है। ताकतवर सैक्स ही कर्ता है ऐसी बात बहुत पहले के जॉन स्टुअर्ट मिल ने अपने ऐतिहासिक लेख 'सबजेक्शन ऑफ वीमन' 1869 में लिखी है। (देखिए 'लिबर्टी एंड सब्जेक्शन ऑफ वीमन' पेज164)

स्त्रीत्ववादी विमर्श ने इस 'सब्जेक्शन' को शुरू से ही अपनी आलोचना का निशाना बनाया है। यह स्त्रीत्ववादी विमर्श पर उपलब्ध किसी भी सामग्री में नजर आता है। इतिहास में स्त्री को 'कर्ता' न होने देने की बात यहीं से आती है। जिस तरह से परिवार में उसका दैनिक श्रम अ-दृश्य और अ-लक्ष्य किया जाता है उसी तरह उसका लिखना-पढ़ना, उसकी रचना 'गायब' कर दिया जाता है।

अ-दृश्य और अ-लक्ष्य कर देने की राजनीति स्त्रीत्ववादी हिन्दी लेखन के विकास

और तज्जन्य विमर्श के लिए एक महत्त्वपूर्ण प्रस्थान बिंदु है। अलक्ष्य बनाने और अदृश्य करने की राजनीति का दूसरा पहलू हिन्दी में पनप रहा और अब मुखर हो रहा लफंगावाद है। इसका कारण हिन्दी का वही पुरुष वर्चस्वाद है और उसके साहित्यिक मानक हैं। स्त्रीत्व के सवाल जिस तरह से हिन्दी में पेश किए गए उनमें ज्यादातर विचार लंपट मर्दवादियों ने ही रखे। हिन्दी साहित्य अरसे से लंपट मर्दवादियों के हाथों संचालित है। उसका इतिहास उसके शास्त्र सब! उसकी गोष्ठीबाजी उसकी कमेटीबाजी सब! उसी का नतीजा रहा कि जो विमर्श पनपा वह अभी तक स्त्री को नीचा दिखाने वाला रहा यद्यपि यह उसी के नाम का जाप करता हुआ आया!

इस विमर्श की योजना इस प्रकार काम करती है :

—स्त्री को लिखने का पढ़ने का काम नहीं करना चाहिए। उसका स्वर्ग उसका चूल्हा और सेज है, उसकी रचना उसके बच्चे हैं।

—स्त्री प्रश्न प्रायः पश्चिमी है।

—लेखन लेखन होता है रचना रचना होती है। उसमें लिंग भेद नहीं होता।

—अगर हम ऐसा भेद करेंगे तो साहित्य का अर्थ संकुचित हो जाएगा स्त्री-स्त्री के लिए लिखेगी और उसकी पाठक होगी तो साहित्य में संकीर्णता आ जाएगी। अरे साहित्य ही तो सार्वभौमिक सत्य (यूनिवर्सल ट्रथ) की बात करता है। ऐसी संकीर्णता सार्वभौमिकता के विपरीत होगी साहित्य कर्ममात्र के विपरीत होगी।

—स्त्रीत्ववाद भारत के उच्च मध्यवर्ग की स्त्रियों का खाली वक्त का फितूर है।

—स्त्री लेखन धनी औरतों का खाली वक्त में स्वेटर बुनने जैसा वक्त काटू काम है।

—और स्त्री लेखन को मर्द से ही ओ. के. लेना होता है।

औरत की 'कमतरी' के कथन की इस राजनीति को प्रसिद्ध स्त्रीत्ववादी विमर्शकार लूस इरेग्रे के एक इंटरव्यू के हवाले से समझना उपयोगी होगा। इसी बहाने हिन्दी में सक्रिय समकालीन अधीनतावादी विमर्श के 'युनिवर्सलिज्म' को भी समझा जा सकता है।

स्त्री की भाषा पर बात करते हुए इरेग्रे इस बात पर जोर देती हैं कि कोई भी भाषा 'यूनिवर्सल' नहीं होती। हर यूनिवर्सल कहलाने वाली भाषा मूलतः पुरुष की भाषा होती है। (ए फैमिनिस्ट क्रिटीक ऑफ लेंग्वेज, संपादिका डेबोरा केमरोन/80) 'औरत की सेक्स नहीं होती। पुरुष के लिंग की जगह उसके पास रिक्तता होती है। छेद होता है। इस तरह फ्रायडीय मनोविश्लेषण की भाषा व्यवस्था में औरत की सेक्स नहीं होती। उसका 'अभाव' ही उसकी सैक्स होता है। वह स्वयं भी अपने अवचेतन में ऐसा मानती है। नवफ्रायडवादी जाक लाकां ने भी यही कहा कि औरत 'विमर्श में एक 'अभाव' का ही नाम है'। वह अपने को बता नहीं सकती। इस तरह वह 'होती' ही नहीं। औरत की यौनता (सैक्सुअलिटी) अपने को कह नहीं सकती। अगर कहती भी है तो दबकर कह सकती है। वह विमर्श में एक अभाव के रूप में हो सकती है'...लूस पूछती

है : 'लेकिन यह अवस्था अपरिवर्तनीय क्यों मानी जाए? (वही पेज/82) स्त्रीत्ववादी विमर्श को चूंकि 'अभाव का विमर्श' बताकर चला जाता है इसलिए यह सवाल और भी महत्त्वपूर्ण हो जाता है कि साहित्य में या कि जीवन में इसे अपरिवर्तनीय क्यों मान लिया जाए?

इसीलिए इसे 'भाषा से बाहर आकर' बोलना होता है। अपनी भाषा बनानी होती है।

यहीं प्रतिनिधान (रिप्रेजेंटेशन) की समस्या आती है। जब कोई कहता है कि उसकी सैक्स एक छेद भर है और वह 'स्वरति' (ऑटो इरोटिसिज्म') में रहती है तो वह यही कहता है कि वह अपना प्रतिनिधान करने में असमर्थ है। वह किसी भी वर्चस्वकारी विमर्श में नहीं हो सकती। जब कोई कहता है कि औरतों की सैक्स दो होठों की तरह होती है तो यही कह रहा होता है कि इस 'औटो इरोटिज्म' को रेप ही विघ्न डाला जा सकता है इस तरह हर औरत को पेनिस चाहिए। इस तरह बता दिया जाता है कि वे अपने आप में कुछ नहीं हैं वे लिंग के बिना औरत नहीं बन सकती हैं। (वही 83) लूस के इन अंशों को पढ़कर आसानी से समझा जा सकता है कि पिछले दिनों जब हिन्दी के लफंगे लेखक ने खुद को स्त्री के पक्ष का सिद्ध करने के लिए जो कथित 'व्यंग्य' लिखा तो वह मूलतः इसी बात को पक्का कर रहा था कि औरत बजाते खुद कुछ नहीं है। तभी तो वहाँ इस बात पर जोर था कि हर औरत रेप चाहती है। यही उसका स्त्रीत्ववाद था जिसने बाद में हिन्दी के समकालीन लफंगों की एक पूरी कतार ही लामबंद कर दी! कालांतर में उसने ऐसी एक कहानी छापी जो रेप को अनिवार्य तरकीब बताती थी।

औरत की कमतरी को तरह-तरह से सिद्ध करनेवाली ऐसी संहिताएँ अंततः स्त्री को 'आत्म नकार' तथा 'कामना के नकार' की आदमी बनाती हैं। 'मर्दों की निगाह में औरतों की बनाई गई छवि' लूस की नजर में औरत की ऐसी व्याख्याएँ करती है जिनसे वह 'खामोश' हो जाए। (वही 86) यानी लज्जित हो जाए।

हम देख सकते हैं कि औरत का 'प्रतिनिधान' करनेवाली भाषा अलग होती है उसके आशय उसके मानी अलग होते हैं और समाज में मर्द-औरत की परस्परता और सत्ता संबंधों के हिसाब से तय होते हैं। क्या फिर भी कोई कह सकता है कि और लेखन में स्त्रीत्ववादी श्रेणी बेकार है?

हम कह चुके हैं कि हिन्दी की कई लेखिकाएँ ऐसा अब भी मानती हैं कि ऐसा श्रेणी भेद बेकार है। यह उसी 'आत्म नकार' का ही विस्तार है जिस की चरचा हम कर आए हैं। वे समझती हैं कि प्रतिनिधान यानी साहित्य में, भाषा में अपने अनुभव जगत को कहने की भाषा एक ही 'यूनिवर्सल' भाषा होती है। भाषा की इस सार्वभौमिकता पर ही सबसे पहले आधुनिक स्त्रीत्ववादी विमर्श ने चोट की और सफलता पूर्वक की। उसका इतिहास न जानना पुरुष प्रदत्त 'अभाव' और 'अभाग' को बढ़ाना ही कहा जा सकता है।

यहीं स्त्री लेखन की तीसरी गुत्थी से सामना होता है। अंग्रेजी साहित्य में स्त्रीत्ववाद अब एक सम्पूर्ण अध्ययन और विकसित विषय है। उसने सत्रीत्ववादी विमर्श को आगे बढ़ाने में मदद की है। इसी तरह आज के राजनीति शास्त्र में भी स्त्रीत्व एक बड़ा सत्ता विमर्श है जिसे पढ़ाया जाता है। कहने का अर्थ यह कि सत्ता के व्यापक विमर्श और उनकी व्याप्ति बदल गई है लेकिन हिन्दी के स्त्री लेखन और अध्ययन का एजेंडा नहीं बदल रहा या कहें जिस तीव्रता और प्रचंडता से बदलना चाहिए नहीं बदल रहा। इसका एक उदाहरण यही है कि ज्यादातर लेखिकाएँ रचनाकार हैं बहुत कम हैं जो राजनीतिक टिप्पणियों से लेकर विमर्श के उच्चतर विचारों की खोज करती मिलें। और यहाँ भी पत्रपत्रिकाओं ने एक कैद बना दी है। वहाँ अभी आत्मकथाएँ छापी जाती हैं। यह बुरा नही है लेकिन स्त्रीत्वविषयक गहन सिद्धान्तिकयों की कोई भी चरचा वहाँ नहीं दिखती। उनके आंदोलनों पर कोई बात नहीं दिखती। लिंगभेदी अन्याय के प्रति पुरुषों के जगत को संवेदनशील बनाने की कोई विशेष कोशिश नहीं होती। बहुत कम लेखिकाएँ हैं जो इतने बड़े मीडिया जगत में हैं और विमर्श के उच्चतर बिन्दुओं को छूती हैं। विचार करना, विचार के लिए लड़ना बहुत सीमित लेखिकाओं का काम है।

यदि लेखिकाओं के अब तक के विमर्श को देखा जाए तो उसमें कई स्तर नजर आते हैं लेकिन जो स्त्रीलेखन को एक खास लेखन मानने से अंतिमतः इनकार करते हैं। इसके बावजूद कुछ महत्त्वपूर्ण बातें उजागर होती हैं।

एक यह कि स्त्री पुरुष बराबर हैं। ऐसे कथन अब ज्यादा मिलने लगे हैं। यह लिंग असमानता की जगह लिंग समानता की बिल्कुल आरम्भिक प्रक्रिया और प्रतिक्रिया है जो हिंदी में मिलने लगी है। जीवन में औरत आदमी की बराबरी कर रही है लेकिन साहित्य में स्त्री कोटि अलग से नहीं है ऐसा मानकर भी लिंग की बराबरी की माँग करना लेखिकाओं को अगले एजेंडे की ओर ला सकता है बशर्ते कि वे अपने संघर्ष और आत्म संघर्ष की चुनौतियों को समझें।

उनके आगे बढ़ने के रास्ते में उनका आत्म नकार आड़े आता है साथ ही उस आत्म नकार को ताकतवर बनाने वाला सामाजिक विमर्श मजबूत बाधा बनता है। इस प्रक्रिया में हर मर्दवादी एक 'मुक्त-स्त्री' की एक अपनी छवि अपनी जेब में डालकर चलता है और स्त्री मुक्ति के विचार का सरल गुटका उसे बताता रहता है कि मुक्तिकामिनी स्त्री सबसे पहले अपने परिवार से अलग होगी, अपने पति से अलग होगी और इस तरह उसकी बाहों में आ गिरेगी। वह एकदम 'मुक्त' ही होगी! स्त्री मुक्ति की उसकी कामना मुक्त स्त्री की कामना में बदल जाती है और उसके मुँह में पानी आने लगता है। हाय!

इस विमर्श का दूसरा विस्तार इस तरह काम करता है : मुक्तिकामी औरत आजाद है और आजाद औरत आसानी से उपलब्ध होती है। कल तक घोर सामंती परिवेश

में दमित रहता आया हिंदी का लेखक जो अब नए ग्लोबल समय में स्त्री के नए स्पेस बनते देखता है अचानक पाता है कि उसकी बीबी जो उसके बचपन में गाँव कस्बे में उसके पल्ले बाँध दी गई थी अब पुरानी हो चली है उसे साथ सभा सोसाइटी में जाने लायक औरत चाहिए। सामंतीय मानसिकता वाले समाज में हिंदी लेखक की सामंतीय मानसिकता की इस यात्रा में शहरी लफंगई स्त्री के 'आजादी' के मुहमाँगे विचार के ठीक नजदीक बैठ जाती है। आजादी के बाद उभरे हिंदी के कवि कथाकारों का एक बड़ाटोल अपनी पत्नियों को छोड़ दूसरी तीसरी वाला लेखक यों ही नहीं बन गया। उसके सामंतीय से लफंगई के संक्रमणकाल को उसकी रचना यात्रा में पढ़ा जा सकता है। नई कहानी के लगभग सारे महारथी अपने जीवन को जब भी याद करने बैठते हैं वे अपनी लड़कियों और प्रेमिकाओं की याद करने लगते हैं और इस सबमें वे अपने मर्दवाद को अपने हीरोइज्म को सेलीब्रेट करते दिखते हैं। नई कहानी के लेखक या नए कवि का प्रोफाइल मूलतः एक दमित सैक्स वाले आदमी का प्रोफाइल ही है। स्त्रीत्ववाद के इन दिनों में उन्हें लगता है कि स्त्री मुक्ति का एजेंडा सीधे आजाद स्त्री का एजेंडा है और मजेदार है जहाँ कोई राजनीति अर्थनीति नहीं है।

इसका तीसरा विस्तार साहित्य की सत्ता के वितरण से जुड़ा है। चूँकि अभी साहित्य के हर मुहाने पर मर्द बैठे हैं, अखबार में हैं, पत्रिकाओं में हैं, साहित्य के मानकों के अधिष्ठानों में हैं इसलिए अंततः उसे उनका शरणागत होना ही है।

यदि हिंदी के कुछ मर्द हल्कों में स्त्री विषयक उछाह ज्यादा नजर आता है तो इसी कारण कि अब उसकी नजर में आजाद स्त्री उन्हें उपलब्ध होने वाली है। उन्हें एक नई कंस्टीट्वंसी मिलने वाली है। हजार स्त्री विषयक लेख लिखने के बाद भी हर शाम दारुबाजी के बीच किसी अचानक आ गई लेखिका के कंधों पर गिरने की कला में माहिर यह गलतफहमी पालते पलवाते हैं कि वे लेखिका बनाते हैं। क्षणभंगुर मानकों और इतिहास के मुहाने पर बैठकर, जिसमें उनकी अपनी सुध शायद ही ज्यादा दिन रहे, वे कहते हैं कि आ मैं तुझे तेरा इतिहास देता हूँ। यह एक प्रकार से मौजूदा स्त्री विमर्श का आसान एप्रोप्रियेशन है जो जारी है। लेखन में इसका प्रतिवाद ज्यादा नजर नहीं आता। उसका कारण है साहित्य को बीच में ही थाम लिया गया है।

ज्यों ज्यों समाज में स्त्री शिक्षा उसके स्वास्थ्य संबंधी सहायता और उसका श्रम स्पेस उसे वापस मिलेगा और ज्यों-ज्यों वह खुद को अभिव्यक्त करेगी त्यों-त्यों यह इतिहास बिखर जाना है। इंतजार करें।

सच समाज में चलने वाले स्त्री अधिकार संबंधी आंदोलन का ताप अभी साहित्य तक नहीं आया है वरना 'आजाद' छवि को लार टपका-टपका कर कहने वाले, सेलीब्रेट करने वाले लेखक अपने लम्पटत्व को सेलीब्रेट नहीं कर पाते।

स्त्री लेखन के आगे के सवाल बड़े हैं। इनमें सबसे बड़ा सवाल तो यही है कि माना जाए कि स्त्री लेखन अपने आरम्भिक बिन्दु पर एक विशिष्ट प्रक्रिया है और उसमें होने वाला प्रतिनिधान एवं उसके पाठ तक अलग हो सकते हैं और उसे एक नई सिद्धान्तिकी चाहिए ही। बायो या जैविक भेद या कहें लिंग भेद यदि औरत से

माँग करता है कि वह भी वही सब करे जो मर्द करता रहा है तो वह फिर स्त्री विमर्श के साथ अन्याय होगा। मर्द की नकल करते हुए मर्दवाद नहीं मिटेगा। लिंग आधारित अन्याय जो समाज आधारित अन्याय भी है नहीं मिटेगा। समझना होगा कि लिंग भेद की बात मूलतः एक सामाजिक आशय और विमर्श की संरचना की बात है। वह सिर्फ यौन की या सैक्स की बात नहीं है यद्यपि यौनता का निर्माण लिंग भेद के विमर्श में बुनियादी कारक है।

इसके लिए लेखिकाओं को स्त्रीत्व विषयक इतिहास को जरूर देखना चाहिए और जानना चाहिए कि लेखन में रचना प्रक्रिया में लिंग पहचान और उससे जुड़े सवालों से साहित्य के मौजूदा मानकों (केननों) को तोड़ा जा सकता है और उनके बन्धनों के पार जाया जा सकता है, नई साहित्यिक कोटियों का निर्माण किया जा सकता है।

साहित्य के मानकों में लिंग केन्द्रिकता औरत को 'अभाव' मानती है और मानकर चलती है कि औरत बिना मर्द के रचनाकार नहीं बन सकती। बिना 'फॉलिक' (पुल्लिंग) के वह कुछ नहीं कर सकती। इस फॉलिक की जकड़बन्दी से निकलना उसकी मुक्ति का पहला चरण है। साहित्य के 'फालोगोसेंटिक' (पुल्लिंगेंद्रिक) मानक अलग से दिखते नहीं। पश्चिमी आलोचना में अनेक स्त्रीत्ववादी विमर्शकारों ने उन्हें देखने के तरीके बताए हैं। जो लोग पश्चिम के नाम से नाक भों सिकोड़ते हैं वे जान लें कि स्त्रीत्ववादी विमर्श स्थानीय विमर्श है भी नहीं वह मूलतः एक ग्लोबल विमर्श है क्योंकि लिंग अन्याय दुनियाभर का सच है। इसलिए भी हमें उसे पढ़ना समझना चाहिए ताकि हम जान सकें कि लेखन में स्त्री लेखन की अलग प्रक्रिया और विशेष कोटियों का होना कोई अपराध नहीं है और अगर औरत को अपना इतिहास लिखना है तो उसे सब से पहले कोटियों से ही टकराना होगा। नई कोटियों की जो आवाजें अब तक आईं उन्हें भी पुल्लिंग केंन्द्रिक विमर्श की चोटें झेलनी पड़ रही है।

इस पुल्लिंगी केन्द्रिकता का राजनीतिक अधिष्ठान राष्ट्रवाद में होता है। अनुभव की 'एकता, समरसता और आनन्द'—प्रस्तुत प्रसंग में ये तीन मूलभूत प्रक्रियाएँ लिंग केन्द्रिक राष्ट्रवाद की पोषक नजर आती हैं। जब भी कहा जाता है कि इससे साहित्य का समारकता वाला भाव खत्म हो जाएगा और साहित्य फिर अलग-अलग हो जाएगा, कहने की जरूरत नहीं लिंग केन्द्रिकता अपने को खतरे में पाकर स्त्रीत्ववादी अवधारणा को इसलिए खतरनाक बताती है क्योंकि यह उसके राष्ट्रवादी मानकों को चुनौती देती है। उसकी एक केंद्रवादिता को चुनौती देती है।

इसे हम पश्चिम में स्त्रीत्ववादी आन्दोलनों और विमर्शों के विकास की झलक से समझ सकते हैं कि किस तरह प्रचलित मानक परेशान होते हैं और शास्त्र गिरते हैं। स्त्री के अनुभवों का यह एक प्रकार का इतिहास और उसका मानकीकरण कहा जा सकता है।

भारतीय रंगमंच में नारी विमर्श

□ देवेन्द्र राज अंकुर

आजकल भारतीय साहित्य और विशेषतः हिंदी साहित्य में दलित चेतना और महिला लेखन को लेकर बहुत जोरों से विचार विमर्श हो रहा है। लेकिन यदि हम साहित्य की ही एक महत्त्वपूर्ण विधा नाटक पर गौर करें तो हम पाते हैं कि नारी विषयक यह विमर्श न जाने कितने हजार वर्षों से लगातार चला आ रहा है। हमारे यहाँ ऐसा माना जाता रहा है कि आरम्भ से ही पुरुष प्रधान सामाजिक व्यवस्था की उपस्थिति के कारण शायद नारी को उसका उचित स्थान कभी नहीं दिया गया। यह तथ्य तत्कालीन वर्ण व्यवस्था, सामाजिक व्यवस्था और राजनैतिक व्यवस्था के चलते व्यावहारिक रूप में बेशक दिखाई पड़ता रहा हो लेकिन जहाँ तक भारतीय सभ्यता, संस्कृति, चिंतन और साहित्य का सवाल है वहाँ नारी हमेशा से पुरुष के समकक्ष खड़ी दिखाई पड़ती है।

आइए, इस पृष्ठभूमि के भीतर से उभरती स्थापनाओं की जाँच पड़ताल पिछले पाँच हजार वर्षों से ही आरम्भ की जाए। अब यह लगभग मान लिया गया है कि वैदिक साहित्य और संस्कृति की शुरुआत कम से कम पाँच से दस हजार वर्ष के बीच हुई होगी और उसमें भी वेदों के रचे जाने का समय तीन हजार से पाँच हजार सालों तक निर्धारित किया गया है। भारत में नाटक और रंगमंच के जन्म को भी अधिकांश विद्वान इसी समय सीमा के भीतर निश्चित करते हैं और नाटक और रंगमंच के मूल स्रोत के रूप में प्रायः ऋग्वेद में उल्लिखित संवादों और रामायण, महाभारत जैसे महाकाव्यों का उदाहरण दिया जाता है। मैं यहाँ अलग से वैदिक युग में उल्लिखित गार्गी और मैत्रेयी जैसी विदुषी नारियों के भारतीय मनीषा में अपने विशिष्ट योगदान की कोई चर्चा नहीं करूँगा। इसी तरह से मध्यकाल में दक्षिण के महात्मा शंकराचार्य के साथ वाराणसी के विद्वान मंडन मिश्र की पत्नी उभय भारती के साथ हुई शास्त्रार्थ की घटना भी अपना खास महत्त्व रखती है। यहाँ तक कि नाट्यशास्त्र का भी उदाहरण लें तो हमारे यहाँ नाटकों के प्रदर्शन में स्त्री पात्रों के लिए अभिनेत्रियों की उपस्थिति को आरंभ से ही अपरिहार्य समझा गया जबकि दुनिया के और किसी भी देश में रंगमंच

पर एक अभिनेत्री के रूप में नारी का आना जाना बहुत बाद में जाकर शुरू हुआ। बेशक हमारे यहाँ भी मध्यकाल में बाहरी आक्रमणों के बाद नयी राजनैतिक व्यवस्था के कारण नारी पात्रों की मंच से उपस्थिति लगभग समाप्त हो गई लेकिन जहाँ तक नाट्य लेखन और चिंतन में नारी विमर्श की अहमियत का प्रश्न है उसमें कोई खास बदलाव नहीं आया।

ऋग्वेद के जिन संवादात्मक अंशों का भारत में नाटक की उत्पत्ति और विकास के लिए बार बार उल्लेख किया जाता है उनमें एक है यम यमी संवाद अंश। यह संवाद नाटक के जन्म की दृष्टि से तो अपना महत्त्व रखता ही है लेकिन उससे भी ज्यादा साहित्य में और वह भी नाट्य साहित्य में नारी विमर्श का जबरदस्त सूचक है।

गौर किया जाए कि यम और यमी परस्पर भाई बहन हैं लेकिन यहाँ वे इस संवाद से परे मात्र एक स्त्री और पुरुष के रूप में सामने आते हैं और यमी स्वयं अपनी तरफ से यम को शारीरिक संसर्ग के लिए आमंत्रित करती है अर्थात कोई सामाजिक वर्जना नहीं, बंधन नहीं और स्वयं नारी द्वारा एक उन्मुक्त आह्वान। मैं यहाँ इस प्रसंग की नैतिकता और अनैतिकता पर कोई प्रश्नचिह्न नहीं लगाना चाहता। मेरे लिए यह तथ्य ज्यादा महत्त्वपूर्ण है कि जिस वैदिक समाज और व्यवस्था में हम नारी के शोषण और उसके इस्तेमाल का उल्लेख करते अघाते नहीं हैं, वहीं यह प्रसंग स्वयं नारी के दृष्टिकोण से एक ऐसी आधुनिक अवधारणा को सामने लाता है, जिस तक पहुँचने में पश्चिम को कितने हजार वर्ष लगे हैं। वैदिक साहित्य ही क्यों, यदि अपने यहाँ के प्राचीन नाट्य साहित्य के मात्र चार नाटकों को भी प्रतिनिधि मान कर अपनी बात को आगे बढ़ाएँ तो इस विमर्श की स्थापना को और बल मिलता है।

सबसे पहले मैं महाकवि भास के नाटक 'स्वप्नवासवदत्ता' को लेना चाहूँगा। नाटक की कहानी मात्र इतनी है कि मंत्री यौगंधरायण महाराजा उदयन का विवाह मगध राजकुमारी पद्मावती से कराने के उद्देश्य को लेकर वासवदत्ता के अग्निकांड में मारे जाने का झूठा प्रचार करा देते हैं और जब तक महाराजा उदयन का पद्मावती से विवाह नहीं हो जाता, तब तक वासवदत्ता को उन्हीं के महल में घूँघट की ओट में एक धरोहर के रूप में छोड़ जाते हैं। यूँ आज के आलोचकों ने इसमें भी पुरुष द्वारा अपने स्वार्थ और सत्ता के लिए औरत को एक उपकरण के रूप में इस्तेमाल करने जैसा तत्त्व खोज लिया है लेकिन मुझे लगता है कि वह व्याख्या अधूरी है। वासवदत्ता स्वयं अपनी इच्छा से मंत्री यौगंधरायण के इस षड्यंत्र में शामिल है क्योंकि इस बात को वह भी बखूबी समझती है कि मगध की सहायता से यदि उसके पति उदयन उज्जयिनी का अपना खोया हुआ राज्य दोबारा प्राप्त कर लेते हैं तो उसकी शक्ति दोगुनी हो जाएगी। एक तरफ नाटक औरत के त्याग और उत्सर्ग का आदर्शवादी रूप प्रस्तुत करता जान पड़ता है तो दूसरी तरफ निहायत ही व्यावहारिक स्तर पर एक आधुनिक

और समकालीन टिप्पणी भी करता है। और यह टिप्पणी नाटक की कहानी और कथ्य में वासवदत्ता के मुख्य पात्र होने की वजह से ही संभव होती है। अकारण नहीं है कि नाटककार ने नाटक का शीर्षक भी वासवदत्ता के नाम पर रखा है। शुरू से लेकर आखिर तक नाटक में वासवदत्ता के अलग अलग मनोभावों, क्रियाओं और प्रतिक्रियाओं को जिस तरह से भास ने चित्रित किया है वह देखते ही बनता है। वासवदत्ता का पति उदयन ठीक उसके सामने है, वह उसे छू सकती है, वह उसके साथ सो सकती है लेकिन इसके बावजूद एक निर्धारित समय तक अपनी पहचान को छुपाने की पीड़ा को वहन करती है। यह क्या ठीक आज की सी किसी नारी का चरित्र नहीं जान पड़ता जहाँ उसे एक साथ कई स्तरों पर जीना पड़ता है।

इसी की अगली कड़ी के रूप में कालिदास के नाटक अभिज्ञानशाकुंतल को रखना होगा। यूँ तो कालिदास के दूसरे दो नाटक माल्विकाग्निमित्र और विक्रमोर्वशीय भी प्रकारांतर से नारी को ही केंद्र में ले आते हैं लेकिन जिस तरह के चरित्र के रूप में शकुंतला हमारे सामने आती है वह अद्भुत है। इस नाटक की कहानी भी ऊपर से देखने में सामान्य सी जान पड़ती है—राजा दुष्यंत हिरण का शिकार करते करते महर्षि कण्व के आश्रम तक आ पहुँचते हैं जहाँ उनकी मुलाकात शकुंतला नाम की लड़की से होती है और वे दोनों पहली नजर में ही एक दूसरे से प्रेम करने लगते हैं और परिणय सूत्र में भी बंध जाते हैं। दुष्यंत शकुंतला को परिणय की पहचान के रूप में अपनी अंगूठी देकर राजधानी लौट जाते हैं और शकुंतला को बाद में महर्षि कण्व और आश्रम के दूसरे वासियों द्वारा राजधानी के लिए प्रस्थान करा दिया जाता है। रास्ते में नदी में नहाते समय वह अंगूठी उंगली से फिसल कर कहीं खो जाती है, दुष्यंत शकुंतला को दुर्वासा के शाप के प्रभाव के कारण पहचान नहीं पाता और उसे अपने राजदरबार से निष्कासित कर देता है। लम्बे समय तक शकुंतला मारीच ऋषि के आश्रम में अकेली रहती है और दुष्यंत की संतान भरत को जन्म देती है। इस बीच दुष्यंत को अपनी खोयी हुई अंगूठी मिल जाती है और साथ ही शकुंतला की स्मृति भी लौट आती है। दोनों की पुनः मुलाकात होती है। दुष्यंत शकुंतला को वही अंगूठी पहनाना चाहता है लेकिन शकुंतला इनकार कर देती है।

आज से लगभग पंद्रह सौ अथवा दो हजार वर्ष पूर्व नारी की यह अस्वीकृति कितनी अग्रगामी दृष्टि का परिचय देती है अर्थात स्त्री पुरुष संबंधों में अंगूठी, आभूषण, वस्त्र अथवा और दूसरी भौतिक चीजों की कोई महत्ता नहीं होती। इसके विपरीत यदि कोई स्थायी तत्त्व है तो वह है आपसी विश्वास, प्रेम, समझ और संवेदना। एक दूसरे को बराबर उतना स्थान देना जितने का वह अधिकारी है फिर चाहे वह पुरुष हो अथवा स्त्री। दोनों को समान रूप से कष्ट और पीड़ा को झेलना है, दोनों को अपने व्यक्तित्व के उस अहंकारी अंश को छोड़ना है जिसके कारण उन्हें एक दूसरे से एक लम्बे समय तक अलग होना पड़ता है। यहीं पर एक और तथ्य की तरफ भी ध्यान दिया जा

सकता है और वह यह कि स्त्री और पुरुष के अलग अलग होकर रहने का कथ्य हमारे प्राचीन नाट्य साहित्य का बहुत चिर परिचित कथ्य है। 'स्वप्नवासवदत्ता' हो, 'अभिज्ञानशाकुंतल' हो, 'विक्रमोर्वशीय' हो और यहाँ तक कि शूद्रक का नाटक 'मृच्छकटिक' भी संयोग से गाड़ियों की अदलाबदली के कारण चारुदत्त और वसंतसेना के बिछुड़ने, नई-नई आपदाओं में घिरने, उनसे उबरने और अंत में पुनः एक दूसरे से मिलने के इर्दगिर्द ही बुना गया है। कहने को नाटक का नाम मृच्छकटिक अर्थात् मिट्टी की गाड़ी है लेकिन यहाँ भी वसंतसेना जैसा नारी पात्र ही उसके केंद्र में है।

समाज में आज जिस तरह से वेश्याओं के उद्धार अथवा सुधार की बात बार-बार की जाती है उस लिहाज से यह नाटक तब का लिखा होकर भी कितनी सदियाँ आगे का लिखा होने का अहसास कराता है। यहाँ वसंतसेना का गणिका होने से भी ज्यादा जीवंत और सशक्त पक्ष यह है कि वह सब कुछ छोड़ कर न केवल चारुदत्त के पास चली आती है वरन् अंत तक बिना पाणिग्रहण संस्कार के भी उसी के साथ सहधर्मिणी की तरह रहती है। आज तो समाज में भले ही विवाह किए बिना एक दूसरे के साथ रहने का प्रचलन कुछ हद तक स्वीकृत हो गया हो लेकिन यदि हम उस युग के संदर्भ में इस तरह के संबंध और साथ रहने के निश्चय पर गहराई से विचार करें तो हम पायेंगे कि हमारे इन नाटकों में उपलब्ध स्त्री पुरुष संबंधों में कितनी आधुनिकता और प्रगतिशीलता स्वयं में ही विद्यमान है।

भवभूति का नाटक 'उत्तररामचरित' प्राचीन नाट्यलेखन की अंतिम कड़ी भी है और शायद नारी विमर्श पर सबसे ज्यादा केंद्रित नाटक भी है। भले ही इसका शीर्षक राम के परवर्ती काल की कहानी से सम्बद्ध है लेकिन यहाँ भी राम से ज्यादा सीता अपनी अलग पहचान बनाने में सफल होती है। बेशक वह राम द्वारा उसके अपने परित्याग पर कोई प्रश्न नहीं उठाती और चुपचाप अपने निष्कासन को स्वीकार कर लेती है लेकिन क्या यह स्वीकार इतना सरल और सहज है कि वह कुछ भी सोचने पर विवश न करे? उसका सरल और सहज होना ही आंतरिक जटिलता को और गहरा करता है अर्थात राम के अपने मन में एक अपराध बोध आरम्भ से अंत तक बना रहता है और जब सीता उसके निर्णय को सहज ही स्वीकार कर लेती है तो वह अपराध बोध और गहरा हो जाता है। इसकी परिणति नाटक के भीतर नाटक वाले दृश्य में होती है जब राम अपनी ही जिंदगी का नाटक नट मंडली द्वारा अपने सामने अभिनीत होते देख कर उसके असर से इतने भावविह्वल हो जाते हैं कि उन्हें अपनी कोई सुधबुध नहीं रहती।

इस धरातल पर भी ये चारों नाटक एक समान जान पड़ते हैं कि जहाँ चारों पुरुष अपनी सहकर्मिणी अथवा सहधर्मिणी का तिरस्कार अथवा परित्याग करने के बावजूद पश्चाताप की आग में जलते हैं और जब उसमें से खरे सोने की तरह से पिघल कर बाहर आते हैं तभी नारी की पूरी सम्पूर्णता के साथ मानो उनका पहला

अंतरंग साक्षात्कार होता है। लगभग एक हजार ईसवी के आसपास हमारे देश की राजनैतिक और प्रशासनिक व्यवस्था में मूलभूत परिवर्तन हुए। बाहर से आए हुए शासकों ने हमारे देश पर शासन करना शुरू किया जो अलग अलग वंशों के भीतर से गुजरते हुए 17वीं, 18वीं शताब्दी तक निर्बाध गति से चलता रहा। इसमें कोई संदेह नहीं कि इतने लम्बे अरसे तक यहाँ रहने के बाद ये बाहरी लोग यहीं के वासी होकर रह गए लेकिन शुरू शुरू में इनके आने से जो सामाजिक परिवर्तन यहाँ के मूल निवासियों की जिंदगी में घटित हुए उनमें एक यह भी था कि धीरे-धीरे वही औरत जो सदा सामाजिक सांस्कृतिक गतिविधियों में बढ़-चढ़ कर भाग लेती रही थी, वह पृष्ठभूमि में चली गई। इसीलिए मध्यकाल के नाट्य साहित्य में एक तो लिखित नाट्य साहित्य ही लगभग शून्य के बराबर है क्योंकि भाषा के स्तर पर भी तब नई-नई भाषाओं और उप भाषाओं का जन्म हो रहा था। दूसरे जो कुछ मौखिक नाट्य आले‿ के नाम पर प्रमाण मिलते भी हैं उनमें भी इस नयी सामाजिक व्यवस्था के कारण औरत को वह केंद्रीय भूमिका नहीं मिल पायी जो संस्कृत नाट्य साहित्य में उपलब्ध थी। यहाँ तक कि मंच पर से भी औरतों की जीवंत उपस्थिति का सर्वथा लोप हो गया। काफी बाद में जाकर 'रामलीला' में सीता, 'जस्मा ओढ़न' में जस्मा और रासलीला में राधा जैसे पात्रों की दस्तक सुनाई देने लगती है।

भारतीय इतिहास में अंग्रेजों के आने के बाद 18वीं, 19वीं शताब्दी में एक साथ इतने नए परिवर्तन होते हैं जिसके प्रभाव व्यक्ति, परिवार, समाज और इनसे जुड़े सार्वजनिक जीवन पर भी दिखाई पड़ते हैं। बाल विवाह, सती प्रथा, विधवा विवाह का विरोध और टूटती हुई वर्ण व्यवस्था पुनः एक बार औरत को केंद्र में लाने की प्रक्रिया शुरू करती है। भले ही यह प्रक्रिया बहुत धीरे-धीरे संपन्न हुई हो और आज भी शायद पूरी तरह से लागू न हो सकी हो किंतु फिर भी इस बात से इंकार नहीं किया जा सकता कि जहाँ तक नाट्य साहित्य का प्रश्न है वहाँ नारी की उपस्थिति दिखाई पड़ने लगती है। मसलन पारसी नाटकों में स्त्री पात्रों को महत्त्वपूर्ण भूमिकाओं में लाना। जैसे कि आगा हश्र कश्मीरी के नाटक 'यहूदी की लड़की' में राहिल और 'रुस्तम सोहराब' में तहमीना और गर्द आफरीद। इसी तरह से 'सीता वनवास' में सीता और 'खूबसूरत बला' में अनगिनत नारी पात्र। मजे की बात यह है कि बेशक शुरू के काफी दिनों तक पारसी रंगमंच में पुरुष अभिनेता ही स्त्री पात्रों की भूमिकाएँ करते थे लेकिन बाद में इसका श्रेय भी आधुनिक भारतीय रंगमंच में पारसी नाट्य परम्परा और उनके नाट्य प्रदर्शनों को ही जाता है कि उनमें स्त्री पात्रों की भूमिकाओं के लिए अभिनेत्रियों ने ही मंच पर पदार्पण करने की पहल की। शुरू में ये अभिनेत्रियाँ समाज के निचले और लगभग तिरस्कृत तबके से आई लेकिन अपनी अभिनय प्रतिभा के बल पर उन्होंने पारसी रंगमंच को बहुत ही ऊँचे स्थान पर प्रतिष्ठित किया। इसी का परिणाम हुआ कि स्वतंत्रता संग्राम के दिनों में पढ़ी लिखी और आधुनिक सम्भ्रांत

महिलाओं ने भी रंगमंच जैसी हेय समझी जाने वाली विधा में बढ़ चढ़ कर हस्तक्षेप किया।

20वीं शताब्दी के 100 वर्ष उपर्युक्त नारी विमर्श के संदर्भ में बहुत ही महत्त्वपूर्ण कहे जा सकते हैं। यद्यपि इसकी शुरुआत भारतेंदु और टैगोर जैसे नाटककारों की रचनाओं में भी हो चुकी थी लेकिन पहली बार एक जबरदस्त उपस्थिति के रूप में वह जयशंकर प्रसाद के नाटकों में देखी जा सकती है। यूँ तो कामना, चंद्रगुप्त, स्कंदगुप्त उनके क़िसी भी नाटक को अपनी बात के उदाहरण के रूप में प्रस्तुत किया जा सकता है। लेकिन यहाँ यदि सिर्फ उनके एक नाटक पर इस दृष्टि से विचार विमर्श करना हो तो मात्र 'ध्रुवस्वामिनी' को लेना चाहूँगा।

आज से लगभग 75 वर्ष पूर्व लिखा गया यह नाटक अपने कथ्य और चिंतन की दृष्टि से कितना आधुनिक दिखाई पड़ता है यह 'ध्रुवस्वामिनी' जैसे चरित्र की परिकल्पना से ही समझा जा सकता है। प्रसाद जैसे नाटककार ने सुदूर अतीत के इतिहास में से एक ऐसा प्रसंग प्रस्तुत किया है जहाँ एक नारी चरित्र एक पुरुष की विवाहिता होने के बावजूद इसलिए उसका बहिष्कार अथवा अस्वीकार करती है क्योंकि वह शारीरिक रूप से नपुंसक है। इससे पहले या इसके बाद आज तक भी इस पुरुष प्रधान समाज में क्या इस बात की कल्पना की जा सकती है कि स्त्री पुरुष संबंधों में यह अस्वीकार पुरुष के बजाय औरत की तरफ से हो। ठीक ऐसा ही प्रश्न लगभग 45 वर्ष के बाद सुरेन्द्र वर्मा अपने नाटक 'सूर्य की अंतिम किरण से सूर्य की पहली किरण तक' में ओक्काक और शीलवती के पारस्परिक रिश्तों के संदर्भ में दोबारा उठाते हैं। ओक्काक शीलवती का पति होते हुए भी शारीरिक रूप से अक्षम और नपुंसक है। राज्य को एक उत्तराधिकारी चाहिए। ओक्काक स्वयं अपनी तरफ से महामंत्री, महाबलाधिकृत और राजपुरोहित के परामर्श से अपनी पत्नी शीलवती को एक रात के लिए प्रतोष नाम के पुरुष के पास भेजता है ताकि नियोग की प्रथा से उसे एक संतान की प्राप्ति हो सके। आरम्भ में शीलवती दुविधा और तनावग्रस्त है लेकिन ओक्काक के कहने पर अंततः वह तैयार हो जाती है। नाटक का सबसे प्रखर क्षण वह है, जब प्रतोष के साथ एक रात बिताने के बाद शीलवती को पहली बार स्त्री पुरुष संबंधों की पहचान मिलती है और वह ओक्काक को अस्वीकार कर देती है।

इन दो नाटकों के समानांतर हम धर्मवीर भारती के 'अंधायुग' की चर्चा भी कर सकते हैं जहाँ गांधारी जैसी स्त्री पहले तो एक अंधे पति का साथ देने के लिए आजन्म अपनी आँखों पर भी पट्टी बांधने के लिए तैयार हो जाती है लेकिन जब युद्ध की विभीषिका के फलस्वरूप अपने बेटे दुर्योधन के नरकंकाल से उसका सामना होता है तो वह कृष्ण जैसी महाशक्ति को शाप देने से भी नहीं चूकती। एक तरह से यह शाप भी गांधारी जैसी तपस्विनी और कष्टों में तप तप कर बनी हुई दृढ़ नारी द्वारा अस्वीकार है मानो। यदि हम चाहें तो 'ध्रुवस्वामिनी' और 'अंधायुग' के बीच दो तीन

नाटककारों का और उल्लेख कर सकते हैं जिन्होंने अपने नाटकों में हल्के रूप में ही सही लेकिन नारी विमर्श का संस्पर्श किया है जरूर। उदाहरण के लिए लक्ष्मीनारायण मिश्र का 'सिन्दूर की होली' अथवा 'राक्षस का मंदिर', उपेन्द्रनाथ अश्क का 'अंजो दीदी', 'तौलिये', 'कैद और उड़ान' जैसे छोटे नाटक, विष्णु प्रभाकर का 'संस्कार और भावना' और भुवनेश्वर के 'श्यामा : एक वैवाहिक विडम्बना' इत्यादि। इन सबसे अलग एक नाटक के उल्लेख के बिना यह प्रसंग अधूरा रह जाएगा और वह है जगदीशचंद्र माथुर का एक छोटा नाटक 'रीढ़ की हड्डी' जिसमें पुनः एक लंगड़ी लड़की विवाह के लिए स्वयं को देखने आए एक ऐसे लड़के का तिरस्कार करती है जो बिल्कुल भी उसके काबिल नहीं है। बहुत बाद में अपने एक दूसरे नाटक 'शारदीया' में जगदीशचन्द्र माथुर पुनः नारी को केंद्र में लाते हैं और इतिहास के पन्नों में से एक असफल प्रेम कहानी को नाटक की विधा में बांधते हैं।

आजादी के बाद के पचास वर्षों में बहुत तेजी से हमारा साक्षात्कार ऐसे नाटकों से बार बार होता है जिनका कथ्य नए-नए आदर्शों, समस्याओं और समाधानों के साथ-साथ स्त्री पुरुष संबंधों पर भी केंद्रित है। लक्ष्मी नारायण लाल के मादा कैक्टस, व्यक्तिगत दर्पण और कर्फ्यू, सुरेन्द्र वर्मा के 'द्रौपदी' और भीष्म साहनी के 'माधवी' आदि के नाम लिये जा सकते हैं। विशेष चर्चा के रूप में यदि मात्र एक नाटक का नाम लेना हो तो वह है रमेश बक्षी का 'देवयानी का कहना है।' 1972 में जब इस नाटक का दिल्ली रंगमंच पर आगमन हुआ तो एकदम से किसी घटना के होने जैसा चमत्कार हुआ था। एक पुरुष और एक स्त्री विवाह के बंधन में बंधे बिना एक दूसरे के साथ रहने का निर्णय लेते हैं। साथ रहना शुरू करते हैं लेकिन महज तीन दिन साथ रहने के बाद अलग-अलग हो जाते हैं और इसकी पहल स्त्री की तरफ से होती है। यद्यपि इससे मिलते-जुलते कथ्य की अनुगूँज हमें शोभना भूटानी के एक छोटे नाटक 'शायद हाँ' में पहले से दिखाई दे जाती है लेकिन रमेश बक्षी ने जिस तीखी भाषा और तीखे अंदाज में स्त्री पुरुष संबंधों को उघाड़ कर हमारे सामने प्रस्तुत किया था वह उस वक्त सचमुच में सनसनीखेज था, इसलिए नाटक का और उससे भी ज्यादा उसकी प्रस्तुति का उस वक्त बहुत गहरा असर पड़ा। विशेष रूप से सुरेखा सीकरी जैसी अभिनेत्री द्वारा अभिनीत अत्यंत भाव प्रवण, सूक्ष्म और जटिल चरित्र के कारण।

अभी तक की चर्चा में हमने मुख्य रूप से हिंदी नाट्य साहित्य में उपलब्ध नारी विमर्श पर दृष्टिपात किया है। यदि इसमें हम कुछ और भारतीय भाषाओं में लिखे नाटकों को भी शामिल कर लें तो इस आलेख के आरम्भ में रखी गई स्थापना की ही पुष्टि होगी। बहरहाल यहाँ सारी भाषाओं में रचित नाटकों के नाम गिनाने का कोई अर्थ नहीं होगा सिर्फ उदाहरण के रूप में बंगला के गिरीश घोष के नाटक 'नटीविनोदिनी', बादल सरकार के नाटक 'पगला घोड़ा', गिरीश कर्नाड के नाटक 'हयवदन' और मराठी में विजय तेन्दुलकर के लगभग सभी नाटक। यह कहना भी

अत्युक्ति नहीं होगी कि सम्पूर्ण भारतीय नाट्य साहित्य में विजय तेन्दुलकर ही अकेले ऐसे नाटककार हैं जिनके सभी नाटकों में औरत ही केंद्र में दिखाई पड़ती है—यदि हम 'जाति ही पूछो साधु की' और 'घासीराम कोतवाल' जैसे एक दो नाटकों को छोड़ दें। इतना ही नहीं औरत सिर्फ केंद्र में ही नहीं है वह पुरुषों द्वारा पहले से स्थापित मूल्यों, मान्यताओं और नियमों, वर्जनाओं पर मुखर होकर प्रश्नचिह्न भी लगाती है और जहाँ जब सम्भव हो उनका विरोध भी करती है, फिर चाहे वह 'खामोश अदालत जारी है' की वेणारे हो, 'सखाराम बाइंडर' की चम्पा हो। 'पंछी ऐसे आते हैं' की सरू हो, 'अंजी' की अंजी, 'कमला' की कमला और 'कन्यादान' की ज्योति हो और अंततः 'गिधाड़े' की रमा हो, ये सभी ऐसे चरित्र हैं जो बेशक बाहर से देखने में कितने ही परम्पराशील क्यों न लगें लेकिन पूरे नाटक के दौरान विजय तेन्दुलकर जिस तरह से उनका विकास करते हैं, वह निश्चय ही इन सभी चरित्रों को अपनी एक निजी पहचान प्रदान करता है। कहा जाता है कि विजय तेन्दुलकर के नाटकों में पुरुष द्वारा औरत का शोषण और उसके साथ की जाने वाली शारीरिक हिंसा और मानसिक यंत्रणा का चित्रण ही अधिक मिलता है। यहाँ तक कि उन्हें हिंसात्मक कथ्यों वाले नाटककार की संज्ञा भी दी गई है लेकिन इसके विरोध में खड़े किए गए सभी नारी चरित्र भी उतने ही जीवंत दिखाई पड़ते हैं और कहीं कहीं तो वे पुरुष से भी ज्यादा हिंसक रूप में रेखांकित किये जा सकते हैं। जैसे कि 'सखाराम बाइंडर' की चम्पा और 'खामोश अदालत जारी है' की मिसेज काशीकर और कुछ हद तक वेणारे भी।

आजकल जिस जोरशोर से साहित्य की लगभग सभी विधाओं जैसे कि कहानी, उपन्यास, आत्मकथा, जीवनी आदि में नारी विमर्श का जो चित्र और विवरण प्रस्तुत किया जा रहा है, उसके समानांतर यदि हम उपर्युक्त संपूर्ण आलेख के संदर्भ में नाटक में भी एक नए संवाद की शुरुआत करें तो ज्यादा सार्थक होगा। दरअसल अब तक होता यह आया है कि नाट्य विधा को पूरी तरह से रंगमंच से जोड़ कर देखने के कारण उसके साहित्यिक पक्ष की प्रायः या तो अवहेलना कर दी गई है और यदि ऐसा नहीं है तो उसे पूरी तरह से पाठ्य अथवा साहित्यिक विधा मानते हुए अत्यंत सीमित कर दिया गया है। ये दोनों दृष्टिकोण नाट्य विधा के लिए एकांगी साबित हुए। देखा जाए तो नाट्य विधा न तो मात्र साहित्य है और न ही महज रंगमंच, कहना यह चाहिए कि वह एक तरह से साहित्य और रंगमंच के बीच पुल का काम करती है जैसे कि कविता। इसीलिए यह मात्र संयोग या अकारण नहीं है कि कविता और नाट्य एक दूसरे के बहुत नजदीक हैं। इतने नजदीक कि बहुत-सा महत्त्वपूर्ण नाट्य साहित्य तो लिखा ही कविता में गया है। इन उलझे हुए समीकरणों के कारण ही साहित्य की दूसरी विधाओं में तो लगातार इधर काफी नारी विमर्श की चर्चा रही। दलित लेखन के साथ-साथ महिला लेखन का भी अलग से आकलन किया गया लेकिन ऐसा कोई विवेचन और विश्लेषण नाटक से जोड़ कर नहीं हो पाया। इतना ही नहीं स्वयं महिला

नाटककारों की उपस्थिति को भी लगभग अनदेखा ही कर दिया गया। यदि ऐसा न हुआ होता तो शोभना भूटानी, त्रिपुरारी शर्मा, शांति मेहरोत्रा, मन्नू भंडारी, मृदुला गर्ग, कृष्णा सोबती, नीलम मानसिंह, शांता गांधी, शीला भाटिया, कुसुम कुमार, मृणाल पांडे, नादिरा जहीर बब्बर के लेखन पर भी इस विषय में अवश्य चर्चा की जाती। इस आलेख के माध्यम से मैंने नाटक के जन्म से लेकर आज तक कुछ चुनी हुई रचनाओं को साक्ष्य के रूप में प्रस्तुत करते हुए इस तथ्य और कथ्य को रेखांकित करने की कोशिश की है कि नारी विमर्श की सबसे पहली शुरुआत नाटक से हुई और आज तक जितना विमर्श इस दिशा में हुआ है इस दृष्टि से नाट्य विधा का पलड़ा ही ज्यादा झुका हुआ दिखाई देगा।

स्त्री विमर्श : कुछ पठनीय आत्मकथाएँ

मेरे बचपन के दिन	तसलीमा नसरीन
उत्ताल हवा	तसलीमा नसरीन
द्विखंडिता	तसलीमा नसरीन
वे अंधेरे दिन	तसलीमा नसरीन
जो कहा नहीं गया	कुसुम अंसल
लगता नहीं है दिल मेरा	कृष्णा अग्निहोत्री
बूंद बावड़ी	पद्मा सचदेव
दोहरा अभिशाप	कौशल्या बैसंत्री
खानाबदोश	अजीत कौर
नंगे पैरों का सफर	दिलीप कौर टिवांड़ा
कुछ कही कुछ अनकही	शीला झुनझुनवाला
कस्तूरी कुंडल बसै	मैत्रेयी पुष्पा
बुरी औरत की कथा	किश्वर नाहीद
नाच री घूमा	माधवी देसाई
कागजी हैं पैरहन	इस्मत चुगताई
मेरी कहानी	कमला दास
रसीदी टिकट	अमृता प्रीतम
मेरे आका	तहमीना दुर्रानी

नयी सामाजिक अस्मिताएँ और साहित्य

सन्दर्भ : हिन्दी-जापानी साहित्य में स्त्री लेखन पर एक विमर्श

□ **देवेन्द्र चौबे**

पिछली दो-तीन शताब्दियों में आधुनिकता के आने के साथ ही पारम्परिक समाज की अवधारणा बदली है। इसे बदलने में मार्क्सवाद की वर्गीय अवधारणा की बड़ी भूमिका रही है। भारत और जापान भी इसके गवाह रहे हैं। लेकिन हाल के दशकों में साहित्य में मनुष्य की अस्मिता या यों कहें कि सामाजिक अस्मिता का मुद्दा एक केन्द्रीय स्तर बनकर उभरा है, चाहे इसका कारण द्वितीय विश्वयुद्ध (1939-1945) हो या भारत-पाक (1947) का विभाजन। लेकिन महत्वपूर्ण बात यह हुई कि मनुष्य अथवा समाज की अस्मिता से जुड़ी इन सारी प्रक्रियाओं में ऐसे समाज और समूह सामाजिक अस्मिता के सवाल को लेकर उठ खड़े हुए हैं जिन्हें सदियों से समाज की मुख्यधारा के अन्दर और बाहर हाशिये पर रखा गया। पिछले कुछ दशकों के एशियाई और यूरोपीय, खासकर तीसरी दुनिया के साहित्य को देखकर लगता है कि यह सामाजिक अस्मिता का मुद्दा समाजशास्त्री लूसिएँ गोल्डमान के समानधर्मिता की अवधारणा की तरह साहित्य को देखने की विश्ववृष्टि हो सकती है; बशर्ते हम इस साहित्य में उभरकर आये सामाजिक अस्मिता के सवाल और समाज को गम्भीरता से लें। कहना न होगा कि साहित्यिक दृष्टि से यह समाज फिलहाल तीन तरह से दिखाई पड़ रहा है—पहला स्त्री समाज, दूसरा दलित समाज और तीसरा आदिवासी समाज के रूप में। जहां तक भारतीय और जापानी समाज एवं साहित्य का सवाल है, दोनों देशों में स्त्री लेखन की कुछ समान दिशाएं रही हैं जिसे दोनों देशों की लेखिकाओं ने अपनी रचनाओं में गम्भीरता के साथ उठाया है। हिन्दी लेखकों का भी मानना है कि स्त्री लेखन के स्तर पर भारतीय एवं जापानी साहित्य में अनेक समानताएं हैं, खासकर, विवाह संस्था से उत्पन्न समस्याओं के सन्दर्भ में। इसलिए दोनों देशों में, साहित्य के स्तर पर स्त्री-लेखन एक ऐसा पुल हो सकता है जो समन्वित रूप से विचार-विमर्श की प्रक्रिया को आगे बढ़ाये।

यह लेख जापानी साहित्य के बारे में हिन्दी के कुछ लेखकों के साथ सम्वाद करते हुए सामाजिक अस्मिता के अनेक सन्दर्भों और सवालों पर विमर्श करता है और

स्त्री लेखन को भविष्य के भारतीय एवं जापानी साहित्य का एक समन्वित प्रस्थान बिंदु मानता है।

पिछले कुछ वर्षों से जापानी साहित्य में भारतीय, खासकर हिन्दी के नये लेखकों की दिलचस्पी बढ़ी है। इस दिलचस्पी के क्या कारण हैं, इस पर मैं आपसे विस्तार से बाद में बातचीत करूँगा। फिलहाल संकेत के रूप में यह अवश्य दर्ज करना चाहूँगा कि इस बीच जापानी साहित्य के विषय में हिन्दी के लेखकों की रुचि जानने के लिए मैंने कम-से-कम तीस नये-पुराने लेखकों को पत्र लिखे। सम्भवतः आप मेरी बात से सहमत न हों, परन्तु यह हकीकत है कि मुश्किल से हिन्दी के आठ-दस लेखकों ने ही उसका जवाब दिया। उनमें से कुछ लेखकों ने व्यक्तिगत मुलाकातों में और कुछ ने पत्र तथा फोन के माध्यम से जापानी साहित्य के बारे में अपराध-बोध के साथ अपनी अज्ञानता दर्शायी और कुछ ने यह जानने में जिज्ञासा प्रकट की कि यदि भविष्य में कुछ जापानी साहित्य हिन्दी में आये तो वह उन्हें उपलब्ध करवाया जाए।

बहरहाल, यह हिन्दी लेखकों का एक पक्ष है। दूसरा पक्ष, अधिक महत्वपूर्ण है। उनकी दिलचस्पी इधर जापान के साथ ही चीन, म्यॉमार (बर्मा), बंगलादेश, श्रीलंका, पाकिस्तान, अफगानिस्तान सहित अन्य एशियाई देशों के साहित्य में बढ़ी है और इसका सबसे बड़ा कारण है, 1990 के बाद भारत में शुरू हुई आर्थिक उदारीकरण और भूमण्डलीकरण की प्रक्रिया, जिसने एकाएक एशियाई देशों के साथ ही भारत में भी गम्भीरता के साथ सामाजिक अस्मिता, खासकर स्त्रियों, दलितों और आदिवासियों की अस्मिता के सवाल को वैचारिक विमर्श का केन्द्र बना दिया। परिणामतः उसके इतिहास की खोज होने लगी तथा लोगों ने यह महसूस किया की और जगह चाहे जैसी भी स्थिति हो, परन्तु भारत के इतिहास में न तो कहीं स्त्रियाँ ही दर्ज हैं और न ही दलित, और यदि कहीं दर्ज हैं भी तो उनकी स्थिति और स्थान हाशिये पर हैं। अगर राजेन्द्र यादव जैसे कथाकार और हंस पत्रिका के सम्पादक बार-बार दलितों और स्त्रियों के इतिहास के न होने और इतिहास के समानान्तर उनके लिए एक नये इतिहास के लिखने की माँग करते हैं तो इसका सबसे बड़ा कारण है, मुख्यधारा की जिन्दगी में उनका कोई निश्चित स्थान न होना और यदि स्थान हो भी तो मात्र पूरक का, जहाँ उनका इस्तेमाल कर, उन्हें, उन्हीं के हाल पर जीने के लिये छोड़ दिया जाता है। और इसके कुछ कारण हैं। उनमें से एकाध का उल्लेख मैं करना चाहूँगा—एक, भारतीय सामाजिक व्यवस्था की जातीय संरचना की मुख्यधारा के अन्दर शूद्र के रूप में दलितों का सबसे निचले स्थान पर होना; दो, स्त्रियों का समाज की आर्थिक संरचना में अनुत्पादकीय अथवा अनुपजाऊ श्रमिक कार्य से जुड़ा होना, और तीन, मुख्यधारा के बाहर आदिवासी जैसे इतिहास सूचक सम्बोधक के रूप में जनजातीय अथवा एक ऐसे अलग समाज के रूप में पहचाना जाना, जो किसी भी समय मुख्यधारा की सम्पत्ति का हिस्सेदार हो सकता है, इसलिए उसे दूर रखो। अगर स्थान देना ही है तो संग्रहालयों अथवा

पुरातात्विक पुस्तकों में दे दो। इन दोनों प्रकार के लोगों—खासकर दलितों और आदिवासियों के साथ भारतीय समाज की मुख्यधारा अछूत या अस्पृश्य-सा व्यवहार करती है तथा इन दोनों के बीच का सम्बन्ध लगभग शोषक और शोषित का होता हैं। जाहिर है, शोषितों की इस श्रेणी में स्त्रियाँ भी शामिल हैं। फर्क यह है कि उनके शोषण का एक ईश्वर प्रदत्त मिथकीय रूप समाज ने रच रखा है और उसे धर्म अथवा पवित्र ग्रंथों से जोड़कर सदियों से तार्किक बनाये हुए है।

जाहिर है, जब समाज और साहित्य के इतिहास में स्त्रियों दलितों और आदिवासियों के न होने के सवाल उठ रहे हों तो इसके कुछ खास कारण हैं। हिन्दी साहित्य में लगभग सन् 1965 के बाद विचारधारा के स्तर पर सामाजिक अस्मिता को लेकर रचनात्मक लेखन की प्रक्रिया की शुरुआत होती है। तब खेतिहर मजदूरों, गैर सवर्ण किसानों और निम्नवर्गीय श्रमिकों को लेकर जारी संघर्ष नक्सलवाद के माध्यम से अपनी चरम सीमा पर था और सम्भवतः इसी कारण हिन्दी के लेखकों का ध्यान भारतीय समाज में हाशिये पर पड़े स्त्रियों और दलितों के साथ ही अन्य सामाजिक समूहों की ओर भी गया। यह कहना गलत नहीं होगा कि भारतीय राजनीति को यह नक्सलवाद गहराई के साथ प्रभावित करता है। पश्चिम बंगाल में कम्युनिस्ट पार्टी की सरकार बनती है और इमरजेन्सी के विरोध में जयप्रकाश नारायण के नेतृत्व में भारतीय छात्र कांग्रेसी सत्ता के खिलाफ राष्ट्रीय स्तर पर आंदोलन करते हैं। परिणामतः केन्द्र में 1977 में जनता पार्टी की सरकार बनती है। यह वही दौर है, जब चीन में सांस्कृतिक-क्रांति (1966-1976) होती है और विश्व के अनेक भागों में तीसरी दुनिया के कई देश गैर-लोकतान्त्रिक व्यवस्थायें और पूँजीवादी साम्राज्यवाद के खिलाफ अपनी राष्ट्रीय तथा जातीय अस्मिता के लिए संघर्ष करते हैं। यदि द्वितीय विश्वयुद्ध के बाद के जापानी समाज की बेचैनी और मनुष्य की अस्मिता को लेकर उठाये सवाल एवं 1970 के आसपास के टोक्यो के छात्रों के आन्दोलन या तेल की समस्या को छोड़ दिया जाए तो कोई ऐसी बड़ी समस्या नहीं दिखाई पड़ती है, जिसने जापान और वहाँ के साहित्य को प्रभावित किया हो। हाँ, इसी दौर में विश्व प्रसिद्ध जापानी उपन्यास 'टेम्पिल ऑव दि गोल्डन पैविलियन' के लेखक मिशिमा युकियो की पैंतालीस वर्ष की उम्र में 25 नवम्बर 1970 की दोपहर में शील्ड सोसायटी के सदस्यों के साथ सामुराई तलवार को अपने नंगे पेट में घुसाकर जापानी राष्ट्रीयता के लिए आत्मघात कर लेना जरूर जापानी समाज के लिए एक विस्मयकारी घटना है जिसने विश्व के लोगों को स्तब्ध कर दिया। पर, एक अजीब प्रकार के पूँजीवादी साम्राज्यवाद में जकड़े जापानी समाज को यह घटना भी किसी बड़े आंदोलन के लिए बाध्य नहीं कर पाती। सम्भवतः यही कारण है कि हिन्दी लेखकों को भी जापानी साहित्य की यह अन्तःसंरचना यथार्थ के स्तर पर अपने साथ बहुत दूर तक नहीं ले जा पाती और न ही प्रभावित करती है।

भारतीय, खासकर हिन्दी साहित्य के सन्दर्भ में यह वही 1965 से लेकर 1990-95

तक का दौर है, जब राजनीतिक घटनाओं के साथ ही, भारत-पाक युद्ध, 1975 में नागपुर में हुआ दलित सम्मेलन, पंजाब में आतंकवाद, 1984 में हिन्दू-सिख दंगे, विज्ञापन एवं टी.वी. का जनता पर बढ़ता प्रभाव, राम-जन्मभूमि विवाद, मण्डल कमीशन, आर्थिक उदारीकरण और भूमण्डलीकरण की प्रक्रिया, घुमन्तू जनजातियों द्वारा समान नागरिक अधिकारों की माँगों के लिए आवाज उठाना आदि अनेक ऐसी ऐतिहासिक और सामाजिक घटनायें हैं, जिनका भारतीय समाज पर गहरा असर पड़ता है। लोगों की दुनिया बदल जाती है। इन सारी घटनाओं की चर्चा का एक ही मकसद है और यह कि भारतीय, खासकर हिन्दी समाज की दुनिया जापानी समाज की पूँजीवादी दुनिया की तरह एक ही दिशा में स्थिर नहीं है। वह गतिशील है तथा तरह-तरह के आन्दोलनों और घटनाओं से प्रभावित होती रही है। इतना ही नहीं यह समाज उन समस्त आन्दोलनों और घटनाओं पर 'रिएक्ट' (प्रतिक्रिया) भी करता रहा है जिससे उसकी जिन्दगी प्रभावित होती है। जाहिर है, हिन्दी के लेखकों को भारतीय समाज का यह प्रतिरोधात्मक तेवर प्रभावित करता है जिसका गहरा असर उनके साहित्य पर दिखलाई पड़ता है। यहाँ यह कहना अतिश्योक्तिपूर्ण नहीं होगा कि जितना गहरा सरोकार हिन्दी लेखकों का अपने समाज, खासकर प्रगतिशील और विकासशील सामाजिक मूल्यों से रहा है उतना जापानी साहित्य में दिखलाई नहीं पड़ता और यदि वह है तो उसका अनुवाद हिन्दी में नहीं हुआ है। हाँ, बौद्ध-धर्म के प्रति लोगों की दिलचस्पी है, परन्तु यह दिलचस्पी उसे हिन्दू समाज की विसंगतियों के कारण एक साहित्यिक विरासत में बदल नहीं पाती। इसके जिम्मेदार कौन लोग हैं, इस पर बातचीत होनी चाहिए। कुछ लोग कह सकते हैं कि हिन्दी लेखकों का भी यह दायित्व है कि वह जापानी साहित्य में दिलचस्पी दिखायें, पर अफसोस के साथ मैं इस तथ्य को रखना चाहूँगा कि जापानी साहित्य की जैसी छवि पिछली एक-दो शताब्दियों में बनी और हमारी सामाजिक व्यवस्था ने बनाया, वह इस साहित्य के प्रति कोई गहरी दिलचस्पी नहीं जगाता। इस पर विचार करने की जरूरत है। अगर हम कथाकार महीप सिंह की बात मानें तो इसका प्रमुख कारण है, जापान के बारे में लोगों के अन्दर बनी छवि। यह छवि कैसी है, इसे उन्हीं के शब्दों में जानना अधिक दिलचस्प होगा :

"जापान नकलचियों का देश है—जापान के सम्बन्ध में सारे संसार में यह धारणा लम्बे समय तक फैली रही, इसलिए जापानी साहित्य के सम्बन्ध में भी प्रायः यह धारणा ही व्यक्त की जाती रही कि वह और कुछ नहीं चीनी साहित्य की एक धुँधली अनुकृति मात्र है।"

परन्तु क्या वास्तव में जापानी साहित्य चीनी साहित्य की छवि है? या बात कुछ और हैं? हिन्दी लेखकों के बीच जापानी साहित्य की धुँधली छवि का कारण सिर्फ इतना ही नहीं है। हिन्दी के युवा लेखक प्रेमकुमार मणि का मानना है कि :

"इसके लिए हमें थोड़ा इतिहास में जाना होगा। ब्रिटिश शासन के चलते भारत

पूरब की तुलना में पश्चिम के प्रभाव में अधिक रहा है। पश्चिम की भाषा मुख्यतः अंग्रेजी है, इसलिए यहाँ अंग्रेजी साहित्य का असर अधिक है। पर बात इतनी ही नहीं है," हमें थोड़ा धर्म का इतिहास भी देखना होगा। जापान में बौद्ध-धर्म है। कहना न होगा कि बौद्ध-धर्म का भारत से गहरा सम्बन्ध रहा है। इसीलिए जापानी समाज की दिलचस्पी तो भारतीय समाज और साहित्य में है, पर हमारी नहीं क्योंकि जापान में दिलचस्पी का अर्थ है—बौद्ध-धर्म में भी दिलचस्पी अर्थात वर्णवाद का विरोध जो कि भारत की जातीय और सामन्ती व्यवस्था के समर्थक कभी नहीं करेंगे।"

यह एक बड़ी सचाई है जिसकी तरफ प्रेमकुमार मणि इशारा करते हैं और मुझे भी लगता है कि यह एक बहुत बड़ा कारण है। जिसकी तरफ लोगों का ध्यान कभी गया ही नहीं!

पर, इस मसले पर कथाकार पंकज बिष्ट की राय थोड़ी अलग है। उनका मानना है कि :

"यह एक दुःखद पहलू है कि एशिया में ही एशियाई लेखकों को नहीं पढ़ा गया। पर इसके कारणों पर विचार करना चाहिए कि आखिर जापानी साहित्य हिन्दी में भी क्यों नहीं पढ़ा गया? मिशिमा युकियो *की चर्चा एक नेशनलिस्ट लेखक के रूप में होती है। पर, यह कैसा राष्ट्रवाद है कि एक लेखक आत्महत्या कर ले? यह तो एक तरह से फॉसीवाद है। इस तरह के कार्य से आप क्या संदेश देना चाहते हैं? दूसरी बात, अधिकांश जापानी लेखक अपने लेखन के माध्यम से पश्चिमी हितों की रक्षा करते हैं। फिर कोई एशियाई लेखक उन्हें क्यों पढ़े?"*

स्पष्टतः पंकज बिष्ट जापानी साहित्य पर बातचीत करते हुए कुछ ऐसी बातों और खतरों की ओर संकेत कर जाते हैं जिनका गहरा सम्बन्ध सांस्कृतिक राष्ट्रवाद, फासीवाद और पूँजीवादी साम्राज्यवाद से है। कहना न होगा कि प्रगतिशील भारतीय जनता इस प्रकार की प्रतिगामी ताकतों और संकेतों का विरोध करती रही है। महीप सिंह ने हिन्दी लेखकों की जापानी साहित्य में दिलचस्पी न दिखाने के एक बड़े कारण की चर्चा करते हुए लिखा है कि :

"परम्परा से जापानी साहित्य मुख्यतः अभिजातवर्गीय साहित्य रहा है।"

सम्भवतः इसी कारण भीष्म साहनी जैसे बड़े लेखक का कहना है कि :

"मुझे जापानी नहीं आती और हिन्दी में भी जापानी साहित्य का अनुवाद उपलब्ध नहीं है। अंग्रेजी में भी जो पढ़ा है, उससे कोई साफ-सुथरी छवि बनती नहीं है। उनमें कोई समस्या नहीं है। कावाबाता यासुनारी *की कुछ चीजें पढ़ी हैं। पर, उससे जापानी साहित्य के बारे में कोई राय नहीं बनती।"*

जाहिर है, स्वाधीनता के बाद का हिन्दी और शेष भारतीय समाज जिन मूलभूत समस्याओं से जूझ रहा है, वे उसे जापानी साहित्य में दिखलाई नहीं पड़ते और हिन्दी लेखकों की जापानी साहित्य में बहुत अधिक दिलचस्पी न होने का यह भी एक बड़ा

कारण है। इसे हम पिछले दो-तीन दशकों के हिन्दी लेखन से जोड़कर और अच्छी तरह देख एवं समझ सकते हैं।

उदाहरण के लिए, पिछले दो-तीन दशकों से हिन्दी में कृष्ण सोबती, मन्नू भण्डारी, मृदुला गर्ग, मृणाल पाण्डे, ममता कालिया, मंजुल भगत, चित्रा मुद्गल, अर्चना वर्मा, मैत्रेयी पुष्पा, नासिरा शर्मा, अनामिका, प्रभा खेतान, गीतांजलि श्री, अलका सरावगी, कात्यायनी आदि स्त्री; मोहनदास नैमिशराय, ओमप्रकाश वाल्मीकि, डॉ. धर्मवीर, कौशल्या बैसंत्री, जयप्रकाश कर्दम, श्यौराज सिंह बेचैन, सुशीला टाकभौरे, कंवल भारती आदि दलित और वाहरू सोनवणे, शंकर लाल मीणा, राम दयाल मुण्डा, रोज केरकेट्टा, इग्नोशिया टोप्पो, वॉल्टर बेक, पीटर पॉल एक्का आदि आदिवासी लेखकों की प्रकाशित रचनायें सम्बन्धित समाज की अस्मिता तथा समस्याओं को गम्भीरता के साथ उठाती हैं। जाहिर है, इस तरह के लेखन में पाठकों की गहरी दिलचस्पी दिखाना स्वाभाविक है। कारण, इस तरह के लेखन में कम या अधिक एक नये और अनजान समाज की जिन्दगी से उनका परिचय होता है। उसे इस बात पर आश्चर्य होता है कि उसके बीच और आसपास एक समाज ऐसा भी है जो एक खास प्रकार की सामाजिक व्यवस्था के कारण हाशिये की जिन्दगी गुजार रहा है। यहाँ, मैं एक बात को स्पष्ट करना चाहूँगा कि ऐसे समाज सिर्फ भारत में ही नहीं हैं, बल्कि दक्षिण अफ्रीका, लातिनी अमरीका सहित तीसरी दुनिया के अनेक देशों में ऐसे समाज हैं, जिनके साथ वर्ग हो या वर्ण, अछूत-सा व्यवहार किया जाता है। जापान में भी 'एता' नामक सम्प्रदाय के लोगों की स्थिति भारत की"...*अस्पृश्य जातियों जैसी ही है।* मुझे इस सम्प्रदाय के किसी लेखक की कोई रचना नहीं मिली, नहीं तो यह जानना महत्वपूर्ण होता कि जापानी साहित्य की मुख्यधारा और वहाँ के समाज को इनका लेखन कैसे और किस रूप में प्रभावित करता है। तब सही मायने में सामाजिक अस्मिता को लेकर लिखे जा रहे हिन्दी और जापानी साहित्य का वास्तविक मूल्यांकन होता और यह बात जापानी साहित्य के प्रति भारतीय लेखकों के एक बड़े वर्ग को प्रभावित करती। यह कहना अतिश्योक्तिपूर्ण नहीं होगा कि वैचारिक चिन्तन और आज के समाज के लिए भी यह बहस का एक गम्भीर मसला है कि आखिर क्यों इतनी आर्थिक और मशीनी प्रगति के बाद भी मनुष्य समाज में अकेला पड़ता जा रहा है और अपनी सामाजिक अस्मिता के लिए संघर्ष करने को बाध्य हो रहा है चाहे उस अस्मिता का जो भी रूप उभरकर सामने आये। आज नहीं तो कल, साहित्य और विचारधारा की दुनिया को इस प्रकार के सवालों से टकराना ही होगा।

इधर पिछले बीस-बचीस वर्षों में हिन्दी के अनेक नये-पुराने लेखकों ने लिखित साहित्य में सामाजिक अस्मिताओं को लेकर हो रहे इसी प्रकार के संघर्ष को रचना का मुख्य आधार बनाया है और इसका सबसे बड़ा कारण है उनकी अपने समाज को लेकर कुछ खास चिन्तायें; जैसा कि मैंने ऊपर में उल्लेख किया है। इस बात की

चर्चा मैं विस्तार से इसलिए भी कर रहा हूँ कि हिन्दी के लेखकों की दिलचस्पी इस प्रकार के सवालों से टकराने और समस्याओं पर लिखने तथा पढ़ने में रही है। कारण, जापानी साहित्य की जो छवि हिन्दी समाज में है और इधर, हिन्दी के लेखकों से बातचीत के दौरान मैंने जो पाया, वह कुछ प्रसंगों को छोड़कर बहुत उत्साहजनक नहीं है। चाहे वह भीष्म साहनी, राजेन्द्र यादव, केदारनाथ सिंह, मैनेजर पाण्डेय, योगेन्द्र सिंह, गंगा प्रसाद विमल, चित्रा मुद्‌गल, ममता कालिया, प्रयाग शुक्ल, लल्लन राय जैसे वरिष्ट लेखकों-समाजशास्त्रियों के विचार हों अथवा पंकज बिष्ट, राजेश जोशी, प्रेमकुमार मणि, कर्मेंदु शिशिर, सूरज प्रकाश, राजेन्द्र डेंगले, सच्चिदानन्द सिन्हा, ओमप्रकाश वाल्मीकि, सुरेश सलिल, हेमन्त अधलेखा जैसे बाद के लेखकों-आलोचकों के। इनसे बातचीत करते हुए मुझे बार-बार लग रहा था कि बीच में ऐसी कोई दीवार जरूर है, जिसके पार कुछ भी दिखाई नहीं दे रहा है। क्या वह जापानी साहित्य का जापानी से सीधे हिन्दी में व्यवस्थित अनुवाद न हो पाना है अथवा जो भी अनुवाद हुआ है, क्या वह अपनी संरचना में कोई खास उत्सुकता एवं उत्साह नहीं जगा पाता है? यहाँ संरचना से मेरा दोनों आशय हैं—अनुभव और विचार—दोनों के स्तर पर। क्योंकि यह सही है कि किसी भी साहित्य में जनता अपनी जिन्दगी को झाँकती है; अपने समाज, समाज में हो रही हलचल; वैचारिक बहस, चल रहे जन-आन्दोलन, जिन्दगी की समस्याओं से हो रही सीधी मुठभेड़; लेखक की समाज़, राष्ट्र, राजनीतिक व्यवस्था, संस्कृति आदि के विषय में विवेकशील राय जानना चाहती है। पाठक अथवा जनता किसी भी देश के साहित्य में यह भी देखती है कि लेखक की दृष्टि केवल प्रतिगामी ही है अथवा प्रगतिशील भी? वह अपने देश की कितनी प्रतिशत जनता की आवाज उठा रहा है और जनता उसके विचारों से किस हद तक सहमत है, जैसा कि हिन्दी में जयशंकर प्रसाद तथा प्रेमचंद और जापानी में तानीजाकी जुनइचिरो और कावाबाता यासुनारी जैसे लेखक हैं। ये लेखक किसी भी देश की, किसी भी भाषा में जनता के प्रिय लेखक हो सकते हैं। कारण, इनके साहित्य में जनता अपने आपको खड़ा पाती है। उदाहरण के लिए जयशंकर प्रसाद : (काव्यः कामायनी लहर, आँसू आदि; नाटक : चन्द्रगुप्त, स्कंदगुप्त, ध्रुवस्वामिनी आदि) के साहित्य में जहाँ भारतीय परम्परा के प्रति गहरी आस्था और समाज में स्त्री के प्रति सम्मानजनक भाव-बोध एवं प्रेमचन्द (उपन्यास : सेवासदन, प्रेमाश्रम, रंगभूमि, गोदान, निर्मला आदि) के साहित्य में गरीब और किसान जनता एवं स्त्रियों की समस्याओं के प्रति गहरी प्रतिबद्धता के साथ ही एक नये प्रकार का राष्ट्रीय-चिन्तन दिखलाई पड़ता है, वहाँ तानीजाकी के साहित्य (जैसे—एक मूर्ख का प्रेम) में स्त्रियों और कावाबाता के उपन्यासों (जैसे—हिम देश, हजार सारस, पर्वत की आवाज आदि) में अभिजातीय संस्कृति के खिलाफ गहरे विद्रोह का भाव तथा देशीय परम्पराओं के प्रति गहरे लगाव का बोध दिखाई पड़ता है। दूसरे शब्दों में कह सकते हैं कि इन लेखकों की रचनाओं में राष्ट्रीय संस्कृति और सामाजिक अस्मिता का व्यापक

बोध दिखाई पड़ता है और इसीलिए ये लेखक अपने-अपने देश में अधिक संख्या में पढ़े जाते हैं। फिर आखिर क्यों जापानी साहित्य के प्रति वैसी उत्सुकता भारतीय, खासकर हिन्दी के लेखकों में दिखलाई नहीं पड़ती? इसका कारण क्या महीप सिंह द्वारा उल्लिखित बातें हैं अथवा प्रेमकुमार मणि का तर्क? पंकज बिष्ट का तर्क अधिक सही है अथवा भीष्म साहनी का? अथवा जापानी साहित्य के बारे में राजेश जोशी, ममता कालिया, ओमप्रकाश वाल्मीकि, सूरज प्रकाश, लल्लन राय आदि लेखकों द्वारा व्यक्त विचार को मानकर हम तय कर लें कि जो उपलब्ध करा दिया जाएगा, उसे जनता सहज भाव से स्वीकार कर सन्तुष्ट हो जाएगी। यद्यपि ये लेखक ऐसे नहीं हैं कि जो आप उपलब्ध करा देंगे, उसे ये सहज भाव से स्वीकार लेंगे। प्रगतिशील जनता और समाज के प्रति इनके अन्दर एक गहरी प्रतिबद्धता है जिसे किसी भी स्तर पर ये पूरा करना चाहते हैं। कुछ अपवाद जरूर हैं जिन पर बात की जा सकती है। खासकर, जापानी साहित्य के क्षेत्र में सक्रिय अनुवादकों, लेखकों और बुद्धिजीवियों की भूमिका पर क्योंकि उन सबका भी दायित्व बनता है कि वह भारतीय, खासकर हिन्दी भाषी जनता को केन्द्र में रखकर अपनी योजनायें बनायें कि वह क्या पढ़ना चाहती है और क्या नहीं। एक स्वस्थ्य और प्रगतिशील समाज के निर्माण में किस प्रकार का साहित्य महत्वपूर्ण भूमिका निभा सकता है? कारण, किसी भी देश के लेखक और जनता के लिए यह सम्भव नहीं है कि वह साहित्य पढ़ने के लिए प्रत्येक देश की भाषा सीखे या वहाँ जाये। और जहाँ तक अंग्रेजी में उपलब्ध जापानी साहित्य का सवाल है, यह सर्वविदित तथ्य है कि अनुवाद हमेशा अनुवादक की सामाजिक परिस्थिति और उसकी विचारधारा अथवा संस्थागत नीतियों के आधार पर चयनित साहित्य का होता है। इसीलिए कई बार अंग्रेजी में उपलब्ध अनुवाद, इस देश के साहित्य अथवा जनता की वास्तविक छवि की निर्मित नहीं कर पाते हैं। अंग्रेजी में उपलब्ध जापानी साहित्य तो इसका बड़ा उदाहरण है जिसने पूरे विश्व में जापानी साहित्य की एक अभिजातीय छ़वि बना रखी है। आप मेरी इस बात से असहमत भी हो सकते हैं, पर यह एक बड़ी सच्चाई है कि जापानी साहित्य का वह बड़ा हिस्सा अभी भी शेष दुनिया के लिए अनुपलब्ध है, जो सामाजिक अस्मिता को लेकर लिखा गया है तथा जिसमें सामन्ती, साम्राज्यवादी और पूँजीवादी सत्ता के खिलाफ प्रतिरोध अथवा सीधे कहें तो आम जनता का संघर्ष चित्रित हुआ है।

मैं एक-दो प्रसंग का उल्लेख कर अपनी बात समाप्त करना चाहूँगा। खासकर आज के समय और समाज के प्रसंग में कि वे कौन-सी बातें हो सकती हैं जो प्रगतिशील भारतीय समाज के निर्माण में प्रतिगामी ताकतों का निषेध करते हुए साहित्य में जनता की गहरी दिलचस्पी जगा सकती हैं तथा जिन पर केन्द्रित लेखन हिन्दी और जापानी साहित्य के बीच एक 'पुल' का काम कर सकता है। जैसा कि मैंने ऊपर उल्लेख किया है, वह तीन क्षेत्रों में ही सम्भव हो सकता है—स्त्री-लेखन, दलित-लेखन और आदिवासी-लेखन

अथवा मुख्यधारा के बाहर के समाज पर केन्द्रित लेखन जिसे सामान्य शब्दों में हम हाशिये का समाज कह सकते हैं। इनमें दलित और आदिवासी समाज पर केन्द्रित जापानी लेखन की जानकारी उपलब्ध नहीं है। बचता है, स्त्री-लेखन। जापानी साहित्य में स्त्री-लेखन लम्बे समय से होता रहा है। कारण, यह एक बहुत बड़ी सच्चाई है कि कोई भी समाज अपने आपको चाहे कितना भी प्रगतिशील और लोकतान्त्रित क्यों न कह ले किसी-न-किसी नाम पर परिवार एवं समाज में स्त्रियों को तरह-तरह की परम्पराओं और मान्यताओं का उदाहरण देकर कैद में रखना चाहता है। जापान की अनेक स्त्री लेखिकाओं और लेखकों ने पुरुषवाद और वैवाहिक संस्था की अनेक विसंगतियों के खिलाफ आवाज उठाई है। उसकी परम्परा को देखना जरूरी है क्योंकि उससे सामाजिक अस्मिता पर केन्द्रित जापानी साहित्य की एक तस्वीर बनती है। खासकर, स्त्री लेखिकाओं में जापान की जिस पहली महिला लेखिका ने पुरुषवाद और वैवाहिक संस्था की विसंगतियों के खिलाफ आवाज उठाई, वह है, मध्य हेइआन युग की एक कुलीन महिला जिसका कोई नाम नहीं मिलता है। उसकी चर्चा हिन्दी की प्रारम्भिक कहानियों में चर्चित दुलाईवाली (1907) की लेखिका बंगमहिला की तरह मिचित्सुना की माँ के रूप में होती है। मिचित्सुना की माँ ने डायरी की तरह आत्मकथात्मक शैली में 'कागेरो निक्की' नामक रचना के माध्यम से परिवार में एक स्त्री की जिन्दगी की विडम्बनापूर्ण स्थितियों का बयान किया है तथा खुलकर विवाह संस्था के खिलाफ अपने असफल दाम्पत्य जीवन की कहानी लिखी है। इसी प्रकार 16वीं सदी में क्योतो में कामी नदी के किनारे रेती पर इजूमो के शिंतो मन्दिर की पुजारिन ओ-कुनी द्वारा विकसित और साधारण एवं अनपढ़ लोगों द्वारा रचित-मंचित काबुकी नाट्य परम्परा के प्रारम्भिक नाटककारों में से एक चिकामात्सु मोनजाइमोन ने अपनी रचनाओं में जापानी समाज में हाशिये की जिन्दगी व्यतीत कर रहे अनेक समुदाय के लोगों की समस्याओं का यथार्थ चित्रण किया है। उदाहरण के लिए उन्होंने नाटक आमीजीमा में प्रेमियों का आत्मघात में वेश्याओं के माध्यम से जापान की स्त्रियों की जिन्दगी की विडम्बनापूर्ण स्थितियों का मार्मिक बयान करते हुए बताया है कि किस प्रकार शिष्ट लोगों द्वारा उनका इस्तेमाल किया जाता था। यह नाटक आमीजीमा में 13 नवम्बर 1720 में घटी घटनाओं पर आधारित है।' यद्यपि नाटक अपनी पूरी संरचना में वेश्याओं को जापान की सामाजिक तथा पारिवारिक जिन्दगी के लिए अभिशाप घोषित करता है और सम्भवतः इसीलिए नाटक का नायक कामीया जीहेई, वेश्या कोहारू के प्रेम को झूठा समझ माथे पर ठोकर मारता है; परन्तु नाटककार ने जिस तरह से घटनाओं का संयोजन किया है, वह एक वेश्या की विडम्बनापूर्ण जिन्दगी के प्रति पाठकों के मन में सहानुभूति का भाव जगाता है। उदाहरण के लिए, कोहारू का 'दश रात्रिकों' *(जापानियों को विश्वास है कि जोरो सम्प्रदाय के मन्दिरों में शुक्ल पक्ष में छठी से दसवीं रात्रियों में होने वाली विशेष पूजा के समय जो व्यक्ति मरता है वह बुद्ध होता है।)* में मरने की बात कहना

बूढ़ी बेसहारा माँ की दयनीय जिन्दगी का बयान, नायक जीहेइ की पत्नी का वेश्या कोहारू के नाम पत्र का प्रसंग जिसमें वह कोहारू से प्रार्थना करती है कि वह उसके पति को मुक्त कर दे, आदि ऐसी घटनायें हैं जो वेश्या कोहारू के प्रति मन में सम्मान का भाव जगाता है। कोहारू की माँ का प्रसंग स्पष्ट कर देता है कि उसका सारा संघर्ष अपनी माँ को बचाने के लिए है। डॉ. हरदयाल द्वारा अंग्रेजी से हिन्दी में अनूदित इस नाटक के प्रथम अंक के निम्नलिखित अंश से इस बात का सहज ही अनुमान लगाया जा सकता है :

यहाँ से दक्षिण में पीछे की पतली गली में मेरी माँ रहती है। मेरे सिवा उसका और कोई नहीं है। जापनी जीविका के लिए वह छोटे-मोटे काम कर लेती है। मैं सोचती रहती हूँ कि मेरे मरने पर वह या तो भिखारिन हो जाएगी या समाज-बहिष्कृत। यह भी हो सकता है कि वह भूखी मर जाए। मेरे मरने का यह सबसे अधिक दुःखद पक्ष है। मैं बड़ी लज्जित हूँ कि आप मुझे ठण्डी औरत समझ सकते हैं; लेकिन मुझे इस लज्जा को ढोना ही होगा। सबसे महत्व की बात यह है कि मैं मरना नहीं चाहती। मेरी जीवित रहने में सहायता करिये।

जापान के आधुनिक काल के लेखकों में द्वितीय विश्वयुद्ध के बाद की चर्चित कवयित्री शिराइशी काजुको की रचनायें स्त्री लेखन का एक बेहतरीन उदाहरण हैं। वह स्त्रियों के लिए एक नये और बेहतर समाज की परिकल्पना करती हैं। इसमें सन्देह नहीं कि शिराइशी काजुको की स्त्री चेतना हिन्दी की स्त्री लेखिकाओं की तुलना में अलग है। भारत में, खासकर हिन्दी में स्त्री चेतना का विकास भी जापानी साहित्य की तरह आधुनिक काल ही में जाकर हो पाया, यद्यपि भक्तिकाल की मीराबाई (लगभग 1498-1546) और छायावाद की महादेवी वर्मा (1907-1987) के लेखन में स्त्री मुक्ति का स्वर जिन्दगी की समस्याओं से जुड़कर पाठकों के सामने आया है, खासकर, 'श्रृंखला की कड़ियाँ' (1942) और कुछ कविताओं में। उदाहरण के लिए निबन्ध 'हमारी श्रृंखला की कड़ियाँ' में महादेवी वर्मा भारतीय समाज में स्त्रियों के लिए उचित स्थान की माँग करते हुए लिखती हैं :

हमें न किसी पर जस चाहिए, न किसी से पराजय, न किसी पर प्रभुता चाहिए, न किसी का प्रभुत्व। केवल अपना वह स्थान, वे स्वत्व चाहिए जिनका पुरुषों के निकट कोई उपयोग नहीं है, परन्तु जिनके बिना हम समाज का उपयोगी अंग बन नहीं सकेंगी। हमारी जागृत और साधन सम्पन्न बहिनें इस दिशा में विशेष कार्य कर सकेंगी, इसमें सन्देह नहीं।

जाहिर है, महादेवी वर्मा की सबसे बड़ी चिन्ता यह है कि पारम्परिक भारतीय समाज में स्त्रियों को उनका सही स्थान कब मिलेगा जिसके लिए वे सदियों से संघर्ष करती रही हैं? यहाँ महत्वपूर्ण बात यह है कि वह मानती हैं कि स्त्रियों की मुक्ति की इस लड़ाई में समर्थ स्त्रियाँ ही सबसे अधिक सहयोगी हो सकती हैं। परन्तु वास्तविक

स्त्री लेखन का ठीक से विकास स्वाधीनता के बाद ही हो पाया। खासकर सन् 65 के बाद जब देश के अनेक हिस्सों में सामाजिक समस्याओं को लेकर तरह-तरह के जन आन्दोलन होते हैं। कृष्णा सोबती, मन्नू भण्डारी, उषा प्रियवंदा और बाद में मृदुला गर्ग, ममता कालिया, मृणाल पाण्डे, चित्रा मुद्गल, मंजुल भगत, अर्चना वर्मा, मैत्रेयी पुष्पा, नासिरा शर्मा, प्रभा खेतान, अनामिका, गीतांजलि श्री और कौशल्या बैसन्त्री जैसी लेखिकायें स्त्रियों की एक नयी दुनिया लेकर हिन्दी समाज के सामने आती हैं जिसमें सामाजिक रूढ़िवादी बन्धनों से मुक्ति की छटपटाहट तो है ही, साथ-ही-साथ एक ऐसी ऐतिहासिक दुनिया रचने की आकांक्षा है, जहाँ पर स्त्रियों के अधिकार अधिक नहीं तो कम-से-कम पुरुषों के बराबर तो होने ही चाहिए। खासकर कृष्णा सोबती के 'मित्रो मरजानी', मन्नू भण्डारी के 'आपका बन्टी', गीतांजलि श्री के 'माई', कौशल्या बैसन्त्री के 'दोहरा अभिशाप' आदि उपन्यासों में सामन्ती व्यवस्था, पुरुषवाद और रूढ़िवादी परम्पराओं की जकड़न से मुक्त स्त्रियों की एक नयी और ऐतिहासिक दुनिया की परिकल्पना है जहाँ ये स्वतन्त्र होकर रह सकें। उदाहरण के लिए क्रमशः कृष्णा सोबती कृत 'मित्रो मरजानी' और मन्नू भण्डारी कृत 'आपका बन्टी' की निम्नलिखित पंक्तियों में भारतीय समाज में स्त्रियों की स्थिति, उनकी जिन्दगी और आकांक्षाओं-महत्वाकांक्षाओं को देखा जा सकता है :

मित्रो पहले सास को घूरती रही। फिर पालथी मारकर नीचे बैठ गई और मुण्डी हिला-हिला बोली, "भिगो-भिगोकर और मारो, अम्मा पाँच-सात क्या मेरे तो सौ-पचास होंगे!"—ओठों पर आड़ी-तिरछी कुटिल मुस्कान फैल गई। आँखें मटकाकर कहा, "मेरा बस चलें तो गिनकर सौ कौरव जन डालूँ। पर, अम्मा, अपने लाडले बेटे का भी तो आड़तोड़ जुटाओ! निगोड़े मेरे पत्थर के बुत में भी कोई हरकत तो हो।"

"तुम भी जानती हो, मैं बहुत साफ और दो टूक बात कहनेवाला आदमी हूँ। जरा सोचो, स्कूल के अलावा बन्टी सारे दिन तुम्हारे साथ रहता है या तुम्हारी उस फूफी के साथ। तुम्हारे यहाँ अधिकतर महिलायें ही आती होंगी। यानी इसकी क्या कम्पनी है? बहुत हुआ पड़ोस के एक-दो बच्चों के साथ खेल लिया। पर एक आठ-नौ साल के ग्रोइंग बच्चे के लिए यह तो कोई बात नहीं हुई न। ही शुड ग्रो लाइक ए मैन।"

उपर्युक्त दोनों उद्धरणों में विवाह संस्था से सम्पन्न दो स्थितियाँ हैं जो भारतीय समाज में स्त्रियों की जिन्दगी में सन्तान के माध्यम से पुरुषवाद के वर्चस्व को प्रमाणित करती हैं। कृष्णा सोबती जहाँ सन्तान न होने के लिए सदियों से स्त्रियों को दोषी ठहराए जाने की दलील को चुनौती देती हैं, वहाँ मन्नू भण्डारी सन्तान की देखरेख में पुरुष के एकाधिकार को। जाहिर है जिस समाज के केन्द्र में सिर्फ पुरुष ही समस्त गतिविधियों का केन्द्र हो, वहाँ स्त्री हाशिये पर नहीं हो तो और कहाँ रहेगी?

अगर हम इसी समय की जापानी लेखिका शिराइशी काजुको के उस कथन को

याद करें जिसमें वह अपने फिल्म निर्देशक पति शिनोदा मासाहिरो से वैवाहिक जीवन की असफलता के बाद की जिन्दगी को याद करते हुए कहती है तो पता चलता है कि आखिर क्यों स्त्री पुरुषवाद से मुक्त होना चाहती है :

"अब किसी भी बुद्धिजीवी पर मेरा विश्वास नहीं रहा, क्योंकि वे उस चीज को नजरअंदाज कर देते हैं जो जीवन में सर्वाधिक महत्वपूर्ण है।"

कहना न होगा कि हिन्दी की दुनिया में इसी प्रकार के विद्रोही तेवर के कारण ही लोग शिराइशी की चर्चा करते हैं। हिन्दी कवि और अनुवादक सुरेश सलिल ने शिराइशी काजुको की चर्चा, आधुनिक जापानी कविता के एक महत्वपूर्ण कवि के रूप में करते हुए लिखा है कि :

"नारी सुलभ लज्जा और ईमानदार जुझारूपन का अद्‌भुत समन्वय हुआ है उसके व्यक्तित्व में। पूर्णतः प्रतिबद्ध कलाकार का प्रमुख गुण—दृढ़ निश्चय उसमें आकार पा सका है।...हिप्पी संसार के सभी प्राणियों को अतिशय व्यक्तिवाद के नाम पर खारिज नहीं किया जा सकता। उनमें शिदाइशी जेसे लोगों का समाज के बने बनाए ढांचे क। नकारने का निर्णय न केवल अपनी जरूरतों का प्रत्युत्तर है, बल्कि दूसरों की जरूरतों का भी।"

शिराइशी की कविताओं में भी उनका यह विद्रोही तेवर झलकता है। अगर हम शिराइशी की सुरेश सलिल द्वारा ही अनूदित कविता 'कल में एक बाघिन थी' की निम्नलिखित पंक्तियों को देखे तो साफ पता चलता है कि सामाजिक बन्धनों में जकड़ी एक स्त्री की मनोदशा क्या और कैसी होती है तथा वह जिन्दगी से क्या चाहती है :

"कल मैं एक बाघिन थी/इसीलिए/गुर्राते हुए मैं गुजरी/घने जंगलों के बीच से/तारों का, अचानक शुरू हो गया टूट-टूटकर गिरना/और जैसे ही चाँदनी में नहाती हुई-सी मैं चली/मेरा सारा बदन जलने लगा :

मेरी नाक की नोक पर चकत्ते पड़ गये/मेरी कच्ची जिन्दगी प्यार की आँच में भयानक रूप से/झुलस गई/और मेरे आयल/फरफराते रहे पीछे की ओर—दीन-दुनिया से बेखबर भविष्य, मृत्यु का सपना, कहीं भी नहीं था/और मेरी पूँछ और मेरे कान अब कभी नहीं लौटेंगे।

आज, जब मैं स्कूल से घर आ रही थी,/आइनों की एक दुकान के पास से गुजरी/और मुझे सिर्फ यही याद आया :

कि, चूँकि मैं अपने दाँत जंगल में छोड़ आई हूँ/अब मैं कभी भी नहीं पाऊँगी नोंच-खसोट : अपनी गुर्राहट को याद करके।"

स्पष्टतः स्त्री लेखन ऐसा क्षेत्र है जिसमें हिन्दी पाठकों की दिलचस्पी इधर बढ़ी है। सम्भवतः इसीलिए सुरेश सलिल जैसे हिन्दी के कवि और पत्रकार जापानी स्त्री लेखन में दिलचस्पी दिखाते हैं। वह शिराइशी पर केन्द्रित लेख में इसकी चर्चा करते हुए लिखते भी है :

"जापानी कविता के इतिहास में 19वीं शताब्दी की कवयित्री ओनो नो को माची और वर्तमान शताब्दी के प्रारम्भ की कवयित्री योसानो अकिको का उल्लेख खास तौर से उनकी उत्तेजक कविताओं के लिए किया जाता है।"

जापानी साहित्य के बारे में उनकी यह एक महत्वपूर्ण टिप्पणी है।

वास्तव में चाहे वे शिराइशी काज़ुको की रचनायें हो या कृष्णा सोबती की 'मित्रो मरजानी', मन्नू भण्डारी की 'आपका बन्टी' हो अथवा गीतांजली श्री की 'माई', मोहनदास नैमिशराय की 'अपने अपने पिंजरे' हो या ओमप्रकाश वाल्मीकि की 'जूठन', कौशल्य बैसन्त्री की 'दोहरा अभिशाप' हो या सूरजपाल चौहान की 'तिरस्कृत' फादर वाल्टर बेक की धुँधली दिशायें हो या विलियम इ, बायरेट्ट की वीरानों के फूल', पीटर पॉल एक्का की 'जंगल के गीत' हो या ग्रेस कुजूर की 'महुआ गिरे आधी रात' हरिराम मीणा की 'हाँ चाँद मेरा है' हो या रोज केरकट्टा, निर्मला पुतुल, बिटिया मुर्मू अथवा अन्य स्त्री, दलित एवं आदिवासी लेखकों की रचनायें—इनमें लेखकों ने अपने-अपने समाज की समस्याओं को गम्भीरता के साथ उठाया है चाहे वह जापानी स्त्रियों की समस्यायें हों या भारतीय समाज में स्त्रियों की जिन्दगी अथवा दलित समाज या आदिवासी समाज। इन कृतियों में लेखकों ने सम्बन्धित समाज की 'सामाजिक अस्मिता' की खोज करते हुए उस पर प्रगतिशील दृष्टि से विचार किया है। सम्भवतः यही कारण है कि सामाजिक अस्मिता से जुड़े लेखन में रुचि के कारण, इधर हिन्दी के नये लेखकों की दिलचस्पी एशियाई लेखन के साथ ही तीसरी दुनिया के देशों के साहित्य में भी बढ़ी है। यद्यपि बहुत सारे लोगों की आज के जापानी साहित्य में दिलचस्पी का एक कारण यह भी है कि इधर जातीय साहित्य में बढ़ी दिलचस्पी से, संस्कृति का सवाल, एक बड़ा सवाल बनकर पारम्परिक और एक हद तक प्रतिगामी समाज के सामने उभरा है। यह एक खतरनाक प्रवृत्ति है जैसा कि इस और पिछली शताब्दी में कुछ देशों में दिखाई पड़ता है; चाहे वह जर्मनी हो या इटली या ईश्वर के नाम पर कट्टरपन्थी ताकतों का उपयोग करता कोई देश। एक हद तक भारत में भी हाल के वर्षों में ऐसी प्रवृत्तियाँ तेजी से बढ़ती दिखाई पड़ी हैं। बहरहाल यह बहस का एक अलग मुद्दा है, पर यह सच है कि हाल के वर्षों में उभरी नयी राजनीतिक व्यवस्था में इस प्रकार की प्रतिगामी ताकतों के विकास से जातीय और सांस्कृतिक राष्ट्रवाद के नाम पर फासीवाद का खतरा तेजी से बढ़ा है। पर, सच यह भी है कि सांस्कृतिक राष्ट्रवाद के नाम पर विकसित फाँसीवादी ताकतों का सामना करने में सामाजिक अस्मिता पर केन्द्रित साहित्य हमारी मदद कर सकता है; बशर्ते हम उसके प्रति एक सकारात्मक नजरिया विकसित करें और इस अभियान में एशियाई देशों के साथ ही उन देशों के साहित्य को भी शामिल करें, जहाँ सामाजिक अस्मिता का मसला प्रगतिशील राष्ट्रीयता के साथ जुड़कर जनता के हितों की रक्षा करता है। चाहे वह जापान हो या चीन, दक्षिण अफ्रीका हो या लातिनी अमेरिका, रूस हो या वियतनाम!

समाज और साहित्य में बदलती स्त्री छवि

□ मैत्रेयी चौधरी से कल्पना शर्मा की बातचीत

(प्रो. मैत्रेयी चौधरी पिछले एक-दो दशकों से भारतीय इतिहास और समाज में स्त्रियों की दशा एवं दिशा को लेकर प्रगतिशील तरीके से विचार-विमर्श करती रही हैं। उनकी अनेक पुस्तकें और रचनाएँ प्रकाशित हैं जिनमें 'Indian Women's Movement (Reform and Revival)' महत्वपूर्ण है। आजकल वह जवाहरलाल नेहरू विश्वविद्यालय में समाजशास्त्र की प्राध्यापिका हैं।

□ आपके मन में समाज की क्या अवधारणा है और उसमें स्त्री का क्या स्थान है?

जब समाज में स्त्री के स्थान का प्रश्न आता है तो समाजशास्त्र में कुछ नियम हैं कि समाज किस आधार या तरह से संगठित है। उसके साथ स्त्री और पुरुष का परस्पर सहसम्बन्ध है। हमारे भारतीय समाज में एक समाज तो है नहीं बहुत सारे समाज हैं और उनकी अलग-अलग व्यवस्थाएँ हैं, जिसे समाजशास्त्र के विद्वान् पितृसत्तात्मक व्यवस्था मानते हैं। पितृसत्तात्मक का मतलब है समाज में पिता का पुत्र, पुत्र का पुत्र सम्पत्ति का उत्तराधिकारी होगा पुत्री नहीं, यहाँ तक कि अन्तिम संस्कार भी सिर्फ पुत्र ही कर सकता है। पुत्री तो शादी होने के बाद दूसरे के घर चली जाएगी, लोग ऐसा सोचते हैं जो समाज की एक कटु वास्तविकता है उसमें स्त्री की स्थिति बहत ही निम्न हैं। अगर वहाँ (ससुराल में) उसके साथ कोई अत्याचार हुआ या होता है तो यदि लड़की अपने घर वापस आना चाहती है तो भी उसके माता-पिता चाहेंगे कि किसी भी पुकार से उसकी ससुराल मे ही सब कुछ ठीक हो जाए और उसके माता-पिता लड़की को वापस अपने घर लाना पसन्द नहीं करते हैं क्योंकि उनको लगता है कि अगर वे ऐसा कुछ करेंगे तो वह समाज के नियमों के विरुद्ध होगा। आमतैर पर हम साधारण जिन्दगी में इन समाजशास्त्री शब्दों का प्रयोग नहीं करते हैं लेकिन फिर भी हमारा समाज पितृसत्तात्मकता के कठोर घेरे में बंधा है जो एक पिता को अपनी लड़की के दुःखी जीवन को देखते हुए भी अपने घर वापस लाने का साहस नहीं प्रदान कर सकता।

□ एक पिता की जो मजबूरियाँ और अभी आपने जो ऊपर बताई हैं उनके पीछे वे कौन से सामाजिक प्रतिबन्ध एवं व्यवस्थाएँ हैं जो एक पिता को ऐसा करने पर मज़बूर करते हैं? क्या केवल समाज का पितृसत्तात्मक होना ही इस सब के लिए जिम्मेदार है?

इस सब में पितृसत्तात्मक व्यवस्था का बहुत महत्वपूर्ण योगदान है साथ-साथ अन्य सामाजिक व्यवस्थाएँ भी एक पिता को ऐसा करने पर मजबूर करती हैं क्योंकि यदि वह उस लड़की को ले आता है तो उसकी दूसरी लड़की से शादी करने को कोई तैयार नहीं होगा और समाज में उसकी बदनामी होगी। इस मानवीयता के लिए यह तथाकथित आधुनिक समाज उस पिता को प्रताड़ित भी करता है। लोग सोचते हैं कि यदि उसकी एक लड़की ने ऐसा किया तो दूसरी लड़की भी ऐसा ही करेगी जिससे समाज की पितृसत्तात्मक व्यवस्था भंग हो जाएगी जो कहती है कि शादी के बाद लड़की की लाश ही ससुराल से निकलती है। हमारे समाज में स्त्री की बड़ी विचित्र स्थिति है जब तक वह बड़ी बहू नहीं हो जाती या जब तक उसके कोई बच्चा विशेषकर बेटा नहीं होता तो उसका अपना कोई हक नहीं होता, तब तक उसकी ससुराल में बहुत ही निम्नतम स्थिति होती है। बेटी, पत्नी, बहू ये सब स्त्री की कमज़ोर भूमिकाएँ हैं। हमें समाज में सिर्फ मूल्यों, प्रतिमानों, सांस्कृतिक कारकों को ही नहीं देखना चाहिए बल्कि इनके पीछे जो ढाँचा छिपा है उसे देखना है। इस ढाँचे के माध्यम से ही हम समाज में स्त्री की वास्तिवक स्थिति का निर्धारण कर सकते हैं।

□ भारतीय समाज का स्वरूप कैसा है और उसमें स्त्री का क्या स्थान है?

भारतीय समाज के बारे में पहली बात जो मैं कहना चाहूँगी कि एक समाज नहीं है। भारत में बहुत सारे समाज हैं लेकिन आधुनिक समाज में एक प्रभुत्वशाली वर्ग का विकास हुआ है जिसकी संस्कृति को सभी अपनाना चाहते हैं। जैसे पहले सभी जगह दहेज का प्रचलन नहीं था लेकिन अब सभी जगह दहेज का लेना-देना आम प्रचलन हो गया है। जैसे मीडिया में देखने से लगता है कि पूरी दुनिया अँग्रेजी भाषा में ही बात करती है। टी. वी. पर चाहे दक्षिण भारत का कोई सीरियल हो या कोई बंगाली सीरियल सभी एक निर्धारित छवि के अनुरूप ही दिखाई पड़ते हैं। हिन्दी फिल्म की तरह ही पूरी कहानी चलती है। यह आधुनिक समाज के प्रभुत्वशाली वर्ग की एक समरूपता की मीडिया के माध्यम से अभिव्यक्ति है जहाँ सबकुछ एक जैसा दिखाई देता है।

भारतीय समाज में विविधता है अर्थात् अलग-अलग समाज हैं, संस्कृतियाँ अलग-अलग हैं लेकिन आधुनिक समाज में जो प्रभुत्वशाली वर्ग विकसित हुआ है वह समाज को प्रभावित करता है। जहाँ पर पहले रीतिरिवाज अलग-अलग थे, वहाँ भी अब इस प्रभुत्वशाली वर्ग की संस्कृति को अपनाया जा रहा है जैसे हमारी तरफ (बंगाल में) पहले शादी काफी सादगी से होती थी, इतना शोर, दिखावट नहीं होता था, लेकिन

आजकल यह सब आम बात है।

भारतीय समाज में स्त्री के स्थान का सवाल अत्यन्त जटिल है लेकिन जैसे मैंने बताया भारतीय समाज अलग-अलग है तो अलग-अलग समाज के लिए स्त्री का स्थान या स्थिति भी अलग-अलग निर्धारित होगी। इसलिए जब आप भारतीय समाज में स्त्री के स्थान की बात करते हैं तो देखना पड़ेगा कि किस समाज से है? किस जाति से है? किस वर्ग से है? यहाँ लिंग, जाति, वर्ग, जनजाति, समुदाय, क्षेत्र सब कुछ अतर्संबंधित हैं।

□ परिवार में स्त्रियों की भूमिका को आप किस रूप में देखती हैं?

समाज की तरह परिवार भी अलग-अलग तरीके का होता है जैसे आप गाँव में चले जाइए तो वहाँ जो उच्च जाति के लोग हैं, उनके अपने मानदण्ड हैं कि स्त्री घर की इज्ज़त है, उसे घर से बाहर नहीं जाना चाहिए, पर्दे में ही रहना चाहिए। वे खेतों में काम नहीं करतीं लेकिन जो दलित स्त्रियाँ हैं उनको तो बाहर जाना ही पड़ता है, काम करना पड़ता है। समाजशास्त्र में इस पर बहुत काम हुआ है कि क्यों उच्च जाति की स्त्रियों पर अंकुश ज्यादा है? जब हम सेक्सुआलिटी की बात करते हैं तो इसमें स्त्री के कौमार्य का बहुत महत्व होता है और स्त्री को यह सब बातें जाने-अनजाने बचपन से ही सिखाई जाती हैं क्योंकि उच्च जाति में चरित्र की गान्रटी होनी चाहिए, वहाँ कुमारीत्व का बहुत बड़ा महत्व है क्योंकि उसके जो बच्चा होगा उसकी गान्रटी होना चाहिए कि वह आपका ही है। इस पूरे नियन्त्रण के पीछे सम्पत्ति का सवाल है। अगर पता लगेगा कि उसका चरित्र अच्छा नहीं है तो फिर ये पूरी परिवार संरचना, रक्त सम्बन्ध संपत्ति संरचना के विरुद्ध हो जाएगा। बचपन से ही ऐसा माहौल बनाया जाता है कि स्त्री को लगता है कि मैं तो कुछ गलत करूँगी नहीं पर लोगों को कुछ गलत सोचना भी नहीं चाहिए।

लेकिन जो दलित स्त्री है उस पर ऐसा कोई नियन्त्रण नहीं होता है, बल्कि उल्टा है जो उच्च जाति के लोग हैं (परम्परागत ही) दलित स्त्री के साथ सम्बन्ध रखते हैं। उच्च जाति में सेक्युअलिटी बहुत नियन्त्रित है, दलित में नहीं। क्योंकि उसका इस प्रकार से समाजीकरण हुआ है कि उसका इज्जत के साथ कोई संबंध नहीं है। उच्च जाति को लगता है कि 'मेरा घर है', 'मेरा हक है', 'मेरी घरवाली है' लेकिन दलित का न तो अपना घर है न हक और न ही घरवाली। इसलिए जब हम भारतीय समाज या परिवार की बात करते हैं तब आपको यह जाति, वर्ग, क्षेत्र इत्यादि सभी को देखना होगा।

□ जैसा कि आपने अभी कहा 'मेरा हक', 'मेरा घर', 'मेरी घरवाली' उच्च जाति के लोग स्त्री को एक सम्पत्ति का साधना मानते हैं उनकी इस मानसिकता में कैसे बदलाव आ सकता है?

देखिए ये परिवर्तन बहुत धीमा है जैसा मैंने कहा न कि ढाँचा बहुत मजबूत

है, प्रतिबन्ध भी हैं कुछ गलत करने पर समाज लोगों को दण्ड भी देता है। ये परिवर्तन भी सामूहिक प्रक्रिया में ही होता है। ये परिवर्तन यांत्रिक नहीं हो सकते। जब लोगों ने संगठित होकर स्त्री सुधार आंदोलन को राष्ट्रीय आंदोलन की भूमिका के रूप में आर्यसमाज, प्रार्थना समाज इत्यादि की स्थापना की तब लोगों ने स्त्री शिक्षा, सती प्रथा, बाल विवाह, विधवा विवाह इत्यादि मुद्दों को उठाया जिससे धीरे-धीरे स्त्री की स्थिति में सुधार हुआ। आजकल सब चीजों का बाजारीकरण हो गया है। महिला सशक्तिकरण के बारे में लोग सोचते हैं कि जो स्त्री गाड़ी चलाती है, ऊँचे पद पर काम करती है इत्यादि। परिवर्तन जो है वह इस बात का नहीं है कि आप कौन सा काम करते हैं। परिवर्तन जो है, वह विभिन्न स्तर पर हुआ है। कुछ विश्लेषणों में यह दिखाया गया कि बहुत पढ़ी-लिखी तथा आर्थिक दृष्टि से आत्मनिर्भर स्त्री को भी दहेज के कारण मार डाला जाता है। मतलब सिर्फ शिक्षा से या रोजगार से परिवर्तन नहीं होगा, यह सब अच्छे उपकरण हैं, स्त्री की स्वतन्त्रता में मदद करते हैं, लेकिन हमारी चेतना भी बदलनी चाहिए, विशेष कर पुरुष वर्ग की।

□ साहित्य में स्त्री की जो छवियाँ निर्मित हुई हैं उसे लेकर आप क्या सोचती हैं?

अभी तो बहुत साल हो गए हैं बंगाली साहित्य भी नहीं पढ़ा। लेकिन जब पढ़ रही थी तो जैसे रवीन्द्रनाथ ठाकुर का साहित्य है उसमें आप देखेंगे कि वे लोग एक समाज में व्यवस्थित थे। उस समय बंगाल में सुधारवादी आन्दोलन से प्रभावित होकर, स्त्रियों की समस्याओं जैसे बाल विवाह, विधवा विवाह, विधवा दशा इत्यादि को लेकर बहुत कहानियाँ लिखी गईं। साहित्य के माध्यम से लोगों को जागरुक करने का प्रयत्न किया गया। उस समय के साहित्य में आप देखेंगे कि जिस समाज के लिए वे लिख रहे थे, उसमें एक नई चेतना आ रही थी जहाँ पर स्त्री अपनी भावनाओं को व्यक्त करने की कोशिश कर रही थी। यह प्रयास टेगौर के साहित्य में बहुत ज्यादा है। वे एक नई स्त्री की छवि को बुन रहे थे। लेकिन इसके साथ-साथ स्त्री का परम्परागत रूप भी साहित्य में मिलता है, अगर आप बंकिम को पढ़ेंगे तो वहाँ पर स्त्री के पारम्परिक रूप को ही पाएँगे। बंगाल में जो पुनर्जागरण हुआ है उसे लेकर आजकल समाजशास्त्र में, इतिहास में बहुत शोधकार्य हुआ है। इसे पुनर्जागरण इसलिए कहा जाता है क्योंकि साहित्य की इसमें बहुत बड़ी भूमिका रहीं है। जैसे हम कहते हैं कि हमारी संस्कृति ऐसी है, तो हम मानते हैं कि प्राचीन वैदिक काल से ही हमारी संस्कृति ऐसी ही है पर यह बात गलत है। संस्कृति में निरन्तर परिवर्तन होते रहे हैं और इसमें आधुनिक साहित्य की भी महत्वपूर्ण भूमिका है। क्योंकि पहले संस्कृति एक मौखिक परम्परा में आती है। साहित्य उसे एक निश्चित रूप देता है। इसी प्रकार साहित्य स्त्री की भी आदर्श छवि को प्रस्तुत करता है, उसकी कोशिश रहती है कि ऐसा होना चाहिए लेकिन साहित्य और समाज में स्त्री की छवियाँ निरन्तर बदलती रही हैं।

□ पिछले कुछ दशक से विश्व और भारत में स्त्रियों को लेकर जो आन्दोलन हुए हैं और हो रहे हैं उसको लेकर आप क्या सोचती हैं?

जैसा मैंने पहले भी कहा है कि परिवर्तन हमेशा आन्दोलन के माध्यम से ही होता रहा है। समकालीन स्त्री आन्दोलन को लोग एक रूप देते हैं कि ऐसा है, वैसा है! पर यह सब गलत बात है, यह पूरी एक प्रक्रिया है। उस जमाने में भी स्त्रियों ने घर से बाहर आकर आन्दोलनों में भाग लिया। तब लोगों ने कहा कि यह अजीब सी स्थिति है कि स्त्री रास्ते पर आकर आन्दोलनों में भाग लेने लगी है। समकालीन आन्दोलन को पहले हम कहते थे भारतीय स्त्री आन्दोलन लेकिन आजकल हम कहेंगे विभिन्न प्रकार के आन्दोलन क्योंकि अलग-अलग आन्दोलन एक साथ जुड़ गए हैं।

जैसे मध्यवर्गीय स्त्री आन्दोलन है जिसके कुछ अपने मुद्दे हैं जिसमें दहेज एक महत्वपूर्ण मुद्दा है और इन आन्दोलनों के माध्यम से नए कानून बने, परिवर्तन हुए लेकिन सब एक अलग स्तर पर हुआ। गाँवों में शराब महत्वपूर्ण मुद्दा है तो वहाँ पर औरतों ने एकत्रित होकर शराब विरोधी आन्दोलन शुरू किया। इस तरह वहाँ भी एक स्त्री आंदोलन है लेकिन उसकी अभिव्यक्ति अलग है वहाँ वह अलग मुद्दों को लेकर है। जिस प्रकार भारतीय समाज में विविधता है उसी प्रकार भारतीय स्त्री आन्दोलन भी विविध है। अलग-अलग जगहों पर अलग-अलग मुद्दों को लेकर है।

□ कुछ शिक्षाविद मानते हैं कि 'स्त्री आन्दोन पश्चिम का आयात है।' हमारा अपना कोई आन्दोलन नहीं है। इस विषय में आपकी क्या धारणा है?

मैं इसके सख्य खिलाफ़ हूँ। मैं कहना चाहूँगी कि यह बात गलत है। पाश्चात्य प्रभाव तो हमारे समाज में होना ही था क्योंकि हमारा समाज औपनिवेशिक समाज है। अगर ब्रिटिश औपनिवेशवाद नहीं आता तो यह पूरी पाश्चात्य शिक्षा, मध्यवर्ग इसका भी निर्माण नहीं होता। जब हम स्त्री आन्दोलन के विषय में बात करते हैं तभी क्यों यह पाश्चात्य प्रभाव महत्वपूर्ण हो जाता है? धर्मनिरपेक्षता, संसद, प्रजातन्त्र, सेना इत्यादि का भी तो पाश्चात्य सभ्यता या संस्कृति के साथ सम्बन्ध है। इसका अभिप्राय यह तो नहीं कि यह सब कुछ गलत है। अगर हमारा भारतीय स्त्री आन्दोलन भी पाश्चात्य की लिंग समानता से प्रभावित है तो इसका मतलब यह नहीं है कि यान्त्रिक रूप से हम उन लोगों की नकल करते हैं। यह हमारा अपना भाव है, अपना आन्दोलन है। वहाँ पर पश्चिम में वे अपने जीवन के लिए, हक के लिए लड़ रही हैं। उनके मुद्दे अलग हैं। हमारे मुद्दे, हमारे सरोकार, समस्याएँ इत्यादि अलग हैं। यह सब होते हुए भी कई मुद्दों पर समानता भी देखने को मिल जाती है। इसका तात्पर्य यह तो नहीं है कि भारतीय स्त्री आन्दोलन पश्चिम की नकल है। इसकी अपनी जमीन है, अपनी जड़ें हैं, अपनी समस्याएँ हैं। अपने अनुभव और अपना भरा-पूरा जीवन जगत है। इसका भारतीय समाज के विभिन्न सरोकारों में उतना ही महत्व है जितना कि समाज के लिए समानता, स्वतंत्रता, बंधुता का महत्व है।

प्यार में डूबी हुई माँ ने पहली बार हिन्दी कविता में प्रवेश पाया है

□ विष्णु नागर

नयों में पवन करण मेरे प्रिय कवि हैं। वह उन कवियों में हैं जिनके माध्यम से हमारे समाज के दबेकुचले वर्गों को उनका हमदर्द नहीं, उनका प्रतिनिधि नहीं, बल्कि उन्हीं में से निकला एक कवि मिला है, जो एक सहानुभूतिशील व्यक्ति की तरह उन्हें पीड़ित व्यक्तियों के समूह के रूप में नहीं, एक समूची शख्सियत की तरह, अपनी तरह, अपनों में से ही एक मानकर उन्हें देखता है। इतना ही नहीं ग्वालियर जैसे सामाजिक रूप से पिछड़े इलाके से आए इस कवि ने एक ऐसी अग्रगामी-सम्वेदनशील और एक अर्थ में क्रांतिकारी सामाजिक दृष्टि पाई है, जो क्षमा कीजिए बहुत पढ़े लिखे, महानगरीय और सम्वेदनशील कवियों के पास भी नहीं है वरना ऐसा नहीं होता कि 'प्यार में डूबी हुई माँ' जैसी कविता पवन करण ने लिखी होती। पवन करण के काव्यात्मक खजाने में ऐसी ढेरों कविताएँ हैं जिन पर आज तक किसी भी हिन्दी कवि ने लिखने का न साहस किया, न उनमें वह समझ, सहानुभूति और कल्पनाशक्ति दिखती है। उनकी कविता एक तरह से हमारे समाज का नया आख्यान है। इन कविताओं को सिर्फ कविता होने की वजह से ही नहीं, उनमें निहित गहरे और व्यापक सामाजिक आशयों के लिए भी पढ़ा जाना चाहिए। मुझे नहीं मालूम हिन्दी के किस कवि के पास 'दरअसल उसको समझना खुद को समझना है' जैसी कोई कविता है जिसमें से एक पुरुष अपनी पत्नी के उसके प्रेमी के साथ रंगे हाथों पकड़े जाने के बाद की स्थिति पर अपने मित्र के साथ विचार कर रहा है और दूसरा मित्र उससे कह रहा है कि उस स्त्री को समझना दरअसल खुद को समझना भी है। यहाँ कोई नैतिक निर्णय नहीं है और अगर है तो उस औरत के पक्ष में ही है। ऐसी साहसिक दृष्टि उनकी कई कविताओं में है जिनमें बहन के प्रेमी के बारे में या एक खूबसूरत बेटी के पिता के बारे में जैसी कविताएँ भी हैं। 'पुरुष' शीर्षक कविता एक ऐसे पुरुष के बारे में है जो पिता नहीं बन सकता और उसकी पत्नी इस तथ्य को मानने को तैयार नहीं है और इसीलिए किसी बच्चे

को गोद लेने को तैयार नहीं है और इसके कारण पुरुष के अन्दर जो तमाम तरह की उधेड़बुन मची रहती है वह कविता का विषय पहली बार बनी है। पवन ने दरअसल अपनी कविताओं के जरिए जो पुरुष और स्त्री विमर्श शुरू किया है, वह कई मायनों में मुझे अभी तक जारी स्त्री विमर्श में महत्त्वपूर्ण लगता है। नई उभरती स्त्री के सन्दर्भ में कोई नया पुरुष विमर्श तो अभी तक हिन्दी कविता में उभरा ही नहीं है। अगर इसे अत्योक्ति न समझा जाए तो पवन करण इसके पुरोधाओं में से हैं—अगर और कोई भी पुरोधा होने का दावेदार कहीं हो तो।

हो सकता है यह कोरा मेरा अज्ञान हो मगर मेरी जानकारी के अनुसार हिन्दी में प्यार में डूबी हुई माँ जैसी कविता पहले नहीं लिखी गई। आजकल निबन्धों की तरह नए विषय ढूँढ़कर उन पर कविता लिखने का चलन हमारे वरिष्ठ कवियों में बहुत बढ़ा है। इस तरह की कविताएँ अक्सर सम्वेदनशील ढँग से लिखे गए लघु निबन्ध या रिपोर्ट बनकर रह जाती हैं, कविता नहीं बन पातीं, मगर पवन करण का अनुभव और सम्वदेना एकदम ताजा है और उन्हें विषय की नवीनता दिखाने के प्रयास से लिए निबन्ध या रिपोर्टनुमा कविता लिखने पर उतर आने की जरूरत नहीं। इसलिए जब मैं कहता हूँ कि प्यार में डूबी हुई माँ जैसी कविता हिन्दी में पहले कभी नहीं लिखी गई तो मेरा आशय हिन्दी कविता को एक नया विषय देने का श्रेय पवन करण को देने का नहीं है (क्योंकि वह मेरी नजर में इतनी बड़ी बात नहीं है और कविता के नाम पर कुल मिलाकर कुलीगिरी है।) मैं दरअसल कहना यह चाहता हूँ कि उन्होंने खासकर इस कविता के रूप में हमें एक ऐसी सम्वेदना-दृष्टि दी है, जो हमारे पास इससे पहले नहीं थी।

एक औरत जो अपनी युवावस्था में अचानक विधवा हो गई हो, जिसने वर्षों उस अकेलेपन और निराशा में गुजारे हों, जिसमें दुनिया की हर खुशी में सिर्फ अपने व्यक्तिगत दुख की छाया ही नजर आती है, उसके जीवन में अचानक चुपके से कोई पुरुष आए (वह पुरुष विवाहित है या अविवाहित, यह मायने नहीं रखता और बहुत उचित ही पवन ने इस बारे में कविता में मौन बरता है।) और उसके इस तरह आने का सिर्फ मौन स्वागत ही उसकी बेटी न करे, इस कारण अपने को केवल दुनिया की सबसे खुशनसीब लड़की ही न समझे, बल्कि इस वजह से बौराई-पगलाई सी भी रहे और उसे अपनी प्रेम करती हुई माँ उसके स्कूल की ही कोई शरारती, चंचल और हँसमुख लड़की लगने लगे, इस तरह की बात इससे पहले कहने और समझने का साहस किसी कवि ने नहीं किया। स्त्रीवाद ने जाहिर है एक विधवा स्त्री के इस तरह के प्यार के लिए स्पेस को वैध बनाया है, इसे नैतिकता-अनैतिकता के दायरे से बाहर रखा है, मगर इसके बावजूद इस बात को सम्वेदना के स्तर पर इतने साहस के साथ स्वीकार करना, इसे एक खुशनसीबी की तरह मानना अभी तक हमें नहीं आया है, हमारी कुण्ठित सामाजिक दृष्टि हमारी सम्वेदनशीलता को घेरे रही है, उसे कुचलती

रही है। हिन्दी कवि सामान्यतः सामाजिक रूप से सबसे अग्रगामी दस्ते का सदस्य है। मगर फिर भी वे अभी तक इस मामले में सम्वेदनात्मक रूप से पिछड़े ही बने रहे हैं। उनके इस पिछड़ेपन को पवन करण ने जोरदार ढंग से झकझोर दिया है। यह जानना और भी दिलचस्प हो सकता है कि उन्हें इस तरह की अग्रगामी सम्वेदनशीलता के तन्तु कहाँ से मिले हैं।

लगभग एक क्रांतिकारी विषय को पवन करण अपनी कविता में बहुत शान्त और संयत ढंग से उठाते हैं। इसमें कहीं क्रोध नहीं है, कहीं विकलता का गाजेबाजे के साथ चकाचौंध भरा प्रदर्शन नहीं है, बस व्यक्तिगत दुख की हल्की-सी छाया है, जिस पर वह खुशी अधिक हावी है, जो इस प्रेम प्रसंग के पनपने के कारण उस बेटी के मन में उमगी है, जो अपने को आजकल दुनिया की सबसे खुशनसीब लड़की मानती है और इसलिए मानती है क्योंकि उसकी माँ की दुनिया में बरसों बाद प्रेम की एक तीली जली, जो देखते ही देखते उस कमरे में सूरज की तरह फैल गई है, जिसकी एक दीवार पर फूलों से सजी उस प्रेम करती औरत के पति की तस्वीर भी टँगी है। जिस समाज में एक माँ भी अपनी युवा बेटी के प्रेम-प्रसंग के कारण आशंकाओं से दहल जाती हो, वहाँ पवन करण की कविता बेटी अपनी माँ द्वारा (बेटी से भी) छुपकर-बचाकर किए जा रहे प्रेम से आहलादित है, बौराई हुई है और प्रेम करने के कारण इस (अधेड़) उम्र में माँ के बेहद खूबसूरत हो जाने का बखान अपने मृत पिता को सम्बोधित करते हुए करती है (यानी संकेत में कहती है कि ऐसी विधवा माँ का प्रेम करना उस पति के प्रति बेवफाई नहीं है, जिससे वह बहुत प्रेम करती थी और जिसकी याद में इतने बरस उसने सिर्फ अकेलेपन और उदासी में बिताए हैं।), यह अपने आप में दिलचस्प बात है।

यह बेटी खुश है क्योंकि वह इस बात की सम्वेदनशील गवाह रही है कि किस तरह माँ उसके पिता की याद में सारे रंगों को भूल चुकी थी, चटख रंग को देखकर भी कहती थी कि यह फीका है, मीठे को कडुवा कहकर उगल देती थी, गीत सुनकर भी कानों पर हाथ रख लेती थी। अपनी माँ के सामाजिक रूप से वर्ज्य समझे जानेवाले प्रेम के प्रति बेटी की यह उदारता, यह उछाह पहले शायद ही कहीं कविता में दिखा हो, क्योंकि हमारे कवि अभी भी कहीं न कहीं एक अधेड़ विधवा को किसी परपुरुष से प्रेम करते नहीं देख सकते, जब तक कि वह पुरुष वे स्वयं न हों। इस कविता में सबसे दिलचस्प और पुरुषों को पीड़ा देनेवाली बात यह है कि बेटी अपनी माँ को दुनिया की सबसे खूबसूरत माँ ही नहीं बताती, अपने पिता को याद करते हुए अपनी माँ के देह के वेग, उसकी कामुक चंचलता, उसके संसर्ग-संयम की बात भी करती है और यह लड़की अभी स्कूल में पढ़ती बताई गई है, जिन्हें एक स्तर पर तो पिता सिर्फ बच्ची ही समझते हैं, मगर दूसरे स्तर पर उनके संभावित प्रेम-प्रसंगों से, किसी लड़के से उनके शारीरिक संसर्गों की आशंका से डरे और घबराए रहते हैं।

इस कविता को पढ़ते हुए कहीं भी यह नहीं लगता कि पवन करण ने स्त्री के प्रति यह उदार सम्वदेनशीलता किसी विदेशी कविता से चुराकर हमारे सामने परोस दी है यानी यह उस जमीन से नहीं आई है, जहाँ से कवि आया है। इस कविता में वे सारे सामाजिक बन्धन संकेत के रूप में विद्यमान दिखते हैं, जो इस समाज में एक स्त्री को विधवा हो जाने के बाद फिर से जीवन की खुशी हासिल करने से रोकते हैं, उसे पंगु बनाकर रख देते हैं। इस कविता की प्रेम करती स्त्री के लंबे अकेलेपन और उदासी में उसका अपने मृत पति से गहरा प्रेम और समर्पण ही नहीं दिखता है, इस बात का तीव्र अहसास भी नजर आता है कि विधवा स्त्री को दुबारा खुशी सामाजिक उत्पीड़न के खतरे उठाकर और कुलटा कहलाकर ही हासिल हो सकती है। इसीलिए उसे ऐसे प्रेम को सबसे छुपाना पड़ा है, यहाँ तक कि अपनी बेटी से भी क्योंकि क्या पता सामाजिक जकड़नों में पली उसकी बेटी ही कहीं उसकी दुश्मन न बन जाए।

पूरी कविता में कवि कहीं हस्तक्षेप करता नहीं दीखता, अँधेरे में दिया लेकर चलने का अभिनय करता नहीं दीखता, वह अपनी कविता को पूरी तरह प्यार में डूबी हुई माँ की बेटी के हवाले कर देता है और उसे ही बोलने देता है। यह कविता उस लड़की की कविता है या कहें गीत है, उसकी गुनगुनाहट है, उसके बौराएपन का संगीत है। क्या यह सम्भव था कि पवन करण की कविता में नरेटर बेटी के बजाए बेटा होता? शायद नहीं हो सकता था। बेटा अपनी माँ को किसी और मर्द से प्यार करते हुए नहीं देख सकता था, वह उस पीड़ा को महसूस नहीं कर सकता था, जिससे इस बीच उसकी माँ लंबे अर्से तक गुजरी है, उसे तो इसमें अपनी माँ की मृत पिता के प्रति बेवफाई, उसकी कामेच्छा को दबाने में असमर्थता ही नजर आती, उसे शायद कभी नहीं दिखता कि यह प्रेम उसकी माँ के लिए कितनी बड़ी राहत और नेमत लेकर आया है।

नारी रचना संसार के पुरुष पात्र (संदर्भ उपन्यास)

□ शशिकला राय

विगत कुछ वर्षों से नारी अस्तित्व और नारी लेखन, हिन्दी साहित्य में चर्चा का अहम् मुद्दा रहा है। इस पर अनेक कोणों से बहसें होती रहीं और इन्हीं बहसों से उछलते अनेक मुद्दे नए सिरे से बहसों को आमन्त्रित करते रहे। इसमें कोई सन्देह नहीं कि नारी के रचना संसार की मूल चेतना में नारी स्वयं रही, क्योंकि उसने युगों बाद कुछ कह पाने का साहस जुटाया था। कहने को अपनी ही पीड़ा कम थी क्या? "हो गई है पीर पर्वत सी पिघलनी चाहिए।" (दुष्यन्त कुमार) पूरे पर्वत के पिघलने का सिलसिला जो शुरू हुआ तो अब तक नहीं थमा लेकिन इसके साथ ही यह भी सत्य है कि "इस हिमालय से कोई गंगा निकलनी चाहिए" इन रचनाओं की गंगा जब प्रवाहित होने लगी तो वह दर्पण की भाँति स्वच्छ, जैसे को तैसा चित्रित करने वाली दिखाई देने लगी। अर्थात् नारी रचना-संसार केवल नारी मुक्ति या नारी चेतना की गाथा नहीं। नारी लेखन 'मनुष्य मुक्ति' को अपना अभिप्रेत मानता है। इसीलिए नारी लेखन में मिलता है विश्वसनीय और प्रामाणिक संसार (स्त्री-पुरुष-बाल-वृद्ध, सभी का यथार्थ परक चित्र) नारी केवल अपनी ही व्यथा से भीग कर रोई नहीं बल्कि मनुष्य और उससे जुड़े काल-परिवेश की सूक्ष्म से सूक्ष्म गतिविधियों को अपने अन्तर्मन के चक्षु से देखा और इन्हीं गतिविधयों को बुनती गई नई कला से अपने रचनात्मक संसार में। पिछले दशक के ही हिन्दी उपन्यासों पर हम दृष्टि डालें तो पाते हैं कि कथ्य और शिल्प के धरातल पर उपन्यास अत्यन्त समृद्ध हुआ है। इस समृद्धि में स्त्री रचनाकारों का सहयोग नहीं बल्कि बराबर की साझेदारी है।

लेख का विषय 'नारी रचना-संसार में पुरुष पात्र' है। नारी द्वारा सृजित साहित्य में पुरुष पात्रों का यदि विश्वसनीयता और प्रामाणिकता के आधार पर हम आकलन नहीं करते तो नारी लेखन पर हम चाहे जितनी चर्चा कर लें यह चर्चा और यह आकलन एकांगी ही रहेगा।

लेख पाँच मुद्दों पर केन्द्रित है। 'सम्बन्धों का स्वरूप और पुरुष', शोषक-शोषित सन्दर्भ और पुरुष, नारी रचना संसार के वृद्ध पुरुष, नारी रचना संसार में पुरुष

साहित्यकार, मनोवैज्ञानिक आधार पर विश्लेषित पुरुष पात्र।

सम्बन्धों का स्वरूप और पुरुष

"सार्थकता और पुरुष दोनों एक ही चीज़ के नाम क्यों हैं? स्त्री के जीवन में इतनी बड़ी जगह क्यों घेर ली है इस सम्बन्ध ने कि हर चीज़ की व्याख्या इस बिन्दु से ही होने लगे?"

(राजी सेठ 'तत्सम')

माँ की कोख से जन्म लेते ही सद्यःजात शिशु को अनेक सम्बन्धों में बँध जाना पड़ता है। सम्बन्धों के मायने, निर्वाह, स्वीकार, अस्वीकार ये सम्बन्ध पुरुष जीवन से ज्यादा स्त्रीजीवन को प्रभावित करते हैं। इन सम्बन्धों का विश्लेषण महिला रचनाकारों ने अपनी रचनाओं में अत्यन्त सूक्ष्मता से किया है जिसके कारण विभिन्न सम्बन्धों में पुरुष का चरित्र अनेक कोणों से उभर कर आया है। स्त्री के सम्बन्धों के मुख्य बिन्दु हैं—पिता-पति-प्रेमी-पुत्र। इन्हीं सम्बन्धों पर विचार करना अपेक्षित है।

पिता

एक पागल लड़की रह-रह कर चीख उठती है—पापाऽऽऽ—पापाऽऽऽ! आते-जाते लोग ठिठक जाया करते हैं। (मुम्बई) क्यों उस विक्षिप्त मन में केवल पापा की ही छवि अंकित है? क्या बेटियाँ अपने पिता के अधिक करीब होती हैं? पूछिए 'छिन्नमस्ता' की प्रिया से जिसके हिस्से में पूरे परिवार की उपेक्षा और तिरस्कार ही है, वहीं पिता का ममत्व, उनकी संवेदना प्रिया को देती है भावात्मक सुरक्षा। पिता के स्नेह में प्रिय' का बचपन ठुनकता है। पिता की असमय मृत्यु ने प्रिया का बचपन छीन लिया। 'आवां' (चित्रा मुद्‌गल) की नमिता के भीतर लकवाग्रस्त पिता का मूक स्नेह ही निरंतर ऊर्जा का संचार करता है। नौकरी छोड़ने का निर्णय लेने पर नमिता को स्लेट पर लिख कर पिता अपनी प्रतिक्रिया देते हैं (लकवाग्रस्त होने के कारण बोल नहीं पाते) "मुझे खुशी है कि तुमने पहली बार अपने विषय में स्वतन्त्र निर्णय लिया, विवेक जाग्रत रखना। मैं तुमसे हरगिज नहीं पूछूँगा कि तुम वहाँ नौकरी क्यों नहीं करना चाहती? निश्चिन्त होकर सो जाओ...नए भोर की प्रतीक्षा में, जिसे कोई सूर्य नहीं स्वयं आदमी गढ़ता है।" 'दहन' (सुचित्रा भट्टाचार्य का बंगाली उपन्यास) में पिता बेटी के साथ हुए दुर्व्यवहार (छेड़े जाने पर) के कारण इतना क्षुब्ध है कि सामाजिक प्रतिष्ठा की झूठी चादर उतार कर फेंक देना चाहता है। बेटी के आहत सम्मान का प्रतिकार चुप्पी कैसे हो सकती है? लेकिन पिता का यही चेहरा नहीं है। ततसम् में आनन्द के पिता ने आनन्द की पढ़ाई छुड़ा दी। सौतेली माँ प्रसाद लेकर आ रही थी। बालक आनन्द टकरा गया। बस इसी बात से क्रोधित पिता ने चमड़े की बेल्ट से इतना पीटा कि बालक आनन्द उसके बाद कभी भगवान से कोई रिश्ता नहीं जोड़ पाया। पूजा और प्रसाद

की आड़ में मम्मी की अमानवीय आकृति और पिता की विक्षिप्त धधकती 'हिंसा' ही उसे दिखाई देती थी। आवां में स्मिता की ताई (बहन) घर में अकेले पिता के साथ नहीं रहना चाहती। किश्वर नाहीद (बुरी औरत की आत्मकथा पाकिस्तानी लेखिका) लिखती हैं– "बेटियों को बापों ने ज़िना (बलात्कार) का मुजरिम गरदाना कि वे अपनी मर्जी की शादी न कर सके। बाप वह ज़रे फरोख्त हासिल कर सके जिसके बदले में उनकी ज़िन्दगी में खुशहाली आ सके।" इस प्रकार लेखिकाओं ने पिता के शुभ-अशुभ दोनों पक्षों को बखूबी उभारा है।

पति

पतियों को चित्रित करने के लिए कुछ उपन्यासों को ही आधार बनाया गया है–कठगुलाब (मृदुला गर्ग), एक पत्नी के नोट्स (ममता कालिया), इदन्नमम्, चाक (मैत्रेयी पुष्पा), छिन्नमस्ता (प्रभा खेतान), बुरी औरत की आत्मकथा (किश्वर नाहीद), रेत की मछली (कांता भारती) माई सन्स स्टोरी (नादिन गोर्डाइमर अफ्रीकी लेखिका)] जीवन हमारा (बेबी कांबले, मराठी दलित लेखिका), तत्सम् (राजी सेठ), द फिमेल यूँनक (जर्मेन ग्रीयर (उप. नहीं है यह), अंग्रेज लेखिका) बँटता हुआ आदमी (निरुपमा सेवती), 1084 वें की माँ (महाश्वेता देवी), उसके हिस्से की धूप (मृदुला गर्ग)।

'कठगुलाब' में नमिता के पति का चरित्र अन्य सन्दर्भ में (इसी लेख में) अन्यत्र उजागर हो जाएगा। दूसरे अमेरिका के जिन जारविस महोदय हैं जो मनोचिकित्सक पहले हैं, स्मिता के पति बाद में। अपनी पत्नी को प्यार के नाम पर मनोविश्लेषण का माध्यम बनाते हैं। अपनी बातों का समर्थन न पाने पर उग्र होकर पीटते हैं और घायल अवस्था में भी स्मिता के साथ जबरन दैहिक सम्बन्ध...? मरियान का पति इर्विन है जो पत्नी की ही प्रतिभा सोखकर लेखक बना और पत्नी का इस्तेमाल करने के बाद उसे अपमानित करके अपने जीवन से निकाल देता है। नर्मदा का जीजा नर्मदा से विवाह करने के लिए अपनी पत्नी को बर्बरतापूर्वक पीटता है। 'एक पत्नी के नोट्स' में पति संदीप के चरित्र को मनोवैज्ञानिक दृष्टि से परखा गया है। यह पात्र लिंग भेद का अतिक्रमण करता है क्यों कि यह चरित्र स्त्रियों का भी हो सकता है! जिनके पास मेधा, सौन्दर्य, आकर्षक व्यक्तित्व है, जो सहज ही सभी के ध्यान के केन्द्र बन जाते हैं और बने भी रहना चाहते हैं। अगर किसी ने इन पर ध्यान नहीं दिया तो ये घोर अवसाद से घिर जाते हैं। संदीप भी इसी मनोरोग का शिकार है। इस त्रासदी को सर्वाधिक भुगतती है उसकी पत्नी कविता। वह हर पल कविता को लाँक्षित, अपमानित करता रहता है, दूसरों के सामने नीचा दिखाने की कोशिश करता है। यह सब तब भी है जब कि संदीप अपनी पत्नी को बहुत प्यार करता है! अपच के कारण पेट दर्द हो तो आधी रात में सोती पत्नी को जगाकर पेट की बजाय कलेजा थामकर कहता है– "कविता मैं तो चला।" परेशान करने के अनेक तरीके अख्तियार करता है; संदीप।

'इदन्नमम्' में कुसुमा का पति यशपाल केवल 'रस्म निर्वाही' पति था। कुसुमा से कोई सम्बनध नहीं रखा यशपाल ने। कुसुमा का सम्बन्ध अन्य पुरुष से है यह भनक लगते ही यशपाल कुसुमा की हत्या करने पर उतारू हो जाता है। 'चाक' का रंजीत पत्नी को केवल देह नहीं मानता लेकिन उसके चरित्र का औदात्य क्रमशः स्खलित होता जाता है। अन्ततः पत्नी को प्रताड़ित करने के लिए छल छद्म, कपट, हिंसा के रास्ते अपनाता है। छिन्नमस्ता में प्रिया के पति नरेन्द्र को परपीड़न में आनन्द आता है। प्रिया की व्यावसायिक सफलता उसे आहत करती है। जहाँ पतियों की सफलता पत्नियों के लिए गर्व और हर्ष का कारण बनती है वहीं पत्नियों की व्यावसायिक या कैरियर की सफलता पतियों के लिए न जाने कौन से आतंक का दरवाज़ा खोल देती है, जिससे उबरने के लिए उन्हें क्रूरता का सहारा लेना पड़ता है। नरेन्द्र अपने घर पर ही दूसरी लड़कियों के साथ रात बिताता है। किश्वर नाहीद भी अपने पति का जिक्र करते हुए लिखती हैं—"वह आहुए आवारा (वहशी हिरन) बंजारे की तरह कभी इस दर पे कभी उस दर पे मगर रात को वापस आता घर ही था।" 1084 वे की माँ' में दिव्यनाथ गर्भवती पत्नी के अस्पताल नहीं जाते। बच्चों की आवाज तक पसन्द नहीं। लेकिन नज़र सुजाता के शरीर पर लगी रहती है! दूर के रिश्ते की बहन के साथ भी अवैध सम्बन्ध रखते हैं। 'रेत की मछली' में शोभन भावुक हैं। लेखक हैं। रिश्तों के धरातल पर शोभन फिर भी खरे नहीं उतरते। पत्नी की उपस्थिति में प्रेयसी से दैहिक सम्बन्ध स्थापित करते हैं। कामविकृति की कोई हद नहीं है। माई सन्स स्टोरी की लेखिका आयला के पति के सन्दर्भ में लिखती हैं—"उन दोनों को एक साथ (पत्नी और प्रेयसी) पाने की सेक्सुअल उत्तेजना उसके अन्दर टिंक्चर की तरह प्रवेश कर गई। एक गिलास भर घूमता ऊपर उठता धूमिल मेघ!" शोभन अपनी पत्नी को पीटते हैं और उस समय शोभन उस पति की तरह दिखाई देते हैं जिसका जिक्र दलित लेखिका बेबी कांबले 'जीवन हमारा' में करती हैं, "आदमी अपनी औरत को जानवरों की तरह पीटता। औरत का सिर फूट जाता तो कोई बेहोश हो जाती।" यहाँ पति उस्तरे से पत्नी की नाक काट कर घर से भी निकाल देता है। (बेबी काबंले ने पति का चरित्र गढ़ा नहीं है बल्कि यथार्थ रूप अंकित किया है।)

इतने विवेचन के पश्चात् प्रश्न यह उठता है कि क्या स्त्री रचनाकारों की दृष्टि ने केवल ऐसे ही पतियों को देखा है? नहीं। बल्कि प्रताड़ित, आहत, पतियों को भी उतनी ही सहानुभूति से उनके साहित्य में उकेरा गया है। तत्सम में राजी सेठ लिखती हैं—"पुरुष पर स्त्री का अत्याचार भी क्या कुछ कम क्रूर होता है। अधिकार की हिंसा में घुमड़ता हुआ बिलबिलाता हुआ उठता है और हथौड़े के वार की तरह अप्रस्तुत पौरुष के सिर पर पड़ता है, संकल्पित सायास।" 'तत्सम में प्रो. ललित को पत्नी के शक्की स्वभाव की सज़ा भुगतनी पड़ती है। जर्मन ग्रेयर लिखती हैं—"पतियों की जान खाकर उनसे उनका मनपसन्द काम छुड़वाकर कोई ऐसा काम करने पर मजबूर

करती हैं जो उबाऊ लेकिन अच्छी उजरत देने वाला होता है और जिसके सहारे पड़ोसियों से आगे निकला जा सकता है।'' 'बँटता हुआ आदमी' का शरद आर्थिक अभाव के कारण पत्नी को खुश नहीं कर पाता भौतिक सुख सुविधाओं की आकांक्षी पत्नी बार-बार मायके चली जाती है। शरद दुःख, ग्लानि, क्षोभ अकेलेपन का दंश झेलता हुआ हताश हो जाता है। किश्वर नाहीद भी ऐसी बीवियों का ज़िक्र करती हैं जो अपने शौहर को नाकों चने चबवाती हैं। मियाँ उनकी मर्जी के बगैर बाहर नहीं निकल सकते। वे हर वक्त बीवी की खुशनूदी का काम करते हैं। 1084 वे की माँ का अमित निरीह पति है, कायरता की हद तक। पत्नी फूफेरे देवर के साथ नीचे सोती है और अमित तीसरी मंजिल पर। कहता भी है–''बलाई ने फेमिली की किसी लड़की को छोड़ा है जो मेरी बीवी को छोड़ेगा।'' उसके हिस्से की धूप का पति पत्नी का प्रेमी के साथ जाने का निर्णय जितने सहर्ष मान लेता है, पत्नी के वापिस लौटने पर उतनी ही उदारता से अपना भी लेता है। ऐसे पतियों की संख्या नगण्य हो सकती है। परन्तु होने को लेकर कोई सन्देह नहीं है। पति और भी हैं अपनी विविध छवियों के साथ स्त्रियों (स्त्री रचनाकारों) की विभिन्न रचनाओं में परन्तु आलेख की भी सीमा है।

प्रेमी

प्रेमी के रूप में मैंने तीन पुरुष पात्रों का चयन किया है। प्रेम का सम्बन्ध विवाहेतर है यहाँ। स्त्री रचनाकारों की संवेदनात्मक दृष्टि ने इन्हें सहलाया है। इनके प्रेम को किसी कटघरे में न खड़ा करके मुक्त कर दिया गया है। ज़िन्दगीनामा (कृष्णा सोबती) इदन्नमम (मैत्रेयी पुष्पा) चाक (मैत्रेयी पुष्पा)।

ज़िन्दगीनामा के शाह साहब शादीशुदा प्रौढ़ एक बच्चे के पिता, सदगृहस्थ प्रतिष्ठित और गाँव के प्रमुख गणमान्य व्यक्ति हैं। परन्तु अपने दिल का क्या करें जो अराइयों (निम्न जाति की) की कॅवार कन्या राबयां पर आ गया। संगत संवेदना के धरातल पर हुई थी। राबयां कविता गाती थी। शाहसाहिब सुनते थे। प्रलय (बाढ़) के बीच से राबयां साह साहब को खींच लाई। शाहसाहब जीवन के अन्तिम क्षणों में राबयां को रस्मों के मुताबिक अपना लेते हैं। शाहनी को भी उपेक्षित नहीं करते। व्यावहारिक धरातल पर दो प्रश्न हैं–शाहनी की वेदना का जिम्मेदार कौन है? राबयां के साथ अन्याय नहीं हुआ? प्रेम की कसौटी-विवेक सम्मत अनुशासन नहीं है। इसकी कसौटी है– त्याग, समर्पण, निश्च्छलता, अहंकार, विगलन! इस कसौटी पर शाहसाहब का प्रेम खरा है। स्वयं कृष्णा सोबती पूछती हैं–

''क्या संयोग। क्या भाग। क्या हस्त रेखाएँ, क्या असमानता
क्या ऊँच-नीच। क्या राजनीति। इतना भर पूछ रहा है लेखक

मेरे दूसरे पात्र हैं इदन्नमम् के दाऊ जू। दाऊ जू ने अपने छोटे भाई की पत्नी से प्रेम किया–

"अनुज वधू भगिनी सुतनारी, सुन सठि कन्या समचारी।" यह सुनते ही दाऊ जू विचलित हो जाते हैं। परन्तु इन नियमों को लेकर लेखिका का प्रश्न है कि मरे हुए रिश्तों के साथ जीने के लिए विवश करने के नियम किसने बनाए? जब यशपाल कुसुमा का पति नहीं बन पाया तो दाऊ जू जेठ कैसे हुए? सदा के बीमार दाऊ जू जीना चाहते हैं कुसुमा की खातिर। दाऊ जू ने कुसुमा के मरुस्थल जीवन को सींचा है अपने अन्तर्मन के नेह से; स्वयं भी उस प्रेम में नई राह पा ली है। जैसे-जैसे दाऊ जू की ज़िन्दगी (आयु) घट रही है वैसे-वैसे दाऊ जू ज़िन्दगी का रंग पढ़ रहे हैं। अंत समय (मृत्यु के करीब पहुँच कर) में दाऊ जू अपने हिस्से की जायदाद (जमीन) और कुसुमा की गोद में दे जाते हैं एक नन्हा 'दाऊ जू'। क्या दाऊ जू के प्रेम को बने-बनाए, गढ़े-गढ़ाए विधानों से कालिख लगती है, अगर लगती है तो ऐसे कालिख को स्याही में ही डुबोकर लेखिका उज्जवल कर देती है—"ज्यों-ज्यों बूढ़े स्याम रंग त्यों-त्यों उज्ज्वल होय।" प्रेम प्रकृति का अनुपम उपहार है। मुक्त करती है स्त्री प्रेम को समाज की जड़ परम्पराओं से। दाऊ जू के प्रेम की स्वीकृति के साथ ही खींच देती है लेखिका नैतिकता की एक नई रेखा, जो उदात्त है, पहले से बड़ी और अधिक मानवीय है।

'चाक' में प्रेम करता है श्रीधर रंजीत की व्याहता सारंग नैनी से। दोनों ही अन्याय के प्रतिकार की भूमि पर एक दूसरे का साथ देने के लिए खड़े हैं। श्रीधर विचार है श्रीकृष्ण का जो युगों-युगों से मुक्ति की राह पर उजाला फैलाता आया है। जिसके संसर्ग मात्र से स्त्री अपनी अस्मिता की रक्षा का हौसला बुलन्द कर लेती है। श्रीधर का शरीर पीड़ा की शृंखला से बँधा तड़प रहा है (कड़ियाँ-रेशम-केका-सारंग-श्रीधर की माँ) श्रीधर सारंग की बैचेनी को जानता है। वह अपने प्रेम के बूते देना चाहता है सारंग को विक्षोभ की ऐसी चिनगारी जो लपट बन कर उठे और छीन ले अपना हक वीर्यवर्धक शिलाजीत खाने वाले मर्दों से। यहाँ प्रेम शक्ति है, न्याय है, मनुष्य मात्र की मुक्ति है। इस प्रकार के सार्थक प्रेम प्रसंग स्त्री लेखिकाओं में अन्यत्र भी उपलब्ध हैं।

बालमन-पुत्र

स्त्री रचनाकारों की दृष्टि से आइए बाल-मन को टटोलें। (लम्बी बहस हो सकती है अरविन्द जैन से लेकिन स्थानाभाव के कारण संभव नहीं है—'औरत अस्तित्व और अस्मिता' पृ. 81) बात 'आप का बंटी' के बंटी से ही शुरू करते हैं। शकुन ग़लत नहीं है। डॉ. जोशी भी गलत नहीं है। लेकिन बंटी बेचारा क्या करे? बालक भला ज़िन्दगी के इस व्याकरण को कैसे समझे? कौन बच्चा एकदम से समझदार होकर माँ-बाप की इन परिस्थितियों को सहज ही स्वीकार कर लेगा? बंटी का बालमन सदा द्वन्द्व से घिरा रहता है। न ही मीरा के साथ सहज रह पाता है न ही डॉ. जोशी के साथ। सौतेली माँ और पिता के साथ बच्चों का समायोजन हो पाना असम्भव तो नहीं परन्तु

कठिन अवश्य है। असुरक्षा और सहमेपन में घिरा बंटी बिस्तर भी गीला कर देता है। डॉ. जोशी (सौतेले पिता) मीरा (सौतेली माँ) का घर बंटी के लिए 'अपने घर' का बोध नहीं जगा पाता। बंटी को अच्छा नहीं लगता डॉ. जोशी का माँ से मिलना। 'चाक' में अपनी माँ को बहुत प्यार करते हुए श्रीधर मास्टर का बहुत सम्मान करते हुए भी बालक चन्दन सह नहीं पाता श्रीधर का माँ से मिलना। 'ज़िन्दगीनामा' का लालीशाह ऐसा पुत्र है जो पिता और उनकी प्रेयसी की निकटता के लिए अपने तईं (ढंग से) प्रयत्नशील रहता है। अपनी माँ को भी इसके लिए समझाता है। पिता की मृत्यु के बाद राबयां को संरक्षण देने हेतु लालीशाह खड़ा हो जाता है। लाली अपनी संवेदना के बल पर ही राबयां की आँखों का सूनापन और उसमें निहित अपार वेदना देख पाता है। है न बंटी से बिलकुल अलग चेहरा। मानव मन को समझना जितना आसान है उतना ही जटिल, चाहे वह अपने बालरूप में ही क्यों न हो? जितना सच बंटी है, उतना ही लालीशाह। स्त्री रचनाकारों ने जितनी पूर्णता से इन्हें देखा है उतनी पूर्णता से शायद पुरुष रचनाकार नहीं देख पाए। पढ़ा बहुत कम है इसलिए दावा नहीं कर सकती। कमल कुमार के उपन्यास 'हेमबर्गर' का बालक बलात्कार की परिणति है। इसीलिए माँ की उपेक्षा ही पाता है। दस वर्षीय बालक निःशब्द अपनी अवहेलना को सह जाता है। रोती हुई माँ के आँसू पोंछता है। माँ की पीड़ा को बाँट लेना चाहता है। यह बालक हमसे ले जाता है थोड़ी सी करुणा, थोड़ा ममत्व, दे जाता है हमें अपनी थोड़ी सी उदासी। मातृ हृदय के कारण लेखिकाओं को बाल मन की अधिक पहचान है।

शोषक शोषित सन्दर्भ और पुरुष पात्र

सबसे पहले मैं पुरुष द्वारा स्त्री शोषण के सबसे जघन्य अपराध बलात्कार से ही अपनी बात आरम्भ करूँगी। लेकिन चर्चा को आगे बढ़ाने से प्रहले एक बार समीक्षक साहित्यकार राजकिशोर से मुखातिब हो लें। वे बलात्कार को सामान्य हिंसा का प्रकार मानते हैं। वैसा ही जैसा (1) एक पुरुष दूसरे को तमाचा मारता है या पिस्तौल की नोंक पर किसी का पर्स छीन लिया जाता है। (देखें स्त्री-पुरुष कुछ पुनर्विचार पृष्ठ सं. 107) उनका यह भी मानना है कि (2) कोई भी समाज स्वस्थ ढंग से तभी चल सकता है जब यौन आवश्यकताओं की स्वस्थ पूर्ति के दरवाजे हमेशा खुले रहें। राजकिशोर जी यह भी मानते हैं कि (3) शरीर को निजी सम्पत्ति मान कर चलना अप्राकृतिक और गलत है। आइए पुनः पहली बात पर। मुझे आश्चर्य है 'क्लिंटन और मोनिका काण्ड' में आम भारतीय ने भी क्लिंटन के चरित्र की धज्जियाँ उड़ाई थीं। चुटकुले गढ़े थे, जब कि सहमति दोनों की थी, और यहाँ बलात्कार तक को सामान्य घटना सिद्ध करने के लिए दलीलें दी जा रही हैं। दूसरी बात—राजकिशोर जी यह स्पष्ट कर देते कि यौन आवश्यकताओं की पूर्ति के कौन-कौन से दरवाजे हमेशा खुले रहने चाहिए, तो अच्छा था। देश संचालन के लिए जनतन्त्र प्रणाली स्वस्थ एवं आदर्श प्रणाली है,

भारत जनतन्त्रात्मक व्यवस्था वाला सबसे बड़ा देश है। देखिए न कितने स्वस्थ ढंग से देश चल रहा है? तीसरी बात अपने शरीर को अपनी थाती न माने। क्यों भाई? अगर यह बात दूसरों के लिए है तब ठीक। अपने लिए है तो क्या! यह अधिकार भी आप हमसे आधुनिकता और उदारीकरण के नाम पर ले लेंगे? यह भी एक मिथ रहा है कि बलात्कार में स्त्री को आनन्द मिलता है। जब किसी स्त्री का सामूहिक बलात्कार होता है तो क्या प्रत्येक बलात्कारी के साथ स्त्री को आनन्द मिलता है? नादान बच्ची जब प्रतिरोध नहीं कर पाती तो क्या उसे आनन्द आ रहा होता है? यह अपवादात्मक सत्य हो सकता है किन्तु इसे सामान्य सत्य मान लेना ठीक नहीं है। यथार्थ के धरातल पर इस अमानवीय मिथ को अब टूटना चाहिए।

बलात्कार मानवता का भीषण अपमान और नारी जीवन की घोर त्रासदी है। महिला लेखिकाओं ने इस दारुण त्रासदी को बड़ी सूक्ष्मता से पहचाना है और बड़ी गम्भीरता से उसके परिणामों और प्रभावों को चित्रित किया है। 'छिन्नमस्ता' में प्रिया का बलात्कार उसका सगा भाई करता है। प्रिया की उम्र साढ़े नौ साल की थी। भाई का क्रूर खेल प्रिया के कॉलेज जाने तक जारी रहा। इस क्रूर हादसे ने प्रिया के बचपन और उसकी प्रतिरोधक शक्ति की हत्या कर दी। 'आवां' में गौतमी का सौतेला भाई गौतमी के विरोध न कर पाने की बेबसी का लाभ उठाकर अपनी हवस का शिकार बना लेता है। इस घृणास्पद खेल में अनचाहे गौतमी साझीदार होकर भाई का ही गर्भ धारण कर लेती है। 'इदन्नमम् में बुखार ग्रस्त, असहाय, लाचार मंदा का बलात्कार मास्टर कैलाश करता है जिसे मंदा मामा कहती है। 'कठगुलाब' में जीजा द्वारा बलात्कार किए जाने पर भी स्मिता के लिए यह विश्वास करना कठिन हो जाता है कि उसकी बहन का पति ऐसा कर सकता है। कृष्णा अग्निहोत्री कृत 'लगता नहीं है दिल मेरा' में चाचा ही जबरन भतीजी को दबोच लेता है। विश्वस्त नौकर ही छः सात वर्षीय बच्ची को नंगी करके अपने ऊपर सुला लेता है। 'रेत की मछली' में प्रेमी-प्रेमिका की शादी कराने वाले मित्र ही मौका हाथ लगते ही मित्र की प्रेयसी पर उन्मत पशु की तरह टूट पड़ते हैं। 'आवां' के अन्ना साहब क्या शालीन (?) बलात्कारी हैं। बलात्कार में भी कितनी सादगी और कितना दर्शन। 'रेत की मछली' के शोभन याद आ जाते हैं। शोभन बलात्कार करते हैं पत्नी के विश्वास का, उसकी भावनाओं का (पत्नी के समक्ष न केवल प्रेयसी से दैहिक सम्बन्ध स्थापित करते हैं, वरन पत्नी के भी कपड़े उतार देते हैं) और चार पुरुषार्थ में से एक पुरुषार्थ स्वयं काम का प्रदर्शन करते हैं। शोभन बड़े दार्शनिक अन्दाज में कहते हैं "आओ हम एकात्म हो जाएँ, हम तीनों में एक ही सुख बहने दो।" इधर 'आवां' में अन्ना साहब कहते हैं—"देखो दोस्त की बेटी हो तुम मेरी बेटी नहीं हो। पिता समान हूँ, पिता नहीं हूँ जैसी हो वैसी ही बैठी रहो, अपने हाथ भर को मेरे नियन्त्रण में दे दो। विश्वास दिलाता हूँ, तुम्हारी देह के साथ खिलवाड़ नहीं करूँगा। अपनी देह के साथ खेलने के लिए मैं स्वतन्त्र हूँ, हाथ

मत छुड़ाओ जैसा कहता हूँ करती चलो। नमिताऽऽऽऽऽ। जरा तेज...और तेज...और तेज।'' कितनी विकृति, कैसी घोर त्रासदी, बलात्कार का कितना घिनौना रूप और अन्ना साहब हैं कि इसे व्यक्तित्व का सहज मानवीय पक्ष समझते हैं। आवां में ही गर्भवती वेश्या अनीसा के साथ बलात्कार करने की विफल कोशिश करता है एक व्यक्ति। इस संघर्ष के परिणामस्वरूप अनीसा का गर्भपात हो जाता है।

इन घटनाओं के परिप्रेक्ष्य में यह बात पुष्ट हो जाती है कि अपवादों को छोड़कर बलात्कारी प्रायः परिचित और निकट के सम्बन्धी ही रहे हैं। अर्थात् यह ज्यादातर अकस्मात की जाने वाली हिंसा नहीं है बल्कि मन में उठती लगातार हवस को साज़िश के खराद पर चढ़ांया जाता है। मौके की ताक में लगे भेड़िए की मानिंद चारों ओर मँडराते हैं ये बलात्कारी और मौका हाथ लगते ही, रौंद डालते हैं किसी भी लड़की, स्त्री को, फिर अनर्गलमिथ की माला पहने (आनन्दवादी मिथ) अपने को अपराध से बरी भी मान लेते हैं। किश्वर नाहीद इसी सन्दर्भ में एक अहम सवाल उठाती हैं—''जब भाई भी अपनी बहिनों को अपनी हवस का शिकार बनाएँ और अगर बहिनें एलान करें तो सजा की हकदार ठहरें, भाई आजाद, बेलगाम, बेकसूर माना जाए? जब बापों को बेटी की मुहब्बत में जिंसियत (कामभावना) की बू आने लगे और बेटी के अन्दर बापों की वासना पलने लगे तो डॉक्टरों के सामने भी जुबान न खुल पाए कि यह जुर्म किसका है? जब बेहयाई का हर दाग सिर्फ औरत के माथे का कलंक बने, हर किस्म का ज़िना (बलात्कार) मर्दानगी ठहरे? क्या कभी आपने अपनी बेटियों को घुटते देखा है?'' (बुरी औरत की आत्मकथा) आनन्द यादव के उपन्यास 'नटरंग' (मराठी उपन्यास) में गुणवंत मंच पर स्त्री की भूमिका का निर्वाह करता है। गुणवंत का बलात्कार होता है। गुणवंत को भयानक लाँक्षन और त्रासदी का शिकार होना पड़ा। पत्नी छोड़कर चली गई, बच्चे छोड़ कर चले गए। गुणवंत विक्षिप्त हो गया। उसकी यातना, शर्मिंदगी और बेहिसाब आँसुओं में किस आनन्द का मिथ ढूंढ़ेंगे?

पाकिस्तान में बलात्कार से सम्बन्धित सख़्त कानून बनाया गया। जिया-उल-हक़ के समय में बने इस कानून के तहत सज़ा बलात्कार की शिकार औरतों को दी गई। यह कानून 1979 से 1993 तक कायम था (उसके बाद मुझे नहीं मालूम)। अन्धी साफिया बीवी का बलात्कार हुआ। जब उसने बताया वह हामिला है (गर्भवती) और वह बलात्कारी का नाम नहीं जानती तो शरई अदालत ने उसके मुँह पर थप्पड़ मारा। उसे बीस कोड़े और सोलह साल की कैद की सजा तजबीज की गई। किश्वर नाहीद कहती हैं—''जमीन यकीन नहीं करती, आसमान यकीन नहीं करता। लेकिन पाकिस्तान में यह हुआ। पिछले चौदह वर्षों में (1979-1993) भाइयों ने बहनों पर ज़िना का इलजाम लगाया और हक़े विरासत हड़प लेने में मर्दानगी महसूस की...... शौहरों ने बीवियों को ज़िना के जुर्म में इसलिए जेल भिजवा दिया कि वे सकून से दूसररी शादी कर सके। बेटियों को बापों ने ज़िना का मुजरिम ठहराया। इस तहरीर को कोई बालपोर्ट

या खुशवंत सिंह नहीं लिख रहा है कि उसे तास्सुबगी (साम्प्रदायिकता) या झूठा कहा जा सके।''

इन अपराधों के लिए न्याय की गुहार किस अदातल में लगाएगीं आप? उसी में न जिसमें कभी भंवरी देवी ने लगाई थी? दर्द उफन-उफन कर बहा है, हद से गुजर जाने के बाद उतर आया किताबी पन्नों पर सारे ख़ौंफ की सीमाओं को तोड़ता हुआ, बलात्कारियों की शिनाख्त कराता हुआ और अरविन्द जैन जैसे वकीलों (औरत अस्तित्व और अस्मिता) के ठोस तर्कों से आश्वस्त होता हुआ सा। शोषण के अनेक यथार्थपरक रूपों का चित्रण महिला उपन्यासकारों ने किया है जिसमें नेता, महाजन, पूँजीपति, पुलिस विभाग, शिक्षा जगत, आदि का समावेश है। बहुत पहले ही मन्नू भण्डारी ने स्पष्ट कहा था– ''जब घर में आग लगी हो तो सिर्फ अपने अन्तर्जगत में बने रहना, उसी का प्रकाशन क्या खुद ही अप्रासंगिक, हास्यास्पद और किसी हद तक अश्लील नहीं लगने लगता?'' चेतना की इस भूमि पर जब सृजन हुआ तब हमारे समक्ष 'दा साहब' जैसा नेता का व्यक्तित्व और चरित्र प्रस्तुत हुआ। मन्नू जी लाख कहें उनके चरित्र या पात्र काल्पनिक हैं किन्तु वास्तविकता यह है कि केवल इन पात्रों के नाम काल्पनिक हैं इनकी विशेषताएँ अक्षरसः सत्य हैं। महाभोज के 'दा साहब' छद्मपूर्ण कलुषित राजनीति के संवाहक हैं। भगवत गीता की प्रति सदा अपने साथ रखने वाले दा साहब का काइयांपन सहज बोधगम्य नहीं है। दा साहब भारतीय राजनेता का प्रतिनिधित्व करते हैं। हाँ इतना अवश्य है कि दा साहब सारी कुटिल चालों को चलते हुए भी अपना नंगापन छिपाने में माहिर हैं, बाह्य तौर पर शालीन हैं। उस समय तक नेता में अपनी बाहरी छवि बनाए रखने की तत्परता दिखाई देती थी। परन्तु आज तो राजनीति के आँगन में कपड़े विहीन नेताओं के नँगे नाच ने राष्ट्र का सिर शर्म से झुका दिया है। अपने समय के (समय अभी भी बीता नहीं है। दुख की रातें बहुत लम्बी हो जाया करती हैं।) नेताओं का चित्रण जैसा मन्नू भण्डारी ने किया है वैसा अन्यत्र दुर्लभ है। दा साहब–सुकुलू बाबू, त्रिलोचन, आज हमारे चारों ओर हैं। 'आवां' के अन्ना साहब मजदूरों के नेता हैं। अन्ना साहब मजदूरों के भीतर चेतना नहीं जागृत करते क्यों कि यदि वे सचेत हो गए, अन्ना साहब पर निर्भर रहना छोड़ दिये तो अन्ना साहब का क्या होगा? मजदूरों की मुक्ति का सीधा अर्थ होगा अन्ना साहब की अलौकिक छवि का क्षीण होना। इस छवि को बनाए रखने के लिए साजिश तो करनी ही होगी। ट्रेडयूनियन का ही एक कार्यकर्ता अन्ना साहब के दोहरे चरित्र का पर्दाफाश करते हुए कहता है–''वे खिलाड़ी बहुत ऊँचे दर्जे के हैं, यह अलग बात है कि वे खेलने से ज्यादा खिलवाने में माहिर हैं।'' ये काइयाँ नेता हमारे लिए काल्पनिक नहीं हैं। यदि ये सचमुच काल्पनिक पात्र होते तो आम आदमी बहुत सारी यातनाओं और वेदनाओं से उबर जाता। राजनीति की यह साजिश छुटभैये नेता भी करते हैं। इनके दाँवपेच, षडयन्त्र

भी आम आदमी के लिए कम घातक नहीं हैं—'चाक' में प्रधान फत्ते सिंह, कुंवरपाल, धानसिंह जैसे नेता विभिन्न स्तरों पर स्वार्थ प्रेरित राजनीतिक षडयन्त्रों में लिप्त हैं। महाभोज के त्रिलोचन जैसे भी नेता हैं जो ईमानदार हैं लेकिन कुछ नहीं कर पाते, उनके हाथ लगती है राजनीतिक विफलता। महिला लेखिकाओं ने राजनीति और राजनेताओं के जिस घृणित रूप को प्रस्तुत किया है वह कोई दुरारूढ़ रहस्य नहीं है। वह सबके सम्मुख चारों ओर विद्यमान यथार्थ की प्रस्तुति है। आज हम राजनीति से सम्बन्धित हज़ारों चुटकुले सुनते हैं। ये चुटकुले विडम्बनाओं की कोख से जन्म लेते हैं। इन्हें सुनकर हम अपने समय, अपने परिवेश, राष्ट्र और नेता पर हँसते हैं लेकिन सच तो यह है कि हम अपना हँसना नहीं बल्कि अपना रोना हँसते हैं। इन स्थितियों से व्यथित स्त्री रचनाकारों ने काल्पनिक नामों के आडम्बर को दूर हटा कर सीधे अपने नेताओं (महिला-पुरुष दोनों को) को सम्बोधित किया है। देखें निर्मला गर्ग की कविता—

(1) बूँदों को
घास, मिट्टी पर पड़ते देख वैसे ही
हलचल से भर रही है शगुफ़्ता
भर रही हूँ जैसे कि मैं
यानी निर्मला गर्ग
आडवाणी जी व्याख्या करें
इस चमत्कार की।

(2) अनगिन गोड़ हैं जइमें टूटल चप्पलो नहीं
आप का सात सौ जोड़ी जूता
केकरा मुँह पर सात सौ थप्पड़ है जयललिता जी?

शोषण के क्रूर चक्र में अनपढ़ मजदूर किसान ही नहीं पढ़े-लिखे लोग भी पिसने को विवश होते हैं। 'दीक्षांत' उपन्यास (सूर्यबाला) के गुप्ता जी महाविद्यालय में हिन्दी विभाग के अयोग्य, कुण्ठित, अपरिपक्व, क्रूर, शोषक विभागाध्यक्ष हैं। उनके इस व्यक्तित्व के परिणाम की त्रासदी भुगतते हैं शर्मा जी जो उनके अधीन कार्यरत हैं, योग्य परिश्रमी, कर्तव्यनिष्ठ हैं। दोनों पात्र वर्गगत पात्र हैं, शोषण की लम्बी शृंखला में बँधा दबता, पिसता, घुटता एक पूरा संसार है। अपना वर्चस्व बनाए रखने के लिए जिसका निरन्तर शोषण किया जाता है। निरन्तर दमन के भीतर संघर्ष की प्रक्रिया भी उसी गति से तीव्र और तीव्रतर होती जाती है, अन्ततः सार्थक संघर्ष की सफल परिणति होती है। महाश्वेता देवी के शब्दों में कहें

"था डरपोक जो सभी से ज्यादा।
उसी ने खोला अँधियारे घर का ताला।"

लेखिकाओं ने दलित पीड़ित की मर्मांतक व्यथा के साथ ही उनके भीतर अंकुरित हो रही संघर्ष चेतना को भली प्रकार पहचाना है। इस सन्दर्भ को 'महाभो-

पात्र बिसू से ही शुरू करते हैं। बिसू पूरे उपन्यास में अनुपस्थित रह कर भी उपस्थित रहता है। मर जाता है बिसू लेकिन जिन्दा रहता है उसका संघर्ष। उसी संघर्ष की आग है बिन्दा में जिसे पुलिस अपने हथकण्डों के बल पर बुझाने की कोशिश करती है। गूँजती है बिन्दा की चीखें और इन चीखों में शुमार हो जाती हैं दुनिया भर के शोषितों, दमितों, दलितों और संघर्षरत व्यक्तियों की चीखें। यह चीख जो शोषण के महासागर में एक कंकड़ की भाँति गिरी थी और उससे निर्मित हुआ था लहर का एक छोटा सा वलय। उस वलय के धक्के से निर्मित होते गए अनन्त लहरों के अनन्त वलय जैसे—महाभोज-के बिसू, बिन्दा, व्रती (1084 वे की माँ), शरद (बँटता हुआ आदमी), मजदूर (तालाबन्दी, आवां), शर्मा (दीक्षांत), भृगुदेव (इदन्नमम्), डोम (जीवन हमारा), भवानी बाबू (यारों के यार), आदि। लेखिकाओं द्वारा जीवन को हर सम्भव कोण से देखा गया है। संवेदना और संघर्ष के धरातल पर समान धर्मा होने के कारण इन पात्रों को बड़ी आत्मीयता से गढ़ा गया है।

महिला साहित्यकारों की दृष्टि कुछ ऐसे बिन्दुओं की ओर भी गई है जिससे पुरुष लेखक प्रायः उदासीन रहे हैं। '1084 वे की माँ' (महाश्वेता देवी) ऐसी ही रचना है। इस उपन्यास का नायक 'व्रती' नक्सलवादी है। भारत राष्ट्र में अलग-अलग ध्येयों को लेकर एक बहुत बड़ा वर्ग है जो हिंसा और विनाश के पथ पर चल रहा है। कौन हैं वे लोग जो इन युवकों के कानों में मृत्यु का मन्त्र फूँक कर स्वयं सुरक्षित हो गए और धरती इन शक्तिशाली बेगुनाह, मगर गुनहगार (?) तरुणों के खून से तर होती रही। वर्तमान व्यवस्था से व्रती जैसे लोग असन्तुष्ट हैं। मुनाफाखोर, स्वार्थान्ध व्यवसायी समाज और उनके भ्रष्ट नेताओं से व्रती का विश्वास उठ गया है और इसी अविश्वास ने उसे बागी बना दिया है। ये व्यवस्था में बदलाव चाहते हैं। किन्तु क्या ये केवल अपने लिए बदलाव चाहते हैं? व्रती अपमानित, लाँक्षित और अभागे युवकों के सीने में धधकती आग को अपने भीतर महसूस करके बदला था। इस प्रकार की आग को दण्डित करने की अपेक्षा गम्भीरता से समझने की आवश्यकता होती है। महाश्वेता देवी इसी तथ्य को रेखाकिंत करती हैं। 'माई सन्स स्टोरी' में नादिन गोर्डाइमर का पात्र सोनी व्यवस्था के खिलाफ अश्वेतों के हित के लिए लड़ता है। सोनी आदर्शपति, ऊर्जावान प्रेमी, स्नेहिलपिता, मानव स्वातन्त्र्य का मसीहा है। इन सारे रिश्तों के मध्य घूमता हुआ सोनी हर रिश्ते के बिन्दु पर जितनी देर ठहरता है उतनी ही देर में सम्बन्धों की दृढ़ता में एक और गाँठ देकर अगले बिन्दु की ओर बढ़ जाता है। यही मानवीय श्रेष्ठ गुण उसे व्यापक मानवीय हित के प्रति प्रतिबद्ध करते हैं। सोनी के संघर्षों का अंत नहीं है। अश्वेतों की लुँज-पुँज चेतना को सोनी के संवदेनात्मक संघर्ष ने बल प्रदान किया। सोनी अपने अन्तिम समय में भी (बुढ़ापे में) हिरासत में हैं। सोनी ने अपने जीवन की मूल प्रेरणा उस सेक्सपियर को माना जिसको पढ़ने की खुली छूट उसे जीवन में कभी नहीं मिली। सोनी का संघर्ष जातिहीन, समतामूलक, जनतंत्रात्मक

समाज के लिए था। सोनी और वृती के संघर्ष में बुनियादी फर्क स्थान का है काल और परिवेश का नहीं इसीलिए महाश्वेता देवी और गोर्डाइमर की शोषण विरोधी दृष्टि तत्वतः एक ही है।

'यारों के यार' में कृष्णा सोबती ने ऑफिस की यान्त्रिकता को भोगते हुए मध्यवर्गीय पुरुषों का चित्रण किया है। ऑफिस भवानी बाबू की ज़िन्दगी पर इस तरह छा गया है कि वे व्यक्ति न रहकर यन्त्र बन गए हैं। बेटे की मृत्यु जैसी हृदय विदारक घटना भी उन्हें फाइलों की छाया से मुक्त नहीं कर पाती। "जितनी बार रूमाल से आँख पोंछते हैं। बेटे के लहुलुहान सिर पर किसी मनहूस फाइल का पन्ना चिपका दिखता।" भवानी बाबू देश के एक बहुत बड़े वर्ग का प्रतिनिधित्व करते हैं। 'बँटता हुआ आदमी' का शरद फिल्म से जुड़ा हुआ है। तीसरी दुनिया के नाम से प्रसिद्ध फिल्मीनगरी पैसों की झनकार से सदा झंकृत रहती है किन्तु इस दुनिया में भी शरद जैसे लोगों का एक बहुत बड़ा वर्ग है जो शोषित होकर सन्त्रास घुटन और अभाव से निरन्तर जूझता रहता है। शरद तकनीशियन है, फिल्मों की एडिटिंग करता है। (एडीटर का सहायक है) लेखिका के ही शब्दों में शरद के जीवन के सच को देखें—"लाखों जेब में ठुंसे होने पर भी कुछ नहीं देते और ऐसे में कई बार टेकनीशियन खाली जेबें, खाली पेट लिए ठर्रे से ग़म गलत करते हैं!" मूल्यों को बचाए रखने में शरद के सिर से छत, पेट से रोटी, तन से कपड़ा और आत्मा से सम्मान का साया उठता जाता है। मुम्बई जैसी मायानगरी में खण्ड-खण्ड हो बँटता हुआ आदमी अपने हिस्से में ले आता है थोड़ी सी बेईमानी।

दलित लेखिका बेबी कांबले अपने आत्मकथात्मक उपन्यास 'जीवन हमारा' में लिखती हैं—"डोम जब भीख माँगने रात को निकलता तो कन्धे पर लम्बा झोला होता, जो कंबल का बना होता। हाथ में घुँघरू लगी लकड़ी होती। अपने मुहल्ले से वह छाती फुलाए ऐंठ में निकलता। एक हाथ से मूछों को ताव देता। गले से जोर-जोर से खंखारता हुआ, मानो सवारी निकली हो। अपने हाथ की लकड़ी उसे राजचिह्न लगती? कंबल वकील का कोट लगता। जैसे ही अपना मोहल्ला खतम होता और गाँव शुरू होता तो अपने आप उसकी कमर झुक जाती। धीरे-धीरे गर्दन झुकाए, शरीर का बोझ लकड़ी पर डालकर धीर-धीरे चलता।" यह कोई काल्पनिक चित्र नहीं अनुभूत सत्य है। आयास और आक्षेप से रहित। अगर आप मनुष्य हैं तो इस चित्र को देख कर आपकी आँखें भीगेंगी ही साथ ही वर्ण व्यवस्था के प्रति क्षोभ और ग्लानि भी होगी। उड़ीसा के बोंडा आदिवासियों के जीवन पर आधारित उपन्यास 'आदिभूमि' (प्रतिभा राय) बोंडा आदिवासियों की पाँच पीढ़ियों तक के संघर्ष, अभाव, शोषण का प्रामाणिक दस्तावेज है। सोमा मुदली से लेकर सोमरा सीसा तक। सभ्य और प्रगतिशील समाज और सरकार द्वारा आदिवासियों का किया जाने वाला दोहन इसमें प्रभावपूर्ण ढंग से अंकित है। 'इदन्नमम' का भृगुदेव स्वाभिमानी दलित युवावर्ग का प्रतिनिधित्व करता है। आरक्षण के पीछे से झाँकता

तिरस्कार भृगुदेव के आत्मसम्मान में छिद्र कर देता है। अपने रिसते आत्मसम्मान को बचाने के लिए भृगुदेव डॉक्टरी की पढ़ाई छोड़कर चला जाता है। (पुनः लौटता है) 'आवां' का दलित पात्र पवार, नमिता से विवाह करता है। इस विवाह के पीछे स्नेह नहीं है। राजनीतिक षडयन्त्र है। पवार को उम्मीद है कि सवर्ण-अवर्ण दोनों के वोट भविष्य में उसकी झोली में होंगे।

इस विवरण से यह स्पष्ट हो जाता है कि वर्तमान समाज में शोषण और शोषित के जितने भी सम्भावित सन्दर्भ हैं, महिला रचनाकारों की दृष्टि सभी पर गई है। और उनकी रचनाओं में सभी स्थितियों का प्रामाणिकता से हृदयग्राही अंकन हुआ है।

नारी रचना संसार के वृद्ध पुरुष पात्र

नारी रचना के उन वृद्ध पात्रों को मैंने चुना है जिनके प्रति स्त्री रचनाकारों ने असीम आस्था व्यक्त की है। वृद्धों की सहृदयता, उदारता, प्रगतिशीलता को स्त्री रचनाकारों ने अत्यन्त सराहनीय ढंग से प्रस्तुत किया है। मैंने अपनी बात कहने के लिए केवल चार उपन्यासों को आधार बनाया है। सबसे पहले हम 'हमारा शहर उस बरस' (गीताजंली श्री) के दद्दू से मिलते हैं। दद्दू सरल, सहज और प्रगतिशील दृष्टि सम्पन्न व्यक्ति हैं। साम्प्रदायिकता के उन्माद से गुजर रहे मानव को देखकर दद्दू आहत हैं। दद्दू को लगता है कि दँगों और आतंकों का माहौल बनाने वाले मनुष्यों के जीवन से संवदेना का क्षरण हो गया है। दद्दू कहते भी हैं--"अपने को प्रगतिशील समझने वाली पीढ़ी के जीवन से कविता ही गायब है।" जीवन की अमूल्य धरोहर है हँसी, जो दद्दू के पास थी उसे हमारी पीढ़ी सम्भाल नहीं पाई। हँसना बचा है, उसमें निहित निश्च्छलता गायब है। दद्दू हनीफ को बचाने के लिए दँगाइयों के सामने खड़े हो जाते हैं। हनीफ के बारे में अपशब्द सुनते ही दद्दू बौखलाकर गाली देने लगते हैं। उन्मादियों की भीड़ ने दद्दू को दबोचकर उछाल दिया है। गीताजंली श्री लिखती हैं--"दद्दू मुँह के बल गिरे पड़े थे, उनकी धोती जाँघों के ऊपर तक उलट गई थी। उनकी पतली नँगी टाँगें बेइज्जत धूल में पड़ी थीं।" दद्दू की आत्मा आहत हो चुकी थी। दद्दू की पीढ़ी ने हमें भौतिकता के अतिरेक से बचाया था, साम्प्रदायिकता के जुनून से उबारा था, उन्हीं की गोद में बैठकर हमने धैर्य, उदारता और सद्भावना के पाठ पढ़े थे। जब परीक्षा की घड़ी आई तब हम सारे पाठ भूल चुके थे। दद्दू के सामने हम लज्जित हैं, दद्दू हमारे सामने अपमानित। क्या दद्दू वर्तमान समय का प्रतिनिधत्व करने वाली पीढ़ी के प्रति आस्था रख पाएँगे? दद्दू का चरित्र रचनाकार की ऊर्जस्वित क्षमता का परिचालक है, जो हमें आत्मालोचन और आत्ममन्थन के लिए बाध्य करता है।

मैत्रेयी पुष्पा के उपन्यास इदन्नमम और चाक में सुगढ़ वृद्ध पात्र हमें दिखाई देते हैं। इदन्नमम के पंचमसिंह गाँव के मुखिया हैं। सभी के दादा। दादा की आस्था मानवधर्म में है। 'इदन्नमम' के दादा और चाक के बाबा वैध-अवैध धर्म-अधर्म को

अपने चिन्तन की कसौटी पर परखते हैं और यह कसौटी मानव धर्म से प्रेरित है। दादा की नजर में दाऊजू के साथ सम्बन्ध रखने वाली कुसुमा (जेठ के साथ सम्बन्ध है कुसुमा का) दोषी नहीं है। पूरे घर के विद्रोह के बावजूद दादा दाऊजू के हिस्से की जमीन कुसुमा को ही देना चाहते हैं। दादा जरूरतमन्द और अभावग्रस्त लोगों के अपने हैं। दूसरों की सहायता करना दादा अपना कर्तव्य समझते हैं। दादा अपनों की वादा फरामोशी, बेईमानी, वहशीपन के सामने हार जाते हैं। दादा अपने मित्र चीफकाका (मुसलमान हैं) के समक्ष ग्लानिग्रस्त होकर सिर गाड़े खड़े हैं। गाँव के लोगों ने ही मस्जिद में गन्दगी कर दी है। उन्मादियों के समक्ष दद्दू की (हमारा शहर उस बरस) तरह ही दादा भी अड़ जाते हैं कि 'मेरी लाश से गुजर कर चीफ काका को हाथ लगाना।' 'चाक' में रंजीत के पिता, सारंग के ससुर सबके बाबा हैं। नैतिक मूल्यों की कसौटी पर खरे न उतरने वाले रिश्तों को त्यागने में बाबा जरा भी नहीं हिचकते। पुलिस विभाग में कार्यरत छोटे बेटे की काली करतूतों को जानने के बाद बाबा गाँव वालों के समक्ष उसे धिक्कारते हुए उससे अपना सम्बन्ध तोड़ लेते हैं। बेटे-बहू के दाम्पत्य जीवन में बढ़ती हुई दरार बाब की चिन्ता का कारण है। लेकिन बाबा घायल श्रीधर की तीमारदारी करने से सांरग को नहीं रोकते। अपने बेटे को धिक्कारते हुए कहते हैं– "जो बहादुर संस्कार हमारे खून में है वही दवंगपना हमारी बैयरों में भी है। लुगाइयों के लँहगे की चौकीदारी करना हमें शोभा नहीं देता।" अन्त में बाब पंचायत के चुनाव में बेटे के विरुद्ध खड़ी बहू का साथ देते हैं। हाल में ही वृद्धों को ही विषय वस्तु बनाकर दो उपन्यास आए हैं एक स्त्री रचनाकार कृष्णा सोबती का 'समय-सरगम' दूसरा निर्मल वर्मा का 'अन्तिम अरण्य' (यह समय-सरगम, से पहले प्रकाशित हुआ था) दोनों की अपनी अच्छाइयाँ और कमियाँ हैं। इनकी तुलना करना अभीष्ट नहीं है। केवल उसकी (कृति की) मानसिकता का संकेत करना है। 'अन्तिम अरण्य' 'समय सरगम' नाम से ही दो विभिन्न मानसिकताओं का परिचय होता है। अन्तिम अरण्य में व्यक्ति के साथ काल-परिवेश भी बूढ़ा होने लगता है, यहाँ जीवन का अन्त (वृद्धावस्था) 'अन्तिम अरण्य' हो जाता है दूसरी ओर समय बजता हुआ सरगम है जिसमें से निकलते संगीत के सुर वृद्ध की जर्जर काया के भीतर जीवन का आह्लाद भरते हैं। 'समय-सरगम' में अरण्या 'ईशान' की दृष्टि बदल देती है। ईशान अरण्या की बदौलत यह जान पाता है कि बुढ़ापा सहने का नहीं जीने का नाम है। हृदय और मस्तिष्क के लचीलेपन के कारण ही वह नई राह पर बिना दुविधा के चल पाता है। ईशान अरण्या से कहता है–"हाँ अरण्या तुम्हें जान लेने के बाद यह तो लगता है कि जीना एकाउण्ट नम्बर नहीं। जिसका कुल जोड़ आँकड़ों में हो।" फैज़ कहते हैं–

"कोई पुकारो के एक उम्र होने को आई है,
सहर करीब है, दिल से कहो न घबराए।"

नारी रचना संसार में साहित्यकार पुरुष पात्र :--

यद्यपि साहित्यकार और पत्रकार के जीवन-जगत को विषय-वस्तु बनाकर 1997 में पंकज विष्ट का उपन्यास 'लेकिन दरवाजा' प्रकाशित हुआ। लेकिन इससे वहुत पहले इन जीनियस लोगों की दुनिया में प्रवेश करने के लिए महिला रचनाकारों ने न केवल प्रवेश द्वार की कुण्डी खटखटाई थी बल्कि खुले दरवाजे के भीतर के यथार्थ को तलाशने का भी प्रयत्न किया था। 'रेत की मछली' (कांता भारती) के नायक शोभन साहित्य के क्षेत्र में प्रतिभा और सामर्थ्य के धनी होते हुए भी छल छद्म और कपट का सहारा लेते हैं। शोभन नैतिकता की जमीन पर अपना पाँव गँपाए रख पाने में असमर्थ हैं। शोभन के मित्र वर्मा जी भी साहित्यकार हैं लेकिन वह साध्य के लिए साधन की भी शुचिता के कायल हैं। शोभन वर्मा जी के परिश्रम से तैयार की गई सामग्री को प्रेस में देते समय सम्पादक के लिए अपना नाम दे देते हैं। पत्रिका प्रकाशित होने पर वर्मा जी ने शोभन से कहा–"शोभन तुम शायद इससे भी बड़े हो, सम्पादकत्व तुम्हारे लिए छोटा है अपने को इतना छोटा क्यों करते हो?" अनेक ऐसे प्रसंग हैं उपन्यास में जो शोभन जैसे साहित्यकार के व्यक्तित्व को छोटा करते हैं। अमृता प्रीतम की आत्मकथा 'रसीदी टिकट' में साहित्यकारों के विवेकी-अविवेकी आचरण का विश्वसनीय चित्रण मिलता है। अपने एक परिचित साहित्यकार के सन्दर्भ में अमृत जी लिखती हैं–कि वे हमेशा हिदायत दिया करते थे–फलां का नाम लिखो, फलां का मत लिखो, अमुक की प्रशंसा मत करो, आदि। उनका मन सृजन से अधिक साहित्यिक राजनीति में रमता था। रसीदी टिकट में ही दो साहित्यकारों के सम्वाद उनके भीतर की खोखली नैतिकता को उजागर करते हैं–"आ गई बीवी काबू में तीन साल तक के लिए आ गई। तीन साल तक मैं ज्ञानपीठ की कमेटी में आ गया अब तीन साल तक मैं बीवी (अमृता प्रीतम) को अवार्ड नहीं लेने दूँगा।" साहित्यकारों के षडयन्त्र के सम्बन्ध में अमृता प्रीतम लिखती हैं–"यह सचमुच लम्बा सिलसिला है, गिनाने लगूँ तो खत्म नहीं होगा।" किश्वर नाहीद लिखती हैं–"बुजुर्ग शायर कहा करते थे–जरा मिला करो, बात किया करो। फिर हर उस्ताद का यह मुकावला करना कि यह मेरी शागिर्दी की छाँव में दम लेती है कि नहीं वर्ना इसका दम मार दिया जाए।" साहित्यकारों के चरित्र को उद्घाटित करने वाला उक्त सन्दर्भ केवल पाकिस्तान का सच नहीं है। अन्त में कृष्णा अग्निहोत्री की आत्मकथा 'लगता नहीं है दिल मेरा' का उद्धरण देकर उद्धरण से व्यक्त चरित्र का निर्णय पाठकों पर छोड़ती हूँ। "मैं तुम्हे पसन्द करता हूँ (हिमाँशु जोशी) तुम्हें पाना चाहता हूँ) तुम हो कि मुझे लिफ्ट देती ही नहीं...क्यों अवस्थी जी (राजेन्द्र अवस्थी) और मनोहर श्याम जोशी, से किस बात में कम हूँ।"

पुष्पा भारती की 'शुभागता' उपन्यास नहीं है। न ही इसमें वर्णित साहित्यकार भारतीय हैं। रिल्के, चेखव, दॉस्तोवेस्की, आर्थर मिलर जैसे साहित्यकारों के जीवन के कोमलतम पक्षों, और उनकी भावुकता और संवेदना को उद्घाटित करने वाली अद्भुत

कृति है यह। उपर्युक्त विवेचन में अधिकांशतः साहित्यकारों के उज्ज्वल पक्षों का रेखाकंन करने वाली कृतियों का वर्णन नहीं किया गया है। कारण उनकी चर्चा गाहे-बगाहे होती रहती है। साहित्यकार के चरित्र के अभावात्मक बिन्दु कृति में तो उभरते हैं पर चर्चा में उपेक्षित रह जाते हैं। इसीलिए यहाँ उन्हीं बिन्दुओं का रेखाकंन किया गया है।

मनोवैज्ञानिक धरातल : कुछ पुरुष पात्र

आइए एक ऐसे पात्र से आपको मिलाएँ जिससे आप युगों से परिचित हैं। परन्तु उस पात्र के मन के उस कोने से आप नितान्त अपरिचित हैं, जिसका परिचय लेखिका आपको कराना चाहती है। ये हैं महाभारत के धनंजय (भटको नहीं धनजंय-पद्मा सचदेव) किसी भी पुरुष के लिए अपनी स्त्री का बँटवारा सहज नहीं है। कैसे सही होगी यह पीड़ा अर्जुन ने? इसी पीड़ा को सहलाने के लिए सर्वप्रथम स्त्री की (शायद) ही दृष्टि उठी। पूरे उपन्यास में पीड़ा से भीगता और भटकता धनंजय का अन्तर्मन है। धनंजय कुल परिवार की एकता के समर्पित व्यक्ति परन्तु खण्डित व्यक्तित्व। क्षोभ, लज्जा, पश्चाताप ने हृदय में स्थायी डेरा डाल लिया है। मन के द्वन्द्व से तन भी आहत होता है। प्रकृति के कण-कण में कृष्ण का रूप समाया है। वह कहता है "मैं कायर की तरह नहीं भाग रहा कृष्ण बल्कि अपनी लज्जा ढँकने को भाग रहा हूँ। मुझे लाज आती है, पत्नी को अपने बड़े भाई के पार्श्व में बैठे देखने पर।" अर्जुन अपने मन को धधकती ज्वाला के दाह से बचाने के लिए वन-वन भटक रहा है, परन्तु यह ज्वाला तो उसी के भीतर धधक रही थी। अर्जुन अन्ततः आत्मा से आत्मा तक पहुँचने और कृष्ण को पाने का मार्ग तलाश लेता है। यह मार्ग देह से होकर नहीं मन से होकर जाता है। प्रस्तुत उपन्यास में अर्जुन के भीतर निरन्तर घटित क्षोभ, बैचेनी, पीड़ा, भटकाव, ग्लानि, पुण्य, कभी-कभी समस्त सम्बन्धों के प्रति उपजती वीतरागता, देह से ऊपर उठ पाने तक के उन्नयन का मार्ग, आदि का रेखांकन सूक्ष्ममनोवैज्ञानिक धरातल पर हुआ है। 'कठगुलाब' का विपिन भी ऐसा ही पात्र है जिसका चरित्र मनोविश्लेषणात्मक अध्ययन का प्रतिफल है। विपिन के भीतर अलग-अलग धाराएँ हैं, अधिक करुणा उसे विचलित कर देती है। स्त्रियों का तेज दर्प विपिन को मुग्ध करता है। मन में गर्भ धारण की इच्छा अंकुरित होने लगती है। ऐसा गर्भ जिसमें स्त्रियों के पुरुषार्थ का बीज हो। निस्कलुस स्नेह की तलाश में अधीर मन न जाने कैसे 'गर्भाधान के यान्त्रिक समझौते' में नीरजा के साथ सम्मिलित हो जाता है। अन्त में इस यान्त्रिकता से ऊबकर नीरजा के साथ बिना बच्चे के भी जीवन बिताने को तैयार हो जाता है।

'कलिकथा वाया बाइपास' में किशोर बाबू के चरित्र की जटिलताओं का अध्ययन करने के बहाने आज के मनुष्य मन में लगातार होने वाले परिवर्तन के कारण, और परिणाम को रेखांकित किया गया है। कल्पना-स्मृति-और अनुभव के मध्य घूमते किशोर बाबू की अन्तर्चेतना के दरवाजे बन्द हैं। वह केवल बाहर के घोर भौतिकतावादी समय

को जी रहे हैं, उसी को जीवन का सच समझ बैठे हैं। ऑपरेशन के पश्चात सिर की गुठली ने अन्तर्चेतना के दरवाजे को खोल दिया है। अब किशोर बाबू तीनों कालों के प्रति चैतन्य दृष्टि रखते हुए तीनों को एक दूसरे से जोड़ कर देख रहे हैं। अतीत के अभाव और मूल्य, वर्तमान में राजनीति और मूल्यों का घोर पतन, भविष्य का संकट इन बातों को निरन्तर सोचते, मथते, आहत होते किशोर बाबू ने मृत मित्र अमोलक की आत्मा को अपने भीतर उतार लिया है। उसी से बात करते हैं। मानवीय मूल्यों की रक्षा के लिए सक्रिय रहते हैं। उनका यह सहज मानवीय व्यवहार दुनिया के लिए असमान्य हो गया है। कारण किशोर बाबू के व्यवहार में असाधारण परिवर्तन। कारण मानवीय मूल्यों के निर्वाह के प्रति दृढ़संकल्प व्यक्ति की छवि आज असमान्य ही नजर आती है।

'हमारा शहर उस बरस' के शरद-हनीफ बुद्धिजीवी हैं, उपन्यास में बुद्धिजीवियों की भीतरी जड़ता, उदारता के भीतर छिपी संकीर्णता, जाति में बद्ध भीतरी संस्कारों का सूक्ष्म विवेचन मिलता है। बाह्य घटित व्यवहार के मूल में भीतर के परिवर्तन की दशा को भी रेखांकित किया गया है। 'रेत की मछली' का रमण कुण्ठित और हताश व्यक्ति है। रमण भारत के एक बहुत बड़े वर्ग का प्रतिनिधित्व करता है। रमण परिस्थिति और अभाव के कारण पढ़ाई छोड़ कर नौकरी कर लेता है। अपने सहपाठी को भविष्य में ऊँची जगह पर देख कर उसके भीतर की हताशा और कुण्ठा उसे अपराध की ओर प्रेरित करती है। ऐसे लोग घर और समाज दोनों जगहों पर सामान्य आचरण नहीं करते। रमण के चरित्र को विकास नहीं मिल पाया, पर वह संकेत में भी एक बड़े सत्य का उद्घाटन कर जाता है।

इस आलेख में स्त्री द्वारा सृजित पुरुष पात्र को प्रस्तुत करने में मेरी भूमिका केवल मध्यस्थ की रही है। बहुत से अच्छे पात्र छूट गए हैं कारण बहुत सी अच्छी पुस्तकें अध्ययन के अभाव में छूट गई हैं। कुछ उपन्यास हिन्दी के नहीं हैं कुछ उपन्यास ही नहीं हैं। उनका वर्णन प्रसंगवश हुआ है। चयनित विषय मन में निरन्तर उठता रहा है लगातार, जिसे बल मिला निर्मला गर्ग की दर्द भरी वाणी से—

> "आप कवि हैं, लिखना चाहती हैं, समकालीन कविता पर?
> लिख लेंगे उस पर तो और बहुत से लोग,
> आप लिखें समकालीन महिला पर।"

महिलाओं के लेखन को सीमाबद्ध न किया जाए तो अच्छा है। मुक्त प्रवाह ही इसकी शक्ति है। उसको देखने की दृष्टि भी अनाग्रही और व्यापक होनी चाहिए।

बंदीगृहों की कलंक-कथा

□ डॉ. शोभना

'जया मित्रा' के जेल-संस्मरण (जो मारे जाएँगे) पढ़ते हुए, तेईस वर्ष पूर्व किशोरावस्था में **मेरी टाइलर** के संस्मरण (भारतीय जेलों में पाँच साल) की बेसाख्ता याद हो आई, पिता के घर जहाँ उसे पढ़ा था, खोजा, न मिलने पर खरीदा, पुनः पढ़ा। मेरी टाइलर और 'भारतीय जेलों में पाँच साल' की याद आना स्वाभाविक था, क्योंकि, दोनों पुस्तकों में महिलाओं द्वारा लिखे जेल संस्मरण हैं। दोनों के अनुभव भारतीय लोकतंत्र पर **'आपातकाल'** रूपी प्रहार के पूर्व और उसके तत्काल बाद के हैं। दोनों को 'नक्सली' मानकर कैद किया गया था, फर्क यह था कि जया मित्रा नक्सली आंदोलन में स्वयं संबद्ध थीं और मेरी टाइलर ने नक्सली आंदोलन से संबद्ध अपने भारतीय मित्र से विवाह किया था।

जिस देश में पृथ्वी पर पाए जाने वाले असंख्य जीवों के बीच 'मनुष्य योनि' को सर्वश्रेष्ठ माना गया है, सत्कर्मों का फल माना गया है, क्योंकि प्रकृति ने उसे विचारानुभूति एवं भावानुभूति की विशिष्ट सामर्थ्य दी है, उसी देश में मनुष्य को अत्याचार करने के ऐसे अवसर मिले कि वह प्रसव पीड़ा से जूझती स्त्री को उलटा लटका दे और चरम विडंबना यह कि यही मनुष्य इस या ऐसी 'मानवीय क्रूरता' को 'पाशविक' कहता है। शायद ही किसी ने पशुओं को अपने ही समान अन्य पशु को शोषित करते, हत्या करते या ऐसे अत्याचार करते देखा हो। उनका प्रत्येक कार्य-प्रतिक्रिया, नैसर्गिक भूख-प्यास, शारीरिक संसर्ग, सुरक्षा के लिए होती है। पशु दूसरे का हिस्सा न हड़पते हैं, न संग्रहित ही करते हैं, उन्होंने कैदखाने नहीं बनाए हैं, जहाँ अपने ही बीच के साथियों को तिल-तिलकर, सड़ा-गलाकर मारा जाता है। सच्चाई की इस रोशनी में मनुष्य को कोई हक नहीं बनता कि वह अपनी क्रूरता को 'पाशविक' कहे। जया मित्रा और मेरी टाइलर के जीवित अनुभव इस बात के प्रमाण हैं कि सत्य, अहिंसा, अपरिग्रह, प्रेम, दया, करुणा, और क्षमा आदि की भारतीय अवधारणा को नीचतापूर्वक ध्वस्त करने वाली इन जेलों के भीतर पीड़ित कैदी अपने मानवीय स्वभाव के साथ इन अवधारणाओं के जीवन्त प्रतीक भी हैं। इन ऐसे कैदियों के साथ संपृक्त अनुभवों के कारण ही जया मित्रा ने लिखा है—मैं समझती हूँ मेरे जीवन में से यदि इन वर्षों को

निकाल दिया जाए तो 'मनुष्य' शब्द का अर्थ ही मैं न जान पाती (जो मारे जाएँगे, लेखिका का वक्तव्य : पृ. 5) किंतु अनुभूति का दूसरा छोर यह भी है कि जया मित्रा एवं मेरी टाइलर के इन अनुभवों से गुजरने पर अपने 'मनुष्य' होने पर लज्जा आई।

जया मित्रा एवं मेरी टाइलर के जेल जीवन के ज्यादातर अनुभव समान हैं—पानी की अत्यल्प आपूर्ति, सड़ा-बुसा, कंकरीला, कीड़ेदार भोजन, नगण्य वस्त्र आपूर्ति, पागलों को तो बिल्कुल कपड़े न देना—क्योंकि वे अंततः फाड़कर चिंदी-चिंदी कर देते हैं। अतः पागलों की ठंड में सर्वाधिक मृत्यु, निर्धनों को कपड़े इसलिए न देना क्योंकि जेल के बाहर उन्हें कौन-सा कपड़ा मिलता है। पुराने जर्जर जेल भवन, बंद गंदे सीलनयुक्त अत्यंत छोटे कमरे—जिनमें भीषण गर्मी रहती है, तो छत से बारिश में पानी टपकता है और दरवाजे से पानी घुसता है। भवन एवं कमरों की क्षमता से अधिक कैदी, साक्षात् नर्क गंदे पाखाने, बच्चे, किशोर, युवा, प्रौढ़, वृद्ध, पागल, खतरनाक अपराधी, सामान्य अपराधी को एक साथ रखना। चूहे, मक्खी, खटमल, दीमक होना। कैदियों को आवंटित कपड़े, भोजन, दवाई, बिस्तर, आदि की चोरी, कैदियों का जब्त सामान सजा समाप्ति पर न लौटाना, न के बराबर चिकित्सा व्यवस्था, भीषण शारीरिक यातनाएँ जिनके कारण आँखों की रोशनी जाती रहती है, हाथ-पैर अपाहित हो जाते हैं, आवाज चली जाती है, श्रवण शक्ति नहीं रहती। हथकड़ी एवं रस्सी इतनी अधिक कसकर बाँधी जाती है कि सूजन आ जाती है, खून गिरने लगता है, घाव सड़ते हैं। राइफल की संगीनों से शरीर के कोमल अंगों पर प्रहार किया जाता है—इन क्रूर यातनाओं के जरिए झूठे आरोप कबूलवाए जाते हैं, झूठी मुठभेड़ कर गोलीकांड में कैदियों को मार डाला जाता है। महिलाओं को निर्वस्त्र करना, जलाना-दागना, उनकी बेतुकी तलाशी, प्रसूति व्यवस्था न होना, मासिक धर्म हेतु कोई व्यवस्था नहीं। उनके बच्चों को निर्धारित आयु के बाद बाल-सुधार गृह या किशोर-आवास भेज देना, कहाँ भेजा इसकी सूचना की कोई व्यवस्था न होना। बालक एवं किशोरों के आवास में शिक्षा व्यवस्था नहीं—वहाँ समकामिता एवं अपराध प्रवृत्ति पनप जाती है। सजा मुक्त या जमानत पर छूटी लड़कियों को बदमाश-गिरोहों द्वारा रिश्तेदारी बताकर ले जाना, बार-बार की व्यर्थ तलाशी, जेल स्थानांतरण होने पर लगातार निगरानी के बावजूद नई जेलों में भी तलाशी लेना। कैदियों के घर से आने वाली वस्तुओं की चोरी, सदैव अनुपलब्ध जेल मेनुअल, पुस्तकालय में अच्छी पुस्तकों का अभाव, दीमक लगी पुस्तकें, राजनैतिक कैदियों को राजसी सुविधाएँ। राजनैतिक कैदी, ताकतवर कैदी, चोरी, रिश्वतखोरी में सहयोगी कैदी, अन्य सामान्य कैदियों का नौकर की तरह इस्तेमाल करते हैं और जेल अधिकारी भी। अधिकांश कैदी स्त्रियों द्वारा परिस्थितिवश सुरक्षा हेतु अत्याचार से क्रुद्ध होकर, गरीबी, भूख-प्यास से तिलमिला कर अनायास अपराध हो गया था। पर व्यवस्था की चरम क्रूर विसंगति ही है कि इन स्त्रियों को जेल से बाहर—रोटी, कपड़ा, मकान, न्याय, प्राथमिक चिकित्सा, बच्चों का भविष्य, शारीरिक सुरक्षा उपलब्ध न होने से इनके हाथों अपराध हुआ और

सजा मिलने पर जेल के भीतर भी यही स्थिति उनके सामने थी।

जया मित्रा और मेरी टाइलर के ये जेल अनुभव सन् 1970 से 77 के हैं, पर निश्चित ही पिछले 53 सालों में जेल के बाहर देश में सुखद व्यापक परिवर्तन दीख नहीं पड़ रहे, तब जेल की स्थिति में अब कोई चमत्कारिक परिवर्तन हो चुका होगा या हो रहा होगा, ऐसा सोचना न देखे गए स्वर्ग की कल्पना की तरह है, तब जबकि जेल की आंतरिक व्यवस्था शिक्षित प्रशिक्षित कर्मचारियों के हाथ न होकर सजायाफ्ता कैदियों द्वारा ही संचालित हो रही हो तथा जेल को यातनागृह का पर्याय ही माना जा रहा हो।

इन समान अनुभवों के अतिरिक्त एक विशेष उल्लेखनीय बात यह है कि सुदूरवर्ती घने जंगलों में स्थित जनजातियों एवं ग्रामवासियों के सामाजिक विधान, रीति-रिवाज विश्वास एवं दंड विधान, अपराध की परिभाषा-व्याख्या, तथाकथित सभ्य हो चुके नगरों की लिखित वैधानिक व्यवस्था से कोई मेल नहीं रखती, पर इन वनवासियों, ग्रामीणों को यह व्यवस्था दंडित करती है, भले ही उनके मूलभूत अधिकारों की चिंता कभी नहीं की जाए। जया मित्रा जब बहरामपुर की जेल में थीं एक जंगली आदिवासी लड़की बुधा को इसी तरह दंडित किया गया। वे लिखती हैं—"उसका गाँव सभी तरह से, लंबे समय तक, इस शहर से, इस संगठित सभ्यता से, कोसों दूर रहा। उस गाँव से बाहर इस लड़की ने कभी कदम नहीं रखा, संथाली समाज के अलावा किसी समाज को नहीं जाना, संथाली भाषा के अलावा और किसी भाषा को उसने नहीं समझा। उस समाज की रीति-नीति से आकाश-पाताल का अंतर रखने वाले, उसकी दुनिया में अर्थहीन एवं अस्तित्वहीन एक संविधान के तहत उसके लिए पूर्ण रूप से अबूझ एक भाषा में उसकी समझ से पूरी तरह बाहर स्थित अपराध के लिए उसका फैसला हो गया। जिस देश की कोई अहमियत, कोई भूमिका, उस ग्रामवासियों के जीवन यापन से कभी जुड़ी नहीं थी, उसी राष्ट्र ने बुधा की जिंदगी के बीस वर्ष छीन लेने के जरिए अपनी क्षमता दिखा दी, जिनके जिंदा रहने के अधिकार के मामले में समान अधिकार एक झूठा और क्रूर मजाक है, उनके दंड विधान के मामलों में कानून और दंड-विधि की समानता का क्या मतलब! (जो मारे जाएँगे, जया मित्रा, पृ. 47)

ठीक यही अनुभव मेरी टाइलर को हुआ। वे लिखती हैं—"कुल मिलाकर गाँव के लोग उन कानूनों और आचार-व्यवहार को, जिसे राज्य उन पर थोपने की कोशिश करता था, असंगत मानते थे, जेल जीवन के पाँच वर्षों में मुझे मुश्किल से ही ऐसा कोई मामला देखने को मिला जिसमें पहले से योजना बनाकर हत्या की गई हो...मेरे साथ की महिला कैदियों ने चूँकि एक सीमाबद्ध जीवन बिताया था, जिसमें प्रत्येक गाँव उसके लिए एक 'देश' था और जिसकी चौहद्‌दी के अंदर ही उसने सारे अनुभव अर्जित किए थे, इसलिए वे भूतों, पिशाचिनों, प्रेतात्माओं तथा राजा, रानी और अंधविश्वासों की दुनिया में रहती थीं" (भारतीय जेलों में पाँच साल, मेरी टाइलर पृ. 73)

''न्याय व्यवस्था एवं दंड विधान को इस यथार्थ परिदृश्य को ध्यान में रखकर अपनी कार्यवाही करनी चाहिए''–ये अनुभव इस ओर इंगित करते हैं यह क्रूर लापरवाही इन वनवासियों एवं ग्रामवासियों के मन में नफरत पैदा करती है। ''गंझू जनजाति की 'सामरी' की 'सरकारी अधिकारियों के बारे में'...बहुत अच्छी राय नही थी–उसने देखा था कि ये लोग गाँवों में जाकर नौजवानों को सेना में भर्ती करते थे ताकि ये नौजवान 'बड़े आदमियों के लिए लड़ सकें' या उनसे कहते थे कि अधिक बच्चे न पैदा करो या जमीन देने का वायदा करते थे जो कभी पूरा नहीं होता था, उसकी निगाह में सरकार ही एक ऐसी चीज थी जो गाँव वालों को जंगल से जलाने की लकड़ी लाने पर रोक लगाती थी, तालाबों में मछली मारने से रोकती थी और जहाँ चावल की जरूरत है वहाँ कपास उगाने को कहती थी' (पृ.101)। सामरी की यह राय सरकारों के सतही कार्यक्रमों का खुलासा करती है, जिसे अनपढ़ आदिवासी भी बूझने लगे हैं।

संवेदनशील मनुष्य कहीं भी विसंगति को पकड़कर पूर्वाग्रह मुक्त हो उस पर उँगली रखता है। मेरी टाइलर की कुछ अनुभूतियाँ उनकी अभिव्यक्ति उन्हें इसी श्रेणी के मनुष्यों में रखती है। वे लिखती हैं–भारतीय जाति प्रथा के संदर्भ में–''अलग-अलग जातियों के लोगों की अलग-अलग विशेषताओं और खूबियों के बारे में पहले से तय की गई धारणाएँ भी उसी हद तक सच थीं जिस हद तक अंग्रेजों की यह धारणा कि सभी स्कॉटलैंडवासी नीच होते हैं अथवा सभी आयरिश काहिल होते हैं।'' (पृ. 104) इसी तरह सन् 1969 से 1977 में भारत की भीषण उथल-पुथल के बीच ईसाई मिशनरीज की तटस्थता, मेरी टाइलर को ब्रिटिश एवं ईसाई होने के बावजूद अच्छी न लगी थी। ''मुझे दो ननों से मिलने के लिए जेल के ऑफिस में बुलाया गया–इनमें एक स्विस थी दूसरी ऑस्ट्रियन। उनके निर्विकार और चमकते चेहरे तथा शांतिपूर्ण मुद्राओं से साफ लगता था कि वे अपने इर्द-गिर्द की घटनाओं से पूरी तरह उदासीन थीं...वे भारत में बिताए गए अपने साठ वर्षों के लंबे समय से पूरी तरह अप्रभावित लग रहीं थीं। एलपाइन के फूलों और स्विट्जरलैंड के सैरगाहों से संबंधित पुस्तकों को देखकर मेरी यह धारणा और पुष्ट हुई (पृ.182) मैं उनके (पादरी-नन) काम को भारत की समस्याओं के संदर्भ में संगत नहीं मानती थी...जहाँ तक मैं समझ सकी थी, उनके स्कूलों के जरिए अंग्रेजी पढ़े लिखे लोगों का एक अभिजात वर्ग तैयार किया जा रहा था और इन स्कूलों में पढ़ने वाले लोग वर्षों तक इन संस्थाओं से जुड़े रहने के फलस्वरूप देश की बाकी आबादी से पूरी तरह कट जाते थे।''

राष्ट्रवाद की संकीर्णता एवं युद्धोन्माद में राष्ट्रीयता की भावना को उभारने की प्रवृत्ति की ओर मेरी टाइलर एवं जया मित्रा दोनों ने रेखांकित किया है–'मेरी' लिखती हैं–''वयस्क होने पर लंदन और जर्मनी के विश्वविद्यालयों में पढ़ते समय मैं पाँचों महाद्वीपों के छात्रों के संपर्क में आई और मुझे यह बोध होने लगा कि दूसरे देशों के लोग हमारे बारे में, हम ब्रिटिश लोगों के बारे में क्या सोचते हैं। मैं यह समझने

लगी कि स्कूल के दिनों में हमें जिस 'यशस्वी' साम्राज्यवादी इतिहास के बारे में बताया ज़ाता रहा है वह कुल मिलाकर गौरव की बात नहीं है। मैं यह समझने लगी थी कि ब्रिटेन तथा अन्य औपनिवेषिक देशों द्वारा विदेशों पर प्रभुत्व कायम रखने के लिए जो नीतियाँ अपनाई जाती रही हैं, उन नीतियों का वस्तुतः भारत जैसे तमाम देशों की वर्तमान गरीबी में बहुत बड़ा योगदान है" (पृ. 18)।

बांग्लादेश युद्ध के समय पूर्वी बंगाल की पुलिस, मिलिट्री में नौकरी कर रहे बिहारी मुसलमानों की स्त्रियों को कैद कर लिया गया। जया लिखती हैं–"...बहरामपुर जेल में अन्य कैदी जिस तरह एक दूसरे का ध्यान रखते हैं, उनके मामले में इसका बहुत अभाव था। उन महिलाओं के प्रति सबके मन में एक दबी हुई उदासीनता, विद्वेष और विराग का भाव था। इस बात का जिक्र मैंने इसलिए किया क्योंकि आम निर्दोष लोग भी सांप्रदायिकता और युद्ध के माहौल के प्रचार से कितना प्रभावित होते हैं, यह मैं साफ देख रही थी" (पृ.67)। एक ओर राष्ट्रीयता के नाम पर इस तरह प्रचार-प्रभाव होता है तो दूसरी ओर गुलामी की मानसिकता आजादी के सालों-साल बाद भी नहीं गई। मेरी ने उल्लेख किया है कि अंग्रेज राज के नियम नहीं बदले गए हैं। मेरी की अन्य कैदियों से कुछ बेहतर स्थिति इसी वजह से थी।

जया मित्रा एवं मेरी टाइलर के इन अनुभवों के साक्षी होने पर इस सच को स्वीकारना होगा कि–"मनुष्य न सभ्य है, न संस्कृत, जब तक कि यहाँ कैदखाने हैं और कैदखानों से बाहर भेद-बुद्धि है, शासक-शासित हैं, संकीर्ण राष्ट्रवाद है, मिथ्या राष्ट्रीयता की भावना है, ओछी धार्मिकता के कारण क्रूर उदासीनता है।

जया मित्रा और मेरी टाइलर की क्रमशः 'जो मारे जाएँगे' एवं 'भारतीय जेलों में पाँच साल' पुस्तकें अनूदित हैं, एक बंग्ला से तथा दूसरी अंग्रेजी से। जया मित्रा की पुस्तक 'जो मारे जाएँगे' का अनुवाद (अनुवादक-मुनमुन सरकार) मेरी टाइलर की पुस्तक 'भारतीय जेलों में पाँच साल' (अनुवादक-आनंद स्वरूप वर्मा) से बेहतर है। जया मित्रा ने जहाँ साथी कैदी स्त्रियों के बारे में अधिक लिखा है तो मेरी टाइलर ने तत्कालीन स्थितियों की अधिक चर्चा की है जो नक्सली आंदोलन के जन्म का कारण थी तथा आपातकाल का कारण थी। मेरी टाइलर लिखने की सुविधा ठीक से जुटा पाई थीं अतः समय को भी उन्होंने संदर्भित किया है। जबकि जया मित्रा ने ऐसा नहीं किया है, ऐसा शायद ब्रिटिश एवं भारतीय मानसिकता में फर्क के कारण भी हुआ हो।

मेरे आका और तहमीना दुर्रानी

□ अरुण कुमार

तहमीना दुर्रानी पाकिस्तान की उन चुनिन्दा महिला लेखकों में हैं जिन्होंने वहाँ के सामन्ती संस्कार की परत-दर-परत खोल कर रख दी है। उनकी आत्मकथा (मेरे आका) पढ़ने के बाद एक झटके में पाकिस्तान की राजनैतिक व्यवस्था और सामन्तों की गठजोड़ का अहसास होता है। देश के बँटवारे के समय मुस्लिम सामन्तों के लोकतन्त्र में जमने की चर्चा थी। ऐसा महसूस करने के बावजूद देश का बँटवारा हुआ और आज तक उस देश में लोकतन्त्र की बुनियाद पक्की नहीं हो सकी। भारतीय उपमहाद्वीप में अभिशाप की मानिन्द इस देश में धर्म की भूमिका लोकतन्त्र को कमजोर करने की रही है। वहाँ के इस्लामी सन्तों ने किसी भी सामाजिक व्यवस्था को अपने अनुरूप ढाला है। कभी-कभार धर्म को लोकतान्त्रिक रूप देने की कोशिश भी हुई है। ऐसी स्थिति में वहाँ के धार्मिक नेताओं का दल लोकतान्त्रिक सरकारों के खिलाफ एकजुट हुआ है।

पाकिस्तान के समाज में यह कहने की बात है कि वहाँ का इस्लामी समाज जनता के दुख-दर्द में शरीक है। कई प्रकार की कुप्रथाएँ सामाजिक मान्यता-प्राप्त हैं। मसलन, सख्त पर्दे में रहना, पति के हर ग़लत काम में शरीक होना और उसकी प्रताड़ना पर चूँ भी न बोल पाने की मजबूरी। पर्दादारी तो इतनी सख़्त है कि तहमीना की माँ ने कभी अपने घर के बाहर की दालान नहीं देखी थी।

तहमीना ने लिखा है कि जिन इलाकों को मिलाकर बाद में पाकिस्तान बना, वहाँ कुछ सामन्ती परिवारों ने नियन्त्रण के लिए इस्लाम को हथियार बना लिया। उनके मुखिया श्रद्धा के पात्र और पवित्र जन हो गए जो अल्लाह से बातें करते थे। शायद बँटवारा नहीं होता (इस ग़लती को वहाँ के मोहाज़िर नेता अल्ताफ़ हुसैन अब मानने लगे हैं) तो वहाँ लोकतान्त्रिक समाज की संरचना के पक्के होने का अनुमान शायद लगा पाना मुश्किल हो सकता था लेकिन ऐसी स्थिति में वर्तमान भारत के लोकतान्त्रिक मूल्यों का दबाव रहता। कम-से-कम दोनों देशों को कई बार के युद्ध का सामना नहीं करना पड़ता। दोनों देशों को अमेरिका जैसे विकसित देशों का मोहरा नहीं बनना पड़ता। आश्चर्य है कि यह अहसास उस समय के वामपन्थी नेताओं को भी नहीं था।

तहमीना के पिता पठान थे और माँ खट्टर कबीला के हयात खानदान की थी। नाना विभाजन के पहले पटियाला राज्य के प्रधानमन्त्री थे। चाचा सिकन्दर हयात खाँ अविभाजित पंजाब के गवर्नर थे। देश बँटने के पहले तहमीना के पिता सेना में कप्तान थे। फील्ड मार्शल अयूब खाँ के शासन-काल में उनके द्वारा ही पाकिस्तान के पहले निवेश निगम (आई.सी.पी.) की शुरुआत हुई थी। 1967 ई. में उन्हें पाकिस्तान इन्टरनेशनल एलायंस का प्रबन्ध निदेशक बनाया गया था। बाद में वे वहाँ के स्टेट बैंक के गवर्नर भी बनाए गए। पूरा परिवार अंग्रेज़ी लिबास में रंगा-पगा था। बच्चों के नाश्ता करने से लेकर रात के भोजन तक के अलग-अलग लिबास थे। भोजन करने के बाद हाथ धोने के लिए अलग-अलग कटोरे थे, जिनमें गर्म पानी के साथ गुलाब की पत्तियाँ पहले से रखी रहती थीं। साफ-सुथरे और करीने से सुसज्जित कपड़ों में परिवार के सदस्य एक साथ डाइनिंग टेबुल पर खाते थे। खाने के बर्तन चाँदी के होते थे। घर में ठहाके की हँसी परिकल्पना थी। अगर कोई बच्चा जोश में कोई हरकत करता था तो तहमीना की माँ के तेवर गर्म हो जाते थे। पिता-चाचा और कुछ करीबी भाइयों को छोड़ तहमीना और उनकी बहनों को बचपन से ही मर्दों से दूर रहना सिखाया गया था। लड़कियों को कई किस्म की हिदायतें दी जाती थीं, जिनमें एक यह भी थी कि वह किसी ऐसी लड़की से दोस्ती न करे जिसका बड़ा भाई हो। कभी फोन नहीं उठाए। ड्राइवर के साथ अकेली न जाए। नौकरों के साथ कभी रसोई घर में न रहे। तहमीना की माँ का यह सन्देश था कि लड़कियों को कभी अपने पति के अलावा किसी के सामने नहीं खुलना चाहिए। पति के वहशी निकलने पर बीवी का फ़र्ज अपनी लगन से उसका चरित्र बदल देने का होना चाहिए। पन्द्रह-सोलह साल तक लड़कियों की शादी हो जानी चाहिए। सच में तहमीना की छोटी बहन रुबीना की शादी मात्र सत्रह साल की उम्र में हो चुकी थी।

'मेरे आक़ा' का मूल अंग्रेजी संस्करण (माई फ्युडल लॉर्ड/1990) के छपते ही पाकिस्तान में उसकी निन्दा होने लगी। कई समीक्षकों ने इसे प्रचार बताया। तहमीना के पिता ने वहाँ के अख़बारवालों को लिखित सूचना दे दी कि तहमीना से उनका कोई सम्बन्ध नहीं है। मेरे एक मित्र जो उस समाज में रच-बस गए थे, ने बताया कि तहमीना स्वतन्त्र मिजाज की महिला है। पाकिस्तानी समाज में अब पति अपनी पत्नी को झिड़कते हैं, "तहमीना बनने की कोशिश मत करो।" मानों तहमीना उनकी खौफ़ बन गई हो। इस्लाम को ढाल बनाकर चल रहे पाकिस्तानी समाज में कई जघन्य रिवाज़ मौजूद हैं। तहमीना के उपन्यास 'कुफ़्र' में ऐसे ही एक व्यक्ति का विवरण आया है कि तथाकथित सन्त पीर साई की ऊँटनी को खुले मैदान में छोड़ दिया जाता था। वह जिस घर के दरवाज़े पर बैठ जाती है, उस घर की कुँआरी को दुल्हन की तरह सजाया जाता और उसे पीर साई को सौंप दिया जाता। पीर साई उस लड़की के कुँआरेपन को खत्म कर देता।

'कुफ़्र' के एक पात्र का सम्वाद है, "हम झूठे और सड़े-गले रस्मों-रिवाज़ के कैदी हैं। एक ज़हरीले आक्टोपास ने हमें शिकंजे में दबोच रखा है। उसके तीखे इस्लाम के नाम पर ताकत बटोरते हैं, फिर अल्लाह के नाम पर हर तरह के इस्लाम का शोषण करते हैं। उसकी जकड़न हम पर और मज़बूत होती जाएगी।" एक बार एक बलूच नौजवान के लिए पीर साई ने फैसला सुनाया कि एक लम्बा-चौड़ा खूबसूतर नौजवान किसी बदरंग लड़की से शादी नहीं कर सकता। उस नौजवान ने ऐसा ही किया। एवज़ में बदरंग आदमियों को एक पेड़ से बाँध दिया गया। पीर ने उसकी मूछें उखाड़ लेने का हुक्म दिया।

पीर को तब भी तसल्ली नहीं हुई। उसने बलूच के कपड़े उतरवाए उसे पेड़ से बँधवा दिया। उसकी नंगी पीठ पर कोड़े बरसने लगे। चीख सुनकर उसकी पत्नी दौड़ पड़ी। उसके पिता ने दो-चार तमाचे जड़ दिए। उसके पिता के शब्द थे "वह मर चुका और अल्लाह के करम से हम जिन्दा हैं।" नवेली दुल्हन को पीर के पास पहुँचाया गया। पीर ने उस पर भी कोड़े बरसाने का हुक्म दिया। बदरंग दुल्हन का एक कुफ़्र था कि उसने खूबसूरत नौजवान से शादी की थी और दूसरा कुफ़्र था कि वह अपने पति के बचाव में आगे आई। इसलिए बलूच के पीर सन्त ने उसे क़ाफिर क़रार दे दिया। इस्लाम के मुताबिक सच्चा इस्लाम दुनिया में अभी नहीं आया है। जिस दिन वह आएगा, दुनिया में ग़रीबी और ग़ैरबराबरी नहीं रहेगी। परन्तु सच्चे इस्लाम को लाने के लिए जिस उदारता और स्वतन्त्र चेतना की जरूरत है, उस पर इस्लाम के रहनुमाओं ने पाबन्दी लगा रखी है। एक मुस्लिम महिला प्रोफेसर ने मुझे हिदायत दी कि वे हमारे समाज में औरतों की भूमिका के बारे में कुछ न पूछें। मैं अपनी पहली किताब (साम्प्रदायिकता : अतीत और वर्तमान) के लिए सामग्री एकत्रित करने के लिए अपनी पत्नी के साथ मदरसा हुसैनिया (राँची) गया। वहाँ के मौलाना ने सख़्त लहज़े में पूछा, पत्नी के साथ क्यों आए हैं। खुदा का शुक्र है, मेरी पत्नी नौकरीशुदा हैं। मौलाना साहब का हुक्म था कि मैं उन्हें गेट के बाहर भेज दूँ। देवबन्द के लिए मुझे उनसे सामग्री नहीं मिली। हाँ, कुछ दोस्तों (प्रो. अहमद सज्जाद, प्रो. अब्दुल कयूम अब्दाली, प्रो. जावेद अहमद) ने मेरी मदद की।

किसी भी धर्म का द्वन्द्व है कि वह इन्सानी मूल्यों की पैरवी करने के बावजूद राजनैतिक व्यवस्था पर हावी होना चाहता है। लोकतन्त्र से ऊपर इस्लाम, हिन्दू और ईसाई धर्म नहीं हैं। विश्व हिन्दू परिषद और बजरंग दल यही साबित करने की होड़ में लगे हैं। यही बात पाकिस्तान के साथ भी है। अफ़गानिस्तान में औरतों पर जुल्म ढाए जा रहे थे। वहाँ का कोई इस्लामी सन्त इस जुल्म के खिलाफ़ आगे नहीं आया। ऐसे मौके पर बजरंग दल और विश्व हिन्दू परिषद भी मौन रहीं। औरतों को अपने पिता की सम्पत्ति में हिस्सा दिलवाने के सवाल पर इस्लाम और हिन्दू धर्म के सन्त समान सोच रखते हैं यानि वे इस सवाल पर मौन रहते हैं। वर्ण व्यवस्था का एक

लक्ष्य स्त्रियों के अधिकारों का हनन होता है। इस्लाम की वर्ण व्यवस्था में तहमीना, आसमाँ सारा शगुफ्ता, फहमीदा रियाज़ हमेशा नम्बर एक की शत्रु समझी गई हैं।

तहमीना पंजाब के गवर्नर मुस्तफ़ा खर की तीसरी पत्नी थीं। पाकिस्तान की राजनैतिक आबो-हवा में मुस्तफ़ा हमेशा अपने मोहरे बदलते रहे हैं। वे मियाँ नवाज़ शरीफ़ के नजदीक आए, पाकिस्तान पीपुल्स पार्टी के संस्थापक सदस्य भी बने, बेनजीर, के भी क़रीब रहे। फिर बाद में उनसे मतभेद भी हुआ। उनके मनचले जीवन के भी कई मशहूर क़िस्से हैं। लाहौर की एक पार्टी में उनकी मुलाकात एक पेशेवर नर्त की नौबहार से हुई। मुस्तफ़ा उससे बेहद प्रभावित हुए। उन्होंने लाहौर में एक मकान किराए पर लिया। वहाँ वे नौबहार के साथ रहने लगे। उनके गाँव कोट उदू में उनकी बीवी उनका इन्तजार कर रही थी। पाकिस्तान पीपुल्स पार्टी के जुल्फिकार अली भुट्टो ने मुस्तफ़ा को बुलाकर चेतावनी दी कि पंजाब के गवर्नर होने की हैसियत से उसे किसी मामूली रक्कासा को अपनी बीवी बना कर नहीं रखना चाहिए। तुरत मुस्तफ़ा ने नौबहार को तलाक़ दे दिया। सारा शगुफ्ता (पाकिस्तान/औरत और नमक) की नज़्म है, "इज्ज़त की बहुत सी क़िस्में हैं/घूंघट, थप्पड़, गंदुम।" तहमीना मुस्तफ़ा की इज्जत बन कर रहीं, लोग कहें कि पाकिस्तान के गवर्नर की बीवी सुन्दरता और सहनशीलता की अतुलनीय मिसाल है, जो बेरहमी से पिटने पर उफ़ नहीं करती। मुस्तफ़ा में पुराने सामन्तों की तरह अपनी बात को मनवाने का माद्दा रहा है। माँ के घर में तहमीना को फ़ोन पर चेतावनी मिली, "अगर तुम पाँच मिनट में घर नहीं पहुँची, तो मैं तुम्हें ठीक कर दूँगा।" सच में मुस्तफ़ा ने उसे ठीक कर दिया। उसकी बच्ची को पलंग पर फेंक दिया और बड़ी बेरहमी और जंगलीपन से उसे पीटा। तहमीना बिल्कुल नहीं चिल्लाई, कहीं आवाज़ बाहर न चली जाए।

मुस्तफ़ा की कामुकता की कई ऊँचाइयाँ रही हैं, एक, उनकी पत्नी शेरनी है दूसरी तहमीना और तीसरी एक अन्य और उनकी प्रेमिका तहमीना की छोटी बहन आदिला। वह जब कभी तहमीना की पिटाई करते, कुछ देर बाद उससे माफ़ी भी माँग लेते, "मैं तुम्हारे बिना अधूरा हूँ।" इस कामुक गवर्नर की हिदायतें रहीं, उसकी कोई बीवी इससे बहस नहीं करे, किसी बीवी को किसी मर्द डॉक्टर से इलाज नहीं करवाना है। एक बार तहमीना गर्भवती हुई। उसने अपनी जाँच किसी मर्द डॉक्टर से करवाई। मुस्तफ़ा ने उसी रात तहमीना की जमकर धुनाई करने की ठान ली थी। वह संयोग से बच निकली, क्योंकि उसी रात उसकी प्रेमिका आदिला आने वाली थी। क्रूरता और कामुकता, ये दोनों मुस्तफ़ा की खानदानी पूँजी थी। उसके दादा मुहम्मद यार खर ने चौंसठ साल की उम्र में मुल्तान की एक सोलह वर्षीय लड़की से शादी की थी।

तहमीना के लेखन में ईमानदारी और साहसिकता, दोनों चीनी-पानी हो चुके हैं। उनका पहला सम्बन्ध अनीस से हुआ और दूसरा मुस्तफा से। दोनों बार वह ठगी गईं। अपनी पसन्द या प्रेम विवाह के असफल होने का कारण पुरुषत्व ही होता है,

जो प्रेम के समय तक हॉवी नहीं होता लेकिन विवाह के बाद वह कुछ इस तरह हॉवी होता है कि मानो वह पुरी दुनिया का सरताज़ हो। उसे इसका फक्र होता है कि उसके कारण बीवी की दुनिया बसी है। वह प्रेमिका से मध्ययुगीन पत्नी होने की उम्मीद करता है। मुनीर नियाज़ी के शब्द हैं, "उसके बाद इक लम्बी चुप और तेज हवा का शोर।"

पाकिस्तान में औरतें कहाँ खड़ी हैं और इन्हें कहाँ खड़ा होना चाहिए, इसे जानने के लिए तहमीना की ज़िन्दगी से उलझना होगा, रस्साकशी करनी होगी। वह पाकिस्तान के सामन्ती समाज में कलंकित हो चुकी हैं। वहाँ के पतियों ने गुपचुप समझौता कर लिया है। वे अपनी पत्नी को तहमीना नहीं बनने देंगे। इसलिए वे पत्नियों पर ताने कसते हैं "तहमीना मत बनो।" पाकिस्तान के प्रतिष्ठित नागरिकों ने मुस्तफ़ा खर को कलंकित नहीं होने दिया है जिसके लिए औरत इस्तेमाल होने की खूबसूरत चीज़ बनकर रह जाए, बेवफाई और बेईमानी ही उसकी जमींदारी है।

केवल भावना से आहत तहमीना के लेखन में खालिस व्यक्तिवादिता हॉवी होती। तब शायद समाज के आक़ाओं को उन्हें उछालने का पुरक़श मौक़ा मिला होता। जिसके दिल और वजूद की राख़ को भी सबूत नहीं रहने दिया गया, उसके लेखन में दिल हिला देनेवाली भावुकता होती, लेकिन उनका साहित्य मुस्तफ़ा के बहाने भी पाकिस्तान का पूरा दस्तावेज़ परोसता है। ईमानदारी की एक और मिसाल। मुस्तफ़ा पाकिस्तान में लोकतन्त्र की बहाली के आन्दोलन में बढ़-चढ़ कर हिस्सा ले रहे थे। तहमीना ने उन दिनों को बड़े फक्र के साथ याद किया है। पाकिस्तान की सामाजिक कुप्रथाओं के राजनैतिक गठजोड़ और उसके लोक प्रभाव को तहमीना ने स्वीकार किया है। वे पाकिस्तान पीपुल्स पार्टी के संस्थापक जुल्फिकार अली भुट्टो के राजनैतिक महत्त्व का स्मरण करती हैं। इसके साथ उनका आचरण भी उनके साहित्य में आलोचना का विषय रहा है। यह सही है कि भुट्टो पाकिस्तान के पहले नेता थे जिनके समय में सार्वजनिक उद्योग का पर्याप्त विकास हुआ है। उन्हें इसकी सज़ा भी मिली। तहमीना ने लिखा है कि व्यभिचार करने की छूट को भुट्टो सत्ताधारियों का विशेषाधिकार मानते थे। फ़ारसी और चीनी गलीचों के दीवाने भुट्टो गुलाब और शराब के बड़े शौकीन थे। जिया-उल-हक़ के शासन में उनके साथ बहुत बर्बरता बरती गई। उन्हें एक संतरी के सामने खुले में शौच करने के लिए मजबूर किया गया। उनके सामने वाली कोठरी में एक ब्रिगेडियर को रखा गया था। वह हर समय भुट्टो की माँ को भद्दी-भद्दी गालियाँ देता था। भुट्टो पक्के स्वाभिमानी थे। बेनज़ीर को यह देखकर मायूसी हुई कि उनको अपने पिता से अलग रखने के लिए लोहे की सलाखों की घेराबन्दी में उन्हें रखा गया। बेनज़ीर ने संतरियों से गुजारिश की कि उन्हें अपने वालिद से मिलने दिया जाए। भुट्टो ने झिड़कते हुए कहा, उनसे कभी किसी चीज़ की भीख नहीं माँगना।

तहमीना यह मानती हैं कि पाकिस्तान की सारी राजनीति अमेरिकी प्रशासन

का खिलौना है। उन्होंने लिखा है कि अमेरिकी प्रशासन अफ़गानिस्तान में सोवियत हस्तक्षेप के खिलाफ़ जिया प्रशासन का समर्थन कर रहा था। उनके अनुसार अमेरिका उस आदमी का समर्थन कर रहा था, जिसने संविधान का उल्लंघन किया था। उन दिनों मुस्तफा ख़र लोकतन्त्र बहाली आन्दोलन में शरीक़ थे। उसी दौर में वह दिल्ली में प्रधानमन्त्री श्रीमती इन्दिरा गांधी से मिले थे। इन्दिरा जी ने भी स्वीकार किया था कि पाकिस्तान गहरे राजनैतिक संकट में फँसा हुआ है। वहाँ लोकतन्त्र की बहाली होनी चाहिए। मुस्तफ़ा और गांधी दोनों ने सीमा पर तनाव को निहित स्वार्थ माना। उन दिनों इन्दिरा जी ने मुस्तफ़ा को पाकिस्तान की सेना को कुचलने की सलाह दी थी। वे पाकिस्तान के राजैतिक सन्दर्भ को भुलाती नहीं हैं। उनके उपन्यास 'कुफ़्र' में जिस पीर साई सन्त का किस्सा आया है, वैसे तथाकथित पीर सन्तों की वहाँ कमी नहीं है।

एक समय में मुस्तफ़ा पीपुल्स पार्टी के क़रीब आए, फिर सिन्ध के नेता जटोई के क़रीब आए। वे बेनज़ीर के विरोधी बने। उन्हीं दिनों वे तहमीना की छोटी बहन आदिला के प्रेम में फँसे। मुस्तफ़ा तहमीना से बराबर झूठ बोलते रहे। इस बीच तहमीना पर मुस्तफ़ा का अत्याचार बढ़ता गया। उनके चेहरे पर मार के निशान साफ़-साफ़ दिखने लगे थे। बहुत सोच-विचार कर तलाकनामा तैयार हुआ। तहमीना को यह फ़क्र था कि अब वह तहमीना ख़र नहीं रह गई थी। वह अब असली तहमीना दुर्रानी है।

मुक्त स्त्री की छद्म छवि

□ नामवर सिंह

स्त्री-पुरुष सम्बन्धों पर हम तीन दायरों में विमर्श कर सकते हैं। कानून, समाज औ परिवार। कानून जिस नजरिए से इस सम्बन्ध को देखता है, समाज उसके प्रति उसस कहीं अधिक उदार है। कानून के अनुसार बहुविवाह अवैध है। परन्तु समाज में लोग के जीवन में ऐसी स्थितियाँ आती हैं कि कई बार उनके लिए दो या इससे अधि विवाह करना आवश्यक हो जाता है। सन्तान पाने के लिए दो विवाह करना यदि अ बात नहीं है तो विचित्र भी नहीं है। ऐसा प्राचीनकाल से ही होता आ रहा है। शास में उन स्थितियों का वर्णन है जिनमें कि स्त्री-पुरुष दूसरा विवाह कर सकते हैं। लेकिन जब हम समाज की बात करते हैं तो वहाँ आवश्यकताएँ व्यक्तिनिष्ठ हो जाती हैं

साहित्य में भी ऐसे लोग हैं जो गाँव में एक और शहर में दूसरी स्त्री के स रहते हैं। या जैसे समलैंगिकता की बहस है। यह तो मानना ही होगा कि समलैंगिव एक अपवाद है, कोई प्रचलन नहीं। वह चाहे पुरुष पुरुष या स्त्री स्त्री के बीच पर वह अप्राकृतिक है। साहित्य में इसे इसी रूप में आना चाहिए। कुछ अंग्रेजी लेर पश्चिम के प्रभाव में इस अपवाद को ग्लोरिफाई करके सस्ती लोकप्रियता बटोरने कोशिश कर रहे हैं। इस लिहाज से देखा जाए तो मुझे स्त्रियों के अधिकारों को ले चल रहे आंदोलनों का उद्देश्य ठीक से समझ नहीं आता। कहा जा सकता है कि रि चूँकि अब कामकाजी हो गई हैं इसलिए वे अधिक उग्रता से अपने अधिकारों की कर रही हैं। पर कोई मुझे यह तो बताए कि स्त्रियाँ कब कामकाजी नहीं थीं? अलग बात है कि पहले वे घरों में काम करती थीं और अब दफ्तरों में करने ल हैं। पर घरों का काम क्या दफ्तरों के काम से कम था? इससे भी बड़ी बात ' कि क्या घरों में काम करते हुए उनके अधिकार कम थे?

देख रहा हूँ कि स्त्रियों के आंदोलनों को लेकर एक भ्रांति यह भी फैल ' है कि यह सब पश्चिम से आयातित है। जहाँ तक मेरी स्मृति है, ऐसे आंदोलन रा राममोहन राय और भारतेन्दु के समय से ही प्रारम्भ हो चुके थे। इन आंदोलनों खास बात यह थी कि पुरुषों ने स्त्रियों के अधिकारों के लिए लड़ाई लड़ी। बाद गांधीजी के असहयोग आंदोलन और मार्क्सवाद से प्रेरित समाजवादी आंदोलनों में स्त्रि

की महत्त्वपूर्ण भूमिका रही। यहाँ एक बात और कहना चाहूँगा कि पश्चिमी समाज में ऐसे आंदोलनों के अन्ततः क्या परिणाम निकले। वहाँ हमारे समाज से कहीं अधिक तलाक होते हैं। और खासकर सम्बन्धों के मामले में वहाँ स्त्रियों का हमारे समाज से कहीं अधिक शोषण होता है। साहित्य में ये सब बातें प्रतिबिम्बित होती रही हैं। भारतीय साहित्य में स्त्री को हमेशा ही एक सम्मानित दर्जा दिया गया है। पति-पत्नी के रिश्ते की मर्यादाओं का सभी लेखक निर्वाह करते आए हैं। निजी जीवन में कैसी भी स्थिति रही हो परन्तु साहित्य में उन्होंने पत्नी की गरिमा का ध्यान रखा है।

दरअसल, स्त्री-पुरुष सम्बन्ध परिवार में निर्धारित होते हैं। चैरिटी बिगिंस एट होम। सभी परिवर्तन यहीं से पैदा होते हैं। इस सम्बन्ध में किसी बदलाव को देखने के लिए हमें परिवार के भीतर उतरना होगा। **फिल्मों और मीडिया में जिस तरह स्त्री को प्रस्तुत किया जा रहा है और मुक्त स्त्री के रूप में उसकी एक छद्म छवि प्रस्तुत की जा रही है, परिवार इसके खिलाफ है। तथाकथित आधुनिक परिवार भी ऐसा नहीं चाहते। मीडिया का ऐसा प्रयास या साहित्य में इधर जो बोल्डनेस बढ़ी है, यह ग्लैमर से अधिक कुछ नहीं है। असल साहित्य स्त्री के शोषण का विरोधी है। और पुरुष लेखकों ने अपनी रचनाओं में स्त्री के शोषण के खिलाफ आवाज उठाई है। कुछ लेखिकाएँ और कवयित्रियाँ स्त्री-अधिकारों को लेकर बहुत उग्र दिखाई देती हैं। उनकी उग्रता से प्रतीत होता है कि वे सभी पुरुषों के खिलाफ हैं। इसका कोई अर्थ नहीं है। मैं मानता हूँ कि औरत ही पुरुष को मुक्त कर सकती है पर ऐसा वह उसमें भय पैदा करके नहीं कर सकती। स्त्री आज आक्रमक मुद्रा में है। उसके लिए नए रास्ते खुल रहे हैं। सामाजिक, आर्थिक और राजनीतिक जीवन में उसकी भागीदारी बढ़ रही है। शायद इसलिए उसे अधिक संयमित होने की जरूरत है।**

स्त्री-पुरुष के बीच सेक्स सम्बन्धों को भी बहुत अतिरंजित किया जा रहा है। साहित्य में थोड़ी-बहुत अतिरंजना चलती है परन्तु यथार्थ को छिपाना या उससे दूर भागना उचित नहीं। साहित्य को समाज से आगे चलना चाहिए परन्तु सिर्फ एक कदम आगे। उनके बीच अधिक दूरी से तालमेल गड़बड़ा जाएगा। कालिदास ने शिव-पार्वती के बीच प्रेमलीला का वर्णन किया है। परन्तु तुलसीदास ने उन्हें जगत का माता-पिता माना। अब माता-पिता के बारे में लिखते हुए शालीन तो होना ही पड़ेगा। साहित्य में अश्लीलता नहीं होनी चाहिए। कृष्णा सोबती के **यारों के यार...और मृदुला गर्ग के चितकोबरा में कहीं-कहीं अश्लीलता दिखाई देती है।** हमें साहित्य में सामाजिक यथार्थ को दर्ज करने का पूरा हक है। पर यह ध्यान रखा जाना चाहिए कि सेक्स से जुड़ी विकृतियों को साहित्य में हम 'एबिरेशन' के तौर पर ही दिखाएँ, उन्हें 'नार्म' के रूप में स्थापित कर सस्ती लोकप्रियता बटोरने का प्रयत्न न करें। विकृतियों को संदिग्ध निगाह से देखा जाना चाहिए।

(आउटलुक, 22 सितम्बर, 2003)

आधी जमीन

□ **उपेन्द्रनाथ अश्क**

आधी सदी से कथा-क्षेत्र में कार्यरत कहानी लेखिकाओं के इस सरसरी जायजे के बाद एक और प्रश्न सामने आता है कि विगत पाँच दशकों में लिखने वाली कहानी-लेखिकाओं में सिर्फ कृष्णा सोबती के अलावा प्रेमचन्द, प्रसाद, सुदर्शन, चतुर्सेन शास्त्री, पाण्डेय बेचन शर्मा उग्र, भगवती चरण वर्मा, भगवती प्रसाद वाजपेयी, जैनेन्द्र, अज्ञेय, अमृतलाल नागर या विष्णु प्रभाकर, भीष्म साहनी ही की तरह कोई कहानी-लेखिका क्यों नही निकली, जो जिन्दगी भर लिख सकती?

इस प्रश्न पर मैंने कई बार सोचा है। उनमें प्रतिभा की कमी हो, यह कारण तो नहीं है। ऊपर के जायजे ही से यह सिद्ध हो जाता है कि उनमें से कुछ के यहाँ बहुत प्रतिभा है। तब क्यों कोई लेखिका इतना प्रभूत साहित्य हिन्दी को नहीं दे सकी?

मैं समझता हूँ कि इस स्थिति के लिए एक नहीं कई कारण हैं। कुछ के संकेत तो मैंने ऊपर के जायजे ही में दिए हैं। अन्य कुछ कारणों का उल्लेख मैं संक्षेप में यहाँ करना चाहूँगा।

पहला कारण तो यह है कि अपनी तमाम आजादी के बावजूद **हमारी लेखिकाएँ घर से, परिवार से, माँ, भाई, पिता, ससुर, पति या बच्चों से बँधी हैं और जिन्दगी की कटु यथार्थता अपनी अभिव्यक्ति के लिए लेखक से जिस निर्ममता या साहस की माँग करती है, वह उनके यहाँ नहीं है। वे ऐसा तभी कर सकती हैं, जब वे परिवार से कटने और उसके बावजूद टूट न जाने की शक्ति रखती हों**। एक बार एक सशक्त कथा-लेखिका और उसके पति में इतना झगड़ा हो गया कि वह सम्बनध टूटने को हो आया। मैंने उसके पति के सामने लेखिका से कहा—यह व्यक्ति नम्बरी झूठा, रियाकार और काइयाँ है। तुम क्यों इसके पीछे पड़ी हो। यह अलग होना चाहता है तो इसे आज़ाद कर दो। भगवान ने तुम्हें इतनी प्रतिभा दी है, अपनी ज़िन्दगी को लेखन के लिए अर्पित क्यों नहीं करतीं? तब उसने रोते हुए कहा—'इन्हें छोड़कर तो मैं कुछ नहीं लिख सकती।'

इस स्थिति के बरअक्स जो लेखक अपने लेखन के लिए समर्पित है, उसके रास्ते में ये सम्बन्ध नहीं आते। लेखक माता-पिता, घर-द्वार छोड़ देते हैं, बीवियाँ छोड़ देते हैं, टूटते भी हैं, पर उस टूटन को साहित्य में भुला देते हैं। लेखिकाएँ ऐसा नहीं कर सकतीं। हमारी कहानी-लेखिकाएँ पत्नियाँ, माएँ, बहनें, पहले हैं और लेखिकाएँ बाद में, इसीलिए वह समर्पण, जो पुरुष-लेखकों में अपनी कला के प्रति होता है उनके यहाँ नहीं आ पाता और नहीं आया।

हमारी लेखिकाओं के अनुभव का दायरा भी, पुरुष लेखकों के मुकाबले सीमित है। बर्नार्ड शॉ ने कहीं लिखा है कि कलाकार ज़िन्दगी को भरपूर जीता है, हर तरह

के भले-बुरे अनुभव सँजोता है और उनको अपनी रचना में उतार देता है। हमारी कहानी-लेखिकाएँ वैसा व्यापक अनुभव नहीं सँजो पातीं। किसी के पास यदि वैसा व्यापक अनुभव होता है तो वे उसकी अभिव्यक्ति का साहस नहीं जुटा पातीं।

कुछ ऐसी लेखिकाएँ हैं, जिनके पास अतुल प्रतिभा भी है और व्यापक अनुभव भी, वे बन्धन-मुक्त भी हैं, लेकिन जैसा कि मैंने देखा है, कोई बन्धन न होने की कुण्ठा ही उन्हें विवश कर देती है और वे केवल सृजन-सुख में सन्तोष नहीं पा सकतीं या उसके माध्यम से अपनी तमाम कुण्ठाओं को नहीं भुला सकतीं।

मेरे खयाल में यही प्रमुख कारण हैं, जिनकी वजह से आज तक हमारी लेखिकाओं में अभी कोई महान कथा-लेखिका नहीं हो पाई, महान कवयित्री भले ही हो। कल की बात मैं नहीं कह सकता। सिर्फ एक कहानी-लेखिका का नाम मेरे जेहन में आता है, जो पुरुष-लेखकों के मुकाबिले में कहीं से भी कमतर नहीं। वे हैं कृष्णा सोबती। वे बन्धन-मुक्त भी हैं, आजाद भी हैं, उनके अनुभवों का क्षेत्र बहुत विस्तृत है, लेखनी मँज गई है। साहस की भी उनके यहाँ कमी नहीं। इसलिए उन्होंने उपर्युक्त लेखकों जितना प्रभूत लेखन भले ही न किया हो, लेकिन कम-से-कम सात-आठ-दस उच्च-कोटि की कहानियाँ, तीन मनोरंजक और सशक्त लघु उपन्यास और फिर 'ज़िन्दगीनामा' जैसा विवादास्पद वृहद उपन्यास लिखा है और यह अपने में कम उपलब्धि नहीं है।

(आधी जमीन, 1997,)

लेखक स्वप्न नहीं बेचता

□ श्रीलाल शुक्ल

स्त्री विमर्श की जो दिशाहीनता हिन्दी साहित्य में दिख रही है, उसके मनोवैज्ञानिक और सामाजिक कारण हैं। मुझे लगता है कि भारतीय समाज में नारी मुक्ति का वास्तविक और सर्वांगीण स्वरूप क्या होना चाहिए इस बारे में कोई सुचिंतित राय नहीं उभरी है। केवल तात्कालिक महत्त्व में अगल-अलग मुद्दों पर बहसें हुई हैं और अल्पकालिक आंदोलन होते रहे हैं। नारी मुक्ति की अवधारणा तदर्थवाद से ग्रस्त है। समाज के विकास में नारी को पुरुष के साथ पूर्ण समकक्षता मिलने के लिए किन-किन अल्पकालिक और दूरगामी कार्य योजनाओं पर विचार होना चाहिए ऐसा व्यापक रूप से कहीं नहीं मिल पाता और यदि ऐसा कोई ब्लू प्रिन्ट हो भी तो अधिकांश नागरिकों को इसकी कोई जानकारी नहीं है। सामाजिक राजनीतिक चिन्तन की यही दिशाहीनता सम्भवतः साहित्य में भी प्रतिबिम्बित हो रही है।

नारी मुक्ति को लेकर लिखा गया अधिकांश कथा साहित्य व्यावसायिक क्षेत्र में पुरुष से प्रतिस्पर्धा और उसकी ईर्ष्या, पारम्परिक विवाह प्रथा का खण्डन, प्रत्याख्यान,

यौन शुचिता की अवधारणा का प्रत्याख्यान, दहेज प्रथा की विकरालता आदि जैसे अलग-अलग मुद्दों पर ही केन्द्रित होकर रह जाता है। भारतीय समाज में समग्र रूप से नारी की स्थिति का नक्शा हमारा साहित्य भी देते-देते उसी तरह चूक जाता है, जिस तरह इस दिशा में पूरे समाज और राजनीति का चिन्तन चुक रहा है।

(राष्ट्रीय सहारा, 10 नवम्बर 2002)

लेखिकाओं की दुनिया

□ बच्चन सिंह

लेखिकाओं की दुनिया को अगल से विश्लेषित करने की आवश्यकता इसलिए है कि वह पुरुषों की दुनिया से थोड़ी भिन्न होती है। यही कारण है कि आजकल आलोचना में स्त्रीजनोचित आलोचना (फेमनिस्ट क्रिटिसिज्म) का चलन हो गया है। मन्नू भण्डारी, उषा प्रियंवदा, कृष्ण सोबती छठे दशक से लिखती चली आ रही हैं और अब भी लिख रही हैं।

मन्नू भण्डारी की कहानियाँ अपनी सादगी में प्रामाणिक अनुभूति की कहानियाँ हैं। शिल्प का चौंधियानेवाला वैभव नहीं मिलेगा। किन्तु स्त्रीमन, पुरुष-ईर्ष्या, सब कुछ समझकर भी कुछ न समझ पाने की विवशता, तथाकथित आधुनिकता का संयत विरोध आदि उनकी कहानियों में रचनात्मक स्तर पर चित्रित हुआ है। स्त्री लेखिकाओं में वे सर्वाधिक प्रासंगिक हैं। 'यही सच है', 'तीसरा आदमी', 'एखाने आकाश नेई' कहानियों में उपर्युक्त कथन का प्रमाण मिल जाएगा। मन्नू की जोड़ का दूसरा नाम है उषा प्रियंवदा। उषा में शिल्प की सजगता और विषयवस्तु की व्यापकता है। आज के मानवीय तनाव में वह करुणा और अभिशापित त्रास का पुट दे देती हैं। उनकी प्रसिद्ध कहानी 'वापसी' मध्यवर्गीय जीवन की अविस्मरणीय आधुनिक त्रासदी है। **कृष्णा सोबती सेक्स को बोल्डनेस के साथ उभारने में सिद्धहस्त हैं। इस अर्थ में मृदुला गर्ग कम नहीं हैं।** पर सोबती की भाषा और शिल्प उनके पास कहाँ! अन्य महिला लेखिकाओं में ममता कालिया, सूर्यबाला, मृणाल पाण्डे, राजी सेठ, नमिता सिंह आदि उल्लेख्य हैं। सूर्यबाला गहरे यथार्थ और मानवीय रिश्तों की कहानीकार हैं।"

(हिन्दी साहित्य का दूसरा इतिहास, 1996)

स्त्री-दलित विमर्श

□ **विश्वनाथ त्रिपाठी**

साहित्य में दलित साहित्य, स्त्री विमर्श का साहित्य जैसे लेखन के बारे में पूछने पर वरिष्ठ आलोचक विश्वनाथ त्रिपाठी ने कहा "यह कुछ दिनों के लिए है। नया-नया जोश है। अधिक दिन नहीं चलेगा। ओम प्रकाश वाल्मीकि, भगवान, दास मोरवाल, चंद्रमान आदि अच्छा लिख रहे हैं। इसमें कोई शक नहीं कि दलित यातना को दलित लेखक ही अच्छे ढंग से व्यक्त कर सकता है। लेकिन सवर्ण दलित लेखन नहीं कर सकता, यह कहने का किसी को अधिकार नहीं है। यही नारी चेतना का हाल है। कृष्ण सोबती, चित्रा मुद्गल, ममता कालिया बहुत अच्छी लेखिका हैं। नारी जीवन पर ये अच्छा लिख सकती हैं। नारी जीवन पर ये अच्छा लिख सकती हैं, क्योंकि इन्होंने नारी के दर्द को भोगा है।"

(राष्ट्रीय सहारा, 8 दिसम्बर 2002)

मुक्ति की राहें

□ **मैनेजर पांडेय**

"ऐसा लगता है कि नारीवादी और अन्य लेखिकाएँ भी श्रृंखला की कड़ियाँ के महत्त्व से पूरी तरह परिचित नहीं हैं। वे सिमोन द बोऊवा की किताब पढ़ती हैं, लेकिन श्रृंखला महादेवी वर्मा की कड़ियाँ नहीं, क्योंकि वह हिन्दी में लिखी गई है, फ्रेंच या अंग्रेजी में नहीं।"

(अनभे साँचा, पृष्ठ 190)

उत्तर कथन

देह हथियार नहीं अधिकार है स्त्री का

□ अरविन्द जैन

मीडिया और हिन्दी के राष्ट्रीय समाचार पत्रों में 'बदलती हुई स्त्री छवि' का उत्तरआधुनिक विश्लेषण करते हुए डॉ. सुधीश पचौरी का कहना-मानना है ''मीडिया, खासकर इलेक्ट्रॉनिक मीडिया, उससे जुड़े बाज़ार, बहुराष्ट्रीय निगमों और इस सबके पीछे ईश्वर की तरह सर्वशक्तिमान नए पूँजीवाद ने स्त्री की गोपनीयता को उघाड़कर बेपर्दा कर दिया है। स्त्री उपमानों की कैद से निकल नाना रूपों में साक्षात हमारे समक्ष उपस्थित होने लगी है। वह हर वक्त है, हर जगह है। लगभग उतनी ही होने को है जितना कि पुरुष सर्वत्र उपलब्ध है। पुरुष जगत में इतनी 'स्त्री' और उसकी 'छवि' के आने से हड़कम्प है। स्त्री की नित नई छवि उसे चिढ़ाती है क्योंकि वह उसके उपमानों, उसके विचारों की कैद से न केवल बाहर निकली जा रही है, बल्कि उसे मुँह भी चिढ़ाती है, मुकाबला भी करती है। समकालीन जगत की समूची सांस्कृतिक बहसों की जड़ में कहीं न कहीं यही कैद से आजाद होती हुई 'स्त्री छवि' ही है।''

यह 'बदलती हुई स्त्री छवि' या बदली गई छवि, सिर्फ सुन्दर, शिक्षित और शहरी स्त्री की छवि ही है, जो मर्दों के मनोरंजन, सौन्दर्य और सेवा उद्योग को चलाने-फैलाने के लिए निर्मित, निर्धारित और नियन्त्रित की जाती रही है। 'नए पूँजीवाद ने स्त्री की गोपनीयता को उघाड़कर बेपर्दा कर दिया है'—छोटे पर्दे से लेकर बड़े पर्दे तक। क्या स्त्री को मर्दवादी 'विचारों की कैद से' मुक्त करने के लिए, 'बेपर्दा' किया (गया) या करना जरूरी था? पितृसत्ता की पूँजी ने स्त्री को ही बेपर्दा क्यों किया...क्यों कर दिया? और सवाल यह भी है कि सुन्दर स्त्री को सिर्फ बाजार में ही बेपर्दा क्यों किया? घर-परिवार में तो उसे आज भी, बुर्के या घूंघट वाली (सीता, सावित्री और 'तुलसी' या 'पार्वती') ही 'आदर्श स्त्री' नजर आती है। फिर भी कहते हो स्त्री की नई ग्लोबल छवि एक समूची सामाजिक-सांस्कृतिक प्रक्रिया का परिणाम है, 'षड्यन्त्र' नहीं। ''बावजूद इसके कि ''स्त्री छवि मूलतः मर्दों की दुनिया द्वारा लगातार गढ़ी गई और बरती गई छवि है और यह धँधा सदियों से जारी है।'' और 'सौन्दर्य' या 'रूप' के तमाम मानक मूलतः मर्दों के लिंगभेदी मानक हैं।' डॉ. पचौरी स्वीकार करते हैं कि ''यदि स्त्रियों को ही अपने सौन्दर्य मानक चुनने का अधिकार हो तो स्त्री छवि सम्भवतः वैसी न

होती, जैसी कि दिखती है।" मगर यह मानने को राजी नहीं कि यह पूँजीवाद या पितृसत्ता (पितृसत्ता के पूँजीवाद का) 'षड़यन्त्र' है। इसे 'षड़यन्त्र' न कहें तो आखिर क्या कहें?

अगर 'स्त्री सौन्दर्य के पारखियों में निर्णायक भूमिका मर्द ही निभाते हैं' और 'प्रसाधन उद्योग के पीछे सक्रिय...उसी मर्दवादी दृष्टि का बोलबाला है जो तय करती है कि स्त्री का चेहरा-मोहरा कैसा हो?' तो यह कैसे और क्यों सम्भव हो सका कि 'स्त्री की नई छवि संस्कृति की तमाम मर्दवादी अवधारणाओं को तोड़-फोड़ रही है।' क्या पूँजीवाद पूर्णतः स्त्रीवादी हो (ता) गया है? मर्दवादी अवधारणाओं को तोड़-मरोड़ कर, पूँजीवादी पितृसत्ता को कब तक बनाए-बचाए रखा जा सकता है, अगर हर जगह निर्णायक मर्द हैं, निर्णायक भूमिका मर्दों की है, तो स्त्री को 'मर्दवादी अवधारणाओं को तोड़ने-फोड़ने की अनुमति या सहमति किसने दे दी? क्यों? मनोरंजन, प्रसाधन, सेवा, छवि, मीडिया और सांस्कृतिक उद्योग की सम्पूर्ण अर्थव्यवस्था किसके नियन्त्रण में है? मर्दों के ही, ना! विज्ञापन, माडलिंग, फैशन, सिनेमा और टी.वी. से लेकर पोर्नोग्राफी व्यवसाय तक में ही तो स्त्री चाहिए। सिर्फ सुन्दर स्त्री। 'कमेरी' स्त्री। आजाद स्त्री। ऐसी सुन्दर और स्वतन्त्र स्त्री जो राष्ट्रीय-बहुराष्ट्रीय निगमों का माल, ब्राण्ड और उपभोक्ता सामग्री बेच सके और मालिकों के लिए ज्यादा से ज्यादा मुनाफा कमा कर दे सके, भले ही इस 'यज्ञ' में उसे चौराहे पर निर्वस्त्र होना पड़े। क्योंकि यही नग्न या अर्धनग्न स्त्री छवि, निरोध से लेकर अंर्तवस्त्र तक बेचती (रही) है। 'टफ' 'कोहिनूर' और 'कामसूत्र' के विज्ञापन ही देख लें। डॉ. पचौरी लिखते हैं "स्त्री की नई छवि बनाने वालों ने स्त्री को 'अतिरिक्त मूल्य' पैदा करने वाली बनायी है। उसकी नई छवि धन उपार्जित करती है। वह समूची अर्थव्यवस्था को गति देने वाली है। वह अब एक 'उद्योग' है।...अर्थ क्षेत्र में सक्रिय होने के बाद स्त्री के अर्थ बदल जाते हैं, उसकी सत्ता बदल जाती है। यही हो रहा है।" यह सही है कि घरेलू श्रम का कोई 'अतिरिक्त मूल्य' ही नहीं माना (मार्क्स) गया। लेकिन यह कहना कि 'स्त्री की नई छवि बनाने वालों ने स्त्री को 'अतिरिक्त मूल्य' पैदा करने वाली बनायी है' बेहद भ्रामक है।

हम सब जानते हैं कि 'अतिरिक्त मूल्य' यानी 'सरप्लस बैल्यू' सिर्फ श्रम (लेबर) से पैदा होती है और यही 'अतिरिक्त मूल्य' पूँजी का निर्माण करता है। इसका मतलब स्त्री को 'अतिरिक्त मूल्य' पैदा करने वाली 'श्रमिक' बनाया गया है। श्रमिक। मनोरंजन और सौन्दर्य उद्योग की एक श्रमिक, जिसे सिर्फ मजदूरी, (वो भी पूरी नहीं) मिलती है और मुनाफा मालिकों की तिजोरी में। 'उसकी नई छवि धन उपार्जित करती है' परन्तु मनोरंजन और सौन्दर्य उद्योग के स्वामियों के लिए। "वह अब 'उद्योग' है" मगर किसका? दरअसल वह स्वयं 'उद्योग' नहीं, बल्कि सिर्फ 'श्रमिक' है...श्रमिक। 'अर्थ क्षेत्र में सक्रिय' होने के बाद 'स्त्री के अर्थ' बदल जाते हैं—लेकिन क्या सिर्फ 'स्त्री के अर्थ' ही बदलते हैं? अर्थ के साथ स्थिति (आर्थिक, सामाजिक और राजनीतिक) क्यों नहीं बदल रही? इस 'बदलती हुई स्त्री छवि' से 'आधी दुनिया' को क्या लाभ

मिल रहा है या मिल सकता है? शेष-अशेष स्त्रियों के लिए तो, इस नई स्त्री छवि की वजह से ही 'संकट' बढ़ते जा रहे हैं। यौन हिंसा और स्त्री उत्पीड़न के भयावह आँकड़ों के पीछे, स्त्री देह की इन नग्न-अर्धनग्न स्त्री छवियों की महत्त्वपूर्ण भूमिका होने से भी तो इन्कार नहीं किया जा सकता। विश्वभर में औरतों के विरुद्ध यौन हिंसा, लैंगिक भेदभाव और असमानता बढ़ाने में इस (पोर्नोग्राफिक) स्त्री छवि का, सबसे बड़ा योगदान रहा है...रहेगा। जो मीडिया 'नई स्त्री छवि' बना रहा है, वही उसे 'खतरनाक औरत सेक्सी औरत और 'खराब या गन्दी लड़कियाँ' भी कह रहा है। लगातार कह रहा है। प्रिन्ट मीडिया से इलेक्ट्रानिक मीडिया तक, बार-बार सिद्ध कर रहा है। क्योंकि?....

दरअसल दुनिया भर का सौन्दर्य उद्योग, स्त्रियों को सुन्दर बनाने में लगा है और मनोरंजन उद्योग 'सेक्सी'। दूसरे शब्दों में 'बोल्ड एण्ड ब्यूटीफुल'। यही 'बोल्ड एण्ड ब्यूटीफुल' विश्व-ब्रह्माण्ड सुन्दरियाँ (सेलीब्रिटी) साबुन से लेकर, ब्रा-पैन्टी और परफ्यूम तक खरीद-बेच रही हैं। मर्द मॉडल भी कार, पेय पदार्थ, घड़ियाँ वगैरह के विज्ञापनों में नजर आते हैं। लेकिन अधिकांश उपभोक्ता सामग्रियों के विज्ञापनों में 'स्त्री देह की छवि' (नग्न, अर्धनग्न, कामुक और उत्तेजक) ही दिखाई पड़ती है। ''भाड़ में गए 'अश्लीलता' सम्बन्धी कानूनी प्रावधान।'' यह पूँजीवादी बाजार का 'षड़यन्त्र' नहीं, बल्कि अनिवार्य रूप से जरूरत या मजबूरी है! इस 'जोखिम भरे' काम के लिए, सुन्दरियों की सहमति, और सहमति के लिए सम्मान (धन, यश, ग्लैमर, पुरस्कार और प्रतिष्ठा) भी देना ही पड़ेगा। कितना मोहक जाल है!

जाहिर है कि, सुन्दर स्त्री पूँजी की बाजारू चकाचौंध में अपने लिए बन रही, ऐसे आकर्षक और 'ग्लैमरस स्पेस' को पाने का यथासम्भव प्रयास करेगी। कर रही है। वह अपनी देह की पूँजी को, पूँजी बाजार में निवेश कर दरअसल अपने होने का अर्थ भी तलाश-तराश रही होती है, बावजूद तमाम दबावों-तनावों के। उसके दिमाग में बहुत-बहुत साफ (सपना) है कि वह ऐसा करते हुए अपनी देह नहीं सिर्फ देह की छवि को ही दाव पर लगा रही है। हालाँकि इस प्रक्रिया में उसे बहुत से, जाने-अनजाने खतरों से भी 'खेलना' पड़ता (रहता) है।

एक वयोवृद्ध सम्पादक ने ऐसी स्त्रियों के बारे में लिखा है ''उसे भी सत्ता में हिस्सा चाहिए था। और उसके पास हथियार के रूप में सिर्फ उसकी देह थी। चूँकि देह उसकी थी, इसलिए वह उसका इस्तेमाल करने के लिए स्वतन्त्र थी—वह फिल्मों में, राजनीति में, उद्योग में, सौन्दर्य प्रतियोगिता में देह की कीमत वसूल रही थी—वह पुरुषों के खेल में अपनी राजी से शामिल हो गई थी और उनके नियमों के हिसाब से खेल रही थी।''

क्या सत्ता (अर्थसत्ता या राजसत्ता) में हिस्सा पाने के लिए, वह अपनी 'देह' का 'इस्तेमाल', 'हथियार' के रूप में कर रही थी (है) या 'अधिकार' के रूप में? अगर

'देह उसकी थी' और 'वह उसका इस्तेमाल करने के लिए स्वतन्त्र थी' (है), तो वह अपने 'अधिकार' का इस्तेमाल कर रही है, न कि 'हथियार' के रूप में अपनी देह का। वह अपनी 'देह की कीमत वसूल' नहीं कर रही, बल्कि सिर्फ 'देह की छवि' ही बेच रही है—निर्धारित मजदूरी के बदले गें। इस खेल में शामिल होना उसकी 'सहमति' नहीं, बल्कि विवशता है या विकल्पहीनता। और हाँ। शुरू में वह 'उनके नियमों के हिसाब' से खेलती हो, मगर बाद में खुद अपने नियम भी बनाती-बदलती रहती है। फिल्म 'हम आपके हैं सनम' में रोल कर रही नायिका शिवानन्द साक्षी ने एक साक्षात्कार में कहा 'इस फिल्म से जुड़े लोग हमारे सामने घटिया प्रस्ताव रख रहे थे। मैं फिल्म पाने के लिए, किसी के बिस्तर पर नहीं बिछ सकती।' स्त्रियाँ अब आपके 'बेडरूम' से होकर नहीं, बल्कि सीधे 'बोर्डरूम' जाने का निर्णय भी ले रही हैं। बहुत बुरा लग रहा है ना!

पोर्नोग्राफी : स्त्री, यौनहिंसा और आनन्दबाजार

देश की राजधानी दिल्ली-नई दिल्ली में प्रायः रोज अखबारों में खबरें होती हैं—दो साल की बच्ची से लेकर, साठ साल की वृद्धा तक से बलात्कार की भयावह दुर्घटनाएँ। हिंसा और यौनहिंसा की बढ़ती वारदातों से देश भर की औरतें दहशत और आतंक में साँस ले रही हैं, पिता ने बेटी को अपनी 'हवस का शिकार' बनाया, युवक ने युवती की 'इज्जत लूटी', ड्राइवर ने वृद्धा से 'मुँह काला किया', नौकर ने बालिका से 'दुष्कर्म' किया, छात्राओं से 'छेड़छाड़', नौकरी का झाँसा देकर युवती से बलात्कार—'अपराधी फरार' कानून और न्याय व्यवस्था 'लाचार' पुलिस 'बेकार', दलित महिलाओं से बलात्कार के मामले में उत्तर प्रदेश सबसे आगे तो आदिवासी स्त्रियों से बलात्कार में मध्यप्रदेश, राजधानी महिलाओं के लिए सबसे ज्यादा असुरक्षित, 96 प्रतिशत अपराधी बाइज्जत रिहा या 'सन्देह का लाभ' पाकर मुक्त, 'दिल्ली बनी ब्लू फिल्मों की सी डी की मण्डी', 'फ्रैंडशिप क्लब की आड़ में वेश्यावृत्ति' और 'नहा रही छात्रा को 'निहार' रहा था—गिरफ्तार', ब्रेक में विश्व और ब्रह्माण्ड सुन्दरियाँ साबुन से लेकर निरोध तक बेचने में अस्त-व्यस्त हैं, कानून की भाषा में विज्ञापन अश्लील है या नहीं मगर बाजार की भाषा में ऐसे ही विज्ञापनों से माल बिकता है हजारों-हजार बिक रहा है।

छोटे पर्दे से लेकर बड़े पर्दे तक, औरतें बेपर्दा हो गई हैं या कर दी गई हैं, पोर्नोग्राफी की खुली छूट की माँग करने वाले फिल्म निर्माताओं और निदेशकों या समर्थकों के तर्क हैं कि मर्द ऐसी फिल्मों को बेहद पसन्द करते हैं, इसलिए यह सबसे अधिक लाभ कमाने का उद्योग है, यह हजारों-सुन्दर स्त्रियों को रोजगार देता है और कुछ विश्वसुन्दरियों को बेहद ग्लैमर भरा जीवन जहाँ यश, धन, सम्मान, सफलता, सुख और समृद्धि क्या नहीं है? मर्दों के मनोरंजन का इससे बेहतर कोई साधन नहीं, तभी तो ऐसी फिल्में और पत्र-पत्रिकाएँ विश्वभर में करोड़ों डॉलर-पौण्ड हर साल कमा रही

हैं। भारत में भी ऐसी छूट हो जाए तो पोर्नोग्राफिक फिल्म बनाने के सपने देखने वाले महान निदेशकों-निर्माताओं की विजय और आनन्द का अनुमान लगाना मुश्किल नहीं, आखिरकार ऐसी फिल्मों में स्त्री देह की सिर्फ छवि ही तो होती-दिखती है। क्या फैंटेसी और यथार्थ में हमें कोई अन्तर ही दिखाई नहीं देता? अगर इसी तरह सेंसर करना है तो अभिव्यक्ति की स्वतन्त्रता और प्रेस की आजादी का क्या अर्थ (फायदा) है? पोर्नोग्राफी का विरोध करने वाले तथाकथित बुद्धिजीवी दरअसल अभी भी धार्मिक उन्मादी, कट्टरवादी, परम्परावादी और सामन्ती मानसिकता के शिकार हैं। नैतिकता-मर्यादा और शालीनता के 'मुखौटे' हैं। आर्थिक उदारीकरण और भूमण्डलीकरण के इस दौर में भी पोर्नोग्राफी की छूट नहीं मिलेगी तो राष्ट्र की आर्थिक प्रगति असम्भव है। 'बुर्कों की वापसी' नहीं हो सकती। औरतों को घर में कैद करके कब तक रखा जा सकता है?

सेंसरशिप, पोर्नोग्राफी और स्त्री के विरुद्ध हिंसा (यौन हिंसा) तथा स्त्री की स्वतन्त्रता-समानता के सवालों पर लम्बे समय से बहस जारी है। ब्रिटेन-अमेरिका व अन्य देशों में चलता है कि पोर्नोग्राफी उद्योग ने तीसरी दुनिया की स्त्रियों और अबोध बच्चियों के साथ कैसे-कैसे अमानवीय अत्याचार, उत्पीड़न, दमन और हिंसक कुकृत्य करके अरबों-खरबों डॉलर-पौण्ड का अन्तरराष्ट्रीय 'मनोरंजन उद्योग' फैलाया है। पिछले तीस सालों में हुए शोध, सर्वेक्षणों और अध्ययनों से साफ है कि जैसे-जैसे समाज में पोर्नोग्राफी, अश्लील साहित्य, फिल्म-पत्र-पत्रिकाओं की बढ़ोतरी हुई है, वैसे-वैसे स्त्रियों और नाबालिग अबोध-निर्दोष बच्चियों के विरुद्ध यौनहिंसा के आँकड़ों का ग्राफ भी बढ़ता गया है। निस्सन्देह विश्वभर में औरतों के विरुद्ध यौनहिंसा, लैंगिक भेदभाव और असमानता बढ़ाने में पोर्नोग्राफी का सबसे महत्त्वपूर्ण योगदान रहा है...रहेगा।

'डीपथ्रोट' से लेकर 'शो गर्ल्स' और 'प्लेब्वाय' से लेकर 'पैन्ट हाऊस' तक के पोर्नोग्राफी उद्योग का इतिहास गवाह है कि इसके कितने हिंसक और भयावह परिणाम 'आधी दुनिया' को भुगतने पड़े हैं। अभिव्यक्ति की आजादी के नाम पर 'आधी दुनिया' को देह के दोराहे पर सिर्फ सेक्स, वस्तु, गोश्त, जानवर और मर्दों के मनोरंजन का साधन बनाने का यह एक ऐसा षड़यन्त्र है, जो पूँजी कमाने का सबसे आसान और 'शर्तिया इलाज' (रास्ता) नजर आता है लेकिन समय रहते अगर इसे नहीं रोका गया तो निश्चित रूप से अन्ततः इसके नतीजे विस्फोटक सिद्ध होंगे। अभी तो हम सिर्फ 'ट्रेलर' देख रहे हैं। सेक्स और हिंसा से भरी जादुई फिल्मी नगरी खुद बारूद के ऐसे विनाशकारी ढेर पर फल-फूल रही है जो कभी भी ज्वालामुखी की तरह फट सकता है।

सुसन ब्राऊन मिलर के शब्दों में ''नग्न साहित्य बलात्कार की तरह पुरुषों की खोज है, स्त्री को अमानवीय बनाने के उद्देश्य से स्त्री को यौन-वस्तु में बदलने के लिए, कि उसकी उत्तेजना और सम्वेदना को नैतिक मूल्यों से मुक्त करने के लिए।

ऐसे साहित्य में हमेशा स्त्री की नग्न छाती और प्रजनन अंगों को ही दिखाया जाता हैं, क्योंकि नग्न शरीर उसकी शर्म है। स्त्री के गुप्त अंगों को मर्द अपनी व्यक्तिगत सम्पदा मानता है। जबकि अपने अंगों को प्राचीन, धार्मिक, व्यापक, पितृसत्ता के प्रतीक जो स्त्री पर जबरन राज करता है। अश्लील साहित्य विशुद्ध रूप से नारी-विरोधी प्रचार है।''

पोर्नोग्राफी के प्रचार-प्रसार के साथ-साथ भारतीय समाज में औरतों के प्रति यौन हिंसा निरन्तर बढ़ रही है। पिछले कुछ सालों में बच्चियों से बलात्कार के मामलों में हुई आश्चर्यजनक वृद्धि किस ओर संकेत करती है? अजमेर, चण्डीगढ़, जलगाँव और दिल्ली में युवा स्त्रियों की उत्तेजक छवि को कैमरे में कैद करके निरन्तर शोषण, यौन उत्पीड़न और ब्लैकमेल के जो काण्ड सामने आए हैं वे सचमुच भयावह हैं। इसके पीछे 'संतरीसे लेकर मन्त्री तक' की साठगाँठ-क्या किसी से छुपी रह गई है? 'मथुरा' से 'भंवरी' तक के बलात्कारों में पुलिस अफसर से लेकर समाज के सवर्ण वर्ग के सम्मानित, प्रतिष्ठित और भद्र पुरुष तक शामिल हैं।

समाज, सिनेमा से साहित्य तक में युवा स्त्रियों ही नहीं, बल्कि दूधपीती बच्चियों तक से बलात्कार और हत्या की खौफनाक कहानियाँ भरी पड़ी हैं। यहाँ बलात्कार की शिकार स्त्री के पास 'शर्म से डूब मरने' के अलावा और कोई रास्ता नहीं। आत्महत्या नहीं तो कम से कम आत्महत्या का प्रयास तो करेगी ही। नायक बचाने आएगा और खलनायक हर बार चोर दरवाजे से भाग जाएगा। निदेशक-निर्माता सिद्धान्त गढ़ेंगे ''दुनिया की हर खूबसूरत लड़की चाहती है कि उसके साथ रेप हो...रेप का आधा मजा तो वह लोगों की भूखी निगाहों और तारीफ के फिकरों में लेती ही है। डरती वह उस घटना से नहीं है, बल्कि उसके तो सपने देखती है। वह डरती है उस घटना को दूर खड़े होकर देखने वालों की आँखों से, तमाशबीनों से।'' क्या 'जख़्मी औरत' से लेकर 'बैडिंग क्वीन' तक की बलात्कृत स्त्री 'रेप' के सपने देखती है? 'एक्यूज्ड' से 'लोलिता' तक की नायिका 'रेप' होना चाहती है? 'रति' से 'अल्मा' तक की महिलाएँ क्या रेप के मजे लेती हैं? लगता है पोर्नोग्राफिक फिल्मी संसार में रहते-रहते ऐसे मर्द बौद्धिकों के दिमाग भी पूरी तरह कुण्ठित, विक्षिप्त, बीमार और विकृत हो गए हैं। सभ्यता और संस्कृति के प्राचीन खण्डहरों में, पितृसत्ता के प्रेत अभी तक मँडरा रहे हैं।

ऐसे निराशाजनक समय में सचमुच लगता है कि हर स्त्री को अपनी आत्म-रक्षा में खुद ही हथियार बनाने-उठाने पड़ेंगे। अपने बचाव में की गई हत्या भी कोई अपराध नहीं है। असली सवाल स्त्री की अस्मत का नहीं, अस्मिता का है। इस विकल्प या अन्तिम उपाय की सीमाएँ हो सकती हैं। लेकिन और रास्ता भी क्या है? सम्बन्धों की किसी भी तो छत के नीचे, 'स्त्री देह' (बच्ची से बूढ़ी तक) सुरक्षित नहीं रह गई। असुरक्षा का आतंक घर-बाहर, हर जगह, गोश्त के लिए गश्त लगा रहा है। अयोध्या से गुजरात तक।

शालीनता के स्वेटर जल रहे हैं

अखबारों में चित्र सहित एक खबर प्रकाशित की गई 'परफ्यूम के लिए निर्वस्त्र हुई सोफी ने पहना स्वेटर।' शीर्षक ही समझा देता है कि स्वेटर के विज्ञापन वाली यह मॉडल, कभी परफ्यूम के विज्ञापन के लिए 'निर्वस्त्र हुई' थी। ब्रितानी मॉडल सोफी डॉल द्वारा परफ्यूम 'ओपियम' के लिया गया विज्ञापन (निर्वस्त्र होकर), पिछले पाँच-छह साल का सर्वाधिक विवादास्पद विज्ञापन माना गया था। अब गोल्फ प्रेमियों की पहली पसन्द वाले प्रिंगल ब्राण्ड के स्वेटरों के विज्ञापनों में, सोफी ने 'पूरी शालीनता' दिखाई है। पाठक कृपया ध्यान दें। 'शालीनता' दिखाने वाली यही मॉडल, 'परफ्यूम के लिए निर्वस्त्र हुई' थी। सम्भव है पांच-छह साल पहले 'निर्वस्त्र होकर', दुनिया भर में ओपियम' का विज्ञापन करना सोफी की 'आर्थिक विवशता' रही हो। मगर जिस मीडिया ने इस 'निर्वस्त्र' छवि का निर्माण किया था, वही अब उसकी 'शालीनता' से परेशान है। क्योंकि एक बार 'निर्वस्त्र हुई' (की गई) स्त्री फिर से शालीन होने की कोशिश कर रही है। 'निर्वस्त्र' स्त्री छवि क्या हमेशा, 'सोफी' का यूँ ही का पीछा करती रहेगी? 'निर्वस्त्र स्त्री' 'शालीनता के स्वेटर' कैसे पहन सकती है!

कुछ साल पहले एक फैशन द्विमासिक पत्रिका ने 'मैन हंट स्पेशल' निकाला था, जिसमें दुनिया की सबसे ज्यादा सेक्सी, पैंतीस औरतों के रंगीन चित्र और संक्षिप्त जीवन चरित छपे थे। इन स्त्रियों की लिस्ट में राजकुमारी डायना, टेनिस खिलाड़ी सी. एवर्ट, सुपरमॉडल नाओमी केंम्पबैल और शैरोन स्टोन से लेकर पोर्नोग्राफिक फिल्मों की नायिका टैबाथा कैश तक शामिल थीं। किसी को 'बॉडी' या 'फोक्स' और किसी को 'पोर्न स्टार' कहा गया था। एक मॉडल बार्डोट के फोटो के नीचे लिखा था 'सेक्स किटेन'। इनके सर्वाधिक उत्तेजना के क्षणों में परफ्यूम 'आब्सेशन' के विज्ञापन के लिए बिस्तर पर निर्वस्त्र पड़े रहना या समुद्र तट पर निर्वस्त्र घूमना बताया गया था।

विज्ञापनों ही नहीं बल्कि समाचारों-विचारों-शीर्षकों और तस्वीरों के प्रकाशन तक में स्त्री के प्रति अंवाछित और लिंगभेदी भाषा का प्रयोग किया जाता है। कुछ अखबारों में तो प्रायः रोज नग्न-अर्धनग्न (फैशल मॉडलों, फिल्मी अभिनेत्रियों, नायिकाओं, सुन्दिरियों या खिलाड़ियों के) रंगीन फोटो, अनिवार्य रूप से प्रकाशित किए जाते हैं। कुछ के शीर्षक और विवरण की भाषा पढ़ते हुए ही लगता है कि यह किसी विक्षिप्त मनोरोगी या कामांक्षाओं से पीड़ित पुरुष के दिमाग या दृष्टि का परिणाम है। स्पष्ट है कि इस आयोजन में ब्यूरोचीफ से सम्पादक और समाचार पत्र के स्वामियों तक की मौन अनुमति-सहमति शामिल रहती है।

एक मॉडल (अनाम) के फोटो का शीर्षक है 'रूप का जादू' और नीचे लिखा है "रंग-बिरंगी रोशनियों के इन्द्रधनुष की छाँह में अपने रूप और काया का जलवा बिखेरती मॉडल—लोग उसके रूप और अदा के जादू में बँधे मुग्ध भाव में।" रूप के जादू में 'रूप और काया का जलवा' ही नहीं, 'रूप और अदा' का जादू भी जोड़ा

गया है। रूप, काया और अदा के जलवे या जादू से दर्शक हों-न हों, मगर शीर्षक-विवरण रचने-रचाने वाला पुरुष...'मन्त्रमुग्ध' अवश्य हो गया लगता है। यह भाषा अपनी संरचना में भी उतनी ही आपत्तिजनक जान पड़ती है, जितनी मानसिक मंशा और प्रभाव में है। यह स्त्री मॉडल को मात्र एक सुन्दर शरीर और कमनीय उपभोग की वस्तु मानने-समझने-देखने और वैसे ही रूप में बदलने की भाषा भी है। आम पाठक के दिलो दिमाग पर 'रूप का जादू' क्या असर करेगा, इसका अनुमान लगाया जा सकता है।

दूसरे फोटो में फिल्म 'शिकागो' की नायिका रेने जेलबैगर है, जिसने फिल्म में 'कोरसगर्ल' की भूमिका निभाई है। इसका शीर्षक दिया गया है। **'बिजली गिराने मैं हूँ आई!'** और नीचे छपा है 'फिल्म के एक दृश्य में रेने की **महमोहक अदा** पर झूमते दर्शक।' यहाँ 'अदा', बढ़कर 'मनमोहक अदा' में परिवर्तित हो गई है और 'रूप का जादू' दर्शकों-पाठकों पर 'बिजली गिराने' लगा है। दर्शक 'झूम' रहे हैं और पाठक 'घूम' रहे हैं। 'कोरसगर्ल' को देखते ही एक 'डेंजरस गर्ल' या 'बैड गर्ल' घोषित कर दिया-पुरुष (पत्रकार-पाठक) ने। 'बुरी लड़की' के बारे में, बुरा सोचने का नैतिक बंधन अपने आप खत्म हो गया या हो जाएगा धीरे-धीरे। घर की बहू-बेटियाँ, ऐसी स्त्री को स्वयं ही बुरा कहेंगी, क्योंकि इसे बुरा कहेंगी तभी तो खुद, अच्छी कही-मानी-समझी जाएँगी।

इसी क्रम में अनेक शीर्षक हैं 'तिरछी निगाहें', 'परी हूँ मैं...', 'परी कहूँ या जलपरी', 'सतरंगी परियों का जमघट', 'फुर्सत में बनाया होगा...' और 'उफ! ये कातिल अदा...।' यानी 'अदा' से 'कातिल अदा' तक—सुन्दरियों का शिकार करते शीर्षक हैं। फैशन मॉडल या फिल्मी नायिकाओं के चित्रों पर ही नहीं, बल्कि 'यूथ फेस्टिवल' में गिद्दा प्रस्तुत करने आई छात्राओं के फोटो तक पर शीर्षक वैसा ही है—'ये मनमोहक अदाएँ...।' यही नहीं, प्रायः स्त्री खिलाड़ियों (विशेषकर टेनिस) के उन्हीं फोटो का, प्रकाशन के लिए चयन किया जाता है, जिसमें कपड़े अस्त-व्यस्त हों। यह कैसी छवि बना रहा है मीडिया? क्यों?

पत्र-पत्रिकाओं का कहना है कि जब फिल्मों में ''पारम्परिक घिसी-पिटी कहानियों को छोड़कर एक दम नए और बोल्ड विषयों को चुना जा रहा है'' तो हम कैसे पीछे रह सकते हैं? 'ये क्या हो रहा है' में चार लड़के वीडियो पर एक 'ब्लू फिल्म' का आनन्द लेते हुए दिखाए गए हैं, तो 'लीला' में छात्र-नायक अपने सहपाठियों से यह शर्त लगाता हुआ कि वह एक दिन प्रोफेसर-नायिका को अपने बिस्तर पर ले जाएगा और अन्ततः ले भी जाता है। 'एक छोटी सी लव स्टोरी' की नायिका 14 वर्षीय बालक को यौन शिक्षा-दीक्षा देती हैं और 'संसार' में बौद्ध भिक्षु यौन तनावों से परेशान मठ छोड़कर 'जिस्म' की तलाश में निकल पड़ता है। 'फायर' और 'घाव' समलैंगिकता की समस्या के बहाने, सेक्स के वर्जित क्षेत्र से परिचय कराने का साहस दिखा रही हैं,

तो 'स्टाइल' से लेकर 'बिग सिटी ब्लूज' तक के युवक-युवतियाँ ब्रह्मचर्य से मुक्ति की तलाश में हैं। ये फिल्में सिर्फ उदाहरण के लिए। मार्निंग शो में दिखाई जाने वाली वयस्क फिल्मों की लिस्ट गिनाने से कोई लाभ नहीं और यह बताने की भी जरूरत नहीं कि इनके अधिकांश दर्शक किशोर (स्कूली या बेरोजगार) होते हैं।

सिनेमा से समाचारों तक में स्त्री के सेक्सीकरण से किशोरों में सेक्स के प्रति आकर्षण भी बढ़ रहा है और आपराधिक प्रवृतियाँ भी। चालीस प्रतिशत किशोर अपराधी यौन अपराधों के दोषी हैं। भाई-बहन द्वारा माँ की हत्या, तीन स्कूली छात्रों द्वारा छात्रा की हत्या और लाश को पेट्रोल छिड़क कर जलाना, दिल्ली विश्वविद्यालय में सरेआम छात्रा से बलात्कार, और मौलाना आजाद मेडिकल कॉलेज की छात्रा से किशोरों द्वारा बलात्कार क्या इन बदलती 'बोल्ड' फिल्मों और यौन छवियों का दुष्परिणाम नहीं? नवधनाढ्य वर्ग के छात्रों के पास जब से कार, मोटर साइकिल, मोबाइल आए हैं, तब से यौन अपराध करने की सुविधाएँ और स्थान की उपलब्धियाँ भी बढ़ गई हैं। साधनों और संपर्कों के दम पर इतराते, इन लाडले 'शहजादों' का कहना-मानना यह भी है कि कोई उनका क्या बिगाड़ सकता है? बाप के पास बहुत पैसा है और पहुँच भी। बहुत हुआ तो कानून-पुलिस-अदालत 'कुछ दिन के लिए सुधार गृह भेज देगी'। आज नहीं तो कल जमानत पर रिहा हो जाएँगे। चलो 'मौज मस्ती' करते हैं। वो देखो 'रूप का जादू'...हाय सेक्सी! ये बिजली कहाँ गिरेगी आज! बाजार में यहाँ से वहाँ तक...युवा सपनों के भविष्य में हिंसक घोड़े हिनहिना रहे हैं।

देह मुक्ति, मीडिया और मुक्त स्त्री की छद्म छवि

भारतीय महिला की यौन इच्छाओं, विकल्पों, सम्बन्धों, प्रवृत्तियों और व्यवहार का विस्तृत सर्वेक्षण आवरण कथा, 'काम की कहानी' शीर्षक से इण्डिया टुडे (15 सितम्बर, 2003) में प्रकाशित हुआ। भारतीय नारी की अन्तरंग इच्छाओं की थाह का 'विशेष सर्वेक्षण' है 'सेक्स और भारतीय नारी' (पृष्ठ 32-57) जिसमें बताया गया है '64 प्रतिशत भारतीय महिलाएँ विवाह से पहले सेक्स को ठीक नहीं मानती हैं' लेकिन सिर्फ '41 प्रतिशत महिलाओं का सेक्स जीवन सन्तुष्ट है और 21 प्रतिशत इसे रोमांचक पाती हैं', हालाँकि 64 प्रतिशत महिलाएँ विवाह से पहले सेक्स को ठीक नहीं मानती मगर '84 प्रतिशत महिलाओं ने सहवास का अनुभव शादी के बाद लिया', मतलब सिर्फ, 16 प्रतिशत महिलाओं' ने विवाहपूर्व सेक्स को सही नहीं माना। जबकि इसी विशेष सेक्स सर्वेक्षण के अनुसार सिर्फ पाँच प्रतिशत औरतें 'सेक्स सम्बन्धी बातें' अपने 'पुरुष मित्रों से' करती हैं और केवल '40 प्रतिशत अविवाहित महिलाओं को अश्लील फिल्म देखने में कोई आपत्ति नहीं है', दूसरे शब्दों में 60 प्रतिशत महिलाओं को तो 'सेक्सी फिल्में' तक देखने में एतराज है। कुल मिलाकर 22 पृष्ठों की 'कवर स्टोरी' में 'ज़िस्म का जलवा' ही जलवा (या सेक्सी हलवा) बिखरा पड़ा है। इससे पहले भी पत्रिका अनेक

'सेक्स विशेषांक' प्रकाशित करके, पत्रकारिता में अपने 'सर्वश्रेष्ठ' होने के समुचित प्रबन्ध (प्रमाण सहित) कर चुकी है।

खैर...इसके ठीक अगले हफ्ते ही (22 सितम्बर, 2003) हिन्दी के 'आउटलुक' की 'आवरण कथा' (हिन्दी लेखन विशेषांक) है 'औरत-मर्द के रिश्ते' जिसमें 'प्रख्यात लेखकों की आठ कहानियाँ, दो उपन्यास अंश, कविताएँ, विचारोत्तेजक इन्टरव्यू, दिल-दिमाग छूने वाले संस्मरण और पैने आलेख' भी शामिल हैं। आवरण पर प्रकाशित छाया चित्र में एक स्त्री, किसी पुरुष से (या दोनों एक दूसरे से) छेड़छाड़ कर रहे हैं। दोनों के पाँव, एक दूसरे को 'छूने' की प्रक्रिया में व्यस्त (मस्त) हैं। आवरण कथा 'लव वब सेक्स-वेक्स हमारे यहाँ नहीं चलता जी' (मनोहर श्याम जोशी) का सार संक्षेप यह है कि "हिन्दी समाज और साहित्य, दोनों अर्धसामन्ती दृष्टि और अति नैतिकता के मारे हुए हैं।" अपने 'बेबाक' साक्षात्कार में राजेन्द्र यादव का कहना है "स्त्री की मुक्ति देह से ही प्रारम्भ होगी। स्त्री-मुक्ति का पहला चरण देह-मुक्ति है।" लेकिन इस सन्दर्भ में अन्तिम 'टिप्पणी' में नामवर सिंह का मानना है कि मीडिया में मुक्त स्त्री, छद्म छवि प्रस्तुत की जा रही है।

राजेन्द्र यादव के अनुसार "स्त्री हमारे लिए आज भी देह पहले है, कुछ और बाद में। हम उसके शरीर के आधार पर उसका पहला मूल्यांकन करते हैं। उसके अंगों के लिए अपमानजनक शब्दों का इस्तेमाल करते हैं। संस्कृत शब्दावली देखें : पीन पयोधरा, बिंबाधरी, क्षीण-कटि, बिल्वस्तनी, सुभगा, भगवती आदि-आदि।" (पृ. 50) मनोहर श्याम जोशी का तर्क (प्रमाण सहित) है "हिन्दी के मठाधीश लेखक तो स्त्री के सन्दर्भ में कुल मिलाकर वही 'संरक्षक' दृष्टि रखते हैं, जो हिन्दी समाज के तमाम अन्य अर्द्धसामन्ती नेतागण...राजेन्द्र यादव आज भी यह जरूरी समझते हैं कि लेखक-नायक द्वारा किसी और नगर से मिलने आई प्रशंसिका को शराब पिलाकर पटाने की कहानी ('हासिल') के अन्त में यह दर्शाएँ कि जब वह हमबिस्तर होने को राजी हो गई (और नायक खल्लास) तब लेखक-नायक को सहसा अपनी बेटी याद आ गई।" (पृ. 25)

'होना/सोना एक खूबसूरत दुश्मन के साथ' नायक अपने विवादास्पद ('बदनाम' 'अशालीन') लेख के बारे में स्पष्टीकरण देते हुए, राजेन्द्र यादव उपरोक्त साक्षात्कार में कहते (स्वीकारते) हैं "जब तक वह (स्त्री) मेरी सम्पत्ति है, तभी तक वह मेरी प्रिय है। जैसे ही वह मुझसे स्वतन्त्र होकर खड़ी होती है, वह मेरी सत्ता को चुनौती देती है। मेरी सत्ता से छूटी स्त्री मेरे लिए चुनौती है। दुश्मन है।" (पृ. 50) दरअसल पितृसत्तात्मक समाज में अधिकांश पुरुषों को हर खूबसूरत स्त्री एक 'खूबसूरत दुश्मन' नजर आती है। खूबसूरत स्त्री चूँकि 'दुश्मन' है, इसलिए 'दुश्मन' के साथ 'रेप' (बलात्कार) को अपना परम-धर्म मानते हैं। परन्तु सिद्धान्त (सफाई) यह रचते-गढ़ते हैं कि "दुनिया की हर खूबसूरत लड़की चाहती है कि उसके साथ 'रेप' हो, ताकि हर 'रेप' को 'सहमति से संभोग' में बदला या व्याख्यायित किया जा सके।

खैर...'आदमी की निगाह में औरत' (राजकमल प्रकाशन, 2001) में संकलित उपरोक्त लेख की भूमिका में राजेन्द्र यादव ने लिखा है "महिला विशेषांक (दो खण्डों में) के लिए प्रस्तुत मेरे इस लेख को 'हंस' की शिष्ट और विशिष्ट सम्पादिका (अर्चना वर्मा) ने अस्वीकृत कर दिया। मैं इसे औरताना असहिष्णुता और सम्पादकीय धाँधली मानता हूँ जहाँ दूसरे पक्ष की सच्ची तकलीफ सामने ही न आने दी जाए। अभिव्यक्ति की स्वतन्त्रता के मौलिक अधिकार और लोकतान्त्रिक संविधान की प्रतिज्ञाओं का यह निर्लज्ज हनन है।" (पृष्ठ. 96) स्पष्ट है कि 'दूसरे पक्ष (पुरुष सम्पादक) की सच्ची तकलीफ' है–'होना/सोना एक खूबसूरत दुश्मन के साथ', स्वतन्त्र स्त्री (सम्पादिका) द्वारा, पुरुष सम्पादक की 'सत्ता को चुनौती'। अपना-अपना पक्ष प्रकाशित कर दिया, 'दूसरे पक्ष की सच्ची तकलीफ' सामने ही नहीं आने दे रही। क्या इसी 'औरताना असहिष्णुता और सम्पादकीय धाँधली' से आहत-अपमानित होकर, उन्होंने यह लेख 'वर्तमान साहित्य' में छपवाया था? और बाद में 'अतीत होती सदी और स्त्री का भविष्य' (राजकमल प्रकाशन, 2001) के खुद भी सम्पादक बन गए! पुस्तक के आवरण पृष्ठ तीन पर सिर्फ उनका ही चित्र और जीवन परिचय छपा है, अतिथि संपादक अर्चना वर्मा का क्या हुआ?...कौन अर्चना वर्मा!...

पुस्तक की भूमिका 'स्त्री दर्शन : स्त्री छवि' में उन्होंने लिखा है 'अतीत होती सदी और स्त्री का भविष्य' हंस के जनवरी-फरवरी, मार्च महीने के दो विशेषांक के रूप में प्रकाशित रचनाओं से किया गया चुनाव है। यह आयोजन इतना स्वायत्त था कि सम्पादकों ने स्वयं मेरा लेख 'होना/सोना एक खूबसूरत दुश्मन के साथ' छापने से इन्कार कर दिया। मेरे लाख तर्कों और आग्रहों के बावजूद वह 'हंस' में नहीं ही आया। हारकर उसे अपनी पुस्तक 'आदमी की निगाह में औरत' में देना पड़ा। इसलिए प्रस्तुत संकलन का सारा श्रेय सम्पादकों को ही है। देखो मैं कितना 'प्रजातान्त्रिक' और 'उदार मालिक' ही नहीं, 'महान सम्पादक' भी हूँ!

"हम स्त्री के किसी स्वतन्त्र सोच को बर्दाश्त नहीं कर सकते। स्त्री हमारी कॉलोनी या उपनिवेश है। कॉलोनी को जिस तरह शासित किया है उसी तरह हम स्त्री को शासित करते हैं...." (आउट लुक, पृष्ठ 51) स्वायत्त या स्वतन्त्र स्त्री सम्पादक की इतनी हिम्मत कि 'स्वयं मेरा लेख...छापने से इन्कार कर दिया?' 'स्वयं मेरा' जो पत्रिका का सम्पादक है। मालिक है। 'हमारा' कुछ नहीं होता...सब कुछ मैं हूँ और सारी सम्पत्ति (स्त्री सहित) मेरी है...मेरी, 'मेरी सत्ता से छूटी स्त्री मेरे लिए चुनौती है। दुश्मन है।'

सुविख्यात आलोचक नामवर सिंह को लगता है "कुछ लेखिकाएँ और कवयित्रियाँ स्त्री-अधिकारों को लेकर बहुत उग्र दिखाई देती हैं। उनकी उग्रता से प्रतीत होता है कि वे सभी पुरुषों के खिलाफ हैं। इसका कोई अर्थ नहीं है...स्त्री आज आक्रामक मुद्रा में है...शायद इसलिए उसे अधिक संयमित होने की जरूरत है।" (आउट लुक) स्त्री के लिए 'उग्रता' या 'आक्रामकता' उचित नहीं...उसे 'संयमित' होने-करने की जरूरत

है। समझने-समझाने की जरूरत है कि "फिल्मों और मीडिया में जिस तरह स्त्री को प्रस्तुत किया जा रहा है और मुक्त स्त्री के रूप में उसकी छद्म छवि प्रस्तुत की जा रही है, परिवार इसके खिलाफ है। तथाकथित आधुनिक परिवार भी ऐसा नहीं चाहते। मीडिया का ऐसा प्रयास या साहित्य में इधर जो बोल्डनेस बढ़ी है, यह ग्लैमर से अधिक कुछ नहीं है। अगर यह सही है तो सिर्फ ग्लैमर, समाज और समय का सहारा-कब तक बना रह सकता है? 'आलोचना के नए प्रतिमान' कब और कैसे लिखे जाएँगे? सम्पादकों को अश्लीलतम सामग्री छापने और प्रचार-प्रसार बढ़ाने की रणनीति के बारे में कौन बहला-फुसला कर अपने हित साध रहा है? कैसे? किसलिए और कब तक? आगे आने वाली पीढ़ी आपका दरवाजा खटखटा रही है, कुछ तो बोलो विक्रमादित्य! कुछ तो कहो चाणक्य! 'मौनव्रत' धारण करने से काम नहीं चलेगा।

'स्वाधीनता' (विशेषंक 2000) में प्रकाशित साक्षात्कार 'बाजार, भाग्यवाद और फासीवाद का त्रिभुज' में एक सवाल का उत्तर देते हुए नामवर सिंह कहते हैं "...जैसा धूमिल ने अपनी कविता में कहा था कि हमारे लिए हर आदमी एक जूता है तो बाजार के लिए हर चीज की तरह स्त्री भी माल है। मनुष्य भी माल है। एक जमाने में स्लेव मार्केट हुआ करता था। लोग अच्छा खासा चौड़ा बदन देखकर गुलाम खरीदा करते थे। गुलाम बिकते थे। उसी तरह से औरतों के लिए हमारे यहाँ बहुत पुराना शब्द है 'पण्य श्री' जिसको बाजारू औरत कहते हैं। अब स्थिति यह है कि बुर्जवा समाज के लोग धीरे-धीरे इस तरह से स्त्री को मुक्त करते हैं जैसे माल को मुक्त करते हैं, उसी तरह स्त्री मुक्त हो गई। मुक्त हो गई अर्थात वह घर से किसी तरह बंधी नहीं रही...जैसे जैसे बाजार बढ़ेगा जो शिशु मजदूर है उनका शोषण, स्त्री का शोषण, प्रकृति का शोषण और इन तगाम चीजों के साथ परिवार का विनाश होगा," (पृष्ठ 28-29) बाजार (फिल्मों और मीडिया) के लिए 'स्त्री भी माल है', माल की तरह 'स्त्री मुक्त हो गई' है और मुक्त स्त्री 'घर से किसी तरह बँधी नहीं रही', क्या इसी स्त्री (माल) की मीडिया द्वारा 'मुक्त स्त्री के रूप में उसकी छद्म छवि प्रस्तुत की जा रही है'? अगर यह 'छद्म छवि' है, तो वास्तविक रूप (रूप की छवि) क्या है? कहीं यह मुक्त स्त्री या मुक्ति की मंगलाकांक्षा करती स्त्रियों के संघर्ष से उपजा बैकलैश तो नहीं? हिंसक यौन छवियों का निर्माण, मुक्त स्त्री के प्रति घृणा और गुस्से का प्रमाण भी है और बाजार के लिए बिकाऊ 'सामान' भी।

फैशन के शोरूम और जलेबी दौड़

'काशी का अस्सी' पढ़ने के बाद काशीनाथ सिंह को एक पत्र में मैंने लिखा था–

अन्तर्राष्ट्रीय पूँजी और बाजार के 'शोरूम' में चल रहे 'फैशन शो' को देखते हुए आपने कितनी सही बात लिखी है सुन्दर और स्मार्ट कुँवारी लड़कियों के लिए, जो सोच-सोच कर परेशान हैं–'जिएँ कि मर जाएँ,' यह बताते हुए कि यह 'गुल्ली

डण्डा नहीं, जलेबी दौड़ है' आपने लिखा है–

"हलो! हाय! वाव! हे! मेरी बेटियो, जियो और लाखों बरस जियो। अगर पढ़ते-पढ़ते ऊब गई हो; स्टेनो, प्राइवेट सेक्रेटरी, रिसेप्शनिस्ट, प्रोबेशन अफसर नहीं बनना चाहती, डाक्टर, इंजीनियर, एयर होस्टेस बनना अपने वश में नहीं तो निराश न हो, शहनाज हुसैन से सम्पर्क करो और अपने नगर में-मुहल्ले में ब्यूटी पार्लर खोल लो। या खुद को जरा गौर से देखो–बम्बई, दिल्ली, बंगलौर, हैदराबाद में पैदा न हुई तो क्या हुआ? किस ऐश्वर्या राय, सुष्मिता सेन या लारा दत्ता (प्रियंका, युक्ता, माधुरी) से कम हो तुम? न 'मॉडलिंग' की दुनिया कहीं गई है, न 'फैशन शो' की कोई कभी है, न 'सीरियलों' का टोटा है, न 'म्यूजिक अलबम' की किल्लत है। टी.वी. के चैनल पचासों हैं–अगर वीजे नहीं तो सबको खूबसूरत 'फिगर' और 'क्यूट' चेहरे चाहिए। गौर से देखो अपनी फिगर। किस से कम स्मार्ट और क्यूट हो? कोई कभी रह गई है तो उसे पूरा करने के सारे सामान भरे पड़े हैं बाजार में।" (पृ. 144)

यह पढ़ते हुए मुझे अरुण प्रकाश की कहानी 'अथ मिस टपना कथा' की याद आ रही है, जिसमें काफी संघर्ष के बाद मिस टपना ने "अपना पार्लर 'पर्सनालिटी सेन्टर" के नाम से शुरू किया। वहाँ भविष्य की मिस टपनाओं को प्रशिक्षण दिया जाता है। मोटे पतले हो जाते हैं। तोंद वाले चुस्त हो जाते हैं। नर्मदा ने हाथी छाप जर्दा के लिए मॉडलिंग भी की। तब से वह 'नर्मदा' से 'नैमी' हो गई है। नैमी के सेन्टर की शहर के नौजवानों, नवयुवतियों, अघाए बूढ़ों और घिसे नेताओं के बीच धूम है। हर कोई वहाँ आकर अपना व्यक्तित्व बदलने के लिए लालायित रहता है।" (विषम राग, 2003)

इसी सन्दर्भ में वयोवृद्ध सम्पादक ने अपने सम्पादकीय में लिखा था : "पिछले दो दिनों (6 और 8 जून 1993) से मैं दूरदर्शन पर दो प्रोग्राम देख रहा हूँ : 'फेमिना' पत्रिका द्वारा 'मिस इण्डिया' और जे.के. टायर द्वारा 'मिस यूनिवर्स' का चुनाव। अद्भुत ऐन्द्रजालिक दृश्य, भव्य चकाचौंध वाले सेट्स, रोशनियाँ, जादुई स्टेज-सेटिंग और थोक में सुन्दरियों के झुण्ड, हँसती खिलखिलाती जवानियाँ–फिर एक-एक सुन्दरी का आकार अपने आपको प्रदर्शित करना, घूम-घूमकर आगा-पीछा दिखाना, निर्णायकों द्वारा नम्बर दिए जाना–पहले छह, फिर तीन और अन्त में एक सर्वश्रेष्ठ का चुनाव–यानी कूल्हे, कमर, छातियों, टाँगों और चेहरों का इंचीटेप से नाम-जोख, चलने, खड़े होने और दीखने में उनका आनुपातिक उपयोग....कम्बख्त कौन ठूंठ होगा जो इस दृश्य से अपनी आँखों को सार्थक न करे...सुन्दरी तो तस्वीर में भी शोला होती है, फिर ये तो जीती-जागती देवियाँ थीं–हाँ, जो सचमुच वहाँ बैठे तालियाँ बजा रहे थे, उनकी किस्मत का तो कहना ही क्या? हरामजादे अकेले ही सारे मज़े लूटे ले रहे थे..." (हँस, जुलाई 1993)

'सुन्दरी तो तस्वीर में भी शोला होती है', तभी तो उनके 'कूल्हे, कमर, छातियों और टाँगों' को देखते ही-कब्र में पाँव लटकाए वृद्धों तक की लार टपकने लगती है।

दुनिया भर में 'पार्नो ग्राफिक' पत्र-पत्रिकायें, फिल्म, वीडियो, सी.डी., इन्टरनेट, अलबम, फोन-सेक्स, फ्रेंडशिप क्लब और टी.वी. चैनल, इसी बलबूते पर तो अरबों-खरबों डॉलर, पौण्ड और रुपए कमा रहे हैं। इस प्रक्रिया में लाखों स्त्रियाँ, युवतियाँ और अबोध बच्चियाँ यौन हिंसा की शिकार होती रही हैं। हो रही हैं। सम्पादकीय-पाठकीय प्रतिक्रियाओं से लेकर सामूहिक बलात्कार तक। 'पोर्नोग्राफी' के विरुद्ध विरोध के नाम पर भी, वही नग्न-अर्धनग्न स्त्री छवियाँ छापने (और नोट कमाने) का नाटक-नौटंकी की जाती (रही) है, मर्दों के द्वारा, मर्दों के मनोरंजन में स्त्रियों का, स्त्री देह का ऐसा घिनौना, अपमानजनक और हिंसक व्यवसाय, सचमुच पितृसत्ता की पूँजी का (पूँजीवाद के हित में) भयंकर दुरुपयोग ही कहा जाएगा, भले ही इसका 'प्रोपेगंडा' मन्त्री इसे स्त्री की सम्पूर्ण सहमति से, सार्वजनिक हित का उपक्रम माने या प्रचारित करता रहे। कोई और सम्मानजनक विकल्प न होने के कारण, फिलहाल औरतों का यह तर्क भी सही है कि हम अपनी देह नहीं, सिर्फ देह की छवि बेच रही हैं। पूँजी के नाम पर, हमारे पास सिर्फ अपनी देह ही तो है! हम क्या करें? कहाँ जाएँ? भीख माँगने से वेश्यावृत्ति बेहतर है और वेश्यावृत्ति से बेहतर है देह की छवि (कामोत्तेजक, नग्न और बिकाऊ) बेचना। विश्व बाजार में पूँजी का खेल, पूँजी से ही खेलना पड़ेगा। आज आपकी शर्तों पर खेल रही हैं, तो कल अपनी शर्तों पर भी खेलेंगी। चित्रपट पर नंगी स्त्री देखते-देखते, आपके लाडले पागल हो जाएँगे और हम सबकी पहुँच से परे। तब क्या करोगे?

सुनी नहीं, 'ख्वाहिश' की नायिका मल्लिका सहरावत की मनोकामना है ''अगर फिल्म में मेरी भूमिका सशक्त है और अंग प्रदर्शन की माँग है तो मैं बेहिचक अंग-प्रदर्शन करूँगी, मैं यहाँ सती-सावित्री बनने नहीं आई।'' इसी का परिणाम है फिल्म 'जिस्म', 'ख्वाहिश', 'हवस', 'हुस्न', 'हवा', बूम और उण्स'।

मुझे लगता है कि यह मर्दों के मनोरंजन व्यवसाय में स्त्रियों (विशेषकर सुन्दर, स्मार्ट, सेक्सी, बोल्ड, क्यूट...) के उपयोग, दुरुपयोग और उपभोग का ऐसा मोहक और आकर्षक जाल-जंजाल है, जिसमें चमकते पैसे, पुरस्कार, यश, मान, सम्मान, प्रतिष्ठा, ग्लैमर, पहचान और महानता के चक्कर में शिकार, निर्माता-निर्देशक के इशारों पर नाचने लगता (लगती) है। विश्व सुन्दरी या ब्रह्माण्ड सुन्दरी बनने के सपने बुनती हजारों-लाखों नवयुवतियाँ, पितृसत्ता के अन्तर्राष्ट्रीय चक्रव्यूह में फँसी हैं। हर साल सिर्फ एक सुन्दरी को चुना जाना है—बहुराष्ट्रीय कम्पनियों के सौन्दर्य प्रसाधन (साबुन, क्रीम, पाउडर, ब्रॉ, परफ्यूम, निरोध से लेकर कोल्ड ड्रिंक) बेचने के लिए। विश्व सुन्दरी ही बेच सकती है सुन्दरता के (सुन्दर बनने के) सतरंगी सपने। कूल्हे, कमर, छातियाँ और टाँगें या जाँघें दिखाने के बदले में लाखों-करोड़ों के इनाम और राष्ट्र की सांस्कृतिक दूत होने का अकल्पनीय गौरव मुफ्त में मिले, तो बुरा क्या है? मध्यवर्गीय माँ-बाप के लिए तो ऐसी होनहार बेटियों के विश्वसुन्दरी बनने पर, सात पीढ़ियों तक के आर्थिक संकट समाप्त। बेटी नहीं, साक्षात लक्ष्मी ने जन्म लिया था। 'जलेबी दौड़' में फर्स्ट

आई है, हमारी 'ब्यूटी विद द ब्रेन।' अब तो 'बॉलीवुड' से लेकर 'हॉलीवुड' तक के तमाम रास्तों पर, उसके पाँव के नीचे 'लाल कालीन' बिछे होंगे।

तीसरी दुनिया के बाजार में माल बेचना है, तो सुन्दरी भी तीसरी दुनिया के देशों में से ही चुननी पड़ेगी। भाड़ में गई प्राचीन सभ्यता, संस्कृति, नैतिकता, मर्यादा और स्त्री अस्मिता। मीडिया (मनोरंजन उद्योग) में स्त्री के लिए 'स्पेस' बनाने के पीछे षड़यन्त्र सूँघने वाले, सचमुच स्त्री विरोधी 'सामन्ती मानसिकता' से ग्रस्त हैं। हर स्त्री की देह उसकी अपनी देह है और हर स्त्री अपनी देह की स्वयं स्वामी है। वह अपनी देह का जैसे चाहे, इस्तेमाल कर सकती है। अश्लीलता देह में नहीं, दृष्टि में होती है। हर स्त्री देह सुन्दर है। और सुन्दर हो सकती है...सौन्दर्य उद्योग किसलिए है? 'ब्यूटीफुल' का मतलब अब सिर्फ 'बोल्ड एण्ड ब्यूटीफुल' होना नहीं, बल्कि 'बेयेरिंग एण्ड डेयरिंग' होना है। आप इसे कहते रहिए 'उत्तरआधुनिक स्त्री विमर्श', लेकिन यह (यही) मूलतः मर्द मनोरंजन व्यवसाय का ही एक एजेण्डा है। व्यवसायिक सफलता के लिए, सुन्दर (तम) स्त्रियों का शिकार अनिवार्य है। यह दूसरी (या अलग) बात है कि हमें (मर्दों को) अभी भी अपने घर में बुर्के (या घूंघट) वाली और बाजार में बिकनी वाली स्त्री चाहिए। घर में सीता, सावित्री (तुलसी और पार्वती) चाहिए और बाजार में रंभा, उर्वशी, मेनका (माधुरी, ऐश्वर्य, सुष्मिता और सहरावत) जैसी सेक्सी, स्मार्ट एण्ड न्यू वुमैन चाहिए।

टी.वी. सीरियल और सिनेमा में ही नहीं, हिन्दी साहित्य में भी यही सब पढ़ने-सुनने देखने को मिल रहा है। पुरुष (निर्माता-निदेशक-लेखक) ही नहीं, बल्कि कुछ स्त्रियाँ भी इस दिशा में पूर्णतः समर्पित हैं। स्त्रियों को देह से मुक्ति का पाठ पढ़ाती हुईं, अनेक चर्चित कहानियाँ सुनने में आ रही हैं। 'यौन क्रांति' के बाद अब मुक्त देह का नया स्वतन्त्र पाठ शुरू किया गया है। कुल मिलाकर यह सब बेहद पेचीदा और जटिल मामला बना दिया गया है। स्त्री-पुरुष के भावानात्मक सम्बन्ध सिर्फ विवाह संस्था में सड़ने को सहमत नहीं, लेकिन सामाजिक स्तर पर सारे व्यक्तिगत सम्बन्ध सेक्स, सन्तति और सम्पत्ति से ही जुड़े हुए हैं। व्यक्तिगत सम्पत्ति के पुत्राधिकारी के लिए, कृत्रिम गर्भाधान से लेकर किराए की कोख तक की सुविधा उपलब्ध है। सिर्फ सौन्दर्य या सेक्स के सहारे सत्ता तक पहुँचने की उद्दाम महत्त्वाकांक्षाओं के तन्दूर में नयना साहनी और शिवानी भटनागर से लेकर मधुमिता तक की प्रेमगाथाएँ हमारे सामने हैं।

विवाह अभी भी पवित्र बन्धन और विवाहेतर सम्बन्ध अवैध, अनैतिक और अवैधानिक हैं—मगर सिर्फ स्त्री के लिए। 'मोनोगेमी' का नियम केवल औरतों पर ही लागू होता रहा है। औरतों से कानून का मतलब है विवाहित औरतें। अविवाहित, तलाकशुदा, विधवा, वेश्या और कॉलगर्ल यानी स्वतन्त्र स्त्री से यौन सम्बन्ध रखने की पुरुषों (विवाहित भी) को कानूनन खुली छूट है। इसलिए पितृसत्तात्मक समाजों

में पुरुष को ऐसी ही 'स्वतन्त्र स्त्री' (उपलब्ध वस्तु) की तलाश हमेशा से रही है, जो हर समय उसकी मनोकामना पूरी करने के लिए उपलब्ध हो—'बेडरूम' से बाजार तक भी। यही स्वतंत्र स्त्री पुरुषों के सेक्सी वुमन भी है और डेंजरस वुमन की। कभी इन्हें 'बैड गर्ल्स' कहा जाता है और कभी 'डर्टी डाटर्स', आम आदमी की भाषा में वेश्या, रण्डी, रखैल, कॉलगर्ल, गश्ती, चरित्रहीन, घिनाल, कुलटा, कलंकिनी, नष्ट-भ्रष्ट, बदनाम और गिरी हुई औरत। ऐसे दुष्चक्र में स्त्री चेतना या विवेक और स्वतन्त्र रूप से निर्णय लेन या न लेने का अर्थ (अनर्थ) क्या हो सकता है? शहरी, शिक्षित, स्वावलम्बी, स्वतन्त्र और नवधनाढ्य आधुनिक स्त्रियों में से एक-दो या तीन, सब कुछ को ठोकर मारकर सफलता की सीढ़ियाँ चढ़ भी जाएँ, तो क्या इसे शेष आधी दुनिया की भी मुक्ति माना जा सकता है? क्या ऐसी नायिकाएँ, अभिनेत्रियाँ और (विश्व) सुन्दरियाँ, शेष-अशेष स्त्री समाज (अनपढ़, निर्धन, दलित) की आधिकारिक प्रतिनिधि कही-मानी जा सकती हैं? व्यक्तिगत मुक्ति (मोक्ष), सफलता, विद्रोह (विरोध-प्रतिरोध) या विचार प्रायः व्यापक स्तर पर सामाजिक-राजनीतिक चेतना को प्रभावित-विकसित नहीं कर (पाता) सकता, बशर्ते किसी जनांदोलन से गहरा जुड़ाव न हो। हर मॉडल, रोल मॉडल नहीं होता।

फिलहाल हम सब पूँजी के अन्तर्राष्ट्रीय बाजार में, उपभोगता भी हैं और बिकाऊ माल भी। स्त्री हो या पुरुष—क्या फर्क पड़ता है! 'मुझे चाँद चाहिए' (1994) प्रसिद्ध लेखक सुरेन्द्र वर्मा का ही, एक और उपन्यास है 'दो मुर्दों के लिए गुलदस्ता' (1998)। मैंने यह उपन्यास 10 अप्रैल 1998 को पढ़ा था और पढ़ने के बाद 'मुर्दों' के स्थान पर 'मर्दों' लिख दिया था। इस उपन्यास के फ्लैप पर छपा है : "उपभोक्ता समाज में जीने की एक ही शर्त है—अपनी किसी योग्यता को बाजार में बेच पाना। छोटे बाजार में छोटी कीमत, बड़े बाजार में ऊँची कीमत। अच्छी कीमत पाने के लिए बाजार की समझ जरूरी है। ऊँची कीमत से ही सरप्लस, अधिशेष, बनेगा और धन का संचय हो सकेगा। इससे सुख और ऊँची जीवन शैली तो प्राप्त हो जाता है, लेकिन बाजार अपनी पूरी कीमत वसूलता है—चाहे गन्ने की तरह निचोड़ना ही क्यों न पड़े।

सुरक्षा और समृद्धि का सपना सँजोए शिक्षित-सुन्दर नील और अल्प-शिक्षित भोला अवसर और समृद्धि के महानगर मुम्बई पहुँचते हैं। भोला को अण्डरवर्ल्ड पनाह देता है तो नील मिसेज दस्तूर का शोध-सहायक बनता है। अन्डरवर्ल्ड भोला पर विश्वास बढ़ाता है और भोला तरक्की करता जाता है। दो पैसे भी जोड़ता है। बार में नाचनेवाली शालू के साथ घर भी बसाता है। उधर सजीला, शालीन, ज़हीन नील असन्तुष्ट अधेड़ धनाढ्य महिलाओं के लिए पुरुष-वेश्या बन जाता है। उसका सितारा ऊँचा चढ़ता जाता है। फ्लैट, टेलिफोन, कार, विदेशी प्रसाधन और काम सिर्फ आत्म को दबाकर शरीर बेचना। कुमुद से शुरू यात्रा ब्लॉस्म, यास्कीन, कुंतल, स्टेला, रंभा, कृष्णा, सौदामिनि, शिल्पा, पारुल, करुणा, फ्रांसीसी, स्विस औरतें, कुंबल राव वैशाली, उर्वशी, नैन तक जाती है। सोमपुरिया सेठ की बेटी पारुल नील से प्रेम कर गर्भवती हो गई और नील

नैन के प्रेम में पागल। नील नैन से विवाह की सोचता है तो पारुल घराना उसे कुचल देता है। भोला के जरिए माफिया तक जाता है तो माफिया भी हत्या की सुपारी लेकर नील को मार डालता है—भोला हत्प्रभ और सुन्न हो जाता है।''

'जनसत्ता' की आँखों के सामने, 'अर्थसत्ता' के इशारों पर नाचती है 'राजसत्ता'।

आधुनिक बाजार के तमाम शक्तिशाली तन्त्रों ने मिलकर, व्यक्ति को उपभोक्ता ही नहीं, उपभोग की वस्तु में भी बदला है। 'असन्तुष्ट अधेड़ धनाढ्य महिलाओं के लिए पुरुष-वेश्याओं' की समानान्तर मण्डी भी बसाई जा रही है और बेरोजगार युवकों को इस दिशा में प्रोत्साहित करने के लिए उपन्यास ही नहीं, फिल्में भी बनाई जा रही हैं। फिल्म 'ऊप्स' में नायिका सोनिया जहान को 'स्ट्रिपटीज' के लिए मोटी रकम का ऑफर देती है। बाद में जहान, एक अमीर औरत (मीता वशिष्ट) की देहकामनाओं की सन्तुष्टि करने का साधन बनकर रह जाता है। सिक्के से सेक्स क्या, कुछ भी खरीदा-बेचा जा सकता है—'सेक्सी डॉल' से लेकर 'सेक्स सिंबल' तक। साहित्य, सिनेमा से लेकर समाज तक सेक्स ही सेक्स। वाह! क्या 'बेडरूम सीन' है? सीन में कुलवधू हो या नगर वधू, सीता हो या शकुंतला, द्रौपदी हो या डायना, माधुरी हो या मोनिका, पार्वती हो या पूजा—उनके कूल्हों, कमर, छातियों, टाँगों और जाँघों पर, कैमरे की लार टपकाती नज़र है कि बदलती ही नहीं 'रामायण', 'महाभारत' से लेकर, 'वॉटर', 'फॉयर', 'जिस्म', 'ख्वाहिश' और 'पाप' तक में, स्त्री देह को देखने की निगाह में कोई अन्तर नहीं। कैमरे के सामने सब सिर्फ देह हैं—सेक्सी, स्मार्ट, क्यूट। अब तो स्थिति 'आउट ऑफ कन्ट्रोल' हो रही है—

दरअसल सारे गम्भीर राजनीतिक और सामाजिक सवालों से आम जनता का ध्यान बटाने के लिए, आर्थिक मुद्दों, हवालों, घोटालों, घपलों पर मिट्टी डालने के लिए और धार्मिक मामलों को जातीय अस्मिता या अस्तित्व का संकट बताते हुए साम्प्रदायिक भावनाओं को भड़काने के लिए इस्तेमाल करते हुए, राजसत्ता अपने दलालों के माध्यम से, सम्भावित विद्रोही युवापीढ़ी को सेक्स, ड्रग्स, फिल्म, फैशन, या रातों-रात अमीर बनने के सुविधाजनक रास्तों की ओर मोड़ने के षड्यन्त्र में भी सक्रिय है। देशी-विदेशी पूँजी की खतरनाक योजनाएँ-परियोजनाएँ, दिमागों में जहर घोल रही हैं, नेतृत्व को दलाल और कार्यपालिका को भ्रष्ट बनाने में लगी है। कानून और न्याय व्यवस्था को लकवा मार गया है। पर्यावरण, मानवाधिकार, उपभोक्ता संरक्षण, जनहित, प्रदूषण और एड्स के नाम पर हुए अदालती छायायुद्धों के परिणाम हमारे सामने हैं। भोपाल गैस त्रासदी से लेकर 'बेस्ट बेकरी काण्ड' तक के तमाम अभियुक्त (अपराधी) बाइज्जत रिहा हो गए हैं। उनके खिलाफ कोई साक्ष्य नहीं मिला, सारे गवाह मुकर गए। माननीय न्यायमूर्ति क्या कर रहे हैं! हड़ताल मौलिक अधिकार नहीं...काम नहीं तो वेतन कैसा? सरकारी कर्मचारी हों या डाक्टर और वकील—हड़ताल का अधिकार नहीं...प्रदूषण रोकने के लिए सी.एन.जी. जरूरी है...वर्षों पुराने ट्रक, गाड़ियाँ, कारें बन्द...न्यायमूर्तियों के

खिलाफ सेक्स स्कैंडल बेबुनियाद....अवमानना नोटिस जारी करो....समान नागरिक संहिता बनानी चाहिए...यह संसद का अधिकार है...अदालत संसद को आदेश नहीं दे सकती। फिर भी आम आदमी की आखिरी उम्मीद है अदालत...आर्डर! आर्डर! नाटक बन्द करो...

ऐसे दहशतज़दा माहौल में मुझे आपकी वो कहानी (शायद 'सूचना') याद आ रही है, जिसमें एक लड़की पानी पार करते समय साड़ी सम्भालती है और लोग फब्तियाँ कस रहे हैं। तभी एक हट्टा-कट्टा गवँई मर्द पानी में कूदता है और लड़की से कहता है गिरा साड़ी! भीग जाने दे! इस पर फब्तियों और मजाकों के साथ सारा शहर उस मर्द पर टूट पड़ता है। जब उससे बर्दाश्त नहीं होता तो वह एक टीले पर खड़ा होकर घूम-घूम कर चीखने लगता है जैसे शहर को चुनौती (या चेतावनी) दे रहा हो "जाँघ ही देखना चाहते हो न? ये देखो, जितने में तुम्हारे दोनों चूतड़ हैं, उतने में यह एक है।"...कहाँ गया वह मर्द जो सारे शहर (देश) को चुनौती देते हुए, एक बार फिर कह सके! उसे मार दिया गया या वह भी जाँघ देखने वालों की भीड़ में शामिल हो गया। या वह अब जाँघ देखते-देखते ऐसे अतृप्त-वासना-कुण्ठित बूढ़े में बदल गया है, जो चाकलेट का लालच देकर तेरह साल की लड़की की जाँघें टटोल कर सुख 'हासिल' करता है? या रातभर फैशन शो, फैशन टी.वी. या 'ब्लू फिल्म' देखता रहता है? फोन सेक्स के मजे लूटता है या इन्टरनेट पर सेक्स साईट्स में डूबा रहता है? यह मर्द कहाँ गया? कहाँ...?

वरिष्ठ कथाकार श्रीलाल शुक्ल के उपन्यास 'विश्रामपुर का सन्त' (1998) का पहला पृष्ठ खोलते ही पता चलता है कि कथानायक (कुंवर जयन्ती प्रसाद सिंह, उम्र 80 साल, संप्रति : राज्यपाल) नाश्ते के बाद की नींद में ही सपना देख रहे थे "वह शायद सुन्दरी थी; पर जयश्री भी हो सकती थी। जो भी हो, उसकी सुडौल चिकनी देह सिर से पाँव तक उनके अंग-भंग को पिघला रही थी। पथरीले वर्तुल स्तन उनकी छाती में विष्फोटक ऊष्मा के साथ गड़ रहे थे। जागते में उनकी ढीली-ढाली पस्त काया इस समय अचानक धधकते हुए कोयलों में बदल गई थी। एक अनूठी उत्तेजना उन्हें सुन्न करती जा रही थी...बहुत साल हुए उन्होंने सुंदरी के स्तनों को सिर्फ एक बार हुआ था...धीरे-धीरे उन्हें लगा, सुन्दरी (या जयश्री) का सारा शरीर, लचीलेपन के बावजूद, कोणार्क और खजुराहो की नारी मूर्तियों का है...शुरू में यह सपना एक निर्वसन देह से गुंथने का सीधा-सादा श्रृंगारिक सपना था।"

आश्चर्यजनक है कि भूदान आंदोलन पर लिखे उपन्यास के लेखक और कथानायक (उम्र 70-80 साल) अभी भी, सपनों में सुन्दरी से संभोग कर रहे हैं। सत्ता, सुन्दरी को पहले आकर्षित करती है और फिर जी भरकर शिकार। सुन्दरी सत्ता, (संभोग) के सपने देखती है और सत्ता, सपनों में भी सुन्दरी से संभोग में ही खोई रहती है।

बलवन्त गार्गी (उम्र 82 साल) के उपन्यास 'मॉडल गर्ल (1998) की शुरुआत

ही ऐसे होती है "मैं सोलह बरस की उम्र में भरपूर जवान हो गई थी। पूरा शबाब छलक रहा था मेरे अंगों में। लोगों की नजरें मुझ पर पड़तीं, उनकी आँखें काँच की दो गोलियों की तरह छातियों पर से फिसलती हुई गुजर जातीं।

मैंने चोली पहनना शुरू कर दिया था, लेकिन रात को हमेशा इसे उतारकर फेंक देती। गर्मी में छत पर सोती तो तारों की छाँव में अपने अंगों को महसूस करती। इनके स्पर्श से ही मेरी आँखें मुँद जातीं...टाँगें फैलाकर, मदहोश सोती। कई बार मेरी माँ मुझे नींद में बेहोश पाकर मेरे अंगों को चादर से ढाँप देती।" (पृष्ठ 7)

शुरू से अन्त तक वयोवृद्ध रचनाकार स्त्री (मॉडल गर्ल) की देह, अंग-अंग, रेखाएँ, गोलाइयाँ, कूल्हे, टाँगें, छातियाँ, जाँघें और काम-क्रीड़ा का कल्पना-लोक या स्मृतिचित्र ही बनाता रचता रहता है।

इसी क्रम में 'विषय पुरुष' (मस्तराम कपूर), 'नरनारी' (कृष्ण बलदेव वैद), 'प्रेमी-प्रेमिका सम्वाद' (शरद देवड़ा), 'तुम्हारा सुख' (राजकिशोर), 'हमज़ाद' (मनोहर श्याम जोशी), 'हासिल' (राजेन्द्र यादव) को देखा-पढ़ा-समझा जा सकता है। अयोध्या से साबरमती तक के हिंसक और साम्प्रदायिक समय में, देश के घोषित वरिष्ठ बुद्धिजीवी, नए 'कामसूत्र' रचने में व्यस्त हैं या सार्वजनिक स्थलों पर गन्दे अन्तःवस्त्र धोने में मस्त। अधिकांश को भाषण, सम्पादन, विमोचन, उद्घाटन, गप्प गोष्ठी-संगोष्ठी और साक्षात्कार या जन सम्पर्क से ही फुर्सत नहीं मिलती। उनके पास न लिखने के अनेक व्यक्तिगत, मनोवैज्ञानिक, सामाजिक, आध्यात्मिक और राजनीतिक कारण हैं, कुतर्क की अन्तहीन सीमा तक एक सम्पूर्ण दर्शन शास्त्र रच-गढ़ रखा है--दरअसल शिक्षित मध्यवर्गीय महत्त्वाकांक्षी और व्यक्तिवादी बौद्धिकों को 'अचूक अवसरवादी' और 'विशुद्ध प्रतिक्रियावादी' ही होना था। सो हो (रहे) गए हैं।

सचमुच 'हँसी धीरे-धीरे खत्म हो रही है दुनिया से'...जीवन से, 'भीतर-बाहर हो रहे बदलाव पर हमारा कोई वश नहीं। न चाहते हुए भी होता जा रहा है', टी. वी...सी.डी...ब्यूटी पार्लर...पोस्टर...विज्ञापन...फॉस्ट फूड...स्टॉक एक्सचेंज...घूस... दलाली...घपले...घोटाले...भ्रष्टाचार..रिश्वतखोरी...बेकारी...बेरोजगारी...भुखमरी... हिंसा...हत्या...दंगे..लूट...'सुलेमान मारा गया...'नगर का सबसे बड़ा अपराधी, मुल्क का सबसे सम्मानित नागरिक'...'रिमोट कन्ट्रोल'...मोबाइल..."यात्री कृपया ध्यान दें! साबरमती एक्सप्रेस साबरमती नहीं जाएगी/अयोध्या के रास्ते/नागपुर (तक) पहुँचाएगी।" टिनिंग...टिनिंग।

चन्द्रकान्त देवताले के शब्दों में "मैं जी रहा हूँ मौत की खबरों के बीच। चल रहा हूँ हत्यारे हिंसक समय में" और "...यह कातिलों के बीच/आदमी होने की यातना है।"

लीलाधर मण्डलोई के एक पत्र के जवाब में मैंने लिखा था–

"स्त्री के सन्दर्भ में मीडिया में भ्रामक-अधकचरी बहस, अज्ञानता ही नहीं बल्कि

मूर्खतापूर्ण तर्क-कुतर्क और मर्दवादी विमर्श के खोखले तथ्य-सत्य-सचमुच हैरान-परेशान करने के लिए काफी हैं। देश के प्रायः तमाम बड़े बौद्धिक परिश्चमी विचार से आतंकित दिखाई देते हैं। दरअसल परम्परा के दलदल में धँसे विचारक आधुनिक या उत्तर आधुनिक समय-समाज की जटिलताओं और पेचीदगियों को सही परिप्रेक्ष्य में समझ भी नहीं पा रहे। ऊपर से महान भारतीय सभ्यता और संस्कृति का ऐतिहासिक अतीत और पुरखों के प्रेत, उनका पीछा ही नहीं छोड़ते। चेतन-अवचेतन में संस्कारों की सीलन और आस्था और विश्वास की काई जमी पड़ी है। वर्ग, जाति, वर्ण, धर्म, भाषा और लिंग की श्रेष्ठता या वर्चस्व की मानसिक कैद (या कब्र) से बाहर निकले बिना कुछ नया और मौलिक विचार कैसे पनप सकता है। स्त्री के साथ न्याय (सामाजिक-आर्थिक-राजनीतिक) होने-करने का एक ही अर्थ-अनर्थ होगा—पितृसत्ता की जड़ों में मट्ठा डालना। सत्ताधीश पुरुष ऐसा क्यों और किसलिए करेगा? हाँ, ऊपरी स्तर पर उदारवादी-सुधारवादी और समतावादी मुखौटे लगाए रखना उनकी विवशता है—वरना खुले विरोध और विद्रोह से सत्ता के सारे समीकरण ही न बदल जाएँगे!

तुम 'अर्धनारीश्वर' के मिथक से किस 'सच' को खोजना चाहते हो? कौन-सा सच है 'जो जानबूझ के राख में कहीं दबा पड़ा है', 'अर्धनारीश्वर' का अर्थ आधी नारी और आधा नर नहीं, बल्कि आधी नारी और आधा ईश्वर है—नर यानी आधी नारी का ईश्वर। नारी के लिए नर, ईश्वर बन-बना दिया गया है। पति परमेश्वर से लेकर ईश्वर तक, मेरे विचार से मर्दों के लिए धर्म अफीम है, मगर औरतों के लिए जहर। धर्म स्त्रियों के लिए अनाथालय है, पर पुरुषों के लिए वेश्यालय। 'अर्धनारीश्वर' का धार्मिक मिथक किसी स्त्री ने नहीं गढ़ा। सारे धर्मग्रन्थों की रचना पुरुषों ने ही की है, इसलिए उसके ही पक्ष या हितों की रक्षा-सुरक्षा करते हैं। सारे धर्मों का ईश्वर भी पुरुष ही तो है। सारे धर्म विधि-विधान, संविधान, नियम कायदे-कानून पुरुषों के द्वारा ही रचे-रचाए गए हैं और वही समय-समय पर अपने वर्ग हितों में, परिभाषित-व्याख्यायित करता रहा है। कर रहा है। 'धर्म, अर्थ, काम, मोक्ष' के पुरुषार्थ में स्त्रियाँ कहाँ हैं? सारे धर्मग्रन्थ एक सुर में चिल्लाते हैं—'स्त्री को मोक्ष नहीं मिल सकता', वह सिर्फ 'देवदासी' ही हो सकती है—घर-परिवार से लेकर मन्दिर तक, घर में वह सम्पत्ति है और बाजार में वस्तु—आज भी।

क्या हम 'अर्धनारीश्वर' के धार्मिक-सांस्कृतिक मिथक को भूल नहीं सकते? नर-नारी को समानाधिकार सम्पन्न व्यक्ति या नागरिक के रूप में स्वीकार नहीं कर सकते? अगर हाँ, तो इस धार्मिक-सांस्कृतिक-ऐतिहासिक मिथक को कैसे ध्वस्त किया जाए? विशेषकर जब देश में सांस्कृतिक राष्ट्रवाद और कट्टर हिन्दुत्व के हिंसक विषबीज तेजी से फल-फूल रहे हैं और जनवादी-प्रगतिशील नेतृत्व सत्ता की सुविधाभोगी अवसरवादिता का शिकार हो पूर्णतया लकवाग्रस्त हाशिए पर पड़ा चीख-चिल्ला रहा है 'भेड़िया आया...भेड़िया आया।' अयोध्या से गोधरा और गुजरात तक क्या, कुछ नहीं हो गया।

आगे के लक्षण भी दीवार पर पढ़े जा सकते हैं। वो कल फिर आएँगे, गुजरात जलाएँगे, दंगे दोहराएँगे, देश को बहकाएँगे, धर्म ध्वजा फहराएँगे, अफवाह फैलाएँगे, नफरत भड़काएँगे और गली-गली खून बहाएँगे...ऐसे खतरनाक समय में क्या करेंगे...कैसे??

सारे सवाल असुविधाजनक ही नहीं बल्कि तकलीफ देह भी हैं मगर...

मण्डलोई के दूसरे पत्र का उत्तर देते हुए फिर लिखा था–

'अर्धनारीश्वर' की तथाकथित अवधारणा और धार्मिक-सांस्कृतिक मिथक के भंजन पर 'ठोस सुझाव' देना कठिन है। मगर मुझे ऐसा लगता रहा है कि धार्मिक-सांस्कृतिक मिथ्या (मिथकों) को सही परिप्रेस्थ में समझने-समझाने की नैतिक और सामाजिक जिम्मेवारी से मध्यवर्गीय बौद्धिक, चिन्तक, विचारक ही नहीं, बल्कि क्रांतिकारी समाज सुधारक (स्त्री-पुरुष) भी जानबूझ कर बचते रहे हैं। उनकी आवाज अक्सर 'धार्मिक फ्रेम' में ही गूँजती रही है। शायद इसलिए कि 'धार्मिक पहचान' भी बनी रहे और 'विश्वासघाती' भी न कहलाएँ। सामाजिक सुधार के हर नए 'संघर्ष की शुरुआत', अन्ततः धार्मिक चक्रव्यूह या सांस्कृतिक षड्यन्त्रों में ही समाप्त होती गई है। आधुनिक होने और साथ-साथ परंपरावादी बने रहने के बीच, भयंकर तनावों और अन्तर्विरोधों में घिरी पितृसत्ता और उसके अघोषित दलाल, जासूस या सांस्कृतिक दूत (बापू से मुरारी और ध्रुव तक) किसी आमूल-चूल परिवर्तन के नहीं, बल्कि यथास्थिति बनाए-बचाए रखने के ही पक्षधर (रहे) हैं और रहेंगे। धार्मिक मिथकों का लिबास औरतों को देवी, शक्ति, दुर्गा, लक्ष्मी, सरस्वती, पार्वती, सीता, सावित्री, अन्नपूर्णा, ममता, त्याग, समर्पण, सतीत्व और गंगा सी पवित्रता का भ्रामक मगर मोहक उपदेश (आदेश-अध्यादेश) भी देता है और धार्मिक पुण्य के बहाने संगठित या एकत्रित भी करता है। औरतों को 'वेशभूषा' (बुर्का, पर्दा, घूंघट) और मर्दों को 'परम्परा' या 'पहचान' देने वाले धार्मिक पण्डितों, मुल्लाओं, मौलवियों, पादरियों और पाखण्डी साधु-सन्तों की कमी नहीं। आश्चर्यजनक है कि इस 'महायज्ञ' में अनेक नारीवादी संगठन भी शामिल हैं।

धार्मिक अस्मिता का झण्डा उठाने वाले शिक्षित बौद्धिक वर्ग ने पश्चिमी विचार (विशेषकर नारीवाद) का ही नहीं, बल्कि समाजवाद और पूँजीवाद का भी कड़े शब्द में विरोध किया है। कर रहे हैं–भारत से ईरान और पाकिस्तान से अफगानिस्तान तक। विवेकसम्मत इतिहास-दृष्टि को विकसित किए बिना, परम्परा की विकृतियों को दूर करना असम्भव है। धार्मिक मिथक मोहक और रहस्यमय होते हैं, इसलिए बेहद आकर्षक लगते हैं। लेकिन यही इनकी कमजोरी भी है। अन्तर्विरोधों और विसंगतियों को अगर तार्किक ढंग से समझा-समझाया जाए, तो मिथकीय मुखौटों को ध्वस्त किया जा सकता है। यह काम पूँजी पुत्रों के कब्जे में जकड़े मीडिया के माध्यम से सम्भव नहीं, इसके लिए सारे खतरे उठाकर, चौपाल तक जाना होगा। आम आदमी-औरत का विश्वास अर्जित करना होगा। वो अपने आदमी को पहचानने में गलती नहीं करते।

उन तक पहुँचने के लिए, उनको समझाने के लिए—पहले स्वयं समझना होगा कि उनके जीवन का सत्य क्या है। उनके साथ हर बार बार-बार, लगातार विश्वासघात किया गया है, सो उन्हें अब किसी भी नेता-अभिनेता से कोई उम्मीद नहीं। तुम जानते ही हो कि दूध का जला छाछ भी फूँक-फूँक कर पीता है। साधन सम्पन्न, शिक्षित बौद्धिक वर्ग, अपने समय और समाज के दमित, दलित, अशिक्षित और निर्धन लोगों के साथ सबसे अधिक धोखा और विश्वासघात किया है। अपने-अपने सुख, सुविधा, सफलता, सम्पन्नता और सत्ता पाने-बचाने की होड़ में। इन्होंने तो अपने घर-परिवार तक को नहीं बख्शा। अपनी उद्दाम महत्त्वाकांक्षाओं और विलासताओं के सामने हर तरह से समर्पण किया, संकट के निर्णायक समय पर भाग खड़े हुए या छुपे रहे अपने-अपने सुरक्षित कवचों में। जहाँ कहीं से भी दुनिया बदलने के सपने और नया समाज बनाने के संकल्प लेकर चले—वहाँ फिर कभी लौटकर ही नहीं गए। गए भी कभी तो सिर्फ बाप-दादाओं के घर, खेत, जमीन बेचने या पुरखों की बची-खुची निशानियाँ बटोरने। अब तो उन सबकी 'यादों में रचा गाँव' भी न जाने कब का उजड़ या 'डूब' चुका। हर धार्मिक, आर्थिक, वैधानिक, सामाजिक और राजनीतिक षड्यन्त्र, भ्रष्टाचार और व्यभिचार में तथाकथित शिक्षित बौद्धिक वर्ग शामिल है। शामिल ही नहीं बल्कि तमाम योजनाओं-परियोजनाओं घोषणाओं के महाजनक भी यही हैं। लगता है कि इस बौद्धिक वर्ग ने अपना दिमाग ही नहीं, बल्कि आत्मा तक गिरवी रख दी है और सत्ता के पालतू कुत्ते बन गए हैं। यस सर...'यस सर!!...

जो सपनों और संकल्पों को नहीं भूल पाए और विरोध में खड़े रहे, उन्हें 'पागल कुत्ता' कह कर 'मुठभेड़' में मार दिया गया। या फिर कोई पद, पैसा, पुरस्कार या प्रतिष्ठा देकर खरीद लिया गया। सफदर हाशमी और डोभाल से लेकर शंकर गुह्या नियोगी तक के हत्यारे फरार हैं या बाइज्जत बरी। पिछले दो दशकों में कोई राष्ट्रीय आंदोलन, संघर्ष या हड़ताल नहीं—न छात्रों या शिक्षकों की और न मजदूरों या कर्मचारियों की। कभी कुछ हुआ भी तो नेताओं ने हर बार समझौता ही किया। करना पड़ा। संगठनों की कमर ही तोड़ दी गई और उनके नेतृत्व को एकदम अविश्वसनीय बना दिया गया। तमाम सम्भावित विरोधी या विद्रोही स्वरों को, समाज सेवा के सरकारी अभियान ने बहका-फुसला कर—व्यवस्था विरोध की बजाए, निरोध बेचने में लगा रखा है।

तुम कहोगे कि मैं मूल विषय से बहुत भटक गया हूँ और न जाने क्या-क्या बके जा रहा हूँ। भटक भी गया (रहा) हूँ तो भटकने दो, कहने दो जो भीतर दबा पड़ा है। यह एक शिक्षित बौद्धिक वर्ग के ही एक प्रतिनिधि...नहीं...एक व्यक्ति का ही आत्मालाप-विश्लेषण या आत्म समीक्षा भी कही-मानी जा सकती है। आम जनता से बुद्धिजीवी (वर्ग) की कितनी दूरी है? जानते हो या नहीं? आम जनता से मेरा-तुम्हारा-हमारा कितना सम्पर्क है? सम्पर्क है नहीं, तो सरोकार क्या और कैसे होगा? विशिष्टता के

चक्कर में कहीं हमने अपने दायित्व बोध को कहीं खो तो नहीं दिया? खोया नहीं तो पूरी तरह निभाया भी कहाँ! घर-परिवार-धँधा-नौकरी रोटी के 'संघर्षों' से समय ही कहाँ मिला! बहुत हुआ तो अपनी दिमागी भड़ास कविता, कहानी, लेख, उपन्यास, आत्मकथा या संस्मरण लिख-छपवा कर पूरी कर ली। किसी को समझ आए या न आए। जनता (पाठक) 'मूर्ख' है, 'जाहिल' है, 'अनपढ़' है...कुछ समझते ही नहीं। प्रायोजित समीक्षाओं और पाठकों के प्रशंसा पत्र पढ़-पढ़ कर, 'महान्' होते समझते रहे और घरों के 'ड्राइंग रूम' में 'सम्मान' और 'प्रशस्ति पत्र' सजाते रहे। गोष्ठियों सेमिनारों, विमोचनों और समारोहों में, लच्छेदार लफ्फानी करते घूमते-घुमाते रहे। आदमी के पास बुद्धि हो, तो वह क्या नहीं कर सकता! करते-करते हो ही जाता है सिद्ध-प्रसिद्ध—'शिखर पुरुष' या 'शलाका पुरुष'। सम्मानित और प्रतिष्ठित—साहित्यकार, लेखक, आलोचक, चिन्तक, विचारक, समाजशास्त्री, विद्वान सम्पादक और पत्रकार। राजनीतिक समीकरणों में गोटी ठीक बैठ गई तो—राज्यसभा की सदस्यता, विश्वविद्यालय के कुलपति की कुर्सी या राजभवन कुछ भी मिल सकता है। सारे समझौतों और षड़यन्त्रों के बावजूद, यह प्रतिभाशाली होने का ही 'प्रमाण' भी है और 'सम्मान' भी।

अपने अपेक्षित सामाजिक उत्तरदायित्व को न निभाने या निभा पाने के लिए, मैं खुद अपने-आप को भी दोषी समझता हूँ और गहरे अपराध बोध से भरा हूँ, बचने के लिए कोई भी कारण (बहाना) तर्कसंगत नहीं लगता। कभी-कभी तो आत्मा धिक्कारती है—'मूल तो छोड़ो, कर्ज का ब्याज तक नहीं चुकाया'। सोचता हूँ तो हर बार अपनी आत्मा की अदालत के कटघरे में, अपराधी की तरह सिर झुकाए खड़ा होता हूँ। मैं अपने सारे अपराध स्वीकार करता हूँ और पिता, पति या पुत्र के रूप में सदियों से किए गए अपने अपराधों की सज़ा का फैसला, अपनी माँ, पत्नी और बेटियों पर छोड़ता हूँ।'' 'क्षमायाचना' सहित। फिलहाल इतना ही कि—

''वो देख रही है देह और धरती के आर-पार
गर्भवती कामना के गर्भ में सपने सा समय
मौन जुलूस में जलती मशाल सी आंखें
मुट्ठियों में बंद चांद-तारों भरा आकाश
बारुदी सुरंगों से बाहर निकलने का रास्ता वो देख रही है...।''